Anonymus

Amtsblatt der königlichen Regierung zu Oppeln pro 1863

Acht und vierzigster Band

Anonymus

Amtsblatt der königlichen Regierung zu Oppeln pro 1863
Acht und vierzigster Band

ISBN/EAN: 9783742892768

Hergestellt in Europa, USA, Kanada, Australien, Japan

Cover: Foto ©Suzi / pixelio.de

Manufactured and distributed by brebook publishing software (www.brebook.com)

Anonymus

Amtsblatt der königlichen Regierung zu Oppeln pro 1863

Amts-Blatt

der

Königlichen Regierung zu Oppeln

pro 1863.

Acht und vierzigster Band.

Chronologisches Verzeichniß

der, in den, im Jahre 1862 ausgegebenen Amtsblättern der Königlichen Regierung zu Oppeln, erschienenen Bekanntmachungen.

Datum der Bekanntmachung.	№	Inhalt.	Stück des Amtsblatts.
		I. Bekanntmachungen der höchsten Staats-Behörden.	
2. Januar 1861.	65	Bekanntmachung wegen Ersatzleistung für präcludirte Kassen-Anweisungen von 1835 und Darlehns-Kassenscheine 1stes Mal..........	4
3. "	65	Desgleichen 2tes Mal	17
3. "	65	Desgleichen 3tes Mal	30
3. "	65	Desgleichen 4tes Mal	43
4. October	174	Betr. die Verordnung über die Ausführung der Wahl der Abgeordneten zur zweiten Kammer, sowie das Reglement zur Verordnung vom 30sten Mai 1849 über die Ausführung der Wahlen zum Hause der Abgeordneten.	15
1. December	25	Betr. die Einberufung der beiden Häuser des Landtages der Monarchie auf den 14ten Januar 1862	2
5. "	1	Betr. die Namhaftmachung von drei Chausseen, welche in das Verzeichniß derjenigen Straßen aufgenommen worden sind, auf denen der Gebrauch von Radfelgen unter 4 Zoll Breite für alles gewerbsmäßig betriebene Frachtfuhrwerk verboten ist................................	1
10. "	12	Betr. die Ausgabe neuer Kassen-Anweisungen, à 1 Thlr., vom 13ten Februar 1861	1
28. "	31	Betr. die 5te Verloosung der Staats-Anleihe vom Jahre 1856........	3
7. Januar 1862.	35	Betr. das neue Reglement für die telegraphische Correspondenz im Deutsch-Oesterreichischen Telegraphen-Verein...................	4
15. "	84	Allerh. Ordre wegen der Ueberlassung des letzten, bisher zur Prämiirung von Sparkassen-Interessenten, verwendeten Viertheils des jährlichen Zinsgewinnes der Provinzial-Hilfskasse, zu öffentlichen und allg. wohlthätigen Zwecken innerhalb der Provinz..........................	7
16. "	63	Betr. die 7te Verloosung der Staats-Prämien-Anleihe vom Jahre 1855 nebst einer Liste	5
31. "	93	Betr. die Abstempelung der Zeitungen	8
17. Februar 1862	110	Betr. das Betriebs-Reglement für die Preußischen Staats- und unter Staats-Verwaltung stehenden Eisenbahnen	Extr.
4. März 1862.	133	Betr. die Bereitung und den Verkauf eines sehr feinen Tafelsalzes zu Staßfurt 1stes Mal.....................................	12
4. "	133	Desgleichen 2tes Mal	14
4. "	133	Desgleichen 3tes Mal	16
4. "	151	Betr. die Umpfarrung einiger Ortschaften des Neustädter Kreises	14
15. "	160	Betr. den Ankauf von Remonten im Jahre 1862 1stes Mal	14
15. "	160	Desgleichen 2tes Mal	15
15. "	160	Desgleichen 3tes Mal	16
19. "	145	Allerhöchste Cabinets-Ordre, betreffend die Wahlen der Abgeordneten zum Landtage der Monarchie.............................	13
19. "	166	Betr. die bewirkte Verloosung von Schuldverschreibungen der Staats-Anleihen aus den Jahren 1848, 1850, 1852, 1854, 1855 A. und 1859 nebst dem Nummer-Verzeichniß.............................	14
21. "	184	Betr. die Herabsetzung der Zinsen der Staats-Anleihen von 1850 und 1852 von 4½ auf 4 Procent 1stes Mal........................	16

1

21. März 1862.	184	Betr. die Herabsetzung der Zinsen der Staats-Anleihen von 1850 und 1852 von 4½ auf 4 Procent, 2tes Mal..........	17	86
22. '	146	Rescript des Herrn Ministers des Innern, betr. die Wahlen der Abgeordneten zum Landtage der Monarchie...........	13	54
24. '	200	Betr. die den Hausirern (Photographen) in den einzelnen Ortschaften zu gewährende Aufenthaltsfrist, behufs Ausübung ihres Gewerbes........	16	79
7. April 62.	201	Aufnahme in das evangelische Lehrerinnen-Seminar zu Droyßig betreffend.	16	80
7. '	202	Die diesjährige Aufnahme in das evangelische Gouvernanten-Institut zu Droyßig betreffend.............	16	80
23. '	216	Erlaß des Herrn Ministers des Innern, in welchem die umlaufenden Gerüchte und Erfindungen, bezüglich der Beeinflussung der Wahlen, als falsch bezeichnet werden..........	18	89
29. '	250	Betr. den Präclusiv-Termin zur Einziehung der Anhalt-Dessauischen Staats-Schuldscheine 1stes Mal...........	21	103
29. '	250	Desgleichen 2tes Mal............	40	195
2. Mai 62.	271	Nachrichten für diejenigen Freiwilligen, welche in die Schiffsjungen-Division eingestellt zu werden wünschen....... ıc.	23	111
7. '	240	Betr. die Zusammenberufung der beiden Häuser des Landtages der Monarchie.	20	99
16. '	277	Allerhöchste Cabinets-Ordre, betr. die Genehmigung zum Bau einer Chaussee im Kreise Rybnik............	23	111
26. '	281	Betr. den sechsmonatlichen Cursus für Civil-Eleven an der Königlichen Central-Turnanstalt in Berlin...........	24	117
31. '	444	Betr. die Aufforderung zum Gebrauch der Werths-Angabe bei Geldsendungen...........	37	179
18. Juni 62.	325	Bekanntmachung, betreffend die sechste Verloosung der Staats-Anleihe vom Jahre 1856...........	26	133
10. Juli 62.	367	Bekanntmachung wegen Ausreichung der Zinscoupons Serie XIV. und Talons zu Preußischen Staatsschuldscheinen 1stes Mal.........	31	151
10. '	367	Desgleichen 2tes Mal.............	37	177
10. '	367	Desgleichen 3tes Mal............	43	207
1. Septbr. 1862.	510	Tarif, nach welchem das Wege- und Pflastergeld in der Stadt Leobschütz zu entrichten ist............	43	208
3. '	451	Bekanntmachung über die, Behufs Herabsetzung des Zinsfußes, gekündigten Schuldverschreibungen der Staats-Anleihen von 1850 und 1852......	37	178
3. '	476	Betr. die Ausreichung der Zinscoupons Serie III. und Talons zu den Schuldverschreibungen der Staats-Anleihe von 1854.............	39	192
15. '	478	Betr. die 8te Verloosung der Staats-Prämien-Anleihe vom Jahre 1855 . .	39	191
15. '	479	Betr. die Verloosung von Schuldverschreibungen der 4½% Staats-Anleihen vom 18ten, 1831, 1855 A., 1857 und 1859...........	39	192
20. '	486	Betr. die Angabe des Vertreters der Gesellschaften ıc. auf den Adressen bei Postsendungen............	41	199
30. '	492	Bestimmungen über Verwendung von Stempelmarken zu stempelpflichtigen Schriftstücken betreffend..........	42	202
14. October 1862.	590	Anweisung zur Ausführung des Gesetzes, betreffend die Einführung einer allgemeinen Gebäudesteuer vom 21sten Mai 1861...........	Ext. Beil. 4. Stck. 47.
22. '	529	Betr. die Stempelsteuer von ausländischen in Preußen steuerpflichtigen Zeitungen ıc............	45	215
1. Novbr. 1862.	544	Betr. die gekündigten Schuldverschreibungen der Staats-Anleihen de 1850 und 1852.............	46	227
12. '	605	Betr. die Abänderung der §§. 20 und 41 des Regulativs über die Portofreiheit in Staatsdienst-Angelegenheiten vom 3ten Februar 1862......	52	257
15. '	—	Allerhöchster Landtags-Abschied für die im Jahre 1860 und 1861 versammelt gewesenen Provinzial-Stände des Herzogthums Schlesien ıc.......	Ext. Beil. 4. Stck. 48.
11. Dcbr. 62.	614	Betr. die Verloosung von Schuldverschreibungen der 4½% Staats-Anleihe		

aus dem Jahre 1856 und der 5% Staats-Anleihe aus dem Jahre 1859 nebst einem Verzeichnisse.................... 52

II. Bekanntmachungen des Herrn Ober-Präsidenten.

22. Debr. 61.	6	Betr. die stattgehabte 14te Verloosung von Pfandbriefen Litt. B..........	1
15. Jan. 62.	56	Betr. die Höhe des Beitrags-Simplums zur Provinzial-Land-Feuer-Societäts-Casse pro II. Semester 1861........................	5
21. Febr.	118	Betr. die Abänderung des Reglements über die Wahl der von den Provinzial-Verbänden der Grafen, so wie der für den alten und den befestigten Grundbesitz in den Landschafts-Bezirken zu präsentirenden Mitglieder des Herrenhauses, vom 12ten October 1854	10
12. Juli	368	Betr. die Höhe des Beitrags-Simplums zur Provinzial-Land-Feuer-Societäts-Casse pro I. Semester 1862........................	31
1. Novbr.	539	Betr. Einberufung des Provinzial-Landtages des Herzogthums Schlesien, der Grafschaft Glatz und des Markgrafthums Ober-Lausitz	45
7. ″	568	Betr. die Betriebs- und Kassen-Ergebnisse der Verwaltung der schlesischen Provinzial-Land-Feuer-Societät pro 1861...........	49
16. ″	560	Betr. die Eröffnung des diesjährigen Provinzial-Landtages des Herzogthums Schlesien, der Grafschaft Glatz, und des Markgrafthums Ober-Lausitz...	47

III. Bekanntmachungen der Königlichen Regierung.

24. Debr. 61.	13	Betr. die Belohnung des Bauers Albert Lubos aus Truschütz für die Rettung vom Tode des Ertrinkens.........................	2
27. ″	14	Betr. die neue Medicinal-Taxe pro 1862...........	2
28. ″	15	Die evangelischen Geistlichen werden auf das herausgegebene „Christliche Kunstblatt" aufmerksam gemacht........................	2
28. ″	29	Betr. die Bestätigung der Wahlen der Mitglieder des Kreis-Spar-Kassen-Curatorii zu Pless	3
2. Jan. 62.	2	Patent-Verleihung an den Ingenieur Emil Perels zu Berlin...........	2
9. ″	9	Dito an den Chemiker Justus Fuchs zu Jerzycer-Fabrik bei Posen.......	2
9. ″	10	Dito an den Ingenieur Oscar Raven zu Hannover................	2
9. ″	11	Dito an die Fabrikanten J. M. Ottenheimer, Albert Ottenheimer und Adolph Ottenheimer in Stuttgart........................	2
9. ″	44	Betr. die Verlängerung der Concession für den Kaufmann Moecke zu Neisse.	4
15. ″	43	Die Allerhöchste Cabinets-Ordre vom 19ten April 1824 bestimmt, daß junge Männer, welche sich vor Erfüllung der Militairpflicht ansässig machen, oder verheirathen, hierdurch ihrer Verpflichtung zum Militairdienste nicht enthoben werden	4
16. ″	36	Patent-Verleihung an den Civil-Ingenieur Heinrich Beinhauer zu Deutz	3
16. ″	32	Betr. eine Patent-Aufhebung...................	3
18. ″	67	Betr. die Einsendung der Quittungsbescheinigungen der Staatsschulden-Tilgungs-Kasse über eingezahlte Dom.-Veräußerungs- und Ablösungs-Capitalien resp. Zinsen an die Special-Kassen	6
21. ″	69	Betr. die vom Königlichen Forst-Fiscus tauschweise abgetretene Forstparzelle zu Szcikowitz.........................	6
22. ″	62	Betr. die Feststellung des Termins zum Schluß der kleinen Jagd pro 1861/62.	5
23. ″	40	Patent-Verleihung an den Dr. med. Gerold zu Ofen.........	4
24. ″	91	Betr. die Bestätigung des Königlichen Bau-Inspectors Saffe zum Deich-Inspector des Dambrowka-Winower Deichverbandes..........	8
25. ″	74	Bekanntmachung betr. den Verkauf von keimfähigem Kiefernsaamen in den Königlichen Saamendarren...................	6
27. ″	79	Betr. eine auf die 7te Verloosung der Staats-Prämien-Anleihe vom Jahre 1855 hinweisende Bekanntmachung.............	6
30. ″	49	Patent-Verleihung an den Apotheker Hugo Betten zu Mären.........	5

1*

Datum	Nr.	Inhalt	Seite	
30. Jan. 62.	50	Patent-Verleihung an die Fabrikanten Wilhelm Eduard Peil und Ernst August Jäger zu Elberfeld	5	27
30. "	51	Dito an den Dr. phil. Georg Lunge zu Breslau	5	27
30. "	52	Dito an den Klempner-Meister Friedrich Tradt zu Dessau	5	27
30. "	54	Dito an den Mechaniker B. Babst zu Berlin	5	27
31. "	87	Betr. die auf den „Verein zur Errichtung eines Museums für schlesische Alterthümer" hinweisende Bekanntmachung...............	7	35
1. Februar	95	Betr. die Verleihung der Städte-Ordnung vom 30sten Mai 1853 für die Stadt Myslowitz	8	40
3. "	83	Betr. die Feststellung der Präclusivfrist für Reclamationen gegen die Klassen- und Gewerbesteuer-Veranlagung	7	35
6. "	66	Patent-Verleihung an den Fabrikanten B. Havemann in Berlin	6	32
6. "	71	Dito an den Steuer-Supernumerar W. Ballerstedt in Cöln	6	32
6. "	72	Dito an den Ingenieur Herrmann Fuhst in Wernigerode........	6	32
8. "	94	Polizei-Verordnung, wonach der Verkauf von Mundstücken oder Saugstöpseln von Kautschuk, welche mit Blei- und Zink-Oxyd verfälscht sind, verboten wird	8	39
12. "	103	Betr. die verkaufte Forstparcelle, genannt der große Spoletznik zu Königlich Radoschau	9	41
13. "	78	Patent-Verleihung an den Fabrikanten Casiraghi in Zeitz	7	36
13. "	86	Dito an den Stadtbaurath Licht in Danzig und den Baumeister Friedrich Hoffmann in Berlin	7	36
13. "	89	Betr. die Aufhebung eines Patents	7	36
13. "	96	Betr. die Kreis-Communal-Chaussee von Zawadzki nach Pawonkau und die Chausseegeldhebestelle an der Gabormühle	8	40
17. "	105	Betr. die Verlegung der Chausseegeld-Hebestelle von Grüben nach Mahlendorf	9	41
21. "	114	Betr. die Feststellung der Termine für die Wollmärkte in Oberschlesien	10	45
25. "	121	Betr. die Resultate des Schullehrer-Pensions- und Unterstützungsfonds pro 1861	11	47
27. "	98	Patent-Verleihung an den Königl. Commerzien-Rath Borsig in Berlin .	9	41
27. "	102	Dito an den Kammmacher Victor Scheidt in Cöln	9	41
27. "	104	Dito an den Ingenieur J. H. Habrich zu Sudenburg bei Magdeburg ..	9	41
27. "	107	Dito an den Kaufmann Albert Graffée in Königstein	9	41
6. März	117	Betr. die Aufhebung eines Patents	11	47
6. "	137	Betr. die dem Anbauer W. Nother zu Zauchwitz ertheilte Befugniß zur Ausstellung von Attesten bei Pferde-Verkäufen ꝛc.	12	51
7. "	152	Bekanntmachung wegen Instandsetzung der Wege und Brücken, sowie Nachpflanzung der eingegangenen oder beschädigten Straßenbäume	14	59
13. "	124	Patent-Verleihung an den Maschinen-Fabrikanten Ewald Hilger zu Essen an der Ruhr	11	47
13. "	128	Betr. die Verlängerung des an den Mechaniker F. J. Graf zu Haasen unterm 13ten December c. 1857 ertheilten Patents..........	11	48
13. "	130	Betr. die Aufhebung eines Patents	11	48
13. "	142	Betr. die Anerkennung der zu Kattowitz errichteten selbständigen Curatie, von Amtswegen	13	56
15. "	139	Betr. die Abbildung des Preußischen Adlers, in der durch eine Zeichnung dargestellten Form, zur Bezeichnung der Waaren oder Etiquetten für alle Preußischen Fabrikanten	12	51
16. "	157	Betr. die verkauften, in der Gemarkung Chwallowitz gelegenen Forstparcellen	14	59
24. "	147	Betr. die Hinweisung auf die Bekanntmachung, betreffend die Herabsetzung der Zinsen der Staats-Anleihen von 1850 und 1852 von 4½ auf 4 Procent	13	53

Datum	Nr.	Inhalt	Seite
25. März 62.	167	Betr. den Taxpreis eines Blutegels für die Zeit vom 1sten April bis ult. September ꝛc.	14
25. "	171	Betr. das zu beobachtende Verfahren bei der Anstellung naturalisirter Ausländer im diesseitigen Staats-, Kirchen- und Schuldienste	15
27. "	138	Patentverleihung an den Nadelfabrikanten Witte zu Iserlohn	13
27. "	161	Betr. den Bezirk der Synagogen-Gemeinde zu Ober-Lagiewnik	14
27. "	185	Betr. die Einverleibung einer Dominialackerparcelle mit dem Gemeinde-Verbande von Czernitz	16
28. "	168	Nachweisung der Wahlbezirke und der in denselben zu wählenden Abgeordneten	14
28. "	176	Nachtrags-Verzeichniß der Bauhandwerker betr.	15
28. "	186	Betr. die Einverleibung einer Forstparcelle mit dem Gemeindebezirke von Chroscütz	16
—	—	Betr. die Concession und die Statuten der Nordischen Feuer- und Lebens-Versicherungs-Gesellschaft zu Aberdeen	Ext.-St.
2. April	180	Betr. die Herabsetzung des Zinsfußes der Staats-Anleihen von 1850 und 1852	15
3. "	143	Betr. die Aufhebung eines Patents	14
3. "	153	Patent-Verleihung an den Mechanikus Kaspar Trinks zu Helmstedt	14
3. "	164	Dito an den Segelmacher und Bootsbaumeister Ludwig Robert Sagelsdorff zu Stettin	14
3. "	156	Betr. die Aufhebung eines Patents	14
3. "	181	Betr. die Verlegung des Jahrmarkts zu Oppeln vom 28sten April auf den 12ten Mai 1862	15
3. "	183	Betr. die Namhaftmachung derjenigen Kassen und Behörden, bei welchen die Nummer-Verzeichnisse über die stattgehabte Verloosung von Staatsschuldverschreibungen, zur Einsicht ausgelegt sind	15
3. "	190	Betr. die Zuweisung der jüdischen Einwohner von Rudnypiekar und Larischhof, dem Synagogenbezirke zu Tarnowitz	16
4. "	179	Betr. die Verlegung der Jahrmärkte in den Städten Peiskretscham, Beneschau und Berun	15
8. "	191	Betr. die Verlegung der zu Krascheow bestandenen Unterreceptur, nach Malapane	16
10. "	192	Betr. die Ernennung des Landraths von Selchow zum Stellvertreter des Wahl-Commissarius im VII. Bezirk	16
12. "	207	Betr. die unentgeltliche Ausstellung der Todtenscheine für die Civil-Pensionaire ꝛc. von Seiten der Geistlichen	17
16. "	206	Betr. die Verlegung des Pferde-Markts zu Creutzburg vom 28. auf den 29. April	17
17. "	195	Patent-Verleihung an den Techniker G. Hübner zu Berlin	16
17. "	196	Patent-Verleihung an den Mechaniker J. M. März in Berlin	16
17. "	197	Dito an den Kaufmann J. H. F. Prillwitz in Berlin	16
17. "	198	Dito an den Schlosser Herrmann Urbahn in Berlin	16
17. "	203	Dito an den Kaufmann J. H. F. Prillwitz in Berlin	16
17. "	204	Dito an den Professor Dr. Schwarz zu Breslau	16
17. "	227	Betr. die Eintheilung der Parochien für evangelische Christen in den Kreisen Leobschütz und Groß-Strehlitz	19
19. "	223	Nachweisung über den Geschäftsbetrieb und die Resultate der Sparkassen im diesseitigen Regierungsbezirk pro 1861	25
21. "	225	Dem Weber Stotz aus Pleß ist die Erlaubniß ertheilt worden milde Gaben für das ev. Waisenhaus zu Altdorf einzusammeln	19
22. "	217	Betr. dem Erbrichter Kosch in Leimerwitz ertheilte Befugniß zur Ausstellung von Attesten an Pferdeverkäufer ꝛc.	19
22. "	219	Betr. die in Bezug auf das Gehalt verbesserten Lehrer- und Adjuvantenstellen	19

23. April 62.	226	Betr. das Fähr- und Brücken-Reglement für die Fähr- und Schiffbrücke bei Krappitz	19	93
26. "	215	Betr. die Ernennung des bisherigen Regierungs-Raths von Jeetze zum Ober-Regierungs-Rath und Abtheilungs-Dirigenten	18	89
27. "	234	Betr. die dem Schulzen Krämer zu Piltsch ertheilte Befugniß zur Ausstellung von Attesten an Pferdeverkäufer ꝛc.	20	99
27. "	235	Betr. die dem Schullehrer Kleinert zu Poppelau ertheilte Befugniß zur Ausstellung von Attesten für Pferdeverkäufer ꝛc.	20	99
29. "	238	Betr. das Engagement von Personen zu ländlichen Arbeiten für Gutsbesitzer ꝛc.	20	99
30. "	233	Betr. die Abänderung der Vorschriften bei Ausstellung von Leichenpässen in den Kaiserlich-Königlichen Oesterreichischen Staaten	19	95
30. "	237	Namhaftmachung der bestätigten Mitglieder für das Curatorium der Kreis-Sparkasse zu Creutzburg	20	99
—	159	Betr. das Regulativ über die Portofreiheit in Staats-Dienst-Angelegenheiten	Ext. Beil. zu Nr. 15.	
3. Mai	243	Betr. die vertauschte Forstfläche von 3 Morgen 79 ☐Ruthen aus dem Jagen 55 Abtheilung 6 der Oberförsterei Poppelau	20	100
8. "	223	Betr. die Aufhebung eines Patents, sowie die Verleihung eines neuen Patents an den Ingenieur Kayser in Breslau	19	96
8. "	229	Patent-Verleihung an den Baumeister Julius Fölsche in Magdeburg	19	96
8. "	230	Betr. die Aufhebung eines Patents	19	96
8. "	231	Desgleichen	19	96
8. "	232	Desgleichen	19	96
8. "	262	Betr. die Verlegung der Zollhebestelle an der von Thürnagel-Schacht der Hoym-Grube bis Colonie Karlseegen führenden Chaussee	22	105
9. "	254	Betr. die Belobung des Häuslers Ignatz Nierobisz	22	105
12. "	249	Betr. den Lehr-Cursus in polnischer Sprache im hiesigen Königlichen Hebammen-Institut	21	103
16. "	258	Betr. das Umherziehen der Tonkünstler, Sänger und Declamatoren im diesseitigen Regierungs-Bezirk	22	105
16. "	267	Betr. die Untersuchungs-Verhandlungen in Gewerbsteuer-Contraventionen ꝛc.	23	112
18. "	270	Betr. die Wahl eines Mitgliedes für das Curatorium der Kreissparkasse zu Rybnik	23	112
22. "	245	Betr. die Aufhebung eines Patents	21	103
22. "	246	Desgleichen	21	103
22. "	247	Patent-Verleihung an den Pianoforte-Fabrikanten C. Scholtz in Breslau	21	103
24. "	269	Die Gräflich Burghaus-Badewitzer Stiftung im Kreise Leobschütz ist erledigt	23	112
24. "	322	Die Bestätigungs-Urkunde betreffend die revidirten Statuten der in den Beuthen domicilirenden Schlesischen Bergwerks- und Hütten-Actien-Gesellschaft „Vulkan"	Ext. Beil. zu Stck. 27.	
26. "	287	Betr. den Verkauf der Tanninseife	24	117
26. "	292	Betr. die, bei Aufnahme neuanziehender Personen, zu beobachtenden Bestimmungen	24	118
29. "	251	Patent-Verleihung an den Ingenieur Emil Fleischbauer in Eisenach	22	105
29. "	289	Die Aichungs- und Stempelungsgebühren einer Elle betragen 1 Sgr. 3 Pf.	24	117
30. "	280	Uebersicht der Bevölkerung im Regierungsbezirk Oppeln am Ende des Jahres 1861	24	118
3. Juni	299	Betr. die Polizei-Verordnung zur Ergänzung der Wege-Polizeiordnung vom 19ten Februar 1861	25	127
3. "	302	Betr. die Lese-Fibel für Blinde in erhabenem Druck	25	127

				7
3. Juni 62.	303	Betr. die Termine zu den im Schullehrer-Seminar zu Ober-Glogau anberaumten Prüfungen	25	127
6. "	297	Betr. die von dem Major von Rappard bearbeitete topographisch-statistische Karte des Regierungs-Bezirks Oppeln	25	127
6. "	312	Betr. die Feststellung des Sostrums für die Aerzte bei Kuren mittelst des electrischen Inductions-Apparates	26	134
11. "	313	Betr. die Wahl und die Bestätigung der Mitglieder für das Curatorium der Kreissparkasse zu Rosenberg	26	134
12. "	273	Patent-Verleihung an den Kaufmann J. H. F. Prillwitz in Berlin	24	122
12. "	274	Dito an den Kaufmann Otto Kühnemann in Stettin	24	117
12. "	290	Dito an den Büchsenmacher G. Teschner in Frankfurt a/O	24	122
12. "	311	Betr. die Vereinigung des Rittergutes Ellguth-Coustadt mit dem städtischen Gemeinde-Bezirke Constadt	25	127
18. "	327	Betr. die zukünftige Ausfertigung der Heimathsscheine für Preußische Unterthanen, zum Zweck des Aufenthalts in den durch die Gothaer Convention vom 15ten Juli 1851, vereinigten Staaten	27	137
18. "	343	Betr. die Einführung des Turnunterrichtes in die Volksschulen	28	141
19. "	294	Patent-Verleihung an den Ingenieur W. H. Chr. Voß in Berlin	26	134
19. "	298	Betr. die Aufhebung eines Patents	26	134
19. "	301	Dito an den Mühlenbaumeister Drauen zu Burtscheid	26	135
19. "	295	Betr. die Aufhebung eines Patents	26	135
20. "	333	Betr. die Absendung der Quittungsbescheinigungen der Staatsschulden-Tilgungskasse an die-betreffenden-Specialkassen	27	137
21. "	328	Betr. die Gründung einer katholischen Waisen-Verpflegungs-Erziehungs- und Unterrichts-Anstalt in Gleiwitz	27	137
21. "	330	Betr. die Zulassung des Debits von Loosen zu der in Rom beabsichtigten Ausspielung von Gegenständen zu Gunsten Sr. Heiligkeit des Pabstes	27	137
26. "	315	Patent-Verleihung an den Dr. C. Schröder in Berlin	26	135
26. "	322	Dito an den Mühlenbauer Brami Andreae zu Bulau bei Magdeburg	26	135
26. "	323	Dito an den Civil-Ingenieur W. R. Schürmann in Elberfeld	26	135
—	—	Betr. die Concession und die Statuten der Lebens- und Renten-Versicherungs-Gesellschaft Royale-Belge zu Brüssel	Extr. Beil. ½ Stck. 28.	
1. Juli	352	Betr. die dem Schullehrer Novobilsky zu Gostin ertheilte Befugniß zur Ausstellung von Attesten für Pferde-Verkäufer :c.	29	145
1. "	360	Betr. desgleichen dem Schulzen Czauderne zu Gacz	30	148
3. "	349	Betr. die dem Gemeinde-Verbande Rosmierz einverleibten Grundstücke	29	145
10. "	354	Betr. die Vereinigung von Mühlenbesitzungen mit dem Gemeindebezirke der Stadt Rhynik	30	148
13. "	364	Betr. den Debit auf die Tanninbalsam-Seife	31	153
15. "	366	Betr. die Eröffnung des Soolbades zu Goczalkowitz im Kreise Pleß	31	153
17. "	362	Der Zuschlag von 25% zur klassificirten Einkommensteuer und Klassensteuer ist vom 1sten Juli c. ab nicht weiter zu erheben	30	148
20. "	372	Betr. die nähere Bezeichnung derjenigen fremden Reisenden, welche den Vorschriften der Verordnung vom 7ten April 1838 §. 8 c. nicht untergestellt sind	31	153
22. "	381	Betr. die Erhebung des Chaussee-Geldes bei der Hebestelle zu Lichinia	32	155
24. "	341	Patent-Verleihung an den Brauereibesitzer H. Heine und den Mechaniker H. Schatten zu Cassel	30	148
24. "	347	Dito an den Civil-Ingenieur Josef Friedländer in Berlin	30	148
24. "	348	Betr. die Aufhebung eines Patents	30	148
26. "	374	Betr. die Ernennung des Schichtmeisters Golombek zum Rendanten des Berg-Michungs-Amts in Tarnowitz	31	153
26. "	379	Betr. die Anberaumung eines Marktes in Carlsruh	32	155
27. "	369	Betr. die Schrift „Praxis der Preußischen Gerichte in Kirchen-, Schul- und Ehesachen. Leipzig bei Tauchnitz 1862"	31	153

28. Juli 62.	375	Betr. die Verleihung der Rechte einer juristischen Person der Braugesellschaft zu Neisse	31	153
4. August	386	Betr. den zur Eröffnung der kleinen Jagd festgesetzten Termin	32	155
7. "	378	Betr. die Aufhebung eines Patents	32	155
8. "	396	Betr. die vom Königlichen Forst-Fiscus an die Witollaschen Eheleute überlassene Wiese	34	163
12. "	399	Das Rittergut, Bad und Dorf Nieder-Jastrzemb hat den Namen „Königsdorf-Jastrzemb" erhalten	34	163
12. "	409	Betr. die von dem Königlichen Forst-Fiscus an mehrere Interessenten verkauften Gonschlorowitzer Wiesen-Parcellen	35	167
13. "	416	Dem Kürschnermeister K. B. Weniger zu Neisse ist gestattet worden den Familien-Namen „Aulich" zu führen	36	173
14. "	388	Patent-Verleihung an den Maschinen-Fabrikanten L. Schwarzkopff in Berlin	33	161
14. "	414	Betr. die Einverleibung des sogenannten Radumacz-Teiches mit dem Gemeinde-Verbande von Lonczyst	35	168
14. "	408	Betr. die Belobung des Hütten-Assistenten Joseph Ottenburger	37	180
16. "	406	Betr. die Einsetzung einer besonderen Kreis-Prüfungs-Commission für Buchbinder in Groß-Strehlitz	35	168
18. "	407	Die gekrönte Preisschrift, das Vorkommen und die Entstehung des Milzbrandes betr., wird sowohl Landwirthen als Medicinalbeamten empfohlen	35	168
19. "	417	Betr. die Verlegung der Chausseegeldhebestelle zu Czarnowanz von Station 0,78 nach Station 0,86	36	173
21. "	394	Betr. die Aufhebung eines Patents	34	163
21. "	401	Patent-Verleihung an den Civil-Ingenieur G. A. Siebrecht in Kassel	34	163
21. "	402	Desgleichen an den Fabriken-Commissarius J. G. Hofmann zu Breslau	34	163
22. "	421	Betr. die Errichtung eines neuen evangelischen Knaben-Rettungshauses in Friedland O. S.	36	173
25. "	415	Betr. die Ernennung des Regierungs-Rath Sack zum Ober-Regierungs-Rath und Abtheilungs-Dirigenten	35	167
25. "	426	Betr. das Ergebniß des Hornvieh-Assecuranz-Societäts-Fonds am Ende des Jahres 1861	36	174
26. "	428	Betr. die Erhebung des tarifmäßigen Chausseegeldes für 1 und resp. 1/2 Meile bei den Hebestellen zu Ostrosnitza und Schindros	36	174
29. "	458	Betr. die Belobung mehrerer Bewohner aus Wiersche, Kreis Rosenberg	38	187
1. September	448	Betr. die Auflösung der für die Einwohner auf sämmtlichen Gütern der Herrschaft Beuthen-Siemianowitz bestehenden Sparkasse	37	180
2. "	455	Betr. die Ertheilung der Approbation als Hebamme der verehelichten Sigismund in Antonienhütte	38	187
4. "	419	Betr. die Aufhebung eines Patents	36	174
4. "	422	Patent-Verleihung an den Civil-Ingenieur Windhausen in Duderstadt und den Kaufmann Ed. Heinson Huch in Braunschweig	36	174
4. "	423	Desgleichen an den Maschinenfabrikanten H. Haefner in Chemnitz	36	174
4. "	434	Desgleichen an den Maschinenfabrikanten Albert Fesca zu Berlin	36	174
4. "	425	Desgleichen an den Mechaniker Kaspar Trinks in Helmstedt	36	174
4. "	454	Betr. die dem Schullehrer Salzbrunn zu Chronstau ertheilte Befugniß zur Ausstellung von Attesten an Pferde-Verkäufer ic.	38	187
8. "	462	Betr. die Versetzung der Stadt Groß-Strehlitz aus der 4ten in die 3te Gewerbesteuer-Abtheilung	38	188
9. "	469	Betr. die durch die kreisständische Versammlung zu Rosenberg beschlossene Erhöhung der Versicherungssätze für Rindvieh bei Verlusten durch die Rinderpest	38	188
11. "	440	Patent-Verleihung an den Dr. Hermann Grüneberg zu Kalk bei Deutz	37	180
11. "	446	Desgleichen an den Techniker Wilhelm Palm in Trier	37	180

11. Sept. 62.		449	Patent-Verleihung an den Kaufmann C. F. Pappenhans zu Berlin..	37	180
17.	″	473	Betr. die Formulare zu den Verzeichnissen für die nicht convertirten Schuldverschreibungen der Staats-Anleihen de 1850 und 1852	39	193
18.	″	453	Patent-Verleihung an den Nähmaschinen-Fabrikanten Ferd. Otto Schmidt zu Berlin	38	188
18.	″	438	Betr. die Aufhebung eines Patents	38	188
18.	″	459	Desgleichen	38	188
18.	″	460	Desgleichen	38	188
18.	″	463	Desgleichen	38	188
18.	″	467	Desgleichen	38	188
25.	″	477	Patent-Verleihung an den Kaufmann J. H. F. Prillwitz zu Berlin....	38	188
27.	″	490	Quittungs-Bescheinigungen der Staatsschulden-Tilgungskasse über die eingezahlten Domainen-Veräußerungs-Capitalien, sind den Specialkassen zugesandt worden	41	200
27.	″	505	Betr. die dem Schullehrer Stoklossa zu Lissowitz ertheilte Befugniß zur Ausstellung von Attesten für Pferde-Verkäufer ꝛc.	43	209
30.	″	484	Betr. die Umwechselung der inländischen Scheidemünzen gegen Courant bei den Staats-Kassen	41	199
2. October 1862.		488	Betr. die Verschärfung bereits ertheilter Maaßregeln, um einer Einschleppung der Rinderpest vorzubeugen	41	200
3.	″	495	Betr. die Festsetzung des Taxpreises eines Blutegels für die Zeit vom 1sten October d. J. bis ult. März k. J.	42	204
10.	″	506	Betr. die dem Schulzen Franz Fleischer zu Bieskau ertheilte Befugniß zur Ausstellung von Attesten für Pferde-Verkäufer ꝛc.	43	209
10.	″	509	Betr. die Druckschrift betitelt „Feuerlösch-Regeln für Jedermann"	43	209
13.	″	594	Betr. die Anlage einer Apotheke in Antonienhütte	51	253
16.	″	496	Patent-Verleihung an die Handels-Gesellschaft Weyer & Comp. in Barmen	42	204
—		—	Betr. die Concession und die Statuten der Sächsischen Hypotheken-Versicherungs-Gesellschaft in Dresden	Extr. Beil. zu Nr. 42.	
17.	″	512	Betr. den Ausbruch der Rinderpest in dem nur 1½ Meile von der Landesgrenze entfernten Vorwerke Czardowicsna in Galizien	43	209
17.	″	514	Betr. die Ernennung des Oberbau-Inspectors Fessel zum Mitgliede der Prüfungs-Commission für die Candidaten der Feldmeßkunst	44	211
18.	″	522	Das Betreten der Gasometer-Gebäude mit Licht, darf in anderer Weise als mittelst der Dawy'schen Sicherheits-Lampe nicht stattfinden	44	211
20.	″	515	Betr. die Ergänzung des §. 25 der Wegepolizei-Ordnung vom 19ten Februar 1861	44	211
21.	″	528	Dem aus Bauerstellen zu Poblom gebildeten Wirthschaftshofe ist der Name „Vorwerk Paulshof" beigelegt worden	45	216
23.	″	503	Patent-Verleihung an den Fabrikbesitzer E. Hoppe in Berlin	43	210
23.	″	508	Desgleichen an den August Thunes zu Rheydt	43	210
23.	″	504	Betr. die Aufhebung eines Patents	43	210
—		—	Betr. die Concession und die Statuten der Allgemeinen Renten-Anstalt...	Extr. Beil. zu Stck. 43.	
23.	″	527	Betr. die Einverleibung der Bauerstelle Nr. 31 mit dem Gemeindebezirke Klein-Wilkowitz	45	216
24.	″	524	Betr. die ausgesetzte Prämie von 50 Thlr. für die Entdeckung des Brandstifters in Woischnik	44	211
25.	″	532	Bau-Polizei-Ordnung für das platte Land des Regierungsbezirks Oppeln	45	216
27.	″	535	Betr. die angeordneten Grenzsperrmaßregeln zur Verhütung der im Königreich Polen ausgebrochenen Rinderpest	45	222
27.	″	538	Betr. die Belobung des Gymnasiasten Hoffmann aus Ratibor	45	223

Datum	Nr.	Betreff		
30. October 1862.	517	Patent-Verleihung an den Königlichen Commerzienrath G. S. Heckert zu Staßfurt	44	212
8. Novbr.	531	Desgl. an den Theodor Würtz zu Leipzig	45	223
6. "	526	Betr. die Aufhebung eines Patents	45	223
6. "	533	Desgleichen	45	223
6. "	534	Desgleichen	45	223
7. "	545	Betr. die angeordneten Grenzsperrmaßregeln zur Verhütung der Einschleppung der Rinderpest	46	227
7. "	551	Betr. den Flachs-Markt in Constadt	46	228
11. "	554	Betr. die Entrichtung der Gewerbesteuer von öffentlichen Badeanstalten	47	233
13. "	542	Patent-Verleihung an den Maschinenfabrikanten Richard Hartmann in Chemnitz	46	228
13. "	543	Desgleichen an den R. Strecker in Berlin	46	228
13. "	547	Desgleichen an den Fabrikanten Joseph Thoma zu Bingen bei Sigmaringen	46	228
—	—	Betr. die Concession und die Statuten der National-Provinzial-Spiegelglas-Versicherungs-Gesellschaft zu London	Ext. Beil. z. Stck. 46.	
13. "	563	Betr. die Aufbewahrung der Wollabgänge in feuersicheren Räumen	49	243
14. "	564	Betr. den Umtausch der Herzoglich-Sachsen-Gothaischen Kassen-Anweisungen	48	235
14. "	571	Betr. die Sammlung oder Leistung von Beiträgen zu einer Collecte	48	235
17. "	565	Betr. die gestiftete Mädchenschule zu Tropplowitz	49	243
19. "	570	Betr. die Namhaftmachung der Ausführungs-Commissarien für die Veranlagung der Gebäudesteuer	48	235
19. "	577	Betr. die dem Scholzen Anton Palka zu Groß-Chelm ertheilte Befugniß zur Anstellung von Attesten für Pferde-Verkäufer	49	243
20. "	558	Patent-Verleihung an die Mechaniker Siemens und Halske in Berlin	47	233
20. "	559	Betr. die Aufhebung eines Patents, sowie Verleihung eines neuen an den Nähmaschinen-Fabrikanten Ferdinand Otto Schmidt in Berlin	47	233
22. "	572	Betr. diejenigen ländlichen Ortschaften, in denen eine überwiegende Anzahl von Wohngebäuden durch Vermiethung benutzt wird	48	236
25. "	580	Betr. die Abhebung der Forderungen in fiscalischen Kassen in dem Jahre, in welchem diese fällig geworden	49	243
26. "	579	Betr. das Durchschleusen der Schiffe und Holzflöße auf den Flüssen und Kanälen im diesseitigen Regierungs-Bezirk	49	243
4. Decbr.	573	Patent-Verleihung an den Kaufmann J. H. F. Prillwitz in Berlin	49	243
4. "	574	Desgleichen an den Kupferschmiedemeister Emil Schulz in Chodziesen	49	243
4. "	575	Betr. die Aufhebung eines Patents	49	244
4. "	576	Desgleichen	49	244
4. "	578	Betr. die Verlängerung des an den Baumeister Fr. Hoffmann in Berlin verliehenen Patents	49	244
5. "	595	Betr. die Martini-Durchschnitts-Preise pro 1862 von Getreide, Rauchfutter, Erbsen und Kartoffeln	51	253
8. "	604	Betr. die Bestätigung der in das Curatorium der Kreissparkasse zu Lublinitz gewählten Mitglieder	51	254
11. "	589	Patent-Verleihung an Kaufmann J. H. F. Prillwitz in Berlin	50	249
—	—	Betr. die Concession und die Statuten der Lebensversicherungs-Actien-Gesellschaft „Le Conservateur"	Ext. Beil. z. Stck. 50.	
17. "	612	Betr. die Bestätigung der in das Curatorium der Kreissparkasse zu Leobschütz gewählten Mitglieder	52	258
18. "	592	Patent-Verleihung an den Ingenieur Kayser in Breslau	51	254
18. "	593	Desgleichen an den Herren Emil Lauffer und Fritz Lauffer in Berlin	51	254
18. "	596	Desgleichen an den Kaufmann J. H. F. Prillwitz in Berlin	51	254
18. "	601	Desgleichen an denselben	51	254
18. "	613	Betr. das neu errichtete Vorwerk im Coseler Kreise mit Namen Kreutzhof	52	258

	—		Betr. die Concession und die Statuten der Feuer-Versicherungs-Gesellschaft zu Amsterdam vom Jahre 1771	Ext. Beil.	z. Stck. 51.
21. Decbr. 1861.	608		Betr. die von dem verstorbenen Kreis-Gerichts-Director Babka den kath. Stadtschulen zu Ratibor und Tost zugewendeten Legate	52	258
25. "	607		Patent-Verleihung an den Maschinenfabrik-Besitzer Wilhelm Schmidt in Berlin	52	258
25. "	610		Desgleichen an den Kaufmann J. H. F. Prillwitz in Berlin	52	258
25. "	611		Desgleichen an den ꝛc. Eugen Langen in Cöln	52	258

IV. Bekanntmachungen des Königlichen Appellations-Gerichts zu Ratibor.

28. Decbr. 1861.	16		Betr. die Erinnerung an die gesetzliche Bestimmung, der zufolge von Todesfällen sofort bei den Gerichten schriftlich oder mündlich Anzeige zu machen ist	2	7
7. Febr. 1862.	92		Betr. die Verlegung der Abtheilung des Königlichen Kreis-Gerichts zu Beuthen für Strafsachen, von Tarnowitz nach Beuthen, so wie des Schwur-Gerichtssitzes von Gleiwitz nach Beuthen O. S.	8	40
25. "	115		Betr. die Bildung eines selbstständigen Schiedsmanns-Bezirkes unter Nr. 55	10	45
20. März	148		Desgleichen eines selbstständigen Bezirks unter Nr. 13	14	61
25. "	155		Betr. die im Departement, im Jahre 1861, von 770 Schiedsmännern verhandelten 28,199 Streitsachen.	14	61
17. "	252		Betr. die Bildung eines Schiedsmanns-Bezirks unter Nr. 58	22	106
20. "	259		Betr. die Auflösung des Schiedsmanns-Bezirks Nr. 16	22	106
20. "	260		Betr. die Bildung eines selbstständigen Schiedsmanns-Bezirkes Nr. 46. ...	22	106
10. Juni	304		Bekanntmachung, die Gerichtsferien betreffend	25	128
23. Juli	373		Betr. die Bildung eines Schiedsmanns-Bezirks Nr. 33	31	153
26. "	376		Betr. die Lostrennung der Ortschaft Sacken von dem Schiedsmanns-Bezirk Nr. 63 und die Vereinigung derselben mit dem Schiedsmanns-Bezirk Nr. 74.	32	155
2. October	493		Desgleichen der Ortschaft Ringwitz von dem Schiedsmanns-Bezirke Nr. 34 und die Vereinigung derselben mit dem Bezirke Nr. 31	42	204
18. Novbr.	566		Betr. die Bildung eines selbstständigen Schiedsmanns-Bezirks unter Nr. 52.	49	244
5. Decbr.	596		Desgleichen eines selbstständigen Schiedsmanns-Bezirks unter Nr. 80	51	254

V. Bekanntmachungen verschiedener Behörden.

22. Novbr. 1861.	691		Betr. die wiederholte öffentliche Kündigung der von dem Königlichen Credit-Institute für Schlesien ausgefertigten Pfandbriefe Litt. B.	2	7
14. Decbr.	4		Betr. die Constituirung des Pensions-Vereins der Rechtsanwalte und Notare der Provinz Schlesien, so wie die Wahl des Verwaltungs-Raths...	1	4
17. "	3		Betr. die Erlassung der ordentlichen Beiträge pro I. Semester 1862 für die Städte-Feuer-Societät der Provinz Schlesien	1	4
21. "	26		Betr. die Vereinigung zweier Bergwerke zu einem einzigen Bergwerke unter dem Namen „Consolidirte Paulusgrube".	3	12
1. Jan. 62.	22		Betr. die Martini-Durchschnitts-Marktpreise des Getreides	2	8
1. "	23		Desgleichen zum Zweck der Ermittelung des Geldbetrages der in Gelde abzuführenden Roggenrente.	2	9
1. "	18		Betr. die im diesseitigen Ober-Post-Directions-Bezirke vacanten contractlichen Postdienststellen.	2	9
2. "	30		Betr. den Termin für die Schwurgerichts-Sitzungsperiode zu Gleiwitz ...	3	12
4. "	64		Betr. die im Rechnungsjahr 1861 als gerichtlich amortisirt nachgewiesenen Staatspapiere	5	29
6. "	41		Betr. die Militairpflichtigen, welche zum einjährigen freiwilligen Militairdienst zugelassen zu werden wünschen	4	23
6. "	59		Betr. die Präparanden-Prüfung im Seminar zu Münsterberg pro 1862 ...	5	28

2*

9. Jan. 62.	73	Betr. den Termin zur Aspiranten- und Commissions-Prüfung im Schullehrer-Seminar zu Creutzburg	6	32
11. ,	38	Betr. den Termin für die Schwurgerichts-Sitzungsperiode in Ratibor	4	23
11. . ,	58	Betr. die diesjährige Lehrerinnen-Prüfung am evangelischen Schullehrer-Seminar zu Münsterberg	5	27
15. .,	48	Betr. die Aufkündigung Schlesischer Pfandbriefe nebst einem Verzeichnisse	4	24
15. ,	53	Betr. den Umtausch der im Verkehr sich befindenden Banknoten, à 50 Thlr. 1stes Mal	5	27
15. ,	53	Desgleichen 2tes Mal	11	48
15. ,	53	Desgleichen 3tes Mal	14	62
15. . ,	65	Betr. die Ausreichung neuer Dividenden-Scheine zu den Bankantheils-Scheinen 1stes Mal	5	29
15. ,	65	Desgleichen 2tes Mal	9	42
15. ,	65	Desgleichen 3tes Mal	13	55
15. ,	77	Die Prüfungs-Termine im katholischen Schullehrer-Seminar zu Breslau betreffend	6	33
21. ,	60	Betr. die vacanten Postdienststellen im Ober-Post-Directions-Bezirk Oppeln	5	28
27. ,	75	Betr. den Umtausch der Banknoten à 25 Thlr. und 10 Thlr.	6	33
7. Februar	90	Betr. die Beraubung der Königl. Personenpost auf der von Neustadt nach Oppeln führenden Poststraße	7	37
13. ,	99	Betr. die Errichtung einer Post-Expedition in dem Dorfe Czernitz	8	40
14. ,	100	Betr. die Belobung des Häuer Gottfried Hennicke	9	42
14. ,	101	Verzeichniß der Vorlesungen im Sommer-Semester 1862 an der Königl. landw. Academie zu Proskau	9	42
16. ,	109	Betr. die Uebersicht des Standes der ständischen Provinzial-Darlehns-Kassen-Scheine ult. December 1861	9	43
21. ,	112	Betr. die wiederholte Kündigung von Pfandbriefen Litt. B. 1stes Mal	10	46
21. ,	112	Desgleichen 2tes Mal	28	142
25. ,	113	Betr. den Termin für die Schwurgerichts-Sitzungsperiode in Ratibor	10	46
26. ,	119	Betr. die Verlegung des Wohnsitzes der Staats-Anwaltschaft von Tarnowitz nach Beuthen	10	46
Im Februar	85	Betr. die Vorlesungen im Sommerhalbjahr 1862 an den landwirthschaftlichen Academie zu Poppelsdorf	7	36
—	125	Betr. den Stundenplan für das Sommer-Semester 1862 an der Königl. landwirthschaftlichen Academie in Waldau	11	48
—	126	Betr. den Lectionsplan der Königlichen Preußischen staats- und landwirthschaftlichen Academie zu Eldena pro Sommersemester 1862	11	49
1. März	120	Betr. den Hinweisung auf das publicirte Betriebs-Reglement für die Preußischen Staats- und unter Staats-Verwaltung stehenden Eisenbahnen	Extr. Beil. z. Stck. 12.	
4. ,	127	Betr. die Namhaftmachung der concessionirten Markscheider im Ober-Bergamtsbezirke	11	49
5. ,	141	Bekanntmachung wegen der erschienenen Schrift „das Patent und Reglement für die Königliche allgemeine Wittwen-Verpflegungs-Anstalt"	13	56
7. ,	132	Betr. den Termin für die Schwurgerichts-Sitzungsperiode zu Neisse	12	51
15. ,	134	Betr. den wiederholten Aufruf gekündigter Pfandbriefe mit einem Verzeichniß	12	52
23. ,	150	Betr. den Termin für die Schwurgerichts-Sitzungsperiode in Oppeln	14	62
25. ,	154	Betr. die Sendungen, welche unter Band (Streif- oder Kreuzband) zur Beförderung mit der Post eingeliefert werden 1stes Mal	14	62
25. ,	154	Desgleichen 2tes Mal	18	89
25. ,	154	Desgleichen 3tes Mal	23	113
25. ,	154	Desgleichen 4tes Mal	27	137
25. ,	154	Desgleichen 5tes Mal	32	159
25. ,	154	Desgleichen 6tes Mal	36	175

25. März 1862.	169	Betr. die Ausgabe von Talons mit den neuen Dividendenscheinen von Seiten der Preußischen Bank	15	76
26. "	158	Betr. die Bestellung der Correspondenz nach einigen Ortschaften im Neustädter Kreise, Seitens der Post-Expedition zu Ober-Glogau	14	63
27. "	165	Betr. das An- und Abrollen der Frachtgüter auf der Eisenbahn-Station Cosel	14	63
—	162	Verzeichniß der auf der Universität zu Breslau im Sommer-Semester 1862 zu haltenden Vorlesungen	15	72
29. "	173	Betr. den Wegfall der bisherigen dritten Zone und die dadurch eingetretene Ermäßigung der Gebühren für interne Correspondenz	15	76
1. April	170	Betr. die vacanten Post-Dienststellen im Ober-Post-Directions-Bezirk	16	82
8. "	188	Betr. den Termin für die Schwurgerichts-Sitzungs-Periode in Beuthen	16	82
10. "	199	Betr. die Verlegung des Termins für die Schwurgerichts-Sitzungs-Periode in Neisse	16	82
13. "	205	Betr. die Aufnahme von Personen auf dem Personen-Postcourse zwischen Lublinitz und Zawadzki	16	82
15. "	212	Betr. den Termin für die Schwurgerichts-Sitzungs-Periode in Ratibor	17	87
17. "	213	Betr. die Errichtung eines besonderen Pensionats in der Landwirthschaftsschule zu Poppelau	19	96
18. "	228	Betr. die Wiederholungs- und Nachprüfung pro 1862 im Königl. Schullehrer-Seminar zu Steinau a. D.	19	98
19. "	220	Betr. die Commissions- und Rectorats-Prüfung pro 1862 ebendaselbst	19	97
Im April	218	Betr. das Programm zu dem 19ten Schlesischen Provinzial-Thierschaufeste	18	90
2. Mai	241	Betr. den Termin für die diesjährige Präparanden-, Wiederholungs- und Commissions-Prüfung im Schullehrer-Seminar zu Peiskretschau	20	100
7. "	253	Betr. die Untersuchungen von Dampfkesseln durch dazu bestellte Sachverständige	22	106
9. "	244	Reise- und Geschäfts-Plan zum Departements-Ersatz-Geschäft pro 1862 im Bezirke der 24sten Infanterie-Brigade	20	100
21. "	255	Betr. die Vernichtung von Rentenbriefen nebst den dazu gehörigen Zins-Coupons	22	106
21. "	256	Aufkündigung von ausgeloosten Rentenbriefen der Provinz Schlesien, 1stes Mal	22	107
21. "	256	Desgleichen, 2tes Mal	23	113
21. "	256	Desgleichen, 3tes Mal	24	122
22. "	261	Betr. den Termin für die Schwurgerichts-Sitzungs-Periode in Beuthen	22	110
22. "	265	Betr. den Termin für die Wiederholungs-, Commissions- und Präparanden-Prüfung im Schullehrer-Seminar zu Ober-Glogau	22	110
23. "	272	Betr. die Verleihung des Steinkohlenbergwerks Aemilius mit 1 Grubenbau und 1200 Maaßen gevierten Feldes, an den Königlichen Kammerherrn Grafen Hugo Henkel v. Donnersmark	23	116
28. "	296	Betr. die Ausgabe neuer Noten der Preußischen Bank zu 50 Rthlr.	25	128
30. "	275	Betr. die Eröffnung des Fürstenthumstages für den Johannistermin c. bei der Oberschlesischen Fürstenthums-Landschaft, 1stes Mal	23	116
30. "	275	Desgleichen, 2tes Mal	24	125
30. "	282	Betr. die Einrichtung von Telegraphen-Stationen in Creuzburg und Constadt	24	125
31. "	278	Betr. die Anmeldung der mit Tabak bepflanzten Aecker	23	116
2. Juni	288	Betr. den Termin für die Schwurgerichts-Sitzungs-Periode zu Neisse	24	126
4. "	284	Reise- und Geschäfts-Plan für die Departements-Ersatz-Commission im Bezirk der 23sten Infanterie-Brigade pro 1862	24	125
4. "	285	Betr. die Auszahlung der Pfandbriefs-Zinsen	24	125
7. "	308	Betr. den Umtausch gekündigter Pfandbriefe	25	130
10. "	306	Betr. die Provinzial-Städte-Feuer-Societäts-Beiträge pro II. Semester 1862	25	130

10. Juni 1862.	314	Namhaftmachung derjenigen Candidaten, welche die Prüfung pro rectoratu am evangelischen Schullehrer-Seminar zu Bunzlau bestanden haben	26	135
11. "	305	Betr. den Termin für die Schwurgerichts-Sitzungs-Periode in Oppeln	25	130
13. "	307	Betr. die Bestellung der Postsendungen nach jedem Orte des Landbezirks der Post-Expedition in Pitschen	25	130
13. "	309	Betr. die landschaftlich cassirten schlesischen Pfandbriefe	25	131
13. "	318	Aufforderung zum Declariren der Geld- und Werthsendungen, 1stes Mal	26	135
13. "	316	Desgleichen, 2tes Mal	35	168
13. "	316	Desgleichen, 3tes Mal	44	212
14. "	326	Betr. die vierte Verloosung von Schlesischen Provinzial-Obligationen, 1stes Mal	27	138
14. "	326	Desgleichen, 2tes Mal	40	196
14. "	326	Desgleichen, 3tes Mal	45	223
14. "	326	Desgleichen, 4tes Mal	49	244
15. "	317	Betr. die künftige Bestellung der Postsendungen nach den Ortschaften Wygoda und Jahrzeg	26	136
16. "	319	Desgleichen nach den Ortschaften Ober-, Nieder- und Mittel-Neuland &c.	26	136
17. "	320	Betr. die Abänderung der Vorschrift sub X. im §. 20 des Post-Reglements vom 21sten December 1860	26	136
18. "	331	Betr. das Steinkohlenbergwerk Baingow bei Baingow	27	140
20. "	324	Betr. die künftige Bestellung der Postsendungen nach der Ortschaft Boblowitz	26	136
24. "	329	Betr. die für die Hufeland'sche Stiftung eingegangenen Beiträge pro 1861	27	140
25. "	334	Betr. die Namhaftmachung der zur Revision von Dampfkesseln bestellten Sachverständigen	27	140
28. "	336	Betr. die Errichtung einer Post-Expedition zu Jastrzemb	28	143
1. Juli	338	Betr. die vacanten Post-Dienststellen im diesseitigen Ober-Post-Directions-Bezirk	28	143
8. "	358	Betr. die am evangelischen Schullehrer-Seminar zu Steinau a. D. stattgefundene Prüfung pro rectoratu	30	149
8. "	365	Betr. den Termin für die Lehrerinnen-Prüfung im Seminar zu Steinau a. D.	31	154
9. "	383	Betr. die Ernennung des ehemaligen Belgischen Consul A. F. Sponholz zum General-Agenten für die Berliner allgemeine Wittwen-Pensions- und Unterstützungs-Kasse	32	159
9. "	432	Einpfarrungs-Decret, die evangelische Kirche in Nicolai betreffend	37	180
9. "	433	Desgleichen, betr. die Zuweisung der im Kreise Pleß belegenen Ortschaften Kralowa &c. zur evangelischen Kirche zu Sohrau, Kreis Rybnik	37	181
9. "	434	Desgleichen, die evangelische Kirche zu Anhalt, Kreis Pleß, betr.	37	182
9. "	435	Desgleichen, die evangelische Kirche zu Golassowitz, Kreis Pleß, betr.	37	182
9. "	436	Betr. die Umgrenzung des Pfarrbezirks der evangelischen Kirche zu Pleß	37	183
13. "	350	Betr. den Termin für die Präparanden-Prüfung im Seminar zu Steinau a. D. pro 1862	29	145
13. "	355	Betr. die Einrichtung neuer Post-Anstalten im diesseitigen Departement	30	148
15. "	356	Betr. die Aufkündigung Schlesischer Pfandbriefe, mit einem Verzeichnisse	30	149
15. "	370	Betr. die Ernennung des Pastors Flößel zum Superintendenten der Diöcese Glogau	31	154
22. "	380	Betr. das Ergebniß der Rechnung der Provinzial-Städte-Feuer-Societäts-Casse für das Jahr 1861	32	155
31. "	382	Die Colonie Freidorf ist dem Bestellbezirke der Post-Expedition Pitschen zugetheilt worden	32	160
Im Juli	359	Betr. die stattgehabte Revision und Abnahme der Rechnung über den Sicherheits-Fonds der neuen landschaftlichen Pfandbriefe pro 1862,63	30	149
2. August	389	Betr. die Sperrung der Bürgerwerder-Schleuse in Breslau	33	161
4. "	301	Betr. den Markscheider, Feldmesser Carl Gäbler zu Beuthen	33	161

Datum	Nr.	Inhalt	Stück	Seite
6. August 1862.	392	Betr. die Prämien-Vertheilung an Sparkassen-Interessenten und an Gesindepersonen aus der Schlesischen Provinzial-Hülfs-Casse	34	163
7. "	403	Betr. die Abhaltung der Rectorats-Prüfung in dem evangelischen Schullehrer-Seminar zu Münsterberg	34	165
7. "	404	Desgleichen der Commissions-Prüfung ebendaselbst	34	165
11. "	395	Betr. den Erleuchtungs-Materialien-Etat für Kantounements-Wachen	34	164
15. "	400	Betr. den Termin für die Schwurgerichts-Sitzungs-Periode zu Ratibor	34	165
16. "	445	Betr. die Canonicus Kasper Joseph Therer'sche Studentenstiftung	37	185
21. "	416	Betr. den diesjährigen 2ten Semester-Termin zur Prüfung von Aspiranten zum einjährigen freiwilligen Militairdienst	36	175
23. "	430	Betr. den Umtausch bereits gekündigter Pfandbriefe	36	175
30. "	439	Betr. den Debit der mit Stempelzeichen versehenen Wechsel-Formulare	37	184
Im August	384	Betr. die Vorlesungen im Winterhalbjahr 1862/63 an der landwirthschaftlichen Academie zu Poppelsdorf	32	160
—	398	Betr. den Lections-Plan der Königlichen staats- und landwirthschaftlichen Academie zu Eldena für das Winter-Semester 1862/63	34	165
—	405	Betr. die auf der Universität zu Breslau im Winter-Semester 1862/63 zu haltenden Vorlesungen	35	168
—	413	Betr. die am evangelischen Seminar zu Münsterberg angeordnete zweite Prüfung für interimistisch angestellte Elementar-Lehrer	35	172
—	437	Betr. die Vorlesungen an der landwirthschaftlichen Academie zu Waldau im Winter-Semester 1862/63	37	184
3. Septemb.	441	Betr. den Termin für die Schwurgerichts-Sitzungs-Periode zu Beuthen	37	184
4. "	443	Betr. die Londoner Ausstellung und diejenigen Aussteller des hiesigen Departements, welchen Auszeichnungen zuerkannt worden sind	37	184
6. "	456	Betr. die neue Geschäfts-Anweisung für die Lotterie-Einnehmer	38	189
6. "	465	Betr. das Verzeichniß der Vorlesungen für das Winter-Semester 1862/63 an der landwirthschaftlichen Academie zu Proskau	38	189
8. "	457	Betr. die Zutheilung von Ortschaften der Post-Expedition zu Jastrzemb	38	189
8. "	464	Betr. die Regulirungsbauten des Blauen Canals	38	189
8. "	470	Betr. den wiederholten Aufruf gekündigter Pfandbriefe nebst einem Verzeichnisse	39	193
9. "	497	Betr. die Neuwahlen zweier Curatoren und zweier Stellvertreter für die Berliner allgemeine Wittwen-Pensions- und Unterstützungs-Kasse	42	205
10. "	475	Betr. die Feuersicherheit der Bedachung derjenigen Gebäude, welche mit Filz oder Pappe noch vor dem 25sten Mai 1861 eingedeckt worden sind	39	194
12. "	471	Betr. den Termin für die Schwurgerichts-Sitzungs-Periode in Neisse	39	194
27. "	496	Betr. die zukünftige Versorgung der Militair-Magazine mit Naturalien durch Ankauf von den Producenten	42	205
1. October	485	Betr. die im diesseitigen Ober-Post-Directions-Bezirk vacanten Post-Dienststellen	42	204
3. "	494	Betr. den Termin für die vierte Schwurgerichts-Sitzungs-Periode pro 1862 in Oppeln	42	204
8. "	501	Betr. die Bestimmung der Zeit zur Anmeldung des Wein-Gewinnes pro 1862	42	205
11. "	513	Betr. die Uebersicht der Verwaltungs-Resultate bei der allgemeinen Unterstützungs-Anstalt für katholische Schullehrer-Wittwen und Waisen pro 1861	44	213
21. "	516	Betr. die im hiesigen Ober-Post-Directions-Bezirk vacanten contractlichen Post-Dienststellen	44	212
21. "	521	Betr. den Termin für die Schwurgerichts-Sitzungs-Periode in Ratibor	44	213
24. "	520	Betr. die Errichtung einer Post-Expedition in Czeppelwitz	44	212

24. October 1862.	648	Betr. die Uebersicht der Verwaltungs-Resultate bei der allgemeinen Unterstützungs-Anstalt für evangelische Elementar-Schullehrer-Wittwen und Waisen	46	229
28. "	525	Betr. die Zutheilung von Ortschaften an die Post-Expeditionen Bodzanowitz, Guttentag, Landsberg und resp. Rosenberg	45.	225
3. Novbr.	541	Betr. den Termin für die Schwurgerichts-Sitzungs-Periode zu Beuthen	46	228
4. "	552	Betr. die Eröffnung des Fürstenthumstages bei der Oberschlesischen Fürstenthums-Landschaft für den Weihnachts-Termin 1862, 1stes Mal	47	233
4. "	552	Desgleichen 2tes Mal	48	236
11. "	555	Betr. die Vorprüfung der Projecte zu Dampfkessel-Anlagen auf den zum Geschäfts-Bezirke, der Herrschaftlich Myslowitz-Kattowitzer Bergwerks-Direction, gehörenden Bergwerken	47	233
15. "	556	Betr. die Vernichtung von Rentenbriefen nebst den dazu gehörigen Zins-Coupons	47	234
15. "	557	Betr. die Aufkündigung von ausgeloosten Rentenbriefen der Provinz Schlesien, 1stes Mal	48	237
15. "	557	Desgleichen, 2tes Mal	49	246
15. "	557	Desgleichen, 3tes Mal	50	249
19. "	567	Betr. die Errichtung einer Post-Expedition in Schweinsdorf.	49	248
25. "	586	Betr. den Umtausch gekündigter Pfandbriefe	50	251
29. "	583	Betr. den Termin für die Schwurgerichts-Sitzungs-Periode in Neisse	50	251
Im Novbr.	546	Betr. den Beginn eines neuen Semesters in der Ackerbauschule zu Popelau	46	228
2. Decbr.	585	Betr. die Aufnahme der Ortschaften Groß- und Klein-Mangersdorf und Graase in den Bezirk der Post-Expedition zu Löwen	50	251
2. "	587	Betr. die Auszahlung der Pfandbriefs-Zinsen	50	252
8. "	599	Betr. die theilweise Neubildung des Ehrenraths unter den Rechts-Anwalten beim Königlichen Ober-Tribunal	51	255
11. "	600	Betr. den Termin für die Schwurgerichts-Sitzungs-Periode in Oppeln	51	255
14. "	615	Betr. die stattgehabte 15te Verloosung von Pfandbriefen Litt. B.	52	259
19. "	616	Betr. die ordentlichen Beiträge zur Provinzial-Städte-Feuer-Societät für das Jahr 1862	52	261
20. "	617	Betr. die Aufnahme von Personen, von der zwischen Ober-Glogau und Zülz fahrenden Personen-Post, in den Dörfern Wilkau, Rosenberg und Alt-Zülz	52	261

Druck von F. Wellhäuser in Oppeln.

— 1 —

Amts - Blatt
der Königlichen Regierung zu Oppeln.

Stück 1.   Oppeln, den 1. Januar   **1863.**

Allgemeine Gesetz-Sammlung.

(6) Das 42ste Stück der Gesetz-Sammlung enthält unter

Nr. 5632. Die Verordnung wegen Einberufung der beiden Häuser des Landtages der Monarchie. Vom 22sten December 1862.

Nr. 5633. Den Allerhöchsten Erlaß vom 10ten November 1862, betreffend die Verleihung der fiscalischen Vorrechte für den Bau und die Unterhaltung der Gemeinde-Chaussee von Allendorf an der Hüsten-Könthauser Staatsstraße, im Kreise Arnsberg, nach Leinschede an der Lenne-Straße, im Kreise Altena.

Nr. 5634. Den Allerhöchsten Erlaß vom 17ten November 1862, betreffend die Verleihung der fiscalischen Vorrechte für den Bau und die Unterhaltung der Gemeinde-Chaussee von der Wetzlar-Herborner Staatsstraße bei Hermansstein, nördlich über Blasbach, Hohensolms und Naubersbach nach der Herborn-Gladenbacher Straße bei Nieder-Weidbach, im Kreise Wetzlar.

Nr. 5635. Den Allerhöchsten Erlaß vom 20sten November 1862, betreffend die für Benutzung der Oberschleusen bei Cosel, Brieg, Ohlau und Breslau von Stammholzflößen zu entrichtenden Abgabe.

Nr. 5636. Den Allerhöchsten Erlaß vom 24sten November 1862, betreffend die Verleihung der fiscalischen Vorrechte für den Bau und die Unterhaltung der Gemeinde-Chaussee von Denklingen an der Wiehlmünden-Rother Bezirksstraße, im Kreise Waldbroel, Regierungsbezirk Köln, nach Morsbach, an der im Bau begriffenen Wissertal-Straße, und einer Zweig-Chaussee von Hülstert nach Bozberg an der Wiehlmünden-Rother Straße, an die Gemeinden Denklingen, Waldbroel und Morsbach.

Nr. 5637. Den Allerhöchsten Erlaß vom 1. December 1862, betreffend die Bestätigung eines Nachtrages zum Statute der Thüringischen Eisenbahn-Gesellschaft; und unter

Nr. 5638. Die Bekanntmachung der Ministerial-Erklärung, betreffend den mit der Königl. Württembergischen Regierung vereinbarten gegenseitigen Schutz der Waarenbezeichnungen. Vom 21sten December 1862.

Bekanntmachungen der Königlichen Regierung.

(1) Für das Jahr 1863 werden Beschäler aus dem Königlichen Landgestüt zu Leubus auf die Dauer der Beschälzeit in folgenden Stationen unseres Verwaltungsbezirks aufgestellt werden und zwar:
1) im Kreise Ratibor zu Ratibor 4 Beschäler; 2) im Kreise Neustadt zu Schönwitz 3 Beschäler, zu Mochau 4 Beschäler; 3) im Kreise Neisse zu Mährengaffe 5 Beschäler, zu Patschkau 2 Beschäler; 4) im Kreise Gleiwitz zu Boguschütz 4 Beschäler; 5) im Kreise Leobschütz zu Schmeisdorf 4 Beschäler, zu Löwitz 3 Beschäler, zu Bauerwitz 5 Beschäler, zu Katscher 4 Beschäler; 6) im Kreise Beuthen zu Roßberg 3 Beschäler; 7) im Kreise Cosel zu Sukowitz 3 Beschäler; 8) im Kreise Pleß zu Louisenhof 1 Beschäler; 9) im Kreise Creutzburg zu Bürgsdorf 4 Beschäler; 10) im Kreise Grottkau zu Grottkau 3 Beschäler.

Diese Beschäler werden im Anfange des Monats Januar l. J. von Leubus nach ihren Stationen abgehen.

Die Pferdezüchter, welche von denselben Gebrauch machen wollen, werden auf die Amtsblatt-Verordnung vom 11ten April 1818 (Seite 152) wegen der Auswahl guter und fehlerfreier Stuten mit dem Bemerken aufmerksam gemacht, daß das bestimmungsmäßige Deck- und Trinkgeld, wovon das Erstere drei oder zwei Thaler, letzteres aber 5 Sgr. beträgt, bei der ersten Deckung zu entrichten ist.

In den Kreisen, in welchen die Beschäl-Krankheit zum Vorschein gekommen ist, werden nur solche Stuten zur Deckung zugelassen, welche durch ein nicht über 4 Tage altes Attest eines approbirten Thierarztes für gesund erklärt worden sind. Oppeln, den 18. December 1862.

(2) Von dem Königlichen Ministerium der geistlichen, Unterrichts- und Medizinal-Angelegenheiten ist eine Zusammenstellung der eingetretenen Veränderungen der Königlich Preußischen Arznei-Taxe für 1863 herausgegeben worden, welche in allen inländischen Buchhandlungen zu dem Preise von 2 Sgr. zu beziehen sind. Die Apotheker haben sich darnach vom 1sten Januar 1863 ab genau zu richten. Oppeln, den 22. December 1862.

(3) Der für die Stadt Zülz auf den 7ten Mai 1863 angesetzte Kram- und Viehmarkt, ist auf den 5ten Mai es. a. verlegt worden. Oppeln, den 17. December 1862.

Bekanntmachungen verschiedener Behörden.

(4) Mit Bezug auf unsere Bekanntmachung vom 3ten Juni 1857 (Extraordinaire Beilage zum Oppelner Regierungs-Amtsblatte pro 1857 Stück 31) ad V. machen wir ferner bekannt, daß die zum Schiedsmannsbezirke Nr. 30 Kreis Gleiwitz gehörigen Ortschaften Przezchlebie, Schwientoschowitz und Zlemientzitz von dem genannten Bezirke losgetrennt sind und nunmehr einen selbstständigen Bezirk unter Nr. 47 bilden.

Dem Bezirke Nr. 47 wird der Bezirk Nr. 30 substituirt, wogegen das Substitutionsverhältniß zwischen den Bezirken Nr. 11 und 30 keine Veränderung erleidet.

Ratibor, den 22. December 1862.

Personal-Chronik.

(5) Gestorben: der Schullehrer Kuklenski zu Polnisch-Krawarn.

Redaction des Amtsblatts im Regierungs-Gebäude. — Druck von F. Weilshäuser in Oppeln.

Amts-Blatt
der Königlichen Regierung zu Oppeln.

Stück 2.   Oppeln, den 8. Januar   **1863.**

Bekanntmachungen der höchsten Staats-Behörden.

(15) Unter Bezugnahme auf die in Nr. 42 der Gesetz-Sammlung publicirte Allerhöchste Verordnung vom 22sten December v. Js., durch welche die beiden Häuser des Landtages der Monarchie, das Herrenhaus und das Haus der Abgeordneten, auf den 14ten Januar d. Js. in die Haupt- und Residenzstadt Berlin zusammenberufen worden sind, wird hierdurch bekannt gemacht, daß die besondere Benachrichtigung über den Ort und die Zeit der Eröffnungs-Sitzung im Bureau des Herrenhauses (Leipzigerstraße Nr. 3) und im Bureau des Hauses der Abgeordneten (Leipzigerstraße Nr. 55) am 12ten und 13ten Januar in den Stunden von 8 Uhr Morgens bis 8 Uhr Abends und am 14ten Januar in den Morgenstunden offen liegen wird. In diesen Bureaux werden auch die Legitimationskarten zu der Eröffnungssitzung ausgegeben, und wird daselbst jede sonst etwa erforderliche Mittheilung in Bezug auf dieselbe gemacht werden.   Berlin, den 2. Januar 1863.
      Der Minister des Innern. gez. Graf Eulenburg.

Bekanntmachungen der Königlichen Regierung.

(11) Nachdem die Rinderpest in dem an der Preußisch-Oesterreichischen Landesgrenze liegenden Orte Kaniow erloschen ist, und nur noch in so entfernten Orten grassirt, daß die Gefahr der Einschleppung in das diesseitige Landesgebiet sich um ein Bedeutendes verringert hat, so sehen wir uns veranlaßt, die durch die Amtsblatt-Bekanntmachung vom 17ten October dieses Jahres nach Maßgabe des §. 4 der Verordnung vom 27sten März 1836 angeordneten Sperrmaßregeln, nach welchen jeder Verkehr mit den inficirten Grenzorten unbedingt verboten worden, wieder auf die Sperrmaßregeln für denjenigen Theil der Landesgrenze, welcher die Kreise Beuthen O. S., Pleß und Rybnik von Oesterreich trennt, wieder auf die Bestimmungen des §. 3 der gedachten Verordnung zurückzuführen, so daß in dieser Beziehung die Amtsblatt-Bekanntmachung vom 2ten October d. J. wieder vollständig in Kraft tritt.
Oppeln, den 29. December 1862.

Bekanntmachungen des Königlichen Appellations-Gerichts zu Ratibor.

(9) Es wird die gesetzliche Bestimmung hiermit in Erinnerung gebracht, der zufolge den im Sterbehause gegenwärtigen Verwandten und Hausgenossen eines Verstorbenen, so wie den Hauswirthen die Verpflichtung obliegt, von dem Todesfalle sofort bei dem Gerichte schriftlich oder mündlich Anzeige zu machen, damit sie sich gegen die Erben oder Gläubiger des Verstorbenen außer Verantwortung setzen.
Ratibor, den 29. December 1862.

Bekanntmachungen verschiedener Behörden.

(10) Die zweite Sitzungsperiode des hiesigen Schwurgerichts beginnt **am 3ten Februar 1863**. Beuthen O. S., den 31. December 1862.   Königliches Kreis-Gericht.

(14) Die nächste Sitzungsperiode des hiesigen Schwurgerichts wird **den 26sten Januar 1863** beginnen.   Ratibor, den 30. December 1862.   Königliches Kreis-Gericht. l. Abtheilung.

(7) Zum Zweck der Berechnung des Geldbetrages der auf Grund früherer Gesetze festgestellten, so wie der in Gemäßheit des §. 3 des Gesetzes vom 15ten April 1857, betreffend die Ablösung der den geistlichen ꝛc. Instituten u. s. w. zustehenden Reallasten, nicht in natura, sondern in Geld abzuführenden Roggenrenten, werden hiermit die maaßgebenden Martini-Durchschnitts-Marktpreise des Getreides des Jahres 1862 wie folgt:

№	Bezeichnung der Marktorte.	Weizen weißer	Weizen gelber	Roggen	Gerste	Hafer
		\\multicolumn{5}{c}{der preußischen Scheffel.}				
		Rth. Sgr. Pf.	Rth. Sgr. Pf.	Rth. Sgr. Pf.	Rth. Sgr. Pf.	Rth. Sgr. Pf.
1	Beuthen	— — —	2 13 7	1 16 3	1 7 6	— 24 4
2	Cosel	— — —	2 10 9	1 17 10	1 7 9	— 22 —
3	Creutzburg	— — —	2 17 6	1 20 7	1 7 1	— 22 7
4	Gleiwitz	— — —	2 17 6	1 16 10	1 6 10	— 24 2
5	Leobschütz	2 16 —	2 10 6	1 20 6	1 9 6	— 22 3
6	Lublinitz	— — —	2 13 5	1 21 7	1 6 7	— 23 1
7	Neisse	— — —	2 13 —	1 21 6	1 7 —	— 21 6
8	Neustadt	— — —	2 12 7	1 19 4	1 7 5	— 21 10
9	Oppeln	— — —	2 11 3	1 17 10	1 8 7	— 21 6
10	Patschkau	— — —	2 16 9	1 19 7	1 8 4	— 23 1
11	Ratibor	2 10 7	2 10 7	1 19 —	1 9 4	— 22 6
12	Groß-Strehlitz	— — —	2 16 3	1 20 1	1 8 3	— 25 1

zur öffentlichen Kenntniß gebracht. Breslau, den 1. Januar 1863.
Königliche General-Commission für Schlesien.

(8) In Gemäßheit des §. 22 des Ablösungs-Gesetzes vom 2ten März 1850 werden hiermit die Martini-Marktpreise des Getreides, wie sich dieselben im Durchschnitt der letzten 24 Jahre von 1839 bis 1862 nach Weglassung der zwei theuersten und zwei wohlfeilsten von diesen Jahren, in den bei Ablösung von Reallasten maaßgebenden Marktorten herausgestellt haben, wie folgt:

№	Bezeichnung der Marktorte.	Weizen weißer	Weizen gelber	Roggen	Gerste	Hafer
		\\multicolumn{5}{c}{der preußischen Scheffel.}				
		Rth. Sgr. Pf.	Rth. Sgr. Pf.	Rth. Sgr. Pf.	Rth. Sgr. Pf.	Rth. Sgr. Pf.
1	Beuthen	— — —	2 13 9	1 23 10	1 12 11	— 29 —
2	Cosel	— — —	2 7 10	1 20 10	1 8 8	— 25 8
3	Creutzburg	— — —	2 10 5	1 19 2	1 10 1	— 25 4
4	Gleiwitz	— — —	2 10 1	1 21 10	1 8 1	— 26 5
5	Leobschütz	— — —	2 8 4	1 21 3	1 8 2	— 24 8
6	Lublinitz	— — —	2 13 5	1 22 9	1 11 6	— 28 5
7	Neisse	— — —	2 12 3	1 23 5	1 9 8	— 25 10
8	Neustadt	— — —	2 9 10	1 22 4	1 8 3	— 25 6
9	Oppeln	— — —	2 11 —	1 21 6	1 10 10	— 25 3
10	Patschkau	— — —	2 9 9	1 22 3	1 8 3	— 26 3
11	Ratibor	— — —	2 7 7	1 20 11	1 8 8	— 25 3
12	Groß-Strehlitz	— — —	2 9 8	1 20 7	1 9 11	— 28 1

zur öffentlichen Kenntniß gebracht. Breslau, den 1. Januar 1863.
Königliche General-Commission für Schlesien.

Personal-Chronik.

(12) Bestätigt: die Vocation für den katholischen Schullehrer Porschke zu Ober-Dzierzno.

Redaction des Amtsblatts im Regierungs-Gebäude. — Druck von F. Weilshäuser in Oppeln.

Amts-Blatt
der Königlichen Regierung zu Oppeln.

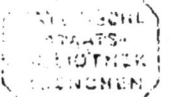

Stück 3. Oppeln, den 15. Januar **1863.**

Bekanntmachungen der höchsten Staats-Behörden.

Allerhöchster Erlaß vom 27sten September 1862, betreffend die Auflösung des Königlichen Eisenbahn-Kommissariats zu Breslau und den Uebergang der Geschäfte desselben an das Königliche Eisenbahn-Kommissariat zu Berlin vom 1sten October d. J. ab hiermit genehmigen.

(23) Ich will nach Ihrem Antrage vom 23sten September d. J. die Auflösung des Eisenbahn-Kommissariats zu Breslau und den Uebergang der Geschäfte desselben an das Eisenbahn-Kommissariat zu Berlin vom 1sten October d. J. ab hiermit genehmigen.

Diese Anordnung ist durch die Gesetzsammlung zu veröffentlichen.

Schloß Babelsberg, den 27. September 1862. **Wilhelm.**
                                                von Holzbrinck.

An den Minister für Handel, Gewerbe und öffentliche Arbeiten.

Der vorstehende Allerhöchste Erlaß (abgedruckt in der Gesetzsammlung pro 1862 S. 339) wird hiermit zur allgemeinen Kenntnißnahme und Nachachtung veröffentlicht, und haben die Herren Landräthe denselben gleichfalls durch die Kreisblätter zu publiciren. Oppeln, den 7. Januar 1863.

Königliche Regierung. Abtheilung des Innern.

(24) **Bekanntmachung,**
betreffend die zum 1sten October d. J. gekündigten Schuldverschreibungen der Staatsanleihen de 1850 und 1852.

Wir sehen uns wiederholt veranlaßt, mit Bezug auf unsere Bekanntmachungen vom 21sten März d. J., Staats-Anzeiger Nr. 71, 86 und 94, vom 3ten September d. J., Staats-Anzeiger Nr. 206 und vom 1sten November d. J., Staats-Anzeiger Nr. 260, die Einreichung der zum 1sten October d. J. gekündigten nicht convertirten Schuldverschreibungen der Staatsanleihen de 1850 und 1852 behufs der Empfangnahme des Capitalbetrags in Erinnerung zu bringen, und darauf aufmerksam zu machen, daß die Verzinsung der nicht convertirten Schuldverschreibungen jener Anleihen mit dem 1sten October d. J. aufgehört hat. Berlin, den 29. December 1862.

Haupt-Verwaltung der Staatsschulden.
von Wedell. Gamet. Löwe. Meinecke.

Bekanntmachungen der Königlichen Regierung.

(21) Das dem Techniker H. Walz in Berlin unter dem 11ten October 1861 ertheilte Patent auf elastische Ausbreitescheiben an Calandern oder Ausbreite-Maschinen in der durch Beschreibung und Zeichnung nachgewiesenen Zusammensetzung, ohne Andere in der Benutzung bekannter Theile dieser Scheiben zu beschränken,
ist aufgehoben worden. Oppeln, den 15. Januar 1863.

(25) Dem Kaufmann J. H. F. Prillwitz in Berlin ist unter dem 6ten Januar 1863 ein Patent auf einen durch Zeichnung und Beschreibung erläuterten Signal-Apparat zum nächtlichen Telegraphiren, so weit derselbe als neu und eigenthümlich erkannt ist, ohne Andere in der Benutzung bekannter Theile zu beschränken,
auf fünf Jahre, von jenem Tage an gerechnet, und für den Umfang des preußischen Staates ertheilt worden. Oppeln, den 15. Januar 1863.

Bekanntmachungen des Königlichen Appellations-Gerichts zu Ratibor.

(27) Mit Bezug auf unsere Bekanntmachung vom 3ten Juni 1857 (Extraordinaire Beilage zum Oppelner Regierungs-Amtsblatte pro 1857 Stück 31) ad XIII. machen wir ferner bekannt, daß:
1) von dem Schiedsmannsbezirke Nr. 19 des Ratiborer Kreises die Ortschaften Petrzkowitz und

Ludgierzowitz,
2) von dem Schiedsmannsbezirke Nr. 21 desselben Kreises die Ortschaft Koblau losgetrennt worden sind und daß die genannten Ortschaften nunmehr einen besondern Bezirk unter Nr. 49 bilden.

Gleichzeitig ist die Ortschaft Klein-Darkowitz von dem Schiedsmannsbezirk Nr. 19 des Ratiborer Kreises losgetrennt und mit dem Bezirke Nr. 21 (Groß-Darkowitz und Marquartowitz) vereinigt worden.

Dem neugebildeten Schiedsmannsbezirk Nr. 49 wird der Bezirk Nr. 21 substituirt, wogegen das Substitutionsverhältniß zwischen den Bezirken Nr. 19 und 20, so wie zwischen den Bezirken Nr. 21 und 34 keine Veränderung erleidet. Ratibor, den 7. Januar 1863.

Bekanntmachungen verschiedener Behörden.

(480) Bekanntmachung. Folgende von dem unterzeichneten Königlichen Credit-Institute für Schlesien ausgefertigte Pfandbriefe Litt. B.:

à 4 pro Cent.

1) auf Kuttlau nebst Zubehör, Kreis Glogau, ausgefertigt den 2ten April 1841,
Nr. 389 bis incl. Nr. 418 à 1000 Thlr.,
„ 1786 dto. 1825 à 500 „
„ 4407 dto. 4456 à 200 „
„ 7695 dto. 7764 à 100 „
„ 11566 dto. 11576 à 50 „
„ 22571 dto. 22582 à 25 „

2) auf Czeppelwitz, Kreis Falkenberg, ausgefertigt den 26sten März 1843,
Nr. 588 bis incl. Nr. 597 à 1000 Thlr.,
„ 2136 dto. 2155 à 500 „
„ 5035 dto. 5064 à 200 „
„ 8870 dto. 8920 à 100 „
„ 11779 dto. 11790 à 50 „
„ 22836 dto. 22852 à 25 „

3) auf Pniow, Kreis Tost-Gleiwitz, ausgefertigt den 6ten April 1843,
Nr. 531 bis incl. Nr. 537 à 1000 Thlr.,
„ 2022 dto. 2035 à 500 „
„ 4849 dto. 4883 à 200 „
„ 8549 dto. 8618 à 100 „
„ 11693 dto. 11701 à 50 „

4) auf Groß-Petrowitz, Kreis Ratibor, ausgefertigt den 6ten März 1839,
Nr. 171 à 1000 Thlr.,
„ 6657 à 100 „
„ 22354 à 25 „

à 3½ pro Cent.

5) auf Jasten Nr. 16, Kreis Tost-Gleiwitz, ausgefertigt den 24sten Januar 1844 und resp. den 19ten Mai 1845,
Nr. 912 bis incl. Nr. 914 à 1000 Thlr.,
„ 2482 dto. 2487 und
„ 25293 dto. 25294 à 500 „
„ 15642 dto. 15650 und
„ 16722 dto. 16724 à 200 „
„ 9842 dto. 9851 und
„ 18646 dto. 18649 à 100 „
„ 12002 dto. 12005 à 50 „

werden mit Bezugnahme auf die öffentliche Kündigung vom 7ten Juni d. J. hiermit wiederholt öffentlich aufgerufen und die Inhaber derselben aufgefordert, diese Pfandbriefe in coursfähigem Zustande nebst laufenden Zinscoupons spätestens den 15ten Februar künftigen Jahres an unsere Casse (Albrechtsstraße Nr. 16 hierselbst) einzureichen und dagegen andere dergleichen Pfandbriefe B. vom nämlichen Betrage in Empfang zu nehmen.

Sollte die Präsentation nicht bis zum 15ten Februar künftigen Jahres erfolgen, so werden die Inhaber der qu. Pfandbriefe nach §. 50 der Allerhöchsten Verordnung vom 8ten Juni 1835 mit ihrem Realrechte auf die in den Pfandbriefen ausgedrückte Special-Hypothek präcludirt, die Pfandbriefe in Aufhebung der Special-Hypothek für vernichtet erklärt, in unserem Register und im Hypothekenbuche gelöscht und die Inhaber mit ihren Ansprüchen wegen dieser Pfandbriefe lediglich an die in unserem Gewahrsam befindlichen Umtausch-Pfandbriefe verwiesen werden. Breslau, den 23. August 1862.
           Königliches Credit-Institut für Schlesien.

(13) In dem Bezirke der hiesigen Ober-Post-Direction sind öfter Landbriefträger-, Postfußboten-, Packetträger- und sonstige contractliche Postdienst-Stellen, mit denen jährliche Löhnungen bis 160 Thaler verbunden sind, zu besetzen.

  Versorgungsberechtigte Militair-Personen werden aufgefordert, sich, sofern sie bereit sind, eine derartige Dienststelle zu übernehmen, dieserhalb bei der Postanstalt ihres Wohnortes oder bei der ihrem Wohnorte zunächst belegenen Postanstalt zu melden. Außer den ihren Versorgungs-Anspruch begründenden Militair-Papieren haben sie bei ihrer Meldung auch alle über ihre Führung sprechenden Zeugnisse, insbesondere auch ein obrigkeitliches Attest beizubringen, welches über ihre Führung bis auf die neueste Zeit, d. i. bis zum Termine der Bewerbung überzeugenden Aufschluß giebt.

  Der Bewerber muß deutsch und polnisch lesen und schreiben können, auch im Rechnen einige Fertigkeit haben und eine Dienst-Caution von 50 Thalern in Staatspapieren sogleich beim Antritt der Dienststelle erlegen können.

  Durch die Annahme einer derartigen contractlichen Stelle begeben sich übrigens die zur Versorgung berechtigten Militair-Invaliden nicht ihrer Ansprüche auf eine spätere Anstellung als Post-Unterbeamte. Oppeln, den 2. Januar 1863.   Königliche Ober-Post-Direction.

(17) Wir bringen hiermit zur öffentlichen Kenntniß, daß Seine Königliche Majestät mittels Allerhöchster Ordre vom 26sten v. M. auf den von dem Evangelischen Ober-Kirchenrath im Einverständniß mit dem Herrn Minister der geistlichen etc. Angelegenheiten gehaltenen Vortrag den bisherigen Superintendentur-Verweser Pastor Pudor in Haugsdorf zum Superintendenten der Diöcese Lauban I. zu ernennen geruht haben und daß für denselben unter dem 6ten d. Mts. die diesfällige Bestallung ausgefertigt worden ist. Breslau, den 17. December 1862.
           Königliches Consistorium für die Provinz Schlesien.

(22) Wir bringen hiermit zur öffentlichen Kenntniß, daß Seine Königliche Majestät mittels Allerhöchster Ordre vom 6ten d. Mts. auf den von dem Evangelischen Ober-Kirchenrathe im Einverständniß mit dem Herrn Minister der geistlichen etc. Angelegenheiten gehaltenen Vortrag den bisherigen Superintendentur-Verweser Pastor pr. Karräß in Hoyerswerda zum Superintendenten der Diöcese Hoyerswerda zu ernennen geruht haben und daß für denselben unter dem 13ten d. Mts. die diesfällige Bestallung ausgefertigt worden ist. Breslau, den 24. December 1862.
           Königliches Consistorium für die Provinz Schlesien.

(23) Die diesjährige Aspirantenprüfung zur Aufnahme in die Präparandenklasse des utraquistischen evangelischen Seminars zu Creuzburg wird hiermit auf **den 2ten und 3ten März** c. anberaumt und zur persönlichen Meldung der Prüflinge bei dem Seminar-Director Sonntag, der 1ste März, Abends 7 Uhr, festgesetzt.

Bei der der persönlichen Meldung vorausgehenden schriftlichen Meldung, welche spätestens bis zum 22sten Februar c. erfolgen muß, sind nachstehende Ausweise einzureichen:
1) ein Taufzeugniß des Prüflings;
2) ein Führungsattest von dem Ortspfarrer seines dermaligen und, wenn er binnen Jahresfrist anderswo wohnhaft gewesen sein sollte, seines vormaligen Aufenthaltsortes ausgestellt;
3) ein Schulzeugniß;
4) ein in Gemäßheit des Rescripts vom 11ten Mai 1840 (Ministerialblatt 1840 S. 231) ausgestelltes Gesundheitsattest nebst einem demselben beigelegten Scheine über die innerhalb der letzten 2 Jahre mit Erfolg wiederholte Impfung. — Atteste, welche nicht von dem Königlichen Kreisphysikus ausgestellt sind, werden als ungültig angesehen;
5) eine schriftliche, von der Ortsbehörde beglaubigte Erklärung der Eltern, Vormünder oder Pfleger, daß dieselben oder sonstige Verwandte im Stande und gewillt sind, für den aufzunehmenden Zögling sogleich bei seinem Eintritt in die Anstalt 23 Thlr. Kostgeld und eine gleiche Summe am Beginn eines jeden der drei folgenden Jahre zu erlegen, wie auch alle übrigen

Unterhaltungskosten auf denselben während seines Aufenthaltes im Seminar zu verwenden;
6) ein Lebenslauf entweder in beiden oder doch in polnischer Sprache.
In dieser kurzen Lebensbeschreibung muß angegeben sein:
    a. der Tauf- und Familienname des Aufzunehmenden;
    b. das Alter und der Geburtsort nebst Angabe des Kreises, in welchem derselbe liegt;
    c. Stand, Beruf, Wohnort des Vaters und ob die Eltern noch am Leben sind;
    d. bei wem sich der Zögling behufs seiner Vorbildung für die Präparandenklasse zuletzt aufgehalten hat;
    e. Gründe des Entschlusses, sich dem Schullehrerstande zu widmen.

Vor der Zulassung zur Prüfung wird der Aufzunehmende auch noch vom hiesigen Anstaltsarzte untersucht werden.

Zu sämmtlichen Zeugnissen ist ein Stempel n i c h t zu verwenden.

Die zum bestimmten Termine nicht eingehenden Gesuche werden später nicht angenommen.

Unerläßliche Bedingungen der Aufnahme sind:
    1) körperliche Gesundheit, namentlich eine gute Brust und gute Augen;
    2) ein Alter von mindestens 15 und höchstens 18 Jahren;
    3) Gebrauch des Polnischen als Umgangssprache und Verständniß des Deutschen.

(29) Die Commissionsprüfung für die außerhalb der Seminarien vorgebildeten Schulamtsbewerber findet am evangelischen Schullehrer-Seminar in Creuzburg O. S. in diesem Jahre **am 3ten, 4ten und 5ten März** statt.

Die Gesuche um Theilnahme an diesen Prüfungen sind bei dem Königlichen Provinzial-Schul-Collegium bis zum 15ten Februar c. einzureichen, unter Beifügung nachbenannter Schriftstücke:
    1) ein Taufzeugniß;
    2) ein ärztliches Attest über den Gesundheitszustand;
    3) ein selbstverfertigter Lebenslauf;
    4) die Nachweise über genossene Erziehung und Bildung überhaupt und über die Vorbereitung zum Schulstande insbesondere;
    5) Zeugnisse der Ortsbehörde oder des Pfarrers über den bisherigen Lebenswandel und die Qualification zum Lehramt.

Außerdem ist bei den Meldungen zu der genannten Prüfung auf dem Titelblatte des Lebenslaufes anzugeben:
    a. der vollständige Name;
    b. Tag, Jahr, Ort und Kreis der Geburt;
    c. Wohnort und Kreisstadt;
    d. bei wem und wo der Aspirant vorgebildet worden ist.

Die an der Commissionsprüfung Theilnehmenden haben sich bei dem Seminar-Director den 1sten März, Abends 6 Uhr, vorzustellen.

(30) Die durch den Ministerial-Erlaß vom 6ten October 1854 angeordnete Wiederholungsprüfung, durch welche das Recht der definitiven Anstellung als Elementar-Lehrer erworben werden kann, ist im utraquistischen evangelischen Schullehrer-Seminar zu Creuzburg O. S. auf **den 6ten und 7ten März** c. anberaumt.

Da diese Prüfung frühestens zwei, spätestens fünf Jahre hinter der ersten abzulegen ist, so können alle diejenigen Schulamts-Candidaten, welche vor dem 1sten April 1861 ihre Abiturientenprüfung bestanden haben, soweit sie es wünschen, an derselben Theil nehmen.

Zu diesem Zwecke haben sie bis zum 5ten Februar c.:
    1) das bei der ersten Prüfung erhaltene Zeugniß;
    2) ein von dem betreffenden Herrn Superintendenten mit vollzogenes Führungsattest derjenigen Revisoren, unter deren Aufsicht sie in der Schule gearbeitet haben;
    3) einen nicht über einen Bogen langen Bericht über ihre amtliche Wirksamkeit und die bei dieser gemachten Erfahrungen

an den unterzeichneten Seminar-Director einzusenden und sich bei demselben am 3ten März c., Abends 5 Uhr, persönlich zu melden.   Creuzburg O. S., im Januar 1863.

                                Der Seminar-Director.   gez. S e m e r a u.

Personal-Chronik.

(26) Der seitherige Berg-Exspectant **Schregel** ist als Regierungs-Supernumerar angenommen worden.

(19) **Bekanntmachung**
der Königlichen General-Commission für Schlesien, die in deren Verwaltungs-Bereich vom 1ften Juli bis Ende December 1862 vorgekommenen Personal-Veränderungen betreffend.

1) Verliehen wurde: dem Präsidenten **Schellwitz** das Ehren-Komthur-Kreuz vom Großherzoglich Oldenburg'schen Haus- und Verdienst-Orden.
2) Ernannt wurde: der Feldmesser **Kroschel** zu Guttentag zum Vermessungs-Revisor.
3) Versetzt wurden: der Regierungs-Assessor Dr. **Jaeckel** von der Königlichen Regierung zu Oppeln an das Collegium der General-Commission zu Breslau, der Special-Commissarius, Regierungs-Rath **Seubert**, von Halberstadt nach Guttentag, der Feldmesser **Faesser** von Sondershausen nach Sagan und der Feldmesser **Czygan** von Ober-Glogau nach Neisse.
4) Ausgeschieden ist der Feldmesser **Meyer** zu Sagan wegen seiner Berufung als Bürgermeister der Stadt Parchwitz.

(20) **Personal-Veränderungen**
im District des Königlichen Oberbergamts zu Breslau während des zweiten Semesters 1862.

Bei dem Oberbergamte ist der Oberbergamts-Assistent **Erbe** gestorben.
Der Bergexspectant **Maaß** ist zum Bergreferendar, die Bergexspectanten **Halama** und **Sabarth** sind zu Bergeleven, und die Hüttenexspectanten **Walter** und **Lobe** zu Hütteneleven ernannt worden.
Der Hüttenelev **Volksdorf** ist gestorben.

In den Revieren. Der Bergamts-Assessor, Markscheider **Giehne** in Tarnowitz, ist auf seinen Antrag in Ruhestand versetzt und ihm dabei der Titel Bergrath verliehen worden.
Bei der Berginspection zu Zabrze ist der Berggeschworne von **Gellhorn** zum Berginspector ernannt worden.
Bei dem Hüttenamte zu Königshütte ist der frühere Bergamtskalkulator **Laske** als Kalkulator zugetreten.
Bei dem Hüttenamt zu Gleiwitz ist der Productenrendant, Hüttenfactor **Kube**, gestorben und an seine Stelle der Productenrendant **Bannerth**, früher in Malapane, unter Ernennung zum Hüttenfactor, getreten; der Hüttenmeister **Martini** ist in die Klasse der Factoren befördert worden.
Der Bauinspector **Schwarz** ist von Dortmund nach Gleiwitz versetzt und mit der Wahrnehmung der Baubeamtengeschäfte auf der Gleiwitzerhütte, den Hüttenwerken bei Rybnik, der Friedrichshütte und Friedrichsgrube bei Tarnowitz und der Königin Louise-Grube bei Zabrze betraut worden.

Breslau, den 2. Januar 1863.   Königliches Oberbergamt.

(18) **Personal-Veränderungen**
im Departement des Königlichen Appellations-Gerichts zu Ratibor pro Monat December 1862.

A. Bei dem Appellations-Gericht.

Ernannt: die Rechtscandidaten **Albert Haertel**, **Emil Wiener** und **Heinrich Walter** zu Auskultatoren.
Versetzt: der Gerichtsassessor **Freundlieb** aus dem Departement des Königlichen Appellations-Gerichts Halberstadt in das diesseitige Departement.
Ausgeschieden: der Appellations-Gerichts-Secretair **Berger** zufolge seiner Ernennung zum Geheimen expedirenden Secretair im Justiz-Ministerium.
Gestorben: der Appellations-Gerichts-Rath **Pape** und der Rechtsanwalt und Notar, Justiz-Rath **Stiller**.

B. Bei den Kreis-Gerichten.

I. Bei dem Kreis-Gericht zu Beuthen.
Ausgeschieden: der Staatsanwalt Dr. **Dambach** wegen seiner Ernennung zum Ober-Post-Rath.
II. Bei dem Kreis-Gericht zu Cosel.
Ernannt: der Bureau-Assistent **Kindel** aus Landsberg zum Secretair.

III. Bei dem Kreis-Gericht zu Leobschütz.
Ernannt: der Bote und Executor Dittrich aus Cosel zum Gefangenwärter.
IV. Bei dem Kreis-Gericht zu Pleß.
Ernannt: der Civil-Supernumerar, Aktuar erster Klasse, Ernst Meyer, zum Bureau-Assistenten mit der Function bei der Gerichts-Commission Nicolai.
Versetzt: der Bureau-Assistent Equart von Nicolai an das Kreis-Gericht Rosenberg mit der Function als Sportel-Receptor bei der Gerichts-Commission Landsberg.
V. Bei dem Kreis-Gericht zu Rosenberg.
Ernannt: der Gerichts-Assessor Kollibay zum Kreisrichter mit der Function als Gerichtscommissarius in Landsberg.
Gestorben: der Secretair Herberg.

Nachweisung
der gewählten und bestätigten Schiedsmänner pro Monat December 1862.

Benennung der Ortschaften.	Kreis.	Bezeichnung der Schiedsmänner.
Boguschütz	Gleiwitz	Kämmerer Mathes Laska zu Tost.
Casimir	Leobschütz	Erbrichter Franz Fröhlich zu Casimir.
Neudorf	dto.	Gärtner Florian Grüner zu Neudorf.
Löwitz	dto.	Viertelbauer Robert Groeger zu Löwitz.
Fürstlich-Langenau	dto.	Bauer Joseph Marker zu Fürstl.-Langenau.
Dittmerau	dto.	Bauer Johann Wycisk zu Dittmerau.
Walfsal	dto.	Schullehrer Eduard Sobeck zu Walfsal.
Brantz und Michelsdorf	dto.	Kretschmer Franz Ußmann zu Brantz.
Piltsch	dto.	Anbauer Wilhelm Strohalm zu Piltsch.
Stadt Gleiwitz, Rathhausbezirk Nr. 1,	Gleiwitz	Schuhmachermeister Wilhelm Uhner zu Gleiwitz.
Stadt Gleiwitz, Pfarrbezirk Nr. 2,	dto.	Kaufmann Albert Schöbon daselbst.
Stadt Gleiwitz, Ratiborerbezirk Nr. 3,	dto.	Hausbesitzer Theodor Czaika daselbst.
Stadt Gleiwitz, Benthener Vorstadtbezirk Nr. 4,	dto.	Dr. med. Salomon Stroheim daselbst.
Stadt Gleiwitz, Sandbezirk Nr. 5,	dto.	Spediteur Carl Melzer daselbst.
Städtchen und Dorf Kranowitz	Ratibor	Großbürger Carl Jurek zu Kranowitz.
Brzezie, Kornowatz, Wilhelmsberg, Niebotschau und Bogrzelin	dto.	Schullehrer Blasius Lorek zu Brzezie.
Stadt Tost	Gleiwitz	Kaufmann Franz Kurka zu Tost.
Schloß Ujest, Goy, Lelok und Niesdrowitz	Groß-Strehlitz	Rathmann Franz Mrozik zu Ujest.
Stadt Leobschütz, I. Bezirk,	Leobschütz	Victualienhändler Richter zu Leobschütz.
Stadt Leobschütz, II. Bezirk,	dto.	Gürtlermeister Glesmann zu Leobschütz.
Stadt Leobschütz, III. Bezirk, mit Taumlitz	dto.	Schmiedemeister Bochnig zu Leobschütz.
Klein-Pramsen	Neustadt	Schullehrer Carl Rotter zu Kl.-Pramsen.
Langendorf	Ratibor	Gastwirth Franz Keil zu Langendorf.
Zabrzeg	dto.	Schullehrer Johann Kachel zu Zabrzeg.
Stadt Hultschin	dto.	Beigeordnete Joseph Mitschein in Hultschin.
Deutsch-Weichsel	Pleß	Schullehrer Heinrich Krems zu Deutsch-Weichsel.

Ratibor, den 2. Januar 1863.   Königliches Appellations-Gericht.

Hierzu eine Beilage, enthaltend: Abänderungen und Zusätze zu den Statuten der Allgemeinen Versicherungs-Gesellschaft Helvetia in St. Gallen.

Redaction des Amtsblatts im Regierungs-Gebäude. — Druck von F. Weishäuser in Oppeln.

Beilage
des Amtsblatts
der Königlichen Regierung zu Oppeln.

Abänderungen und Zusätze zu den Statuten der Allgemeinen Versicherungs-Gesellschaft Helvetia in St. Gallen,
beschlossen in der am 7. November 1861 in St. Gallen abgehaltenen außerordentlichen General-Versammlung der Actionaire.

Nachdem von der Allgemeinen Versicherungs-Gesellschaft Helvetia laut Beschluß der Generalversammlung vom 7. November 1861 eine Gesellschaft unter dem Namen „Helvetia, schweizerische Feuerversicherungs-Gesellschaft" gegründet und gemäß den von der Generalversammlung ebenfalls genehmigten Statuten dieser Gesellschaft die Leitung derselben einem gemeinschaftlich mit der Allgemeinen Versicherungs-Gesellschaft Helvetia zu bestellenden Verwaltungsrathe anvertraut werden soll, so werden behufs Ausführung dieses Beschlusses, sowie um auch sonst eine Analogie zwischen den Statuten der beiden Gesellschaften zu erzielen, folgende Abänderungen und Zusätze zu den derzeitigen Statuten der Allgemeinen Versicherungs-Gesellschaft Helvetia in Form von Nachtragsartikeln beschlossen:

I. Der bisherige § 2 erhält folgende Fassung:
„Zweck der Gesellschaft ist Versicherung gegen die Gefahren des Land-, Fluß- und Seetransportes."

II. Der bisherige § 24 erhält den Zusatz:
„Insofern die Statutenabänderungen jedoch auf die Wahl, Composition, Functionen, Amtsdauer und Entschädigung des Verwaltungsrathes und der Directionsmitglieder, sowie überhaupt auf das Verhältniß zur Helvetia, schweizerische Feuerversicherungs-Gesellschaft, Einfluß und Bezug haben, müssen dieselben, um rechtsverbindlich zu werden, die Zustimmung der Generalversammlung der Helvetia, schweizerische Feuerversicherungs-Gesellschaft, besitzen. Falls aber letztere Gesellschaft vor der im § 4 ihrer Statuten festgesetzten Dauer in Liquidation gerathen sollte, bedürfen keinerlei Statutenabänderungen deren Zustimmung mehr."

III. Die bisherige Lit. d. und e. des § 26 erhalten folgende Fassung:
„d. Wahl von 4 Mitgliedern in den gemeinschaftlich mit der Helvetia, schweizerische Feuerversicherungs-Gesellschaft, zu bestellenden Verwaltungsrath.
e. Wahl eines Mitgliedes und eines Stellvertreters in die Direction aus der Mitte der 4 für den Verwaltungsrath bezeichneten Personen; beides für 1 Jahr."

IV. Statt der bisherigen §§ 29 bis 31 treten folgende Bestimmungen in Kraft:
„a. Die oberste Leitung der Gesellschaft, sowie die Vertretung derselben in allen Beziehungen, wird einem gemeinschaftlich mit der Helvetia, schweizerische Feuerversicherungs-Gesellschaft, zu bestellenden Verwaltungsrath, welcher auch die Interessen der beiden Anstalten zu wahren hat, anvertraut. Derselbe besteht aus 8 Mitgliedern, welche zur Hälfte von jeder der beiden Generalversammlungen gewählt werden.
b. Bis zur Abhaltung der ersten ordentlichen Generalversammlung der Helvetia, schweizerische Feuerversicherungs-Gesellschaft, welche im April 1863 stattfinden wird, ist dem Verwaltungsrath der Allgemeinen Versicherungs-Gesellschaft Helvetia die Leitung der ersteren Anstalt anvertraut.
Es bleibt somit auch der bisherige Verwaltungsrath der Allgemeinen Versicherungs-Gesellschaft Helvetia, vorbehalten die nach Maßgabe der bisherigen Statuten in der Generalversammlung vom April 1862 vorzunehmenden Erneuerungswahlen bis zum April 1863, in seinem Amte.
c. In der ordentlichen Generalversammlung im April 1863 wird der ganze Verwaltungsrath behufs einer neuen Besetzung von sämmtlichen in seinem Amte zurücktreten.
d. In den alsdann neu zu bestellenden Verwaltungsrath wählt jede der beiden Generalversammlungen 4 Mitglieder, und zwar auf die Dauer von 4 Jahren.
e. Nach Ablauf der ersten 4 Jahre werden jährlich 2 Mitglieder und zwar je eines von jeder der beiden Generalversammlungen neu gewählt. Das erste Mal wird die Reihenfolge des Austrittes durch das Loos bezeichnet, in der Weise, daß jährlich ein Mitglied von den Vertretern jeder Gesellschaft zum Austritte und einer Mitglieder einer Erneuerungswahl unterworfen waren; in der Folge treten jährlich 2 Mitglieder nach der Ancienetät ihrer Amtsdauer aus. Sämmtliche austretende Mitglieder sind sofort wieder wählbar."

V. Der bisherige § 32 erhält folgende Fassung:
„Jedes der 4 in den Verwaltungsrath gewählten Mitglieder hat während seiner Amtsdauer eine ihm

eigenthümlich zugehörige Actie von jeder der beiden Anstalten, also zusammen 2 Actien, in der Gesellschaftskasse zu hinterlegen."

VI. Der bisherige § 33 erhält folgende Fassung:
„Die Mitglieder des Verwaltungsrathes beziehen außer dem Ersatze der durch ihre Functionen verursachten Auslagen und einem durch Reglement zu bestimmenden Sitzungsgelde eine Tantième vom Reinertrag des Geschäftes (XI). Ueber die Vertheilung dieser Tantième hat der Verwaltungsrath allein Bestimmung zu treffen."

VII. Der fünfte und sechste Absatz des bisherigen § 34 erhält folgende Fassung:
„Zur Fassung eines gültigen Beschlusses müssen wenigstens 5 Mitglieder anwesend sein.
Der Präsident des Verwaltungsrathes führt den Vorsitz; in seiner Verhinderung der Stellvertreter; in beider Verhinderung ein vom Verwaltungsrathe aus seiner Mitte zu bezeichnendes Mitglied."

VIII. Die bisherigen lit. b, d, e und h. des § 35 erhalten folgende Fassung:
b. „Er bestimmt principiell die Höhe der für Rechnung und Gefahr der Gesellschaft zu übernehmenden Risiken, doch darf auf einem Fahrzeug zur See der Versicherungsbetrag in der Regel nicht mehr als 4 Procent des Gesellschaftskapitals betragen.
d. Er entscheidet über Ernennung und Entsetzung der zur Zeichnung der Policen befugten, von der Direction unmittelbar abhängigen Agenten.
e. Er ernennt und entsetzt den Spezialdirector und kann diese Stelle mit derjenigen des Spezialdirectors der Helvetia, schweizerische Feuerversicherungs-Gesellschaft, in einer und derselben Person vereinigen. Ebenso ernennt und entsetzt er die übrigen Beamten der Gesellschaft und bestimmt deren Gehalte.
h. Er erwählt je für ein Jahr den Präsidenten aus den beiden von den Generalversammlungen in die Direction gewählten Mitgliedern und ebenso dessen Stellvertreter aus den beiden von den Generalversammlungen als Suppleanten bezeichneten Personen."

IX. Der bisherige § 40 erhält folgende Fassung:
„Die Direction besteht aus dem Präsidenten des Verwaltungsrathes, resp. in dessen Behinderung dem Stellvertreter, ferner aus dem zweiten von den beiden Generalversammlungen in die Direction gewählten Mitgliede, resp. in dessen Behinderung dem Suppleanten, und dem Spezialdirector, welcher seinen Wohnsitz in St. Gallen haben muß."

X. Der zweite Absatz des § 41 erhält statt der in der Generalversammlung vom 26. April 1860 sub - § 7 des ricosfälligen Protocolls festgesetzten Fassung folgenden Wortlaut:
„Sämmtliche Akten und Documente, welche von der Direction ausgehen und die Firma der Gesellschaft tragen, mit Ausnahme der Policen, sind von dem Spezialdirector zu unterzeichnen und von dem Präsidenten, oder in dessen Behinderung von einem Mitgliede des Verwaltungsrathes, zu contrasigniren. Die Policen dagegen tragen die Unterschrift des Spezialdirectors allein. In Behinderung des Letztern unterzeichnet ein vom Verwaltungsrathe zu ernennender Stellvertreter desselben."

XI. Der folgende in § 43 enthaltene, die Tantième betreffende Passus:
„15% der Direction als Tantième zufallen,"
wird durch nachstehenden Wortlaut ersetzt:
„15% dem Verwaltungsrath und der Direction als Tantième zufallen."

XII. Die in Folge des Beschlusses der Generalversammlung vom 26. April 1860, betreffend die Bestellung eines Suppleanten des Verwaltungsrathes, vorgenommenen Abänderungen und Zusätze zu den Statuten (§ 26 lit. d, § 29, § 30, § 32, § 33, § 34), wie dieselben im zweiten Geschäftsbericht des Verwaltungsrathes für das Jahr 1860 den Actionären mitgetheilt wurden, treten mit Abhaltung der ordentlichen Generalversammlung des Jahres 1863 außer Kraft, indem von da an die Functionen eines Suppleanten des Verwaltungsrathes zu bestehen aufhören.

XIII. Vorstehende Nachtragsartikel 1. bis XII werden erst nach Constituirung der von der Allgemeinen Versicherungs-Gesellschaft Helvetia gegründeten Helvetia, schweizerische Feuerversicherungs-Gesellschaft, rechtsgültig und würden somit, falls letztere Gesellschaft in Folge ungenügender Actienzeichnungen (§ 5 ihrer Statuten) oder aus irgend einem andern Grunde sich nicht constituiren sollte, gar nicht in Kraft treten.

Amts-Blatt
der Königlichen Regierung zu Oppeln.

Stück 4. Oppeln, den 22. Januar **1863.**

Bekanntmachungen der höchsten Staats-Behörden.

(65) **Bekanntmachung**
wegen Ersatzleistung für präcludirte Cassen-Anweisungen von 1835 und Darlehns-Cassenscheine.

Durch unsere mehrfach veröffentlichten Bekanntmachungen vom 29sten April 1857, 7ten Januar 1858, 26sten Januar und 1sten December 1859, sind die Besitzer von Cassen-Anweisungen vom Jahre 1835 und von Darlehns-Cassenscheinen vom Jahre 1848 aufgefordert, solche Behufs der Ersatzleistung an die Controlle der Staatspapiere, Oranienstraße 92 hierselbst, oder an die Regierungs-Haupt-Cassen einzureichen.

Da dessenungeachtet noch immer ein großer Theil dieser Papiere nicht eingegangen ist, so werden die Besitzer derselben hierdurch nochmals an deren Einreichung erinnert.

Zugleich werden diejenigen Personen, welche dergleichen Papiere nach dem Ablauf des auf den 1sten Juli 1855 festgesetzten Präclusivtermins an uns, die Controlle der Staatspapiere, oder die Provinzial-Kreis- oder Local-Cassen abgeliefert und den Ersatz dafür noch nicht empfangen haben, wiederholt veranlaßt, solchen bei der Controlle der Staatspapiere oder beziehungsweise bei den Regierungs-Haupt-Cassen gegen Rückgabe der ihnen ertheilten Empfangscheine oder Bescheide in Empfang zu nehmen.

Berlin, den 3. Januar 1861.
Haupt-Verwaltung der Staats-Schulden.
Natan. Gamet. Günther. Löwe.

Bekanntmachungen der Königlichen Regierung.

(31) **Polizei-Verordnung.**

Das in neuerer Zeit in den Handel gekommene, insbesondere aus Amerika eingebrachte Petroleum oder Steinöl, auch Erdöl, rock-oil, earth-oil, coal-oil genannt, ist vermöge seines reichen Gehaltes an flüchtigen Kohlenwasserstoffen von außerordentlicher Entzündbarkeit und steht in dieser Beziehung, selbst in raffinirtem Zustande, dem stärksten Alkohol nicht nach. Die Gefährlichkeit wird dadurch erhöht, daß es specifisch leichter als Wasser ist, also auf dem Wasser schwimmt, und wenn es brennt, durch Wasser nicht gelöscht werden kann. Zur Verhütung dieser Gefahr bestimmen wir auf Grund des §. 11 des Gesetzes über die Polizei-Verordnung vom 11ten März 1850 für den ganzen Umfang unsers Verwaltungs-Bezirks über den Transport, die Lagerung und die Bearbeitung des Petroleums, was folgt:

I. Für den Transport zu Wasser.

§. 1. Die Polizeibehörde des Einlade-Ortes hat zu bestimmen, ob Petroleum in abgesonderten Fahrzeugen geführt werden müsse, oder ob es mit anderen Gütern verladen werden dürfe. Im letzteren Falle hat sie die erforderlichen Vorsichtsmaßregeln, denen sich der Schiffer zu unterwerfen hat, anzuordnen.

§. 2. Der Führer eines Fahrzeuges, welches Petroleum an Bord hat, darf mit seinem Fahrzeuge nur in einer Entfernung von mindestens 200 Schritt von anderen Fahrzeugen oder von bewohnten Gebäuden anlegen. Erreicht er den Bestimmungsort, so hat er der Polizeibehörde anzuzeigen, daß das Fahrzeug Petroleum geladen habe und die Menge desselben genau anzugeben. Er hat sodann das Fahrzeug auf den von der Polizeibehörde bestimmten Liegeplatz zu führen und darf diesen Platz ohne Erlaubniß der Polizeibehörde nicht verlassen.

§. 3. Die Löschung der Petroleum-Ladung muß innerhalb der von der Polizeibehörde bestimmten Frist bewirkt werden.

§. 4. Schiffer, welche Petroleum in ihre Fahrzeuge einladen oder überladen, dürfen dies nur an der von der Polizeibehörde bestimmten Stelle bewirken, und müssen den Hafen oder Ladeplatz binnen der vorgeschriebenen Frist verlassen.

§. 5. Auf Schiffen, welche Petroleum an Bord haben, oder einnehmen, so wie bei der Löschung, Lagerung und Einladung von Petroleum darf Feuer oder Licht nicht gemacht und Tabak nicht geraucht werden.
§. 6. Die Ausladung und Lagerung von Petroleum darf nur auf dem von der Polizeibehörde dazu bestimmten Platze Statt finden.

II. **Für den Transport zu Lande.**
A. **Auf Eisenbahnen.**

§. 7. Sendungen von Petroleum müssen mit besonderen Frachtbriefen, welche den Inhalt der Sendung deutlich erkennen lassen, aufgegeben werden.
§. 8. Auf die mit Petroleum beladenen Wagen dürfen andere Waaren nicht beigeladen werden.
§. 9. Mit Petroleum beladene Wagen dürfen in bedeckten Räumen (Güterschuppen) nicht aufgestellt werden. Dieselben sind auf beiden Seiten mit rothen Zetteln, auf welchen das Wort: „Feuergefährlich" deutlich zu lesen ist, und mit der Signatur: „Petroleum" zu versehen.
§. 10. Die Beförderung darf nur mit den Güterzügen geschehen. Bei Nachtzügen darf Petroleum in mit Laternen versehenen Wagen nicht geladen werden.
§. 11. Petroleum darf nicht in Güterschuppen und nur an solchen Plätzen außerhalb derselben, wo brennbare Stoffe nicht in der Nähe sind, aus- oder eingeladen oder gelagert werden. Während dieser Arbeiten darf Feuer oder Licht in die Nähe nicht gebracht und Tabak von den dabei beschäftigten Personen nicht geraucht werden.

B. **Auf anderen Wagen.**

§. 12. Wagen, welche mit Petroleum beladen sind, dürfen unter bedeckten Räumen nicht stehen gelassen und müssen unter steter Aufsicht gehalten werden.

III. **Aufbewahrung und Verarbeitung.**

§. 13. Petroleum darf in größeren Quantitäten nur in einzeln stehenden, nicht bewohnten Gebäuden gelagert werden.
Für den Privatgebrauch oder den Detailhandel darf es nur in Quantitäten, welche 500 Pfd. nicht übersteigen und nur in feuersicheren Räumen gehalten werden.
§. 14. Das Raffiniren rohen Petroleums ist nur in Räumen gestattet, welche von der Polizeibehörde besonders genehmigt worden sind.

Zuwiderhandlungen gegen die vorstehenden Bestimmungen werden mit Geldbuße bis zum Betrage von 10 Thalern, eventuell mit Gefängnißstrafe bis zur Dauer von 14 Tagen, geahndet.
Oppeln, den 6. Januar 1863.

(32) Zu Craschnitz, im Kreise Militsch, ist durch die Bemühungen des Grafen von der Recke-Volmerstein ein „Samariter-Ordens-Stift" in's Leben gerufen worden, welches sich die Aufgabe gestellt hat, ernährungsunfähige, unheilbare kranke, sieche, lahme, verkrüppelte, blinde, geistesschwache Kinder, die sonst nirgends eine bleibende Zufluchtsstätte finden, desgleichen auch Alte und Pensionaire aufzunehmen und denselben geistige und leibliche Pflege angedeihen zu lassen.
Wir bringen dies auf den Wunsch des menschenfreundlichen Stifters hiermit zur öffentlichen Kenntniß und fügen die Bitte hinzu, diese wohlthätige Anstalt durch Liebesgaben fördern zu helfen, welche, so wie die Anträge auf Aufnahme, unter der portofreien Rubrik:
„Angelegenheiten der Menschenfreunde"
an den Grafen von der Recke-Volmerstein auf Craschnitz zu adressiren sind.
Oppeln, den 6. Januar 1863.

(33) Dem C. Ed. Müller in Berlin ist unter dem 9ten Januar 1863 ein Patent
auf eine durch Zeichnung und Beschreibung erläuterte Gelenk-Egge, ohne Jemand in der Anwendung bekannter Theile zu beschränken,
auf fünf Jahre, von jenem Tage an gerechnet, und für den Umfang des preußischen Staats ertheilt worden. Oppeln, den 22. Januar 1863.

(34) Dem Bäckermeister Christ. Jos. Schmitz zu Raeren, im Kreise Eupen, ist unter dem 9ten Januar 1863 ein Patent
auf einen Apparat zur Bestimmung des Feuchtigkeitsgehalts des Getreides in der durch Zeichnung, Modell und Beschreibung nachgewiesenen Zusammensetzung,
auf fünf Jahre, von jenem Tage an gerechnet, und für den Umfang des preußischen Staats ertheilt worden. Oppeln, den 22. Januar 1863.

(35) Dem Kaufmann J. H. F. Prillwitz in Berlin ist unter dem 12ten Januar 1863 ein Patent auf verschiedene, durch Zeichnung und Beschreibung dargelegte Vorrichtungen zur Vorbereitung durchgebissener Cocons behufs ihrer Abhaspelung, auf fünf Jahre, von jenem Tage an gerechnet, und für den Umfang des preußischen Staats ertheilt worden. Oppeln, den 22. Januar 1863.

Bekanntmachungen verschiedener Behörden.

(36) Seit dem 1sten Januar bestehen in Nendza, un der Eisenbahn zwischen Kandrzin und Ratibor, und in Poppelau, Kreis Oppeln, Post-Anstalten.
Dem Bestellbezirke der Post-Expedition in Nendza werden zugetheilt:
 a. aus dem Bezirke des Post-Amts in Ratibor
die Orte Adamowitz, Babitz, Bogunitz, Kempa, Leng, Lensczok, Nendza, Schichowitz, Schymotzitz, Trawnik und Zawada;
 b. aus dem Bezirke der Post-Expedition in Rybnik
der Ort Gutek.
Der Bestellbezirk der Post-Expedition in Poppelau wird aus den früher zum Bezirke der Post-Expedition in Kupp gehörigen Orten Alt-Schalkowitz, Klink, Poppelau, Quasno, Sacken, Neu-Schalkowitz, Chroscgützer Mühle und Wielepole gebildet.   Oppeln, den 15. Januar 1863.
Königliche Ober-Post-Direction.

(37) In Gemäßheit der Vorschriften der §§. 126 bis 132 der Militair-Ersatz-Instruction vom 9ten December 1858 bringen wir hiermit zur öffentlichen Kenntniß, daß diejenigen Militairpflichtigen, welche zum einjährigen freiwilligen Militairdienst zugelassen zu werden wünschen, den Antrag auf Ertheilung der Berechtigungsscheines unter Angabe ihres Wohnortes und Standes an die unterzeichnete Departements-Prüfungs-Commission zu richten haben.

Dem Antrage sind nachstehende Atteste, welche bei unseren Acten verbleiben, im Original oder in gehörig beglaubter Abschrift beizufügen:
1) das Tauf- oder Geburts-Attest;
2) das obrigkeitliche Attest über die moralische Qualification, Gymnasiasten und Schüler anderer Lehranstalten haben anstatt des obrigkeitlichen Attestes ein Führungs-Attest vom Director, event. Rector, einzureichen;
3) die schriftliche Einwilligung des Vaters oder Vormundes zur Ableistung des einjährigen freiwilligen Militairdienstes;
4) das ärztliche Attest über die Brauchbarkeit zum Militairdienst, und
5) behufs Darlegung der wissenschaftlichen Qualification entweder
 a. das von einem Preußischen Gymnasium ausgefertigte Zeugniß der Reife für die Universität, oder
 b. das Zeugniß eines Preußischen Gymnasii oder einer Realschule erster Ordnung aus den ersten zwei Klassen, gleichviel ob diese in Abtheilungen zerfallen oder nicht. Von Secundanern ist nachzuweisen, daß sie mindestens ein halbes Jahr in Secunda gesessen und an dem Unterrichte in allen Gegenständen Theil genommen haben;
 c. das Zeugniß einer Realschule zweiter Ordnung oder einer zu Entlassungs-Prüfungen berechtigten höhern Bürgerschule über den halbjährigen Besuch der Prima; oder
 d. das Zeugniß eines Progymnasii über mindestens halbjährigen Besuch der obersten Klasse, wenn diese der Secunda eines Gymnasii gleich steht; oder
 e. von den aus dem Kadettenhause zu Berlin Entlassenen ein Zeugniß über mindestens halbjährigen Aufenthalt in demselben; oder
 f. von den nicht in Seminarien ausgebildeten Schulamts-Candidaten ein Zeugniß von den zu ihrer Prüfung bestehenden Commissionen über die Fähigkeit zum Elementar-Schulamt; oder
 g. von den Mitgliedern Königlicher Theater ein Zeugniß, daß sie zu Kunstleistungen bei denselben angestellt sind; oder
 h. von den Zöglingen der Gärtner-Lehranstalt zu Potsdam ein Zeugniß, daß sie die Prüfung zur Lehrstufe der Gartenkünstler bestanden haben und mit der diesfälligen Qualification versehen sind; oder

— 14 —

1. eine Bescheinigung der Direction des Königlichen Gewerbe-Instituts zu Berlin, daß der Betreffende auf Grund eines Zeugnisses der Reife von einer Provinzial-Gewerbeschule entweder in das Gewerbe-Institut bereits aufgenommen oder zur Aufnahme für einen bestimmt zu bezeichnenden Zeitpunkt notirt ist.

Denjenigen Expectanten, welche die Schule vor dem 1sten Mai 1859 verlassen haben, ist gestattet, ihre wissenschaftliche Qualification nach den bis dahin bestandenen Vorschriften darzuthun.

Die wissenschaftliche Prüfung derjenigen Expectanten, welche ihrem Antrage eines der vorstehend ad 5 sub a. bis l. erwähnten Zeugnisse nicht beifügen können, wird durch die unterzeichnete Commission in diesem Jahre zuerst in dem auf den 14ten März 1863, Vormittags 9 Uhr, anberaumten Termine im hiesigen Regierungs-Gebäude erfolgen und haben die Betreffenden, falls sie ein ärztliches Attest über ihre Brauchbarkeit zum Militairdienste bis dahin nicht beigebracht, sich am Tage vor der Prüfung bei dem Königlichen Stabsarzt Rabetge hierselbst zur ärztlichen Untersuchung zu melden. Die Anmeldung zur Theilnahme an der Prüfung muß jedoch spätestens acht Tage vor dem Termine bei uns eingehen.

Schließlich machen wir noch darauf aufmerksam, daß von uns nur Gesuche solcher Expectanten berücksichtigt werden können, welche nach §. 21 der Ersatz-Instruction in einem Orte des Regierungsbezirks Oppeln gestellungspflichtig sind, resp. gestellungspflichtig sein würden, wenn sie das militairpflichtige Alter erreicht hätten; ferner, daß der Antrag auf Ertheilung des Berechtigungsscheines zum einjährigen freiwilligen Militairdienst frühestens im Laufe desjenigen Monats erfolgen darf, in welchem das 17te Lebensjahr zurückgelegt wird, spätestens aber bis zum 1sten Februar desjenigen Kalenderjahres stattfinden muß, in welchem das 20ste Lebensjahr vollendet wird.

Wer den letzteren Termin verabsäumt oder bis zum 1sten April des letztgedachten Jahres den Nachweis der Berechtigung zum einjährigen Militairdienst durch die bestandene Prüfung nicht zu führen vermag, verliert den Anspruch auf die Vergünstigung zum einjährigen Dienst.

Oppeln, den 10. Januar 1863.

Königliche Departements-Commission zur Prüfung der Freiwilligen zum einjährigen Militairdienst.

Personal-Chronik

(38) Bestätigt: die Wahl des Herrn Fürsten von Pleß zum Kreis-Deputirten des Plesser Kreises. Ernannt: der Corps-Jäger Heilscher zum Flößmeister in Carlsmarkt.

Redaction des Amtsblatts im Regierungs-Gebäude. — Druck von F. Weilshäuser in Oppeln.

Amts-Blatt
der Königlichen Regierung zu Oppeln.

Stück 5. Oppeln, den 29. Januar **1863.**

Bekanntmachungen des Herrn Ober-Präsidenten.

(49) Im zweiten Semester des verflossenen Jahres sind an bei der Provinzial-Land-Feuer-Societät versicherten Gebäuden 164 Brände vorgekommen, in deren Folge an Schaden-Vergütigungen insgesammt . . . . 60,367 Thlr., wörtlich: Achtzigtausend, Dreihundert, Sieben und Sechszig Thaler beansprucht worden sind. Außer dieser Summe ist aber noch auf Deckung der Ausgaben an Lösch- und anderen Prämien, der Kosten für die Aufnahme und Abschätzung der Brandschäden und für die örtliche Prüfung neuer Versicherungs-Anträge, des Bureau-Aufwandes für die Kreis-Feuer-Societäts-Directoren und der Kreis-Rendanten der Provinz, soweit die Zinsen des Reserve-Fonds hierzu nicht ausreichten, Bedacht zu nehmen. Zu Befriedigung dieser Anforderungen wird die gegenwärtige Ausschreibung der Assecuranz-Beiträge pro zweites Semester 1862 in der hiermit von mir festgesetzten Höhe eines
(2½) **zwei und einhalbfachen Beitragssimplums**
nothwendig, nach welcher von den Associaten für jedes Hundert Versicherungs-Summe
        in der ersten Klasse 1 Sgr. 8 Pf.,
        - - zweiten - 3 - 4 -
        - - dritten - 6 - 8 -
        - - vierten - 10 - — -
für Kirchen aber blos die Hälfte dieser Sätze,
aufzubringen ist. Für die Versicherung von Fabriken und anderer feuergefährlicher Objecte ist selbstredend der Beitrag nach den besonderen Vertrags-Bedingungen zu leisten.
Nach Vorschrift des §. 25 des Feuer-Societäts-Reglements vom 1sten September 1852 wird hiermit der 10te März als der äußerste Termin bestimmt, bis zu welchem Tage der ausgeschriebene Beitrag von den Associaten eingezahlt und durch den Orts-Vorstand an das betreffende Königliche Kreis-Steuer-Amt abgeliefert sein muß, da nach Ablauf dieses Termins jeder noch rückständige Beitrag von dem Restanten ohne weitere Verwarnung executivisch eingezogen werden wird. Diese, nur für einzelne zur Berücksichtigung geeignete Fälle gestattete Endfrist darf jedoch die Orts-Behörde nicht abhalten, mit der Einziehung dieser Beiträge alsbald vorzugehen, und auf die zeitgemäße Ablieferung derselben hinzuwirken. Binnen drei Tagen nach Ablauf des bezeichneten äußersten Einzahlungs-Termins haben die Orts-Vorstände dem betreffenden Kreis-Steuer-Amte einen Nachweis der Restanten in zweifacher Ausfertigung zu übergeben, weil selbige im Unterlassungsfalle wegen Vertretung des nicht nachgewiesenen Rückstandes persönlich in Anspruch genommen werden müßten. Breslau, den 14. Januar 1863.
      Der Provinzial-Land-Feuer-Societäts-Director. gez. Schleinitz.

Bekanntmachungen der Königlichen Regierung.

(40) Mit Genehmigung des Herrn Oberpräsidenten der Provinz Schlesien sind die Wollmärkte pro 1863
            1) für Gleiwitz:
auf den 16ten Juni und 27sten October c.;
            2) für Leobschütz:
auf den 1sten Juni und 4ten November c.;
            3) für Neisse:
auf den 16ten Mai und 19ten September c.;
            4) für Oppeln:
auf den 15ten Juni und 12ten October c.;

5) für Ratibor:
auf den 29ſten Mai und 30ſten October c.,
angeſetzt worden.   Oppeln, den 16. Januar 1863.
(43)   Bekanntmachung.
Durch die Allerhöchſte Cabinets-Ordre vom 19ten April 1824 iſt ausdrücklich beſtimmt, daß junge Männer, welche ſich vor Erfüllung der Militairpflicht anſäſſig machen oder verheirathen, hierdurch ihrer Verpflichtung zum Militairdienſte nicht überhoben werden. Dieſe Allerhöchſte Beſtimmung, welche durch §. 56, 2, §. 107 und §. 174 der Militair-Erſatz-Inſtruction vom 9ten December 1858 erneuert worden iſt, haben die Königlichen Landraths-Aemter auch durch die Kreisblätter, ſo wie in ſonſt zweckmäßiger Weiſe von Neuem zur allgemeinen Kenntniß zu bringen.
Oppeln, den 18. Januar 1863.
(45) Der Schluß der kleinen Jagd für den hieſigen Regierungs-Bezirk wird auf Grund der Allerhöchſten Cabinets-Ordre vom 12ten November 1841 für dieſes Jahr

auf den 1ſten Februar, Abends,

feſtgeſetzt.
Die betreffenden Polizeibehörden haben etwaige, nach dieſem Termine begangene Contraventionen zu überwachen und zur Anzeige zu bringen.   Oppeln, den 23. Januar 1863.
(50) Nachſtehende Bekanntmachung:
Nach §. 14 des Geſetzes vom 23ſten Juli 1847 über die Verhältniſſe der Juden (Geſ.-Sammlung 1847 S. 263 ff.) tritt die bürgerliche Gültigkeit der jüdiſchen Ehen mit dem Zeitpunkte der Eintragung in das vom Richter geführte Geburts-, Heiraths- und Sterbe-Regiſter ein, der Eintragung in das letztere aber muß nach §§. 12, 13 a. a. O. außer dem Nachweiſe des gerichtlich erfolgten Aufgebotes, die perſönliche Erklärung der Brautleute vor dem Richter vorangehen, daß ſie fortan als ehelich mit einander verbunden ſich betrachten wollen.
Die Trauung jüdiſcher Brautpaare vor einem Rabbiner oder einem andern, nach den jüdiſch-religiöſen Satzungen dazu befähigten Iſraeliten hat dagegen geſetzlich nicht die Kraft, eine civilrechtlich gültige Ehe zu begründen, und ſofern daher die Eintragung in das gerichtliche Regiſter nicht vorangegangen iſt oder hinzutritt, bleibt eine ſolche Verbindung ohne den geſetzlichen Schutz und ohne die rechtlichen Wirkungen einer Ehe; ſie iſt insbeſondere willkürlich trennbar und den in ihr erzeugten Kindern mangeln die Rechte ehelicher Kinder. Da es gleichwohl nicht ſelten geſchieht, daß jüdiſche Brautpaare, nachdem ſie das gerichtliche Aufgebot nachgeſucht, die Trauung vor dem jüdiſchen Schriftgelehrten zur Eingehung einer gültigen Ehe für genügend halten und es unterlaſſen, die Eintragung der Ehe in das gerichtliche Regiſter unter Angabe der zu dieſem Zwecke im §. 13 a. a. O. vorgeſchriebenen Erklärung zu verlangen, die öffentliche Ordnung aber erheiſcht, daß den daraus entſtehenden Folgen, namentlich dem Abſchluſſe ungeſetzlicher Geſchlechtsverbindungen und der Unſicherheit des Familienrechts möglichſt vorgebeugt werde, ſo iſt für nothwendig erachtet worden, auf die zur gültigen Eingehung jüdiſcher Ehen erforderlichen gerichtlichen Acte und die oben ausgeſprochenen nachtheiligen Folgen ihrer Nichtbeobachtung, wie hierdurch geſchieht, beſonders aufmerkſam zu machen, und die jüdiſchen Einwohner unſeres Verwaltungsbezirkes zur Befolgung der erwähnten geſetzlichen Vorſchriften aufzufordern.
Oppeln, den 13. Januar 1860.
wird hiermit zur Nachachtung in Erinnerung gebracht.
Oppeln, den 23. Januar 1863.
(51)   Polizei-Verordnung.
Auf Grund des Geſetzes vom 11ten März 1850 über die Polizei-Verwaltung, §. 11, erlaſſen wir für den Regierungsbezirk Oppeln folgende Polizei-Verordnung:
§. 1.   Wer zu ſeinem Gebrauche oder zum Zwecke des Transports oder Handels
   a. Feuerwerk, Pulver oder andere explodirende Stoffe in Mengen von 5 Pfd. und darüber,
   b. Waffen oder Munition über den Bedarf der Jagd oder zum Schutze ſeiner Perſon
aufbewahrt, iſt verpflichtet,
   in den Städten der Ortspolizeibehörde, auf dem Lande dem Landrathe dies anzuzeigen.
§. 2.   Die Anzeige muß enthalten:
   1) die Menge,
   2) den Aufbewahrungsort,
   3) den Zweck der Verwendung,

— 17 —

4) Namen und Wohnort der Person, von der die Vorräthe bezogen sind oder an welche solche abgesendet werden.
§. 3. Das Ansammeln von Waffen und Munition ist verboten.
§. 4. Wer diese Vorschriften übertritt, verfällt in die Strafen der §§. 340, Nr. 2, und 345, Nr. 4, des Strafgesetzbuchs.
Oppeln, den 26. Januar 1863.

Bekanntmachungen des Königlichen Appellations-Gerichts zu Ratibor.

(47) Mit Bezug auf unsere Bekanntmachungen vom 3ten Juni 1857 (Extraordinaire Beilage zum Oppelner Regierungs-Amtsblatte pro 1857 Stück 31) ad XVI. und vom 6ten Februar 1858 (Oppelner Regierungs-Amtsblatt pro 1858 Seite 43) machen wir ferner bekannt, daß der aus den Ortschaften Schloß Ujest, Niesdrowitz, Gey et Lalot bestehende Schiedsmannsbezirk Nr. 8 des Groß-Strehlitzer Kreises aufgelöst und mit dem Bezirke Nr. 9 (Stadt Ujest) vereinigt worden ist.
Das Substitutionsverhältniß wird dahin festgestellt, daß der Bezirk Nr. 37 (Alt-Ujest, Kopanina und Ferdinandshof), welchem bisher der aufgelöste Bezirk Nr. 8 substituirt war, durch den vergrößerten Bezirk Nr. 9 vertreten wird, wogegen dem letzteren auch ferner der Bezirk Nr. 10 substituirt bleibt.
Ratibor, den 20. Januar 1863.

Bekanntmachungen verschiedener Behörden.

(39) Es wird hierdurch nach Vorschrift des §. 64 des Statuts des oberschlesischen Knappschafts-Vereins vom 6ten September 1862 zur öffentlichen Kenntniß gebracht, daß vom Jahre 1863 ab der stimmberechtigte Vorstand des genannten Vereins aus:
dem Königlichen Geheimen Commissionsrath, Herrn Grundmann in Kattowitz, als Vorsitzenden; dem Königlichen Oberhütteninspector Herrn Paul in Königshütte; dem Königlichen Bergmeister a. D. Herrn Schmidt in Zabrze; dem Königlichen Obersteiger Herrn Klingberg auf Friedrichsgrube bei Tarnowitz; dem Königlichen Berggeschwornen a. D. Herrn v. Krenski auf Louisenglück bei Myslowitz, und dem Bergwerks-Director Scherbening in Scharley besteht.
Stellvertretende Mitglieder des Vorstandes sind:
Herr Berginspector Koerfer in Hohenlohehütte und Herr Bergverwalter Buntzel in Ruda, und die nicht stimmberechtigten Mitglieder sind:
Herr Knappschafts-Director Scholinus in Tarnowitz; Herr Knappschafts-Kassen-Rendant von Helmrich in Tarnowitz, und Herr Knappschafts-Oberarzt Dr. Reide in Beuthen D. S.
Breslau, den 16. Januar 1863.   Königliches Oberbergamt.

(41) Nach §. 61 der Bank-Ordnung vom 5ten October 1846 (Gesetzsammlung pag. 435) wird die Versammlung der Meistbetheiligten durch diejenigen Bankantheils-Eigner gebildet, welche am Tage der Einberufung der Versammlung nach den Stammbüchern der Preußischen Bank die größte Anzahl von Bankantheilen besitzen.
Auch die Wählbarkeit der Mitglieder des Central-Ausschusses der Bank, so wie der Provinzial-Ausschüsse und der Beigeordneten der Provinzial-Bank-Comtoire, ist von der Eintragung in die Stammbücher der Bank abhängig (§§. 66, 105, 109 daselbst).
Auf diese Bestimmungen werden hierdurch Diejenigen aufmerksam gemacht, welche Bankantheile erworben, die Eintragung in die Stammbücher der Bank aber noch nicht bewirkt haben.
Berlin, den 17. Januar 1863.
Königliches Preußisches Haupt-Bank-Directorium.

(42)   **Aufkündigung Schlesischer Pfandbriefe.**
Die in dem beiliegenden Verzeichnisse aufgeführten Pfandbriefe sollen in dem nächsten Zinstermine Johannis 1863 von der Landschaft eingelöset werden. Wir fordern daher die Inhaber auf, gedachte Pfandbriefe nebst denjenigen Zinscoupons, welche auf einen späteren als den vorbezeichneten Fälligkeitstermin lauten, unverzüglich an uns oder an eine der Fürstenthumslandschaften einzuliefern. Ueber die Einlieferung wird Recognition ertheilt und diese demnächst im Fälligkeitstermin durch Verausfolgung der Valuta eingelöset werden. Diejenigen Inhaber gekündigter Pfandbriefe, welche dieselben nicht bis zum 1sten März 1863 einliefern, haben zu gewärtigen, daß alsdann diese Pfandbriefe auf ihre Kosten nochmals aufgerufen werden; diejenigen aber, welche weiterhin die Einlieferung der altlandschaftlichen und

der Pfandbriefe Litt. C. bis zum 1sten August 1863, der Neuen Pfandbriefe bis zum 6ten August 1863 nicht bewirken, haben zu erwarten, daß sie nach Vorschrift der Regulative vom 7ten December 1848 resp. 22sten November 1858 und resp. 11ten Mai 1849 (Gesetzsammlung 1849 Seite 77 resp. 1858 Seite 584 und resp. 1849 Seite 182) mit dem Pfandbriefsrechte und beziehungsweise mit dem Rechte der Specialhypothek präcludirt und mit ihren Ansprüchen auf die bei der Landschaft zu deponirende Valuta werden verwiesen werden. Breslau, am 15. Januar 1863. Schlesische Generallandschafts-Direction.

(44) Unter Bezugnahme auf die Amtsblatt-Bekanntmachung vom 7ten April 1852 und 17ten December 1860 bringe ich hiermit zur öffentlichen Kenntniß, daß die Waarencontrole im Binnenlande, welche im Regierungsbezirk Münster für Kaffee besteht, mittelst Rescripts des Herrn General-Directors der Steuern vom 13ten d. Mts. aufgehoben worden ist. Breslau, den 22. Januar 1863.
Der Provinzial-Steuer-Director. v. Maaßen.

(45) Das Zeugniß der Wählbarkeit zum geistlichen Amte erhielten nach bestandener Prüfung pro ministerio folgende Candidaten des Predigtamts:
1) Edmund Benno Joh. Besig aus Annaburg, Provinz Sachsen, 26¾ Jahr alt;
2) Carl Heinrich Aug. Exner aus Hausdorf bei Freiburg, 40¾ Jahr alt;
3) Adolph Emil Aug. Heinr. Treblin aus Samter, Provinz Posen, 25½ Jahr alt;
4) Joh. Otto Eugen Ferd. Quaas aus Breslau, 25¾ Jahr alt;
5) Christoph Paul Adolph Riedel aus Herrnstadt, 30¾ Jahr alt;
6) Otto Alexander Wolf aus Wansen, 26 Jahr alt;
7) Alwin Theodor Kanig aus Kliz, im Königreich Sachsen, 28 Jahr alt.

Gleicher Weise ist nach abgelegtem Examen pro venia concionandi nachbenannten Candidaten der Theologie die Erlaubniß zum Predigen ertheilt worden:
1) Friedrich Otto Apelt aus Leschwitz, Kreis Görlitz;
2) Carl Jul. Michael Kirschke aus Gr. Kauern, Kreis Glogau;
3) Ernst Wilhelm Mücke aus Kattowski bei Medzibor;
4) Paul Emil K. Fedor Peister aus Hönigern bei Namslau;
5) Edwin Rüffer aus Proschlitz, Kreis Kreuzburg;
6) Carl Wilhelm Michael Taurek aus Nicolaiken, Regierungsbezirk Gumbinnen.

Breslau, den 14. Januar 1863. Königliches Consistorium für die Provinz Schlesien.

Personal-Chronik.

(46) Des Königs Majestät haben dem Angerhäusler Anton Kolodziey zu Krogulno für die vollführte Lebensrettung der Knaben Eduard und Herrmann Franke das Verdienst-Ehrenzeichen für Rettung aus Gefahr Allergnädigst zu verleihen geruht.

Gestorben: der katholische Schullehrer Swientek zu Ruderswald.

Amts-Blatt
der Königlichen Regierung zu Oppeln.

Stück 6.   Oppeln, den 5. Februar   **1863.**

Allgemeine Gesetz-Sammlung.

(55) Das 1ste Stück der Gesetz-Sammlung enthält unter

Nr. 5639. Den Allerhöchsten Erlaß vom 1sten December 1862, betreffend anderweite Bestimmungen wegen der nach dem Tarife vom 14ten Februar 1853 auf dem Kanale von der Weichsel zum frischen Haff zu erhebenden Abgabe.

Nr. 5640. Den Allerhöchsten Erlaß vom 15ten December 1862, betreffend die Verleihung des Rechts zur Chausseegeld-Erhebung an die Gemeinden Weeze, im Kreise Geldern und Uedem, im Kreise Cleve, auf den in ihrem Banne belegenen Strecken der Gemeinde-Chaussee von Weeze nach Uedem.

Nr. 5641. Den Allerhöchsten Erlaß vom 15ten December 1862, betreffend die Genehmigung des dritten Nachtrages zum Statute der Magdeburg-Halberstädter Eisenbahn-Gesellschaft vom 13ten September 1841.

Nr. 5642. Den Allerhöchsten Erlaß vom 15ten December 1862, betreffend die Genehmigung der Anlage einer Eisenbahn von Insterburg nach Tilsit durch eine Actien-Gesellschaft.

Nr. 5643. Die Concessions- und Bestätigungs-Urkunde für die Tilsit-Insterburger Eisenbahn-Gesellschaft. Vom 22sten December 1862; und unter

Nr. 5644. Die Bekanntmachung, betreffend die Allerhöchste Genehmigung der Fortdauer der Vaterländischen Feuer-Versicherungs-Gesellschaft zu Elberfeld unter der Firma "Vaterländische Feuer-Versicherungs-Actien-Gesellschaft", so wie des revidirten Statutes derselben vom 25sten August 1862. Vom 20sten December 1862.

Bekanntmachungen der Königlichen Regierung.

(53) In das Curatorium der Kreis-Sparkasse zu Pleß sind:
1) der Königliche Rechts-Anwalt Herr Nerlich in Pleß
   als Director,
2) der Königliche Polizei-Anwalt Herr Sowade, und
3) der Fürstliche Kammerrath Herr Schaeffer ebendaselbst
   als Beisitzer,

ferner:
4) der Rittergutsbesitzer Herr Jaensch zu Czmicklitz,
5) der Fürstliche Kammerrath Herr Urban zu Pleß, und
6) der Freigutsbesitzer Herr Woche zu Polnisch-Weichsel
   als Stellvertreter

gewählt und von uns bestätigt worden. Oppeln, den 17. Januar 1863.

(58) Der für die Stadt Pleß auf den 21sten und 22sten August d. J. angesetzte Kram- und Viehmarkt ist auf den 19ten und 20sten desselben Monats verlegt worden.
Oppeln, den 23. Januar 1863.

(60) Die ständische Versammlung des Tost-Gleiwitzer Kreises hat die Erhöhung der Versicherungssätze für Rindvieh bei Verlusten durch die Rinderpest vom Katasterjahre $1863/_{64}$ ab beschlossen. Mit Bezug auf §. 17 unserer, in der außerordentlichen Beilage zum Amtsblatt pro 1842 Stück IX veröffentlichten Anordnung zur Ausführung des Gesetzes vom 30sten Juni 1841 bringen wir daher hiedurch zur öffentlichen Kenntniß, daß vom Katasterjahre $1863/_{64}$ ab für jede Versicherungs-Anmeldung nach Maßgabe der besonderen Viehgattung im Kreise Tost-Gleiwitz folgende höchste und niedrigste Werthsätze maßgebend sind:

1) Für Stiere und Ochsen: höchster Satz .. 120 Thlr.,
   niedrigster Satz .. 30 ″
2) für Kühe: höchster Satz................ 100 ″
   niedrigster Satz................ 20 ″
3) für Jungvieh: höchster Satz........... 50 ″
   niedrigster Satz............ 12 ″

Oppeln, den 26. Januar 1863.

(68) Nach Anhörung des Provinzial-Landtages ist bestimmt worden, daß nachstehende Städte des Regierungsbezirks für die dabei bemerkten Kreise bei der Einschätzung der im §. 8, Nr. 4, des Gebäudesteuer-Gesetzes vom 21sten Mai 1861 bezeichneten Gebäude als maaßgebend zu betrachten (Normalstädte), und zwar:

 die Stadt Krappitz für den Kreis Oppeln,
 Sohrau für den Kreis Rybnick,
 Ottmachau für den Kreis Grottkau,
 Krappitz für den Kreis Cosel,
 Schurgast für den Kreis Falkenberg,
 Kieferstädtel für den Kreis Tost-Gleiwitz,
 Constadt für den Kreis Creutzburg,
 Bauerwitz für den Kreis Leobschütz,
 Ober-Glogau für den Kreis Neustadt,
 Rasenberg für den Kreis Rosenberg,
 Krappitz für den Kreis Groß-Strehlitz,
 Ziegenhals für den Kreis Neisse,
 Nicolai für den Kreis Pleß,
 Bauerwitz für das linke Oderufer des Ratiborer Kreises,
 Sohrau für das rechte Oderufer des Ratiborer Kreises,
 Tarnowitz für den Kreis Beuthen,
 Lublinitz für den Kreis Lublinitz.

Oppeln, den 27. Januar 1863.

(36) Das dem Ingenieur Gustav Franke in Charlottenburg unterm 6ten November 1861 ertheilte Patent
 auf einen durch Modell, Zeichnung und Beschreibung nachgewiesenen Gasmesser mit schwimmender Trommel, soweit derselbe für neu und eigenthümlich erkannt worden,
ist aufgehoben. Oppeln, den 5. Februar 1863.

(62) Das dem Kaufmann J. H. F. Prillwitz in Berlin unter dem 14ten Februar 1861 ertheilte Einführungs-Patent
 auf einen durch Zeichnung und Beschreibung erläuterten, in seiner ganzen Zusammensetzung als neu und eigenthümlich erkannten Apparat, um Eis zu bilden, ohne Andere in der Anwendung bekannter Theile zu beschränken,
ist aufgehoben. Oppeln, den 5. Februar 1863.

Bekanntmachungen des Königlichen Appellations-Gerichts zu Ratibor.

(59) Mit Bezug auf unsere Bekanntmachung vom 3ten Juni 1857 (Extraordinaire Beilage zum Oppelner Regierungs-Amtsblatte pro 1857 Stück 31) ad XIII. machen wir ferner bekannt, daß die zum Schiedsmannsbezirke Nr. 26 Kreis Ratibor gehörige Ortschaft Klein-Peterwitz von den genannten Bezirke losgetrennt ist und nunmehr einen selbstständigen Bezirk unter Nr. 50 bildet. Dem Bezirke Nr. 50 wird der Bezirk Nr. 26 (Zaubitz) substituirt, wogegen das Substitutionsverhältniß zwischen den Bezirken Nr. 26 und 37 keine Veränderung erleidet. Ratibor, den 26. Januar 1863.

Bekanntmachungen verschiedener Behörden.

(52) Vom 1sten Februar d. J. wird in dem Orte Branitz, Leobschützer Kreises, eine Post-Expedition errichtet, welche durch eine täglich einmalige Kariolpost mit dem Postamte in Leobschütz Verbindung erhält.

Dem Bestellbezirke der neuen Post-Expedition werden folgende Ortschaften zugetheilt:

a. aus dem Bestellbezirke des Postamts in Leobschütz: Krug, Hochkretscham, Kalbach, Poßnitz, Michelsdorf, Burg-Branitz, Bleischwitz, Loewitz und Hennerwitz; b. aus dem Bestellbezirke der Post-Expedition in Katscher: Nassiedel, Leimerwitz, Ehrenberg und Osterwitz; c. aus dem Bestellbezirke der Post-Expedition in Klingebeutel: Boblowitz, Alt- und Neu-Krätschein, Jacubowitz, Klemstein, Turkau und Waissak.

Die Bestellung der Postsendungen nach diesen Orten wird täglich (mit Ausnahme der Sonntage) durch die Landbriefträger der Post-Expedition in Branitz erfolgen.

Von demselben Termine ab treten in den Bestellbezirken der benachbarten Postanstalten folgende Veränderungen ein:

Es gehen über:

a. aus dem Bestellbezirk des Postamts in Leobschütz in den Bestellbezirk der Post-Expedition in Bauerwitz: die Orte Babitz, Würbenthal, Zauchwitz und Hohndorf; b. aus dem Bestellbezirk des Postamts in Leobschütz in den Bestellbezirk der Post-Expedition in Troplowitz: die Orte Dobersdorf, Mocker, Bratsch, Türmitz und Salißwalde; c. aus dem Bestellbezirk der Post-Expedition in Bauerwitz in den Bestellbezirk der Post-Expedition in Katscher: der Ort Stolmütz, d. aus dem Bestellbezirk des Postamts in Ratibor in den Bestellbezirk der Post-Expedition in Katscher: der Ort Mackau; e. aus dem Bestellbezirk des Postamts in Ratibor in den Bestellbezirk der Post-Expedition in Bauerwitz: die Orte Rogow, Poln. Krawarn, Amandhof, Kopanina und Lukmas.

Oppeln, den 24. Januar 1863.   Königliche Ober-Post-Direction.

(54) **Prämien für Dienstboten.**

Nach dem Beschlusse des letztversammelt gewesenen Provinzial-Landtages soll eine dritte Vertheilung von Prämien an Dienstboten und Gesindepersonen stattfinden. Es sollen nach Maaßgabe des durch die Regierungs-Amtsblätter veröffentlichten Prämiirungs-Reglements vom 28ten März 1859 betheilt werden solche, noch in einem Dienstverhältnisse stehende Personen, welche entweder durch wenigstens 25 Jahre bei derselben Herrschaft gedient, oder welche durch einzelne Handlungen ihre Anhänglichkeit an die Dienstherrschaft mit eigener Gefahr und Aufopferung bethätiget, sofern sie, auch außerdem sich im Allgemeinen wohl geführt haben. Wer hienach um eine Prämie sich bewerben zu können glaubt, hat sein Gesuch bei dem Königlichen Landrathamte des Kreises, in welchem er dient, und wenn er in der Stadt Breslau dient, bei dem Magistrate dieser Stadt bis spätestens zum 1sten März dieses Jahres anzubringen, und zu Begründung des Bewerbungsgesuches beizubringen:

ein Attest der Polizeibehörde, worin das zeitherige Wohlverhalten des Bewerbers und entweder die lange Dauer der Dienstzeit bei derselben Herrschaft oder die Handlung attestirt sein muß, durch welche die Anhänglichkeit bethätiget worden ist; — außerdem auch ein Attest der betreffenden Herrschaft darüber, daß der Bewerber sich ihre Zufriedenheit im Dienste erworben habe.

Wenn der Dienstherr selbst Polizeiverwalter ist und als solcher beiderlei Atteste ausstellt, so muß dies von ihm in den Attesten ausgedrückt werden. — Bewerbungen, welche erst nach dem 1sten März angemeldet werden, finden keine Berücksichtigung. Breslau, am 21. Januar 1863.

Direction der schlesischen Provinzial-Hilfs-Casse.

(57) **Bekanntmachung.**

A. Die diesjährige Aufnahmeprüfung sechzehnjähriger Schulpräparanden findet in dem unterzeichneten Seminar den 21sten, 23sten und 24sten März statt, und haben sich die Prüflinge den Sonnabend vor dem Passions-Sonntage, früh um 6 Uhr, in dem Prüfungs-Saale der Anstalt einzufinden, nachdem sie bis zum 15ten März folgende stempelfreie Schriftstücke an das Seminar eingeschickt haben: das Taufzeugniß, den Communionschein, das ärztliche Attest vom Königlichen Kreis-Physikus, das Wiederimpfungs-Attest, ein vom Schulrevisor und Schuleninspector vollzogenes Zeugniß des Lehrers über Fleiß, Kenntnisse und Führung, eine von der Ortsbehörde beglaubigte Erklärung der Angehörigen bezüglich der Unterhaltungskosten während des dreijährigen Aufenthaltes im Seminar und den von dem Präparanden selbst angefertigten Lebenslauf, auf dessen Titelblatt die nöthigen Personalien zusammengestellt sein müssen.

B. Die Rectorats- und Commissionsprüfung trifft am 9ten, 10ten und 11ten April, nachdem Tags zuvor, als Mittwoch den 8ten April, von früh 6 Uhr ab, die schriftlichen Clausurarbeiten angefertigt worden sind. Zu beiden Prüfungen ist die Genehmigung des Königlichen Provinzial-Schul-Collegiums rechtzeitig nachzusuchen, und zwar von den Rectorats-Candidaten auf vorschriftsmäßigem

Stempelbogen, unter Beischluß des Universitäts-Abgangszeugnisses, so wie des Lebenslaufes, während die Commissions-Prüflinge — nicht vor vollendetem 19ten Lebensjahre! ihrem stempelfreien Gesuche das Taufzeugniß, das Attest vom Königlichen Kreis-Physikus, den Lebenslauf, so wie die nöthigen Ausweise über ihre Vorbildung und sittliche Führung beizufügen haben.

C. Für die Lehrerinnenprüfung ist der 30ste April, 1ste und 2te Mai bestimmt, und haben die Candidatinnen ihrem Genehmigungsgesuche an das Königliche Provinzial-Schul-Collegium das Zeugniß über genossene Vorbildung und sittliche Führung und den von ihnen selbst angefertigten Lebenslauf beizulegen.

D. Die Wiederholungsprüfung endlich, an welcher diejenigen Adjuvanten theilnehmen dürfen, welche bereits zwei Jahre im Schulamte sich befinden, wird am 1sten, 2ten und 3ten Juli abgehalten werden, und sind dem bis spätestens den 25sten Juni an das Seminar zu richtenden Anmeldungsschreiben das Abiturienten- oder Commissions-Prüfungszeugniß, so wie die Atteste über die bisherige Amtsführung beizuschließen.

Breslau, den 24. Januar 1863.

Königliches katholisches Schullehrer-Seminar. Der Director. Baucke.

Personal-Chronik.

(61) Nachdem der Erzpriester und Pfarrer Porsch hierselbst auf das Amt eines Schulen-Inspectors resignirt hat, ist der Pfarrer Jackisch in Krappitz zum Schulen-Inspector des Oppelner Kreises I. Antheiles ernannt worden.

Bestätigt: die Vocation des katholischen Schullehrer Purschke zum zweiten Lehrer an der Stadtschule zu Ratscher.

Redaction des Amtsblatts im Regierungs-Gebäude. — Druck von F. Weilshäuser in Oppeln.

Amts-Blatt
der Königlichen Regierung zu Oppeln.

Stück 7.   Oppeln, den 12. Februar   **1863.**

Allgemeine Gesetz-Sammlung.

(76) Das 2te Stück der Gesetz-Sammlung enthält unter
Nr. 5645. Den Allerhöchsten Erlaß vom 10ten November 1862, betreffend die Einführung und Anwendung der im Verlage des Geheimen Ober-Hofbuchdruckers Decker unter dem Titel „Pharmacopoea Borussica. Editio septima" erschienenen neuen Ausgabe der Landes-Pharmakopöe; und unter
Nr. 5646. Das Privilegium wegen Ausgabe auf den Inhaber lautender Obligationen der Stadt Crefeld im Betrage von 300,000 Thalern. Vom 9ten December 1862.

Bekanntmachungen der Königlichen Regierung.

(77) **Belobung.**
Der Bauer Johann Ifchner und der Häusler Bernhard Pietrowsky zu Klodnitz, Kreis Cosel, haben am 26sten December v. J. die zwölfjährige Tochter des Einliegers Johann Mocha ebendaselbst vom Tode des Ertrinkens im Klodnitz-Kanal gerettet.
Diese verdienstliche That wird unter lobender Anerkennung zur öffentlichen Kenntniß gebracht.
Oppeln, den 5. Februar 1863.

(79) Im Jahre 1662 sind im hiesigen Regierungsbezirke wieder 51 Lehrerstellen mit Gehaltsverbesserungen im Gesammtbetrage von 1369 Thlr. 12 Sgr., welchen die betreffenden Dominien und Gemeinden aufgebracht haben, bedacht worden. Mit Bezug auf die Bekanntmachung vom 23sten April v. J. bringen wir dies zur öffentlichen Kenntniß.   Oppeln, den 3. Februar 1863.

(69) Das dem Königlichen Premier-Lieutenant Herrn Maxim. Pleßner zu Samter unter dem 14ten November 1861 ertheilte Patent
auf einen durch Zeichnung und Beschreibung nachgewiesenen electro-telegraphischen Apparat zur Beförderung von Schriftzügen und Zeichnungen
ist aufgehoben.   Oppeln, den 12. Februar 1863.

Bekanntmachungen des Königlichen Appellations-Gerichts zu Ratibor.

(64) Mit Bezug auf unsere Bekanntmachung vom 3ten Juni 1857 (Extraordinaire Beilage zum Oppelner Regierungs-Amtsblatte pro 1857 Stück 31) machen wir ferner bekannt, daß die zum Schiedsmannsbezirk Nr. 10 des Neisser Kreises gehörigen Ortschaften Weizenberg, Hannsdorf und Rieglitz von diesem Bezirke losgetrennt, die Ortschaften Weizenberg und Hannsdorf mit dem Bezirke Nr. 9 (Groß-Neundorf und Struwitz) vereinigt worden sind und die Ortschaft Rieglitz jetzt einen selbstständigen Schiedsmannsbezirk unter Nr. 81 bildet.
Dem neuen Bezirke Nr. 81 wird der Bezirk Nr. 32 (Beigwitz) substituirt, wogegen in dem Substitutionsverhältniß zwischen den Bezirken Nr. 9 und 10 und zwischen den Bezirken Nr. 32 und 68 nichts geändert wird.   Ratibor, den 30. Januar 1863.

(67) Mit Bezug auf unsere Bekanntmachung vom 3ten Juni 1857 (Extraordinaire Beilage zum Oppelner Regierungs-Amtsblatte pro 1857 Stück 31) ad VII. machen wir ferner bekannt, daß die zum Schiedsmannsbezirk Nr. 51 des Leobschützer Kreises gehörige Ortschaft Boblowitz von diesem Bezirke losgetrennt worden ist und nunmehr einen selbstständigen Bezirk unter Nr. 68 bildet.
Dem neuen Bezirke Nr. 68 wird der Bezirk Nr. 51 (Waissak) substituirt, wogegen das Substitutionsverhältniß zwischen den Bezirken Nr. 50 und 51 bestehen bleibt.
Ratibor, den 30. Januar 1863.

(68) Mit Bezug auf unsere Bekanntmachung vom 3ten Juni 1857 (Extraordinaire Beilage zum

Oppelner Regierungs-Amtsblatte pro 1857 Stück 31) ad XIII. machen wir ferner bekannt, daß die zum Schiedsmannsbezirk Nr. 20 Kreis Ratibor gehörige Ortschaft Annaberg und die zum Schiedsmannsbezirk Nr. 34 desselben Kreises gehörige Ortschaft Zabelkau von diesen Bezirken losgetrennt worden sind und nunmehr einen selbstständigen Bezirk unter Nr. 51 bilden.

Dem neuen Bezirke Nr. 51 wird der Bezirk Nr. 20 substituirt, wogegen das Substitutionsverhältniß zwischen den Bezirken Nr. 19 und 20, so wie zwischen den Bezirken Nr. 21 und 34 keine Veränderung erleidet. Ratibor, den 30. Januar 1863.

Bekanntmachungen verschiedener Behörden.

(65) Auf dem Personenpost-Course zwischen Kattowitz und Siemianowitz soll die Aufnahme unterwegs sich meldender Personen an den nachgenannten Haltestellen gestattet sein:
a. bei dem Amtsgebäude in Hohenlohehütte, b. vor dem Amtsgebäude in Laurahütte. Die Entfernung beträgt von Kattowitz nach Hohenlohehütte 1/4 Meile, von Hohenlohehütte nach Laurahütte 1/2 Meile, von Laurahütte nach Siemianowitz 1/4 Meile.

Hiervon wird das reisende Publicum, gemäß §. 41 des Post-Reglements vom 21sten December 1860 (extraordinaire Beilage zu Stück 4 des Regierungs-Amtsblatts von 1861) in Kenntniß gesetzt.
Oppeln, den 31. Januar 1863.   Königliche Ober-Post-Direction.

(66) Liste
der aufgerufenen und der Königl. Controlle der Staatspapiere im Rechnungsjahre 1862 als gerichtlich amortisirt nachgewiesenen Staatspapiere.
I. Staatsschuldscheine.
               Litr. A. à 1000 Thlr.:
Nr. 2,525.
               Litr. B. à 500 Thlr.:
Nr. 3,105.
               Litr. E. à 200 Thlr.:
Nr. 482. 2,602.
               Litr. F. à 100 Thlr.:
Nr. 23,279. 51,225. 51,226. 112,096. 129,863. 171,934. 180,608. 193,214.
II. Schuldverschreibung der Staats-Anleihe v. J. 1852.
Litr. D. Nr. 3,329 über 100 Thlr.
III. Schuldverschreibung der Staats-Anleihe v. J. 1854.
Litr. D. Nr. 17,985 über 100 Thlr.
IV. Prioritäts-Obligation der Niederschl.-Märkischen Eisenbahn.
Ser. III. Nr. 1,146 über 100 Thlr.
Berlin, den 8. Januar 1863.
           Königliche Controlle der Staatspapiere.
           Dehnicke. Erbrich. Hammerdörfer.

Personal-Chronik.

(70) Der Hilfskanzlist Vollwarzny ist zum Regierungs-Kanzlisten, der versorgungsberechtigte Sergeant Biewald zum Hilfskanzlisten ernannt worden.

Gestorben: der Erzpriester und Stadtpfarrer Poppe zu Neustadt und der Regierungs-Kanzleidiener Czesny.

(71) Ernannt wurden:
der Sergeant Bienert zum Grenz-Aufseher in Tropplowitz, der Sergeant Enderwitz zum Grenz-Aufseher in Kosemitz, der Sergeant Ziegler zum Grenz-Aufseher in Sternalitz.

Das Amtsblatt-Sachregister pro 1862 ist erschienen und das Exemplar für 5 Sgr. zu haben in der F. Weilshäuser'schen Buchdruckerei in Oppeln.

Redaction des Amtsblatts im Regierungs-Gebäude. — Druck von F. Weilshäuser in Oppeln.

Amts-Blatt
der Königlichen Regierung zu Oppeln.

Stück 8.   Oppeln, den 19. Februar   **1863.**

Bekanntmachungen der höchsten Staats-Behörden.

(93) **Bekanntmachung.** Auf Grund des §. 3 des Zollgesetzes vom 23sten Januar 1838 (Gesetz-Sammlung Seite 34) und in Folge besonderer Allerhöchster Ermächtigung Seiner Majestät des Königs vom 11ten d. Mts. wird hiermit bis auf Weiteres die Ausfuhr von
Waffen, Kriegsmunition aller Art, insbesondere von Geschossen, Schleßpulver, Zündhütchen, Flintensteinen, ingleichen von Blei, Schwefel und Salpeter
über die Grenze gegen Rußland und das Königreich Polen, so wie die Durchfuhr dieser Gegenstände zum Zwecke der Ausfuhr über die gedachte Grenze unter Hinweisung auf die im §. 1 des Zollstrafgesetzes vom 23sten Januar 1838 (Gesetz-Sammlung Seite 78) angedrohten Strafen verboten.
Berlin, den 12. Februar 1863.   Der Finanz-Minister. v. Bodelschwingh.

(84) Da unter den gegenwärtigen Verhältnissen die Polnischen Grenz-Post-Anstalten nicht in der Lage sind, die nach Polen bestimmten Geldsendungen aus Preußen ec. zur regelmäßigen und sicheren Weiterbeförderung zu übernehmen, so können bis auf Weiteres von den diesseitigen Post-Anstalten Geldsendungen nach Polen zur Beförderung nicht angenommen werden.
Sobald die Annahme und regelmäßige Beförderung dieser Sendungen wieder stattfinden kann, wird das Publicum davon unverzüglich in Kenntniß gesetzt werden.
Berlin, den 9. Februar 1863.   General-Post-Amt. Philipsborn.

(89) Das Belgische Porto für Geld- und Werthsendungen nach und aus Belgien ist von 50 Centimen für je 1000 Francs (266⅔ Thlr.), oder einen Theil von 1000 Francs, auf die Hälfte jenes Satzes — 25 Centimen ohne Rücksicht auf die Entfernung herabgesetzt worden; als geringster Satz für jede Sendung werden jedoch 50 Centimen berechnet.
Im Uebrigen hat sich in dem durch die Bekanntmachung vom 21sten September 1861 veröffentlichten Tarif für Fahrpostsendungen nach und aus Belgien nichts geändert.
Berlin, den 9. Februar 1863.   General-Post-Amt. Philipsborn.

Bekanntmachungen der Königlichen Regierung.

(88) Mit Bezug auf §. 6 des Gesetzes vom 21sten Mai 1861, betreffend die Einführung einer allgemeinen Gebäudesteuer und §. 13 der Anweisung vom 14ten October pr. zur Ausführung dieses Gesetzes, bestimmen wir unter Abänderung unserer Amtsblatt-Verfügung vom 22sten November pr., daß die Ortschaften Bendawitz, Böhme, Collonowska, Goradze, Kablub und Roswadze, im Kreise Groß-Strehlitz, nicht wie die Städte nach dem dritten Abschnitt der Anweisung vom 14ten October pr., sondern nach dem vierten Abschnitt und nach den Vorschriften für diejenigen ländlichen Ortschaften zur Gebäudesteuer veranlagt werden, in denen keine überwiegende Anzahl von Wohngebäuden regelmäßig durch Vermiethung benutzt wird. Oppeln, den 10. Februar 1863.

(94) Durch eine in der Bukowina angekaufte Ochsenheerde ist zu Pissarzowice in Galizien, 1⅓ Meilen von der Preußisch-Oesterreichischen Landesgrenze und ½ Meile von Kenty entfernt, so wie zu Mistek in Mähren, 3 Meilen von der Landesgrenze und dicht bei Friedek belegen, die Rinderpest zum Ausbruch gekommen.
Wir sehen uns dieserhalb genöthigt, die gegenwärtig noch nach §. 3 der Verordnung vom 27sten März 1836 gegen die Einschleppung der Seuche in das diesseitige Landesgebiet bestehenden Sperrmaßregeln wiederum nach §. 4 l. c. zu verschärfen und in Folge jeden Verkehr mit den inficirten Orten Pissarzowice und Mistek bis auf Weiteres unbedingt zu untersagen, desgleichen auch die Abhaltung von Viehmärkten in den Kreisen: Beuthen O. S., Pleß, Rybnik, Ratibor und Leobschütz einstweilen zu verbieten. Oppeln, den 14. Februar 1863.

— 26 —

(72) Dem Kaufmann J. H. F. Prillwitz in Berlin ist unter dem 2ten Februar c. ein Patent auf eine Erz-Setzmaschine in der durch Zeichnung und Beschreibung nachgewiesenen, als neu und eigenthümlich erkannten Zusammensetzung, und ohne Jemand in der Benutzung bekannter Theile zu beschränken,
auf fünf Jahre, von jenem Tage an gerechnet, und für den Umfang des preußischen Staates ertheilt worden. Oppeln, den 12. Februar 1863.

(73) Dem Kaufmann J. H. F. Prillwitz in Berlin ist unter dem 2ten Februar 1863 ein Patent auf eine durch Zeichnung und Beschreibung nachgewiesene, in ihrer Zusammensetzung für neu und eigenthümlich erachtete Teigknetmaschine, ohne Jemand in der Anwendung bekannter Theile zu beschränken,
auf fünf Jahre, von jenem Tage an gerechnet, und für den Umfang des preußischen Staates ertheilt worden. Oppeln, den 12. Februar 1863.

(74) Dem Mechanikus und Besitzer einer Maschinenbau-Anstalt (Firma E. Hummel) Joseph Constantin Bialon in Berlin ist unter dem 2ten Februar c. ein Patent
auf eine durch Zeichnung und Beschreibung nachgewiesene, für neu und eigenthümlich erkannte mechanische Vorrichtung zur Uebertragung der Bewegung auf die Schleudertrommel einer Centrifuge,
auf fünf Jahre, von jenem Tage an gerechnet, und für den Umfang des preußischen Staates ertheilt worden. Oppeln, den 12. Februar 1863.

(75) Dem Grubensteiger Carl Helmsdorff zu Zeche Münsterland bei Dortmund ist unter dem 2ten Februar d. Js. ein Patent
„auf eine durch Beschreibung und Modell nachgewiesene Vorrichtung zum Bremsen der Förderkörbe bei Seilbrüchen in Förder- und Fahr-Schächten"
auf fünf Jahre, von jenem Tage an gerechnet, und für den Umfang des preußischen Staates ertheilt worden. Oppeln, den 12. Februar 1863.

(87) Dem Hütten-Ingenieur Alois Thoma zu Berlin ist unter dem 10ten Februar 1863 ein Patent
auf ein durch Beschreibung und Zeichnungen nachgewiesenes, für neu und eigenthümlich erkanntes Verfahren, Stahl zu erzeugen,
auf fünf Jahre, von jenem Tage an gerechnet, und für den Umfang des preußischen Staates ertheilt worden. Oppeln, den 12. Februar 1863.

Bekanntmachungen des Königlichen Appellations-Gerichts zu Ratibor.

(80) Mit Bezug auf unsere Bekanntmachung vom 3ten Juni 1857 (Extraordinaire Beilage zum Oppelner Regierungs-Amtsblatte pro 1857 Stück 31) ad V. machen wir ferner bekannt, daß von dem Schiedsmannsbezirke Nr. 29 Kreis Gleiwitz folgende Ortschaften losgetrennt worden sind:
 a. Schloß Tost, Ellguth-Tost, Kotlischowitz, Oratsche, Pawlowitz, Pissarzowitz, Klein-Pluschnitz, Klein-Wilkowitz und Louczek-Tost, welche jetzt einen selbstständigen Bezirk unter Nr. 48 bilden,
 b. Sarnau, welche nunmehr einen besonderen Bezirk unter Nr. 49 bildet.
Das Substitutionsverhältniß wird dahin festgestellt, daß die beiden neu gebildeten Bezirke Nr. 48 und 49 sich gegenseitig vertreten, wogegen in der wechselseitigen Vertretung der Bezirke Nr. 2 und 29 nichts geändert wird. Ratibor, den 5. Februar 1863.

(85) Bekanntmachung, betreffend die Zusammensetzung des Ehrenrathes unter den Rechtsanwalten und Notarien im Departement des Königlichen Appellationsgerichts zu Ratibor.
Mit Bezug auf die Bekanntmachung vom 7ten Juni 1862 — Amtsblatt Stück 25 Seite 131 — wird bekannt gemacht, daß der Rechtsanwalt und Notarius Fischer zu Leobschütz — C. Nr. 4 der Bekanntmachung — als stellvertretendes Mitglied des Ehrenrathes unter den Rechtsanwalten und Notarien des Departements ausgeschieden ist. Ratibor, den 8. Februar 1863.
Der Erste Präsident des Königlichen Appellationsgerichts. Burchard.

(90) Mit Bezug auf unsere Bekanntmachung vom 3ten Juni 1857 (Extraordinaire Beilage zum Oppelner Regierungs-Amtsblatte pro 1857 Stück 31) ad V. machen wir ferner bekannt, daß die zum Schiedsmannsbezirke Nr. 1 Kreis Gleiwitz gehörige Ortschaft Leboschowitz von diesem Bezirke losgetrennt worden ist und nunmehr einen selbstständigen Bezirk unter Nr. 50 bildet.
Dem neuen Bezirke Nr. 50 wird der Bezirk Nr. 1 substituirt, wogegen das Substitutionsverhältniß zwischen den Bezirken Nr. 1 und Nr. 39 bestehen bleibt. Ratibor, den 9. Februar 1863.

Bekanntmachungen verschiedener Behörden.

(81) Die diesjährige Lehrerinnen-Prüfung am evangelischen Schullehrer-Seminar zu Münsterberg wird Montag den 23. und Dienstag den 24. März stattfinden.
Die Gesuche um Zulassung zur Theilnahme an dieser Prüfung sind spätestens bis zum 1. März an das unterzeichnete Königliche Provinzial-Schul-Collegium einzureichen, und sind denselben nachbenannte Zeugnisse beizufügen:
 1) ein Taufzeugniß;
 2) ein ärztliches Zeugniß über den Gesundheitszustand;
 3) ein selbstverfaßter Lebenslauf;
 4) die Nachweise und Zeugnisse über die genossene Erziehung und Bildung überhaupt und über die Vorbereitung zum Schulstande insbesondere;
 5) Zeugniß der Ortsbehörde oder des Pfarrers über den bisherigen Lebenswandel und über die Qualification zum Schulamte.
Außerdem ist auf dem Titelblatte des Lebenslaufes anzugeben:
 1) der vollständige Name; 2) Tag, Jahr, Ort und Kreis der Geburt; 3) Wohnort und Kreisstadt; 4) Stand und Wohnort des Vaters; 5) bei wem und wo sich die Aspirantin vorbereitet hat.
Die persönliche Meldung bei dem Herrn Seminar-Director Bock erfolgt Sonntag den 22. März, Abends 6 Uhr.
 Breslau, den 2. Januar 1863. Königliches Provinzial-Schul-Collegium.

(82) Es wird hiermit zur öffentlichen Kenntniß gebracht, daß am evangelischen Schullehrer-Seminar zu Münsterberg die Commissions-Prüfung für die außerhalb der Seminare gebildeten Schulamtsbewerber Montag bis Donnerstag den 23.—26. März dieses Jahres stattfinden wird.
Die Gesuche um Theilnahme an dieser Prüfung sind bei der unterzeichneten Behörde bis zum 1. März dieses Jahres einzureichen. Der Termin zur persönlichen Vorstellung bei dem Director des Seminars ist auf den 22. März, Nachmittags 5 Uhr, bestimmt.
Den Gesuchen ist beizulegen:
 1) ein Taufzeugniß;
 2) ein ärztliches Attest über den Gesundheitszustand;
 3) ein selbstverfertigter Lebenslauf;
 4) die Nachweise über genossene Erziehung und Bildung überhaupt und über die Vorbereitung zum Schulstande insbesondere;
 5) Zeugnisse der Ortsbehörde oder des Pfarrers über ihren bisherigen Lebenswandel und ihre Qualification zum Schulamte.
Außerdem ist bei den Meldungen zu der genannten Prüfung auf dem Titelblatte des Lebenslaufes anzugeben:
 1) der vollständige Name; 2) Tag, Jahr, Ort und Kreis der Geburt; 3) Wohnort und Kreisstadt; 4) bei wem und wo der Aspirant vorgebildet worden ist.
Zugleich wird zur öffentlichen Kenntniß gebracht, daß in dem Seminare zu Münsterberg die Commissions-Prüfung fernerhin nicht mehr im October, gleichzeitig mit der Wiederholungs-Prüfung, sondern Ostern, mit der Abiturienten-Prüfung abgehalten werden wird.
 Breslau, den 2. Januar 1863. Königliches Provinzial-Schul-Collegium.

(83) Die Präparanden-Prüfung im Seminare zu Münsterberg pro 1863 wird hiermit auf Mittwoch den 11. März bis Freitag den 13. März anberaumt und zur persönlichen Meldung der Prüflinge bei dem Seminar-Director Dienstag den 10. März, Abends 6 Uhr, festgesetzt.
Bei der der persönlichen Meldung vorausgehenden schriftlichen Meldung, welche spätestens bis zum 25. Februar erfolgen muß, sind nachstehende Ausweise einzureichen:
 1) ein Taufzeugniß des Präparanden;
 2) ein Führungs-Attest von dem Ortspfarrer seines dermaligen und, wenn er binnen Jahresfrist noch anderswo wohnhaft gewesen sein sollte, seines vormaligen Aufenthaltsortes ausgestellt;
 3) ein Zeugniß über die zur Aufnahme ins Seminar erhaltene Vorbildung von dem Präparandenbildner;

4) ein in Gemäßheit des Rescripts vom 11. Mai 1840 (Ministerialblatt 1840 Seite 231) ausgestelltes Gesundheitsattest neben einem demselben beigelegten Scheine über die innerhalb der letzten zwei Jahre mit Erfolg wiederholte Impfung. — Atteste, welche nicht von dem Königlichen Kreis-Physikus ausgestellt sind, werden als ungültig angesehen;

5) eine schriftliche, von der Ortsbehörde beglaubigte Erklärung der Eltern, Vormünder oder Pfleger, daß dieselben oder sonstige Verwandte im Stande und gewilligt sind, für den aufzunehmenden Zögling sogleich bei seinem Eintritte in die Anstalt 23 Thlr. Kostgeld und eine gleiche Summe am Beginn eines jeden der beiden folgenden Jahre zu erlegen, wie auch alle übrigen Unterhaltungskosten auf denselben während seines Aufenthaltes im Seminar zu verwenden;

6) ein Lebenslauf mit Angabe der Gründe des Entschlusses, sich dem Schullehrerstande zu widmen.

Auf dem Titelblatte dieser Lebensbeschreibung ist kurz anzugeben:
a. der Tauf- und der Familien-Name des Präparanden; b. das Alter und der Geburtsort nebst der Angabe des Kreises, in welchem derselbe liegt; c. Namen, Stand, Beruf, Wohnort der Eltern und ob sie noch am Leben sind; d. bei wem sich der Präparand für das Seminar vorbereitet hat; e. ob und wie oft derselbe an Präparanden-Prüfungen Theil genommen. Von der letzten derselben ist, falls sie nicht im hiesigen Seminar stattgefunden hat, das Zeugniß über den Ausfall beizulegen.

Vor der Zulassung zur Prüfung wird jeder Präparand auch von dem hiesigen Anstalts-Arzte untersucht werden. — Zu sämmtlichen Zeugnissen ist Stempel nicht zu verwenden.

Die bis zum bestimmten Termin nicht eingehenden Gesuche werden nicht angenommen.

Die Präparanden müssen bis Ende Mai dieses Jahres das 17te Lebensjahr vollendet und dürfen das 20ste noch nicht überschritten haben.

Münsterberg, den 2. Januar 1863.   Der Königliche Seminar-Director. (gez.) Bock.

(92)   **Uebersicht**
des Standes der Ständischen Provinzial-Darlehns-Casse für Schlesien
ultimo December 1862.

I. Activa.

1) Cassen-Bestand:
   a. geprägtes Geld, Cassen-Anweisungen, Banknoten und Darlehns-Cassenscheine .... 198,947 Thlr. 7 Sgr. 2 Pf.;
   b. Provinzial-Obligationen und andere Effecten .... 556,800 „   — „   — „
2) Forderungen:
   a. Darlehne
      1) an Private .... 327,485 „   22 „   — „
      2) an Kreis-Corporationen und Gemeinden .... 160,443 „   — „   — „
      3) an Deichverbände .... 898,742 „   15 „   — „
   b. Rückständige Zinsen von Darlehnen .... 3,898 „   1 „ 10 „
   c. Vorschüsse .... 65,466 „   12 „   8 „
                           Summa Activa 2,211,782 Thlr. 28 Sgr. 8 Pf.

II. Passiva.

1) Provinzial-Obligationen .... 1,050,375 Thlr. — Sgr. — Pf.;
2) Darlehns-Cassenscheine .... 500,000 „   — „   — „
3) Vorschüsse .... 22,000 „   — „   — „
4) Ausgabe-Reste:
   Zinsen von Provinzial-Obligationen, Darlehns-Cassenscheinen :c. .... 31,229 „   4 „ 10 „
                           Summa Passiva 1,603,604 Thlr. 4 Sgr. 10 Pf.
                           Die Activa betragen 2,211,782 „   28 „   8 „
                           Bleiben Activa 608,178 Thlr. 23 Sgr. 10 Pf.

Breslau, den 16. Februar 1863.
        Directorium der Ständischen Provinzial-Darlehns-Casse für Schlesien.
(gez.) Freiherr von Gaffron.   Krafer von Schwarzenfeld.   Freiherr von Schuckmann.
                    Franz von Götz.

(86) Die Sperre des Plauer Kanals für den Schiffsverkehr, wird der Regulirungsbauten wegen, noch vom 1sten März c. bis zum 1sten Mai c. hiedurch ausgedehnt.
Magdeburg, den 3. Februar 1863.   Königliche Regierung. Abtheilung des Innern.

(91) **Königlich Preußische landwirthschaftliche Academie zu Poppelsdorf bei Bonn.**

Im Sommerhalbjahr 1863 werden an der landwirthschaftlichen Academie zu Poppelsdorf folgende Vorlesungen gehalten:

Einleitung in die landwirthschaftlichen Studien; Specieller Acker- und Wiesenbau; Güter-Abschätzungslehre; Bodenkunde und Anleitung zum Bonitiren: Director Dr. Hartstein.

Allgemeine Thier- und Rindviehzucht; Landwirthschaftliche Geräthe- und Maschinenkunde; Trockenlegung der Felder: Administrator Dr. Krämer.

Forstwissenschaft, Klimatologie in Beziehung auf Land- und Forstwirthschaft: Dr. Bonhausen.

Weinbau und Gemüsebau: Garteninspector Sinning.

Physik; Organische Chemie; Agricultur-Chemie; Practische Uebungen in analytisch-chemischen Arbeiten im Laboratorium:

Allgemeine und ökonomische Botanik; Land- und forstwirthschaftliche Insectenkunde, Seiden- und Bienenzucht: Professor Dr. Sachs.

Volkswirthschaftslehre: Professor Dr. Kaufmann.

Landesculturgesetzgebung: Professor Dr. Achenbach.

Landwirthschaftliche Baukunde; Planimetrie und Trigonometrie; Uebungen im Feldmessen und Nivelliren: Baumeister Schubert.

Acute und Seuchenkrankheiten der Hausthiere; Pferdezucht und Pferdekenntniß: Departements-Thierarzt Schell.

Außerdem: Zeichenunterricht (Pflanzenzeichnen, Aufnehmen und Zeichnen landwirthschaftlicher Geräthe und Maschinen); Landwirthschaftliche Demonstrationen, Land- und forstwirthschaftliche sowie botanische Excursionen.

Die Vorlesungen beginnen am 13ten April c. gleichzeitig mit den Vorlesungen an der Universität zu Bonn. Auf betreffende Anfragen wegen Eintritts in die Academie wird der Unterzeichnete nähere Auskunft ertheilen.   Poppelsdorf bei Bonn, im Februar 1863.   Der Director Dr. Hartstein.

Personal-Chronik.

(93) Des Königs Majestät haben dem Landarmenhaus-Director Major a. D. Kirsch zu Creutzburg aus Veranlassung seines 50jährigen Dienstjubiläums den rothen Adlerorden 3ter Klasse mit der Schleife zu verleihen geruht. — Dem Candidaten der evangelischen Theologie Pollak zu Falkenberg ist die jederzeit widerrufliche Erlaubniß ertheilt worden, dortselbst ein Privat-Lehr-Institut mit gehobenem Unterricht für Knaben und Mädchen zu errichten. — Die landräthlichen Bureaugehilfen Guckel aus Groß-Streblitz und Reimann aus Ratibor sind als Regierungs-Supernumerarien angenommen worden und die Wahlen des Bürgermeisters Eichon zu Rosenberg als solcher für anderweite 12 Jahre, des Gerbermeisters Cebnla und Kalkbrennereibesitzer Kluczny zu Krappitz zu unbesoldeten Rathmännern haben die Bestätigung erhalten.

(70) **Personal-Veränderungen**
im Departement des Königlichen Appellations-Gerichts zu Ratibor pro Januar 1863.
   A. Bei dem Appellations-Gericht.

Ernannt: der Gerichts-Assessor Schulze aus Glogau zum Staatsanwaltsgehülfen, der Auscultator Eduard Haase zum Appellationsgerichts-Referendarius, der Bureau-Assistent von Wojna-Oranski zum Appellationsgerichts-Secretair, und der Civil-Supernumerar, Actuar erster Klasse, Ludwig Fabian, zum Appellationsgerichts-Bureau-Assistenten; die Hülfsboten Gottlieb Proske und Amand Buchwald zu Appellationsgerichts-Boten.

Versetzt: die Gerichts-Assessoren Adamscheck und Feilhauer aus dem Departement des Königlichen Appellationsgerichts zu Breslau in das diesseitige Department.

Ausgeschieden: der Appellationsgerichts-Referendarius Eduard Haase, Behufs Uebertritts in das Departement des Königlichen Appellationsgerichts Breslau.

   B. Bei den Kreis-Gerichten.
      I. Bei dem Kreis-Gericht zu Beuthen.

Ernannt: der Staatsanwaltsgehülfe Dr. juris Ploch aus Ratibor zum Staatsanwalt.
II. Bei dem Kreis-Gericht zu Creuzburg.
Ernannt: der Civil-Supernumerar, Actuar zweiter Klasse, Franz Radlanski aus Rosenberg zum Bureau-Assistenten.
III. Bei dem Kreis-Gericht zu Leobschütz.
Gestorben: der Gefangenwärter Dittrich.
IV. Bei dem Kreis-Gerichte zu Oppeln.
Gestorben: der Bote und Executor Pielka.
V. Bei dem Kreis-Gericht zu Pleß.
Gestorben: der Rechtsanwalt und Notarius Richter zu Nicolai.

Nachweisung
der gewählten und bestätigten Schiedsmänner pro Januar 1863.

Bezeichnung der Ortschaften.	Kreis.	Benennung der Schiedsmänner.
Schloß Kieferstädtel, Chorinskowitz, Koslow I., II. und III.	Gleiwitz	Schullehrer Carl Riedel zu Kieferstädtel.
Bielau, Buslawitz, Zawade, Beneschau Städtchen und Dorf Beneschau	Ratibor dto.	Lehrer Jacob Schiedel zu Buslawitz. Lehrer Johann Pollak zu Beneschau.
Boblowitz	Leobschütz	Schullehrer Johann Jonas zu Boblowitz.
Sauerwitz	dto.	Brauermeister Franz Polke zu Sauerwitz.
Badewitz	dto.	Anbauer Franz Fuchs zu Badewitz.
Roesling	dto.	Lehrer Robert Ronge zu Roesling.
Hohndorf	dto.	Anbauer Carl Schmack zu Hohndorf.
Kreuzendorf	dto.	Anbauer Carl Kunisch zu Kreuzendorf.
Glaesen	dto.	Tischler Joseph Schaefer zu Glaesen.
Deutsch-Neukirch	dto.	Bürger Franz Scheithauer zu Deutsch-Neukirch.
Liptin	dto.	Schullehrer Heinrich Clementa zu Liptin.
Dirschel	dto.	Schullehrer Felix Werner zu Dirschel.
Boischow und Latscha	Gleiwitz	Lehrer Johann Folwarzny zu Latscha.
Schoenwitz, Altstadt, Josephsgrund, Groß-Pramsen, Waschelwitz und Schloßgemeinde Zülz	Neustadt	Lehrer Lubetzki zu Zülz.
Wernersdorf	Leobschütz	Gärtner Albert Moch zu Wernersdorf.
Zaubitz	Ratibor	Städteschreiber Joseph Parosel zu Zaubitz.
Zarischau	Groß-Strehlitz	Rathmann Franz Mrozik zu Ujest.
Kosmütz	Ratibor	Lehrer Maximilian Frank zu Kosmütz.
Damasko, Berndau und Thomnitz	Leobschütz	Lehrer Ferdinand Proske zu Damasko.
Comeise	dto.	Bleicher Johann Matzner zu Comeise.
Türmitz	dto.	Erbrichter Robert Krebs zu Türmitz.
Ziemientzitz, Przezchlebie und Schwientoschowitz	Gleiwitz	Schullehrer Carl Willimski zu Ziemientzitz.

Ratibor, den 2. Februar 1863.

Königliches Appellations-Gericht.

Amts-Blatt
der Königlichen Regierung zu Oppeln.

Stück 9.   Oppeln, den 26. Februar   **1863.**

Bekanntmachungen der höchsten Staats-Behörden.

(101) **Bekanntmachung**
wegen Ausreichung der Zinscoupons Ser. II. und Talons zu den Schuldverschreibungen der Preußischen Staats-Prämien-Anleihe von 1855.

Die den Zeitraum vom 1sten April 1863 bis Ende März 1871 umfassenden Zinscoupons Ser. II. nebst Talons zu den Schuldverschreibungen der Preußischen Staats-Prämien-Anleihe vom Jahre 1855 werden von der Controlle der Staatspapiere hierselbst, Oranienstraße Nr. 92, vom 2ten März d. J. ab, täglich von 9 bis 1 Uhr Vormittags, mit Ausnahme der Sonn- und Festtage, und der drei letzten Tage jedes Monats ausgereicht werden.

Dabei ist Folgendes zu beachten:

1) Diejenigen Schuldverschreibungen, welche unmittelbar an die Controlle der Staatspapiere gelangen sollen, sind an dieselbe mit einem doppelten Verzeichnisse, worin sie nach ihren Nummern und Beträgen aufzuführen sind, von den Besitzern persönlich oder durch Bevollmächtigte einzureichen. Das eine dieser Verzeichnisse wird, mit einer Empfangsbescheinigung versehen, dem Einreicher sofort wieder eingehändigt, und ist später, gegen Empfangnahme der betreffenden Schuld-Documente nebst neuen Zinscoupons und Talons, zurückzugeben.

In einen Schriftwechsel mit den Inhabern der Schuldverschreibungen kann sich die Controlle der Staatspapiere nicht einlassen, es müssen daher alle auf die Ausreichung der in Rede stehenden Zinscoupons bezüglichen Schreiben portopflichtig zurückgeschickt, oder unerledigt gelassen werden.

2) Die Besitzer von Schuldverschreibungen, welche zur Erlangung neuer Zinscoupons die Vermittelung einer Regierungs-Hauptkasse in Anspruch nehmen, haben derselben die Schuldverschreibungen ebenfalls mit doppelten, nach Nummern und Beträgen geordneten, aufgerechneten und unterschriebenen Verzeichnisse einzusenden oder abzugeben, und empfangen sofort ein Verzeichniß, mit einer Empfangsbescheinigung versehen, zurück, welches später bei Aushändigung der Coupons und Talons wieder zurückzugeben ist.

3) Formulare zu den in Rede stehenden Verzeichnissen sind in Berlin bei der Controlle der Staatspapiere, in Hamburg beim Preußischen Ober-Postamte, sowie bei den Regierungs-Hauptkassen und bei den von den Königlichen Regierungen in den Amtsblättern zu bezeichnenden Kassen unentgeltlich zu haben.

4) Die Beförderung der Schuldverschreibungen durch die Post erfolgt bis zum 1sten Mai 1864 portofrei, wenn auf dem Couverte bemerkt ist:
„Angelegenheit, betreffend die Ausreichung neuer Zinscoupons zu Schuldverschreibungen der Staats-Prämien-Anleihe von 1855."
Später tritt die Portopflichtigkeit ein und es werden dann auch die Documente mit den Coupons und Talons den Einsendern auf ihre Kosten zurückgesandt werden.

Für solche Sendungen, welche von Orten eingehen, oder nach Orten bestimmt sind, welche außerhalb des Preußischen Postbezirks, aber innerhalb des deutschen Postvereinsgebiets liegen, kann eine Befreiung vom Porto nach Maaßgabe der Vereins-Bestimmungen nicht stattfinden.

Berlin, den 6. Februar 1863.   Haupt-Verwaltung der Staatsschulden.
von Wedell.   Gawet.   Löwe.   Meinecke.

Vorstehende Bekanntmachung wird mit dem Bemerken zur Kenntniß gebracht, daß Formulare zu den Verzeichnissen bei den Königlichen Kreis-Steuer-Kassen und dem Haupt-Zoll-Amte zu Myslowitz unentgeltlich zu haben sind.   Oppeln, den 17. Februar 1863.   Königliche Regierung.

(106) Die diesjährige ordentliche [General-Versammlung der Meistbetheiligten der Preußischen Bank wird auf

Mittwoch den 25sten März d. J., Nachmittags 5½ Uhr,

hierdurch einberufen, um für das Jahr 1862 den Verwaltungs-Bericht und den Jahres-Abschluß nebst der Nachricht über die Dividende zu empfangen und die für den Central-Ausschuß nöthigen Wahlen vorzunehmen.

(Bank-Ordnung vom 5ten October 1846 §§. 62, 65, 67, 68, 97 und Gesetz-Sammlung 1857 Seite 240.)

Die Versammlung findet im hiesigen Bank-Gebäude statt. Die Meistbetheiligten werden zu derselben durch besondere, der Post zu übergebende Anschreiben eingeladen.

Berlin, den 17. Februar 1863.

Der Minister für Handel, Gewerbe und öffentliche Arbeiten, Chef der Preußischen Bank.
Graf von Itzenplitz.

Bekanntmachungen der Königlichen Regierung.

(96) Die Fortschritte der Wissenschaft und der Gewerbthätigkeit haben eine neue Ausgabe der Landes-Pharmakopöe nothwendig gemacht. Dieselbe ist unter dem Titel:

"Pharmacopoea Borussica-Editio septima"

erschienen und soll vom 1sten Juli d. J. ab, den Aerzten, Wundärzten und Apothekern, sowie den Behörden als Richtschnur dienen.

Wir setzen die Medicinalpersonen des hiesigen Verwaltungs-Bezirks hiervon mit dem Bemerken in Kenntniß, daß das Buch zu dem Preise von 1 Thlr. 15 Sgr. für ein geheftetes und von 1 Thlr. 27 Sgr. für ein in Kattun gebundenes Exemplar im Wege des Buchhandels zu beziehen ist, sowie daß auch die Apothekergehilfen und Lehrlinge höherer Bestimmung zu Folge, sich mit einem Exemplar desselben zu versehen haben. Oppeln, den 9. Februar 1863.

(102) Im Auftrage des Königlichen Ministeriums der geistlichen, Unterrichts- und Medizinal-Angelegenheiten machen wir die Medizinal-Beamten und practischen Aerzte des diesseitigen Regierungs-Bezirks auf das von dem Professor Dr. Leuckart verfaßte Hand- und Lehrbuch:

"die menschlichen Parasiten und die von ihnen herrührenden Krankheiten"

aufmerksam, da dasselbe, abgesehen von der gründlichen wissenschaftlichen Bearbeitung des Gegenstandes, besonders über Finnen, Trichinen und andere Wurmkrankheiten wichtige, von Seiten der Sanitäts-Polizei wohl zu beachtende Aufschlüsse gewährt. Oppeln, den 9. Februar 1863.

(103) Nachdem das Kataster des Czarnowanz-Klein-Döberner Deichverbandes aufgestellt und den betheiligten Grundbesitzern in Abschrift zugestellt worden ist, bringen wir hierdurch zur öffentlichen Kenntniß, daß etwaige Erinnerungen und Beschwerden dagegen binnen vier Wochen nach dem Empfange der Abschrift bei dem Königlichen Deich-Regulirungs-Commissarius, Herrn Regierungs-Rath Eckart zu Breslau schriftlich eingelegt werden können und daß nach Ablauf dieser Frist auf keinerlei Einwendungen mehr Rücksicht genommen werden wird.

Hierbei bemerken wir, daß eine Abschrift des vorbemerkten Katasters in der Zeit vom ersten bis zum 29sten März d. J. zur Einsicht der Betheiligten bei dem Königlichen Domainen-Amte zu Czarnowanz ausgelegt sein wird und daß das Original des Katasters bei dem Herrn Deich-Regulirungs-Commissarius eingesehen werden kann. Oppeln, den 17. Februar 1863.

(107) Seine Majestät der König haben bei der Feier des Krönungs- und Ordensfestes am 25sten v. Mts. nachstehenden Civil-Personen im hiesigen Departement Orden und Ehrenzeichen Allergnädigst zu verleihen geruht:

I. **Die Schleife zum rothen Adler-Orden dritter Klasse:**

Prinz Carl zu Hohenlohe-Ingelfingen, Landrath des Kreises Lublinitz.

II. **Den rothen Adler-Orden vierter Klasse:**

Boenisch, Kreis-Gerichts-Rath zu Gleiwitz,
Graf von Bünau, Rittergutsbesitzer und Kreis-Deputirter zu Chrosczinna, Kreis Oppeln,
Cirves, Director des Kreis-Gerichts zu Rosenberg,
Dr. Fritsch, Sanitätsrath und Kreis-Physikus zu Lublinitz,
Gerlach, Staats-Anwalt zu Neisse,
Gutte, Forstmeister zu Oppeln,
Humbert, Regierungs- und Cassen-Rath zu Oppeln,

Mehwald, Superintendent zu Neisse,
Schulz I., Appellations-Gerichts-Rath zu Ratibor,
Teichmann, Hütten-Inspector und Dirigent des Hüttenwerks Friedrichshütte bei Tarnowitz,
Wagner, Oberförster zu Proskau,
v. Brochem, Landesältester und Kreis-Deputirter zu Radoschau, Kreis Cosel.

III. Den Königlichen Kronen-Orden dritter Klasse:
Grundmann, Geheimer Commissions-Rath zu Kattowitz, Kreis Beuthen,
Ullrich, Fürstbischöflicher Consistorial-Rath und Commissarius zu Katscher,
von Ziegler und Klipphausen, Kammerherr und Landesältester auf Dambrau bei Schurgast.

IV. Den Königlichen Kronen-Orden vierter Klasse:
Alber, Steinmetzmeister zu Neisse.

V. Das Allgemeine Ehrenzeichen:
Bialas, Schulze zu Tworkau, Kreis Ratibor,
Frank, Schullehrer zu Salesche, Kreis Gross-Strehlitz,
Göpfert, Wagenmeister zu Königshütte,
Jensch, Post-Wagenmeister zu Gross-Strehlitz,
Kachel, Schulze und Mühlenbesitzer zu Boguschütz, Kreis Tost-Gleiwitz,
Menzel, Förster zu Neuwedel, Kreis Oppeln,
Rogossek, Erbscholtiseibesitzer zu Alt-Schalkowitz, Kreis Oppeln,
Sczakiel, Gerichtsschulze zu Malnie, Kreis Gr.-Strehlitz,
Sikora, Locomotivführer bei der Wilhelmsbahn zu Ratibor,
Thutewohl, Schulze zu Carlshof, Kreis Neisse,
Woche, Freigutsbesitzer, Schulze und Kreis-Taxator zu Polnisch-Weichsel, Kreis Pless.

Oppeln, den 18. Februar 1863.

Bekanntmachungen des Königlichen Appellations-Gerichts zu Ratibor.

(102) Mit Bezug auf unsere Bekanntmachung vom 3ten Juni 1857 (Extraordinaire Beilage zum Oppelner Regierungs-Amtsblatte pro 1857 Stück 31) ad V. machen wir ferner bekannt, dass die zum Schiedsmannsbezirke Nr. 24 Kreis Gleiwitz gehörigen Ortschaften Czekanau und Schalscha von diesem Bezirke losgetrennt worden sind und nunmehr einen selbstständigen Bezirk unter Nr. 51 bilden.

Dem neuen Bezirke Nr. 51 wird der Bezirk Nr. 24 substituirt, wogegen das Substitutions-Verhältniss zwischen den Bezirken Nr. 19 und Nr. 24 bestehen bleibt.

Ratibor, den 17. Februar 1863.   Königliches Appellations-Gericht.

Bekanntmachungen verschiedener Behörden.

(103) An die Sparcassen, die Provinzial-, Gemeinde- und Instituten-Kassen der Provinz.

Die Provinzial-Hülfskasse nimmt baare Gelder zur Verzinsung an, zahlt dafür drei und ein halb Procent Zinsen in halbjährigen Raten, und giebt die eingelieferten Gelder nach einer auch ihr freistehenden sechsmonatlichen Kündigung zurück. Anerbietungen sind an die unterzeichnete Direction zu richten.

Breslau, den 16. Februar 1863.   Direction der schlesischen Provinzial-Hülfskasse.

(104) Durch die rechtskräftigen Erkenntnisse der Königlichen Kreis-Gerichte zu Jauer, Grottkau und Reichenbach vom 5ten und 20sten September, 10ten October 1862 sind die aufgebotenen schlesischen Pfandbriefe Nieder-Falkenhayn S. J. Nr. 7 à 100 Thlr., Kupferberg S. J. Nr. 10 à 1000 Thlr., Allod. Leippe N. Gr. Nr. 30 à 20 Thlr., Habendorf S. J. Nr. 42 à 20 Thlr. und Nr. 48 à 30 Thlr. für amortisirt erklärt worden, und es kann auf diese Pfandbriefe, sollten dieselben zum Vorschein kommen, eine Zahlung nicht geleistet werden.   Breslau, am 18. Februar 1863.

Schlesische General-Landschafts-Direction.

Personal-Chronik.

(105) Des Königs Majestät haben Allergnädigst geruht, dem Forst-Inspector Wagner hierselbst den Character als Forstmeister zu verleihen.

Bestätigt: die Vocation des seitherigen Adjuvanten Paul zum Lehrer an der katholischen Schule zu Alt-Wilmsdorf.

Gestorben: der katholische Schullehrer Scholtys zu Priow.

(98) Zur Personal-Chronik
des Ober-Post-Directions-Bezirks Oppeln.

Es sind angestellt worden:
der Post-Secretair Barus, unter Ernennung zum Ober-Post-Secretair, als Expeditions-Vorsteher bei dem Post-Amte in Gleiwitz; der Post-Assistent Hoppe als Post-Secretair bei dem Post-Amte in Oppeln; der Post-Expedienten-Anwärter Wittek als Post-Expedient bei der Post-Expedition in Myslowitz; der Post-Expedienten-Anwärter Michalke als Post-Expedient bei der Post-Expedition in Myslowitz; der frühere Lehrer Sinnenreich aus Volkmannsdorf als Post-Expediteur in Chyzelitz, und der invalide Hautboist Joseph Scholz aus Neisse als Packbote bei der Post-Expedition in Neustadt O. S.

Versetzt:
der Postmeister Molitor von Mühlfeld von Unna nach Leobschütz; der Post-Expedient Harazim von Gleiwitz nach Beuthen O. S.; der Post-Expedient Wenzel von Neisse nach Gleiwitz; der Post-Expedient Kubora von Beuthen O. S. nach Tarnowitz; der Post-Expedient Robowsky von Oppeln nach Ratibor; der Post-Expedient Ulbrich von Tarnowitz nach Neisse; der Post-Conducteur Günther von Leobschütz nach Oppeln; der Post-Conducteur Zieniel von Rybnik nach Leobschütz, und der Packbote Kloß von Kattowitz als Briefträger nach Creutzburg O. S.

Entlassen:
die Post-Expedienten Altrock und Ritschel, der Packbote Kraemer und der Wagenmeister Bartling, sämmtlich in Ratibor.

Oppeln, den 14. Februar 1863.   Königliche Ober-Post-Direction.

Amts-Blatt
der Königlichen Regierung zu Oppeln.

Stück 10. Oppeln, den 5. März **1863.**

Allgemeine Gesetz-Sammlung.

(110) Das 3te Stück der Gesetz-Sammlung enthält unter

Nr. 5647. Den Allerhöchsten Erlaß vom 15ten December 1862, betreffend die Verleihung des Expropriationsrechts und der fiscalischen Vorrechte in Bezug auf den Bau und die Unterhaltung des innerhalb des Kreises Nimptsch fallenden Theils der Kreis-Chaussee von Rothschloß nach Strehlen.

Nr. 5648. Den Allerhöchsten Erlaß vom 10ten Januar 1863, betreffend die Aenderung mehrerer Bestimmungen des Hafengeldtarifes für den Hafen zu Wolgast, vom 24sten October 1840.

Nr. 5649. Den Allerhöchsten Erlaß vom 10ten Januar 1863, betreffend die Verleihung der fiscalischen Vorrechte für den Bau und die Unterhaltung einer Kreis-Chaussee von Glogau nach Primkenau, im Kreise Glogau, Regierungsbezirk Liegnitz.

Nr. 5650. Den Allerhöchsten Erlaß vom 10ten Januar 1863, betreffend die Verleihung der fiscalischen Vorrechte für den Bau und die Unterhaltung der Kreis-Chausseen im Kreise Naugard, Regierungsbezirk Stettin, 1) von Gollnow nach Massow und weiter bis zur Kreisgrenze in der Richtung auf Stargard, 2) von Naugard nach Daber und weiter bis zur Kreisgrenze in der Richtung von Freienwalde.

Nr. 5651. Den Allerhöchsten Erlaß vom 10ten Januar 1863, betreffend die Aenderung des §. 12 des Revidirten Reglements für die Provinzial-Feuer-Societät der Rheinprovinz vom 1sten September 1852.

Nr. 5652. Den Allerhöchsten Erlaß vom 19ten Januar 1863, betreffend die Verleihung des Rechts zur Chausseegeld-Erhebung an die städtische und ländliche Gemeinde Lengerich im Kreise Tecklenburg für die Chausseestrecke von Lengerich bis zur Grenze der Stadtgemeinde Tecklenburg.

Nr. 5653. Den Allerhöchsten Erlaß vom 19ten Januar 1863, betreffend die Genehmigung des von dem 24. General-Landtage der Ostpreußischen Landschaft gefaßten Beschlusses wegen Ergänzung des §. 13 der Zusätze zum Revidirten Ostpreußischen Landschafts-Reglement (Gesetz-Sammlung für 1859 S. 90).

Nr. 5654. Den Allerhöchsten Erlaß vom 19ten Januar 1863, betreffend die Zulassung von Lübecker und Hamburger Schiffen zur Küstenfahrt von einem Preußischen Hafen nach einem anderen inländischen Plätze.

Nr. 5655. Den Allerhöchsten Erlaß vom 26sten Januar 1863, betreffend die Verleihung der fiscalischen Vorrechte für den Bau und die Unterhaltung der Kreis-Chaussee im Saalkreise des Regierungs-Bezirks Merseburg von der Saale des Rothenburg bis zum Anschluß an die Magdeburg-Leipziger Staatsstraße bei Gariena, und

Nr. 5656. Den Allerhöchsten Erlaß vom 2ten Februar 1863, betreffend die Verleihung der fiscalischen Vorrechte für den Bau und die Unterhaltung einer Chaussee von der Müncheberg-Prötzler Staatsstraße über Böllersdorf nach Reichenberg im Kreise Ober-Barnim.

Bekanntmachungen der höchsten Staats-Behörden.

(230) Nach einer Mittheilung des Herzoglich Anhalt-Dessauischen Staats-Ministeriums ist der 1ste April 1863 als Präclusivtermin zur Einziehung der auf Grund des Gesetzes vom 1sten August 1849 emittirten Herzoglich Anhalt-Dessauischen Staatscassenscheine in Apolets zu 1 Thlr. festgesetzt und es sind deshalb alle Inhaber dieser Scheine durch Bekanntmachung der Herzogl. Anhaltischen Staatsschulden-Verwaltung zu Dessau vom 10ten März d. J. aufgefordert, dieselben bis zu dem gedachten Termine zum Um-

tausch zu bringen, indem nach Ablauf dieser gestellten Frist alle nicht eingelösten Staatscassenscheine der bezeichneten Art ihre Gültigkeit verlieren, und alle Ansprüche wegen derselben an die Herzoglichen Cassen erlöschen. Berlin, den 29. April 1862.
Der Finanz-Minister. Ministerium für Handel, Gewerbe und öffentliche Arbeiten.
Im Auftrage: Horn. Im Auftrage: Delbrück.
Vorstehende Bekanntmachung wird zur öffentlichen Kenntniß gebracht.
Oppeln, den 16. Mai 1862. Königliche Regierung.

(27) Der von dem Königlichen Ministerium für Handel, Gewerbe und öffentliche Arbeiten unter dem 20sten Juli 1862 erlassene

Allgemeine Gebühren-Tarif für die Eichungs-Behörden

wird nachstehend mit dem Bemerken zur allgemeinen Kenntniß gebracht, daß die Erhebung der darin normirten Gebühren für neue Eichungen und Nacheichungen vom 1sten März d. J. in Kraft tritt und daß von diesem Zeitpunkte ab alle bisher gültig gewesenen Gebühren-Tarife und in besonderen Verfügungen festgestellten Gebühren-Sätze aufgehoben sind. Oppeln, den 11. Februar 1863.
Königliche Regierung.

Auf Grund der Vorschriften im §. 35 der Maaß- und Gewicht-Ordnung vom 16ten Mai 1816 (Ges.-Samml. S. 142) und im §. 11 des Gesetzes, die Stempelung und Beaufsichtigung der Waagen im öffentlichen Verkehr betreffend, vom 24sten Mai 1853 (Ges.-Samml. S. 589), wird nachstehender

Allgemeiner Gebühren-Tarif für die Eichungs-Behörden

hierdurch erlassen.

№	Benennung der Gegenstände.	Gebührensätze für neue Eichungen.			Nacheichungen.		
		Thlr.	Sgr.	Pf.	Thlr.	Sgr.	Pf.
	I. Längenmaaße.						
1	Ganze Ruthen	—	8	—	—	5	—
2	Halbe "	—	6	—	—	4	—
3	Gewöhnliche Fußstöcke ohne Zolltheilung, bis 6 Fuß Länge pro laufenden Fuß	—	1	—	—	—	9
	Fußstöcke über 6 Fuß Länge: wie ganze Ruthen (Nr. 1.)						
4	Maaßstäbe aus Metall oder Elfenbein: mit Transversalen, bis 1 Fuß Länge	—	5	—	—	3	6
5	ohne Transversalen, bis 1 Fuß Länge	—	2	6	—	1	9
	Für jeden Fuß Zunahme in der Länge die Hälfte der vorstehenden Sätze (5, 6) mehr.						
6	Gewöhnliche Zollstöcke, pro Fuß	—	1	6	—	1	—
7	Ellen	—	2	6	—	1	9
8	Weifen oder Garnhaspel	—	2	6	—	1	9
9	Spurweiten-Maaße	—	5	—	—	3	6
10	Felgenbreiten-Maaße	—	1	3	—	—	10
	II. Hohlmaaße. A. Für Getraide.						
11	Ganze Scheffel	—	20	—	—	10	—
12	Halbe "	—	13	6	—	6	9
13	Viertel "	—	9	—	—	4	6
14	Achtel "	—	6	—	—	3	—
15	Ganze Metzen	—	4	—	—	2	—
16	Halbe "	—	2	9	—	1	4
17	Viertel "	—	1	9	—	—	10

№	Benennung der Gegenstände	Gebührensätze für neue Eichungen. Thlr. Sgr. Pf.	Nacheichungen. Thlr. Sgr. Pf.
18	Achtel und 1/16 Metzen	— 1 3	— — 8
19	1/32 und 1/64 "	— 1 —	— — 6
20	Große Streichhölzer	— 2 6	— 1 6
21	Kleine "	— 1 3	— — 9
	B. Für Flüssigkeiten.		
22	Ganze Quarte	— 3 —	— 2 —
23	Halbe "	— 2 —	— 1 4
24	Viertel "	— 1 6	— 1 —
25	Achtel und 1/16 Quarte	— — 9	— — 6
26	1/32 und 1/64 Quarte	— — 6	— — 4
27	Metallene Maaßkannen (Teuten) zu 2 und 3 Quart Inhalt	— 4 6	— 3 —
28	desgl. zu 4 und 5 Quart Inhalt	— 6 —	— 4 —
29	desgl. von 6 bis 10 "	— 7 6	— 5 —
30	desgl. " 11 - " 15 "	— 10 —	— 6 9
31	desgl. " 16 " 20 "	— 12 6	— 8 6
	und so fort für je 1 bis 5 Quart mehr Inhalt immer 2½ Sgr. resp. 1¾ Sgr. Gebühren mehr.		
32	Gebinde (Fässer) unter 25 Quart	— 4 —	— 4 —
33	desgl. von 25 bis 49 Quart	— 5 —	— 5 —
34	desgl. " 50 " 99 "	— 7 6	— 7 6
35	desgl. " 100 " 299 "	— 10 —	— 10 —
36	desgl. " 300 " 499 "	— 12 6	— 12 6
37	desgl. " 500 " 749 "	— 15 —	— 15 —
38	desgl. " 750 " 1000 "	— 17 6	— 17 6
	Werden dergleichen Gebinde in einer Anzahl von sechs oder mehr Stücken zur Eichung gebracht, oder befindet sich in der Eichungsanstalt eine Wasserleitung eingerichtet, so werden nur Drei Viertheil der obigen Sätze erhoben.		
39	Für das Tariren eines Gebindes	— 6 —	— 6 —
	C. Für trockene Körper.		
40	Tonnengemäße zu 4 Scheffel Inhalt	— 20 —	— 10 —
41	desgl. " 3 " "	— 17 6	— 8 9
42	desgl. " 2 " "	— 15 —	— 7 6
43	desgl. " 1 " "	— 10 —	— 5 —
	Für Maaßkarren gelten dieselben Sätze.		
44	Leinsaat-Tonnen	— 17 6	— 8 9
45	Klafter-Rahmen zu ⅓ Klafter	— 5 —	— 2 6
46	desgl. " ½ "	— 6 —	— 3 —
47	desgl. " 1 "	— 6 —	— 4 —
48	desgl. " 1½ "	— 8 —	— 4 —
49	desgl. " 2 "	— 10 —	— 5 —
	und so fort für je 1—2 Klafter, 2 und 1 Sgr. mehr.		
50	Torfkrummte zu 1 Klafter	— 15 —	— 7 6
51	desgl. " ½ "	— 10 —	— 5 —
52	desgl. " ⅓ "	— 8 —	— 4 —
53	Ein Aufsatz zum Krummte	— 10 —	— 5 —
54	Ein neues Schütz dazu	— 5 —	— 2 6

— 38 —

№	Benennung der Gegenstände	Gebührensätze für neue Eichungen. Thlr. Sgr. Pf.			Nach-eichungen. Thlr. Sgr. Pf.		
55	Zwei neue Schütze zu demselben Kummt gehörig........	—	7	6	—	3	9
56	Drei * * * * * ,................	—	10	—	—	5	—
	III. Gewichte.						
	A. Allgemeine Landesgewichte.						
	a. Gußeiserne Gewichte.						
57	Ganze Centner............	—	7	6	—	3	9
58	Halbe *	—	5	—	—	2	6
59	Viertel *	—	3	9	—	2	—
60	Gewichtstücke zu 20 Pfund.........	—	2	6	—	1	3
61	desgl. * 10 *	—	2	—	—	1	—
62	desgl. * 5 *	—	1	3	—	—	8
63	desgl. * 3 *	—	1	—	—	—	6
64	desgl. * 2 *	—	—	10	—	—	5
65	desgl. * 1 *	—	—	8	—	—	4
	Nur zum Gebrauch der Steuerbehörden:						
66	Gewichtstücke zu 2/16 Centner	—	2	6	—	1	3
67	desgl. * 1/16 *	—	2	—	—	1	—
	b. Messingene Gewichte.						
68	Gewichtstücke zu 100 Pfund.........	—	25	—	—	16	8
69	desgl. * 50 *	—	15	—	—	10	—
70	desgl. * 25 *	—	10	—	—	6	8
71	desgl. * 20 *	—	8	—	—	5	4
72	desgl. * 10 *	—	5	—	—	3	4
73	desgl. * 5 *	—	3	—	—	2	—
74	desgl. * 3 *	—	2	6	—	1	8
75	desgl. * 2 *	—	2	—	—	1	4
76	desgl. * 1 *	—	1	3	—	—	9
77	1/2 und 1/4 Pfundstücke............	—	—	9	—	—	6
78	10 Lothstücke................	—	—	9	—	—	6
79	5, 3, 2 und 1 Lothstücke...........	—	—	6	—	—	4
80	5 bis 1 Quentchen.............	—	—	4	—	—	3
81	5 Zent bis 1 Korn...........	—	—	3	—	—	2
	Werden von den unter Position 81 erwähnten blechernen Gewichten zwölf Satz (48 Stück) auf einmal zur Eichung gebracht, so kommen nur zwei Drittheile der Gebühren in Anrechnung.						
82	Einsatzgewichte zu 1/1 Pfund..........	—	3	—	—	2	—
83	desgl. * 1/2 *	—	2	6	—	1	6
	B. Proportionalgewichte.						
	a. Zum Gebrauch bei der Decimalwaage.						
84	Gewichtstücke zu 0,5 Pfund aus Messing oder Eisen.........	—	—	9	—	—	6
85	desgl. * 0,2 und 0,1 Pfund desgl.	—	—	6	—	—	4
86	desgl. * 1/5 und 1,0 Loth aus Messing......	—	—	6	—	—	4
87	desgl. * 0,5 * 0,1 * desgl.	—	—	4	—	—	3
	b. Zum Gebrauch bei der Centesimalwaage.						
88	Gewichtstücke zu 0,50 Pfund aus Messing oder Eisen	—	—	9	—	—	6
89	desgl. * 0,20 und 0,10 Pfund desgl.	—	—	6	—	—	4

— 89 —

№	Benennung der Gegenstände.	Gebührensätze für neue Eichungen. Thlr. Sgr. Pf.			Nacheichungen. Thlr. Sgr. Pf.		
90	Gewichtsstücke zu 0,05 und 0,02 Pfund aus Messing	—	—	4	—	—	3
91	desgl. , 0,01 Pfund und 0,015 Loth desgl.	—	—	4	—	—	3
	c. Nur zum Gebrauch der Steuerbehörden durch die Normal-Eichungs-Commission.						
92	Gewichtsstücke zu $\frac{2}{10} \times \frac{Gr.}{10}$ aus Eisen	—	1	6	—	1	—
93	desgl. , $\frac{1}{10} \times \frac{Gr.}{10}$ desgl.	—	1	—	—	—	8
	C. Münzgewichte.						
94	Gewichtsstücke zu 5 Z	—	1	—	—	—	9
95	desgl. , 2 und 1 Z	—	—	10	—	—	7
96	desgl. , 5 H, 2 H und 1 H	—	—	8	—	—	6
97	desgl. , 5 T, 2 T , 1 T	—	—	6	—	—	4
98	desgl. , 5 A, 2 A , 1 A	—	—	4	—	—	3
99	Einsatzgewichte , 32 Duc.	—	5	—	—	3	—
100	desgl. , 64 , ...	—	6	—	—	4	—
101	desgl. , 128 , ...	—	7	—	—	5	—
	D. Medizinalgewichte.						
102	Gewichtsstücke zu 1 Medizinal-Pfund	—	1	3	—	—	10
103	Kleinere Gewichtsstücke bis einschließlich 2 Unzen	—	—	6	—	—	4
104	Gewichtsstücke von 1 Unze und darunter	—	—	4	—	—	3
105	Garnituren von 36 Stück (1 Schachtel)	—	5	—	—	4	—
	IV. Waagen.						
	A. Gleicharmige Balkenwaagen.						
106	Waagebalken bis zu 9 Zoll Länge	—	1	6	—	—	9
107	desgl. über 9 bis 16 Zoll Länge	—	2	9	—	1	4
108	desgl. , 16 , 23 , , ...	—	4	—	—	2	—
109	desgl. , 23 , 30 , , ...	—	5	6	—	2	9
110	desgl. , 30 , 36 , , ...	—	7	—	—	3	6
111	desgl. , 36 , 42 , , ...	—	8	6	—	4	3
112	desgl. , 42 , 48 , , ...	—	10	—	—	5	—
113	desgl. , 48 , 54 , , ...	—	12	6	—	6	3
114	desgl. , 54 , 60 , , ...	—	14	6	—	7	3
115	desgl. , 60 , 66 , , ...	—	16	—	—	8	—
116	desgl. , 66 , 72 , , ...	—	17	6	—	8	9
117	desgl. , 72 , 78 , , ...	—	19	—	—	9	6
	und so fort für je 6 Zoll Zunahme in der Länge bezüglich 1 Sgr. 6 Pf. und 9 Pf. mehr an Gebühren. Als Länge des Balkens ist die Entfernung der Endschneiden von einander zu verstehen.						
118	Ein Paar blecherne Waagschalen	—	1	3	—	1	3
119	, , hölzerne	—	2	6	—	2	6
	B. Schnellwaagen.						
120	Bei einer Tragfähigkeit bis 25 Pfund incl.	—	4	—	—	2	—
121	desgl. über 25 bis 50 Pfund incl.	—	5	—	—	2	6
122	desgl. , 50 , 100 , , ...	—	7	6	—	3	9
123	desgl. , 100 , 150 , , ...	—	10	—	—	5	—
124	desgl. , 150 , 200 , , ...	—	12	6	—	6	3

№	Benennung der Gegenstände.	Gebührensätze für neue Eichungen. Thlr. Sgr. Pf.	Nacheichungen. Thlr. Sgr. Pf.
125	Bei einer Tragfähigkeit über 200 bis 300 Pfund incl.	— 15 —	— 7 6
126	desgl. , 300 , 400 , , ...	— 17 6	— 8 9
127	desgl. , 400 , 500 , , ...	— 20 —	— 10 —
	und so fort für jede 100 Pfund Tragfähigkeit mehr, immer 2½ Sgr. und 1¼ Sgr. mehr. Ist der Waagebalken mit zwei Skalen versehen, so werden die Gebühren nach der größten Tragfähigkeit, welche die zweite Skala angiebt, erhoben.		
	Anmerkung. Ungleicharmige Hebelwaagen für Rübenzucker-Fabriken zu steueramtlichen Verwiegungen	— 10 —	— — —
	C. Brückenwaagen.		
128	Bei einer Tragfähigkeit bis 50 Pfund incl.	— 6 —	— 3 —
129	desgl. über 50 bis 100 Pfund incl.	— 7 6	— 3 6
130	desgl. , 1 , 5 Ctr. , ...	— 10 —	— 5 —
131	desgl. , 5 , 10 , , ...	— 15 —	— 7 6
132	desgl. , 10 , 15 , , ...	— 20 —	— 10 —
133	desgl. , 15 , 20 , , ...	— 25 —	— 12 6
134	desgl. , 20 , 30 , , ...	1 — —	— 15 —
135	desgl. , 30 , 40 , , ...	1 5 —	— 17 6
136	desgl. , 40 , 50 , , ...	1 10 —	— 20 —
	und so fort für jede 10 Centner Tragfähigkeit mehr, bezüglich 5 und 2½ Sgr. Gebühren mehr.		
	Wird eine Brückenwaage bei angestellter Prüfung für nicht stempelfähig befunden, so sind für diese Prüfung die für Nacheichungen angegebenen Gebühren zu entrichten.		
	V. Gasmesser.		
137	Bei einem Inhalt der Trommel von 1/16 Kubikfuß	— 10 —	— 5 —
138	desgl. , ⅛ , ...	— 14 —	— 7 —
139	desgl. , ¼ , ...	— 20 —	— 10 —
140	desgl. , ½ , ...	— 27 6	— 13 9
141	desgl. , ¾ , ...	1 — —	— 15 —
142	desgl. , 1 , ...	1 5 —	— 17 6
143	desgl. , 1½ , ...	1 15 —	— 22 6
144	desgl. , 2 , ...	1 25 —	— 27 6
145	desgl. , 2½ , ...	2 5 —	1 2 6
146	desgl. , 3 , ...	2 12 6	1 6 3
147	desgl. , 4 , ...	2 22 6	1 11 3
148	desgl. , 5 , ...	3 — —	1 15 —
149	desgl. , 6 , ...	3 7 6	1 18 9
150	desgl. , 7 , ...	3 15 —	1 22 6
151	desgl. , 8 , ...	3 22 6	1 26 3
152	desgl. , 9 , ...	4 — —	2 — —
153	desgl. , 10 , ...	4 7 6	2 3 9
	und so fort steigend für jeden Kubikfuß mehr immer 7½, resp. 3¾ Sgr. mehr. Bei Berechnung der Inhalte bleiben Bruchtheile unter ½ außer Ansatz und werden Bruchtheile von ½ und darüber für voll gerechnet.		

№	Benennung der Gegenstände	Gebührensätze für neue Eichungen. Thlr. Sgr. Pf.	Nacheichungen. Thlr. Sgr. Pf.
	Werden fünf Gasmesser von gleicher Größe gleichzeitig zur Eichung gebracht, so findet eine Ermäßigung der hier festgesetzten Gebühren um den dritten Theil derselben statt.		
	Außer den Eichungsgebühren ist für die bei der Stempelung vorkommenden Nebenarbeiten, wie das Löthen, Bezeichnen des Kubikinhalts ꝛc. ein den wirklichen Auslagen entsprechender Betrag zu entrichten, welcher indeß nachstehende Sätze nicht übersteigen darf.		
154	Bei einem Inhalt der Trommel von $1/16$ und $1/8$ Kubikfuß	— 6 —	
155	desgl. » $1/4$ » $1/2$ »	— 7 6	
156	desgl. » $3/4$ » 1 »	— 10 —	
157	desgl. » $1\frac{1}{2}$ » 2 »	— 15 —	
158	desgl. » 3 Kubikfuß	— 17 6	
159	desgl. » 4 »	— 20 —	
160	desgl. » 5 »	— 22 6	
161	desgl. » 6 »	— 25 —	
162	desgl. » 7 »	— 26 6	
163	desgl. » 8 »	— 28 —	
164	desgl. » 9 »	— 29 —	
165	desgl. » 10 »	1 — —	
	und so fort für jede Zunahme des Inhalts von 1 Kubikfuß immer 1 Sgr. mehr.		
	VI. Thermometer und Alkoholometer.		
166	Für die bloße Eichung eines Thermometers	— 3 6	
167	» » Eichung und Stempelung im Ganzen	— 7 6	
168	» » bloße Eichung eines Alkoholometers	— 2 6	
169	» » Eichung und Stempelung im Ganzen	— 5 —	
170	» » bloße Eichung eines Thermo-Alkoholometers	— 5 —	
171	» » Eichung und Stempelung im Ganzen, einschließlich eines Exemplars der Anweisung zum Gebrauche der Alkoholometer nebst den Brix'schen Reductions-Tabellen	— 10 —	

Besondere Bestimmungen.

I. Für die **Ausfertigung der Eichscheine** sind Gebühren nicht zu entrichten.

II. Für Eichungsgeschäfte **außerhalb der Amtsstelle**, mögen sie von der Behörde angeordnet, oder auf Verlangen der Interessenten vorgenommen werden, sind außer den tarifmäßigen Gebühren nachstehende Sätze zu berechnen:

A. Wenn die Stelle, an welcher die Amtshandlung vorgenommen wird:
  1) nicht über eine Viertelmeile von der Amtsstelle entfernt ist:
    für jede nicht länger als $4\frac{1}{2}$ Stunden dauernde Amtshandlung 20 Sgr. Commissionsgebühr.
  2) über eine Viertelmeile von der Amtsstelle, aber nicht über eine Viertelmeile von dem Orte entfernt ist, in welchem die Amtsstelle liegt:
    für jede nicht länger als $4\frac{1}{2}$ Stunden dauernde Amtshandlung 1 Thlr. Commissionsgebühr.

Anmerkung zu A. Dauert die Amtshandlung länger als 4½ Stunden, so wird für jede begonnenen 4½ Stunden die Gebühr noch einmal, jedoch höchstens bis zum Betrage von 2 Thlr. entrichtet.
Werden Amtshandlungen an örtlich getrennten Stellen vorgenommen, so ist, auch wenn ihre gesammte Dauer 4½ Stunden nicht übersteigt, die Commissionsgebühr für jede Stelle besonders zu entrichten.
B. Wenn die Stelle, an welcher die Amtshandlung vorgenommen wird, weiter als unter A. 2) angegeben, vom Orte des Amts entfernt ist:
    an Tagegeldern 2 Thlr.,
    an Reisekosten für die Meile:
        auf Eisenbahnen oder Dampfschiffen 7½ Sgr.,
        auf gewöhnlichen Landwegen 15 Sgr.
Anmerkung zu B. Werden Amtshandlungen an einem Tage an örtlich getrennten Stellen vorgenommen, so ist für jede dieser Amtshandlungen ein verhältnißmäßiger Theil der Tagegelder und Reisekosten zu entrichten.
C. Wird die **Eichung einer Brückenwaage** außerhalb der Amtsstelle verlangt, so hat der Extrahent die nöthigen Arbeitskräfte und die zur Belastung der Waage bis zu ihrer höchsten Tragfähigkeit erforderlichen Materialien auf seine Kosten zu beschaffen.
Berlin, den 20. Juli 1862.
Der Minister für Handel, Gewerbe und öffentliche Arbeiten.
v. Holzbrinck.

Bekanntmachungen der Königlichen Regierung.

(113) Da die mit einem jährlichen Gehalte von Einhundert Thalern dotirte Stelle des Kreis-Thierarztes zu Neiße erledigt und wieder zu besetzen ist, so fordern wir qualificirte Bewerber hiermit auf, sich unter Beifügung ihrer Approbation und ihrer Führungszeugnisse, so wie ihres Lebenslaufes binnen 6 Wochen bei uns zu melden. Oppeln, den 17. Februar 1863.

(116) Durch das erfolgte Ableben des Königlichen Kreis-Physikus, Sanitätsrath Dr. Hübner zu Rosenberg ist die dortige Physikatsstelle erledigt.
Qualificirte Bewerber können sich unter Einreichung ihrer Approbation, ihres Physikats-Prüfungszeugnisses und sonstiger Atteste, so wie des Lebenslaufes, binnen 4 Wochen bei uns melden.
Oppeln, den 24. Februar 1863.

(117) Da die Betriebseröffnung auf der Bahnstrecke von Neubern nach der Landesgrenze, in der Richtung auf Oswiecim, zum Anschluß an die Kaiser Ferdinands Nordbahn binnen Kurzem erfolgen wird, so machen wir mit Bezug auf §. 11 des Gesetzes vom 11ten März 1850 hierdurch bekannt, daß das für die unter der Verwaltung der mitunterzeichneten Direction der Oberschlesischen Eisenbahn stehenden Haupt- und Zweigbahnen von uns unterm 14/6ten September 1858 erlassene und in Stück 38 des Oppelner Amtsblattes pro 1858 abgedruckte Bahn-Polizei-Reglement auf die obengenannte Bahnstrecke ebenfalls Anwendung findet.
Oppeln, den 24. Februar 1863.   Breslau, den 20. Februar 1863.
Königliche Regierung.   Königliche Direction der Oberschlesischen
Abtheilung des Innern.   Eisenbahn.
Sack.   Offermann.

(115) Den Herren Schäffer und Budenberg in Bukau bei Magdeburg ist unter dem 24sten Februar 1863 ein Patent
    auf eine durch ein ausgeführtes Exemplar dargestellte, als neu und eigenthümlich erkannte Vorrichtung an Mikroskopen zum Einspannen, Richtigstellen und Beleuchten der Objekte
auf fünf Jahre, von jenem Tage an gerechnet, und für den Umfang des preußischen Staats ertheilt worden. Oppeln, den 5. März 1863.

(99) **Nachtrags-Verzeichniß**
der Bauhandwerker, welche im Bezirke der Königl. Regierung zu Oppeln im Jahre 1862 zu denjenigen hinzutreten, welche in den Bekanntmachungen vom 13ten April 1859, 19ten Mai 1859, 18ten Mai 1860 und 9ten März 1861 (Amtsblatt pro 1858 Stück 17 Seite 107, Amtsblatt pro 1859 Stück 22 Seite 140, Amtsblatt pro 1860 Stück 22 Seite 150, Amtsblatt pro 1861 Stück 13 Seite 47, Amtsblatt pro 1862 Stück 15 Seite 71) aufgeführt sind.

— 43 —

№	Kreis.	Gewerbe.	Namen der Bauhandwerker.	Wohnort.
		A. Maurermeister.		
1	Beuthen	Maurermeister	Moritz Goldstein	Pilkermühle.
2	dto.	dto.	Heinrich Hausel	Schwientochlowitz.
3	Cosel	dto.	Louis Rauch	Gnadenfeld.
4	Grottkau	dto.	Ferdinand Gottwald	Ottmachau.
5	Neisse	dto.	Florian Pohl	Neisse.
6	Oppeln	dto.	Adolph Schwarz	Oppeln.
7	Pleß	dto.	Wilhelm Rusch	Nicolai.
8	Gr.-Strehlitz	dto.	Louis Loewi	Leschnitz.
		B. Zimmermeister.		
1	Beuthen	Zimmermeister	Peter Waindzock	Beuthen.
2	dto.	dto.	Adolph Schnabel	Chropaczow.
3	Creuzburg	dto.	August Hoppe	Constadt.
4	Falkenberg	dto.	Carl Teichmann	Friedland.
5	Leobschütz	dto.	Paul Jungfer	Leobschütz.
6	Lublinitz	Maurer- und Zimmermeister	Oscar Graeber	Lublinitz.
7	Rosenberg	Zimmermeister	Adolph Pluschke	Sausenberg.
8	Rybnik	dto.	Adolph Block	Rybnik.
9	dto.	dto.	Ludwig Pietzuch	Sohrau.
10	dto.	dto.	Joseph Brzezack	Loslau.
		C. Schiefer- und Dachdeckermeister.		
1	Neisse	Schiefer- und Dachdeckermeister	Carl Lösekrug	Neisse.

Oppeln, den 16. Februar 1863.

(119) **Verordnung.** Bestimmungsmäßig müssen die an das Correctionshaus in Schweidnitz abzusendenden Individuen bezüglich ihrer Marsch- und Arbeitsfähigkeit, vor Einleitung des Transports einer ärztlichen Untersuchung unterworfen werden und ist diese Untersuchung bisher durch einen am Absendungs-Orte domicilirenden Arzt gegen Bewilligung der durch unsere Amtsblatt-Verordnung vom 22ten Februar 1844 (Amtsblatt S. 59), 8ten Mai 1851 (Seite 178) und 15ten August 1851 (S. 249) festgesetzten Gebühren ausgeführt worden.

Nachdem jedoch durch das im Ministerial-Blatte für die innere Verwaltung vom Jahre 1861 Seite 67—68 Nr. 3 abgedruckte Rescript des Herrn Justiz-Ministers vom 11ten Februar 1861 die Kreis-Gerichte verpflichtet worden sind, den Gesundheitszustand und die Arbeitsfähigkeit eines jeden Gefangenen vor seiner Absendung in eine unter einer Verwaltungsbehörde stehende Anstalt durch den Gefängniß-Arzt kostenfrei feststellen zu lassen und den Befund der betreffenden Behörde mitzutheilen, bedarf es fortan bei Einleitung von Transporten nach dem Correctionshause in Schweidnitz in den Fällen, in welchen die Uebernahme des Transportanten unmittelbar aus dem Gerichtsgefängnisse erfolgt, einer zweiten ärztlichen Untersuchung nicht. Eine solche ist nur dann noch erforderlich, wenn das zur correctionellen Detention bestimmte und abzusendende Individuum der gerichtlichen Haft bereits entlassen gewesen und behufs Einleitung des Transports nach Schweidnitz wieder verhaftet worden ist.

Indem wir die Polizei-Verwaltungen unseres Departements hierdurch anweisen, dem entsprechend künftig bei Einleitung von Transporten nach dem Correctionshause in Schweidnitz bezüglich der Feststellung der Marsch- und Arbeitsfähigkeit der Abzusendenden zu verfahren, auch die nachgeordneten Transportbehörden hiernach zu instruiren, bestimmen wir gleichzeitig, daß die von den Gerichts-Aerzten auszustellenden Atteste den Transportzetteln beizufügen sind.

Schlüßlich bemerken wir noch, daß künftig solche Individuen, gegen welche von uns correctionelle nachhaft verfügt worden, aber bei ihrer Entlassung aus der gerichtlichen Haft von dem Gefängniß-Arzt als nicht detentionsfähig bezeichnet werden, auf Grund des diesfälligen Attestes sofort in die Heimath zu entlassen, Attest und Detentions-Ordre aber an uns einzureichen sind.

Oppeln, den 20. Februar 1863.

Bekanntmachungen verschiedener Behörden.

(111) Die nächste Sitzungsperiode des hiesigen Schwurgerichts wird den **23sten März** c. beginnen. Ratibor, den 23. Februar 1863. Königliches Kreis-Gericht. I. Abtheilung.

(112) **Verzeichniß**
der Vorlesungen für das Sommer-Semester 1863 bei der Königlichen landwirthschaftlichen Academie in Proskau.

	Wöchentlich Stunden	
1) Taxationslehre	1	} Landes-Oeconomie-Rath und Director **Settegast**.
2) Specieller Pflanzenbau	1	
3) Thierzüchtungskunde	1	
4) Schafzucht	1	
5) Anbau der Handelsgewächse	1	} Administrator **Leisewitz**.
6) Demonstrationen im Wirthschaftsbetriebe		
7) Lehre von der Fütterung der Hausthiere	1	
8) Landwirthschaftliche Betriebslehre	3	} Lehrer der Landwirthschaft **Funke**.
9) Demonstrationen auf dem Versuchsfelde		
10) Gestaltlehre der Pflanzen und Systemkunde mit besonderer Berücksichtigung der landwirthschaftlichen Kulturpflanzen	4	
11) Krankheiten der Pflanzen	1	} Professor Dr. **Heinzel**.
12) Practische Uebungen in anatomisch-physiologischen Untersuchungen	5	
13) Demonstrationen an lebenden Pflanzen oder Excursionen		
14) Organische und Agricultur-Chemie	4	} Professor Dr. **Kroker**.
15) Landwirthschaftliche Technologie	2	
16) Analytische Chemie mit Uebungen im Laboratorium		
17) Landwirthschafts-Recht	2	} Regierungs-Assessor **Beutner**.
18) Ueber Trockenlegung der Felder und Drainage	1	
19) Uebungen im Feldmessen und Nivelliren		} Baumeister **Engel**.
20) Landwirthschaftliche Baukunde	1	
21) Waldbau und Forstschutz	2	} Oberförster **Wagner**.
22) Forstliche Excursionen		
23) Gesundheitspflege der landwirthschaftlichen Hausthiere	2	} Departements-Thierarzt **Lüthens**.
24) Krankheits- und Heilungslehre der landwirthschaftlichen Hausthiere	2	
25) Hopfenbau und Obstbaumzucht mit Demonstrationen		Instituts-Gärtner **Hannemann**.

Die Vorlesungen beginnen den 20sten April c.

Anmeldungen zur Aufnahme Studirender oder sonstige die landwirthschaftliche Academie betreffende Anfragen sind entweder mündlich oder schriftlich an die unterzeichnete Direction zu richten.

Proskau (Ober-Schlesien), den 16. Februar 1863.

Die Direction der Königlichen landwirthschaftlichen Academie. J. V.: Professor Dr. **Heinzel**.

(114) Folgende von dem unterzeichneten Königlichen Kredit-Institute für Schlesien ausgefertigte Pfandbriefe Litt. B.:

à 4 pro Cent.

1) auf Ndr.-Marklowitz, Kreis Pleß, ausgefertigt den 2ten November 1837,

    Nr.   49 à 1000 Thlr.
    „ 1096 bis incl. Nr. 1098 à 500 Thlr.
    „ 3121 „ „ „ 3124 à 200 „
    „ 5741 „ „ „ 5748 à 100 „

Oeffentlicher Anzeiger № 10.

Beilage des Oppelner Regierungs-Amts-Blattes
vom 5. März 1863.

I. Subhastationen städtischer Grundstücke.

(329) **Gleiwitz.** Nothwendiger Verkauf. Das hier auf dem sogenannten Sande an der Kronprinzenstraße belegene, im Hypothekenbuche der einzelnen Grundstücke hierselbst unter Nr. 453 verzeichnete, den Maurerpolier Heinrich und Franziska Schraderschen Eheleuten gehörige Ackerstück nebst den darauf befindlichen Gebäuden, abgeschätzt auf 3830 Thlr., zufolge der nebst Hypothekenschein und Bedingungen in der Registratur einzusehenden Taxe, soll **am 22sten Mai 1863, von Vormittags 11½ Uhr ab**, im hiesigen Kreis-Gerichtsgebäude, Terminszimmer Nr. 9, subhastirt werden. — Diejenigen Gläubiger, welche wegen einer aus dem Hypothekenbuche nicht ersichtlichen Realforderung aus den Kaufgeldern Befriedigung suchen, haben sich mit ihrem Anspruch bei dem Gericht zu melden.
Gleiwitz, den 23. Januar 1863. Königliches Kreis-Gericht. I. Abtheilung.

(308) **Landsberg.** Nothwendiger Verkauf. Die der Maria, verwittwet gewesenen Guttmann, wieder verehelichten Burgaczinski, und den Geschwistern Guttmann, Namens Michael, Sofie, Elisabeth, Julianna Antonie, Marianna, Alexander Joseph und Peter Paul gehörigen, sub Nro. 134 und 145 zu Stadt Landsberg belegenen Ackergrundstücke, abgeschätzt auf je 518 Thlr. 22 Sgr. 6 Pf., laut der nebst Hypothekenschein in unserm Bureau einzusehenden Taxe, soll **am 13ten April c., Vormittags 11 Uhr**, an ordentlicher Gerichtsstelle subhastirt werden. — Gläubiger, welche wegen einer aus dem Hypothekenbuche nicht ersichtlichen Realforderung aus den Kaufgeldern Befriedigung suchen, haben ihren Anspruch bei dem Subhastations-Gericht anzumelden. — Die unbekannten Realprätendenten werden aufgefordert, sich zur Vermeidung der Präclusion spätestens in diesem Termine zu melden.
Landsberg D. S., den 21. Januar 1863. Königliches Kreis-Gerichts-Commission.

(74) **Lublinitz.** Nothwendiger Verkauf. Das den Erben der Friederike Peschke, gebornen Haase, gehörige, am Ringe belegene Gasthaus Nr. 46 Lublinitz, abgeschätzt auf 10,957 Thlr. 29 Sgr. 2 Pf., zufolge der nebst Hypothekenschein in der Botenmeisterei einzusehenden Taxe, soll zum Zweck der Auseinandersetzung **den 14ten Juli 1863, von Vormittags 11 Uhr ab**, an hiesiger Gerichtsstelle subhastirt werden. — Die unbekannten Realprätendenten werden aufgefordert, sich zur Vermeidung der Präclusion spätestens in diesem Termine zu melden.
Lublinitz, den 23. December 1862. Königliches Kreis-Gericht. I. Abtheilung.

(363) **Patschkau.** Nothwendiger Verkauf. Das der unverehelichten Auguste Krause gehörige Wohnhaus Nr. 48 der Hypothekenbuches der Stadt Patschkau, zu welchem ein Viehweidefleckchen von ¼ Scheffel Breslauer Maaß Aussaat gehört, abgeschätzt auf 837 Thlr. 23 Sgr. 4 Pf., zufolge der nebst Hypothekenschein und Bedingungen in der Registratur einzusehenden Taxe, soll **am 10ten Juni 1863, Vormittags 11 Uhr**, an ordentlicher Gerichtsstelle subhastirt werden. — Gläubiger, welche wegen einer aus dem Hypothekenbuche nicht ersichtlichen Realforderung aus den Kaufgeldern Befriedigung suchen, haben ihren Anspruch bei dem Subhastations-Gericht anzumelden.
Patschkau, den 25. Februar 1863. Königliches Kreis-Gerichts-Commission.

(2579) **Rybnik.** Nothwendiger Verkauf. Das sub Nro. 45/46 zu Rybnik gelegene, dem Particulier Wilhelm von Tluck zu Breslau zugeschlagene Haus, abgeschätzt auf 8132 Thlr. 14 Sgr. 8 Pf., soll **am 10ten April 1863, Vormittags 11 Uhr**, an ordentlicher Gerichtsstelle hierselbst resubhastirt werden. Taxe und Hypothekenschein sind im Bureau Ia. einzusehen. — Gläubiger, welche wegen einer aus dem Hypothekenbuche nicht ersichtlichen Realforderung aus den Kaufgeldern Befriedigung suchen, haben sich mit ihrem Anspruch bei dem unterzeichneten Gerichte zu melden. — Alle unbekannten Realprätendenten werden aufgefordert, sich bei Vermeidung der Präclusion spätestens in diesem Termine zu melden. Rybnik, den 25. August 1862. Königliches Kreis-Gericht. Ferien-Abtheilung.

(873) **Sohrau O. S.** Nothwendiger Verkauf. Das zu Sohrau, im Rybniker Kreise gelegene, der Marie, verehelichten Nothkoegel, gehörige Stadthaus Nr. 1, abgeschätzt auf 2340 Thlr.,

— 134 —

soll **am 8ten Juni 1863, Vormittags 11 Uhr,** an ordentlicher Gerichtsstelle hierselbst nothwendig subhastirt werden. — Taxe und Hypothekenschein sind im Bureau einzusehen. — Gläubiger, welche wegen einer aus dem Hypothekenbuch nicht ersichtlichen Realforderung aus den Kaufgeldern Befriedigung suchen, haben sich mit ihrem Anspruch bei dem unterzeichneten Gericht zu melden. — Die dem Aufenthalt nach unbekannten Erben des Müller Johann Kutzki zu Wosczütz werden, hierzu öffentlich vorgeladen. Sohrau, den 22. Februar 1863. Königliche Kreis-Gerichts-Commission.

(1) **Ziegenhals.** Nothwendiger Verkauf. Der dem Kürschnermeister Ignatz Schuch gehörige, sub Nro. 175 A. zu Ziegenhals belegene Garten von 3 Morgen 110 ☐ Ruthen, abgeschätzt auf 526 Thlr., zufolge der nebst Hypothekenschein und Bedingungen in der Registratur einzusehenden Taxe, soll am **10ten April 1863, Vormittags 10 Uhr,** an ordentlicher Gerichtsstelle subhastirt werden. — Die unbekannten Realprätendenten werden aufgefordert, sich zur Vermeidung der Präclusion spätestens in diesem Termine zu melden. Ziegenhals, den 17. December 1862.
Königliche Kreis-Gerichts-Commission.

II. Subhastationen ländlicher Grundstücke.

(543) **Altendorf, Pawlau** und **Wilhelmsdorf.** Nothwendiger Verkauf. Folgende zum Nachlasse des Gastwirths Thomas Gruske gehörigen Realitäten, als:
a. das Ackerstück Hypotheken-Nr. 635 im großen Felde zu Altendorf von 5 Morgen 46 ☐Ruthen, dorfgerichtlich geschätzt auf 367 Thlr. 26 Sgr. 8 Pf.,
b. das Ackerstück Hypotheken-Nr. 690 Altendorf von 177 36/100 ☐Ruthen, dorfgerichtlich geschätzt auf 90 Thlr.,
c. das Grundstück Hypotheken-Nr. 103 Pawlau von 1 Morgen 155 ☐Ruthen, dorfgerichtlich geschätzt auf 137 Thlr. 15 Sgr.,
d. die Ackerstelle Hypotheken-Nr. 9 Colonie Wilhelmsdorf von 3 Morgen, dorfgerichtlich geschätzt auf 244 Thlr.,
sollen **am 22sten Juni 1863, von Vormittags 11 Uhr ab,** an hiesiger Gerichtsstelle zum Zwecke der Auseinandersetzung subhastirt werden. — Taxe und Hypothekenschein sind in unserem Bureau II. einzusehen. — Alle unbekannten Realprätendenten werden aufgefordert, sich zur Vermeidung der Präclusion spätestens in dem Termin zu melden. Ratibor, den 16. Februar 1863.
Königliches Kreis-Gericht. 1. Abtheilung.

(528) **Bielschowitz.** Nothwendiger Verkauf. Die dem früheren Polizeiverwalter Rudolph Langwor gehörige Besitzung sub Hypotheken-Nr. 194 zu Bielschowitz, abgeschätzt auf 235 Thlr., zufolge der nebst Hypothekenschein in unserem Prozeß-Bureau einzusehenden Taxe, soll **am 2ten Juni 1863, von Vormittags 11½ Uhr ab,** an unserer Gerichtsstelle hierselbst nothwendig subhastirt werden. — Diejenigen Gläubiger, welche wegen einer aus dem Hypothekenbuch nicht ersichtlichen Realforderung aus den Kaufgeldern Befriedigung suchen, haben sich mit ihrem Anspruch bei dem unterzeichneten Gericht zu melden. Beuthen O. S., den 17. Februar 1863.
Königliches Kreis-Gericht. 1. Abtheilung.

(544) **Brodek.** Nothwendiger Verkauf. Die zu Brodek, im Rybniker Kreise, gelegene, dem Joseph Przeliorz gehörige Häuslerstelle Nr. 8, abgeschätzt auf 160 Thlr. 20 Sgr., soll **am 3ten Juni 1863, Vormittags 11 Uhr,** an ordentlicher Gerichtsstelle hierselbst nothwendig subhastirt werden. — Taxe und Hypothekenschein sind im Bureau einzusehen. — Gläubiger, welche wegen einer aus dem Hypothekenbuch nicht ersichtlichen Realforderung aus den Kaufgeldern Befriedigung suchen, haben sich mit ihrem Anspruch bei dem unterzeichneten Gericht zu melden. — Die dem Aufenthalt nach unbekannten Erben des Urban Kuczera zu Brodek werden zu diesem Termine öffentlich vorgeladen.
Sohrau, den 20. Februar 1863. Königliche Kreis-Gerichts-Commission.

(79) **Broslawitz.** Nothwendiger Verkauf. Das dem Gasthausbesitzer Ephraim Schlesinger gehörige, unter Hyp.-Nr. 33 zu Broslawitz belegene Grundstück, abgeschätzt auf 880 Thlr., zufolge der nebst Hypothekenschein in unserem Bureau II. einzusehenden Taxe, soll **am 16ten April 1863, von Vormittags 11 Uhr ab,** an unserer Gerichtsstelle nothwendig subhastirt werden. — Zu diesem Termine werden die ihrem Aufenthalte nach unbekannten:
a. Major a. D. Ferdinand von Logau zu Berlin, b. Elise Gräfin v. Frankenberg, geb. von Logau, c. Particulier Louis Bie aus Breslau, d. Eleonore Gräfin v. Frankenberg, geb. v. Lebebur, e. Kaufmann Herrmann Loewi zu Beuthen O. S., f. Kaufmann Jacob

Mannheimer, g. Kaufmann Anton Polednick zu Breslau, h. Graf Louis v. Frankenberg, i. Gutsbesitzer Gotthelf Gustav Kirsch zu Proslawitz, k. Kaufmann J. S. Rothmann zu Gleiwitz, modo deren Erben, resp. Rechtsnachfolger, öffentlich vorgeladen. — Diejenigen Gläubiger, welche wegen einer aus dem Hypothekenbuche nicht ersichtlichen Realforderung aus den Kaufgeldern Befriedigung suchen, haben sich mit ihrem Anspruch bei dem unterzeichneten Gericht zu melden. Tarnowitz, den 29. December 1862.

Königliche Kreis-Gerichts-Commission.

(239) **Carlsruh.** Nothwendiger Verkauf. Die dem Gerber Herrmann Hertwig gehörige, sub Nro. 17 zu Carlsruh belegene Coloniestelle, abgeschätzt auf 1265 Thlr. 9 Sgr., zufolge der nebst Hypothekenschein und Bedingungen in der Registratur einzusehenden Taxe, soll **am 7ten Mai 1863, Vormittags 11 Uhr**, an ordentlicher Gerichtsstelle subhastirt werden. — Diejenigen Gläubiger, welche wegen einer aus dem Hypothekenbuche nicht ersichtlichen Realforderung aus den Kaufgeldern Befriedigung suchen, haben sich mit ihrem Anspruch bei dem Gericht zu melden.

Carlsruh, den 17. Januar 1863. Königliche Kreis-Gerichts-Commission.

(545) **Chelm** (Groß-). Nothwendiger Verkauf. Die dem Rechnungsführer Richard Hanisch gehörige, sub Nro. 202 zu Groß-Chelm belegene Angerhäuslerstelle, abgeschätzt auf 240 Thlr., zufolge der nebst Hypothekenschein und Bedingungen in dem Prozeßbureau einzusehenden Taxe, soll **am 13ten Mai 1863, Vormittags 10 Uhr**, an ordentlicher Gerichtsstelle subhastirt werden. — Gläubiger, welche wegen einer aus dem Hypothekenbuche nicht ersichtlichen Realforderung aus den Kaufgeldern Befriedigung suchen, haben ihren Anspruch bei dem Subhastations-Gericht anzumelden.

Neuderun, den 19. Februar 1863. Die Königliche Kreis-Gerichts-Commission.

(515) **Comorno.** Nothwendiger Verkauf. Die der Rosalie Glombik, der Marianna Haida und dem Franz Goretzki gehörige, unter Nr. 20 des Hypothekenbuchs von Comorno eingetragene, zu Comomo gelegene Häuslerstelle, zufolge der nebst Hypothekenscheine und Bedingungen in unserm Prozeß-Bureau einzusehenden Taxe auf 658 Thlr. 12 Sgr. 11 Pf. geschätzt, soll zum Zwecke der Auseinandersetzung der Miteigenthümer am 9ten Juni 1863, **von Vormittags 11 Uhr ab**, an ordentlicher Gerichtsstelle hier verkauft werden. — Die unbekannten Real-Prätendenten werden aufgefordert, sich bei Vermeidung der Präclusion spätestens in diesem Termine zu melden.

Cosel, den 15. Februar 1863. Königliches Kreis-Gericht. I. Abtheilung.

(43) **Comprachtczyh.** Nothwendiger Verkauf. Das dem verstorbenen Carl Berger gehörig gewesene Grundstück Nr. 49 zu Comprachtczyh, abgeschätzt auf 200 Thlr., und der in der Hälfte bestehende Eigenthumsantheil des verstorbenen Carl Berger an der auf 660 Thlr. 5 Sgr. abgeschätzten Windmühlenbesitzung Nr. 24 zu Comprachtczyh, zufolge der nebst Hypothekenschein und Bedingungen in der Registratur einzusehenden Taxe, soll **am 13ten April 1863, Vormittags 11 Uhr**, an ordentlicher Gerichtsstelle subhastirt werden. — Die unbekannten Realprätendenten werden aufgefordert, sich zur Vermeidung der Präclusion spätestens in diesem Termine zu melden.

Oppeln, den 16. December 1862. Königliches Kreis-Gericht. I. Abtheilung.

(536) **Dobroslawitz.** Nothwendiger Verkauf. Die dem Schänker Johann Melorz gehörige, unter Nr. 22 des Hypothekenbuchs von Dobroslawitz eingetragene, zu Dobroslawitz gelegene Besitzung, im Flächeninhalte von 3 Morgen, zufolge der nebst Hypothekenscheine und Bedingungen in unserm Prozeßbureau einzusehenden Taxe auf 150 Thlr. geschätzt, soll **am 13ten Juni 1863, Vormittags 11 Uhr ab**, an ordentlicher Gerichtsstelle hier verkauft werden. — Gläubiger, welche wegen einer aus dem Hypothekenbuche nicht ersichtlichen Realforderung aus den Kaufgeldern Befriedigung suchen, haben ihren Anspruch bei dem Subhastations-Gerichte anzumelden.

Cosel, den 14. Februar 1863. Königliches Kreis-Gericht. I. Abtheilung.

(537) **Hammer.** Nothwendiger Verkauf. Das dem Franz Mazarra gehörige, sub Nro. 1 zu Hammer belegene Kreisbaumgrundstück, abgeschätzt auf 1500 Thlr. 25 Sgr. 9 Pf., soll **am 8ten Juni 1863, Vormittags 11 Uhr**, an ordentlicher Gerichtsstelle subhastirt werden. — Die Abschätzungs-Verhandlung und der neueste Hypothekenschein sind in der Registratur einzusehen. — Die dem Aufenthalte nach unbekannten Gläubiger Mathes Beyer und seine Ehefrau, Stellenbesitzer Andreas Grischel, modo deren Erben, und der August Kiesewetter werden hierzu öffentlich vorgeladen. — Gläubiger, welche wegen einer aus dem Hypothekenbuche nicht ersichtlichen Realforderung aus den Kaufgeldern Befriedigung suchen, haben ihren Anspruch beim Subhastations-Gericht anzumelden.

Falkenberg, den 17. Februar 1863. Königliches Kreis-Gericht. I. Abtheilung.

(44) **Kochlowitz.** Nothwendiger Verkauf. 1) Das Acker- und Wiesenstück Hyp.-Nummer 176 Kochlowitz, dem Andreas Wilczek gehörig, abgeschätzt auf 153 Thlr.;
2) das Ackerstück Hyp.-Nummer 177 Kochlowitz, dem Jonek Kopka gehörig, abgeschätzt auf 120 Thlr;
3) das Ackerstück Hyp.-Nummer 178 Kochlowitz, dem Woitek Burczyk gehörig, abgeschätzt auf 120 Thlr.;
4) die Besitzung Hyp.-Nummer 179 Kochlowitz, dem Franz Schulz gehörig, abgeschätzt auf 110 Thlr.;
5) der Bauplatz Hyp.-Nummer 162 Kochlowitz, dem Alexander Wyppler gehörig, abgeschätzt auf 10 Thlr.;
zufolge der nebst Hypothekenschein und Bedingungen in unserem Bureau CII. einzusehenden Taxe, soll **am 15ten April 1863, von Vormittags 11½ Uhr ab**, an unserer Gerichtsstelle nothwendig subhastirt werden. — Zu diesem Termine werden die ihrem Aufenthalte nach unbekannten Auszügler Marek Kolodcziey, Martin Krafczyk, und die Johanna, verehelichte Krzikowski, öffentlich vorgeladen. — Diejenigen Gläubiger, welche wegen einer aus dem Hypothekenbuche nicht ersichtlichen Realforderung aus den Kaufgeldern Befriedigung suchen, haben sich mit ihrem Anspruch bei dem unterzeichneten Gericht zu melden. Beuthen O. S., den 13. December 1862.
Königliches Kreis-Gericht. Erste Abtheilung.

(522) **Mühlsdorff.** Nothwendiger Verkauf. Die dem Johann Schneider gehörige Besitzung Nr. 61 zu Mühlsdorff, Neustädter Kreises, abgeschätzt auf 509 Thlr. 2 Sgr. 6 Pf. zufolge der nebst Hypothekenschein und Bedingungen in der Registratur einzusehenden Taxe, soll **am 12ten Juni c., von 11½ Uhr Vormittags ab**, an ordentlicher Gerichtsstelle subhastirt werden. — Gläubiger, welche wegen einer aus dem Hypothekenbuche nicht ersichtlichen Realforderung aus den Kaufgeldern Befriedigung suchen, haben ihren Anspruch bei dem Subhastations-Gericht anzumelden.
Neustadt O. S., den 13. Februar 1863. Königliches Kreis-Gericht. I. Abtheilung.

(346) **Ostrosnitz.** Nothwendiger Verkauf. Das dem Getreidehändler Franz Mobla zu Chrost gehörige, unter Nr. 307 des Hypothekenbuchs von Ostrosnitz eingetragene, zu Ostrosnitz gelegene Ackerstück, zufolge der nebst Hypothekenscheine und Bedingungen in unserm Prozeßbureau einzusehenden Taxe auf 301 Thlr. 10 Sgr. geschätzt, soll im Wege der Execution **den 17ten Juni 1863, von Vormittags 11 Uhr ab**, an ordentlicher Gerichtsstelle hier verkauft werden. — Gläubiger, welche wegen einer aus dem Hypothekenbuche nicht ersichtlichen Realforderung aus den Kaufgeldern Befriedigung suchen, haben ihren Anspruch bei dem Subhastations-Gerichte anzumelden.
Cosel, den 19. Februar 1863. Königliches Kreis-Gericht. I. Abtheilung.

(563) **Pawlau.** Nothwendiger Verkauf. Es sollen:
a. die Besitzung der Franzisca Kotulla, gebornen Donat, sub Nro. 29 Pawlau, geschätzt auf 580 Thlr.,
b. das Miteigenthum derselben an den auf 1042 Thlr. geschätzten Ackerstücken sub Nro. 18 Pawlau, **am 15ten Juni 1863, von Vormittags 11 Uhr ab**, an hiesiger Gerichtsstelle subhastirt werden. — Taxe und Hypothekenschein sind in unserem Bureau II. einzusehen. — Gläubiger, welche wegen einer aus dem Hypothekenbuch nicht ersichtlichen Realforderung aus den Kaufgeldern Befriedigung suchen, haben ihre Ansprüche bei dem Gericht anzumelden. Ratibor, den 20. Februar 1863.
Königliches Kreis-Gericht. I. Abtheilung.

(45) **Petersheide.** Nothwendiger Verkauf. Das dem Mühlenbesitzer Franz Fieweger zu Rottwitz, Kreis Neisse, gehörige, unter Nr. 74 Petersheide belegene Grundstück, welches zufolge der in unserem Bureau 2 einzusehenden Taxe auf 1218 Thlr. 6 Sgr. abgeschätzt ist, soll **am 17ten April 1863, von früh 11 Uhr ab**, an ordentlicher Gerichtsstelle subhastirt werden. — Die dem Namen und Aufenthalt nach unbekannten Gläubiger, Auszügler Joseph und Clara Neuber'schen Eheleute, resp. deren Erben, die unverehelichte Renata Neuber, die Theresia Bieler, verwittwet gewesene Stenzel, resp. deren Erben, sowie auch der Schuldner, Mühlenbesitzer Franz Fieweger, werden hierzu öffentlich vorgeladen. — Gläubiger, welche wegen einer aus dem Hypothekenbuche nicht ersichtlichen Realforderung aus den Kaufgeldern Befriedigung suchen, haben ihren Anspruch bei uns anzumelden.
Grottkau, den 22. December 1862. Königliches Kreis-Gericht. I. Abtheilung.

— 45 —

Nr. 10978 bis incl. Nr. 10991 à 50 Thlr.
, 21449 , , , 21476 à 25 ,
2) auf Groß-Petrowitz, Kreis Ratibor, ausgefertigt den 6ten März 1839,
Nr. 171 bis incl. Nr. 177 à 1000 Thlr.
, 1359 , , , 1372 à 500 ,
, 3705 , , , 3736 à 200 ,
, 6657 , , , 6686)
, 6688 , , , 6693} à 100 ,
, 6695 , , , 6720)
, 11431 , , , 11432 à 50 ,
, 22354 , , , 22357 à 25 ,
3) auf die Herrschaft Mallmitz cum pert., Kreis Sprottau, ausgefertigt den 1sten Juli 1841,
Nr. 420 bis incl. Nr. 441 à 1000 Thlr.
, 1829 , , , 1872 à 500 ,
, 4465 , , , 4564 à 200 ,
, 7781 , , , 7851)
, 7852 , , , 7906} à 100 ,
, 7908 , , , 7981)
, 11579 , , , 11608 à 50 ,
, 22590 , , , 22639 à 25 ,
4) auf Dober und Paufe, Kreis Sagan, ausgefertigt den 1sten Juli 1841,
Nr. 1873 und 1874 à 500 Thlr.
, 4565 , 4566 à 200 ,
, 7981 bis incl. Nr. 7984 à 100 Thlr.
, 11609 , , , 11610 à 50 ,
, 22640 , , , 22643 à 25 ,
5) auf Krzischkowitz, Kreis Rybnik, ausgefertigt den 18ten November 1845,
Nr. 40003 bis incl. Nr. 40006 à 1000 Thlr.
, 43005 , , , 43011 à 500 ,
, 49007 , , , 49017 à 200 ,
, 61011 , , , 61028 à 100 ,
, 79004 , , , 79006 à 50 ,
, 82007 , , , 82012 à 25 ,
à 3½ pro Cent.
6) auf die Herrschaft Groß-Strehlitz, gleichnamigen Kreises, ausgefertigt den 16ten Juli 1844,
Nr. 996 bis incl. Nr. 1000 und} à 1000 Thlr.
, 23701 , , , 23835 }
, 2940 , , , 3000 und} à 500 ,
, 24701 , , , 24879 }
, 15946 , , , 16045 à 200 ,
, 10225 , , , 10380 und} à 100 ,
, 17651 , , , 17704 }
, 12130 , , , 12169 à 50 ,

werden mit Bezugnahme auf die öffentliche Bekanntmachung vom 25sten November v. J. hiermit wiederholt öffentlich aufgerufen und die Inhaber derselben aufgefordert, diese Pfandbriefe in coursfähigem Zustande nebst laufenden Zinscoupons spätestens **den 15ten August d. J.** an unsere Kasse (Albrechtstraße Nr. 16 hierselbst) einzureichen und dagegen andere dergleichen Pfandbriefe B. vom nämlichen Betrage in Empfang zu nehmen. — Sollte die Präsentation nicht bis zum 15ten August d. J. erfolgen, so werden die Inhaber der qu. Pfandbriefe nach §. 50 der Allerhöchsten Verordnung vom 8ten Juni 1835 mit ihrem Realrechte auf die in den Pfandbriefen ausgedrückte Special-Hypothek präcludirt, die Pfandbriefe in Ansehung der Special-Hypothek für vernichtet erklärt, in unserem Register und im Hypothekenbuche gelöscht und die Inhaber mit ihren Ansprüchen wegen dieser Pfandbriefe lediglich an die in unserem Gewahrsam befindlichen Umtausch-Pfandbriefe verwiesen werden.

Breslau, den 22. Februar 1863.   Königliches Kredit-Institut für Schlesien.

(120) Vom 1sten März c. ab wird in Pilchowitz, Kreis Rybnik, 1¾ Meilen von Gleiwitz entfernt, eine Post-Expedition eingerichtet und deren Verbindung wie folgt hergestellt:
1) durch eine wöchentlich viermalige, Sonntags, Dienstags, Donnerstags und Sonnabends coursirende Kariolpost zwischen Gleiwitz und Pilchowitz,
aus Gleiwitz um 12 Uhr Mittags,
in Pilchowitz um 1⁴⁵ Uhr Nachmittags,
aus Pilchowitz um 5 Uhr Nachmittags,
in Gleiwitz um 6⁴⁵ Uhr Abends;
2) durch eine wöchentlich dreimalige, Montags, Mittwochs und Freitags coursirende Botenpost zwischen Pilchowitz und dem an der Gleiwitz-Rybniker Poststraße belegenen Dorfe Wiltscha:
aus Pilchowitz um 6³⁰ Uhr früh,
in Wiltscha um 7¹⁰ Uhr früh,
zum Anschluß an die Personenpost nach Gleiwitz,
aus Wiltscha um 3³⁰ Uhr Nachmittags,
nach Durchgang der Gleiwitz-Rybniker Personenpost,
in Pilchowitz um 4¹⁰ Uhr Nachmittags.
Der Bestellbezirk der Post-Expedition in Pilchowitz wird gebildet aus den jetzt zum Bestellbezirke von Gleiwitz gehörenden Orten Birawka, Vorwerk Fohlung bei Knurrow, Jurow, Vorwerk Kempa, Knurrow, Kriewald, Kulla, Meusberg, Forsthaus Neuhof, Nieborowitz, Nieborowitzhammer, Pilchowitz, Seziglowitz und Wiltscha; ferner aus den Orten Kniczenitz, Laffoki, Ochojetz, welche bisher zum Bestellbezirke von Rybnik und aus dem Orte Czuchow, welcher bisher zum Bestellbezirke von Drzesche gehörte.
Oppeln, den 26. Februar 1863.   Königliche Ober-Post-Direction.

Personal-Chronik.

(118) Des Königs Majestät haben dem Wegewärter Peuckert im Zollhause bei Klein-Patschin das Allgemeine Ehrenzeichen mit dem Abzeichen für 50jährige Dienstzeit zu verleihen geruht.

Bestätigt: die Vocation des bisherigen Missionslehrer und Organisten Sternauz zu Prenzlau zum zweiten Lehrer und Cantor an der katholischen Schule zu Patschkau.

Gestorben: der städtische Polizei-Inspector Fuhland zu Neiffe.

Redaction des Amtsblatts im Regierungs-Gebäude. — Druck von F. Wellshäuser in Oppeln.

Amts-Blatt
der Königlichen Regierung zu Oppeln.

Stück 11. Oppeln, den 12. März **1863.**

(140) Der Staatsanzeiger enthält in Nr. 54 folgenden Artikel:

Die jüngsten Verhandlungen des Abgeordnetenhauses über die polnische Angelegenheit müssen durch den leidenschaftlichen Geist und Ton, in welchem sie geführt worden, namentlich durch die Rücksichtslosigkeit gegen die Regierung Sr. Majestät des Königs bei allen besonnenen Patrioten einen schmerzlichen Eindruck gemacht haben und die Besorgniß erhöhen, daß eine Beseitigung der inneren Schwierigkeiten, in welchen wir uns befinden, in dem Geiste und Streben der Mehrheit des Hauses keinen Anhalt und Boden finden kann. Diese Besorgniß wurde schon durch die ersten Kundgebungen des Hauses erregt; sie steigerte sich durch die leidenschaftlichen Debatten über die Adresse.

Nachdem jedoch in der Allerhöchsten Erwiderung vom 3ten v. M. der dringende Wunsch Sr. Majestät auf Wiederherstellung des inneren Friedens ausgesprochen war, durfte man erwarten, daß das Abgeordnetenhaus es als seine Pflicht erkennen würde, fernerhin Nichts zu thun, was die Erfüllung dieses Wunsches des Königs wie des Landes zu erschweren geeignet wäre. Leider haben die neuesten Verhandlungen diese Hoffnung fürerst nochmals vereitelt. Ein Theil der Redner der Mehrheit des Hauses hat dabei einen Ton angeschlagen, der mit der Achtung und Rücksicht, welche die Regierung des Königs als solche zu beanspruchen berechtigt ist, im schärfsten Widerspruche steht.

Man hat sich nicht gescheut, auf Grund willkürlicher Voraussetzungen über eine Vereinbarung, deren wirklichen Inhalt man nicht kennt, die ärgsten Schmähungen und Verläumdungen gegen die Staatsregierung im Ganzen und gegen deren einzelne Mitglieder auszusprechen. Maßregeln, welche lediglich zum wirksamen Schutze des eigenen Landes und Volkes, auf Grund bestehender Verträge getroffen worden, sind in gehässiger Entstellung als eine „Nichtachtung des Rechtes" und als „Verletzung des Gesetzes", als eine „Mitschuld an russischen Verbrechen" und als ein „Brandmal preußischer Ehre" geschmäht worden. Das schützende Eintreten preußischer Truppen in unsere bedrohten Grenzbezirke, welches von den Bewohnern derselben dringend erbeten und dankbar begrüßt worden, durfte im Abgeordnetenhause als „brutale Militärherrschaft" bezeichnet werden.

Die Minister des Königs sind persönlich den rücksichtslosesten Verunglimpfungen ausgesetzt gewesen, ohne daß die Redner irgendwie in die Schranken der Ordnung verwiesen wurden. Selbst Männer, welche früher Gelegenheit hatten, mit richtigem Takte für parlamentarische Sitte und Schicklichkeit einzutreten, haben es sich nicht versagt, sich in Beleidigungen gegen die Räthe der Krone zu ergehen.

Unverhohlen trat bei diesem Verhalten mehrfach die Absicht hervor, durch solche persönliche Verunglimpfung das längst erstrebte Ziel zu erreichen, die freie Bestimmung der Krone in Bezug auf die Wahl ihrer Räthe zu beschränken und zu vernichten. Man entblödete sich nicht auszusprechen, die Ehre dieses (von Sr. Majestät dem Könige berufenen) Ministeriums könne nicht mehr als die Ehre des Landes angesehen werden, und da die jetzige Regierung Preußens in keiner auswärtigen Frage Lorbeeren ernten könne, müsse bei allen auswärtigen Fragen das Wort des Hauses auf „Gewehr bei Fuß" lauten, „so lange die Krone ihre jetzigen Rathgeber behalte".

Gegen alle diese Ungebühr ist kein Wort der Erinnerung oder Rüge aus dem Hause laut geworden. Während man es versuchen wollte, den Präsidenten des Staatsministeriums auf Anlaß einer rein thatsächlichen und durch den Zusammenhang seiner Ausführungen gerechtfertigten Erwähnung unbefugter Weise der Disziplin des Präsidenten zu unterwerfen, ist diese gegen die Redner des Hauses, für welche allein sie Geltung hat, ungeachtet der offenbarsten Ausschreitungen und Ungehörigkeiten nicht zur Anwendung gebracht worden.

Das Land wird mit der Staatsregierung erkennen, daß bei einer derartigen Verletzung der schuldigen Rücksichtnahme gegen die Räthe der Krone mehr und mehr alle Hoffnung auf eine ersprießliche Erledigung der zu gemeinsamer Lösung vorliegenden wichtigen Aufgaben schwindet.

Es mußte sich die Frage aufdrängen, ob der Regierung zugemuthet werden kann, Verhandlungen der erwähnten Art sich ferner erneuern zu lassen, ob sie nicht vielmehr die sofortige Wahrung ihrer Würde durch Anwendung der ihr verfassungsmäßig zustehenden Befugnisse dem Landtage gegenüber ins Auge zu fassen hat.

Wenn die Regierung von ernsten Schritten in dieser Beziehung vorläufig Abstand nimmt und die Selbstverläugnung übt, sich möglicherweise der Wiederholung verletzender Verhandlungen auszusetzen, so dürfte es nur in der Absicht geschehen, ihrerseits noch die Möglichkeit offen zu halten, zur verfassungsmäßigen Regelung der Finanz-Verwaltung für 1863 zu gelangen.

Allgemeine Gesetz-Sammlung.

(**121**) Das 4te Stück der Gesetzsammlung enthält unter

Nr. 5657: Den Allerhöchsten Erlaß vom 19ten Januar 1863, betreffend die Verleihung der fiscalischen Vorrechte für den Bau und die Unterhaltung einer Chaussee von Wangerin, im Kreise Regenwalde, bis zum Bahnhofe gleichen Namens der Stargard-Coesliner Eisenbahn.

Nr. 5658. Den Allerhöchsten Erlaß vom 19ten Januar 1863, betreffend die Verleihung der fiscalischen Vorrechte für den Bau und die Unterhaltung einer Chaussee von Sangerhausen über Wippra bis zur Clausstraße und von dieser Straße bis zur Meisdorf-Harzgeroder Chaussee.

Nr. 5659. Den Allerhöchsten Erlaß vom 26sten Januar 1863, betreffend die Verleihung der fiscalischen Vorrechte für den Bau und die Unterhaltung einer Kreis-Chaussee von Metelen bis zur Münster-Glanerbrücker Staatsstraße in der Richtung auf Wetteringen, im Kreise Steinfurt, und unter

Nr. 5660. Das Statut der Entwässerungs-Societät für das Heerde-Ueberemser Ems-Thal in den Kataster-Gemeinden Elarholz, des Regierungsbezirks Minden, und Hassewinkel und Greffen des Regierungsbezirks Münster. Vom 9ten Februar 1863.

Bekanntmachungen der höchsten Staats-Behörden.

(**125**) Die Vorschriften im §. 41 ad IV. und im §. 48 ad IV. des Reglements vom 21sten December 1860 zu dem Gesetze über das Postwesen, in Betreff der Meldung zur Reise mit den ordentlichen Posten und der Einlieferung des Reisegepäcks werden hierdurch wie folgt abgeändert:

§. 41 ad IV.

„Die Meldung muß innerhalb der für den Geschäfts-Verkehr mit dem Publicum bestimmten Dienststunden (§. 24) geschehen, kann aber, wenn die Post außerhalb der Dienststunden abgeht, auch noch gegen die Zeit der Abfertigung der betreffenden Post erfolgen. Uebrigens darf die Meldung — über die gewöhnliche Schlußzeit der Post für die Personen-Beförderung — ausnahmsweise unmittelbar bis zum Abgange der Posten noch stattfinden, so weit dadurch die pünktliche Absendung derselben nach dem Ermessen der Post-Anstalt nicht verzögert wird."

§. 48 ad IV.

„Das Reisegepäck, so weit dasselbe nicht aus kleinen Reisebedürfnissen besteht, muß spätestens 15 Minuten vor der Abfahrt der betreffenden Post, unter Vorzeigung des Passagierbillets, bei der Post-Anstalt eingeliefert werden. Erfolgt die Einlieferung später, so hat der Reisende auf die Mitbeförderung des Gepäcks nur dann zu rechnen, wenn durch dessen Annahme und Verladung der Abgang der Post nicht verzögert zu werden braucht. So weit Reisende von einer Post auf die andere oder von einem Bahnzuge auf die Post unmittelbar übergehen, wird das Gepäck stets umexpedirt, so lange es überhaupt noch möglich ist, den Reisenden zu der Weiterfahrt mit der Post, ohne Versäumniß für dieselbe, anzunehmen."

Berlin, den 24. Februar 1863.

Der Minister für Handel, Gewerbe und öffentliche Arbeiten. Graf von Itzenplitz.

(**127**) Es hat sich das Bedürfniß herausgestellt, die Bestimmungen des Reglements vom 1sten December 1825 über die Physikats-Prüfung in mehreren Punkten abzuändern und zu ergänzen.

Die diesfälligen Anordnungen sind in dem nachstehenden besondern Reglement enthalten, welches wir hiermit zur öffentlichen Kenntniß bringen. Oppeln, den 3. März 1863.

Königliche Regierung. Abtheilung des Innern.

Reglement
für die Prüfung Behufs Erlangung der Qualification als Kreisphysikus.

§. 1. Diejenigen practischen Aerzte, welche in ihrer Approbation als Arzt, Wundarzt und Geburtshelfer das Prädicat „vorzüglich gut" erhalten haben, können zwei Jahre, diejenigen, welche das Prädicat „sehr gut" erhalten haben, drei Jahre, die übrigen fünf Jahre nach erlangter Approbation zu der Physikatsprüfung zugelassen werden.

§. 2. Die Gesuche um Zulassung zur Prüfung sind unter Beifügung der Approbation als Arzt, Wundarzt und Geburtshelfer an die betreffende Königliche Regierung zu richten, welche demnächst an den Minister der Medicinal-Angelegenheiten gutachtlich berichtet und sich hierbei insbesondere darüber zu äußern hat, ob der Candidat als wissenschaftlich gebildeter Arzt einen guten Ruf, das Vertrauen seiner Kranken und die Achtung seiner Collegen erworben, auch sonst sich so geführt habe, daß ihm ein öffentliches Amt ohne Bedenken anvertraut werden kann. Militairärzte haben hierüber ein Zeugniß des vorgesetzten General-Arztes beizubringen.

§. 3. Die Prüfung wird vor der Wissenschaftlichen Deputation für das Medicinal-Wesen abgelegt und besteht in einer schriftlichen, practischen und mündlichen Prüfung.

§. 4. Für die schriftliche Prüfung werden zwei wissenschaftliche Ausarbeitungen geliefert, zu welchen die Aufgaben aus dem Gebiet der gerichtlichen Medicin und der Sanitäts-Polizei oder, anstatt der letzteren aus dem Gebiet der medicinischen Statistik, der Kriegsarzneikunde oder der Hygiene entnommen werden.

Die Aufgaben werden von der Wissenschaftlichen Deputation für das Medicinal-Wesen gestellt und dem Minister der Medicinal-Angelegenheiten eingereicht, welcher dieselben durch die betreffende Königliche Regierung dem Candidaten zufertigen läßt.

§. 5. Die Ausarbeitungen sind spätestens sechs Monate nach Empfang der Aufgaben dem Minister der Medicinal-Angelegenheiten unter einer an Eidesstatt abzugebenden Versicherung, daß sie, abgesehen von den dabei benutzten litterarischen Hülfsmitteln, ohne anderweitige fremde Hülfe von dem Candidaten selbst angefertigt worden, einzureichen. Dieselben müssen geheftet und paginirt, auch gut und deutlich geschrieben sein und eine vollständige specielle Angabe der benutzten litterarischen Hülfsmittel enthalten.

§. 6. Nach Ablauf der sechsmonatlichen Frist werden die Ausarbeitungen nicht mehr zur Censur angenommen, es sei denn auf besonderen Antrag der betreffenden Königlichen Regierung ausnahmsweise eine Nachfrist bewilligt worden, was jedoch unbedingt nur einmal zulässig ist.

Unmittelbar an den Minister gerichtete Gesuche der Candidaten um Nachfrist werden nicht berücksichtigt.

Wer die sechsmonatliche Frist resp. die bewilligte Nachfrist nicht innegehalten hat, darf frühestens erst ein Jahr nach Ablauf derselben neue Aufgaben erhalten. Wer auch dann die Arbeiten nicht rechtzeitig abliefert, wird überall nicht mehr zur Prüfung zugelassen.

§. 7. Die rechtzeitig eingereichten Probearbeiten werden der Wissenschaftlichen Deputation für das Medicinal-Wesen vorgelegt und von derselben mit der schriftlichen Censur dem Minister der Medicinal-Angelegenheiten zurückgereicht.

Genügen die Arbeiten den Anforderungen, so wird der Candidat unmittelbar durch den Minister davon benachrichtigt und zu den übrigen Prüfungs-Abschnitten zugelassen. Wird eine der Arbeiten „mittelmäßig" oder „schlecht" befunden, so ist die ganze schriftliche Prüfung zu wiederholen und der Candidat kann je nach dem Ausfall der Censur nach Ablauf von 3 Monaten bis 2 Jahren sich neue Aufgaben durch die betreffende Königliche Regierung erbitten. Eine zweite Wiederholung findet nicht statt.

§. 8. Die practische und mündliche Prüfung muß spätestens sechs Monate nach Mittheilung des Ausfalls der schriftlichen Prüfung absolvirt werden, widrigenfalls zunächst die schriftliche Prüfung wiederholt werden muß.

Die Prüfung wird im Charité-Krankenhause zu Berlin von Mitgliedern der Wissenschaftlichen Deputation für das Medicinal-Wesen möglichst in zwei aufeinander folgenden Tagen abgehalten.

Während der Zeit vom 15ten August bis 15ten October jeden Jahres finden keine Prüfungen statt.

§. 9. In der practischen Prüfung hat der Candidat
  a. am ersten Tage in Gegenwart eines Mitgliedes der Deputation den Zustand eines Geisteskranken oder eines Verletzten zu untersuchen und sofort unter Clausur einen Fundbericht mit gutachtlicher Aeußerung über den Fall unter Berücksichtigung der gesetzlichen Bestimmungen abzufassen;

b. am folgenden Tage an einer Leiche eine ihm aufgegebene legale Obduction zu verrichten und den Sectionsbericht vorschriftsmäßig zum Protocoll zu dictiren.

§. 10. Die mündliche Prüfung wird gleichzeitig mit der §. 9 lit. b. erwähnten practischen Prüfung von drei Mitgliedern der Wissenschaftlichen Deputation abgehalten, denen die Auswahl der aus dem ganzen Gebiet der Staatsarzneikunde, einschließlich der Veterinair-Polizei zu entnehmenden Prüfungs-Gegenstände überlassen bleibt.

Mehr als drei Candidaten zugleich dürfen zu der practischen oder mündlichen Prüfung nicht zugelassen werden.

§. 11. Ueber beide Prüfungen wird ein Protocoll aufgenommen, welches die Gegenstände der Prüfung, das Urtheil der Examinatoren über das Ergebniß jeder einzelnen Prüfung und die Schlußcensur über das Gesammt-Ergebniß der Prüfung enthalten muß. Dasselbe wird dem Minister der Medicinal-Angelegenheiten eingereicht.

§. 12. Im Fall eines ungenügenden Ergebnisses der practischen oder der mündlichen Prüfung ist dieselbe je nach der Censur nach drei bis sechs Monaten zu wiederholen.

Eine zweite Wiederholung findet auch hier nicht statt.

§. 13. Die für die medicinischen Prüfungen überhaupt vorgeschriebenen Censuren „vorzüglich gut", „sehr gut", „gut", „mittelmäßig" und „schlecht" kommen auch bei der Physikats-Prüfung in Anwendung. Auf Grund der drei ersten Censuren wird das Fähigkeits-Zeugniß zur Verwaltung einer Physikatsstelle ertheilt. Die beiden letzten Censuren haben die Abweisung des Candidaten zur Folge.

§. 14. Das gegenwärtige Reglement tritt sofort in Kraft, so daß auch diejenigen Candidaten, welche die nach den Bestimmungen des Reglements vom 1sten December 1825 anzufertigenden schriftlichen Probearbeiten bereits abgeliefert haben, practisch und mündlich nach Vorschrift des neuen Reglements zu prüfen sind.

Denjenigen Candidaten, welche die nach jenen Bestimmungen anzufertigenden Probearbeiten noch nicht abgeliefert haben, wird auf ihren bei dem Minister der Medicinal-Angelegenheiten unmittelbar zu stellenden Antrag die Bearbeitung derjenigen Aufgaben erlassen werden, welche nicht unter die Kategorie der im §. 4 erwähnten Aufgaben fallen.

§. 15. Die §§. 75, 76 und 77 des Reglements für die Staatsprüfungen der Medicinal-Personen vom 1sten December 1825 werden hiermit aufgehoben. Berlin, den 20. Februar 1863.

Der Minister der geistlichen, Unterrichts- und Medicinal-Angelegenheiten. v. Mühler.

Bekanntmachungen der Königlichen Regierung.

(128) Von dem Herrn Ober-Präsidenten der Provinz Schlesien ist nach erfolgter Zustimmung der Interessenten auf Grund des §. 1 alin. 4 des Gesetzes vom 14ten April 1856 genehmigt worden, daß die auf dem linken preußischen Oderufer liegenden, von der Feldmark Koblau, Kreis Ratibor, eingeschlossenen Grundstücke, bestehend in drei Complexen von 36 Morgen 126 ☐Ruthen, 55 Morgen 9 ☐Ruthen und 73 Morgen 63 ☐Ruthen, welche zur Zeit Stellenbesitzern in der österreichischen Gemeinde Wirbitz, Publau und Oderberg gehören, und bisher noch keinem Gemeinde-Verbande einverleibt waren, mit dem Gemeindebezirke Koblau verbunden werden. Oppeln, den 20. Februar 1863.

(130) Von dem Herrn Ober-Präsidenten der Provinz Schlesien ist nach erfolgter Zustimmung der Interessenten, auf Grund des §. 1 alin. 4 des Gesetzes vom 14ten April 1856, genehmigt worden, daß die zwischen dem Königlichen Domainen-Fiscus, als Besitzer des zur Domaine Bürgsdorf gehörigen Vorwerks Zygan, und den Häusler Daniel Terasaschen Eheleuten, als Besitzer der Häuslerstelle Hyp.-Nr. 28 zu Margsdorf, Kreis Creußburg, in Folge gerichtlichen Tausch-Vertrages vom 29sten März 1862 vertauschten Ackerstücke von je 3 Morgen 139 ☐Ruthen, und zwar die von der Domaine Bürgsdorf-Zygan abgezweigte Ackerparcelle von 3 Morgen 139 ☐Ruthen aus dem Gutsbezirke von Bürgsdorf-Zygan ausgeschieden und dem Gemeinde-Verbande von Margsdorf zugeschlagen, dagegen die von der Häuslerstelle Nr. 28 zu Margsdorf abgezweigte Parcelle von 3 Morgen 139 ☐Ruthen aus dem Gemeinde-Verbande von Margsdorf ausgeschieden und dem Gutsbezirke von Bürgsdorf-Zygan einverleibt werde. Oppeln, den 24. Februar 1863.

(134) In Folge einer Benachrichtigung der Hafenbau-Commission zu Heppens und auf Höhere Anordnung machen wir die arbeitende Klasse des hiesigen Regierungs-Bezirkes darauf aufmerksam, daß zur Zeit bei dem Hafenbau zu Heppens (Jahdebusen) anderweite Arbeiter nicht angenommen werden und daß alle Diejenigen, welche diese Warnung unbeachtet lassen und dennoch nach Heppens reisen, ab-

gewiesen werden müssen, indem die für das laufende Jahr erfoederlichen Arbeiter bereits in ausreichender Anzahl vorhanden sind.

Die Herren Landräthe werden angewiesen, eine entsprechende Bekanntmachung durch die Kreisblätter zu erlassen. Oppeln, den 27. Februar 1863.

(138) Mit Bezug auf den §. 21 des Schullehrer-Pensions-Reglements vom 12ten März 1835 werden die Resultate des Pensions- und Unterstützungsfonds pro 1862 nachstehend bekannt gemacht.

Am Schlusse des Jahres 1861 war ein Bestand verblieben von ..... 4792 Thlr. 27 Sgr. 6 Pf.
Die Einnahme betrug im Jahre 1862:
   a. an Kapitalszinsen.............. 153 Thlr. 3 Sgr. 9 Pf.
   b. an Beiträgen von 1203 Lehrern... 1783 , 17 , 6 ,
                                                                        1936 , 21 , 3 ,
Es war daher im Ganzen eine Einnahme von .... 6729 Thlr. 18 Sgr. 9 Pf.
Die Ausgabe betrug im Jahre 1862:
   a. an Pensionen für 36 emeritirte Lehrer 1374 Thlr. — Sgr. — Pf.
   b. an Unterstützungen für 31 Pensionsanwärter.............. 500 , — , — ,
                                                                        1874 , — , — ,

Am Schlusse des Jahres ist daher ein Bestand verblieben von....... 4855 Thlr. 18 Sgr. 9 Pf. worunter 4375 Thlr. in Staatspapieren bestindlich waren. Oppeln, den 25. Februar 1863.

(129) Dem Kaufmann Ludwig Loewe in Berlin ist unter dem 28sten Februar 1863 ein Patent auf eine Doppelt-Buchdruck-Schnellpresse in der durch Zeichnung und Beschreibung nachgewiesenen Zusammensetzung und ohne Jemand in der Benutzung bekannter Theile zu beschränken, auf fünf Jahre, von jenem Tage an gerechnet, und für den Umfang des preußischen Staats ertheilt worden. Oppeln, den 12. März 1863.

(132) Dem Fabrikbesitzer Dr. Gust. Clemm zu Dresden sind unter dem 28sten Februar 1863 drei Patente:
1) auf ein durch Beschreibung erläutertes, für neu und eigenthümlich erkanntes Verfahren, Schwefelsäure darzustellen;
2) auf zwei, durch Beschreibung erläuterte, für neu und eigenthümlich erkannte Methoden, Glaubersalz darzustellen, ohne Jemand in der Anwendung bekannter Mittel zu behindern, und
3) auf ein durch Beschreibung erläutertes, für neu und eigenthümlich erkanntes Verfahren, Bittersalz herzustellen;
auf fünf Jahre, von jenem Tage an gerechnet, und für den Umfang des preußischen Staats ertheilt worden. Oppeln, den 12. März 1863.

Bekanntmachungen verschiedener Behörden.

(122) **Lectionsplan**
der Königl. staats- und landwirthschaftlichen Academie zu Eldena bei Greifswald
für das Sommersemester 1863.

Die Vorlesungen an der hiesigen Königl. Academie beginnen mit dem nächsten Sommersemester am 13ten April und werden sich auf die nachbenannten Unterrichtsgegenstände beziehen:
1) Ein- und Anleitung zum academischen Studium. 2) Volkswirthschaftslehre I. Theil, Director Professor Dr. Baumstark. 3) Landwirthschaftsrecht, Professor Dr. Häberlin. 4) Allgemeiner Acker- und Pflanzenbau. 5) Landwirthschaftliche Statistik. 6) Practische Uebungen im Bonitiren, Professor Dr. Seguitz. 7) Besonderer Acker- und Pflanzenbau. 8) Wiesenbau, Practische landwirthschaftliche Demonstrationen, Oeconomie-Rath Dr. Rodde. 10) Obstbaumzucht mit Demonstrationen und Uebungen, academischer Gärtner Zarnack. 11) Allgemeine Vieh- und Pferdezucht. 12) Pferdekenntniß und Hufbeschlag. 13) Lehre von den inneren Krankheiten der Haussäugethiere, Departements-Thierarzt Dr. Fürstenberg. 14) Forstwirthschaftliche Productionslehre. 15) Forstwirthschaftliche Excursionen, Forstmeister Wiese. 16) Bodenkunde. 17) Organische Experimental-Chemie. 18) Uebungen im chemischen Laboratorium. 19) Physik, Professor Dr. Trommer. 20) Pflanzensystematik und Anleitung zum Bestimmen der Pflanzen. 21) Pflanzengeographie. 22) Botanische Excursionen, Dr. Jessen. 23) Feld-

messen und Nivelliren, Professor Dr. Grunert. 24) Landwirthschaftliche Baukunst II. Theil. 25) Wege- und Wasserbau, Baumeister Müller.
Außerdem wird Herr Dr. Scholz analytische Chemie vortragen, ein Repetitorium über anorganische Chemie halten, und im chemischen Laboratorium assistiren. Eldena, im Februar 1863.
Der Geheime Regierungs-Rath und Director der Königl. staats- und landwirthschaftlichen Academie.
Dr. C. Baumstark.

(123) Nachdem von Pawlowitz, im Kreise Pleß, eine Chaussee über Michuld nach dem Bahnhofe zu Pruchna in Oestreich an der Ferdinands-Nordbahn erbaut worden, wird dieselbe auf Grund höherer Genehmigung für den Eingang zollpflichtiger Gegenstände aus Oesterreich zur Zollstraße erklärt, wo- neben jedoch die bisherige von Schwarzwasser nach Pawlowitz führende Zollstraße vorläufig auch als solche bestehen bleibt. Breslau, den 27. Februar 1863.
Der Provinzial-Steuer-Director. v. Maaßen.

(135) Nach §. 11 der Vorschriften für die Königliche Bau-Academie vom 18ten März 1855 können Studirende des Baufaches, welche die Prüfungen für den Preußischen Staatsdienst nicht ablegen wollen, auch zu Ostern in die Bau-Academie eintreten. Die desfallsige Meldung muß bis zum 1sten April schriftlich bei dem Unterzeichneten erfolgen, derselben auch Zeugnisse und Zeichnungen, aus denen hervor- geht, daß der Aufzunehmende hinreichende Kenntnisse und Uebung besitzt, um den Unterricht mit Erfolg benutzen zu können, beigefügt werden. Von Baugewerksmeistern wird nur die Vorlegung ihres Meister- attestes gefordert.
Die Vorschriften für die Königliche Bau-Academie vom 18ten März 1855 sind im Secretariat der Anstalt käuflich zu haben. Berlin, den 17. Februar 1863.
Der Geheime Ober-Bau-Rath und Director der Königl. Bau-Academie. Busse.

(126) Die Inhaber folgender verloosten und in Folge dessen zur Baarzahlung gekündigter 4 pro- centiger Pfandbriefe Littr. D.
1) aus der 7ten Verloosung (Bekanntmachung vom 16ten December 1846, 22sten Juni 1852 und 7ten November 1855).
    Nr. 61,045 auf Bonoschau à 100 Thlr.,
2) aus der 14ten Verloosung (Bekanntmachung vom 22sten December 1861).
à 500 Thlr.

Nr.	auf
1302	Sabor,
2149	Czeppelwitz,
43570	Nieder-Buchwald &c.,
43669	Cantersdorf,
44281	Fürstenstein,
45106	Poln.-Crawarn.

à 200 Thlr.

Nr.	auf		Nr.	auf		Nr.	auf	
3372	Ratibor,		49574	Dambrau,		52125	Ratibor,	
3492	Saabor,		49737	Poln.-Leipe,		52145	"	"
3811	Carolath,		49743	Jacobsdorf,		52160	"	"
4778	Maßdorf,		49881	Kunern,		52205	"	"
4833	Baumgarten,		49911	Wietschegrade,		52209	"	"
4983	Lossen,		49941	Naffadel,		52252	"	"
4988	"		50059	Cantersdorf,		52307	Dittmannsdorf,	
15022	Stemianowitz,		50213	Pufchine,		52345	Frohnau,	
15094	"	"	50530	Tost,		52556	Simmelwitz,	
16236	"	"	50910	Groß-Stein &c.,		52663	Wackenau,	
15312	"	"	51580	Miechowitz,		52881	Roswadze.	
49440	Deutsch-Würbitz,		51639	"				
49539	Dambrau,		52071	Ratibor,				

à 100 Thlr.

Nr.	auf		Nr.	auf		Nr.	auf	
6004	Ratibor,		6497	Grzybowitz,		7907	Mallmitz,	
6289	Saabor,		6697	Gr.-Petrowitz,		8010	Groß-Deutschen,	
6309	"	"	6694	"	"	8409	Maßdorf,	
6403	"	"	7852	Mallmitz,		8420	"	"

Nr. 8463 auf Baumgarten,	Nr. 61749 auf Dambrau,	Nr. 63825 auf Mttl.-Selchwitz,
„ 8651 „ Lossen ꝛc.,	„ 61774 „ „	„ 64270 „ Mlechowitz,
„ 8720 „ „	„ 62251 „ Nassadel,	„ 64273 „ „
„ 8762 „ „	„ 62253 „ „	„ 65058 „ Ratibor,
„ 10430 „ Siemianowitz,	„ 62271 „ „	„ 65059 „ „
„ 10431 „ „	„ 62293 „ Ndr.-Buchwald ꝛc.,	„ 65552 „ Giesmannsdorf,
„ 10449 „ „	„ 62323 „ Pogarell,	„ 65568 „ „
„ 10488 „ „	„ 62358 „ „	„ 65700 „ Schottwitz,
„ 17470 „ „	„ 62406 „ Cantersdorf,	„ 65710 „ „
„ 17482 „ „	„ 62436 „ „	„ 65731 „ Eckersdorf,
„ 61348 „ Ulbersdorf,	„ 62571 „ Puschine,	„ 65736 „ „
„ 61466 „ Buchwald,	„ 63799 „ Klein-Tinz,	„ 65737 „ „

à 50 Thlr.

Nr. 10572 auf Guhrwitz,	Nr. 11683 auf Baumgarten,	
„ 10797 „ Rettkau,	„ 11742 „ Lossen ꝛc.,	
„ 10819 „ Raude,	„ 12490 „ Siemianowitz,	
„ 10832 „ „	„ 12544 „ „	
„ 11160 „ Skalung,	„ 12556 „ „	
„ 11161 „ „	„ 79076 „ Koselwitz,	
„ 11188 „ Boyadel,	„ 79081 „ Massel,	
„ 11221 „ „	„ 79106 „ Sczyrbitz,	
„ 11325 „ Ratibor,	„ 79133 „ Lederhose,	
„ 11326 „ „	„ 79505 „ Giesmannsdorf.	

werden hierdurch wiederholt aufgefordert, diese Pfandbriefe bei unserer Casse (Albrechtsstraße Nr. 16 hierselbst) zu präsentiren, und dagegen die Valuta derselben nach Abzug des Betrages der etwa fehlenden Coupons in Empfang zu nehmen.

Sollte die Präsentation nicht **bis zum 15ten August d. J.** erfolgen, so werden die Inhaber der quaest. Pfandbriefe nach §. 50 der Allerhöchsten Verordnung vom 8ten Juni 1835 mit ihrem Real-Rechte auf die in den Pfandbriefen ausgedrückte Special-Hypothek präcludirt, die Pfandbriefe in Ansehung der Special-Hypothek für vernichtet erklärt, in unserem Register und im Hypothekenbuche gelöscht und die Inhaber mit ihren Ansprüchen wegen dieser Pfandbriefe lediglich an die in unserem Gewahrsam befindliche Kapital-Valuta verwiesen werden. Breslau, den 26. Februar 1863.

Königliches Credit-Institut für Schlesien.

(127) **Waldau,**
Königl. Preußische landwirthschaftliche Academie bei Königsberg i. Pr.
Das Sommer-Semester beginnt am 20sten April.

Vorlesungen an der Academie.

Specieller Pflanzenbau; Wiesenbau; Schafzucht: Director, Oeconomie-Rath **Wagener.**
Bodenkunde; Trockenlegung der Grundstücke und Drainage; Geräthekunde; Schweinezucht: Administrator Freiherr Dr. **v. d. Goltz.**
Düngerlehre I. Theil; landwirthschaftliche Fütterungslehre: Dr. **Helden,** privatim.
Pferdekenntniß; Krankheiten der Hausthiere; Gesundheitspflege der landwirthschaftl. Hausthiere: Thierarzt **Neumann.**
Organische Chemie; Physik I. Theil und Meteorologie; landwirthschaftlich-technische Gewerbe: Prof. Dr. **Ritthausen.**
Systematische Botanik mit besonderer Berücksichtigung der norddeutschen Flora und der Kulturgewächse; Krankheiten der landwirthschaftlichen Kulturgewächse; land- und forstwirthschaftliche Insektenkunde: Prof. Dr. **Körnicke.**
Waldbau und Forstschutz: Oberförster **Gebauer.**

Practische Uebungen und Erläuterungen.

Landwirthschaftliche Demonstrationen und Excursionen: Administrator Freiherr Dr. **v. d. Goltz.** Demonstrationen auf den Versuchsfeldern: Versuchsfeld-Dirigent **Pietrusky.**
Botanische Excursionen: Prof. Dr. **Körnicke.** Forstwirthschaftliche Excursionen: Oberförster **Gebauer.**

Uebungen im chemischen Laboratorium: Prof. Dr. Ritthausen.
Mikroskopische Uebungen im physiologischen Laboratorium: Professor Dr. Körnicke.
Anleitung zum Planzeichnen; Uebungen im Feldmessen und Nivelliren: Baumeister Kinzel.
Demonstrationen im Obst- und Gemüsebau: Instituts-Gärtner Strauß.

Ueber die Verhältnisse der Academie und deren Hülfsmittel enthält der Menzel-v. Lengerke'sche landwirthschaftliche Kalender nähere Nachrichten, auch ist der unterzeichnete Director gern bereit, darüber auf Anfragen weitere Auskunft zu ertheilen.

Waldau, den 27. Februar 1863.
L. Wagener.

(131) Bei der seit dem 1sten d. Mts. eingerichteten, täglich zweimaligen Personen-Post zwischen Hultschin und Pr. Oderberg (Annaberg) soll die Aufnahme unterwegs sich meldender Personen nur an der Haltestelle vor dem Kretscham in Schillersdorf gestattet sein. Die Entfernung dieser Haltestelle von Hultschin beträgt 1 Meile und von Pr. Oderberg 1/2 Meile.

Das reisende Publicum wird hiervon gemäß §. 71 des Post-Reglements vom 21sten December 1860 (extraord. Beilage zu Stück 4 des Regierungs-Amtsblattes von 1861) in Kenntniß gesetzt.

Oppeln, den 3. März 1863.
Königliche Ober-Post-Direction.

(133) Mit der in der nächsten Zukunft stattfindenden Eröffnung der Verbindungsbahn von Myslowitz nach Dswienczim wird am letzteren Orte auf dem Bahnhofe ein Preußisches Neben-Zoll-Amt erster Klasse mit Befugniß zur Ausfertigung und Erledigung von Begleitscheinen errichtet und dagegen gleichzeitig das bisherige Neben-Zoll-Amt erster Klasse in Neu-Berun aufgehoben.

Breslau, den 5. März 1863.
Der Provinzial-Steuer-Director. v. Maaßen.

Personal-Chronik.

(139) Seine Majestät der König haben Allergnädigst geruht, dem Oberforstmeister Maron hierselbst den rothen Adlerorden zweiter Klasse mit Eichenlaub zu verleihen.

Bestätigt: die Vocationen für die katholischen Schullehrer Bodinek zu Wilkowy und Sobotta zu Schedlitz.

Gestorben: der Bürgermeister Bielau zu Neustadt und der katholische Schullehrer Handloß zu Arnoldsdorf.

(124) Ernannt sind:
der Haupt-Amts-Controleur Moche in Oppeln zum Haupt-Amts-Rendanten in Landsberg O.-S., der Haupt-Amts-Assistent Lange zu Myslowitz zum Haupt-Amts-Controleur in Oppeln, der Steuer-Aufseher Rosse in Breslau zum Haupt-Amts-Assistenten in Myslowitz, der Ober-Grenz-Controleur Ulffale in Myslowitz zum Ober-Grenz-Controleur in Neu-Berun, der invalide Sergeant Dill zum Salzwärter in Cosel.

Amts-Blatt
der Königlichen Regierung zu Oppeln.

Stück 12.   Oppeln, den 19. März   **1863.**

Allgemeine Gesetz-Sammlung.

(147) Das 5te Stück der Gesetz-Sammlung enthält unter

Nr. 5661. Das Privilegium wegen Ausgabe auf jeden Inhaber lautender Tilsiter Stadt-Obligationen zum Betrage von 45,000 Thalern. Vom 31sten Januar 1863.

Nr. 5662. Die Bestätigungs-Urkunde, betreffend den unter dem 6ten December 1862 abgeschlossenen Vertrag wegen Verschmelzung des Unternehmens der Prinz-Wilhelms-Eisenbahn-Gesellschaft mit dem der Bergisch-Märkischen Eisenbahn-Gesellschaft. Vom 16ten Februar 1863.

Nr. 5663. Die Bestätigungs-Urkunde, betreffend einen Statut-Nachtrag der Bergisch-Märkischen Eisenbahn-Gesellschaft. Vom 16ten Februar 1863; und unter

Nr. 5664. Die Bekanntmachung, betreffend die Allerhöchste Genehmigung der unter der Firma "Bielefelder Actien-Gesellschaft für mechanische Weberei" mit dem Sitze zu Bielefeld errichteten Actien-Gesellschaft. Vom 27sten Februar 1863.

Bekanntmachungen der höchsten Staats-Behörden.

(149) **Bekanntmachung.** Es wird hierdurch zur öffentlichen Kenntniß gebracht, daß durch den Ministerialerlaß vom 13ten Februar c. (V. 234) unter Aufhebung der bisherigen Bergeichungsämter zu Waldenburg und Tarnowitz für den Bezirk des unterzeichneten Oberbergamts, also für die Provinzen Schlesien, Posen und Preußen, ein Bergeichungsamt in Breslau eingesetzt und diesem die hierunter abgedruckte Instruction vom 13ten Februar 1863 ertheilt worden ist.

Breslau, den 10. März 1863.   **Königliches Oberbergamt.**

Instruction
für das Berg-Eichungs-Amt im Bezirke des Oberbergamts zu Breslau.

Mit Bezugnahme auf die Maaß- und Gewichts-Ordnung vom 16ten Mai 1816 wird dem für den Bezirk des Oberbergamts zu Breslau eingesetzten Berg-Eichungs-Amte zu Breslau unter Aufhebung der bisher hinsichtlich des Berg-Eichungs-Wesens bestandenen Einrichtungen und Vorschriften die nachstehende Anweisung bei Ausübung seiner Obliegenheiten, ertheilt.

§. 1. Das Bergeichungsamt besteht aus einem Vorsitzenden, welcher auf den Vorschlag des Königlichen Oberbergamts von der Königlichen Regierung zu Breslau ernannt wird und einigen Beisitzern, welche das Königliche Oberbergamt aus der Zahl seiner technischen Mitglieder oder technischen Hülfsarbeiter ernennt.

Die Cassen-Geschäfte des Berg-Eichungs-Amtes hat der jedesmalige Rendant der Oberbergamts-Casse zu besorgen. Als Sachverständige fungiren die Revierbeamten innerhalb des Bereiches der ihnen anvertrauten Reviere und bei den Königlichen Werken die Berg-Inspectoren.

§. 2. Das Berg-Eichungs-Amt ist der Departements-Eichungs-Commission zu Breslau untergeordnet und hat deren Anweisung in Bezug auf alle das Eichungs-Wesen betreffende Angelegenheiten Folge zu leisten.

§. 3. Das Dienstsiegel, dessen sich das Berg-Eichungs-Amt zu bedienen hat, enthält einen Preußischen Adler mit der Umschrift: "Königliches Berg-Eichungs-Amt zu"

§. 4. Dem Berg-Eichungs-Amte liegt ob, die auf den Bergwerken des Oberbergamts-Districts zum Verkauf und zur Ermittelung der Bergwerks-Abgaben dienenden Gemäße und Fördergefäße nach Maßgabe der nachfolgenden Bestimmungen zu justiren und demnächst mit dem vorschriftsmäßigen Stempel zu versehen.

§. 5. Das Berg-Eichungs-Amt bezieht von der Eichungs-Commission die Normal-Maaße, sowie die Stempel, mit welchen die geprüften Gefäße und Gemäße bezeichnet werden und liefert beschädigte Stempel dorthin zurück.

§. 6. Der Vorsitzende des Berg-Eichungs-Amtes leitet das Geschäftswesen. Unter seiner unmittelbaren Aufsicht stehen die von der Eichungs-Commission gelieferten Normalmaaße, welche im Oberbergamts-Gebäude aufzubewahren und mindestens alle drei Jahre der Eichungs-Commission zur Prüfung vorzulegen sind. Er hat dafür zu sorgen, daß die den Sachverständigen zum gewöhnlichen Gebrauch überwiesenen Maaße, welche genau nach den Normalmaaßen abgeglichen sind, stets mit den letzteren in Uebereinstimmung erhalten werden.

Er hat daher Revisionen dieser Maaße nach Bedürfniß anzuordnen.

Der Vorsitzende hat auf Einladung des Directors der Eichungs-Commission an den Sitzungen der letzteren Theil zu nehmen.

§. 7. Die Beisitzer haben in Verhinderungsfällen des Vorsitzenden den letzteren zu vertreten und wie dieser den ordnungsmäßigen Geschäftsbetrieb zu überwachen, sowie den von dem Vorsitzenden ihnen aufgetragenen Geschäften in Berg-Eichungs-Angelegenheiten sich zu unterziehen.

§. 8. Die Sachverständigen besorgen die Eichung und Stempelung der Förderungs- und Verkaufsgefäße auf den Bergwerken, und zwar auf Antrag der Gruben-Verwaltungen, welche letztere zuvor die Uebereinstimmung der Gefäße mit dem vorschriftsmäßigen Inhalte zu bewerkstelligen haben.

Anträge auf Eichung von Fördergefäßen und Gemäßen an anderen Orten, als in und auf den Gruben, sind an die Communal-Eichungs-Aemter zu verweisen.

Ueber die erfolgte Stempelung werden Beglaubigungs-Scheine nach dem anliegenden Schema ausgefertigt.

Die Sachverständigen, welche von dem Berg-Eichungs-Amte mit der erforderlichen Anzahl von Formularen zu versehen sind, füllen die Beglaubigungs-Scheine aus, und reichen dieselben, mit ihrer Unterschrift versehen, dem Berg-Eichungs-Amte ein. Jeder Schein erhält daselbst eine laufende Nummer des Journals und wird, von dem Vorsitzenden des Berg-Eichungs-Amts vollzogen, dem Rendanten zur Buchung und vorläufigen Aufbewahrung (§. 9) überwiesen.

§. 9. Der Rendant führt die Casse des Berg-Eichungs-Amts, erhebt auf Grund der Beglaubigungsscheine der Sachkundigen (§. 8) von den betreffenden Gruben die Eichungsgebühren, quartaliter zugleich mit den Bergwerks-Abgaben, bucht die Einnahmen und händigt den Beglaubigungsschein der Gruben-Verwaltung unterzeichnet und unterstempelt aus. Das Einnahme-Journal muß das Datum der Zahlung, die Nummer des Beglaubigungsscheins, den geeichten Gegenstand und den Namen der Grube angeben. Die Ausgaben müssen von dem Dirigenten des Berg-Eichungs-Amts angewiesen werden. Ueber die vorgekommenen Einnahmen und Ausgaben legt der Rendant jährliche Rechnung ab.

Außerdem führt der Rendant ein Inventarienbuch über die vorhandenen Instrumente und Gerätschaften aller Art, welches zwei Hauptabtheilungen, die eine für den Zugang, die andere für den Abgang enthält.

Die Revision der Berg-Eichungs-Casse wird zugleich mit der Revision der Oberbergamts-Casse durch die Curatoren der letzteren vorgenommen. Am Jahresschluß wird der Abschluß der Berg-Eichungs-Casse der Königlichen Eichungs-Commission zu mitgetheilt.

§. 10. Meßgefäße mit ihren Unter-Abtheilungen, welche der Eichung unterworfen werden sollen, müssen senkrecht zur Bodenfläche stehende Seitenwände haben, und entweder in parallelepipedischer, oder cylindrischer Form construirt sein und folgende lichte Abmessungen haben:

A. Meßgefäße in parallelepipedischer Form:

1) die ganze Tonne:
 24 Zoll Länge,
 24 " Breite,
 21½ " Tiefe oder Höhe;

2) die dreiviertel Tonne:
 24 Zoll Länge,
 22 " Breite,
 17½ " Tiefe oder Höhe;

3) die halbe Tonne:
 24 Zoll Länge,

  20 Zoll Breite,
  12⅔ „ Tiefe oder Höhe;
 4) die viertel Tonne:
  18 Zoll Länge,
  16 „ Breite,
  10⅔ „ Tiefe oder Höhe,
  B. Meßgefäße in cylindrischer Form:
 1) die ganze Tonne:
  25,03 Zoll Höhe oder Tiefe,
  25 „ Durchmesser;
 2) die dreiviertel Tonne:
  22,13 Zoll Höhe oder Tiefe,
  23 „ Durchmesser;
 3) die halbe Tonne:
  19,85 Zoll Höhe oder Tiefe,
  20 „ Durchmesser;
 4) die viertel Tonne,
  15,78 Zoll Höhe oder Tiefe,
  16 „ Durchmesser.

Als Gemäß für ⅛ Tonne kommt ausschließlich das gesetzliche halbe Scheffelmaaß in Anwendung, dessen Eichung den Communal-Eichungs-Aemtern zu überlassen ist.

§. 11. Fördergefäße sind bei dauerhafter Construction in jeder Form zu eichen, insofern der Inhalt derselben sich durch alleinige Anwendung eines geeichten Maßstabes und nach den allgemeinen Formeln der Stereometrie bestimmen läßt. Der Inhalt muß jedoch entweder in ganzen Tonnen-Zahlen oder in halben und viertel Tonnen, oder in ganzen Tonnen-Zahlen, verbunden mit den aus der Halbirung bis zur Achtel-Tonne einschließlich sich ergebenden Brüchen auszudrücken sein. Die Beurtheilung darüber, ob ein solches Gefäß zur Eichung geeignet ist oder nicht, steht in streitigen Fällen lediglich dem Vorsitzenden des Berg-Eichungs-Amtes zu.

§. 12. Die in den §§. 10 und 11 bezeichneten Maaße und Gefäße können sowohl aus Holz, als auch aus Eisen gefertigt sein. Die hölzernen Gefäße müssen am Rande und am Boden mit Eisen beschlagen und die Verbindungen der einzelnen Wände müssen von der Art sein, daß ein Ausbiegen nicht möglich ist.

Bei der Eichung der Meßgefäße ist darauf zu sehen, daß das Holz gehörig ausgetrocknet ist.

Die eisernen Gefäße müssen aus hinreichend stark gewalzten Platten bestehen, und in den Seitenwänden tüchtig verbunden sein. Außerdem muß die Bodenplatte durch von unten angebrachte Kreuzrippen so verstärkt sein, daß eine Durchbiegung des Bodens nicht eintreten kann.

Gefäße, welche nach dem pflichtmäßigen Gutachten des betreffenden Sachverständigen wegen zu schwacher Construction die erforderliche Unveränderlichkeit ihres Inhaltes mit Sicherheit nicht erwarten lassen, sind als nicht eichungsfähig zurückzuweisen.

§. 13. Die geeichten Gemäße oder Gefäße werden sowohl an dem Boden, als an den Seitenwänden und auf dem oberen Rande mit dem Stempel und dem Ortsnamen des Berg-Eichungs-Amtes versehen und zwar im Holze eingebrannt, auf Metall dagegen eingeschlagen.

§. 14. Für die Eichung und Stempelung jedes Gefäßes werden an Gebühren 7½ Sgr. erhoben. Findet nur eine Prüfung, nicht aber eine Berichtigung und Stempelung schon früher geeichter, gewesener Gefäße statt, so werden nur 5 Sgr. Gebühren erhoben.

§. 15. Die aufgekommenen Gebühren sind unverkürzt bei der Bergeichungs-Kasse zu vereinnahmen, und daraus zunächst die Unterhaltungskosten des Berg-Eichungs-Amtes zu bestreiten. Die verbleibenden Ueberschüsse werden jährlich von dem Dirigenten des Berg-Eichungs-Amtes unter die Sachverständigen und den Rendanten nach Verhältniß ihrer Mühwaltung als Vergütung vertheilt.

Berlin, den 13. Februar 1863.

Der Minister für Handel, Gewerbe und öffentliche Arbeiten. (gez.) Graf von Itzenplitz.

        Beglaubigungs-Schein
    für nachstehende vom dem Berg-Eichungs-Amte zu ....
     geprüfte und geeichte Gegenstände.

№	Datum.	Namen und Wohnort des Eigenthümers der geeichten Sachen.	Benennung der geeichten Sachen.	Betrag der dafür nach der Taxe erlegten Gebühren. Thlr. Sgr. Pf.

.... den ten 186
Das Berg-Eichungs-Amt.

Bekanntmachungen der Königlichen Regierung.

(143) Es ist in neuerer Zeit öfters eine eigenthümliche Krankheit bei Personen beobachtet worden, welche rohes Schweinefleisch genossen hatten; seltener ist sie nach dem Genuß von rohem Rindfleisch wahrgenommen worden. Ursache derselben ist nicht der Genuß des Fleisches an sich, vielmehr ist dieselbe in kleinen zuweilen im Fleische vorhandenen, nur durch Vergrößerungsgläser erkennbaren, fadenförmigen, in eine längliche Hülle eingeschlossenen Würmern, den sogenannten Trichinen, gefunden. Beim Genuß solchen Fleisches werden die Hüllen zerstört; die Würmer selbst entwickeln und vermehren sich in zahlloser Brut, und nehmen ihren Weg aus dem Darmkanal in das Muskelfleisch, in welchem sie sich, wie ihre ersten Keime, einkapseln. Die Zeit dieser Wanderung ist auch die Zeit der Erkrankung der betreffenden Personen, wogegen die Trichinen, nachdem sie sich eingekapselt haben, das Befinden nicht weiter stören.

Die Krankheitserscheinungen, welche sich zu jener Zeit offenbaren, sind: Appetitlosigkeit, Mattigkeit, allgemeines Unwohlsein. Es folgen: heftiges Fieber, Magen- und Unterleibsbeschwerden, Gliederschmerzen, Beklemmung und wassersüchtige Anschwellung des Gesichts und der Gliedmaßen, welche steif und unbeweglich werden. Die Krankheit ist daher eine sehr bedeutende, oft verkannte; nicht selten wird sie tödtlich.

Durch Kochen, starkes Räuchern und Pökeln des Fleisches werden die Trichinen zerstört und ist der Genuß solchen Fleisches unschädlich, bei schlecht geräuchertem und gepökeltem dagegen ist diese Gewähr nicht vorhanden.

Im Interesse der öffentlichen Gesundheitspflege sehen wir uns hiernach veranlaßt, vor dem Genusse rohen Schweine- und Rindfleisches zu warnen. Oppeln, den 7. März 1863.

(148) Nachdem der Herr Minister des Innern genehmigt hat, daß den Polizei-Gefangenen die zu ihrem Lebensunterhalte erforderliche tägliche Brodt-Portion künftighin mit zwei Pfund nach dem jetzigen Landesgewichte verabreicht werden darf, bestimmen wir erläuternd zu Nr. 3 des Tax-Regulativs über die Kosten der Haft und Verpflegung von Polizei-Gefangenen vom 6ten Januar 1843 (Amtsblatt Stück 4 Seite 16), daß der Beköstigungs-Entschädigung für die Polizei-Gefangenen der Preis von 2 Pfund Brodt nach dem jetzigen Landesgewichte zu Grunde gelegt wird. Wenn den in dem Tax-Regulativ vom 6ten Januar 1843 ub 3 erwähnte Maximal-Satz der Verpflegungskosten, pro Kopf und Tag per 2 Silbergroschen, zur Beschaffung von 2 Pfund Brodt nach dem jetzigen Landesgewichte in einem Orte nicht ausreichen sollte, so darf derselbe um den Mehrbetrag des diesfälligen Ankaufs-Preises erhöht werden. Die Nothwendigkeit und Höhe der Ueberschreitung des Satzes von 2 Sgr. ist in den Liquidationen der Haftkosten jedesmal durch ein Attest von der Ortsbehörde des nächsten Marktortes über den höheren Preis des Brodtes während der in Rechnung gestellten Haftzeit zu begründen.
Oppeln, den 9. März 1863.

(153) Nachdem der bisherige Bezirks-Commissar zur Einführung einer allgemeinen Gebäudesteuer Regierungs-Rath von Schmidt aus seiner hiesigen Stellung ausgeschieden ist, haben wir in Gemäßheit des §. 9 der Anweisung vom 14ten October v. J. den Regierungs-Rath Ackermann mit der Bearbeitung dieser Sachen beauftragt, was wir mit dem Bemerken zur öffentlichen Kenntniß bringen, daß derselbe nunmehr als unser ständiger Commissar die Leitung des Veranlagungs-Werkes für den ganzen Regierungsbezirk übernimmt, wogegen der Regierungs-Assessor Lösch von jetzt ab die Geschäfte als Ausführungs-Commissar des Kreises Oppeln versehen wird.
Oppeln, den 7. März 1863.

Bekanntmachungen verschiedener Behörden.

(141) Die nächste Schwurgerichtssitzung bei dem Königlichen Kreis-Gericht in Neisse beginnt **am 20sten April 1863.** Neisse, den 7. März 1863.
Königliches Kreis-Gericht. Erste Abtheilung.

(142) Die dritte Sitzungsperiode des hiesigen Schwurgerichts für das Jahr 1863 beginnt am **13ten April d. J.** Beuthen O. S., den 11. März 1863.
Königliches Kreis-Gericht. I. Abtheilung.

(144) Die durch Bekanntmachung vom 7ten April 1862 von uns aufgerufenen Pfandbriefe Casimir O. S. Nr. 37 à 300 Thlr., Eilmenau B. B. Nr. 30 à 50 Thlr., Schumm O. S. Nr. 20 à 50 Thlr. werden hiermit für wieder frei cursirend erklärt. Breslau, am 11. März 1863.
Schlesische Generallandschafts-Direction.

(145) **Oberschlesische Eisenbahn.**
Vom 16ten März c. ab, als dem Tage der Betriebseröffnung auf der Bahnstrecke von Neuberun bis Oswięcim tritt auf der Oberschlesischen Eisenbahn ein neuer Fahrplan in Kraft.

Nach demselben bleiben die Schnell- und Personenzüge zwischen Breslau und Myslowitz, die Localzüge zwischen Breslau und Oppeln und die gemischten Züge zwischen Breslau und Brieg unverändert fortbestehen.

Es werden dagegen neu eingeführt und beziehungsweise verändert:
1) Personenzüge, theilweise mit Güterbeförderung zwischen Gleiwitz und Oswięcim:

Zug 7.
Abgang von Gleiwitz 5° 40′ früh,
  "   " Myslowitz 7° 4′   "
Ankunft in Oswięcim 7° 50′   "

Zug 8.
Abgang von Oswięcim 9° 48′ früh,
  "   " Myslowitz 10° 40′   "
Ankunft in Gleiwitz 11° 55′   "

Zug 9.
Abgang von Gleiwitz 3° 25′ Nm.
  "   " Myslowitz 4° 55′   "
Ankunft in Oswięcim 5° 41′   "

Zug 10.
Abgang von Oswięcim 6° 24′ Abends,
  "   " Myslowitz 7° 16′   "
Ankunft in Gleiwitz 8° 33′   "

Bei diesen Zügen, welche sämmtlich Anschluß an die Züge der Kaiser Ferdinands-Nordbahn Nr. I., II., III. und IV. von und nach Krakau, resp. von und nach Wien gewähren, findet Personenbeförderung in II., III. und IV. Wagenklasse statt.

2) Im Anschluß an die sub 1 erwähnten Züge erhalten die gemischten Züge des Nebencurses Morgenroth-Tarnowitz nachstehende Aenderung:

Zug 1 Abgang von Morgenroth 11° 25′ früh,   Ankunft in Tarnowitz 12° 29′ Mttg.
 " 2   "   " Tarnowitz 2° 55′ Nmttg.,   "   " Morgenroth 3° 56′ Nm.
 " 3   "   " Morgenroth 8° 0′ Abends,   "   " Tarnowitz 9° 7′ Abends.
 " 4   "   " Tarnowitz 6° 5′ früh,   "   " Morgenroth 7° 6′ früh.
 " 7   "   " Morgenroth 7° 20′   "   "   " Tarnowitz 8° 21′   "
 " 8   "   " Tarnowitz 9° 58′   "   "   " Morgenroth 10° 59′   "
 " 9   "   " Morgenroth 4° 20′ Nmttg., "   " Tarnowitz 5° 21′ Nm.
 " 10   "   " Tarnowitz 6° 41′ Abends,   "   " Morgenroth 7° 42 Abends,

3) Die gemischten Züge zwischen Breslau und Gleiwitz sind Behufs ihres Anschlusses an die sub 1 erwähnten Züge Nr. 9 und 8, wie folgt, geregelt:

Zug 11 Abfahrt von Breslau 7° 15′ früh,   Ankunft in Gleiwitz 3° 1′ Nmttg.
 " 12   "   " Gleiwitz 12° 20′ Mttg.,   "   " Breslau 7° 47′ Abends.

Die zeitherige Beförderung von Personen mit einem Güterzuge zwischen Cosel und Gleiwitz an einem bestimmten Wochentage findet nicht weiter statt. Breslau, den 11. März 1863.
Königliche Direction der Oberschlesischen Eisenbahn.

(146) **Oberschlesische Eisenbahn.**
Die neue Bahnstrecke der Oberschlesischen Eisenbahn von Neuberun nach Oswięcim wird am 16ten März c. dem öffentlichen Verkehr übergeben.

Für dieselbe tritt das Betriebs-Reglement für die preußischen Staats- und unter Staatsverwaltung stehenden Bahnen vom 17ten Februar 1862, so wie die Bestimmungen des Tarifs vom 15ten März 1862 für die unter unserer Verwaltung stehenden Bahnen in Kraft.

Die nach den Grundsätzen des letzteren berechnete Tariftabelle für die Beförderung von Reisenden, Gepäck, Equipagen, Vieh und Güter aller Klassen von und nach der Station Oswięcim ist bei den gewöhnlichen Verkaufsstellen käuflich zu haben. Breslau, im März 1863.
Königliche Direction der Oberschlesischen Eisenbahn.

Personal-Chronik.

(150) Seine Majestät der König haben Allergnädigst geruht, dem Fundatisten **Waypold** zu Ober-Glogau zu seinem Priesterjubiläum den rothen Adlerorden vierter Klasse mit der Zahl 50 zu verleihen.

Bestätigt: die Vocationen für die katholischen Schullehrer Fuchs zu Roschowitzdorf und Neugebauer zu Leobschütz.

Gestorben: der Spar- und Leih-Kassen-Rendant Adam zu Neisse.

Dem seitherigen Forsthilfsaufseher Jäger Philippczik ist die interimistische Verwaltung der Waldwärterstelle zu Kotschanowitz übertragen worden.

Nachweisung
der gewählten und bestätigten Schiedsmänner pro Monat Februar 1863.

Benennung der Ortschaften.	Kreis.	Bezeichnung der Schiedsmänner.
Nassiedel, Krastillau, Klemstein und Auchwitz, Conradsdorf mit Caulau und Finstergasse und Wachsbleiche	Leobschütz Neisse	Thierarzt Johann Frank zu Nassiedel. Hausbesitzer Reimann zu Carlau.
Stadt Groß-Strehlitz	Groß-Strehlitz	Kaufmann Emanuel Selten zu Groß-Strehlitz.
Leboschowitz	Gleiwitz	Gerichtsscholze und Mühlenbesitzer Joseph Haferland zu Leboschowitz.
Roben	Leobschütz	Bauer Franz Schneeweiß zu Roben.
Stadt Guttentag und Schloßgemeinde Guttentag	Lublinitz	Bürgermeister Arndt zu Guttentag.
Bladen und Colonie Josephsthal	Leobschütz	Schulze Brückner zu Bladen.
Planta, Bosatz, Ostrog,	Ratibor	Stellenbesitzer Carl Hellmann aus Bosatz.
Klein-Peterwitz	dto.	Schullehrer Joseph Heider zu Klein-Peterwitz.
Thröm und Ratsch	dto.	Fleischermeister Häusler Gottlieb Kugel zu Thröm.
Wellenhof, Schäferei, Carlshof und Neuland	Neisse	Gutsbesitzer Plewig zu Carlshof.
Koblau, Petrzkowitz und Ludgierzowitz	Ratibor	Schulze Johann Urbanczyk zu Ludgierzowitz.
Liebischau, Bierawa, Alt-Cosel und Sackenhoym	Cosel	Schullehrer Andreas Hunscha zu Alt-Cosel.

Amts-Blatt
der Königlichen Regierung zu Oppeln.

Stück 13.   Oppeln, den 26. März   **1863.**

Bekanntmachungen der Königlichen Regierung.

(159) Die Quittungs-Bescheinigungen der Staatsschulden-Tilgungs-Casse über die im Laufe des III. Quartals 1862 eingezahlten Domainen-Veräußerungs- und Ablösungs-Capitalien sind von uns an die betreffenden Special-Cassen gesandt worden, was den Einzahlern Behufs Empfangnahme derselben bekannt gemacht wird.   Oppeln, den 7. März 1863.

(160) Bekanntmachung wegen Instandsetzung der Wege und Brücken, und wegen Nachpflanzung der eingegangenen oder beschädigten Straßenbäume.

Bei der Nothwendigkeit, die im Laufe des Winters schadhaft gewordenen Wege und Brücken wieder in Stand zu setzen, werden die dazu verpflichteten Grundbesitzer und Gemeinden mit Bezug auf das Schlesische Wege-Reglement vom 11ten Januar 1767 und die Wege-Polizei-Ordnung vom 19ten Februar 1861 angewiesen, mit der vorschriftsmäßigen Instandsetzung der Wege und Brücken, der Räumung der Seitengräben und Nachpflanzung der eingegangenen oder beschädigten Straßenbäume, sobald als es die Witterung gestattet, unverzüglich vorzugehen.

Die landräthlichen Behörden haben die Ortsvorsteher hierbei genau zu beaufsichtigen, und nach Umständen die verpflichteten Grundbesitzer oder Gemeinden zur Erfüllung ihrer diesfälligen Verbindlichkeiten mit Strenge anzuhalten.   Oppeln, den 13. März 1863.

(161) Das dem Ingenieur Oscar Raven zu Hannover unter dem 24. December 1861 ertheilte Patent

   auf eine in Beschreibung und Zeichnung dargelegte, für neu und eigenthümlich erkannte Maschine zur Fabrikation von Cigarren

ist aufgehoben.   Oppeln, den 26. März 1863.

(162) Das dem Ernst Geßner zu Aue unter dem 10. October 1861 ertheilte Patent

   auf eine durch Zeichnungen und Beschreibung nachgewiesene Verbindung mechanischer Mittel für Streichmaschinen

   a. zum Ablegen von Wollfließen,
   b. zum Ablegen von Wollbändern,

ohne Jemand in der Benutzung bekannter Theile zu beschränken,

ist, soweit es die zu b. angedeutete Verbindung mechanischer Mittel für Streichmaschinen zum Ablegen von Wollbändern betrifft, aufgehoben worden.   Oppeln, den 26. März 1863.

Bekanntmachungen verschiedener Behörden.

(163)   **Verzeichniß**
der
Vorlesungen, welche auf der Universität Breslau im Sommer-Semester 1863 vom 13ten April an gehalten werden.

(Die mit * bezeichneten Vorlesungen werden öffentlich oder unentgeltlich gehalten.)

Theologie.

A. Katholische Facultät.

*Einleitung in die Schriften des A. T., Hr. Prof. Dr. Stern. Erklärung des Buches Job, Derselbe. *Alttestamentliche exegetische Uebungen im Kgl. kath.-theolog. Seminar, Derselbe. *Biblische Kritik und Hermeneutik, Hr. Prof. Dr. Friedlieb. Erklärung des Hebräerbriefes und des Briefes des heil. Jacobus, Derselbe. *Neutestamentliche exegetische Uebungen im Kgl. kath.-theolog. Seminar, Derselbe. *Einleitung in die Kirchengeschichte, Hr. Prof. Dr. Reinkens. Kirchengeschichte, dritter Theil,

Derselbe. *Kirchengeschichtliche Uebungen im kgl. kath.-theolog. Seminar, Derselbe. Generelle Dogmatik, zweiter Theil, Hr. Dr. Soffner. Christliche Trinitäts- und Schöpfungslehre, Derselbe. Moraltheologie, zweiter Theil, Hr. Dr. Scholz. *Homiletik, Hr. Prof. Dr. Pohl. Pastoraltheologie, Derselbe. *Pastoraltheologisches Repetitorium, Derselbe.
Die Herren Professoren Dr. Baltzer und Dr. Bittner halten keine Vorlesungen und wird der Letztere zu seiner Zeit sie anzeigen.

B. Evangelische Facultät.

Encyklopädie der Theologie, Hr. Prof. Dr. Rädiger. *Darstellung der Schöpfungsgeschichte nach Naturwissenschaft und Bibel, Hr. Prof. Lic. Schultz. Erklärung der Genesis, Derselbe. Erklärung der Psalmen, Hr. Prof. Dr. Rädiger. Erklärung des Buches Hiob, Hr. Prof. Lic. Schultz. Einleitung in das neue Testament, Hr. Prof. Dr. Semisch. Theologie des Neuen Testaments, Hr. Prof. Lic. Hahn. Erklärung des Evangeliums Matthäi, Hr. Prof. Dr. Meuß. Erklärung des Evangeliums Johannis, Hr. Prof. Gaupp. Erklärung der Briefe Pauli an die Galater, Colosser, Epheser und Philipper, Hr. Prof. Lic. Hahn. Erklärung des Briefes an die Hebräer, Hr. Prof. Dr. Köstlin. *Theologische Erklärung des ersten Briefes Petri, Hr. Prof. Dr. Böhmer. Kirchengeschichte, erste Hälfte bis auf das Zeitalter Gregor's VII., Hr. Prof. Dr. Semisch. Kirchengeschichte, zweiter Theil, Hr. Lic. Rhode. *Geschichte der christlichen Dogmen seit der Reformation, Hr. Prof. Lic. Hahn. *Ueber den gegenwärtigen Zustand der christlichen Kirche, Hr. Lic. Rhode. Symbolik, Hr. Prof. Dr. Köstlin. Die christliche Dogmatik als System des christlichen Glaubens, Hr. Prof. Dr. Böhmer. Theologische Ethik, Hr. Prof. Dr. Meuß. Praktische Theologie, erster und dritter Theil (Liturgik und Theorie des Kirchenregiments), Hr. Prof. Dr. Gaupp.
*Theologisches Seminar: Exegetische Uebungen im A. T., Hr. Prof. Dr. Rädiger; — neutestamentlich kritische und dialektische Uebungen, Hr. Prof. Dr. Böhmer; — kirchen- und dogmenhistorische Uebungen, Hr. Prof. Dr. Semisch; — Uebungen für systematische Theologie, Hr. Prof. Dr. Köstlin.
*Praktisches Seminar: Homiletische Uebungen, Hr. Prof. Dr. Gaupp; — homiletische und katechetische, Hr. Prof. Dr. Meuß.

Rechtswissenschaft.

Encyklopädie und Methodologie der Rechtswissenschaft, Hr. Prof. Dr. Schirmer. Naturrecht oder Rechtsphilosophie, Hr. Prof. Dr. Eberty. *Examinatorium oder Disputatorium über Naturrecht, Hr. Prof. Dr. Abegg. Geschichte und Institutionen des römischen Rechts, Hr. Prof. Dr. Gitzler und Hr. Prof. Dr. Schirmer. Pandekten mit Ausschluß des Personen-, Pfand- und Erbrechts, Hr. Prof. Dr. Huschke. Erbrecht, Derselbe. *Pfand- und Hypothekenrecht, Derselbe. *Personen- und Familienrecht, Hr. Prof. Dr. Gitzler. *Pandekten-Praktikum, Hr. Prof. Dr. Schirmer. *Erklärung der Ulpianischen Fragmente, Hr. Dr. Marx. Deutsche Staats- und Rechtsgeschichte, Hr. Prof. Dr. Stobbe und Hr. Dr. Franklin. *Geschichte der Reception des römischen Rechts, Hr. Dr. Franklin. *Erklärung des Sachsenspiegels, Hr. Prof. Dr. Stobbe. Deutsches Privatrecht mit Einschluß des Lehnrechts, Hr. Prof. Dr. Schulze. *Exegetische Uebungen aus dem deutschen Rechte, Derselbe. *Tacitus Germania, Hr. Dr. Rive. *Das Bergrecht der Preuß. Rheinprovinz am linken Rheinufer, Derselbe. Katholisches und evangelisches Kirchenrecht, Hr. Prof. Dr. Stobbe und Hr. Dr. Marx. *Interpretation des Güntersblumer Edikts von 1793, Hr. Prof. Dr. Gitzler. Gemeines und Preuß. Kriminalrecht, Hr. Prof. Dr. Abegg. *Ueber die verschiedenen Strafrechtstheorien, Derselbe. *Geschichte des Strafrechts, Hr. Prof. Dr. Eberty. Gemeiner und preußischer Civilprozeß, Hr. Prof. Dr. Abegg. Deutsches Staatsrecht, Hr. Dr. Rive. Völkerrecht, Hr. Prof. Dr. Schulze. *Geschichte des Preuß. Civilrechts, Hr. Dr. Franklin. Preußisches Civilrecht, Derselbe.

Heilkunde.

Encyklopädie der Natur- und Heilkunde, Hr. Prof. Dr. Häser. *Klimatologie, Hr. Dr. Levy. *Anthropologie (Naturgeschichte der Menschengeschlechtes), Hr. Prof. Dr. Barkow. *Angiologie, Hr. Prof. Dr. Grosser. Osteologie und Syndesmologie, Derselbe. Vergleichende Anatomie, Hr. Prof. Dr. Barkow. Vergleichende Anatomie der wirbellosen Thiere, Hr. Prof. Dr. Aubert. *Zootomisch-praktische Uebungen, Hr. Prof. Dr. Barkow. *Anatomie und Physiologie des Gesichtsinnes, Hr. Prof. Dr. Aubert. Allgemeine Physiologie und Physiologie der animalen Funktionen, Hr. Prof. Dr. Heidenhain. *Physiologie des cerebrospinalen Nervensystems, Derselbe. Allgemeine und specielle Histologie, Derselbe. Mikroskopische und experimentelle Curse im physiologischen Institute (privatissime), Derselbe. Mikroskopische Uebungen in der

normalen und pathologischen Histologie, Hr. Prof. Dr. Aubert. *Uebungen im Gebrauche des Mikroskopes, Hr. Prof. Dr. Grosser. *Pathologisch-anatomische Morphologie, Hr. Prof. Dr. Barkow. *Allgemeine pathologische Anatomie mit besonderer Rücksicht auf Cellularpathologie, Hr. Dr. Cohn. Allgemeine Pathologie, Hr. Prof. Dr. Häser. Diagnostik innerer Krankheiten mit Einschluß der Auscultation und Percussion, Hr. Dr. Cohn. *Receptschreibekunst, Hr. Dr. Lewald. Gesammte Arzneimittellehre mit pharmakologischen Demonstrationen, Derselbe. *Allgemeine Quellenkunde, Hr. Dr. Levy. *Die Heilquellen-Therapie, Derselbe. Repetitorium der Pathologie und Therapie mit Receptirübungen, Hr. Dr. Lewald. Specielle Pathologie und Therapie, Hr. Prof. Dr. Lebert. *Ueber die Krankheiten der Kreislaufs-Organe, Derselbe. Allgemeine Therapie, Hr. Dr. Neymann. *Ueber syphilitische Krankheiten, Derselbe. *Kinder-Krankheiten mit Einschluß eines Impf-Cursus, Hr. Dr. Burchard. *Kinder-Krankheiten mit Einschluß eines Impf-Cursus, Hr. Dr. Burchard. Chirurgie, Operations-, Instrumenten- und Bandagenlehre mit Operations-Uebungen an der Leiche, Hr. Prof. Dr. Middeldorpf. *Ueber Eingeweidebrüche, Hr. Dr. Klose. Chirurgisches Repetitorium mit Operations-Uebungen an der Leiche, (Privatissime), Hr. Dr. Paul. Repetitorium der Chirurgie mit Einschluß der Instrumenten- und Bandagenlehre, Hr. Dr. Klopsch. Chirurgische Anatomie, Derselbe. *Orthopädie, Derselbe. *Augenoperationen mit Uebungen am Phantom, Hr. Prof. Dr. Middeldorpf. Augenoperations-Uebungen, Hr. Dr. Förster. (Privatissime.) *Diagnostische und therapeutische Uebungen im Gebiete der Augenkrankheiten, Derselbe. *Die Zerlegung und Untersuchung des Ohres, mit Bezug auf die Krankheiten desselben, mit Demonstrationen, Hr. Dr. Voltolini. Specielle Pathologie und Therapie des Gehörorganes, Derselbe. Cursus der Laryngoskopie und Rhinoskopie, Derselbe. *Krankheiten der Wöchnerinnen, Hr. Prof. Dr. Betschler. Frauenkrankheiten, Derselbe. *Krankheiten der menschlichen Leibesfrucht, Hr. Dr. Burchard. Geburtshülfe, Derselbe. *Geburtshülfliche Operationen, Hr. Dr. Freund. Ueber die Krankheiten der Gebärmutter, Derselbe. Gerichtliche Medicin, Hr. Dr. Klose. Gerichtliche Medicin, Hr. Dr. Paul. Erklärung auserwählter Capitel der alten Aerzte, Hr. Prof. Dr. Häser. Geschichte der Medicin, Hr. Dr. Findenstein. *Epidemiologie, Derselbe. Medicinische Klinik und Poliklinik, Hr. Prof. Dr. Lebert. Chirurgisch-augenärztliche Klinik und Poliklinik, Hr. Prof. Dr. Middeldorpf. Gynäkologische Klinik und Poliklinik, Hr. Prof. Dr. Betschler.
*Pharmakologisch-mikroskopische Demonstrationen, im botanischen Museum, Hr. Prof. Dr. Göppert.
Ueber officinelle Pflanzen, deren Wirkungen und Producte mit pharmakologischen Demonstrationen, im botanischen Museum, und im botanischen Garten, unter Anleitung der Schrift: „Die botanischen Museen ec.", Derselbe.

Philosophische Wissenschaften.

*Einleitung in die Philosophie, Hr. Dr. Oginski. Logik, Prof. Dr. Elvenich. Psychologie, Derselbe. Psychologie, Hr. Dr. Scherner. Religionsphilosophie, Hr. Prof. Dr. Braniß. Geschichte der Philosophie seit Schließung der griechischen Philosophen-Schulen durch Justinian bis auf Kant, Hr. Dr. Oginski. Geschichte der Ethik, Derselbe. *Dialektische Uebungen, Hr. Prof. Dr. Elvenich. *Philosophisches Disputatorium, Hr. Prof. Dr. Braniß. *Disputatorium über interessante psychologische Gegenstände (privatissime), Hr. Dr. Scherner.

Mathematische Wissenschaften.

Einleitung in die Analysis, Hr. Prof. Dr. Lipschitz. Theorie der Zahlen, Derselbe. *Ausgewählte Kapitel aus der Integral-Rechnung, Hr. Prof. Dr. Schröter. *Ueber Interpolation, Hr. Prof. Dr. Galle. Neuere synthetische Geometrie, Hr. Prof. Dr. Schröter. Sphärische Astronomie, zweiter praktischer Theil, Hr. Prof. Dr. Galle. *Mathematische Uebungen (privatissime), Hr. Prof. Dr. Schröter. *Mathematische Uebungen (privatissime), Hr. Prof. Dr. Lipschitz.

Naturwissenschaften.
1. Physik und Chemie.

Experimental-Physik, Hr. Prof. Dr. Frankenheim. Experimental-Physik, Hr. Prof. Dr. Marbach. *Einige Abschnitte aus der mathematischen Physik, Hr. Prof. Dr. Frankenheim. Krystallkunde, Derselbe. *Die Principien der Wellenlehre, Hr. Prof. Dr. Marbach. *Physikalische Uebungen, Hr. Prof. Dr. Frankenheim. Organische Experimental-Chemie, Hr. Prof. Dr. Löwig. *Die Elemente der analytischen Chemie, Hr. Prof. Dr. Duflos. *Ueber quantitative Analyse, Hr. Prof. Dr. Löwig. *Ueber die gewöhnlichen in der Chemie vorkommenden (stöchiometrischen u. a.) Rechnungen mit praktischen Uebungen, Hr. Dr. Lothar Meyer. Pflanzen- und Thier-Chemie mit Experimenten, Derselbe.

Anorganische pharmaceutische Chemie, Hr. Prof. Dr. Duflos. Die Lehre von den Eigenschaften und der Ausmittelung der chemischen Gifte, Derselbe. Gewerbekunde mit Excursionen, Hr. Prof. Dr. Schwarz. *Ueber den technischen Gebrauch der Wärme, Derselbe. *Repetitorium über pharmaceutische Chemie, Hr. Prof. Dr. Duflos. Uebungen im chemischen Laboratorium, Hr. Prof. Dr. Löwig. Uebungen im Laboratorium (privatissime), Hr. Prof. Dr. Schwarz. Arbeiten im physiologisch-chemischen Laboratorium, (privatissime), Hr. Dr. Lothar Meyer.

2. Naturgeschichte.

Allgemeine Naturgeschichte, Hr. Dr. Körber. Mineralogie, Hr. Prof. Dr. Römer. Paläontologie, Derselbe. *Geognosie des nördlichen Deutschlands, Derselbe. Geognostische Excursionen, Derselbe. Allgemeine Botanik und Abends im botanischen Garten, Hr. Prof. Dr. Göppert. Grundzüge der allgemeinen Botanik, im Auditorium V., und Abends im botanischen Garten, Hr. Prof. Dr. Cohn. Specielle oder systematische Botanik mit Auseinandersetzung der natürlichen Familien, und Abends im botanischen Garten, Hr. Prof. Dr. Göppert. Natürliche Pflanzen-Familien, im Auditorium V., und Abends im botanischen Garten, Hr. Prof. Dr. Cohn. Naturgeschichte der Algen, Derselbe. *Botanische Excursionen in der Umgegend von Breslau, Hr. Prof. Dr. Göppert. *Botanische Excursionen zur Uebung in der Bestimmung der Pflanzen, Hr. Prof. Dr. Cohn. Zoologie, erster Theil, Hr. Prof. Dr. Grube. *Zoologische Demonstrationen, Derselbe.

Staats- und Kameral-Wissenschaften.

*Einleitung in die Statistik, Hr. Prof. Dr. Telltampf. Politik oder Verfassung und Verwaltungs-Lehre, Derselbe. Finanzwissenschaft, Hr. Prof. Dr. Bergius. *Die Lehre vom Gelde, Derselbe. *Disputationen über politische Fragen, Hr. Prof. Dr. Telltampf.

Historische Wissenschaften.

Deutsche Geschichte, Hr. Prof. Dr. Junkmann. Die Geschichte des letzten Zeitalters, Hr. Prof. Dr. Röpell. *Geschichte der französischen Revolution, Hr. Prof. Dr. Junkmann. *Geschichte Friedrich des Großen, Königs von Preußen, Hr. Dr. Cauer. *Uebungen des historischen Seminars, Hr. Prof. Dr. Röpell. *Uebungen des historischen Seminars, Hr. Prof. Dr. Junkmann. *Historisch-diplomatische Uebungen, (privatissime), Hr. Dr. Grünhagen.

Litteratur und Philologie.

1. Orientalische.

*Praktische Uebungen in der hebräischen Grammatik, Hr. Lector Dr. Neumann. *Erklärung der Psalmen, Derselbe. *Kurze Uebersicht über die Reste der syrischen Litteratur und Erklärung der Lieder des heil. Ephrem, Hr. Prof. Dr. Schmölders. *Syrische Schriftsteller, Hr. Prof. Dr. Magnus. Encyclopädie und Archäologie der arabischen Literatur, Hr. Prof. Dr. Schmölders. *Leichtere und schwierigere arabische Schriftsteller, Derselbe. *Arabische Schriftsteller, im Besonderen theils des Maimonides More Nebochim, theils leichtere Autoren, Hr. Prof. Dr. Magnus. *Grammatik der Sanskrit-Sprache, Prof. Dr. Stenzler. *Sanskrit-Schriftsteller, Derselbe.

2. Classische.

Geschichte der Philologie bei den Griechen und Römern, Hr. Prof. Dr. Herz. *Geschichte der Philologie im 18. Jahrhundert, Hr. Dr. Bernays. Griechische Alterthümer, zweiter Theil, Jonische Staaten und Athen, Hr. Prof. Dr. Haase. Griechische Mythologie, Hr. Dr. Lübbert. Einleitung in das Studium der griechischen Tragödie, Derselbe. Aeschylus' Choephoren, Hr. Prof. Dr. Roßbach. Erklärung des zweiten Buches der herodotischen Geschichte, Hr. Dr. Lübbert. Auslegung des Platonischen Timäus, Hr. Dr. Suckow. Römische Staats-Alterthümer, Prof. Dr. Roßbach. Tibull's Leben und Charakter, Erklärung auserwählter Gedichte desselben, Hr. Prof. Dr. Haase. Cicero's Rede für den P. Sestius, Hr. Prof. Dr. Herz. *Uebungen des königl. philologischen Seminars, Hr. Prof. Dr. Haase; Hr. Prof. Dr. Roßbach. *Uebungen des Proseminars, Hr. Prof. Dr. Herz. *Uebungen des Proseminars, im Anschluß an die Erklärung der Olynthischen Reden des Demosthenes, Hr. Dr. Lübbert. *Uebungen der archäologischen Gesellschaft, Hr. Prof. Dr. Roßbach. *Philologischen Colloquien, (privatissime), Hr. Dr. Lübbert.

3. Neuere.

*Das natürliche System der Sprachlaute und dessen Anwendung auf die europäische Sprache, Hr. Dr. Rumpelt. *Gothisch, Hr. Dr. Pfeiffer. *Erklärung des Heliand, Derselbe. *Althochdeutsche Uebungen, Hr. Prof. Dr. Rückert. Das angelsächsische Epos Beowulf, Derselbe. *Geschichte der Poesie der neueren europäischen Völker, in ihren Haupterscheinungen dargestellt, Hr. Dr. Karow. Englische

Grammatik mit Lectüre von Dickens Christmas Carol, Hr. Lector Dr. Behnsch. *Sheridans School for scandal, Derselbe. Geschichte der Literatur der französischen Sprache bis zum 17. Jahrhundert, und Lectüre von Schriften jener Zeit, Hr. Lector Freymond. *J. Racine's Les Plaideurs, Derselbe. Anfangsgründe der italienischen Sprache, (privatissime), Hr. Lector Marochetti. *Die Sonnette des Petrarca, Derselbe. Uebungen im italienisch Sprechen und Schreiben, Derselbe. *Neugriechische Grammatik, Hr. Lector Dr. Peucker. Polnische Grammatik mit Berücksichtigung der übrigen slawischen Mundarten, Hr. Prof. Dr. Cybulski. *Ueber die polnische Dichtkunst des 16. Jahrh., Derselbe. *Formenlehre der polnischen Grammatik, Hr. Lector Fritz. *Lesen und Erklären eines polnischen Werkes, Derselbe. *Drei Cursus der polnischen Sprache nach seiner Grammatik, Hr. Lector hon. Dr. Kratusli. *Polnische Literatur, Derselbe. Polnische Kanzelberedtsamkeit, Derselbe.

Schöne und gymnastische Künste.

*Harmonielehre, zweite Hälfte, Herr Dr. Baumgart. *Sebastian Bach's Leben erzählt und einige seiner bedeutendsten Werke erklärt, Hr. Dir. Schäffer. *Uebungen im mehrstimmigen Gesange, Derselbe. *Orgelunterricht, Herr Dr. Baumgart. Zeichenkunst, Herr Siegert. Reitkunst, Herr Stallmeister Preuße. Fechtkunst, Herr Pfeiffer. Tanzkunst, Herr v. Kronhelm.

Besondere academische Anstalten und wissenschaftliche Sammlungen.

Die **Universitätsbibliothek** wird alle Montage, Mittwoche, Donnerstage und Sonnabende von 2—4 Uhr, und alle Dienstage, Mittwoche, Freitage und Sonnabende von 11—12 Uhr geöffnet und werden daraus Bücher, theils zum Lesen in dem dazu bestimmten Zimmer, theils zum häuslichen Gebrauche gegeben. Die Bedingungen zeigt ein Anschlag an der Thür des Lesezimmers. Die **Studentenbibliothek** nebst Lesezimmer ist Dienstag, Mittwoch, Freitag und Sonnabend von 2—5 Uhr geöffnet. Auch stehen die drei Stadtbibliotheken an bestimmten Tagen zum öffentlichen Gebrauche offen.

Die bei der Universität befindlichen **Sammlungen von Naturgegenständen und Präparaten, von physikalischen Instrumenten** u. s. w., so wie das **chemische Laboratorium, das Archiv, das Münzkabinet, das Alterthümer-Museum** und die **Gemäldesammlung** werden den Liebhabern auf Verlangen gezeigt. Das **zoologische Museum** insbesondere ist für die Studirenden Mittwochs von 11—1 Uhr, für das übrige Publikum Montags von 11—12 Uhr, das **anatomische Museum** für die Studirenden Mittwochs von 2—4 Uhr, für das größere Publikum Sonnabends von 2—4 Uhr geöffnet; eben so die **Sternwarte**, Mittwochs und Sonnabends von 9—11 Uhr Vormittags.

Der **botanische Garten** ist außer Sonntags täglich von 7 Uhr Morgens bis 7 Uhr Abends geöffnet.

(155) Nachdem die Chaussee von Sohrau über Pawlowitz bis zur Landesgrenze bei Richuld nunmehr ausgebaut ist, wird für deren Benutzung vom 1sten April d. J. ab bei der bereits nach der Bekanntmachung vom 28sten November 1861 bestehenden Hebestelle zu Baranowitz das Chausseegeld nicht mehr für 1½ Meile, sondern nur für eine Meile und dagegen bei der zweiten neu errichteten Hebestelle zu Pawlowitz für 1½ Meile nach dem Chausseegeld-Tarif vom 29sten Februar 1840 erhoben werden.

Breslau, den 14. März 1863. Der Provinzial-Steuer-Director. v. Maaßen.

(156) **Wiederholter Aufruf gekündigter Pfandbriefe.**

Von den durch unsere Bekanntmachung vom 15ten Januar 1863 aufgekündigten Pfandbriefen sind die in dem anliegenden Verzeichnisse aufgeführten noch nicht eingeliefert worden. Wir fordern daher die Inhaber wiederholentlich auf, gedachte Pfandbriefe nebst denjenigen Zinscoupons, welche auf einen späteren als den vorbezeichneten Fälligkeitstermin lauten, unverzüglich an uns oder an eine der Fürstenthumslandschaften einzuliefern. Ueber die Einlieferung wird Recognition ertheilt und diese demnächst in den Fälligkeitsterminen durch Verausfolgen der Valuta eingelöset werden. Sollte die Einlieferung der altlandschaftlichen und der Pfandbriefe Littera C. bis zum 1sten August 1863, der Neuen Pfandbriefe aber bis zum 6ten August 1863 nicht erfolgen, so werden die säumigen Inhaber nach Vorschrift der Regulative vom 7ten December 1848, resp. 22sten November 1858, und resp. vom 11ten Mai 1849 (G.-S. 1849, S. 77, resp. G.-S. 1858, S. 584, und resp. G.-S. 1849, S. 182) mit dem Pfandbriefsrechte und beziehungsweise mit dem Rechte der Spezialhypothek präcludirt und mit ihren Ansprüchen auf die bei der Landschaft zu deponirende Valuta verwiesen werden. Breslau, am 15. März 1863.

Schlesische Generallandschafts-Direction.

Personal-Chronik.

(136) Personal-Veränderungen im Departement des Königlichen Appellations-Gerichts zu Ratibor pro Monat Februar 1863.

A. Bei dem Appellations-Gericht.

Ernannt: die Referendarien Szczasny und Loewe zu Gerichts-Assessoren.

Versetzt: der Gerichts-Assessor Beer aus dem Departement des Königlichen Appellations-Gerichts Glogau in das diesseitige Departement.

Gestorben: der Rechtsanwalt und Notarius, Justizrath Grünig.

B. Bei den Kreis-Gerichten.

I. Bei dem Kreis-Gericht zu Beuthen.

Ernannt: der Gefangenaufseher Junge zu Beuthen zum Gefangenwärter und die Hülfsboten und Executoren Neumann und Parczyk zu Myslowitz und Madler aus Beuthen definitiv zu Boten und Executoren mit der Bestimmung der Function des Neumann und Parczyk bei der Gerichts-Commission Myslowitz und der des Madler bei der Gerichts-Commission Tarnowitz.

Pensionirt: der Gefangenwärter Franke zu Beuthen.

Entlassen: der Bote und Executor Johann Köhl.

II. Bei dem Kreis-Gericht zu Gleiwitz.

Ernannt: der invalide Feldwebel Franz Grüner zum ersten Gerichtsdiener.

III. Bei dem Kreis-Gericht zu Grottkau.

Ernannt: die Hülfsboten und Executoren Mahn in Grottkau und Hannig zu Ottmachau definitiv zu Boten und Executoren.

Versetzt: der Secretair Schubert an das Kreis-Gericht Neustadt.

IV. Bei dem Kreis-Gericht zu Leobschütz.

Ernannt: der Hülfsbote und Executor Oswald Streit definitiv zum Boten und Executor.

V. Bei dem Kreis-Gericht zu Neisse.

Ernannt: der Hülfsbote und Executor Johann Langer definitiv zum Boten und Executor.

Pensionirt: der Salarienkassen-Rendant, Rechnungs-Rath Schottky.

VI. Bei dem Kreis-Gericht zu Neustadt.

Ernannt: die Hülfsboten und Executoren Carl Knabe und Joseph Schlanke definitiv zu Boten und Executoren.

Versetzt: der Bureau-Assistent Ritter von der Gerichts-Commission Ober-Glogau an das Kreis-Gericht Grottkau vom 1sten April 1863 ab.

VII. Bei dem Kreis-Gerichte zu Oppeln.

Ernannt: der Gefangenaufseher Gruber aus Oppeln definitiv zum Gefangenwärter mit Bestimmung seiner Function bei der Gerichtscommission Rupp und der Hülfsbote und Executor Jles zu Oppeln definitiv zum Boten und Executor.

VIII. Bei dem Kreis-Gericht zu Pless.

Ernannt: der Kreisrichter Giller aus Falkenberg zum Rechtsanwalt mit Anweisung seines Wohnsitzes in Nicolai und zum Notar im Departement des Appellations-Gerichts Ratibor; der Bureau-Assistent Herodes zum Secretair, der Civil-Supernumerar, Actuar II. Klasse, Schioblaczek zum Bureau-Assistenten, und der Bote und Executor Carl Sperlich definitiv zum Boten und Executor mit Bestimmung seiner Function bei der Gerichts-Commission Neuberun

IX. Bei dem Kreis-Gerichte zu Ratibor.

Ernannt: der Hülfsbote und Executor Heinrich Wierskalla definitiv zum Boten und Executor.

Gestorben: der Bureau-Assistent Rothner.

X. Bei dem Kreis-Gericht zu Rybnik.

Ernannt: der Hülfsbote und Executor Burghardt definitiv zum Boten und Executor.

Redaction des Amtsblatts im Regierungs-Gebäude. — Druck von E. Weilshäuser in Oppeln.

Amts-Blatt
der Königlichen Regierung zu Oppeln.

Stück 14.   Oppeln, den 2. April   **1863.**

Allgemeine Gesetz-Sammlung.

(156) Das 5te Stück der Gesetz-Sammlung enthält unter

Nr. 5665. Die Bekanntmachung, betreffend die Allerhöchste Genehmigung der Abänderung der Statuten der unter der Firma „Phönix, Actien-Gesellschaft für Bergbau und Hüttenbetrieb", mit dem Sitze zu Laar bestehenden Gesellschaft. Vom 5ten März 1863.

Das 6te Stück der Gesetz-Sammlung enthält unter

Nr. 5666. Den Allerhöchsten Erlaß vom 16ten Februar 1863, betreffend die Genehmigung des neuen Reglements der landwirthschaftlichen Feuer-Versicherungs-Gesellschaft für Westpreußen.

(160) Das 7te Stück der Gesetz-Sammlung enthält unter

Nr. 5667. Das Gesetz, betreffend die Erweiterung der Senioren-Stiftung für die Inhaber des Eisernen Kreuzes vom 3ten August 1841, die Erhöhung der Pensionen der Militair-Invaliden und die Verstärkung der Unterstützungsfonds für hülfsbedürftige Veteranen aus den Feldzügen von 1813 bis 1815. Vom 10ten März 1863.

Nr. 5668. Das Gesetz, betreffend die Versorgung der Militair-Invaliden vom Oberfeuerwerker, Feldwebel und Wachtmeister abwärts aus den Feldzügen von 1806/7 und 1812. Vom 10ten März 1863.

Nr. 5669. Die Urkunde, betreffend die Stiftung einer Erinnerungs-Kriegsdenkmünze. Vom 17ten März 1863.

Nr. 5670. Das Gesetz wegen Bestimmung des Tarasatzes für Tabacksblätter in Kisten. Vom 16ten März 1863.

Nr. 5671. Den Allerhöchsten Erlaß vom 16ten Februar 1863, betreffend die Verleihung der fiscalischen Vorrechte für den Bau und die Unterhaltung einer Gemeinde-Chaussee von Siegburg im Siegkreise des Regierungsbezirks Cöln über Zeitz, Much und Drabenhöhe nach der Cöln-Olper-Staatsstraße bei Engelskirchen einerseits, wie über Forst nach der Wiehlmünden-Rother Bezirksstraße andererseits.

Nr. 5672. Den Allerhöchsten Erlaß vom 16ten Februar 1863, betreffend die Verleihung der fiscalischen Vorrechte für den Bau und die Unterhaltung der Gemeinde-Chaussee von der Grenze des Fürstenthums Birkenfeld vor Rhaunen über Rhaunen, Gösenroth, Lauferweiler und Niederweiler nach der Aachen-Mainzer Staatsstraße in Büchenbeuern; und unter

Nr. 5673. Die Concessions- und Bestätigungs-Urkunde, betreffend die Erweiterung des Unternehmens der Rheinischen Eisenbahn-Gesellschaft durch Anlage einer Zweig-Eisenbahn von Cleve über Grlethausen mit einer Trajekt-Anstalt über den Rhein bei Spieker Fähre zum Anschlusse an die Niederländische Rhein-Eisenbahn, unweit Zevenar. Vom 23sten Februar 1863.

Bekanntmachungen der höchsten Staats-Behörden.

(171)   **Bekanntmachung.**

In der heute öffentlich bewirkten Verloosung von Schuldverschreibungen der 4½%tigen Preußischen Staats-Anleihe vom Jahre 1848, 1854, 1855 A., 1857 und 1859 sind die in der Anlage verzeichneten Nummern gezogen worden.

Dieselben werden den Besitzern mit der Aufforderung gekündigt, die darin verschriebenen Capitalbeträge vom 1sten October d. J. ab in den Vormittagsstunden von 9 bis 1 Uhr entweder bei der Staatsschulden-Tilgungskasse hierselbst, Oranienstraße Nr. 94, oder bei der nächsten Regierungs-Hauptcasse gegen Quittung und Rückgabe der Schuldverschreibungen mit den dazu gehörigen, nach dem 1sten October b. J. fälligen Zinscoupons nebst Talons baar in Empfang zu nehmen.

Der Geldbetrag der etwa fehlenden, unentgeltlich mitabzuliefernden Zinscoupons wird von dem zuzahlenden Capitale zurückbehalten.

Formulare zu den Quittungen werden von den vorgedachten Cassen unentgeltlich verabreicht. Letztere können sich aber in einen. Schriftwechsel über die Zahlungsleistung nicht einlassen, es werden daher hierauf bezügliche Eingaben unberücksichtigt bleiben, beziehungsweise den Bittstellern portopflichtig zurückgesandt werden.

Zugleich werden die Inhaber der in der Anlage bezeichneten, nicht mehr verzinslichen Schuldverschreibungen der oben bezeichneten Anleihe so wie der Anleihen aus den Jahren 1850, 1852 und 1853, welche in den bisherigen Verloosungen (mit Ausschluß der am 15ten September v. J. stattgehabten) gezogen aber bis jetzt noch nicht realisirt sind, an die Erhebung ihrer Capitalien. erinnert.

In Betreff der am 15ten September v. J. ausgeloosten und zum 1sten April d. J. gekündigten Schuldverschreibungen der in Rede stehenden Anleihen wird auf das an dem erstgenannten Tage bekannt gemachte Verzeichniß Bezug genommen, welches bei den Regierungs-Hauptcassen, den Kreis-, den Steuer- und den Forstcassen, den Kämmerei- und den Communal-Cassen, so wie auf den Bureaux der Landräthe und Magistrate zur Einsicht offen liegt. Berlin, den 16. März 1863.

Haupt-Verwaltung der Staatsschulden.
von Wedell. Gamet. Löwe. Reinecke.

(174) Bekanntmachung, den Ankauf von Remonten pro 1863 betreffend.

Regierungsbezirk Oppeln.

Zum Ankaufe von Remonten im Alter von drei bis einschließlich sechs Jahren, sind im Bezirke der Königlichen Regierung zu Oppeln und den angrenzenden Bereichen für dieses Jahr nachstehende Morgens 8 Uhr beginnende Märkte anberaumt worden und zwar:

den 20sten April in Ratibor,   den 25sten April in Namslau,
 »   21sten   »   » Leobschütz,   » 30sten   »   » Brieg.
 »   23sten   »   » Creutzburg,

Die von der Militair-Commission erkauften Pferde werden zur Stelle abgenommen und sofort baar bezahlt.

Pferde, deren Mängel den Kauf gesetzlich rückgängig machen und Krippensetzer, welche sich als solche innerhalb der ersten 10 Tage herausstellen, sind vom Verkäufer gegen Erstattung des Kaufpreises und der sämmtlichen Unkosten zurückzunehmen.

Mit jedem Pferde sind eine neue rindlederne Trense mit haltbarem Gebisse, eine Gurthalfter und zwei hanfene Stricke, ohne besondere Vergütung zu übergeben.

Berlin, den 11. März 1863.

Kriegs-Ministerium, Abtheilung für das Remonte-Wesen.
(gez.) von Schütz. Menzel. Hartrott.

Bekanntmachungen der Königlichen Regierung.

(164) Unter Bezugnahme auf unsere Amtsblatts-Bekanntmachung vom 26sten August 1862 Nr. 428 (Amtsblatt pro 1862 Stück 36) bringen wir hiermit zur öffentlichen Kenntniß, daß auf der von Neudorf über Ostrosnitz, Zyglin, Mottek nach Soßnitza führenden Privat-Chaussee, bei der letzten Hebestelle zu Schindroß, statt des bisherigen halbmeiligen Chausseegeldes, von jetzt ab mit höherer Genehmigung ein Chausseegeld nach dem Satze für eine Meile erhoben werden wird.

Oppeln, den 21. März 1863.

(167) Es lagern bei dem Spediteur Schlesinger hierselbst circa 3000 Pfund diesjähriger feimfähiger entflügelter reiner Fichtensaamen zu dem Verkaufspreise von 4 Sgr. pro Pfd. excl. Emballage.

Etwaige Kauflustige werden veranlaßt, die gewünschte Saamen-Quantität sofort bei dem Herrn Oberforstmeister Maron in Oppeln anzumelden, der demnächst die weitere Zahlungs-Anweisung an die hiesige Casse und die Absendung des Saamens bis zur Culturzeit bewirken wird.

Oppeln, den 24. März 1863.

(170) Im Anschluß an unsere Bekanntmachung vom 9ten v. M., bringen wir zur öffentlichen Kenntniß, daß in der 7ten Ausgabe der Pharmacopoea borussica, Artikel Ferrum chloratum solutum Seite 76 Zeile 2 von oben statt 100 partibus zu lesen ist: „1000 partibus".

Oppeln, den 23. März 1863.

(157) Dem Kaufmann C. F. Wappenhans zu Berlin ist unter dem 13. März c. ein Patent auf eine durch Zeichnung und Beschreibung nachgewiesene, als neu und eigenthümlich erkannte

Vorrichtung zur Bewegung der Brechwalzen an Flachs- oder Hanfbrech-Maschinen, auf fünf Jahre, von jenem Tage an gerechnet, und für den Umfang des preußischen Staats ertheilt worden. Oppeln, den 2. April 1863.

(173) Dem Kaufmann J. H. F. Prillwitz in Berlin ist unter dem 24sten März d. J. ein Patent

auf zwei für neu und eigenthümlich erachtete, durch Zeichnungen und Beschreibung dargelegte Reinigungs-Apparate an Spinnmaschinen (Jenny-mules), ohne Jemand in der Anwendung bekannter Theile zu beschränken,

auf fünf Jahre, von jenem Tage an gerechnet, und für den Umfang des preußischen Staats ertheilt worden. Oppeln, den 2. April 1863.

Bekanntmachungen des Königlichen Appellations-Gerichts zu Ratibor.

(168) Mit Bezug auf unsere Bekanntmachung vom 3ten Juni 1857 (Extraordinaire Beilage zum Oppelner Regierungs-Amtsblatte pro 1857 Stück 31) ad XIII. machen wir ferner bekannt, daß die zum Schiedsmannsbezirk Nr. 34 Kreis Ratibor gehörige Ortschaft Ruderswald von diesem Bezirke losgetrennt worden ist und nunmehr einen selbständigen Bezirk unter Nr. 52 bildet.

Dem neuen Bezirke Nr. 52 wird der Bezirk Nr. 34 substituirt, wogegen das Substitutionsverhältniß zwischen den Bezirken Nr. 21 und 34 bestehen bleibt.

Ratibor, den 23. März 1863.

Bekanntmachungen verschiedener Behörden.

(163) Die Orte Leboschowitz und Wielepole sind aus dem Bestellbezirke der Post-Expedition in Kieferstädtel in den der Post-Expedition in Pilchowitz übergegangen.

Oppeln, den 20 März 1863.   Königliche Ober-Post-Direction.

(165) Der Unterricht in der mit dem Königlichen Gewerbe-Institut verbundenen Musterzeichnenschule für das kommende Sommerhalbjahr beginnt mit dem 14ten April d. J. Diejenigen jungen Leute, welche die vorgenannte Schule besuchen wollen und den Bedingungen des §. 11 des Reglements vom 8ten September 1856 — veröffentlicht in Nr. 223 des Staatsanzeigers vom 21sten September 1856 — entsprechen, haben sich dazu unter Einreichung:

1) des Geburtsscheins,
2) des Confirmationsscheins,
3) des Schulzeugnisses oder der Zeugnisse über genossenen Privat-Unterricht,
4) im Fall der Minderjährigkeit, einer Bescheinigung des Vaters oder Vormundes darüber, daß der aufzunehmende Schüler mit ihrer Uebereinstimmung in die Anstalt tritt und daß sie für den Unterhalt und das Unterrichtsgeld einstehen,

bei dem Unterzeichneten mit Angabe ihrer Wohnung bis spätestens den 1sten April d. J. schriftlich zu melden.

Das Unterrichtsgeld ist halbjährlich mit 12 Thlr. für sämmtliche Lehrgegenstände im Voraus an die Casse des Königlichen Gewerbehauses zu entrichten. Berlin, den 3. März 1863.

Der Geheime Ober-Bau-Rath und Director des Königlichen Gewerbe-Instituts.   Nottebohm.

(166) Vom 1sten k. M. ab wird in Simmenau, Kreis Creuzburg O.-S., eine Post-Expedition eingerichtet, deren Bestellbezirke folgende Ortschaften zugetheilt werden sollen:

   a. aus dem Bezirke der Post-Expedition in Constadt:

Andreaswille, Augustinenhof, Brune, Grüntanne, Grundmannshayn, Sacken, Groß- und Klein-Schweinern, Simmenau (Glashütte) und Waldfretscham;

   b. aus dem Bezirke der Post-Expedition in Pitschen:

Freidorf und Reinersdorf.

Die Verbindung der neuen Post-Anstalt wird durch eine tägliche Kariolpost zwischen Constadt und Simmenau hergestellt, welche

        aus Constadt um 9 Uhr Vormittags und
        aus Simmenau 4^{30} Uhr Nachmittags

abzufertigen und tour wie retour in 1¼ Stunde zu befördern ist.

Oppeln, den 23. März 1863.   Königliche Ober-Post-Direction.

(169) Die zweite Sitzungsperiode des hiesigen Schwurgerichts für das Geschäftsjahr 1863 beginnt am 27sten April 1863. Oppeln, am 26sten März 1863.
Königliches Kreis-Gericht. I. Abtheilung.

Personal-Chronik.

(162) Seine Majestät der König haben Allergnädigst geruht, dem Kreis-Wundarzt **Philipp** zu Falkenberg aus Veranlassung seines Dienstjubiläums den rothen Adler-Orden vierter Klasse mit der Zahl 50 zu verleihen.

Ernannt: die seitherigen Forstaufseher **Albinus** zu Przegendza, **Sonntag** zu Massow, **Zimmer** zu Schwammelwitz und **Schmidt** zu Kupferberg, letzterer unter Versetzung nach Noslo, zu Königlichen Förstern; die versorgungsberechtigten Jäger, resp. Oberjäger **Heilscher** zu Tempelhof, **Korbsch** zu Ochosee, **Luz** zu Friedrichsgrätz und **Richter** zu Schodnia zu Königlichen Forstaufsehern und der versorgungsberechtigte Jäger **Rischke** zu Klekotschin zum Königlichen Waldwärter.

Versetzt: der Förster **Eichel** von Noslo nach Kupferberg.

Bestätigt: die Wahl des Müllermeister **Blazey** in Loslau zum unbesoldeten Rathmann daselbst.

(172) Des Königs Majestät haben dem Polizei-Sergeanten **Klein** zu Neisse das Allgemeine Ehrenzeichen zu verleihen geruht.

Concessionirt: der Barbier **Peschke** zu Grottkau als Heildiener.

Amts-Blatt
der Königlichen Regierung zu Oppeln.

Stück 15.   Oppeln, den 9. April   **1863.**

Allgemeine Gesetz-Sammlung.

(180) Das 8te Stück der Gesetzsammlung enthält unter

Nr. 5674. Das Gesetz, betreffend die Uebernahme einer Zinsgarantie für das Anlagekapital einer Eisenbahn von Halle über Nordhausen nach Heiligenstadt und von da nach Cassel. Vom 12ten Januar 1863; und unter

Nr. 5675. Die Concessions- und Bestätigungs-Urkunde, betreffend die Anlage einer Eisenbahn von Halle über Nordhausen nach Heiligenstadt und von da nach Cassel durch die Magdeburg-Köthen-Halle-Leipziger Eisenbahngesellschaft. Vom 19ten Januar 1863.

Bekanntmachungen der höchsten Staats-Behörden.

(174) Bekanntmachung, den Ankauf von Remonten pro 1863 betreffend.

Regierungsbezirk Oppeln.

Zum Ankaufe von Remonten im Alter von drei bis einschließlich sechs Jahren, sind im Bezirke der Königlichen Regierung zu Oppeln und den angrenzenden Bereichen für dieses Jahr nachstehende Morgens 8 Uhr beginnende Märkte anberaumt worden und zwar:

den 20sten April in Ratibor,   den 25sten April in Ramslau,
 " 21sten   "   " Leobschütz,   " 30sten   "   " Brieg.
 " 23sten   "   " Creuzburg,

Die von der Militair-Commission erkauften Pferde werden zur Stelle abgenommen und sofort baar bezahlt.

Pferde, deren Mängel den Kauf gesetzlich rückgängig machen und Krippensetzer, welche sich als solche innerhalb der ersten 10 Tage herausstellen, sind vom Verkäufer gegen Erstattung des Kaufpreises und der sämmtlichen Unkosten zurückzunehmen.

Mit jedem Pferde sind eine neue rindlederne Trense mit haltbarem Gebisse, eine Gurthalfter und zwei hanfene Stricke, ohne besondere Vergütung zu übergeben.

Berlin, den 11. März 1863.

Kriegs-Ministerium, Abtheilung für das Remonte-Wesen.

(gez.) von Schütz. Menzel. Hartrott.

Bekanntmachungen der Königlichen Regierung.

(175) Der Herr Oberpräsident der Provinz hat mittelst Erlasses vom 12ten d. Mts. auf Grund des §. 1 alin. 4 des Gesetzes vom 14ten April 1856 genehmigt, daß die von dem Königlichen Domainen-Fiscus an mehrere Einsassen der Gemeinde Birtultau, im Kreise Rybnik, mittelst Vertrages vom 12ten September 1861 veräußerten Ländereien des Domainen-Rest-Vorwerks Birtultau im Flächen-Inhalte von 332 Morgen 139 ☐Ruthen dem Gemeinde-Verband von Birtultau einverleibt werden. Oppeln, den 23. März 1863.

(177) Der Herr Minister der geistlichen, Unterrichts- und Medicinal-Angelegenheiten hat mittelst Erlasses vom 26sten d. Mts. den Taxpreis eines Blutegels für die Zeit vom 1sten April bis ultimo September d. J. auf 2 Silbergroschen festgesetzt. Oppeln, den 30. März 1863.

(184) Durch die Gesetze vom 10ten dieses Monats ist
1) den aus den Feldzügen von 1813 bis 1815 und
2) den aus den Feldzügen von 1806 — 1807 und 1812

herstammenden anerkannten oder noch anzuerkennenden Invaliden der Anspruch auf die Invaliden-Pension der 1sten Klasse ihrer Charge (§. 6 des Gesetzes vom 4ten Juni 1851) beigelegt.

Demgemäß werden diese Invaliden anstatt der bisher bezogenen geringeren Sätze vom 1sten Januar c. ab zu empfangen haben:
die Gemeinen 3 Thlr. 15 Sgr.,
die Unteroffiziere 5 Thlr.,
die Sergeanten 6 Thlr.,
die Feldwebel 8 Thlr. monatlich.

Ingleichen sollen die in demselben Gesetz §. 13 für Verstümmelte und Erblindete ausgeworfenen Zulagen jenen Invaliden, ohne Rücksicht auf die Zeit ihrer Anerkennung als solche, gewährt werden.

Um diese Invaliden baldmöglichst in den Genuß dieser erhöhten Pensionen setzen zu können, werden dieselben hiermit aufgefordert, sich schleunigst bei demjenigen Landwehr-Bataillons-Commando, zu dessen Bezirk der Wohnort des Betreffenden gehört, zu melden.

Jede Anmeldung an einem anderen Orte ist ein Umweg.

Oppeln, den 27. März 1863.

(**185**) Dem Apotheker Paul Heinrich Brünner zu Breslau ist die Personal-Concession zur Errichtung einer neuen Apotheke in Antonienhütte, Beuthener Kreises, ertheilt worden.

Oppeln, den 26. März 1863.

(**176**) Dem Maschinenfabrikanten Albert Voigt in Kändler bei Limbach ist unter dem 27sten März 1863 ein Patent

auf eine Stickmaschine, soweit dieselbe nach den vorgelegten Zeichnungen nebst Beschreibung für neu und eigenthümlich erachtet worden ist, ohne Jemand in der Anwendung bekannter Theile zu beschränken,

auf fünf Jahre, von jenem Tage an gerechnet, und für den Umfang des preußischen Staats ertheilt worden. Oppeln, den 9. April 1863.

Bekanntmachungen des Königlichen Appellations-Gerichts zu Ratibor.

(**181**) Mit Bezug auf unsere Bekanntmachung vom 3ten Juni 1857 (Extraordinaire Beilage zum Oppelner Regierungs-Amtsblatte pro 1857 Stück 31) ad VIII. machen wir ferner bekannt, daß von dem Schiedsmannsbezirk Nr. 11 Kreis Lublinitz folgende Ortschaften losgetrennt worden sind:
a. Ludwigsthal und Babinitz, welche mit dem Schiedsmannsbezirke Nr. 31 (Pfaar) vereinigt worden sind,
b. Kaminitz, welche nunmehr einen besonderen Bezirk unter Nr. 37 bildet.

Dem neuen Bezirke. Nr. 37 (Kaminitz) wird der verkleinerte Bezirk Nr. 11 (Lubschau) substituirt, wogegen die Bezirke Nr. 11 und 31 auch ferner durch den Bezirk Nr. 34 (Zielona) vertreten werden.

Ratibor, den 28. März 1863.

(**187**) Im Departement des unterzeichneten Appellations-Gerichts, zu welchem 16 Kreise mit 1,137,650 Seelen gehören, sind im Jahre 1862 von 777 Schiedsmännern 27,754 Streitsachen verhandelt und davon beendigt worden:

a. durch Vergleich 15,307,
b. durch Zurücknahme der Klage 3,456,
c. durch Ueberweisung an den Richter 8,898,
und am Schlusse des Jahres blieben anhängig................. 93,

zusammen wie oben 27,754.

Von den anhängig gewesenen Streitsachen sind verglichen worden: im Kreise Beuthen durch 55 Schiedsmänner 1,861 Sachen, im Kreise Cosel durch 37 Schiedsmänner 574 Sachen, im Kreise Creutzburg durch 29 Schiedsmänner 859 Sachen, im Kreise Falkenberg durch 35 Schiedsmänner 635 Sachen, im Kreise Gleiwitz durch 46 Schiedsmänner 885 Sachen, im Kreise Grottkau durch 54 Schiedsmänner 705 Sachen, im Kreise Leobschütz durch 67 Schiedsmänner 1,096 Sachen, im Kreise Lublinitz durch 34 Schiedsmänner 912 Sachen, im Kreise Neisse durch 78 Schiedsmänner 983 Sachen, im Kreise Neustadt durch 56 Schiedsmänner 1,205 Sachen, im Kreise Oppeln durch 75 Schiedsmänner 1,429 Sachen, im Kreise Pleß durch 59 Schiedsmänner 791 Sachen, im Kreise Ratibor durch 48 Schiedsmänner 1,138 Sachen, im Kreise Rosenberg durch 30 Schiedsmänner 676 Sachen, im Kreise Rybnik durch 35 Schiedsmänner 873 Sachen, im Kreise Gr.-Strehlitz durch 39 Schiedsmänner 685 Sachen.

Folgende Schiedsmänner haben mehr als 100 Vergleiche gestiftet: 1) Reichert in Rosenberg 320, 2) Welz in Neisse 318, 3) Künzel in Lublinitz 274, 4) Troll in Kattowitz, Kreis Beuthen, 212,

— 73 —

5) Reuner in Creutzburg 150, 6) Koschützki in Gleiwitz 135, 7) Pierschke in Schalkowitz, Kreis Oppeln, 127, 8) Plubzinski in Siemianowitz, Kreis Beuthen, 127, 9) Rieger in Leobschütz 124, 10) Thomas in Ottmachau 124, 11) Schwingel in Ober-Glogau 122, 12) Scheer in Koschmider, Kreis Lublinitz, 116, 13) Ulrich in Pitschen 114, 14) Pampuch in Rogau, Kreis Oppeln, 110, 15) Pelka in Birawa, Kreis Cosel, 109, 16) Kubatzel in Groß-Dombrowka, Kreis Beuthen, 108, 17) Sylvester in Odersch, Kreis Ratibor, 107, 18) Gießmann in Leobschütz 106, 19) Nowak in Altendorf, Kreis Ratibor, 106, 20) Rosenblatt in Zabrze, Kreis Beuthen, 105, 21) Wochnik in Slawikau, Kreis Ratibor, 105, 22) Bottländer in Pschow, Kreis Rybnik, 103, 23) Neumann in Neustadt 103, 24) Wagner in Ratibor 102, 25) Wittke in Grottkau 102.

Die uneigennützige erfolgreiche Thätigkeit der genannten Schiedsmänner wird hierdurch belobt, mit dem Bemerken, daß den Schiedsmännern ad 1 bis 19 und 21 bis 25 schon früher, und zum Theil seit einer Reihe von Jahren, eine gleiche öffentliche Anerkennung ihrer erfolgreichen Wirksamkeit zu Theil geworden ist. Ratibor, den 2. April 1863.

Bekanntmachungen verschiedener Behörden.

(179) In dem Bezirke der hiesigen Ober-Post-Direction sind öfter Landbriefträger-, Postfußboten-, Packetträger- und sonstige contractliche Postdienst-Stellen, mit denen jährliche Löhnungen bis 150 Thaler verbunden sind, zu besetzen.

Versorgungsberechtigte Militair-Personen werden aufgefordert, sich, sofern sie bereit sind, eine derartige Dienststelle zu übernehmen, dieserhalb bei der Postanstalt ihres Wohnortes oder bei der ihrem Wohnorte zunächst belegenen Postanstalt zu melden. Außer den ihren Versorgungs-Anspruch begründenden Militair-Papieren haben sie bei ihrer Meldung auch alle über ihre Führung sprechenden Zeugnisse, insbesondere auch ein obrigkeitliches Attest beizubringen, welches über ihre Führung bis auf die neueste Zeit, d. i. bis zum Termine der Bewerbung überzeugenden Aufschluß giebt.

Der Bewerber muß deutsch und polnisch lesen und schreiben können, auch im Rechnen einige Fertigkeit haben und eine Dienst-Caution von 50 Thalern in Staatspapieren sogleich beim Antritt der Dienststelle erlegen können.

Durch die Annahme einer derartigen contractlichen Stelle begeben sich übrigens die zur Versorgung berechtigten Militair-Invaliden nicht ihrer Ansprüche auf eine spätere Anstellung als Post-Unterbeamte. Oppeln, den 1. April 1863. Königliche Ober-Post-Direction.

(182) Die Herren Polizei-Anwälte des diesseitigen Departements werden in Veranlassung des von ihnen bisher nicht immer gesetzmäßig und reglementswidrig beobachteten Verfahrens hierdurch angewiesen, bei den von ihnen in Justizsachen mit der Post zu befördernden portofreien Correspondenz-Gegenständen sich fortan keines andern als des auf Grund des §. 6 des Post-Regulativs vom 3ten Januar 1858 und §. 10 cod. für solche Fälle vorgeschriebenen Portofreiheits-Vermerks „Königliche Dienst-Sache" unter Befolgung der übrigen im gedachten Regulativ angeordneten Förmlichkeiten zu bedienen.

Die diesseitige allgemeine Verfügung vom 5ten März 1858 (Amtsblatt pro 1858 Nr. 10 Seite 63) erleidet daher ad Nr 2 a und b durch obige Bestimmung eine Aenderung, ist aber sonst überall genau zu befolgen. Ratibor, den 28. März 1863. Der Ober-Staatsanwalt, Hantelmann.

(183) Vom 14ten bis 20ten Juli d. J. wird in Hamburg eine landwirthschaftliche Ausstellung stattfinden. Um den Fabrikanten, Handwerkern, Viehbesitzern ec. des Zollvereins die Betheiligung bei dieser Ausstellung zu erleichtern, soll denselben für die zur Ausstellung gesendeten Maschinen, Geräthe, Thiere und sonstigen landwirthschaftlichen Erzeugnisse die zollfreie Wiedereinlassung unter folgenden zu diesem Zweck von dem Herrn Finanz-Minister angeordneten Controlmaßregeln zugestanden werden.

Der Versender hat dem Haupt-Amte des Versendungsortes, oder, wenn er es vorzieht, dem Ausgangszollamte eine Declaration über die zu versendenden Gegenstände, in welcher diese nach Art und Beschaffenheit speciell bezeichnet, — die Thiere genau beschrieben — sind, unter gleichzeitiger Gestellung der Gegenstände in duplo vorzulegen. Der Declaration ist das von dem Comitee für die Hamburger Ausstellung ausgefertigte Zulassungs-Certificat beizufügen. Die Gegenstände werden demnächst von dem betreffenden Amte soweit revidirt, als erforderlich ist, um von der Richtigkeit der Anmeldung Ueberzeugung zu nehmen. Die Netto-Verwiegung der Maschinen und Geräthe kann unterbleiben. Die Uebereinstimmung des Befundes mit der Declaration wird auf beiden Exemplaren der letztern bescheinigt. Ein Exemplar bleibt bei dem betreffenden Amte, das zweite erhält der Aussteller nebst dem Zulassungs-Certificate zurück. Findet die Revision beim Haupt-Amte des Versendungsortes statt, so fertigt dieses die Gegenstände vorschriftsmäßig zum Ausgange ab. Geschieht die Revision beim Ausgangs-Zollamte, so wird die Ausfuhr von diesem controlirt. Der Wiedereingang muß über dasselbe Amt erfolgen, bei welchem die Revision zur Ausfuhr stattgefunden hat. Es ist dabei eine Bescheinigung des Ausstellungs-comitee oder des Bevollmächtigten desselben dahin vorzulegen, daß die Gegenstände unverkauft von der Hamburger Ausstellung zurückkommen. Ergeben sich bei der Vergleichung mit der Ausfuhr-Anmeldung keine begründeten Zweifel gegen die Identität, so werden die Gegenstände zollfrei abgelassen.

Landwirthschaftliche Producte, welche, wie Sämereien, einem ganz geringen Eingangszolle unterliegen und die Festhaltung der Identität nicht zulassen, sind von der Begünstigung ausgeschlossen.

Ausgangszollpflichtige Gegenstände sind zollfrei zum Ausgange zu verstatten, ohne daß dabei die Wiedereinfuhr zur Bedingung gemacht wird, sofern ihre Bestimmung für die Ausstellung glaubhaft nachgewiesen wird. Breslau, den 2. April 1863. Der Provinzial-Steuer-Director. v. Maaßen.

Personal-Chronik.

(166) Des Königs Majestät haben Allergnädigst geruht, dem Bürgermeister Rother zu Myslowitz die Annahme und Anlegung des ihm verliehenen Kaiserlich Russischen St. Stanislaus-Ordens dritter Klasse zu gestatten, und dem früheren Schulzen Gladosch zu Groß-Kottorz das allgemeine Ehrenzeichen zu verleihen. Der Domainenpächter Knobl zu Gottartowitz hat den Character "Königlicher Oberamtmann" erhalten.

(178) Ernannt sind:
der Ober-Grenz-Controleur Schneider in Neustadt zum Ober-Steuer-Controleur in Ratibor, der Ober-Grenz-Controleur Zachler in Friedland zum Ober-Grenz-Controleur in Neustadt, der Haupt-Amts-Assistent Röhr in Oppeln zum Ober-Grenz-Controleur in Myslowitz, der berittene Grenz-Aufseher Staebner in Sohrau zum Haupt-Amts-Assistenten in Oppeln.

Amts-Blatt
der Königlichen Regierung zu Oppeln.

Stück 16.   Oppeln, den 16. April   **1863.**

Allerhöchste Cabinets-Ordre.

(200) Der erfreuliche Inhalt der nunmehr aus allen Landestheilen vorliegenden Berichte über die von Mir zu Ehren der tapferen Kämpfer von 1813, 14 und 15 angeordnete Feier des 17ten März veranlaßt Mich, Meine Befriedigung wegen der dabei überall kundgegebenen warmen Sympathien des Volkes öffentlich auszusprechen, und namentlich den ständischen und städtischen Corporationen, sowie den Einzelnen, welche für die würdige Begehung des Festes willig und opferfreudig mitgewirkt haben, laut und herzlich zu danken. Es hat Mir wohlgethan, darin einen lebendigen Beweis für die treue Gesinnung zu finden, in welcher Mein Volk allen patriotischen Antrieben jederzeit zu folgen bereit ist; es ist erhebend für Mich gewesen, zu sehen, wie die unwandelbare Uebereinstimmung, welche in Preußen König und Volk mit einander verbindet, sich in der erneuten Anerkennung bethätigt hat, welche Mein Volk gemeinsam mit Mir den Kriegern zu Theil werden ließ, die für den Thron und das Vaterland Blut und Leben eingesetzt hatten. Diese Gesinnungen haben Meine Zuversicht von Neuem befestigt, daß in der Nation das Bewußtsein wurzelt, wie ihr wahres Wohl nur durch festes und vertrauensvolles Anschließen an ihren König, auf der Bahn des besonnenen und deshalb heilbringenden Fortschritts, und nicht auf den Irrwegen wechselnder Zeitströmungen zu finden ist. Indem Ich das Staats-Ministerium beauftrage, diesen Ausdruck Meines Dankes wie Meines Vertrauens zur öffentlichen Kenntniß zu bringen, fordere Ich dasselbe auf, Mich in Meinen Bestrebungen ferner zu unterstützen, um Einwirkungen entgegen zu treten, welche das Glück Meines Volkes stören und die einst mit seinem Blute erkämpfte nationale Größe des Vaterlandes, die glänzende Errungenschaft einer ruhmreichen Vergangenheit, zu vernichten drohen.

Berlin, den 5. April 1863.   **Wilhelm.**

An das Staats-Ministerium.

Bekanntmachungen der höchsten Staats-Behörden.

(174) Bekanntmachung, den Ankauf von Remonten pro 1863 betreffend.

Regierungsbezirk Oppeln.

Zum Ankaufe von Remonten im Alter von drei bis einschließlich sechs Jahren, sind im Bezirke der Königlichen Regierung zu Oppeln und den angrenzenden Bereichen für dieses Jahr nachstehende Morgens 8 Uhr beginnende Märkte anberaumt worden und zwar:

     den 20sten April in Ratibor,   den 25sten April in Namslau,
     " 21sten " Leobschütz,   " 30sten " Brieg.
     " 23sten " Creuzburg,

Die von der Militair-Commission erkauften Pferde werden zur Stelle abgenommen und sofort baar bezahlt.

Pferde, deren Mängel den Kauf gesetzlich rückgängig machen und Krippensetzer, welche sich als solche innerhalb der ersten 10 Tage herausstellen, sind vom Verkäufer gegen Erstattung des Kaufpreises und der sämmtlichen Unkosten zurückzunehmen.

Mit jedem Pferde sind eine neue rindlederne Trense mit haltbarem Gebisse, eine Gurthalfter und zwei hanfene Stricke, ohne besondere Vergütung zu übergeben.

Berlin, den 11. März 1863.

Kriegs-Ministerium, Abtheilung für das Remonte-Wesen.

(gez.) von Schütz.   Menzel.   Hartrott.

(191) Vom 1sten April d. J. ab wird in Folge einer von der Großbritannischen Regierung getroffenen Entschließung eine Veränderung in den Porto-Sätzen für mehrere überseeische Correspondenz-Zweige eintreten. Es ergiebt sich daraus für die diesseitigen Post-Anstalten, daß das Porto für fran-

firte Briefe nach den Britischen Colonien in Westindien, dem Cap der guten Hoffnung, Natal, St. Helena und Ascension, sowie nach folgenden nicht Britischen Besitzungen in Westindien ꝛc. St. Thomas, St. Croix, St. Eustatius, St. Martin, Guatemala, Cayenne, Martinique, Guadeluve, Surinam, Curaçao und der Mosquito-Küste, bei der Beförderung über England und vermittelst Britischer Dampfschiffe von 9¼ Sgr. im einfachen Satze auf 14¼ Sgr., und für unfrankirte Briefe aus diesen Colonien von 11 Sgr. auf 16 Sgr. im einfachen Satze sich erhöht.

Gleichzeitig wird das Porto für frankirte Briefe nach Mexico, Cuba und Porto Rico via England und vermittelst Britischer Dampfschiffe auf 14½ Sgr. und für unfrankirte Briefe auf 18 Sgr. im einfachen Satze ermäßigt. Berlin, den 30. März 1863.

General-Post-Amt. Philipsborn.

(192) Bekanntmachung.

Post-Dampfschiffs-Verbindung zwischen Preußen und Schweden.

Zwischen Stettin und Stockholm, so wie zwischen Stralsund und Ystadt, werden auch in diesem Jahre wieder regelmäßige Post-Dampfschifffahrten unterhalten.

Auf der Stettin-Stockholmer Linie haben die Fahrten von Stockholm aus am Dienstag den 7ten d. Mts. begonnen, und werden von Stettin aus am Dienstag den 14ten d. Mts. ihren Anfang nehmen. Dieselben werden im Frühjahre und Herbste wöchentlich einmal, während der Sommerzeit aber jeden fünften Tag stattfinden.

Die Abfertigung der zu dieser Verbindung benutzten Schwedischen Post-Dampfschiffe „Drottning Lovisa" (Königin Louise) und „Skåne" (Schoonen) wird in nachstehender Weise erfolgen:

Von Stettin: **Von Stockholm:**
um 12 Uhr Mittags, nach Ankunft des von Berlin um 8 Uhr Morgens
des Morgens abgehenden Eisenbahnzuges.

„Skåne"	„Drottning Lovisa"	„Skåne"	„Drottning Lovisa"
April 14. 28.	April 21.	April 7. 21.	April 14. 28.
Mai 12. 23.	Mai 5. 19. 29.	Mai 5. 19. 28.	Mai 12. 23.
Juni 3. 13. 23.	Juni 8. 18. 28.	Juni 8. 18. 28.	Juni 3. 13. 23.
Juli 3. 13. 23.	Juli 8. 18. 28.	Juli 8. 18. 28.	Juli 3. 13. 23.
August 3. 13. 23.	August 8. 18. 28.	August 8. 18. 28.	August 3. 13. 23.
September 3. 15. 29.	September 8. 22.	September 8. 22.	September 3. 15. 29.
October 13. 27.	October 6. 20.	October 6. 20.	October 13. 27.
November 10. 24.	November 3. 17.	November 3. 17.	November 10.

Unter gewöhnlichen Witterungsverhältnissen wird die Ueberfahrt von Stettin nach Stockholm oder zurück in 36 bis 48 Stunden zurückgelegt. Die Schiffe werden auf ihren Fahrten in beiden Richtungen, sowohl in Swinemünde als auch in Calmar anlegen, um daselbst die Post, so wie Reisende und Güter abzusetzen und aufzunehmen.

Auf der Stralsund-Ystadter Linie werden die Fahrten in der Weise beginnen, daß die erste Abfertigung des Post-Dampfschiffs „Eugenia" von Ystadt am Sonnabend den 11ten April, und von Stralsund am Sonntag den 12. April erfolgt. Demnächst wird das Schiff bis auf Weiteres

von Stralsund — jeden Donnerstag und Sonntag Mittags, und
von Ystadt — jeden Dienstag und Sonnabend Morgens

abgefertigt werden. Die Ueberfahrt wird unter gewöhnlichen Verhältnissen in 7—8 Stunden zurückgelegt.

Das Passagegeld auf den genannten Linien beträgt:

	I. Platz. Thlr. Preuß. Court.	II. Platz. Thlr. Preuß. Court.	Deck-Platz. Thlr. Preuß. Court.
Von Stettin nach Stockholm oder zurück	18	12	6
Von Stettin nach Calmar oder zurück	10	7	3⅔
Von Stettin nach Swinemünde oder zurück	1½	1	
Von Swinemünde nach Stockholm oder zurück	16½	11	5⅓
Von Swinemünde nach Calmar oder zurück	8½	6	3
Von Stockholm nach Calmar oder zurück	8	5	2½
Von Stralsund nach Ystadt oder zurück	6	3	1½

In diesen Beträgen sind die Kosten für die Bewirthung der Reisenden an Bord der Schiffe nicht

einbegriffen. Dieselben werden nach dem Tarife der Schiffs-Restaurationen besonders erhoben.
Kinder unter 12 Jahren zahlen die Hälfte des Passagegeldes.
Auf der Stettin-Stockholmer Linie kann jeder Reisende 100 Pfund Gepäck frei mit sich führen. Auf der Stralsund-Ystadter Linie haben die Reisenden des ersten Platzes ebenfalls 100 Pfund Gepäck frei, die des zweiten Platzes dagegen nur 50 Pfund, und die des Deckplatzes nur 30 Pfund. Für das Mehrgewicht ist eine billige Ueberfrachtgebühr zu entrichten. Kinder, welche die Hälfte des Passagegeldes zahlen, haben an Reisegut auch nur die Hälfte der obigen Pfundzahlen frei.
Gütersendungen aller Art, so wie Wagen und Pferde zc. erhalten gegen mäßige Fracht Beförderung. Die speciellen Frachttarife können bei einer jeden Preußischen Post-Anstalt eingesehen werden.
Das Einschreiben der Personen, so wie die Expedition der Güter, ingleichen die Annahme der Wagen, Pferde zc. erfolgt in Stettin bei der dortigen Königlichen Post-Dampfschiffs-Expedition, in Stralsund und Swinemünde bei den Orts-Post-Anstalten daselbst. Berlin, den 9. April 1863.
General-Post-Amt.

(199) Nachdem gegen die folgenden Zeitschriften:
    die in Frankfurt a. M. erscheinende „Süddeutsche Zeitung",
    die in Coburg erscheinende „Wochenschrift des Nationalvereins",
    die in Hamburg erscheinende „Reform",
    den in Bern erscheinenden „Bund"
in Bezug auf eine, beziehungsweise mehrere Nummern derselben gemäß §. 50 des Preßgesetzes vom 12ten Mai 1851 rechtskräftig auf Vernichtung lautende Erkenntnisse ergangen sind, wird auf Grund des §. 52 desselben Gesetzes die fernere Verbreitung der erwähnten Blätter im Preußischen Staate unter Hinweisung auf die im §. 53 a. a. O. angeordneten Strafen verboten.
Berlin, den 30. März 1863.   Der Minister des Innern. Gr. Eulenburg.

Bekanntmachungen der Königlichen Regierung.

(189) Der für die Stadt Tost auf den 4ten und 5ten Mai d. J. angesetzte Kram- und Viehmarkt, ist auf den 5ten und 6ten Mai c., und der auf den 26sten und 27sten October c. anstehende Kram- und Viehmarkt daselbst, ist auf den 2ten und 3ten November d. J., verlegt worden.
Oppeln, den 3ten April 1863.
(192) Mittelst Erlasses vom 16ten März d. J. hat der Herr Minister des Innern dem Directorium der Franke'schen Stiftungen zu Halle a. S. die Erlaubniß ertheilt, behufs Deckung der steigenden Bedürfnisse dieser Stiftungen durch öffentlichen Aufruf zu milden Gaben aufzufordern. Wir bringen dies hiermit zur Kenntniß der betheiligten Behörden.
Oppeln, den 9. April 1863.

Bekanntmachungen des Königlichen Appellations-Gerichts zu Ratibor.

(193) Mit Bezug auf unsere Bekanntmachung vom 3ten Juni 1857 (Extraordinaire Beilage zum Oppelner Regierungs-Amtsblatte pro 1857 Stück 31) ad XIII. machen wir ferner bekannt, daß die zum Schiedsmannsbezirk Nr. 15 des Ratiborer Kreises gehörige Ortschaft Kamin von diesem Bezirke losgetrennt und mit dem Bezirke Nr. 33 (Bluschczau und Rogau) vereinigt worden ist.
In dem Substitutionsverhältniß zwischen den Bezirken Nr. 3 und Nr. 15 und zwischen den Bezirken Nr. 27 und Nr. 33 wird nichts geändert.
Ratibor, den 7. April 1863.
(196) Mit Bezug auf unsere Bekanntmachung vom 3ten Juni 1857 (Extraordinaire Beilage zum Oppelner Regierungs-Amtsblatte pro 1857 Stück 31) ad XIII. machen wir ferner bekannt, daß die zum Schiedsmannsbezirk Nr. 40 des Ratiborer Kreises gehörigen Ortschaften Budzisk, Ruda und Thurze von diesem Bezirke losgetrennt worden sind und nunmehr einen besonderen Bezirk unter Nr. 53 bilden.
Dem neuen Bezirke Nr. 63 wird der verkleinerte Bezirk Nr. 40 substituirt, wogegen in der wechselseitigen Vertretung der Bezirke Nr. 14 und Nr. 40 nichts geändert wird.
Ratibor, den 7. April 1863.

Bekanntmachungen verschiedener Behörden.

(190) Die diesjährige Rectorats-Prüfung am Königlichen Schullehrer-Seminar zu Bunzlau wird am 18ten und 19ten Mai c. abgehalten werden. Die Gesuche um Verstattung der Theilnahme an

derselben, sind unter Beifügung des Universitäts-Abgangszeugnisses und des Zeugnisses über die abgelegte erste theologische Prüfung, an die unterzeichnete Behörde zu richten. Die persönliche Meldung der Zugelassenen erfolgt am 17ten Mai, Abends 6 Uhr, bei dem Königlichen Waisenhaus- und Seminar-Director **Baetzold** in Bunzlau.   Breslau, den 1. April 1863.

Königliches Provinzial-Schul-Collegium.

Personal-Chronik.

(198) Die durch Ableben des Kreis-Steuer-Einnehmers Friedrich von Poser erledigte Kreis-Kassen-Rendanten-Stelle in Falkenberg O/S. ist dem seitherigen Regierungs-Supernumerarius Wilhelm von Poser vom 1sten April c. ab verliehen worden.

Ernannt: der vormalige Sergeant Schulz zum Kreisboten in Groß-Strehlitz.

Bestätigt: die Wahl des Kaufmann Schiller zu Pleß zum unbesoldeten Rathmann und die Vocation des evangelischen Schullehrers Borst zu Finkenstein.

(188) Personal-Veränderungen im Departement des Königlichen Appellations-Gerichts zu Ratibor pro Monat März 1863.

A. Bei dem Appellations-Gericht.

Ernannt: der Staatsanwalt Knebel aus Posen zum Appellations-Gerichts-Rath, der Kreisrichter Neide aus Beuthen O. S. zum Rechtsanwalt bei dem Appellations-Gericht und zum Notar im Departement, mit Anweisung seines Wohnsitzes in Ratibor, der Auscultator Emil Carl Bernard zum Referendarius.

Verliehen: dem Canzlei-Inspector Schach der Character als Canzlei-Rath.

Versetzt: der Gerichts-Assessor Grützner aus dem Departement des Königlichen Appellations-Gerichts zu Breslau in das diesseitige Departement.

Gestorben: der Erste Präsident des Appellations-Gerichts, Burchard.

B. Bei den Kreis-Gerichten.

I. Bei dem Kreis-Gericht zu Beuthen.

Ausgeschieden: der Kreisrichter Guttmann zufolge seiner Ernennung zum Rechtsanwalt bei dem Kreis-Gericht Posen und zum Notar in dem Departement des Königlichen Appellations-Gerichts daselbst.

II. Bei dem Kreis-Gericht zu Cosel.

Versetzt: der Rechtsanwalt und Notar Hoffmann an das Kreis-Gericht Ratibor.

Gestorben: der Bote und Executor König.

III. Bei dem Kreis-Gericht zu Falkenberg.

Ernannt: der Gerichts-Assessor Weilshäuser aus Oppeln zum Kreisrichter.

IV. Bei dem Kreis-Gericht zu Gleiwitz.

Versetzt: der Salarienkassen-Rendant Sprenberg an das Kreis-Gericht Neisse mit dem 1sten Juli c.

V. Bei dem Kreis-Gericht zu Grottkau.

Ernannt: der Secretair, Salarienkassen-Controleur und Sportelrevisor Fischer zum Deposital- und Salarienkassen-Rendanten, der Bureau-Assistent Weithmann zum Secretair, Salarienkassen-Controleur und Sportelrevisor, und der Civil-Supernumerar, Actuar erster Klasse, Julius Labun aus Beuthen zum Bureau-Assistenten.

VI. Bei dem Kreis-Gericht zu Leobschütz.

Ernannt: der intermistische Canzlist August Schlesinger definitiv zum Kreis-Gerichts-Canzlisten.

Verliehen: dem Secretair und Canzleidirector Knispel den Character als Canzlei-Rath.

VII. Bei dem Kreis-Gericht zu Lublinitz.

Versetzt: der Kreisrichter Jensch an das Kreis-Gericht Grottkau.

VIII. Bei dem Kreis-Gericht zu Neisse.

Verliehen: dem Secretair Langner der Character als Canzlei-Rath.

IX. Bei dem Kreis-Gericht zu Oppeln.

Ernannt: der Gerichts-Assessor Nitze zum Staatsanwalts-Gehülfen.

X. Bei dem Kreis-Gerichte zu Ratibor.

Verliehen: dem Secretair Bardtke der Character als Canzlei-Rath.

XI. Bei dem Kreis-Gericht zu Rosenberg.

— 52 —

Ernannt: der Bureau-Assistent Schoenbrunn aus Neisse zum Secretair.
  XII. Bei dem Kreis-Gericht zu Rybnik.
Ernannt: der Civil-Supernumerar, Actuar erster Klasse, Carl Heinrich Vogt zum Bureau-Assistenten mit der Bestimmung seiner Funktion als Sportelreceptor bei der Gerichts-Commission Loslau. Versetzt: der Salarienkassen-Rendant Fraule an das Kreis-Gericht Gleiwitz vom 1ten Juli 1863 ab, und der Bureau-Assistent Rohrbach von Loslau nach Neisse.
  XIII. Bei dem Kreis-Gericht zu Groß-Strehlitz.
Ernannt: der interimistische Canzlist Engelbert Wulff definitiv zum Kreis-Gerichts-Canzlisten.
Gestorben: der Kreisrichter Dworatschek.

Nachweisung
der gewählten und bestätigten Schiedsmänner pro Monat März 1862.

Benennung der Ortschaften.	Kreis.	Bezeichnung der Schiedsmänner.
Städtel und Dorf Tropplowitz, Schönwiese, Geppersdorf und Raben.	Leobschütz	Schullehrer Adalbert Kraut zu Städtel Tropplowitz.
Wehowitz, Dirschkowitz und Neuberg.	dto.	Schullehrer Klebr zu Wehowitz.
Steuberwitz und Rösnitz	dto.	Lehrer Julius Langer zu Steuberwitz.
Jernau	dto.	Schullehrer Jacob Thomczyk zu Jernau.
Bratsch und Gallowalde	dto.	Schullehrer Sylvester Jaschke zu Bratsch.
Peterwitz und Choltitz	dto.	Bauergutsbesitzer Franz Beigel zu Peterwitz.
Babitz	dto.	Anbauer Hieronymus Scherner zu Babitz.
Gröbnig	dto.	Mühlenbesitzer Franz Winter zu Gröbnig.
Ellguth Hultschin, Bobrownik, Hoschialkowitz	Ratibor	Lehrer Alois Schander zu Ellguth-Hultschin.
Gr.- und Kl.-Darkowitz und Marquartowitz	dto.	Lehrer Franz Hein zu Marquartowitz.
Ogen	Grottkau	Gärtner Joseph Werner zu Ogen.
Schalscha und Czalanau	Gleiwitz	Schullehrer Anton Schittko zu Schalscha.
Schloß Tost, Ellguth-Tost, Kottlischowitz, Dratsche, Pawlowitz, Pissarzowitz, Kl.-Pluschnitz, Klein-Willkowitz und Lonczek-Tost	dto.	Gemeindeschreiber Johann Peschke zu Tost.
Sarnau	dto.	Lehrer Ploch zu Sarnau.
Stadt Ratibor I. Bezirk	Ratibor	Posamentier Adolph Basold zu Ratibor.
„ „ II. „	dto.	Brauermeister Eduard Ender zu Ratibor.
„ „ III. „	dto.	Gerbermeister Anton Dudek zu Ratibor.
„ „ IV. „	dto.	Maler Scholz zu Ratibor.
„ „ V. „	dto.	Stellenbesitzer Anton Dolainski zu Ratibor, Vorstadt Neugarten.
Pilgersdorf und Burgstädtel	Leobschütz	Schullehrer Julius Gloegel zu Pilgersdorf.
Schillersdorff, Antoschowitz, Hatsch	Ratibor	Schullehrer Anton Adamczik zu Schillersdorff.
Selbersdorf, Schlachtendorf und Nieder-Niewiadom	Rybnik	Schullehrer Philipp Dryschel zu Zeisowitz.
Neustadt I., II. und V. Stadtbezirk	Neustadt	Weißgerbermeister Julius Neumann zu Neustadt.
Stroschwitz-Falkenberg, Stroschwitz-Löwen, Klein-Garne	Falkenberg	Bauergutsbesitzer Carl Scholz zu Stroschwitz.

Benennung der Ortschaften.	Kreis.	Bezeichnung der Schiedsmänner.
Pawlau, Kornitz und Wilhelmsdorf	Ratibor	Schullehrer Nikel zu Pawlau.
Dombrowka	Gleiwitz	Schullehrer Joseph Rerlich zu Dombrowka.
Sudoll I. und II.	Ratibor	Schullehrer Robert Gottwald zu Sudoll.
Groß-Peterwitz	dto.	Bauer Jacob Sterhut zu Groß-Peterwitz.
Stadt Bauerwitz	Leobschütz	Kämmerer Trzeblack zu Bauerwitz.
Leisnitz und Neukirch	dto.	Anbauer Joseph Krautwurst zu Leisnitz.
Dobersdorf und Mocker	dto.	Schullehrer Johann Skorzewsky zu Dobersdorf.
Hochkretscham	dto.	Erbrichter Gustav Borsutzky zu Hochkretscham.
Züllkowitz	dto.	Kretschambesitzer Alois Frank zu Züllkowitz.
Blechhammer, Slawentzitz, Dorf und Colonie Miedar, Lenartowitz und Miesce	Cosel	Schullehrer George Sloba zu Blechhammer.

Ratibor, den 1. April 1863. Königliches Appellations-Gericht.

Amts-Blatt
der Königlichen Regierung zu Oppeln.

Stück 17.   Oppeln, den 23. April   **1863.**

Allgemeine Gesetz-Sammlung.
(194) Das 9te Stück der Gesetz-Sammlung enthält unter

Nr. 5676. Das Gesetz, betreffend die Abänderung der Fischerei-Ordnung für die in der Provinz Pommern belegenen Theile der Oder, das Haff und dessen Ausflüsse vom 2ten Juli 1859. Vom 30sten März 1863.

Nr. 5677. Den Allerhöchsten Erlaß vom 2ten März 1863, betreffend die Genehmigung der von dem 16. westfälischen Provinzial-Landtage beantragten Erweiterungen und Abänderungen des revidirten Reglements für die westfälische Provinzial-Feuersocietät vom 26sten September 1859 und der durch Allerhöchsten Erlaß vom 16ten December 1861 genehmigten Zusätze zu diesem Reglement; und unter

Nr. 5678. Den Allerhöchsten Erlaß vom 24sten März 1863, betreffend die Genehmigung des von der Deputation der Magdeburgischen Land-Feuersocietät beschlossenen Nachtrags zu dem Societäts-Reglement vom 28sten April 1843.

Bekanntmachungen der höchsten Staats-Behörden.
(65)   **Bekanntmachung**
wegen Ersatzleistung für präcludirte Cassen-Anweisungen von 1835 und Darlehns-Cassenscheine.

Durch unsere mehrfach veröffentlichten Bekanntmachungen vom 29sten April 1857, 7ten Januar 1858, 26sten Januar und 1sten December 1859, sind die Besitzer von Cassen-Anweisungen vom Jahre 1835 und von Darlehns-Cassenscheinen vom Jahre 1848 aufgefordert, solche Behufs der Ersatzleistung an die Controlle der Staatspapiere, Oranienstraße 92 hierselbst, oder an die Regierungs-Haupt-Cassen einzureichen.

Da dessenungeachtet noch immer ein großer Theil dieser Papiere nicht eingegangen ist, so werden die Besitzer derselben hierdurch nochmals an deren Einreichung erinnert.

Zugleich werden diejenigen Personen, welche dergleichen Papiere nach dem Ablauf des auf den 1sten Juli 1855 festgesetzten Präclusivtermins an uns, die Controlle der Staatspapiere, oder die Provinzial-, Kreis- oder Local-Cassen abgeliefert und den Ersatz dafür noch nicht empfangen haben, wiederholt veranlaßt, solchen bei der Controlle der Staatspapiere oder beziehungsweise bei den Regierungs-Haupt-Cassen gegen Rückgabe der ihnen ertheilten Empfangscheine in Empfang zu nehmen.

Berlin, den 3. Januar 1861.
Haupt-Verwaltung der Staats-Schulden.
Ratan.   Gamet.   Günther.   Löwe.

Bekanntmachungen der Königlichen Regierung.
(207) Wenn auch in den benachbarten K. K. Oesterreichischen Staaten die Rinderpest noch nicht vollständig erloschen ist, so ist dieselbe doch insoweit bereits im Abnehmen begriffen, daß wir die zum Schutze des Inlandes angeordneten und bis jetzt aufrecht erhaltenen Grenzsperr-Maaßregeln des §. 3 und resp. 4 der Verordnung vom 27sten März 1836 aufzuheben und auf die milderen Bestimmungen des §. 2 l. c. zu reduciren uns veranlaßt finden, und bestimmen demgemäß für die, unseren Verwaltungs-Bezirk von dem Königreiche Polen und den Oesterreichischen Staaten scheidende Landesgrenze Folgendes:

1) Kein Rindvieh irgend einer Art darf, ohne daß dasselbe zuvor der 21tägigen Quarantaine auf den dazu bestimmten Einlaßpunkten unterworfen, und während derselben völlig gesund befunden worden ist, eingebracht werden.

2) Schwarz- und Wollen-Vieh ist am Einlaßorte einer sorgfältigen Reinigung durch Schwem-

mung, in der kalten Jahreszeit durch Wäsche in bedeckten Räumen, zu unterwerfen und einer gleich sorgfältigen Reinigung müssen sich auch, nach dem Ermessen der ausführenden Behörde, die Treiber unterwerfen.

3) Rinderhäute dürfen nur, wenn sie völlig hart und ausgetrocknet, Knochen und Hörner nur, wenn sie von allem häutigen Anhange und resp. von den Stirnzapfen befreit sind, unbearbeitete Wolle und thierische Haare (excl. Borsten) dürfen nur in Säcken oder Ballen verpackt über die Landesgrenze eingehen und in diesem Zustande in das Innere des Landes transportirt werden. — Noch nicht völlig harte und ausgetrocknete Häute und Knochen, sowie Hörner, die von den häutigen Anhängen und resp. Stirnzapfen noch nicht befreit sind, müssen an der Grenze zurückgewiesen werden.

Die Zurückweisung findet auch Statt, wenn unter einer Ladung Häute, Knochen oder Hörner auch nur einige nicht völlig harte und ausgetrocknete, oder auch nur einige von den häutigen Anhängen resp. Stirnzapfen noch nicht befreit gefunden werden und zwar trifft in solchen Fällen die Zurückweisung die ganze Ladung.

4) Geschmolzenes Talg kann nur in Fässern zugelassen werden und das sogenannte Wampentalg (geschmolzenes Talg in häutigen, vom Rindvieh selbst herrührenden Emballagen) passirt nur, wenn die häutigen Emballagen an der Grenze vom Talge getrennt und vernichtet worden sind.

5) Ungeschmolzenes Talg und frisches Fleisch werden zurückgewiesen.

6) Sämmtliche unter 1 bis 4 aufgeführten Gegenstände dürfen nur über die vorgeschriebenen Einlaßpunkte über die Landesgrenze eingehen.

Oppeln, den 13. April 1863.

(209) Von dem Herrn Ober-Präsidenten der Provinz Schlesien ist nach erfolgter Zustimmung der Interessenten auf Grund des §. 1 alinea 4 des Gesetzes vom 14ten April 1856 genehmigt worden, daß das Grundstück Nr. 64 zu Mittel-Lagiewnik, Kreis Beuthen O. S., auf welchem die Mariawunsch-Zinkhütte und ein Theil der Florentinen-Grube etablirt sind, in Rücksicht seiner Lage, aus dem Gemeinde-Verbande von Mittel-Lagiewnik ausgeschieden, und dem Gemeinde-Verbande von Ober-Lagiewnik zugeschlagen werde. Oppeln, den 8. April 1863.

(210) Nachdem durch §. 12 des Gesetzes, betreffend die Errichtung gewerblicher Anlagen, vom 1sten Juli 1861 (Gesetz-Sammlung pro 1861, Seite 749 und folgende) und durch das Regulativ, betreffend die Anlage von Dampfkesseln vom 31sten August 1861 (Zweite extraordinaire Beilage zu Stück 40 des Amtsblatts pro 1861) das Verfahren bei Concessionirung von Dampfkessel-Anlagen abgekürzt und modificirt worden ist, werden die von uns in der Amtsblatt-Bekanntmachung vom 15ten October 1852 sub 2 enthaltenen „Besonderen Bestimmungen wegen der Dampfkessel und Dampfentwickler" (Extraordinaire Beilage zu Stück 43 des Amtsblatts pro 1852) hierdurch aufgehoben und treten an deren Stelle nachstehende Bestimmungen:

1) Eine Veröffentlichung des Projectes zur Aufstellung und Benutzung von Dampfkesseln und Dampfentwicklern durch das Amtsblatt, Kreisblatt rc. findet nicht mehr statt.

2) Die Zeichnungen und Erläuterungen müssen den Vorschriften im §. 1 des Regulativs vom 31sten August 1861 entsprechen, und es muß daraus zu entnehmen sein, daß auch den ferneren Bestimmungen des erwähnten Regulativs Genüge geschieht.

3) Der Antrag auf Ertheilung der Genehmigung zur Anlage eines Dampfkessels ist mit sämmtlichen Zeichnungen und Beschreibungen in doppelter Ausfertigung bei dem betreffenden Königlichen Landrathsamt, resp. der städtischen Polizeibehörde anzubringen. (§. 2 des Gesetzes vom 1sten Juli 1861.) Diese Behörden haben den Antrag nebst den dazu gehörigen Vorlagen, nachdem diese durch den Bezirks-Baubeamten revidirt worden sind, an uns einzureichen und wird demnächst die Zulässigkeit der Anlage geprüft und die Genehmigung entweder versagt, oder unbedingt ertheilt oder es werden endlich bei Ertheilung derselben etwa noch die erforderlichen Vorkehrungen und Einrichtungen vorgeschrieben werden. Die Concessions-Urkunde wird dem Unternehmer unter Beifügung eines Exemplars der eingereichten Zeichnungen und Beschreibungen direct zugefertigt, Abschrift der Concessionsurkunde aber dem betreffenden Königlichen Landrathsamt mit dem zweiten Exemplar der eingereichten Zeichnungen und Beschreibungen mitgetheilt werden.

4) Auch nach geschehener Ertheilung der polizeilichen Genehmigung (Concessionsurkunde), darf ein Dampfkessel oder Dampfentwickler nicht eher aufgestellt werden, als bis derselbe in Gemäßheit

— 83 —

des §. 14 des Regulativs vom 31sten August 1861 nach Verschluß sämmtlicher Oeffnungen und Belastung der Sicherheitsventile mit dem dreifachen Betrage des dem Drucke der beabsichtigten Dampfspannung entsprechenden Gewichtes mittelst einer Druckpumpe mit Wasser geprüft worden ist.
 Die Kesselwände und die Wände der Feuerzüge müssen dieser Prüfung widerstehen, ohne eine Veränderung ihrer Form zu zeigen. Kann nicht durch das Attest eines Königlichen Baubeamten nachgewiesen werden, daß diese Prüfung schon in der Fabrik, wo der Kessel verfertigt worden, geschehen ist, so muß dieselbe an dem Aufstellungsorte vorgenommen werden. Spätestens 3 Tage nach geschehener Anzeige von der erfolgten Vollendung oder Ankunft des Kessels am Bestimmungsorte muß der betreffende Bezirks-Baubeamte die Prüfung vornehmen und spätestens in 3 Tagen nach erfolgter Prüfung darüber eine Bescheinigung in 2 Exemplaren ausfertigen, wovon eins dem Unternehmer zuzustellen und von diesem dem Revisionsbuche beizufügen, das andere der Ortspolizeibehörde zu übergeben ist.
5) Ist der Dampfkessel aufgestellt, so darf derselbe doch erst in Betrieb gesetzt werden, nachdem hierzu eine besondere Erlaubniß ertheilt worden ist. Diese Erlaubniß wird — auf Grund einer Bescheinigung des Bezirks-Baubeamten über die ordentliche, den Bestimmungen der Concessionsurkunde (oben. Nr. 3) und dem Regulativ vom 31sten August 1861 entsprechende Ausführung der Anlage, — von der betreffenden Ortspolizeibehörde ertheilt.
 Der Bezirks-Baubeamte ist zur gehörigen Zeit von der bevorstehenden Vollendung in Kenntniß zu setzen, damit er spätestens binnen 3 Tagen nach erfolgter Anzeige von der wirklichen Vollendung der Anlage, die örtliche Revision vornehmen und binnen weiterer 3 Tagen die Bescheinigung über den Befund ausstellen kann. Ein Exemplar der Abnahme-Verhandlung hat der Bezirks-Baubeamte dem Unternehmer, ein zweites der Ortspolizeibehörde zu behändigen und ein drittes uns einzureichen. —
 Die Ortspolizeibehörden haben sofort nach ertheilter Genehmigung zur Inbetriebsetzung dem Königlichen Landrathsbeamte eine kurze Anzeige hierüber zu machen.
 Sollte die von dem Bezirks-Baubeamten vorzunehmende Revision ergeben, daß die Anlage nicht der Concessionsurkunde und dem Regulativ vom 31sten August 1861 entsprechend ausgeführt ist, und Mängel enthält, welche den Betrieb gefährlich machen könnten, so hat der Bezirks-Baubeamte der Ortspolizeibehörde zu eröffnen, daß der Betrieb unstatthaft sei, oder in zweifelhaften Fällen das Revisions-Attest direct an uns zur Entscheidung darüber einzureichen, ob überhaupt, resp. unter welchen Bedingungen die Erlaubniß zur Inbetriebsetzung des Dampfkessels zu ertheilen sein wird. Die Beseitigung kleiner Mängel kann der Bezirks-Baubeamte direct anordnen, damit nicht die Inbetriebsetzung des Kessels eine längere Verzögerung erleidet.
6) Die Herren Landräthe und die städtischen Polizeibehörden werden angewiesen, nach vorstehenden Bestimmungen sich streng zu achten, auch hiervon in den Kreis- und Localblättern das betheiligte Publicum in Kenntniß zu setzen und sind insbesondere die ländlichen Orts-Polizei-Behörden von den Herren Landräthen ausdrücklich auf vorstehende Bestimmungen aufmerksam zu machen und anzuhalten, im Interesse der Unternehmer von Dampfkessel-Anlagen ein jeden Zeitverlust ersparendes Verfahren inne zu halten.
Oppeln, den 5. April 1863.
 (211) Dem seitherigen ersten Wachtmeister der Gendarmerie, Kremser zu Neisse, ist die interimistische Verwaltung der Königlichen Forstcasse Ottmachau zu Neisse auf seinen Antrag abgenommen und vom 1sten April d. J. ab dem bisherigen Privat-Secretair Illgner zu Neisse interimistisch übertragen worden. Oppeln, den 11. April 1863.

Bekanntmachungen des Königlichen Appellations-Gerichts zu Ratibor.

 (197) Mit Bezug auf unsere Bekanntmachung vom 3ten Juni 1857 (Extraordinaire Beilage zum Oppelner Regierungs-Amtsblatte pro 1857 Stück 31) ad XIII. machen wir ferner bekannt, daß von dem Schiedsmannsbezirk Nr. 14 Kreis Ratibor folgende Ortschaften losgetrennt worden sind:
 a. Ellgoth Herzoglich, Gantowitz, Lubowitz, Brzesnitz und Grzegorzowitz Herzoglich, welche nunmehr einen besonderen Bezirk unter Nr. 54 bilden;
 b. Grzegorzowitz, Slawikauer Antheils, welche mit dem Schiedsmannsbezirke Nr. 40 vereinigt worden ist.

Dem neuen Bezirke Nr. 54 wird der verkleinerte Bezirk Nr. 14 substituirt, wogegen in der wechselseitigen Vertretung der Bezirke Nr. 14 und Nr. 40 nichts geändert wird.
Ratibor, den 7. April 1863.

(205) Mit Bezug auf unsere Bekanntmachungen vom 3ten Juni 1857 (Extraordinaire Beilage zum Oppelner Regierungs-Amtsblatte pro 1857 Stück 31) ad V., und vom 8ten September 1859 (Oppelner Regierungs-Amtsblatt pro 1859 Seite 250) machen wir ferner bekannt, daß die zum Schiedsmanns-Bezirk Nr. 1 Kreis Gleiwitz gehörige Ortschaft Pohlsdorf von diesem Bezirke losgetrennt worden ist, und nunmehr einen selbstständigen Bezirk unter Nr. 52 bildet.

Dem neuen Bezirke Nr. 52 wird der verkleinerte Bezirk Nr. 1 (Althammer) substituirt, wogegen das Substitutions-Verhältniß zwischen den Bezirken Nr. 1 und Nr. 39, sowie die Vertretung der Bezirke Nr. 12 und Nr. 50 durch den Bezirk Nr. 1 bestehen bleibt.
Ratibor, den 14. April 1863.

Bekanntmachungen verschiedener Behörden.

(201) **Bekanntmachung,** betreffend die anderweitige Constituirung des Ehrenrathes unter den Rechtsanwälten und Notarien im Departement des Appellations-Gerichts zu Ratibor.

Nachdem ein Mitglied des Ehrenrathes unter den Rechtsanwälten und Notarien des Departements gestorben, und ein Stellvertreter der Mitglieder ausgeschieden ist, haben Neuwahlen stattgefunden, und es sind nunmehr:
A. vorsitzendes Mitglied des Ehrenrathes:
   Justizrath Klapper in Ratibor;
B. außerdem Mitglieder desselben:
   1) Justizrath Gründel in Ratibor, 2) Justizrath Witzenhusen in Oppeln, 3) Justizrath Engelmann in Ratibor, 4) Justizrath Horzepki in Ratibor, 5) Rechtsanwalt Kneusel in Ratibor, 6) Justizrath Schmiedel in Ratibor;
C. Stellvertreter der Mitglieder:
   1) Justizrath Langer in Oppeln, 2) Justizrath Engelmann in Neiße, 3) Justizrath Hirschberg in Neustadt O. S.
Ratibor, den 9. April 1863.
Der Erste Präsident des Königlichen Appellations-Gerichts.

(206) **Bekanntmachung.** Die betreffenden bedeckten Räume und Höfe des hiesigen Königlichen Lagerhauses können, wie bisher, auch während des diesjährigen Wollmarkts zum Lagern von Wolle unter den bisherigen Bedingungen benutzt werden.

Der Verwalter dieser Gebäude, Registrator Wildt, wird die Meldungen dazu in unserem Dienstlocale — Niederwallstraße 39 — während der gewöhnlichen Dienststunden, schriftlich oder mündlich entgegen nehmen.

Die Bestellungen sollen in der Reihenfolge, wie sie eingehen, verzeichnet und die vorhandenen Lagerplätze demnächst örtlich angewiesen werden. Berlin, den 9. April 1862.
Königliche Ministerial-Bau-Commission.

Personal-Chronik.

(208) Des Königs Majestät haben Allergnädigst geruht dem Kreis-Wundarzt Dr. Moll zu Nicolai den Character als „Sanitäts-Rath" und den Schleusenmeistern Petzel, Bley und Müller das allgemeine Ehrenzeichen, den beiden letzteren mit der Zahl 50, zu verleihen geruht.

Pensionirt: der Kreis-Steuer-Einnehmer Oppermann zu Neustadt, vom 1sten Mai c. ab, auf seinen Antrag.

Bestätigt: die Vocationen der katholischen Lehrer Richter zu Patschkau und Deischel zu Zeptowitz.

Redaction des Amtsblatts im Regierungs-Gebäude. — Druck von F. Weilshäuser in Oppeln.

Amts-Blatt
der Königlichen Regierung zu Oppeln.

Stück 18. Oppeln, den 30. April **1863.**

Allgemeine Gesetz-Sammlung.

(202) Das 10te Stück der Gesetzsammlung enthält unter

Nr. 5679. Den Allerhöchsten Erlaß vom 23sten Februar 1863, betreffend die Genehmigung der Anlage einer Verbindungs-Eisenbahn von Hamm nach Unna durch die Bergisch-Märkische Eisenbahn-Gesellschaft, unter gleichzeitiger Bewilligung des Expropriationsrechts.

Nr. 5680. Die Concessions- und Bestätigungs-Urkunde für die Bergisch-Märkische Eisenbahn-Gesellschaft zur Anlage einer Verbindungs-Eisenbahn von Hamm nach Unna. Vom 24. März 1863.

Nr. 5681. Das Privilegium wegen Emission von 4,000,000 Thalern vier und einhalbprocentiger Prioritäts-Obligationen V. Serie der Bergisch-Märkischen Eisenbahngesellschaft. Vom 24sten März 1863.

Nr. 5682. Den Allerhöchsten Erlaß vom 9ten März 1863, betreffend die Verleihung der fiscalischen Vorrechte für den Bau und die Unterhaltung einer Kreis-Chaussee von Ostrowo über Wygoda nach Grabow an die Kreise Adelnau und Schildberg; und unter

Nr. 5683. Den Allerhöchsten Erlaß vom 24sten März 1863, betreffend die Ausdehnung des Verbandes zur Regulirung der Schwarzen Elster.

Bekanntmachungen der höchsten Staats-Behörden.

(220) Bekanntmachung, Aufnahme in das evangelische Lehrerinnen-Seminar zu Droyssig betreffend.

Zu Anfang September d. Js. findet bei dem evangelischen Lehrerinnen-Seminar zu Droyssig bei Zeitz, im Regierungsbezirk Merseburg, eine neue Aufnahme von Jungfrauen statt, welche sich für den Lehrerinnen-Beruf ausbilden wollen.

Das genannte Seminar nimmt Zöglinge aus allen Provinzen der Monarchie auf. Der Cursus ist zweijährig.

Das Seminar hat den Zweck, auf dem Grund des evangelischen Bekenntnisses christliche Lehrerinnen für den Dienst an Elementar- und Bürgerschulen auszubilden, wobei nicht ausgeschlossen wird, daß die in ihm vorgebildeten Lehrerinnen nach ihrem Austritt Gelegenheit erhalten, in Privatverhältnissen für christliche Erziehung und für Unterricht thätig zu werden.

Der Unterricht des Seminars und die Uebung in der mit demselben verbundenen Töchterschule erstrecken sich auf alle für diesen Beruf erforderlichen Kenntnisse und Fertigkeiten, den Unterricht in der französischen Sprache und in Handarbeiten mit eingeschlossen.

Die Zöglinge des Seminars wohnen in dem für diesen Zweck vollständig eingerichteten Anstaltsgebäude. Das Leben in der Anstalt ruht auf dem Grund des Wortes Gottes und christlicher Gemeinschaft.

Für den Unterricht, volle Beköstigung, Wohnung, Bett und Bettwäsche, Heizung und Beleuchtung, so wie für ärztliche Pflege und Medicin wird eine in monatlichen Raten voraus zu zahlende Pension von 65 Thalern jährlich entrichtet. Zeitweise Abwesenheit aus der Anstalt entbindet nicht von der Fortzahlung der Pension.

Es sind Fonds vorhanden zur Unterstützung für würdige und bedürftige Zöglinge; eine solche kann jedoch in der Regel erst vom zweiten Jahr des Aufenthalts ab gewährt werden.

Die Zulassung zu dem Seminar erfolgt auf Vorschlag der betreffenden Königlichen Regierung, resp. des Königlichen Provinzial-Schul-Collegiums in Berlin, durch mich unter Vorbehalt einer vierteljährigen Probezeit.

Die Zulassung zu der diesjährigen Aufnahme ist bis spätestens zum 1sten Juni bei derjenigen Königlichen Regierung, in deren Verwaltungsbezirk die Bewerberin wohnt, unter Einreichung folgender Schriftstücke und Zeugnisse nachzusuchen:

1) Geburts- und Taufschein, wobei bemerkt wird, daß die Bewerberin am 1sten October d. J. nicht unter 17 Jahre alt sein darf.
2) Ein Zeugniß eines Königlichen Kreis-Physikus über normalen Gesundheitszustand, namentlich, daß die Bewerberin nicht an Brustschwäche, Kurzsichtigkeit, Schwerhörigkeit, so wie an anderen die Ausübung des Lehramts behindernden Gebrechen leidet, auch in ihrer körperlichen Entwickelung soweit vorgeschritten ist, um den Aufenthalt im Seminar ohne Gefährdung ihrer Gesundheit übernehmen zu können. Zugleich ist ein Zeugniß über stattgefundene Impfung vorzulegen.
3) Ein Zeugniß der Ortspolizeibehörde über die sittliche Führung der Aspirantin, ein eben solches von ihrem Seelsorger über ihr Leben in der Kirche und in der christlichen Gemeinschaft.
4) Ein von der Bewerberin selbst verfaßter Lebenslauf, aus welchem ihr bisheriger Lebensgang zu ersehen und auf die Entwickelung ihrer Neigung zum Lehrberuf zu schließen ist. Dieses Schriftstück gilt zugleich als Probe der Handschrift.
5) Eine Erklärung der Eltern oder Vormünder, daß dieselben das Pensionsgeld von 65 Thalern jährlich auf zwei Jahre zu zahlen sich verpflichten.

Im Fall von der Bewerberin auf Unterstützung Anspruch gemacht wird, ist ein von der Ortsbehörde ausgestelltes Armuths-Zeugniß beizubringen, aus welchem die Vermögensverhältnisse der Bewerberin und ihrer Angehörigen genau zu ersehen sind.

Zur Aufnahme in das Seminar sind, mit Ausnahme der Ausbildung in der Musik, diejenigen Kenntnisse und Fertigkeiten erforderlich, wie sie in dem Regulativ vom 2ten October 1854 für die Vorbildung der Seminar-Präparanden bezeichnet sind; außerdem Fertigkeit in weiblichen Handarbeiten. Ein Anfang im Verständniß der französischen Sprache, so wie im Klavierspiele, Gesang und Zeichnen sind erwünscht. Berlin, den 14. April 1863.

Der Minister der geistlichen, Unterrichts- und Medicinal-Angelegenheiten. J. V.: (gez.) Lehnert.

(221) **Bekanntmachung**, die diesjährige Aufnahme in das evangelische Gouvernanten-Institut zu Droyßig betreffend.

In der unter der unmittelbaren Leitung des Ministers der geistlichen u. Angelegenheiten stehenden **Bildungs-Anstalt für evangelische Gouvernanten und Lehrerinnen an höheren Töchterschulen** zu Droyßig bei Zeiz, im Regierungsbezirk Merseburg, beginnt im September d. Js. ein neuer Cursus, zu welchem der Zutritt einer Anzahl junger Damen offen steht.

Der Cursus dauert drei Jahre. Die Entlassung der Zöglinge erfolgt nach einer vor einer Königlichen Commission bestandenen Prüfung und mit einem von der ersteren ausgestellten Qualificationszeugniß für den Beruf als Erzieherinnen und Lehrerinnen in Familien und in höheren Töchterschulen.

Die Hauptaufgabe der Anstalt ist, für den höheren Lehrerinnenberuf geeignete evangelische Jungfrauen zunächst in christlicher Wahrheit und in christlichem Leben selbst so zu begründen, daß sie befähigt und geneigt werden, die ihnen später anzuvertrauenden Kinder im christlichen Glauben und in der christlichen Liebe zu erziehen.

Sodann sollen sie theoretisch und practisch mit einer guten und einfachen Unterrichts- und Erziehungsmethode bekannt gemacht werden, in welcher letzteren Beziehung sie in dem mit dem Gouvernanten-Institut verbundenen Töchter-Pensionat lehrend und erziehend beschäftigt werden. Ein besonderes Gewicht wird auf die Ausbildung in der französischen und englischen Sprache, so wie in der Musik gelegt.

Der Unterricht in Geschichte, Litteratur und in sonstigen zur allgemeinen Bildung gehörigen Gegenständen findet seine volle Vertretung unter vorzugsweiser Berücksichtigung der Zwecke weiblicher Bildung, weshalb jede Verflachung zu vermeiden und die nothwendige Vertiefung des Gemüthslebens zu erzielen gesucht wird.

Die Einrichtung der Anstalt bietet zur Betheiligung an häuslichen Arbeiten, soweit diese das Gebiet auch der körperlichen Pflege und Erziehung angehen, geordnete Gelegenheit.

Die Zöglinge zahlen eine in monatlichen Raten voraus zu entrichtende Pension von 105 Thalern jährlich, wofür sie den gesammten Unterricht, volle Beköstigung, Bett und Bettwäsche, Heizung und Beleuchtung, sowie ärztliche Pflege und Medicin für vorübergehendes Unwohlsein frei haben. Für die Anstalten ist ein besonderer Arzt angenommen.

Ermäßigung oder Erlaß der Pension kann nicht stattfinden.

Die Meldungen zur diesjährigen Aufnahme sind spätestens bis zum 10ten Juli d. J. unmittelbar an mich einzureichen. Denselben ist beizufügen:

1) Der Geburts- und Taufschein, wobei bemerkt wird, daß die Aufzunehmenden das 17te Lebensjahr erreicht haben müssen.
2) Ein Zeugniß der Ortspolizeibehörde über die sittliche Führung; ein eben solches von dem Ortsgeistlichen und Seelsorger über das Leben der Aspirantin in der Kirche und christlichen Gemeinschaft. In demselben ist zugleich ein Urtheil über die Kenntnisse der Aspirantin in den christlichen Religionswahrheiten und in der biblischen Geschichte nach Maßgabe des Regulativs vom 2ten October 1854 auszusprechen.
3) Ein Zeugniß des betreffenden Königlichen Kreis-Physicus über normalen Gesundheitszustand, namentlich daß die Bewerberin nicht an Gebrechen leidet, welche sie an der Ausübung des Erziehungs- und Lehrberufs hindern werden, und daß sie in ihrer körperlichen Entwickelung genügend vorgeschritten ist, um einen dreijährigen Aufenthalt in dem Institut ohne Gefährdung für ihre Gesundheit übernehmen zu können.
4) Eine Erklärung der Eltern oder Vormünder, oder sonst glaubhaft geführter Nachweis, daß das Pensionsgeld von 105 Thalern jährlich auf drei Jahre gezahlt werden soll.
5) Ein selbstgeschriebener Lebenslauf, aus welchem der bisherige Bildungsgang der Aspirantin zu ersehen und auf die Entwickelung ihrer Neigung zu dem erwählten Beruf zu schließen ist.
6) Die aus den zuletzt besuchten Schulen und Bildungs-Anstalten erhaltenen Zeugnisse.
7) Außerdem hat sich die Bewerberin bei einem von ihr zu wählenden Director oder Lehrer einer höheren öffentlichen Unterrichts-Anstalt, oder bei einem Königlichen Schulrath einer Prüfung zu unterwerfen und ein Zeugniß desselben über ihre Kenntnisse in der deutschen, englischen und französischen Sprache und Litteratur, sowie in den Realgegenständen beizubringen. Diesem Zeugniß sind die schriftlich angefertigten und censirten Prüfungsarbeiten beizufügen. Hinsichtlich der erlangten musikalischen Ausbildung genügt, wenn nicht das Zeugniß eines Musikverständigen beigebracht werden kann, die eigene Angabe über die seither betriebenen Studien.

Fertigkeit in den gewöhnlichen weiblichen Handarbeiten wird vorausgesetzt.

Jungfrauen, welche es Ernst ist, in einer wohlgeordneten christlichen Gemeinschaft sich zu einem würdigen Lebensberuf vorzubereiten, werden dazu in der Bildungs-Anstalt zu Droyßig eine Gelegenheit finden, die auch weniger wohlhabenden einen lohnenden Beruf sichert.

In das mit dem Gouvernanten-Institut verbundene **Pensionat für evangelische Töchter höherer Stände** können ebenfalls noch Zöglinge vom 10ten bis 16ten Lebensjahre Aufnahme finden. Dieselben sind bei dem Königlichen Seminar-Director Kitzinger in Droyßig anzumelden, von welchem auch ausführliche Programme über das Pensionat bezogen werden können.

Berlin, den 14. April 1863.

Der Minister der geistlichen, Unterrichts- und Medicinal-Angelegenheiten.

In Vertretung: (gez.) Lehnert.

Bekanntmachungen der Königlichen Regierung.

(213) Nachdem der diesjährige, in polnischer Sprache abgehaltene Lehrcursus in dem hiesigen Königlichen Hebammen-Lehr-Institute geschlossen worden ist und die Prüfung der Schülerinnen stattgefunden hat, sind den nachstehend genannten Candidatinnen die Approbationen als Hebammen von uns ertheilt worden:

I. für den Kreis Beuthen:
  a. der Marie, verehelichten Dombeck, in Klein-Zabrze,
  b. der Auguste, verehelichten Goetzler, zu Paulsdorf,
  c. der Marie, verehelichten Kuczowitz, zu Brzenzkowitz,

II. für den Kreis Cosel:
  a. der Franziska, verehelichten Adamczyk, zu Sacrau,
  b. der Johanna, verehelichten Mucha, zu Urbanowitz,

III. für den Kreis Creuzburg:
  der Johanna, verehelichten Bartos, zu Schmardt,

IV. für den Kreis Lublinitz:
  der Juliane, verehelichten Kuppke, zu Guttentag,

V. für den Kreis Neustadt:
  der Juliane, verehelichten Kozulla, zu Ringwitz,

VI. für den Kreis Oppeln:
   a. der Marie, verehelichten Hannuschit, zu Simsdorf,
   b. der Louise, verehelichten Pfiortz, zu Schalkowitz,
   c. der Franziska, verehelichten Schweda, zu Czarnowanz,
        VII. für den Kreis Pleß:
   a. der Agnes, verehelichten Adamietz, zu Zabrzeg,
   b. der Eva, verehelichten Janas, zu Kobier,
   c. der Johanna, verehelichten Paschek, zu Ornontowitz,
   d. der Katharina, verehelichten Turocha, zu Warschowitz,
        VIII. für den Kreis Ratibor:
   der Josepha, verwittweten Bilobrodez, zu Hoschialkowitz,
        IX. für den Kreis Rosenberg:
   der Josepha, verehelichten Pawlik, zu Radau,
        X. für den Kreis Groß-Strehlitz:
   der Johanna, verehelichten Francke, zu Sucholohna.
Oppeln, den 4. April 1863.

(214) Mit höherer Genehmigung wird auf der Privat-Chaussee von Kunigundenhütte nach Jacobsgrube, im Kreise Beuthen, bei Station 110, eine Hebestelle errichtet und daselbst das Chausseegeld für eine halbe Meile erhoben, was wir hiermit zur öffentlichen Kenntniß bringen.
Oppeln, den 10. April 1863.

(222) Der Herr Ober-Präsident der Provinz Schlesien hat mittelst Erlasses vom 18ten d. Mts. auf Grund des §. 1 des Gesetzes vom 14ten April 1856 genehmigt: daß die von den Erben des verstorbenen Häuslers Franz Schymura zu Sczeikowitz, im Kreise Rybnik, zu dem Schutzbezirk Sczeikowitz der Oberförsterei Rybnik gehörige, von dem Königlichen Forst-Fiscus mittelst gerichtlichen Vertrages vom 18ten Juni 1862 erkaufte Fläche von 2¹⁄₃ ☐Ruthen, dem Gemeinde-Verbande von Sczeikowitz einverleibt werde. Oppeln, den 22. April 1863.

Bekanntmachungen verschiedener Behörden.

(215) Die nächste Sitzungsperiode des hiesigen Schwurgerichts wird **den 11ten Mai** c. beginnen. Ratibor, den 20. April 1863.   Königliches Kreis-Gericht. I. Abtheilung.

(217) Nach einer Mittheilung des Herrn General-Directors der Steuern ist Seitens des Königlichen Hannoverschen Ministeriums der Finanzen und des Handels in den Hauptamts-Bezirken Nordhorn und Leer die bisher bestandene Waaren-Controlle im Binnenlande in Bezug auf Kaffee, vom 15ten ds. Mts. ab aufgehoben worden. Breslau, den 25. April 1863.
        Der Provinzial-Steuer-Director. v. Maaßen.

Personal-Chronik.

(216) Des Königs Majestät haben Allergnädigst geruht, dem Kreis-Wundarzt Dr. Moll zu Nicolai den Character als Sanitäts-Rath zu verleihen.

Versetzt: der Oberförster Fischer von Dembio nach Liebenwerda und der Oberförster von Schmidt von Rietschen nach Dembio.

Verliehen: die Kreis-Kassendiener- und Executorstelle in Groß-Strehlitz an den seitherigen Vice-Feldwebel Lehmann.

Bestätigt: die Wahlen der Kaufleute Eckstein und Gallinek zu Landsberg zu unbesoldeten Rathmännern, und die Vocation des katholischen Lehrers Brinsa in Pogorz.

(203)   Personal-Veränderungen
im Bereich der Königlichen Intendantur des 6ten Armee-Corps.

Versetzt: der Intendantur-Rath Schweder von der Intendantur des 4ten Armee-Corps als Vorstand der Königlichen Intendantur der 12ten Division zu Neiße; der Intendantur-Rath Werner vom 6ten zum 5ten Armee-Corps; der Intendantur-Assessor Dingler vom 3ten zum 6ten Armee-Corps; der Proviant-Amts-Assistent Pattloch von Graudenz nach Breslau.

Angestellt: der Güter-Expeditions-Assistent bei der Niederschlesisch-Märkischen Eisenbahn Müller zu Liegnitz, als Kasernen-Inspector in Neiße.

Gestorben: der Kasernen-Inspector Duscheck zu Neiße.

Redaction des Amtsblatts im Regierungs-Gebäude. — Druck von F. Weishäuser in Oppeln.

Amts-Blatt
der Königlichen Regierung zu Oppeln.

Stück 19. Oppeln, den 7. Mai **1863.**

Allgemeine Gesetz-Sammlung.

(212) Das 11te Stück der Gesetzsammlung enthält unter

Nr. 5684. Den Allerhöchsten Erlaß vom 2ten Februar 1863, betreffend die Verleihung der fiscalischen Vorrechte für den Bau und die Unterhaltung einer Chaussee a. von der Münster-Hammer resp. Münster-Dortmunder Staatsstraße bei Schönefeldsbaum ꝛc. nach der Münster-Kastroper Gemeinde-Chaussee zwischen Lüdinghausen und Seeden, und b. von der Grenze des Kreises Coesfeld über Seppenrade ꝛc. bis zur Münster-Hammer Straße im Kreise Lüdinghausen. Vom 4ten Februar 1863.

Nr. 5685. Den Staatsvertrag zwischen Preußen und Kurhessen wegen einer von Halle über Nordhausen nach Kassel zu erbauenden Eisenbahn. Vom 4ten Februar 1863.

Nr. 5686. Den Allerhöchsten Erlaß vom 16ten März 1863, betreffend die Verleihung des Expropriations-rechts und der fiscalischen Vorrechte in Bezug auf den Bau und die Unterhaltung einer Kreis-Chaussee von Raths-Damnitz nach Wundichow, und die Verleihung des Rechts zur Entnahme der Chaussee-Unterhaltungsmaterialien und der fiscalischen Vorrechte in Bezug auf die künftige Unterhaltung der in den Stolper Kreis fallenden Strecke der Bütow-Lauenburger Straße von der Bütower Kreisgrenze über Wundichow, Gr. Nossin und Wutzkow bis zur Grenze des Lauenburger Kreises.

Nr. 5687. Die Bekanntmachung der Ministerial-Erklärungen vom 29sten April 1862 resp. 8ten April 1863, betreffend die Etappen-Convention zwischen Preußen und Baden. Vom 8ten April 1863; und unter

Nr. 5688. Die Bekanntmachung, betreffend die Allerhöchste Genehmigung der unter der Firma: „Actien-Gesellschaft Flora" mit dem Sitze zu Cöln errichteten Actien-Gesellschaft. Vom 15ten April 1863.

Bekanntmachungen der höchsten Staats-Behörden.

(226) Die Kreis-Chaussee von Falkenberg über Grüben nach Mahlendorf in der Richtung auf Reiße ist in das Verzeichniß derjenigen Straßen, auf denen der Gebrauch von Radfelgen unter 4 Zoll Breite zufolge des §. 1 der Verordnung vom 17ten März 1839 für alles gewerbsmäßig betriebene Frachtfuhrwerk verboten ist, aufgenommen worden. Berlin, den 9. April 1863.
  Der Minister für Handel, Gewerbe und öffentliche Arbeiten.

(228) Vom 1sten Mai d. J. ab wird das Post-Dampfschiff zwischen Stralsund und Ystadt folgendermaßen coursiren:

hinwärts:
aus Stralsund — Sonntag und Donnerstag 8 Uhr Morgens nach Ankunft der Schnellpost von Anclam, welche mit dem am Tage vorher — Sonnabend und Mittwoch — um 6 Uhr 57 M. Abends von Berlin nach Anclam abgehenden Eisenbahnzuge in genauer Verbindung steht,
in Ystadt — Sonntag und Donnerstag Nachmittags;

herwärts:
aus Ystadt — Dienstag und Sonnabend Vormittags,
in Stralsund — Dienstag und Sonnabend gegen Abend, berechnet auf den Anschluß an die an denselben Tagen 9½ Uhr Abends von Stralsund nach Anclam abgehende Schnellpost, welche mit dem Tages darauf — Mittwoch und Sonntag — um 4 Uhr 30 M. früh von Anclam abgehenden, in Berlin an denselben Tagen um 10 Uhr Vormittags eintreffenden Eisenbahnzuge in genauen Zusammenhange steht.

Das Passagegeld für die Tour von Stralsund nach Ystadt oder zurück beträgt: auf dem ersten Platz

4¹⁄₂ Thlr., auf dem zweiten Platz drei Thaler und auf dem Deckplatz 1¹⁄₂ Thlr. Pr. Crt.
Berlin, den 26. April 1863. General-Post-Amt. Phillipsborn.

Bekanntmachungen der Königlichen Regierung.

(231) Se. Majestät der König haben durch Allerhöchste Ordre vom 4ten d. Mts. zu genehmigen geruht, daß die evangelische Kirchengemeinde zu Nicolai, Kreis Pleß, die ihr von dem Bildhauer Professor Kiß in Berlin zugewendete Schenkung von „Zweitausend fünf Hundert Thalern" zu dem in den Verhandlungen vom 27sten December 1861 und 12ten Juli pr. ausgesprochenen Zwecke annehme, daß in dem dazu erworbenen Hause die von der Stadt entfernt wohnenden unterstützungsbedürftigen Confirmanden Aufnahme und Unterstützung finden, und zugleich in demselben die Schule für die evangelische Gemeinde untergebracht werde.

Solches wird hiermit zur öffentlichen Kenntniß gebracht.
Oppeln, den 25. April 1863.

(232) Der Herr Ober-Präsident der Provinz Schlesien hat mittelst Erlasses vom 22sten d. Mts. auf Grund des §. 1 des Gesetzes vom 14ten April 1856 genehmigt, daß die Seitens des Häusler Joseph Stobtrawe zu Fischerei, im Kreise Cosel, von dem Königlichen Domainen-Fiscus mittelst gerichtlichen Vertrages vom 10ten Januar d. J. käuflich erworbenen, in der Feldmark Fischerei belegenen Grundstücke von 1 Morgen 48 ☐Ruthen Flächen-Inhalt, dem Gemeinde-Verbande von Fischerei einverleibt werden.
Oppeln, den 25. April 1863.

(234) Der Herr Ober-Präsident der Provinz Schlesien hat mittelst Erlasses vom 22sten d. Mts. in Gemäßheit des §. 1. des Gesetzes vom 14ten April 1856 genehmigt, daß die im Gemenge mit Olsauer Grundstücken, resp. zwischen dem Oppa-Flusse und dem österreichischen Dorfe Kopitau belegenen Parzellen, im Gesammt-Flächeninhalte von 206 Morgen 127 ☐Ruthen, welche Kopitauer Wirthen gehören, diesseits mit Grundsteuer belegt, aber bis jetzt zu keinem Gemeinde-Verbande zugeschlagen sind, da sie auch mit der Feldmark Ilhilsko grenzen, diesem letzteren Gemeinde-Verbande einverleibt werden.
Oppeln, den 25. April 1863.

(235) Auf Grund des §. 39 der Verordnung vom 9ten Februar 1849 und §. 5 des Gesetzes vom 15ten Mai 1854, betreffend einige Abänderungen der Gewerbe-Ordnung vom 17ten Januar 1845, wird hiermit eine besondere Kreis-Prüfungs-Commission für „Bürstenbinder" in der Stadt Groß-Strehlitz eingesetzt und der Bürgermeister daselbst zum Vorsitzenden der Kreis-Prüfungs-Commission ernannt.
Oppeln, den 28. April 1863.

(204) Dem Ingenieur A. Reuschel zu Wetter a. d. Ruhr ist unter dem 13ten April 1863 ein Patent
auf eine als neu und eigenthümlich erachtete, als Pumpe und zugleich als Dampfmaschine anzuwendende Vorrichtung in der durch Zeichnung und Beschreibung nachgewiesenen Zusammensetzung
auf fünf Jahre, von jenem Tage an gerechnet und für den Umfang des Preußischen Staats ertheilt worden. Oppeln, den 7. Mai 1863.

(218) Dem Ingenieur H. W. Chr. Voß zu Berlin ist unter dem 23sten April 1863 ein Patent
auf eine in verschiedenen Ausführungen durch Zeichnungen und Beschreibung nachgewiesene rotirende Dampfmaschine, soweit diese Ausführungen für neu und eigenthümlich erachtet sind,
auf fünf Jahre, von jenem Tage an gerechnet, und für den Umfang des preußischen Staats ertheilt worden. Oppeln, den 7. Mai 1863.

(219) Dem Mechaniker Heinrich Offergeld zu Eilendorf bei Aachen ist unter dem 23sten April 1863 ein Patent
auf als neu und eigenthümlich erkannte, in Zeichnung und Beschreibung dargestellte Vorrichtungen an mechanischen Webestühlen zur Bewegung der Schützenkasten mit Abtheilungen, und der Geschirre, ohne Andere in der Anwendung bekannter Theile zu beschränken,
auf fünf Jahre, von jenem Tage an gerechnet, und für den Umfang des preußischen Staats ertheilt worden. Oppeln, den 7. Mai 1863.

(227) Das dem Kaufmann Friedrich Wilhelm Albert Grassée zu Königstein im Königreich Sachsen unter dem 18ten Februar v. J. ertheilte Patent
auf ein durch Zeichnung erläutertes Verfahren bei der Bereitung von Essig, soweit dasselbe als neu und eigenthümlich anerkannt worden ist,
ist aufgehoben. Oppeln, den 7. Mai 1863.

Bekanntmachungen verschiedener Behörden.

(224) **Bekanntmachung.** Vom 1sten l. Mts. ab werden Post-Expeditionen eingerichtet:
1) in **Ponoschau**, Kreis Lublinitz, 2½ Meilen von Guttentag entfernt;
2) in **Chronstau**, Kreis Oppeln, an der Oppeln-Tarnowitzer Eisenbahn zwischen Oppeln und Malapane.

In den Bestellbezirke der Post-Expedition in Ponoschau, deren Verbindung durch eine tägliche Cariolpost zwischen Guttentag und Ponoschau, aus Guttentag um 1.30 Uhr Nachmittags und aus Ponoschau um 7 Uhr Abends abgehend hergestellt wird, gehen folgende Orte über:
    a. aus dem Bestellbezirke der Post-Expedition in Guttentag:
Cziasnau, Goroschc, Jezowa, Kwast, Mokrusch, Mollna, Neuhof bei Mollna, Potoka, Pfaschczockenhammer, Schierokau;
    b. aus dem Bezirke der Post-Expedition in Bodzanowitz:
Biadacz, Bieberstein, Gollowe, Kierotzke, Kowle, Marcen, Nikte, Pilawen, Ponoschau, Ellarnia, Wendzin;
    c. aus dem Bezirke der Post-Expedition in Lublinitz:
Bogdalla, Brzegy, Dolniok, Dridowe (Forsthaus), Jenczikowsky, Mittelvorwerk, Pawelken, Staschowe, Zborowsky.

Dem Bestellbezirke der Post-Expedition in Chronstau werden folgende Orte zugetheilt:
    a. aus dem Bezirke des Post-Amts in Oppeln:
Chronstau, Dembio, Dembiohammer (Dorf und Colonie), Derschau, Dombrowitz, Fallmirowitz, Lendzin, Zbizlo.;
    b. aus dem Bezirke der Post-Expedition in Stubendorf:
Daniec;
    c. aus dem Bezirke der Post-Expedition in Malapane:
Tempelhof.

Oppeln, den 23. April 1863.   Königliche Ober-Post-Direction.

(229) Die Herren Major a. D. v. Tiele-Winkler auf Miechowitz und Oeconomie-Rath Wagener zu Proskau sind aus der Bezirks-Commission zur Regelung der Grundsteuer ausgeschieden und an deren Stelle die Herren Rittergutsbesitzer Baron von Dalwigk auf Dombrowka und Landes-Aelteste Dittrich auf Czienskowitz von dem Herrn Finanz-Minister berufen worden.

Oppeln, den 23. April 1863.
        Der Bezirks-Commissarius, Ober-Regierungs-Rath v. Jeetze.

(236) Im hiesigen Schullehrer-Seminar wird
1) die Präparanden-Prüfung den 9ten, 10ten und 11ten Juli,
2) die Wiederholungs- und Commissionsprüfung den 17ten, 18ten und 19ten August d. J. abgehalten werden.

Die Präparanden, welche nach vollendetem 17ten Lebensjahre zur Theilnahme an der Aufnahme-Prüfung berechtigt sind, haben ihren Anmeldungsschreiben nachbenannte Schriftstücke beizufügen: a. den Taufschein; b. ein Attest des Kreis-Physikus über Brauchbarkeit zum Schuldienste, und ein Wiederimpfungs-Attest; c. ein vom Revisor und Schulinspector mitvollzogenes Zeugniß über Fleiß, Kenntnisse und sittliche Führung; d. einen beglaubigten Sustentationsschein; e. eine Bescheinigung über den Empfang des Buß- und Altarsacramentes; f. einen selbst verfaßten Lebenslauf, in dessen Ueberschrift Tag, Jahr, Ort und Kreis der Geburt, der Vorname, Stand und gegenwärtiger Wohnort des Vaters und der Name des Vorbildners angegeben ist.

Die persönliche Meldung, zu welcher die Präparanden ihre Uebungshefte mitzubringen haben, findet in dem Musiksaale der Anstalt Mittwoch den 8ten Juli, Abends 8 Uhr statt.

Die Commissions-Prüflinge haben ihren Gesuchen um Zulassung zur Prüfung folgende Atteste beizulegen: a. den Tauf- resp. Geburtschein; b. ein Attest des Kreis-Physikus über den Gesundheitszustand; c. Zeugnisse des Pfarrers und der Ortsbehörde über die bisherige Führung; d. Nachweise über die Vorbildung für's Lehrfach und e. einen Lebenslauf, aus welchem der bisherige Bildungsgang zu ersehen ist.

Die Wiederholungs-Prüflinge haben ihren Anschreiben: a. das Seminar-Zeugniß im Original; b. Fleiß- und Führungsatteste und c. einen Bericht über ihre bisherige amtliche Wirksamkeit beizufügen.

Die persönliche Meldung der Commissions- und Wiederholungs-Prüflinge wird der Unterzeichnete den 16ten August, Abends 7 Uhr, entgegennehmen.

Die Präparanden und die Wiederholungs-Prüflinge haben ihre Anmeldungsschreiben an den Unterzeichneten, die Commissions-Prüflinge, welche das 19te Lebensjahr vollendet haben müssen, an das Königliche Provinzial-Schul-Collegium in Breslau, vier Wochen vor den bezeichneten Terminen, einzureichen. Peiskretscham, den 2. Mai 1863.

Königliches katholisches Schullehrer-Seminar. Der Director: **Banjura.**

Personal-Chronik.

(225) Bekanntmachung. Die durch die Pensionirung des Försters **Scholle** erledigte Försterstelle zu Alt-Karmunkau in der Königlichen Haus-Fideicommiß-Oberförsterei Karmunkau, ist vom 1sten April d. J. ab dem bisherigen Forstaufseher Heinrich Ferdinand **Prieur**, unter gleichzeitiger Ernennung zum Königlichen Förster, verliehen worden. Berlin, den 23. April 1863.

Die Königliche Hofkammer der Königlichen Familiengüter.

(233) Des Königs Majestät haben Allergnädigst geruht, dem Häusler Caspar **Rybarsi** zu Lapatsch für die vollführte Lebensrettung des Viehhändlers Zimmer aus Lubom das Verdienst-Ehrenzeichen für Rettung aus Gefahr zu verleihen.

Der Regierungs-Assessor **Liman** ist dem hiesigen Regierungs-Collegio überwiesen worden.

Bestätigt: die Wiederwahl des seitherigen Beigeordneten **Siebler** zu Cosel.

(230) Versetzt wurden:

der Ober-Grenz-Controleur von **Dangerow** als Ober-Steuer-Controleur nach Ober-Glogau, der Ober-Grenz-Controleur **Prüfer** zu Beuthen O. S., als Haupt-Amts-Assistent nach Neustadt, der Haupt-Amts-Assistent **Werner** in Neustadt, zum Ober-Grenz-Controleur in Beuthen O. S., der Wachtmeister **Jaeger** zum Grenz-Aufseher in Habra, der Sergeant **Wagner** zum Grenz-Aufseher in Groß-Chelm.

Redaction des Amtsblatts im Regierungs-Gebäude. — Druck von F. Weißhäuser in Oppeln.

Amts-Blatt
der Königlichen Regierung zu Oppeln.

Stück 20. Oppeln, den 14. Mai **1863.**

Allgemeine Gesetz-Sammlung.

(239) Das 12te Stück der Gesetzsammlung enthält unter

Nr. 5689. Den Allerhöchsten Erlaß vom 16ten März 1863, betreffend die Verleihung der fiscalischen Vorrechte für den Bau und die Unterhaltung der von dem Kreise Grottkau im Regierungsbezirk Oppeln auszubauenden Chausseen: 1) zur Verbindung von Grottkau mit Münsterberg: von dem Bahnhofe bei Grottkau durch Halbendorf, Voigtsdorf, Würben, Gühran bis an die Grenze des Kreises Strehlen; 2) zur Verbindung von Strehlen mit Neisse: von der Neisse-Münsterberger Straße bei Kamnig über das Vitriolwerk, Glaesendorf bis an die Grottkau-Strehlener Kreisgrenze bei Schreibendorf; 3) zur Verbindung von Neisse mit Münsterberg: von der Neisse-Grottkauer Kreisgrenze hinter Perschkenstein über Zedlitz, Ogen, Tarxauer Feldmark, Kamnig, Schützendorf bis an die Münsterberger Kreisgrenze; 4) zur Verbindung von Ottmachau mit Münsterberg: von Ottmachau über Ritterwitz, Starrwitz in die Chaussee zwischen Zedlitz und Ogen; 5) zur Verbindung von Grottkau mit Falkenberg: von Grottkau bis an die Kreisgrenze in der Richtung auf Falkenberg.

Nr. 5690. Das Privilegium wegen Ausfertigung auf den Inhaber lautender Kreis-Obligationen des Grottkauer Kreises im Betrage von 36,000 Thlrn. Vom 16ten März 1863.

Nr. 5691. Den Allerhöchsten Erlaß vom 24sten März 1863, betreffend die Verleihung der fiscalischen Vorrechte in Bezug auf den Bau und die Unterhaltung der Chaussee von Ranis nach Schmorda an die Gemeinden Ranis und Schmorda, im Kreise Ziegenrück des Regierungs-Bezirks Erfurt.

Nr. 5692. Den Allerhöchsten Erlaß vom 30sten März 1863, betreffend die weitere Herabsetzung der Ruhrschifffahrts-Abgabe.

Nr. 5693. Den Allerhöchsten Erlaß vom 13ten April 1863, betreffend die Genehmigung mehrerer von dem Communal-Landtage der Neumark beantragten Abänderungen und Zusätze zu dem Reglement der Neumärkischen Land-Feuer-Societät vom 17ten Juli 1846; und unter

Nr. 5694. Den Allerhöchsten Erlaß vom 13ten April 1863, betreffend die Ermäßigung der von den Küstenfahrern zu entrichtenden Schifffahrts-Abgaben.

Allerhöchste Cabinets-Ordre.

(241) Auf Ihren Bericht vom 5ten März d. J. genehmige Ich den von dem Kreise Grottkau, im Regierungs-Bezirk Oppeln beschlossenen chausseemäßigen Ausbau und die Unterhaltung folgender Straßenlinien: 1) zur Verbindung von Grottkau mit Münsterberg: von dem Bahnhofe bei Grottkau durch Halbendorf, Voigtsdorf, Würben, Gühran bis an die Grenze des Kreises Strehlen; 2) zur Verbindung von Strehlen mit Neisse: von der Neisse-Münsterberger Straße bei Kamnig über das Vitriolwerk, Glasendorf bis an die Grottkau-Strehlener Kreisgrenze bei Schreibendorf; 3) zur Verbindung von Neisse mit Münsterberg: von der Neisse-Grottkauer Kreisgrenze hinter Perschkenstein über Zedlitz, Ogen, Tarxauer Feldmark, Kamnig, Schützendorf bis an die Münsterberger Kreisgrenze; 4) zur Verbindung von Ottmachau mit Münsterberg: von Ottmachau über Ritterwitz, Starrwitz in die Chaussee zwischen Zedlitz und Ogen; 5) zur Verbindung von Grottkau mit Falkenberg: von Grottkau bis an die Kreisgrenze in der Richtung auf Falkenberg, und bewillige dem genannten Kreise dazu eine Neubau-Prämie und zwar für die unter 2 und 3 angegebenen Linien von Neisse nach Strehlen und von Neisse nach Münsterberg nach dem Satze von 8000 Thlr. für die Meile, für die übrigen unter 1, 4 und 5 bezeichneten Linien aber nach dem Satze von 6000 Thlr. für die Meile, deren Betrag aus dem Chaussee-Neubaufonds zu entnehmen ist. Zugleich ertheile Ich den über die Aufbringung der Baugelder ge-

faßten Kreistagsbeschlüssen vom 15ten Mai 1861, 12ten December 1861 und 7ten März 1862 Meine Genehmigung und lasse Ihnen das von Mir vollzogene Privilegium über die Emission von 36,000 Thlr. auf den Inhaber auszustellender Grottkauer Kreis-Obligationen hiermit zugehen. Die Berichtsanlagen folgen zurück.   Berlin, den 16. März 1863.
gez. **Wilhelm.**
ggz. v. Bodelschwingh.   Gr. v. Itzenplitz.   Gr. zu Eulenburg.
An den Finanz-Minister, den Minister für Handel, Gewerbe und öffentliche Arbeiten und den Minister des Innern.

(242) Nachdem Ich durch Meinen Erlaß vom heutigen Tage den von dem Kreise Grottkau im Regierungsbezirk Oppeln beschlossenen chausseemäßigen Ausbau und die Unterhaltung folgender Straßenlinien: 1) zur Verbindung von Grottkau mit Münsterberg: von dem Bahnhofe bei Grottkau durch Halbendorf, Voigtsdorf, Würben, Gübrau bis an die Grenze des Kreises Strehlen; 2) zur Verbindung von Strehlen mit Neisse: von der Neisse-Münsterberger Straße bei Kamnig über das Vitriolwerk, Gläsendorf bis an die Grottkau-Strehlener Kreisgrenze bei Schreibendorf; 3) zur Verbindung von Neisse mit Münsterberg: von der Neisse-Grottkauer Kreisgrenze hinter Perschenstein über Zedlitz, Ogen, Tarnauer Feldmark, Kamnig, Schützendorf bis an die Münsterberger Kreisgrenze; 4) zur Verbindung von Ottmachau mit Münsterberg: von Ottmachau über Ritterwitz, Starrwitz in die Chaussee zwischen Zedlitz und Ogen; 5) zur Verbindung von Grottkau mit Falkenberg: von Grottkau bis an die Kreisgrenze in der Richtung auf Falkenberg; genehmigt habe, verleihe Ich hierdurch dem genannten Kreise das Expropriationsrecht für die zu diesen Chausseen erforderlichen Grundstücke, ingleichen das Recht zur Entnahme der Chaussee-Bau- und Unterhaltungs-Materialien nach Maaßgabe der für die Staats-Chausseen bestehenden Vorschriften in Bezug auf diese Straßen. Zugleich will Ich dem Kreise Grottkau gegen Uebernahme der künftigen chausseemäßigen Unterhaltung der Straße, das Recht zur Erhebung des Chausseegeldes nach den Bestimmungen des für die Staats-Chausseen jedesmal geltenden Chausseegeld-Tarifs, einschließlich der in demselben enthaltenen Bestimmungen über die Befreiungen, sowie der sonstigen, die Erhebung betreffenden zusätzlichen Vorschriften, wie diese Bestimmungen auf den Staats-Chausseen von Ihnen angewandt werden, hierdurch verleihen. Auch sollen die dem Chausseegeld-Tarife vom 29sten Februar 1840 angehängten Bestimmungen wegen der Chaussee-Polizei-Vergehen auf die gedachten Straßen zur Anwendung kommen. Der gegenwärtige Erlaß ist durch die Gesetzsammlung zur öffentlichen Kenntniß zu bringen.   Berlin, den 16. März 1863.
gez. **Wilhelm.**
ggz. v. Bodelschwingh.   Gr. v. Itzenplitz.
An den Finanz-Minister und den Minister für Handel, Gewerbe und öffentliche Arbeiten.

Bekanntmachungen der höchsten Staats-Behörden.

(244) **Bekanntmachung,**
betreffend die Ersatzleistung für die präcludirten Cassen-Anweisungen von 1835 und Darlehns-Cassenscheine.

Durch unsere wiederholt veröffentlichten Bekanntmachungen sind die Besitzer von Cassen-Anweisungen von 1835 und von Darlehns-Cassenscheinen von 1848 aufgefordert, solche Behufs der Ersatzleistung an die Controle der Staatspapiere hierselbst, Oranienstraße 92, oder an eine der Königlichen Regierungs-Hauptcassen einzureichen.

Da dessenungeachtet ein großer Theil dieser Papiere nicht eingegangen ist, so werden die Besitzer derselben nochmals an deren Einreichung erinnert. Zugleich werden diejenigen Personen, welche dergleichen Papiere nach dem Ablauf des auf den 1sten Juli 1855 festgesetzt gewesenen, durch das Gesetz vom 15ten April 1857 unwirksam gemachten Präclusivtermins an uns, die Controle der Staatspapiere oder die Provinzial-, Kreis- oder Localcassen abgeliefert, und den Ersatz dafür noch nicht empfangen haben, wiederholt veranlaßt, solchen bei der Controle der Staatspapiere oder bei einer der Regierungs-Hauptcassen gegen Rückgabe der ihnen ertheilten Empfangscheine oder Bescheide in Empfang zu nehmen.

Berlin, den 21. April 1863.
Haupt-Verwaltung der Staatsschulden.
v. Wedell.   Gamet.   Löwe.   Meinecke.

Bekanntmachungen verschiedener Behörden.

(237) Die IV. Sitzungs-Periode des hiesigen Schwur-Gerichts für das Jahr 1863 beginnt am 22sten Juni d. J. Beuthen O. S., den 4. Mai 1863. Königliches Kreis-Gericht.

(240) Von den alten Banknoten à 25 und 10 Thlr. ist unserer vielfachen Aufforderungen ungeachtet ein erheblicher Theil noch immer nicht eingegangen. Wir fordern deshalb zu deren schleunigen Einreichung nochmals auf und warnen vor deren Annahme, da noch neuerdings falsche Noten der Art mehrfach zum Vorschein gekommen sind. Berlin, den 2. Mai 1863.
Königl. Preuß. Haupt-Bank-Directorium.

Personal-Chronik.

(243) Dem Fräulein Schaeling in Creutzburg ist die Erlaubniß zur Errichtung einer höheren Töchterschule daselbst, sowie dem Schulamts-Candidaten Hirsch zu Königlich Neudorf die Erlaubniß zur Annahme einer Hauslehrerstelle im hiesigen Regierungs-Bezirk ertheilt worden.
Bestätigt: die Vocation des katholischen Schullehrers Polit in Zelasna.

(238) Personal-Veränderungen im Departement des Königlichen Appellations-Gerichts zu Ratibor pro Monat April 1863.

A. Bei dem Appellations-Gericht.

Ernannt: der Auscultator Ludwig Theophil Bonaventura von Wysciecki zum Referendarius, die Rechts-Candidaten Fedor Rosentreter und Ferdinand Pehlemann zu Auscultatoren.
Versetzt: der Gerichts-Assessor Adolph Heinrich aus dem Departement des Königlichen Appellations-Gerichts Breslau in das diesseitige Departement.
Gestorben: der Canzlist Donnerstag.

B. Bei den Kreis-Gerichten.

I. Bei dem Kreis-Gericht Cosel.
Ernannt: der Kreisrichter Hennig daselbst zum Rechts-Anwalt und zugleich zum Notar im Departement des Königlichen Appellations-Gerichts zu Ratibor vom 1sten Juni d. J. ab.

II. Bei dem Kreis-Gericht zu Creutzburg.
Gestorben: Der Kreisrichter Hoffmann.

III. Bei dem Kreis-Gericht zu Gleiwitz.
Ernannt: der Secretair Fritz aus Groß-Strehlitz zum Secretair und Depositäl-Cassen-Rendanten vom 1sten Juli d. J. ab; die Hülfsboten und Executoren Lamla bei der Gerichts-Commission Tost und Schlichting zu Gleiwitz definitiv zu Boten und Executoren.

IV. Bei dem Kreis-Gericht Grottkau.
Ernannt: der Gerichts-Assessor Drobnig zum Kreisrichter.

V. Bei dem Kreis-Gericht Leobschütz.
Ernannt: der Bote und Executor Reimann zum Gefangen-Wärter.
Versetzt: der Kreisrichter Freiherr von Ledebur an das Kreis-Gericht Olpe, Departement Arnsberg.

VI. Bei dem Kreis-Gericht Neisse.
Ernannt: der Hülfsbote und Executor Carl Klose definitiv zum Boten und Executor.

VII. Bei dem Kreis-Gericht zu Oppeln.
Ernannt: der Hülfsbote und Executor Thilo zu Krappitz definitiv zum Boten und Executor mit Bestimmung seiner Function bei dem Kreis-Gericht.

VIII. Bei dem Kreis-Gericht Ratibor.
Ernannt: der Secretair und Depositäl-Cassen-Rendant Seydel aus Gleiwitz zum Depositäl-Cassen-Rendanten vom 1sten Juli d. J. ab; der Civil-Supernumerar, Actuar I. Klasse Oswald Donnerstag zum Bureau-Assistenten mit der Function als Sportel-Receptor bei der Gerichts-Commission Hultschin vom 1sten Juli c. ab; der Civil-Supernumerar, Actuar II. Klasse August Pudelko aus Gleiwitz zum Bureau-Assistenten vom 1sten Juni c. ab.
Gestorben: der Kreisrichter und Gerichts-Commissarius Klose zu Hultschin.

IX. Bei dem Kreis-Gericht Rybnik.
Ernannt: der Depositäl-Rendant Müller aus Ratibor zum Salarien-Cassen-Rendanten vom 1sten Juli d. J. ab.

X. Bei dem Kreis-Gericht Groß-Strehlitz.

Ernannt: der Bureau-Assistent Ernst Fischer aus Hultschin zum Kreis-Gerichts-Secretair mit der Function als Deposital-Rendant vom 1sten Juli c. ab.

Nachweisung
der gewählten und bestätigten Schiedsmänner pro Monat April 1863.

Bezeichnung der Schiedsmänner.	Kreis.	Benennung der Ortschaften.
Post-Expedient Mitschein zu Annaberg	Ratibor	Annaberg und Zabelkau.
Bauer Joseph Rose in Hermsdorf	Neisse	Hermsdorf bei Weidenau.
Häusler Georg Rinne zu Groß-Neundorf	dto.	Weitzenberg und Hannsdorf.
Schmiedemeister Franz Stenzel zu Rieglitz	dto.	Rieglitz.
Schullehrer Carl Riedel zu Kieferstädtel	Gleiwitz	Stadt Kieferstädtel.
Schullehrer Anton Parczyk zu Kieferstädtel	dto.	Pohlsdorf.
Schullehrer Franz Willmann zu Tschirmkau	Leobschütz	Tschirmkau.
Schullehrer Julius Schneider zu Osterwitz	dto.	Osterwitz und Kaldaun.
Tischlermeister Joseph Walezka zu Bieskau	dto.	Bieskau.
Schullehrer Joseph Probke zu Olsau	Ratibor	Belschnitz, Obrau und Olsau.
Wirthschafts-Inspector König zu Cosel	Neisse	Cosel.
Schullehrer Peuker zu Syrin	Ratibor	Syrin, Grabowka, Lubom.
Schullehrer Mazander zu Lubschau	Lublinitz	Lubschau.
Lehrer Pauly zu Kaminitz	dto.	Kaminitz.
Lehrer Dyrhel zu Psaar	dto.	Ludwigsthal und Babinitz.

Ratibor, den 1. Mai 1863.

Königliches Appellations-Gericht.

Redaction des Amtsblatts im Regierungs-Gebäude. — Druck von F. Weilshäuser in Oppeln.

Amts-Blatt
der Königlichen Regierung zu Oppeln.

Stück 21.   Oppeln, den 21. Mai   **1863.**

Allgemeine Gesetz-Sammlung.
(253) Das 13te Stück der Gesetzsammlung enthält unter

Nr. 5695. Den Handelsvertrag zwischen Preußen und den übrigen Staaten des deutschen Zoll- und Handelsvereins einerseits und der Ottomanischen Pforte andererseits. Vom 20sten März 1862, und unter

Nr. 5696. Den Allerhöchsten Erlaß vom 30sten März 1863, betreffend die Verleihung der fiscalischen Vorrechte für den Bau und die Unterhaltung der Chaussee von Sprottau über Hirtendorf und Reußenfeldau nach Freistadt an die Kreise Sprottau und Freystadt.

Bekanntmachungen der Königlichen Regierung.
(247) Des Königs Majestät haben mittelst Allerhöchster Cabinets-Ordre vom 20sten d. Mts. das Statut für die Sparcasse des Oppelner Kreises landesherrlich zu bestätigen geruht.

Oppeln, den 29. April 1863.

(251) Der Herr Ober-Präsident der Provinz Schlesien hat mittelst Erlasses vom 24sten d. Mts. auf Grund des §. 1 des Gesetzes vom 14ten April 1856 genehmigt, daß die von mehreren Grundbesitzern aus Reinschdorf, Nesselwitz, Juliusburg, Pirchwitz, Urbanowitz, Sacrau, Potzenkarb, Pickau, Groß-Grauden, Kreis Cosel, und aus Zabierzau, Kreis Neustadt O. S., von dem Königlichen Fiscus käuflich erworbenen Grundstücke, und zwar:

    a. von den fiscalischen Erlenbruch 131 Morgen 138 ☐Ruthen,
    b. von der sogenannten Birchowina-Hutung bei Reinschdorf 35 Morgen 150 ☐Ruthen,

dem Gemeinde-Verbande von Reinschdorf einverleibt werden.

Oppeln, den 30. April 1863.

(252) Es wird hierdurch zur öffentlichen Kenntniß gebracht, daß nach Uebereinkunft des Königlichen General-Commandos des 6ten Armee-Corps und des Königlichen Ober-Präsidiums der Provinz Schlesien von jetzt ab der Militair-Controllplatz Blazewitz, im Kreise Cosel, als solcher aufgehoben wird und an dessen Stelle die Controllorte Vorwerk Kochaniez und Grzendzin treten. Die zu je einem und dem anderen dieser Controllorte zugetheilten Ortschaften sind in dem nachstehenden Verzeichniß ersichtlich.

Verzeichniß
derjenigen Ortschaften, welche bisher zum Controllort Blazewitz, Kreis Cosel, gehörten, nunmehr aber auf die neu genehmigten Controllorte Vw. Kochaniez und Grzendzin übergehen.

Controllort Vorwerk Kochaniez.
Suckowitz, Sakrau, Stöblau, Roschowitzwald, Bitschnitz, Vw. Kochaniez, Jaborowitz, Niesnaschin, Roschowitzdorf, Gnisow, Millowitz, Warmenthal, Dzielnitz, Przywosz, Poblesch, Col. Dembrowa, Miftitz.

Controllort Grzendzin.
Lohnau, Czlenskowitz, Witoslawitz, Blazewitz, Dzielau, Wronin, Grzendzin, Laniez, Dollendzin, Habicht, Ehrenfeld, Mosurau.

Oppeln, den 12. Mai 1863.

(258) Das zum Besuche des Königlichen Gewerbe-Institutes zu Berlin für den hiesigen Regierungs-Bezirk bestimmte **Stipendium von jährlich 200 Thlr.** ist am 1sten October d. J. wieder verfügbar.

Unter Bezugnahme auf unsere Amtsblatt-Bekanntmachungen vom 3ten Juni 1855 Seite 197, und vom 21sten September 1860 Seite 272, fordern wir junge Leute, welche ihre gewerbliche Ausbildung in dem Gewerbe-Institute zu Berlin vollenden und sich um die Verleihung des vacanten Stipendii bewerben wollen, auf, sich

bis zum 15ten August d. J.

unter Ueberreichung der in der allegirten Amtsblatts-Bekanntmachung vorgeschriebenen Atteste, bei uns schriftlich zu melden.   Oppeln, den 9. Mai 1863.

(246) Dem Ingenieur Braml Andreae zu Buckau bei Magdeburg ist unter dem 8ten Mai 1863 ein Patent
     auf eine Expansions-Steuerung für Dampfmaschinen in der durch Zeichnung und Beschreibung nachgewiesenen Zusammensetzung und ohne Jemand in der Anwendung bekannter Theile derselben zu beschränken,
auf fünf Jahre von jenem Tage an gerechnet, und für den Umfang des Preußischen Staats ertheilt worden.   Oppeln, den 21. Mai 1863.

(248) Dem Seidenknopfmacher Waldemar Rose zu Berlin ist unter dem 11ten Mai 1863 ein Patent
     auf eine mechanische Vorrichtung zur gleichzeitigen Darstellung von zwei Chenille-Fäden,
auf fünf Jahre, von jenem Tage an gerechnet, und für den Umfang des Preußischen Staats ertheilt worden.   Oppeln, den 21. Mai 1863.

(249) Dem Ober-Berggeschworenen a. D. Otto Voigt in Frankfurt a. O. ist unter dem 11ten Mai d. J. ein Patent
     auf eine Erdbohrvorrichtung, insoweit solche nach der vorgelegten Zeichnung und Beschreibung für neu und eigenthümlich erachtet worden ist,
auf fünf Jahre, von jenem Tage an gerechnet und für den Umfang des Preußischen Staats ertheilt worden.   Oppeln, den 21. Mai 1863.

(250) Dem Grafen Krolow von Bickerode auf Krokow ist unter dem 12ten Mai 1863 ein Patent
     auf einen durch Modell, Zeichnung und Beschreibung nachgewiesenen Samenleger, ohne Jemand in der Anwendung bekannter Theile zu beschränken,
auf fünf Jahre, von jenem Tage an gerechnet, und für den Umfang des Preußischen Staats ertheilt worden.   Oppeln, den 21. Mai 1863.

Bekanntmachungen verschiedener Behörden.

(254) Nachstehende Verhandlung:
  Verhandelt auf der Königl. Rentenbank zu Breslau, den 16. Mai 1863.
In Gegenwart der Abgeordneten der Provinzial-Vertretung:
  1) des Königlichen Kammerherrn, Herrn Kraker von Schwarzenfeld aus Bogenau,
  2) des Königlichen Commerzien-Raths, Herrn Franck von hier, sowie
  3) des Notars, Herrn Justiz-Rath Horst ebenfalls von hier,
erfolgte im heutigen Termin auf Grund eines bei den Acten niedergelegten speciellen Verzeichnisses und nachdem die Löschung der einzelnen Apoints in den Stammbüchern und Löschregistern erfolgt ist, die Vernichtung der aus den frühern Verloosungen in dem letzten Halbjahr zur Zahlung präsentirten und resp. eingelösten Rentenbriefe der Provinz Schlesien nebst den dazu gehörigen Zins-Coupons und zwar:

   75 Stück Litt. A. à 1000 Thlr. im Werthe von 75,000 Thlr.
   20   „   „   B. à   500   „   „   „   10,000   „
   57   „   „   C. à   100   „   „   „   5,700   „
   48   „   „   D. à   25   „   „   „   1,200   „
   372   „   „   E. à   10   „   „   „   3,720   „

Zusammen 572 Stück im Werthe von .... 95,620 Thlr.

Die Vernichtung geschah durch Feuer, welches in Gemäßheit der §§. 46 und 48 des Rentenbank-Gesetzes vom 2ten März 1850 hiermit registrirt wird.

       v.   g.   u.
      gez. Kraker v. Schwarzenfeld.   Franck.
   (L. S.)   Friedrich Albert Heinrich Leopold Horst, Justizrath und Notar.
         a.   u.
      gez. v. Zschock.   Partowitz.

wird hiermit zur öffentlichen Kenntniß gebracht. Breslau, den 16. Mai 1863.
Königliche Direction der Rentenbank für die Provinz Schlesien.

(258) Die Erlaubniß zum Predigen erhielten nach bestandener Prüfung pro venia concionandi die Candidaten der Theologie:
1) Benjamin Max Gustav Deutschmann aus Wiegandsthal; 2) Heinrich Paul Engelmann aus Rostersdorf, Kreis Steinau; 3) Ernst Gustav Adolph Ludwig aus Teichenau bei Schweidnitz; 4) Heinrich Bernhard Mandel aus Sandewalde bei Guhrau; 5) Carl Friedrich Otto Bogislaus Marthen aus Heydau bei Freistadt; 6) Carl Günther Scheibert aus Stettin; 7) Herrmann Paul Tielscher aus Brieg; 8) Carl Friedrich Cornelius Gotthardt Rolffs aus Schweidnitz; 9) Paul Heinrich Emil Tabor aus Heidersdorf bei Nimptsch; 10) Carl Julius Paul Gerhardt aus Schwoitsch bei Breslau; 11) Georg Eduard Meyer aus Trebnitz.

Das Zeugniß der Wählbarkeit zum geistlichen Amte haben nach Absolvirung des Examens pro ministerio erhalten die Candidaten des Predigt-Amtes:
1) der Licentiat der Theologie Paul Richard Gustav Gottwald aus Bunzlau, 25 Jahr alt; 2) Heinrich Herrmann Ewald Klüm aus Brauchitschdorf bei Lüben, 26¼ Jahr alt; 3) Herrmann Julius Adolph Menzel aus Ober-Bielau, Kreis Görlitz, 24½ Jahr alt; 4) Phil. Emil Rauch aus Jauer, 28½ Jahr alt; 5) Wilhelm Ferdinand Rudolph aus Lipprechtrode bei Nordhausen, 31 Jahr alt; 6) Franz Friedrich Schiele aus Neuhaldensleben, Provinz Sachsen, 26¼ Jahr alt; 7) Herrmann Julius Kabelbach aus Wingendorf bei Lauben, 24 Jahr alt; 8) Franz Reinh. Mevius aus Creutzburg, 27½ Jahr alt; 9) Carl Otto Herrmann Meyer aus Bischdorf bei Rosenberg, 27½ Jahr alt; 10) Peter Theodor Hugo Elfora aus Friedrichsgrätz bei Oppeln, 26 Jahr alt; 11) Paul Theodor Wiedmer aus Görlitz, 27½ Jahr alt; 12) Oscar Bergmann aus Brieg, 26¹¹⁄₁₂ Jahr alt; 13) Johann Paul Georg Thiel aus Weigwitz bei Ohlau, 23⁷⁄₁₂ Jahr alt; 14) Johann Gustav Richard Werner aus Görlitz, 25 Jahr alt; (Menzel, Kabelbach und Thiel erst nach erlangtem canonischen Alter.)

Breslau, den 16. April 1863. Königliches Consistorium für die Provinz Schlesien.

(259) In Folge Verfügung des Königlichen Provinzial-Schul-Collegii zu Breslau, d. d. 17ten Januar c., P. S. C. 163, wird in dem hiesigen katholischen Schullehrer-Seminare die Wiederholungs-, Commissions- und Lehrerinnen-Prüfung den 13ten, 14ten, 15ten, 16ten und 17ten Juli, die Präparanden-Prüfung aber den 14ten und 15ten August d. J. abgehalten werden.

Die Meldungen zur Wiederholungs- und Präparanden-Prüfung sind bei Unterzeichnetem spätestens vierzehn Tage vor den betreffenden Terminen, die Bittgesuche um Zulassung zu der Commissions- und Lehrerinnen-Prüfung bis Ende Juni c. an das Königliche Provinzial-Schul-Collegium zu Breslau einzureichen.

A. Den Meldungen zu der Wiederholungs-Prüfung sind beizulegen:
1) das vom Seminar ausgestellte Entlassungs-Zeugniß;
2) Atteste der betreffenden Herren Revisoren und Schulen-Inspectoren über sittliche Führung, Fleiß und Leistungen in der Schule;
3) ein Bericht über berufsmäßige Fortbildung, amtliche Wirksamkeit und dabei gemachte Erfahrungen.

B. Den Gesuchen um Zulassung zu der Commissions-Prüfung sind beizulegen:
1) der Tauf-, resp. Geburtschein;
2) ein von dem betreffenden Kreis-Physicus ausgestelltes Attest über den Gesundheitszustand;
3) Zeugnisse der Orts-Behörde und des Pfarrers über den bisherigen Lebenswandel und die Qualification zum Schulfache;
4) die Nachweise über genossene Erziehung und Bildung und über die Vorbereitung zum Schulfache;
5) ein selbstverfaßter Lebenslauf, aus welchem der bisherige Bildungsgang zu erkennen ist.

C. Den Gesuchen der Präparanden, welche übrigens das 17te Lebensjahr vollendet haben müssen, sind beizulegen:
1) der Taufschein;
2) das Zeugniß über den ersten Empfang des heiligen Abendmahles;
3) ein von dem betreffenden Kreis-Physicus ausgestelltes Attest über den Gesundheitszustand;
4) ein Zeugniß des Präparandenbildners, des Revisors und des Schulen-Inspectors über Fleiß, Kenntnisse und Führung;

5) eine von der Orts-Behörde beglaubigte Erklärung des Vaters oder Vormundes, daß für den nöthigen Unterhalt während der Seminarzeit entsprechend gesorgt werden wird, und
6) ein selbstverfaßter Lebenslauf, auf dessen Titelblatte anzugeben ist: a. der Tauf- und Familienname, b. Tag, Jahr, Ort, Kreis der Geburt, c. Stand und Wohnort des Vaters oder Vormundes, d. der Name des letzten Lehrers, resp. Präparandenbildners.

Sämmtliche Prüflinge haben sich an dem, dem betreffenden ersten Prüfungstage vorangehenden Tage, Abends 6 Uhr, bei Unterzeichnetem persönlich zu melden.

Ober-Glogau, den 22. Mai 1863.

Das Königliche katholische Schullehrer-Seminar. Th. Haagen.

Personal-Chronik.

(256) Der Kreis Cosel ist in zwei Schulen-Inspections-Bezirke getheilt und der Stadtpfarrer Beckert in Cosel zum Schulen-Inspector des I. Antheils ernannt, der Pfarrer Hoffmann in Kostenthal aber als solcher für den II. Antheil bestätigt worden.

Ernannt: der Jäger Schmidt zu Derschau zum Forstaufseher.

Bestätigt: die Vocation des katholischen Lehrer Wlodarz zu Simsdorf.

(257) Zur Personal-Chronik des Ober-Post-Directions-Bezirks Oppeln.

Es sind versetzt worden: der Postsecretair Peschke von Beuthen O. S. nach Breslau, der Post-Expedient Harazim von Beuthen O. S. nach Frankenstein, der Post-Expedient Koneczni von Kattowitz nach Beuthen O. S., der Post-Expedient Mayer von Ruda nach Ratibor, der Briefträger Kahl von Oppeln nach Neisse.

Angestellt: der Post-Expedientenanwärter Wilhelm Tschauner als Post-Expedient bei dem Post-Amte in Oppeln, der Post-Expedientenanwärter Emanuel Bradler als Post-Expedient bei der Post-Expedition in Myslowitz, der Post-Expedientenanwärter Heinrich Klimke als Post-Expedient bei der Post-Expedition in Rybnik, der invalide Gefreite Carl Zeglorz als Packbote bei dem Post-Amte in Ratibor.

Gestorben: der Ober-Post-Secretair Miflis in Oppeln und der Ober-Post-Secretair Kämmerer daselbst.

Entlassen: der Briefträger Kloß in Creutzburg O. S., der Briefträger Krzikalla in Nicolai.

Oppeln, den 11. Mai 1863. Königliche Ober-Post-Direction.

Redaction des Amtsblatts im Regierungs-Gebäude. — Druck von F. Weißhäuser in Oppeln.

Amts-Blatt
der Königlichen Regierung zu Oppeln.

Stück 22.   Oppeln, den 28. Mai   **1863.**

Allgemeine Gesetz-Sammlung.

(264) Das 14te Stück der Gesetz-Sammlung enthält unter

Nr. 5697. Das Gesetz, betreffend die Einführung der Klassensteuer an Stelle der Mahl- und Schlachtsteuer in der Stadt Zaborowo. Vom 9ten Mai 1863.

Nr. 5698. Das Privilegium wegen Ausfertigung einer zweiten Serie von auf den Inhaber lautender Kreis-Obligationen des Mansfelder Seekreises im Betrage von 85,000 Thalern. Vom 16ten März 1863.

Nr. 5699. Das Privilegium wegen Ausfertigung auf den Inhaber lautender Kreis-Obligationen des Pr. Holländer Kreises im Betrage von 60,000 Thalern. Vom 30sten März 1863.

Nr. 5700. Den Allerhöchsten Erlaß vom 13ten April 1863, betreffend die Verleihung der fiscalischen Vorrechte für den Bau und die Unterhaltung einer Kreis-Chaussee im Kreise Teltow, des Regierungs-Bezirks Potsdam, von der Berlin-Kottbuser Staatsstraße in Marienborf ab, bei Marienfelde und Heinersdorf vorbei, über Groß-Beeren nach dem Bahnhofe daselbst.

Nr. 5701. Das Privilegium wegen Ausfertigung auf den Inhaber lautender Kreis-Obligationen des Teltower Kreises im Betrage von 15,000 Thalern. Vom 13ten April 1863.

Nr. 5702. Den Allerhöchsten Erlaß vom 13ten April 1863, betreffend die Errichtung einer Handelskammer für den Kreis Dortmund.

Nr. 5703. Den Allerhöchsten Erlaß vom 13ten April 1863, betreffend die Verleihung der fiscalischen Vorrechte in Bezug auf den Bau und die Unterhaltung des oberen Theiles der Wiedbach-Straße von Waldbreitbach über Roßbach nach St. Catharinen bei Lorscheid an der alten Linz-Asbacher Straße im Kreise Neuwied; und unter

Nr. 5704. Die Bekanntmachung, betreffend die Allerhöchste Bestätigung der von der Vereinigungs-Gesellschaft für Steinkohlenbau im Wurmrevier beschlossenen Abänderung ihrer Statuten. Vom 9ten Mai 1863.

Bekanntmachungen der Königlichen Regierung.

(266) Dem Maschinenbauer R. Ziegler in Berlin ist unter dem 16ten Mai 1863 ein Patent auf eine durch Modell nachgewiesene Nähmaschine, soweit dieselbe für neu und eigenthümlich erachtet worden ist,

auf fünf Jahre, von jenem Tage an gerechnet und für den Umfang des Preußischen Staats ertheilt worden. Oppeln, den 28. Mai 1863.

(267) Das den Fabrikanten J. R. Ottenheimer, Albert Ottenheimer und Adolph Ottenheimer in Stuttgart unter dem 24sten December 1861 ertheilte Einführungs-Patent auf eine für neu und eigenthümlich erkannte Ausführung des Zeugbaumes für Webstühle zur Corsetweberei, ohne Jemand in der Benutzung bekannter Theile zu beschränken,

ist aufgehoben worden. Oppeln, den 28. Mai 1863.

(268) Dem Kaufmann Ludwig Loewe in Berlin ist unter dem 20sten Mai d. J. ein Patent auf eine Zange zum Schränken der Zähne an Sägen in der durch Modell, Zeichnung und Beschreibung nachgewiesenen, als neu und eigenthümlich erkannten Ausführung, ohne Jemand in der Benutzung bekannter Theile zu beschränken,

auf fünf Jahre, von jenem Tage an gerechnet und für den Umfang des Preußischen Staats ertheilt worden. Oppeln, den 28. Mai 1863.

(270) Das dem Ingenieur J. H. Habrich zu Sudenburg bei Magdeburg unter dem 15ten Februar 1862 ertheilte Patent

auf einen, in Zeichnung und Beschreibung nachgewiesenen, als neu und eigenthümlich erkannten Dekantir-Apparat für Scheideschlamm der Zuckerfabriken und ähnliche Substanzen, ist aufgehoben worden. Oppeln, den 28. Mai 1863.

Bekanntmachungen verschiedener Behörden.

(261) **Aufkündigung** von ausgelooften Rentenbriefen der Provinz Schlesien. Bei der heute in Gemäßheit der Bestimmungen §§. 41 u. folg. des Rentenbank-Gesetzes vom 2ten März 1850 im Beisein der Abgeordneten der Provinzial-Vertretung und eines Notars stattgehabten Verloosung der nach Maaßgabe des Tilgungs-Plans zum 1sten October 1863 einzulösenden Rentenbriefe der Provinz Schlesien, sind nachstehende Nummern im Werthe von 119,380 Thalern gezogen worden und zwar:

92 Stück Lit. A. à 1000 Thlr.

Nr. 4. 59. 185. 361. 477. 518. 655. 769. 829. 853. 1060. 1513. 2035. 2046. 2319. 2522. 2624. 2730. 2759. 2870. 3080. 3132. 3485. 3688. 3885. 3962. 4022. 4064. 4401. 4633. 5056. 5617. 5685. 6045. 6653. 6854. 6979. 6989. 6992. 7562. 7594. 8145. 8230. 8498. 9355. 9724. 9764. 10,015. 10,063. 10,267. 10,435. 10,668. 12,139. 12,332. 12,473. 12,660. 12,762. 13,024. 13,065. 13,548. 13,563. 13,609. 14,005. 14,649. 14,703. 14,850. 15,013. 16,051. 16,114. 16,300. 16,414. 16,535. 16,782. 17,036. 17,071. 17,473. 17,721. 17,958. 18,352. 18,424. 18,535. 18,539. 18,594. 19,075. 19,171. 19,362. 19,993. 20,055. 20,550. 21,066. 21,253. 21,569.

25 Stück Lit. D. à 500 Thlr.

Nr. 257. 325. 656. 722. 822. 1011. 1079. 1089. 1148. 1378. 2195. 2322. 2675. 2920. 3671. 3904. 4001. 4091. 4157. 4474. 5108. 5346. 5420. 5458. 5470.

83 Stück Lit. C. à 100 Thlr.

Nr. 34. 138. 557. 1084. 1099. 1481. 1726. 2369. 2479. 3455. 3626. 3957. 4161. 4314. 5149. 5428. 5458. 5530. 5599. 5856. 5893. 6312. 6610. 6819. 7053. 7155. 7331. 7927. 8085. 8105. 8386. 8619. 8819. 9567. 9594. 10,371. 11,063. 11,390. 11,408. 11,423. 11,477. 11,665. 11,884. 11,932. 12,178. 12,266. 13,459. 13,514. 13,641. 13,701. 13,776. 14,168. 14,287. 14,830. 14,920. 14,971. 15,331. 15,349. 15,507. 15,577. 15,596. 15,597. 15,673. 15,893. 16,005. 16,053. 16,189. 16,330. 16,465. 16,688. 16,890. 17,235. 17,343. 17,379. 17,473. 17,489. 17,548. 17,646. 17,687. 18,039. 18,486. 18,509. 18,875.

62 Stück Lit. D. à 25 Thlr.

Nr. 218. 303. 593. 990. 1627. 1656. 1688. 1730. 1744. 1889. 2190. 2559. 2648. 2798. 2830. 2960. 3225. 3245. 3247. 3534. 3618. 3744. 4114. 4219. 4405. 4578. 4621. 4688. 4716. 5001. 5466. 5594. 5668. 5834. 5974. 6364. 7129. 7538. 7725. 8089. 8487. 8525. 9164. 9222. 9260. 9494. 10,032. 10,106. 10,117. 10,704. 10,903. 10,976. 11,555. 11,624. 12,166. 12,232. 12,964. 12,999. 13,162. 13,177. 13,282. 13,774.

503 Stück Lit. E. à 10 Thlr.

Nr. 20. 34. 180. 220. 264. 272. 309. 389. 440. 443. 553. 636. 661. 785. 796. 847. 869. 882. 888. 973. 988. 1012. 1017. 1081. 1107. 1128. 1177. 1268. 1326. 1343. 1394. 1449. 1406. 1574. 1604. 1620. 1673. 1678. 1695. 1701. 1729. 1739. 1745. 1750. 1761. 1836. 1839. 1841. 1877. 1949. 1953. 2073. 2113. 2341. 2370. 2501. 2512. 2525. 2605. 2609. 2671. 2729. 2765. 2831. 2842. 2923. 3010. 3018. 3110. 3196. 3197. 3231. 3251. 3300. 3305. 3401. 3426. 3477. 3493. 3525. 3532. 3596. 3626. 3655. 3667. 3692. 3732. 3791. 3792. 3802. 3827. 3904. 3923. 3975. 4048. 4066. 4083. 4180. 4215. 4276. 4412. 4579. 4661. 4750. 4906. 4969. 4994. 5015. 5138. 5176. 5298. 5352. 5367. 5447. 5453. 5454. 5533. 5549. 5604. 5613. 5630. 5662. 5685. 5760. 5774. 5807. 5850. 6009. 6079. 6080. 6128. 6139. 6179. 6244. 6272. 6309. 6351. 6370. 6439. 6455. 6526. 6535. 6595. 6738. 6744. 6771. 6783. 6872. 6901. 6951. 6954. 6991. 7002. 7007. 7053. 7088. 7091. 7102. 7115. 7146. 7175. 7206. 7239. 7247. 7254. 7301. 7342. 7348. 7398. 7445. 7494. 7513. 7531. 7710. 7752. 7768. 7801. 7853. 7859. 8014. 8026. 5059. 6064. 8108. 8171. 8230. 8368. 8411. 8425. 8450. 8521. 8590. 8637. 8643. 8692. 8694. 8710. 8746. 8747. 8774. 8851. 8928. 8993. 9122. 9163. 9208. 9380. 9424. 9441. 9509. 9511.¹ 9552. 9572. 9666. 9689. 9705. 9726. 9731. 9751. 9755. 9767. 9772. 9838. 9868. 9870. 9911. 9997. 10,230. 10,283.

10,285. 10,291. 10,340. 10,347. 10,348. 10,350. 10,385. 10,421. 10,436. 10,470. 10,655.
10,705. 10,745. 10,765. 10,779. 10,768. 10,884. 10,906. 10,957. 10,997. 11,009. 11,051.
11,059. 11,073. 11,145. 11,163. 11,259. 11,271. 11,277. 11,285. 11,300. 11,318. 11,347.
11,367. 11,386. 11,467. 11,504. 11,533. 11,552. 11,555. 11,588. 11,609. 11,624. 11,626.
11,685. 11,708. 11,728. 11,754. 11,779. 11,852. 11,864. 11,874. 11,897. 11,909. 12,002.
12,016. 12,073. 12,094. 12,146. 12,172. 12,173. 12,209. 12,215. 12,258. 12,279. 12,291.
12,396. 12,438. 12,490. 12,545. 12,628. 12,658. 12,716. 12,726. 12,770. 12,775. 12,785.
12,941. 13,005. 13,008. 13,030. 13,058. 13,063. 13,209. 13,246. 13,336. 13,419. 13,512.
13,527. 13,553. 13,608. 13,619. 13,697. 13,708. 13,713. 13,718. 13,742. 13,813. 13,824.
13,828. 13,856. 13,955. 13,991. 14,032. 14,053. 14,064. 14,095. 14,105. 14,117. 14,260.
14,355. 14,373. 14,386. 14,387. 14,368. 14,437. 14,464. 14,468. 14,516. 14,538. 14,561.
14,577. 14,615. 14,621. 14,631. 14,684. 14,702. 14,705. 14,774. 14,790. 14,871. 14,926.
14,965. 15,188. 15,204. 15,275. 15,287. 15,360. 15,393. 15,573. 15,575. 15,593. 15,666.
15,705. 15,718. 15,720. 15,769. 15,811. 15,813. 15,853. 15,862. 15,992. 15,997. 16,022.
16,046. 16,091. 16,185. 16,240. 16,273. 16,337. 16,379. 16,398. 16,455. 16,520. 16,592.
16,618. 16,627. 16,712. 16,753. 16,825. 16,850. 16,902. 16,950. 17,020. 17,075. 17,166.
17,222. 17,229. 17,243. 17,267. 17,286. 17,321. 17,390. 17,434. 17,511. 17,525. 17,601.
17,638. 17,699. 17,714. 17,778. 17,838. 17,897. 17,898. 17,911. 17,939. 18,047. 18,053.
18,092. 18,190. 18,237. 18,281. 18,303. 18,306. 18,338. 18,353. 18,377. 18,391. 18,395.
18,398. 18,443. 18,450. 18,503. 18,522. 18,527. 18,548. 18,560. 18,561. 18,594. 18,620.
18,654. 18,655. 18,690. 18,691. 18,749. 18,800. 18,822. 18,842. 18,804. 18,871. 18,985.
18,990. 19,014. 19,017. 19,032. 19,048. 19,060. 19,065. 19,101. 19,103. 19,138. 19,166.
19,198. 19,200. 19,209. 19,215. 19,217. 19,295. 19,367. 19,384. 19,400. 19,401. 19,411.
19,414. 19,433. 14,454. 19,459. 19,479. 19,489. 19,499. 19,510. 19,546. 19,568. 19,606.
19,664. 19,695. 19,717. 19,759. 19,768. 19,818. 19,832. 19,841. 19,946. 19,952.

Indem wir die vorstehend bezeichneten Rentenbriefe zum 1sten October 1863 hiermit kündigen, werden die Inhaber derselben aufgefordert, den Nennwerth gegen Zurücklieferung der Rentenbriefe nebst den dazu gehörigen Zins-Coupons Serie II. Nr. 11 bis 16, so wie gegen Quittung
in term. **den 1sten October 1863** und die folgenden Tage, mit Ausschluß der Sonn- und Festtage bei unserer Casse — Sandstraße Nr. 10 hierselbst — in den Vormittagsstunden von 9 bis 1 Uhr
baar in Empfang zu nehmen.

Die Empfangnahme der Valuta kann, nach Maaßgabe der Bestände unserer Casse, auch schon früher und zwar schon von jetzt an geschehen, in diesem Falle jedoch nur gegen Abzug der Zinsen von 4 pro Cent für die Zeit vom Zahlungstage bis zum Verfalltage, den 1sten October 1863, worauf die Inhaber der verloosten Rentenbriefe hiermit besonders aufmerksam gemacht werden.

Bei der Präsentation mehrerer Rentenbriefe zugleich, sind solche nach den verschiedenen Apoints und nach der Nummerfolge geordnet, mit einem besonderen Verzeichniß vorzulegen.

Auch ist es bis auf Weiteres gestattet, die gekündigten Rentenbriefe unserer Casse mit der Post, aber frankirt und unter Beifügung einer gehörigen Quittung auf besonderem Blatte über den Empfang der Valuta einzusenden und die Uebersendung der letzteren auf gleichem Wege, natürlich auf Gefahr und Kosten des Empfängers, zu beantragen.

Vom 1sten October 1863 ab findet eine weitere Verzinsung der hiermit gekündigten Rentenbriefe nicht statt und der Werth der etwa nicht mit eingelieferten Coupons Serie II. Nr. 11 bis 16 wird bei der Auszahlung vom Nennwerthe der Rentenbriefe in Abzug gebracht.

Zugleich wird hiermit bekannt gemacht, daß von den früher verloosten Rentenbriefen der Provinz Schlesien, seit deren Fälligkeit bereits zwei Jahre und darüber verflossen sind, folgende zur Einlösung bei der Rentenbank-Casse noch nicht präsentirt worden sind, und zwar aus den Fälligkeits-Terminen:

a. **vom 1sten October 1855:**
Lit. D. Nr. 6618. à 25 Thlr.

b. **vom 1sten October 1857:**
Lit. E. Nr. 1854. à 10 Thlr.

c. **vom 1sten April 1858:**
Lit. D. Nr. 7972 à 25 Thlr.

Lit. E. Nr. 1852. 1979. 3925. 5178. 5412. 11,947. à 10 Thlr.

d. vom 1sten October 1858:
Lit. E. Nr. 8284 à 10 Thlr.

e. vom 1sten April 1859:
Lit. B. Nr. 2152 à 500 Thlr.
Lit. C. Nr. 1206. 5256. 8021. 10,703. 14,945. 15,501. à 100 Thlr.
Lit. D. Nr. 7335. 8823. 9919. à 25 Thlr.
Lit. E. Nr. 46. 2623. 4739. 5619. 16,038. 18,154. à 10 Thlr.

f. vom 1sten October 1859:
Lit. A. Nr. 18,649. 19,705. à 1000 Thlr.
Lit. C. Nr. 7290. 7329. 15,276. 17,337. à 100 Thlr.
Lit. D. Nr. 7667. 7693. 10,561. 10,769. a 25 Thlr.
Lit. E. Nr. 308. 327. 331. 563. 751. 1163. 1303. 1328. 1356. 1616. 1782. 1830. 2205. 2242. 2327. 2562. 2656. 2963. 3008. 3125. 3215. 3304. 3354. 3990. 4117. 4122. 4245. 4500. 4527. 4623. 4636. 4952. 5058. 5110. 5253. 5300. 5411. 5463. 5629. 5633. 5635. 5778. 5823. 5867. 6024. 6226. 6245. 6326. 6353. 6421. 6447. 6550. 6793. 7159. 7163. 7187. 7254. 7255. 7325. 7394. 7577. 7637. 7844. 7954. 8308. 8386. 8414. 8517. 8912. 9113. 9116. 9150. 9336. 9484. 9515. 9694. 9808. 9834. 9835. 9858. 9859. 9980. 10,005. 10,123. 10,334. 10,478. 10,505. 10,536. 10,578. 10,703. 10,801. 11,121. 11,153. 11,212. 11,411. 11,483. 11,765. 11,935. 11,984. 12,024. 12,104. 12,116. 12,232. 12,414. 12,646. 12,660. 12,711. 12,740. 12,755. 12,784. 12,899. 13,147. 13,272. 13,289. 13,418. 13,561. 13,795. 13,825. 14,038. 14,098. 14,168. 14,156. 14,281. 14,296. 14,360. 14,454. 14,530. 14,761. 15,076. 15,265. 15,348. 15,440. 15,556. 15,646. 15,661. 15,716. 16,107. 16,109. 16,114. 16,397. 16,573. 16,670. 16,755. 16,797. 16,972. 16,973. 17,156. 17,180. 17,185. 17,684. 17,764. 17,925. 18,113. 18,201. 18,248. 18,257. 18,275. 18,277. 18,380. 18,545. 18,617. à 10 Thlr.

g. vom 1sten April 1860:
Lit. A. Nr. 10,797. 12,435. 14,661. à 1000 Thlr.
Lit. B. Nr. 5525. 5528. à 500 Thlr.
Lit. C. Nr. 4137. 7854. 9678. 12,185. 12,891. 15,173. à 100 Thlr.
Lit. D. Nr. 56. 1278. 3443. 4403. 4406. 6620. 9721. 9964. à 25 Thlr.
Lit. E. Nr. 63. 150. 550. 817. 850. 1223. 1567. 1900. 2975. 3398. 3603. 4398. 4419. 4544. 4822. 5366. 5465. 5748. 6059. 6646. 6707. 6778. 7183. 7403. 7471. 7641. 8352. 8719. 8741. 9061. 9111. 9198. 9211. 9581. 9754. 10,261. 10,272. 10,800. 10,807. 11,231. 11,995. 12,078. 13,112. 13,433. 14,099. 14,149. 14,167. 14,169. 14,189. 14,362. 14,712. 15,075. 15,077. 15,710. 15,831. 15,917. 16,590. 16,757. 17,178. 17,465. 17,938. 18,458. 18,671. 18,758. à 10 Thlr.

h. vom 1sten October 1860:
Lit. A. Nr. 2746. 10,378. 12,767. 14,787. à 1000 Thlr.
Lit. B. Nr. 4978. à 500 Thlr.
Lit. C. Nr. 3789. 6596. 7963. 9150. 10,772. 11,461. 13,811. 17,129. 17,575. à 100 Thlr.
Lit. D. Nr. 3560. 3661. 3772. 4306. 4885. 5213. 5961. 7474. 9028. 9728. 11,022. 13,011. 13,485. à 25 Thlr.
Lit. E. Nr. 56. 78. 266. 301. 391. 400. 836. 905. 1111. 1382. 1689. 2064. 2328. 2832. 2979. 3080. 3223. 3410. 3518. 3552. 4121. 4124. 4279. 4414. 4769. 4871. 5076. 5169. 5319. 5405. 5429. 5679. 5752. 5806. 5962. 6795. 7047. 7069. 7182. 7246. 7456. 7674. 7798. 8167. 8667. 8890. 8984. 9242. 9394. 9596. 9675. 10,056. 10,057. 10,164. 10,712. 11,004. 11,136. 11,452. 12,156. 12,496. 12,591. 12,644. 12,695. 12,755. 12,758. 12,834. 13,465. 14,134. 14,777. 14,919. 14,984. 14,987. 15,049. 15,324. 15,451. 15,485. 15,755. 15,777. 15,833. 16,003. 16,292. 16,314. 16,716. 16,808. 16,896. 17,241. 17,320. 17,467. 17,649. 17,690. 18,105. 18,199. 18,335. 18,341. 18,478. 18,647. 18,669. 18,741. 18,776. 19,003. 19,083. 19,120. à 10 Thlr.

1. vom 1ften April 1861:

Lit. A. Nr. 574. 4224. 5791. 5803. 7232. 8220. 8497. à 1000 Thlr.
Lit. C. Nr. 1478. 3293. 7084. 8527. 9581. 12,688. 14,401. 14,547. 15,821. 15,685. 16,816. 17,964. à 100 Thlr.
Lit. D. Nr. 1551. 2446. 2803. 4741. 6331. 6609. 8123. 8720. 8766. 10,809. 12,400. 12,493. 13,924. 14,057. à 25 Thlr.
Lit. E. Nr. 41. 136. 137. 248. 349. 350. 654. 721. 1334. 1510. 1618. 1623. 1781. 2838. 2959. 3085. 3212. 3301. 3593. 4202. 4637. 4860. 4591. 5293. 5542. 5914. 5961. 6117. 6371. 6637. 6794. 7078. 7335. 7365. 7406. 7498. 7529. 7984. 7997. 6066. 8249. 8380. 8473. 9422. 9578. 9701. 9894. 9974. 10,326. 10,633. 10,814. 10,856. 11,455. 11,832. 11,973. 12,515. 13,311. 13,488. 14,306. 14,475. 14,693. 14,771. 14,818. 14,841. 14,865. 14,971. 15,596. 15,698. 15,776. 15,946. 16,539. 17,016. 17,232. 17,384. 17,463. 17,537. 17,693. 17,966. 18,223. 18,235. 18,336. 18,813. 18,421. 18,579. 18,694. 18,783. 18,852. 19,097. 19,273. 19,333. à 10 Thlr.

Die ausgeloosten Rentenbriefe verjähren nach §. 44 des Rentenbankgesetzes binnen zehn Jahren.
Breslau, den 16. Mai 1863.
Königliche Direction der Rentenbank für die Provinz Schlesien.

(262) Mit Bezug auf die Amtsblatt-Bekanntmachung des Königlichen Finanz-Ministeriums vom 12ten December 1841, Stück 52, wird hiermit zur allgemeinen Kenntniß gebracht, daß die dem Uebergangs-Steuer-Amte zu Gassenreuth, im Haupt-Amts-Bezirke Plauen, Königreich Sachsen, zustehende Befugniß, mit dem Anspruche auf Rückvergütung der Branntweinsteuer ausgehenden Branntwein zum Ausgange abzufertigen, mit Ablauf d. Mts. aufgehoben wird.
Breslau, den 18. Mai 1863. Der Provinzial-Steuer-Director.
In Vertretung: Der Ober-Regierungs-Rath. Reinhard.

(266) Die durch den Ministerial-Erlaß vom 6ten October 1854 angeordnete **Wiederholungs-** und **Nachprüfung**, durch welche das Recht der definitiven Anstellung als Elementarlehrer erworben werden kann, ist im evangelischen **Schullehrer-Seminar zu Steinau a. d. O.**

auf den 17ten und 18ten Juni c.

anberaumt. Da diese Prüfung frühestens zwei, spätestens fünf Jahre hinter der ersten abzulegen ist, so können alle diejenigen Schulamts-Candidaten, welche vor dem 15ten Juli 1861 ihre Abiturienten-, resp. Commissions-Prüfung bestanden haben, an derselben Theil nehmen.
Zu diesem Zwecke haben sie bis zum 6ten Juni c. sich bei der unterzeichneten Königlichen Regierung schriftlich zu melden und ihrer Meldung beizulegen:
1) das bei der ersten Prüfung erhaltene Zeugniß;
2) ein von dem betreffenden Herrn Superintendenten mit vollzogenes Führungs-Attest derjenigen Revisoren, unter deren Aufsicht sie in der Schule gearbeitet haben;
3) einen nicht über einen Bogen langen Bericht über ihre amtliche Wirksamkeit und die bei dieser gemachten Erfahrungen.

Die persönliche Meldung bei dem Herrn Seminar-Director Jungklaas findet am 16ten Juni, Nachmittags um 5 Uhr, statt. Breslau, den 12. Mai 1863.
Königliche Regierung. Abtheilung für Kirchen- und Schulwesen.

(267) Am Königlichen Schullehrer-Seminar zu Steinau a. d. O. wird die diesjährige **Rectorats-Prüfung**

am 16ten und 17ten Juni c.

abgehalten werden. — Der auf dem vorschriftsmäßigen Stempelbogen bis zum 6ten Juni c. einzureichenden Meldung haben die Candidaten beizulegen:
1) das Universitäts-Abgangszeugniß;
2) die Zeugnisse der ersten und zweiten theologischen Prüfung, sofern die Candidaten diese gemacht und bestanden haben;
3) ein Führungs-Zeugniß vom Superintendenten ihrer Diöcese;
4) einen Lebenslauf, auf dessen Titel speciell anzugeben ist:
    a. Tag, Jahr, Ort und Kreis der Geburt,
    b. Wohnort und Kreisstadt,
    c. in welchem Jahr, und wo der Candidat studirt hat,

d. ob und welche theologische und pädagogische Prüfungen derselbe gemacht hat, mit bestimmter Angabe der Zeit.

Die Rectorats-Candidaten haben sich am 15ten Juni c., Nachmittags um 5 Uhr, bei dem Königlichen Seminar-Director Jungklaaß persönlich zu melden.

Breslau, den 12. Mai 1863.   Königliches Provinzial-Schul-Collegium.

Personal-Chronik.

(289) Der Regierungs-Assessor Heidfeld ist dem hiesigen Regierungs-Collegio überwiesen — der Hegemeister Illgner zu Jankowitz mit Pension in den Ruhestand versetzt — und der Oberförster-Candidat von Schlebrügge daselbst als interimistischer Revierförster angestellt worden.

Verliehen: dem ersten Wachtmeister in der 6ten Gensdarmerie-Brigade Drzemalla die Schleusenmeisterstelle an der Oberschiffsschleuse zu Cosel.

Bestätigt: die Vocation des katholischen Lehrers Gniella in Kochtcjütz.

Redaction des Amtsblatts im Regierungs-Gebäude. — Druck von F. Weißhäuser in Oppeln.

Amts-Blatt
der Königlichen Regierung zu Oppeln.

Stück 23. Oppeln, den 4. Juni **1863.**

(280) Allerhöchster Erlaß an das Haus der Abgeordneten.

Ich habe die Adresse des Hauses der Abgeordneten vom 22sten d. M. erhalten.

Wenn die Erwiderung auf Meine Botschaft vom 20sten d. M. nur der bereits zur Berathung gestellten Adresse einleitend hinzugefügt worden ist, so steht dies Verfahren mit den früher und jetzt wiederholten Versicherungen ehrfurchtsvoller Gesinnungen gegen Mich nicht im Einklange.

Eine Bethätigung dieser Gesinnungen kann Ich auch in der vom Hause ausgesprochenen Voraussetzung nicht finden, daß Mir die Absichten des Hauses und die Wünsche des Landes nicht der Wahrheit getreu vorgetragen werden. Das Abgeordnetenhaus sollte es wissen, daß Mir die Lage des Landes wohl bekannt ist, daß Preußens Könige in und mit ihrem Volke leben, und daß sie ein klares Auge und ein warmes Herz für die wahren Bedürfnisse des Landes haben.

Auch über die Vorgänge in der Sitzung vom 11ten d. M. war Ich genau und wahrheitsgetreu unterrichtet. Es hätte deshalb der Einreichung des stenographischen Berichts über dieselbe nicht bedurft.

Die Thatsache steht fest, daß das Präsidium einem Meiner Minister nicht nur unterbrochen und ihm Schweigen geboten, sondern ihm auch, durch Vertagung der Sitzung, das wieder ertheilte Wort sofort entzogen hat. Diesem Akte konnte keine andere Deutung gegeben werden, als daß es sich um eine Anwendung der Disziplinargewalt des Präsidiums gehandelt habe.

In seinen Rückäußerungen auf die Schreiben des Staats-Ministeriums vom 11ten und 16ten d. M. hat das Haus der Abgeordneten es vermieden, sich über den Hauptpunkt auszusprechen. Auch die Adresse versucht ihn zu umgehen. Wenn es in derselben jedoch heißt:

„das Haus hat von den Ministern keine Verzichtleistung auf ihre verfassungsmäßige selbstständige Stellung gefordert,"

so sehe Ich hierin neben dem Anerkenntniß, daß die Vertreter der Krone — wie selbstverständlich — der Disziplinargewalt des Präsidiums überhaupt nicht unterworfen sind, insbesondere die Zusicherung, daß auch das Haus einen unberechtigten Anspruch in dieser Beziehung nicht ferner erhebt.

Hätte das Haus eine solche Aeußerung rechtzeitig gethan, so würde es keine Veranlassung zu der grundlosen Beschuldigung gefunden haben, daß Meine Minister durch das Abbrechen der persönlichen Verhandlung mit dem Hause die Erfüllung des Zweckes dieser Session vereitelt hätten.

Darnach würde Ich Meine Minister haben veranlassen können, die Verhandlungen mit dem Hause wieder aufzunehmen und von Neuem zu versuchen, ob und in wie weit dieselben einem befriedigenden Abschlusse entgegengeführt werden konnten. Allein das Haus hat in seiner Adresse selbst jede Hoffnung auf irgend ein ersprießliches Resultat der fortgesetzten Verhandlungen abgeschnitten.

Die Adresse beklagt, daß in den letzten drei Monaten die Rückkehr zu den verfassungsmäßigen Zuständen nicht erfolgt sei. Meine Minister haben es an den zur Erzielung eines gesetzlich geordneten Staatshaushalts erforderlichen Vorlagen nicht fehlen lassen, sie tragen nicht die Verantwortung dafür, daß die Beschlußnahme über diese bisher nicht erfolgt ist, vielmehr hat das Haus Zeit und Kräfte auf Berathungen und Diskussionen verwendet, deren Tendenz und Form schon seit längerer Zeit Zweifel an einem die Landes-Interessen fördernden Resultat der Verhandlungen erwecken mußten.

Die Behauptung, daß Meine Minister verfassungswidrige Grundsätze ausgesprochen und bethätigt haben, sowie daß die wichtigsten Rechte der Volksvertretung mißachtet und verletzt worden seien, entbehrt jeder thatsächlichen Begründung. Es wäre Sache des Hauses gewesen, den Nachweis dieser Behauptung wenigstens zu versuchen und die vermeintlich mißachteten Vorschriften der Verfassungs-Urkunde zu bezeichnen. In dieser Hinsicht wird jedoch nichts weiter angeführt, als daß Meine Minister ihre Mitwirkung zur Vereinbarung eines Gesetzes über die Minister-Verantwortlichkeit für jetzt abgelehnt haben. Ebenso wenig wie den früheren Ministern kann aber den gegenwärtigen eine Verfassungs-Verletzung aus dem Grunde zum Vorwurfe gemacht werden, daß sie eine weitere Vertagung dieser Gesetzgebung, für welche ein bestimmter Zeitpunkt nicht vorgeschrieben ist, den Interessen des Landes für entsprechend halten.

Die Haltung, welche die Mehrheit des Hauses beobachtet hat, so oft die Beziehungen Preußens zum Auslande in den Kreis seiner Erörterungen gezogen worden sind, hat Mich mit tiefem Leidwesen erfüllt. Man hat die auswärtige Politik Meiner Regierung aus einem schroffen Standpunkt des inneren Partei-Interesses beurtheilt, und einzelne Mitglieder des Hauses haben sich so weit vergessen, mit Verweigerung der Mittel selbst zu einem gerechten Kriege zu drohen. Dieser Haltung entsprechen die Behauptungen der Adresse über die auswärtigen Verhältnisse Preußens und die daran geknüpften Anschuldigungen gegen Meine Regierung. Der Wirklichkeit entsprechen sie nicht. Die Stellung Preußens ist nicht isolirter als die anderer europäischer Staaten; eben so wenig aber, wie die übrigen Mächte, kann Preußen sich unter den gegebenen Verhältnissen der Nothwendigkeit entziehen, den gegenwärtigen Bestand seiner Wehrkraft ungeschmälert aufrecht zu erhalten.

Wenngleich Ich nicht gesonnen bin, patriotischen Beirath auch in Fragen der auswärtigen Politik von der Hand zu weisen, so kann ein solcher doch nur dann von Werth sein, wenn er sich auf volle Kenntniß aller einschlagenden Verhältnisse und Verhandlungen stützt. Wird über Nichtbefolgung dieses Rathes aber Beschwerde erhoben, so liegt darin ein unberechtigter Versuch des Hauses, den Kreis seiner verfassungsmäßigen Befugnisse zu erweitern.

Unter allen Umständen ist und bleibt es ausschließlich Mein, durch Art. 48 der Verfassungs-Urkunde verbrieftes Königliches Recht, über Krieg und Frieden zu befinden.

In dieser wie in jeder anderen Beziehung ist es Meine Pflicht, den auf Gesetz und Verfassung beruhenden Umfang Königlicher Gewalt ungeschmälert zu wahren, und das Land vor den Gefahren zu behüten, welche eine Verlegung des Schwerpunktes Unseres gesammten öffentlichen Rechtsbestandes in ihrem Gefolge haben würde. Mit allem Ernste muß Ich dem Bestreben des Hauses der Abgeordneten entgegentreten, sein verfassungsmäßiges Recht der Theilnahme an der Gesetzgebung als ein Mittel zur Beschränkung der verfassungsmäßigen Freiheit Königlicher Entschließungen zu benutzen. Ein solches Bestreben giebt sich darin kund, daß das Haus der Abgeordneten seine Mitwirkung zu der gegenwärtigen Politik Meiner Regierung ablehnt und einen Wechsel in der Person Meiner Rathgeber und Meines Regierungs-Systems verlangt. Dem Artikel 45 der Verfassungs-Urkunde entgegen, wonach der König die Minister ernennt und entläßt, will das Haus Mich nöthigen, mit Ministern zu umgeben, welche ihm genehm sind; es will dadurch eine verfassungswidrige Alleinherrschaft des Abgeordnetenhauses anbahnen. Dies Verlangen weise Ich zurück. Meine Minister besitzen mein Vertrauen, ihre amtlichen Handlungen sind mit Meiner Billigung geschehen, und Ich weiß es ihnen Dank, daß sie angelegen sein lassen, dem verfassungswidrigen Streben des Abgeordnetenhauses nach Macht-Erweiterung entgegen zu treten.

Unter der Mitwirkung, welche das Haus Meiner Regierung zu verweigern erklärt, kann Ich nur diejenige verstehen, zu welcher das Haus verfassungsmäßig berufen ist, da eine andere weder von ihm beansprucht werden kann, noch von Meiner Regierung verlangt worden ist.

Angesichts einer solchen Weigerung, welche überdies durch den Gesammtinhalt und die Sprache der Adresse, so wie durch das Verhalten des Hauses während der verflossenen 4 Monate in ihrer Bedeutung klar gestellt wird, läßt eine fernere Dauer der gegenwärtigen Session keine Resultate erwarten, sie würde den Interessen des Landes, weder seiner inneren Lage noch seinen auswärtigen Beziehungen nach, entsprechen.

Auch Ich suche, wie Meine Vorfahren, den Glanz, die Macht und die Sicherheit Meiner Regierung in dem gegenseitigen Bande des Vertrauens und der Treue zwischen Fürst und Volk. Mit des Allmächtigen Hülfe wird es Mir gelingen, die sträflichen Versuche zu vereiteln, welche auf Lockerung dieses Bandes gerichtet sind. In Meinem Herzen steht das Vertrauen auf die treue Anhänglichkeit des preußischen Volkes an sein Königshaus zu fest, als daß es durch den Inhalt der Adresse des Abgeordnetenhauses erschüttert werden sollte. Gegeben Berlin, den 26. Mai 1863.
Wilhelm.

(281) **Rede des Minister-Präsidenten von Bismarck-Schönhausen beim Schlusse der Landtags-Session am 27ten Mai 1863.**

Erlauchte, edle und geehrte Herren von beiden Häusern des Landtages!

Seine Majestät der König haben mir den Auftrag zu ertheilen geruht, die Sitzungen der beiden Häuser des Landtages der Monarchie in Allerhöchst-Ihrem Namen zu schließen.

Die Regierung Seiner Majestät hatte bei der Eröffnung dieser Sitzungsperiode den Wunsch und das Bestreben kund gegeben, ein einmüthiges Zusammenwirken mit den beiden Häusern des Landtages herzustellen. Die bestehende Verfassung und die gemeinsame Hingebung für das Wohl des Landes und die Ehre der Krone war als die Grundlage bezeichnet worden, auf welcher dieses Ziel zu erreichen sein werde. Nach dem Ergebniß der Thätigkeit des Landtags in den verflossenen vier Monaten ist dieser Wunsch jedoch im Wesentlichen unerfüllt geblieben. Es sind zwar einige Spezialgesetze, welche erwünschte Verbesserungen der bestehenden Gesetzgebung bezwecken, zur Erledigung gekommen. Auch haben die Vorschläge zur Verbesserung der Lage der hülfsbedürftigen Invaliden die Zustimmung des Landtages erhalten. Eben so kann mit Befriedigung hervorgehoben werden, daß die Uebereinkunft der Elb-Uferstaaten über die Regulirung des Elbzolls, so wie die Handels- und Schifffahrts-Verträge mit der Königlich-Belgischen Regierung ihre bereits Aufnahme gefunden haben. Dagegen ist die Berathung des Staatshaushalts-Etats für das laufende Jahr, obwohl derselbe sogleich mit dem Beginne der Sitzungen vorgelegt worden, nicht zum Abschluß gebracht.

Das Haus der Abgeordneten ist schon durch die Kundgebungen, von welchen der Beginn seiner Arbeiten begleitet war, insbesondere aber durch die an des Königs Majestät gerichtete Adresse vom 29sten Januar d. J. in einen schroffen Gegensatz zu der Regierung getreten, und obgleich an dasselbe durch den Allerhöchsten Erlaß vom 3ten Februar d. J. die ernste Aufforderung ergangen war, sowohl durch Anerkennung der in der Verfassung den verschiedenen Gewalten gesetzten Schranken, als durch bereitwilliges Eingehen auf die landesväterlichen Absichten Seiner Majestät des Königs das Werk der Verständigung zu ermöglichen, so ist doch das Haus in seiner dieser Verständigung widerstrebenden Haltung verblieben; namentlich hat dasselbe durch weit greifende Verhandlungen über die auswärtige Politik die Wirksamkeit der Regierung Seiner Majestät zu lähmen gesucht und dadurch die Aufreizung in den an Polen grenzenden Provinzen wesentlich gesteigert. Das Haus der Abgeordneten hat nicht Bedenken getragen, den Entstellungen und Angriffen der Gegner der Preußischen Regierung Ausdruck zu geben und Besorgnisse wegen äußerer Gefahren und kriegerischer Verwickelungen zu erregen; zu denen die Beziehungen der Regierung Seiner Majestät zu den auswärtigen Mächten keine begründete Veranlassung geben. Schließlich hat das Haus in der Adresse vom 22sten d. Mts. der Regierung die ihm verfassungsmäßig obliegende Mitwirkung überhaupt zu versagen erklärt; hiermit ist der Schluß seiner Berathungen unvermeidlich geboten.

Die Regierung Seiner Majestät kann es nur tief beklagen, daß die Erledigung der dem Landtage vorgelegten Finanz-Gesetze, und namentlich die zeitige Feststellung des Staatshaushalts-Etats für das Jahr 1863 auf diese Weise vereitelt worden ist, und behält sich die Entschließung über die Wege vor, auf welchen dieselbe zum Abschluß zu bringen sein werden.

Die Regierung Seiner Majestät erkennt den vollen Ernst ihrer Aufgabe und die Größe der Schwierigkeiten, welche ihr entgegentreten; sie fühlt sich aber stark in dem Bewußtsein, daß es die Bewährung der wichtigsten Güter des Vaterlandes gilt, und wird daher auch das Vertrauen festhalten, daß eine besonnene Würdigung dieser Zustände schließlich zu einer dauernden Verständigung mit der Landesvertretung führen und eine gedeihliche Entwickelung unseres Verfassungslebens ermöglichen werde.

Im Allerhöchsten Auftrage Seiner Majestät des Königs erkläre ich hiermit die Sitzung der beiden Häuser des Landtages für geschlossen.

Bekanntmachungen der höchsten Staats-Behörden.

(249) **Bekanntmachung**
wegen Ausreichung neuer Zinscoupons Ser. II. und Talons zu den Schuldverschreibungen der 5procentigen Preußischen Staats-Anleihe von 1859.

Die den Zeitraum vom 1sten Juli 1863 bis 30sten Juni 1867 umfassenden Zinscoupons Ser. II. nebst Talons zu den Schuldverschreibungen der fünfprocentigen Staats-Anleihe von 1859 wird die Controle der Staatspapiere hierselbst, Oranienstraße Nr. 92, vom 1sten Juni d. J. ab von 9 bis 1 Uhr Vormittags, mit Ausnahme der Sonn- und Festtage und der drei letzten Tage jedes Monats, ausreichen.

Dieselben können bei der gedachten Controle selbst in Empfang genommen, oder durch Vermittlung der Königlichen Regierungs-Hauptkassen bezogen werden.

Wer das Erstere wünscht, hat die mit der ersten Coupon-Serie ausgegebenen Talons vom 1ten Juni 1859 mittelst eines Verzeichnisses, zu welchem Formulare bei der Controle und in Hamburg bei dem Preußischen Ober-Postamte kneutgeldlich zu haben sind, bei der Controle der Staatspapiere persönlich oder durch einen Beauftragten abzugeben. Genügt dem Einreicher eine nummerirte Marke als Empfangs-Bescheinigung, so ist das erwähnte Verzeichniß nur einfach einzureichen, wogegen dasselbe von denen, welche eine schriftliche Bescheinigung über die Abgabe der Talons zu erhalten wünschen, doppelt abzugeben ist. Es erhalten Letztere das eine Exemplar des Verzeichnisses mit einer schriftlichen Empfangs-Bescheinigung versehen sofort zurück.

Die Marke oder Empfangs-Bescheinigung ist bei der Aushändigung der neuen Coupons zurückzugeben. In Schriftwechsel hierüber kann sich die Controle der Staatspapiere nicht einlassen.

Wer die Talons vom 11ten Juni 1859 zur Erlangung neuer Coupons und Talons nicht selbst oder durch einen Anderen bei der Controle abgeben will, hat sie mit einem doppelten Verzeichnisse an die nächste Regierungs-Hauptcasse einzureichen. Dieselbe wird das eine Exemplar des Verzeichnisses mit einer Empfangs-Bescheinigung versehen sogleich zurückerhalten, welches demnächst bei Aushändigung der Coupons wieder abzuliefern ist.

Formulare zu diesen letztern Verzeichnissen sind bei den Regierungs-Hauptcassen und den von den Königlichen Regierungen in den Amtsblättern zu bezeichnenden Cassen unentgeltlich zu haben.

Des Einreichens der Schuldverschreibungen selbst bedarf es zur Erlangung neuer Coupons und Talons nur dann, wenn die betreffenden älteren Talons abhanden gekommen sind.

Die Documente sind in diesem Falle an eine Regierungs-Hauptcasse oder an die Controle der Staatspapiere mittelst besonderer Eingabe einzureichen.

Die Beförderung der Talons oder resp. der Schuldverschreibungen an die Regierungs-Hauptcasse (nicht an die Controle der Staatspapiere) erfolgt durch die Post bis zum 1sten Februar k. J. portofrei, wenn auf dem Couverte bemerkt ist:

„Talons (resp. Schuldverschreibungen) zu . . . . . Thlr. der 5procentigen Staats-Anleihe von 1859 zum Empfange neuer Coupons."

Mit dem 1sten Februar k. J. hört die Portofreiheit auf. Es werden nach dieser Zeit die neuen Coupons nebst Talons den Einsendern auf ihre Kosten zugesandt.

Für solche Sendungen, die von Orten eingehen oder nach Orten bestimmt sind, welche außerhalb des Preußischen Postbezirks, aber innerhalb des deutschen Postvereinsgebiets liegen, kann eine Befreiung vom Porto nach Maaßgabe der Vereinsbestimmungen nicht stattfinden. Berlin, den 18. Mai 1863.

Haupt-Verwaltung der Staatsschulden.
von Wedell. Gamet. Meineke.

Vorstehende Bekanntmachung wird mit dem Bemerken zur öffentlichen Kenntniß gebracht, daß Formulare zu den Verzeichnissen auch bei den Königlichen Kreis-Steuer-Cassen und bei den Haupt-Zoll-Aemtern zu Landsberg O. S. und Myslowitz unentgeltlich zu haben sind.

Oppeln, den 28. Mai 1863.   Königliche Regierung.

(274) **Fünfter Nachtrag**
zu dem Verzeichnisse derjenigen Straßen, auf welche die Verordnung vom 16ten Januar 1838 wegen der Communications-Abgaben Anwendung findet.

A. Im östlichen Theile des Staats.

8d. Von Rummelsburg über Pollnow nach Cöslin; 24a. von Posen über Rogasen, Wongrowiec, Exin nach Nakel; 24b. von Exin über Janowiec, Klecko nach Gnesen; 30f. von Oppeln über Zellowa, Rosenberg, Landsberg, Zawisna bis zur Landesgrenze; 30g. von Pleschen nach Ostrowo; 30h. von Neustadt a. W. über Murzynno, Schroda nach Kostryn; 30i. von Oels über Medzibor nach Antonia; 31a. von Krotoschin über Kobylin nach Rawicz; 31b. von Trebnitz über Militsch bis zur Bezirksgrenze bei Freyhan; 31c. von Rawicz über Herrnstadt, Winzig, Steinau nach Lüben; 45a. von Neurode über Walditz, Tunschendorf bis zur Landesgrenze auf Braunau; 45b. von Neurode über Buchau, Volpersdorf, Tannenberg, Langenbielau nach Reichenbach; 45c. von Volpersdorf nach Louisenhayn, zum Anschluß an die Glatz-Neuroder Straße; 45d. von Schweidnitz über Waldenburg, Friedland bis zur Landesgrenze; 57c. von der Brieg-Oppelner Staatsstraße über Löwen, Falkenberg, Friedland, Zülz nach Neustadt.

B. Im westlichen Theile des Staats.

117b. Von Cöln über Hermülheim nach Liblar, und von Lechenich über Zülpich nach Commern; 117c. von Brühl über Betzdorf nach Wesseling; 122a. von Kaisersesch nach Cochem; 122b. von Treis über Mörsdorf nach Castellaun; 137c. von Gladbach nach Wipperfürth; 137f. von Bensberg nach Spitze; 158h. von Wiehlmünden über Waldbroel, Au nach Roth; 158c. von Warth über Eitorf bis zur Wiehlmünden-Rother Straße; 161h. von Nieder-Dollendorf über Oberpleiß nach Kircheip; 170a. von Eiserfeld über Burbach bis zur Nassauischen Grenze.

Bekanntmachungen der Königlichen Regierung.

(273) Den 1sten September d. J. beginnt im hiesigen Königlichen Hebammen-Institute ein Lehrcursus in deutscher Sprache.
Die Herren Kreis-Physiker haben den Königlichen Landraths-Aemtern diejenigen Ortschaften anzuzeigen, in welchen Hebammen erforderlich sind. Die Königlichen Landraths-Aemter werden hiernach die betreffenden Gemeinden anweisen, geeignete Candidatinnen, nicht über 30 Jahr alt, zu wählen, und dieselben unter Angabe des Bedürfnisses, der Seelenzahl und der Ursache der Erledigung der Hebammenstelle, sowie unter Beifügung folgender Atteste:
1) des Taufscheines;
2) eines Zeugnisses des Seelsorgers über unbescholtenen Lebenswandel;
3) des Qualifications-Zeugnisses vom Kreis-Physikus;
4) des Wahlattestes;
5) bei Verehelichten der Einwilligungs-Erklärung des Ehemannes, und
6) der laut Amtsblatt vom Jahre 1841 Seite 30 aufzunehmenden Verpflichtungs-Verhandlung,
bis Ende Juli c. bei uns anzumelden. Oppeln, den 20. Mai 1863.

(275) Dem Fürstlich P'schen Gutspächter Stupin zu Urbanowitz, im Kreise Pleß, ist auf Grund des §. 7 des Gesetzes vom 13ten Februar 1843 (Gesetz-Sammlung Nr. 8 pag. 75) die Befugniß ertheilt worden, für die Einsassen der Gemeinden Swierczuniec, Jaroschowitz und Urbanowitz, welche Pferde verkaufen, vertauschen, verschenken oder sonst veräußern wollen, die vorgeschriebenen Legitimations-Atteste stempel- und kostenfrei auszufertigen. Oppeln, den 20. Mai 1863.

(277) Für die Kreissparkasse in Creutzburg sind:
1) der Herr Graf von Reichenbach auf Polnisch-Würbitz zum Director, 2) der Herr Bürgermeister Bierwagen in Constadt, und 3) der Erbschulze Herr Freitag in Sarnau, zu Beisitzern, 4) der Rittergutsbesitzer und Oberstlieutenant a. D. Herr Graf von Rittberg auf Proschlip, 5) der Kaufmann Herr Teichmann in Constadt, und 6) der Erbschulze Herr Pietruski in Constadt-Ellguth zu Stellvertretern
wieder gewählt und von uns bestätigt worden. Oppeln, den 19. Mai 1863.

Bekanntmachungen verschiedener Behörden.

(261) **Aufkündigung von ausgeloosten Rentenbriefen der Provinz Schlesien.**
Bei der heute in Gemäßheit der Bestimmungen §§. 41 u. folg. des Rentenbank-Gesetzes vom 2ten März 1850 im Beisein der Abgeordneten der Provinzial-Vertretung und eines Notars stattgehabten Verloosung der nach Maaßgabe des Tilgungs-Plans zum 1sten October 1863 einzulösenden Rentenbriefe der Provinz Schlesien, sind nachstehende Nummern im Werthe von 119,380 Thalern gezogen worden und zwar:

92 Stück Lit. A. à 1000 Thlr.

Nr. 4. 59. 185. 361. 477. 518. 655. 769. 828. 853. 1060. 1513. 2035. 2016. 2319. 2522. 2624. 2730. 2759. 2870. 3050. 3132. 3485. 3688. 3885. 3962. 4022. 4064. 4401. 4633. 5056. 5617. 5685. 6015. 6653. 6554. 6979. 6989. 6992. 7562. 7594. 8145. 8230. 8498. 9355. 9724. 9764. 10,015. 10,063. 10,267. 10,435. 10,667. 12,139. 12,332. 12,473. 12,660. 12,762. 13,024. 13,065. 13,545. 13,563. 13,609. 14,005. 14,649. 14,703. 14,850. 15,013. 16,051. 16,114. 16,300. 16,414. 16,535. 16,782. 17,036. 17,071. 17,473. 17,721. 17,958. 18,352. 18,424. 18,535. 18,539. 18,591. 19,075. 19,171. 19,362. 19,993. 20,055. 20,550. 21,066. 21,253. 21,569.

25 Stück Lit. B. à 500 Thlr.

Nr. 257. 325. 656. 722. 822. 1011. 1079. 1089. 1148. 1378. 2195. 2322. 2675. 2920. 3671. 3904. 4001. 4091. 4157. 4474. 5108. 5346. 5420. 5458. 5470.

83 Stück Lit. C. à 100 Thlr.

Nr. 34. 138. 557. 1084. 1099. 1451. 1726. 2369. 2479. 3485. 3626. 3957. 4161. 4314. 5149. 5428. 5458. 5530. 5599. 5856. 5893. 6312. 6610. 6519. 7053. 7155. 7331. 7927. 6085. 8105. 8386. 8619. 8819. 9567. 9594. 10,371. 11,063. 11,390. 11,408. 11,423. 11,477. 11,665. 11,884. 11,933. 12,178. 12,696. 13,459. 13,514. 13,641. 13,701. 13,776. 14,188. 14,257. 14,830. 14,920. 14,971. 15,331. 15,349. 15,507. 15,577. 15,596. 15,597. 15,673. 15,893.

Nr. 16,005. 16,053. 16,189. 16,330. 16,465. 16,688. 16,890. 17,235. 17,343. 17,379. 17,473. 17,489. 17,548. 17,646. 17,657. 18,039. 18,486. 18,509. 18,675.

62 Stück Lit. D. à 25 Thlr.

Nr. 218. 303. 593. 990. 1627. 1650. 1668. 1730. 1744. 1889. 2190. 2559. 2648. 2796. 2830. 2960. 3225. 3245. 3247. 3534. 3618. 3744. 4114. 4219. 4405. 4578. 4621. 4688. 4716. 5001. 5466. 5594. 5668. 5834. 5974. 6364. 7129. 7538. 7725. 8089. 8487. 8525. 9164. 9222. 9260. 9494. 10,032. 10,106. 10,117. 10,704. 10,903. 10,976. 11,555. 11,624. 12,166. 12,232. 12,964. 12,999. 13,162. 13,177. 13,282. 13,774.

503 Stück Lit. E. à 10 Thlr.

Nr. 20. 34. 180. 220. 264. 272. 309. 389. 440. 443. 553. 636. 661. 755. 796. 847. 869. 882. 888. 973. 988. 1012. 1017. 1081. 1107. 1128. 1177. 1268. 1326. 1343. 1394. 1449. 1466. 1574. 1604. 1620. 1673. 1678. 1695. 1701. 1729. 1739. 1745. 1750. 1761. 1836. 1839. 1841. 1877. 1949. 1953. 2073. 2113. 2341. 2370. 2501. 2512. 2525. 2605. 2609. 2671. 2729. 2765. 2831. 2842. 2923. 3010. 3018. 3110. 3196. 3197. 3231. 3251. 3300. 3305. 3401. 3426. 3477. 3493. 3525. 3532. 3596. 3626. 3655. 3667. 3692. 3732. 3791. 3792. 3802. 3827. 3904. 3923. 3975. 4048. 4066. 4083. 4180. 4215. 4276. 4412. 4579. 4661. 4750. 4906. 4969. 4994. 5015. 5138. 5176. 5298. 5352. 5367. 5447. 5453. 5454. 5533. 5549. 5604. 5613. 5630. 5662. 5685. 5760. 5774. 5807. 5850. 6009. 6079. 6080. 6128. 6139. 6179. 6244. 6272. 6309. 6351. 6370. 6439. 6455. 6526. 6535. 6595. 6738. 6744. 6771. 6783. 6872. 6901. 6951. 6954. 6991. 7002. 7007. 7053. 7088. 7091. 7102. 7115. 7146. 7175. 7206. 7239. 7247. 7254. 7301. 7342. 7348. 7398. 7445. 7494. 7513. 7531. 7710. 7752. 7768. 7801. 7853. 7859. 8014. 8026. 8059. 8064. 8108. 8171. 8230. 8368. 8411. 8425. 8480. 8521. 8590. 8637. 8643. 8692. 8694. 8710. 8746. 8747. 8774. 8851. 8928. 8993. 9122. 9163. 9208. 9380. 9424. 9441. 9509. 9511. 9552. 9572. 9668. 9669. 9705. 9726. 9731. 9751. 9755. 9767. 9772. 9838. 9868. 9870. 9911. 9997. 10,230. 10,283. 10,285. 10,291. 10,340. 10,347. 10,348. 10,359. 10,385. 10,421. 10,436. 10,470. 10,655. 10,705. 10,745. 10,765. 10,779. 10,788. 10,884. 10,906. 10,957. 10,997. 11,009. 11,051. 11,059. 11,073. 11,145. 11,163. 11,259. 11,271. 11,277. 11,285. 11,300. 11,316. 11,347. 11,367. 11,386. 11,467. 11,504. 11,533. 11,552. 11,555. 11,588. 11,609. 11,624. 11,626. 11,685. 11,708. 11,728. 11,754. 11,779. 11,852. 11,864. 11,874. 11,897. 11,909. 12,002. 12,016. 12,073. 12,094. 12,146. 12,172. 12,173. 12,209. 12,215. 12,258. 12,279. 12,291. 12,396. 12,438. 12,490. 12,545. 12,626. 12,658. 12,716. 12,726. 12,770. 12,775. 12,785. 12,941. 13,005. 13,008. 13,030. 13,058. 13,063. 13,209. 13,246. 13,336. 13,419. 13,512. 13,527. 13,553. 13,608. 13,619. 13,697. 13,708. 13,713. 13,718. 13,742. 13,813. 13,824. 13,828. 13,856. 13,955. 13,991. 14,032. 14,053. 14,064. 14,095. 14,105. 14,117. 14,260. 14,355. 14,373. 14,386. 14,387. 14,388. 14,437. 14,464. 14,468. 14,516. 14,538. 14,561. 14,577. 14,615. 14,621. 14,631. 14,664. 14,702. 14,705. 14,774. 14,790. 14,871. 14,926. 14,965. 15,188. 15,204. 15,275. 15,287. 15,360. 15,393. 15,573. 15,575. 15,593. 15,666. 15,705. 15,718. 15,720. 15,769. 15,811. 15,813. 15,853. 15,862. 15,992. 15,997. 16,022. 16,046. 16,091. 16,155. 16,240. 16,273. 16,337. 16,379. 16,398. 16,455. 16,520. 16,592. 16,618. 16,627. 16,712. 16,753. 16,825. 16,850. 16,902. 16,950. 17,020. 17,075. 17,166. 17,222. 17,229. 17,243. 17,267. 17,286. 17,321. 17,390. 17,434. 17,511. 17,525. 17,601. 17,638. 17,669. 17,714. 17,775. 17,838. 17,897. 17,898. 17,911. 17,939. 18,047. 18,053. 18,092. 18,190. 18,237. 18,261. 18,303. 18,306. 18,336. 18,353. 18,377. 18,391. 18,395. 18,398. 18,443. 18,450. 18,503. 18,522. 18,527. 18,548. 18,560. 18,561. 18,594. 18,620. 18,654. 18,655. 18,690. 18,691. 18,749. 18,800. 18,822. 18,842. 18,864. 18,871. 18,985. 18,990. 19,014. 19,017. 19,032. 19,048. 19,060. 19,065. 19,101. 19,103. 19,138. 19,166. 19,198. 19,200. 19,209. 19,215. 19,217. 19,295. 19,367. 19,384. 19,400. 19,401. 19,411. 19,414. 19,433. 14,454. 19,459. 19,479. 19,489. 19,499. 19,510. 19,546. 19,568. 19,606. 19,664. 19,695. 19,717. 19,759. 19,768. 19,818. 19,832. 19,841. 19,946. 19,952.

Indem wir die vorstehend bezeichneten Rentenbriefe zum 1sten October 1863 hiermit kündigen, werden die Inhaber derselben aufgefordert, den Nennwerth gegen Zurücklieferung der Rentenbriefe nebst den dazu gehörigen Zins-Couponns Serie II. Nr. 11 bis 16, so wie gegen Quittung in term. den 1sten October 1863 und die folgenden Tage, mit Ausschluß der Sonn-

und Festtage bei unserer Casse — Sandstraße Nr. 10 hierselbst — in den Vormittagsstunden von 9 bis 1 Uhr baar in Empfang zu nehmen.

Die Empfangnahme der Valuta kann, nach Maaßgabe der Bestände unserer Casse, auch schon früher und zwar schon von jetzt ab geschehen, in diesem Falle jedoch nur gegen Abzug der Zinsen von 4 pro Cent für die Zeit vom Zahlungstage bis zum Verfalltage, den 1sten October 1863, worauf die Inhaber der verloosten Rentenbriefe hiermit besonders aufmerksam gemacht werden.

Bei der Präsentation mehrerer Rentenbriefe zugleich, sind solche nach den verschiedenen Apoints und nach der Nummerfolge geordnet, mit einem besondern Verzeichniß vorzulegen.

Auch ist es bis auf Weiteres gestattet, die gekündigten Rentenbriefe unserer Casse mit der Post, aber frankirt und unter Beifügung einer gehörigen Quittung auf besonderem Blatte über den Empfang der Valuta einzusenden und die Uebersendung der letzteren auf gleichem Wege, natürlich auf Gefahr und Kosten des Empfängers, zu beantragen.

Vom 1sten October 1863 ab findet eine weitere Verzinsung der hiermit gekündigten Rentenbriefe nicht statt und der Werth der etwa nicht mit eingelieferten Coupons Serie II. Nr. 11 bis 16 wird bei der Auszahlung vom Nennwerthe der Rentenbriefe in Abzug gebracht.

Zugleich wird hiermit bekannt gemacht, daß von den früher verloosten Rentenbriefen der Provinz Schlesien, seit deren Fälligkeit bereits zwei Jahre und darüber verflossen sind, folgende zur Einlösung bei der Rentenbank-Casse noch nicht präsentirt worden sind, und zwar aus den Fälligkeits-Terminen:

a. vom 1sten October 1855:
Lit. D. Nr. 6618. à 25 Thlr.

b. vom 1sten October 1857:
Lit. E. Nr. 1854. à 10 Thlr.

c. vom 1sten April 1858:
Lit. D. Nr. 7972 à 25 Thlr.
Lit. E. Nr. 1852. 1979. 3925. 5178. 5412. 11,947. à 10 Thlr.

d. vom 1sten October 1858:
Lit. E. Nr. 8284 à 10 Thlr.

e. vom 1sten April 1859:
Lit. B. Nr. 2152 à 500 Thlr.
Lit. C. Nr. 1206. 5286. 8021. 10,703. 14,945. 15,501. à 100 Thlr.
Lit. D. Nr. 7335. 8823. 9919. à 25 Thlr.
Lit. E. Nr. 46. 2823. 4739. 5619. 16,038. 18,154. à 10 Thlr.

f. vom 1sten October 1859:
Lit. A. Nr. 18,649. 19,705. à 1000 Thlr.
Lit. C. Nr. 7290. 7329. 15,276. 17,337. à 100 Thlr.
Lit. D. Nr. 7667. 7693. 10,561. 10,769. à 25 Thlr.
Lit. E. Nr. 308. 327. 331. 563. 751. 1163. 1303. 1328. 1356. 1618. 1782. 1830. 2205. 2242. 2327. 2562. 2656. 2963. 3008. 3125. 3215. 3304. 3354. 3990. 4117. 4122. 4245. 4500. 4527. 4623. 4636. 4952. 5088. 5110. 5253. 5300. 5411. 5463. 5629. 5633. 5635. 5778. 5823. 5867. 6204. 6226. 6245. 6326. 6353. 6421. 6447. 6550. 6793. 7159. 7163. 7187. 7284. 7285. 7325. 7394. 7577. 7637. 7844. 7954. 8308. 8386. 8414. 8517. 5912. 9113. 9116. 9180. 9336. 9484. 9515. 9694. 9808. 9834. 9835. 9858. 9859. 9980. 10,005. 10,123. 10,334. 10,478. 10,505. 10,536. 10,578. 10,703. 10,804. 11,121. 11,153. 11,212. 11,411. 11,483. 11,765. 11,935. 11,984. 12,024. 12,104. 12,116. 12,232. 12,414. 12,646. 12,660. 12,711. 12,740. 12,755. 12,784. 12,899. 13,147. 13,272. 13,289. 13,418. 13,581. 13,795. 13,825. 14,038. 14,098. 14,168. 14,186. 14,281. 14,296. 14,360. 14,454. 14,530. 14,761. 15,076. 15,265. 15,348. 15,440. 15,568. 15,646. 15,661. 15,716. 16,107. 16,109. 16,114. 16,397. 16,573. 16,670. 16,755. 16,797. 16,972. 16,973. 17,156. 17,180. 17,185. 17,684. 17,764. 17,925. 18,113. 18,201. 18,248. 18,257. 18,275. 18,277. 18,380. 18,545. 18,617. à 10 Thlr.

g. vom 1sten April 1860:
Lit. A. Nr. 10,797. 12,435. 14,661. à 1000 Thlr.

Lit. B. Nr. 5525. 5528. à 500 Thlr.
Lit. C. Nr. 4137. 7854. 9678. 12,185. 12,891. 15,173. à 100 Thlr.
Lit. D. Nr. 56. 1278. 3443. 4403. 4406. 6620. 9721. 9964. à 25 Thlr.
Lit. E. Nr. 63. 150. 550. 817. 850. 1223. 1567. 1900. 2975. 3398. 3603. 4398. 4419. 4544. 4822. 5366. 5465. 5748. 6059. 6646. 6707. 6778. 7183. 7403. 7471. 7641. 8352. 8719. 8741. 9061. 9111. 9198. 9211. 9581. 9754. 10,261. 10,272. 10,300. 10,807. 11,231. 11,095. 12,078. 13,112. 13,433. 14,099. 14,149. 14,167. 14,169. 14,189. 14,362. 14,712. 15,075. 15,077. 15,710. 15,831. 15,917. 16,590. 16,757. 17,178. 17,465. 17,938. 18,458. 18,671. 18,758. à 10 Thlr.

h. vom 1sten October 1860:
Lit. A. Nr. 2746. 10,378. 12,767. 14,787. à 1000 Thlr.
Lit. B. Nr. 4978. à 500 Thlr.
Lit. C. Nr. 3789. 6596. 7963. 9150. 10,772. 11,461. 13,811. 17,129. 17,575. à 100 Thlr.
Lit. D. Nr. 3560. 3661. 3772. 4306. 4885. 5213. 5961. 7474. 9028. 9728. 11,022. 13,011. 13,485. à 25 Thlr.
Lit. E. Nr. 56. 78. 266. 301. 391. 400. 836. 905. 1111. 1382. 1689. 2064. 2328. 2832. 2979. 3080. 3223. 3410. 3518. 3552. 4121. 4124. 4279. 4414. 4769. 4871. 5076. 5169. 5319. 5405. 5429. 5678. 5752. 5806. 5962. 6795. 7047. 7069. 7182. 7246. 7456. 7674. 7798. 8167. 8667. 8890. 8984. 9242. 9394. 9596. 9675. 10,056. 10,057. 10,164. 10,712. 11,004. 11,136. 11,482. 12,156. 12,496. 12,591. 12,644. 12,695. 12,756. 12,758. 12,834. 13,465. 14,134. 14,777. 14,919. 14,984. 14,987. 15,049. 15,324. 15,451. 15,485. 15,755. 15,777. 15,833. 16,003. 16,292. 16,314. 16,716. 16,808. 16,896. 17,241. 17,320. 17,467. 17,649. 17,890. 18,105. 18,199. 18,335. 18,341. 18,478. 18,647. 18,669. 18,741. 18,776. 19,003. 19,083. 19,120. à 10 Thlr.

i. vom 1sten April 1861:
Lit. A. Nr. 574. 4224. 5791. 5803. 7232. 8220. 8497. à 1000 Thlr.
Lit. C. Nr. 1478. 3293. 7084. 8527. 9581. 12,688. 14,401. 14,547. 15,821. 15,885. 16,816. 17,964. à 100 Thlr.
Lit. D. Nr. 1551. 2446. 2803. 4741. 6331. 6609. 8123. 8720. 8766. 10,809. 12,400. 12,493. 13,924. 14,057. à 25 Thlr.
Lit. E. Nr. 41. 136. 137. 248. 349. 350. 684. 721. 1334. 1510. 1618. 1623. 1781. 2838. 2959. 3095. 3212. 3301. 3592. 4202. 4637. 4880. 4891. 5293. 5542. 5914. 5961. 6117. 6371. 6637. 6794. 7075. 7335. 7365. 7406. 7498. 7529. 7697. 7997. 8066. 8249. 8380. 8473. 9422. 9578. 9701. 9594. 9974. 10,326. 10,633. 10,814. 10,856. 11,455. 11,832. 11,973. 12,515. 13,311. 13,488. 14,306. 14,475. 14,693. 14,771. 14,818. 14,841. 14,565. 14,971. 15,596. 15,695. 15,776. 15,946. 16,539. 17,016. 17,232. 17,384. 17,463. 17,537. 17,693. 17,968. 18,223. 18,235. 18,279. 18,336. 18,374. 18,421. 18,579. 18,694. 18,783. 18,652. 19,097. 19,273. 19,333. à 10 Thlr.

Die ausgeloosten Rentenbriefe verjähren nach §. 44 des Rentenbankgesetzes binnen zehn Jahren.
Breslau, den 16. Mai 1863.
Königliche Direction der Rentenbank für die Provinz Schlesien.

(272) Reise- und Geschäftsplan
zum Departements-Ersatz-Geschäft im Bereich der 23sten Infanterie-Brigade pro 1863.

Montag, den 13ten Juli Reise nach Neustadt O. S., Dienstag den 14ten Juli Geschäft daselbst; Mittwoch den 15ten Juli Reise nach Ober-Glogau, Donnerstag den 16ten Juli Geschäft daselbst und Reise nach Cosel; Freitag den 17ten und Sonnabend den 18ten Juli Geschäft in Cosel; Sonntag den 19ten Juli Reise nach Leobschütz, Montag den 20sten und Dienstag den 21sten Juli Geschäft daselbst und Reise nach Ratibor; Mittwoch den 22sten Juli Geschäft daselbst; Donnerstag den 23sten Juli Reise nach Hultschin; Freitag den 24sten Juli Geschäft daselbst und Reise nach Ratibor; Sonnabend den 25sten Juli Geschäft daselbst; Sonntag den 26sten Juli Ruhe; Montag den 27sten Juli Geschäft in Ratibor und Reise nach Rybnick; Dienstag den 28sten und Mittwoch den 29sten Juli Geschäft daselbst; Donnerstag den 30sten Juli Reise nach Pleß; Freitag den 31sten Juli und Sonnabend den 1sten August Geschäft daselbst; Sonntag den 2ten August Reise nach Gleiwitz; Montag den 3ten, Dienstag den 4ten und Mittwoch den 5ten August Geschäft daselbst; Donnerstag den 6ten August Rückreise nach Neisse, resp. Oppeln.

Vorstehender Reise- und Geschäftsplan wird auf Grund des §. 74 ad 4 der Ersatz-Instruction vom 9ten December 1858 hierdurch zur öffentlichen Kenntniß gebracht.

Neisse, } den 21. Mai 1863.
Oppeln,

Königliche Departements-Ersatz-Commission im Bereich der 23sten Infanterie-Brigade.

(271) Die unbekannten Inhaber folgender von dem unterzeichneten Königlichen Credit-Institut für Schlesien ausgefertigten Pfandbriefe B.:

à 4 pro Cent:

1) auf Ober-, Mitt.- und Nied.-Schlaube, Kreis Guhrau, ausgefertigt den 4ten Januar 1841:
   Nr. 366 bis incl. Nr. 368 à 1000 Thlr.,
   „ 1735 „ „ „ 1742 à 500 „
   „ 4303 „ „ „ 4317 à 200 „
   „ 7539 „ „ „ 7558 à 100 „
   „ 11523 „ „ „ 11532 à 50 „
   „ 22503 „ „ „ 22517 à 25 „

2) auf Gewehrsewitz, Kreis Guhrau, ausgefertigt den 4ten Januar 1841:
   Nr. 369 à 1000 Thlr.,
   „ 1743 und 1744 à 500 Thlr.,
   „ 4318 bis incl. Nr. 4320 à 200 Thlr.,
   „ 7559 „ „ „ 7562 à 100 „
   „ 11533 „ „ „ 11534 à 50 „
   „ 22518 „ „ „ 22522 à 25 „

3) auf Stanwitz cum pert., Kreis Rybnik, ausgefertigt den 6ten November 1846:
   Nr. 40118 und 40119 à 1000 Thlr.,
   „ 43228 bis incl. Nr. 43231 à 500 Thl.
   „ 49392 „ „ „ 49399 à 200 „
   „ 61550 „ „ „ 61561 à 100 „
   „ 79105 à 50 Thlr.,
   „ 82108 à 25 „

4) auf Schützendorf, Kreis Grottkau, ausgefertigt den 4ten November 1847:
   Nr. 40259 bis incl. Nr. 40263 à 1000 Thlr.,
   „ 43506 „ „ „ 43514 à 500 „
   „ 49854 „ „ „ 49872 à 200 „
   „ 62164 „ „ „ 62174 à 100 „
   „ 62176 „ „ „ 62191 à 100 „
   „ 79183 „ „ „ 79185 à 50 „
   „ 82169 „ „ „ 82171 à 25 „

5) auf Dambrau und Sokolnick, Kreis Falkenberg, ausgefertigt den 20sten März 1847:
   Nr. 40162 bis incl. Nr. 40176 à 1000 Thlr.,
   „ 43314 „ „ „ 43349 à 500 „
   „ 49535 „ „ „ 49538 à 200 „
   „ 49540 „ „ „ 49552 à 200 „
   „ 49554 „ „ „ 49573 à 200 „
   „ 49575 „ „ „ 49596 à 200 „
   „ 49598 „ „ „ 49600 à 200 „
   „ 49602 „ „ „ 49605 à 200 „
   „ 49607 „ „ „ 49609 à 200 „
   „ 61743 „ „ „ 61773 à 100 „
   „ 61775 „ „ „ 61827 à 100 „
   „ 79137 „ „ „ 79143 à 50 „
   „ 82136 „ „ „ 82140 à 25 „

6) auf Mittel-Seichwitz, Kreis Rosenberg, ausgefertigt den 12ten December 1848:
   Nr. 40789 bis incl. Nr. 40795 à 1000 Thlr.,
   „ 44493 „ „ „ 44505 à 500 „
   „ 51103 „ „ „ 51122 à 200 „
   „ 63800 „ „ „ 63824 à 100 „
   „ 63826 „ „ „ 63827 à 100 „
   „ 79295 „ „ „ 79296 à 50 „
   „ 82289 „ „ „ 82292 à 25 „

7) auf Ober- und Nieder-Wabnitz, Kreis Oels, ausgefertigt den 20sten April 1850:
   Nr. 41283 bis incl. Nr. 41289 à 1000 Thlr.,
   „ 45366 „ „ „ 45378 à 500 „
   „ 52430 „ „ „ 52436 à 200 „
   „ 52438 „ „ „ 52454 à 200 „
   „ 65288 „ „ „ 65308 à 100 „
   „ 65311 „ „ „ 65325 à 100 „
   „ 79482 „ „ „ 79483 à 50 „
   „ 82476 „ „ „ 82479 à 25 „

à 3½ pro Cent:

8) auf Däßdorf, Kreis Bolkenhain, ausgefertigt den 14ten October 1844:
   Nr. 23909 bis incl. Nr. 23920 à 1000 Thlr.,
   „ 25039 „ „ „ 25062 à 500 „
   „ 16320 „ „ „ 16354 à 200 „
   „ 18126 „ „ „ 18165 à 100 „
   „ 12236 „ „ „ 12250 à 50 „

9) auf Ober-, Mittel- und Nieder-Wernersdorf, Kreis Bolkenhain, ausgefertigt den 14ten October 1844:
   Nr. 23921 bis incl. Nr. 23934 à 1000 Thlr.,
   „ 25063 „ „ „ 25088 à 500 „
   „ 16355 „ „ „ 16392 à 200 „
   „ 18166 „ „ „ 18210 à 100 „
   „ 12251 „ „ „ 12257 à 50 „

10) auf Alt-Rosenberg, Kreis Rosenberg, ausgefertigt den 28sten Juli 1845:
Nr. 24086 bis incl. Nr. 24094 à 1000 Thlr.,
» 25374 » » » 25391 à 500 »
» 16851 » » » 16880 à 200 »
» 16842 » » » 18881 à 100 »
» 12604 » » » 12608 à 50 »

werden aufgefordert, diese Pfandbriefe in coursfähigem Zustande mit laufenden Zins-Coupons **bis zum 15ten August dieses Jahres** gegen Empfangnahme anderer Pfandbriefe B. vom nämlichen Betrage an unsere Casse (Albrechtsstraße Nr. 16 hierselbst) einzureichen, widrigenfalls das im §. 50 der Allerhöchsten Verordnung vom 8ten Juni 1835 vorgeschriebene Präclusions-Verfahren in Ansehung dieser Pfandbriefe veranlaßt werden wird. Breslau, den 21. Mai 1863.

Königliches Credit-Institut für Schlesien.

(276) Vom 1sten l. Mts. ab wird die Cariolpost zwischen Dzieschowitz und Leschnitz aufgehoben und dafür eine täglich zweimalige zweisitzige Personenpost eingerichtet, welche folgenden Gang erhält:

aus Leschnitz um 7¹⁵ Uhr Vormittags und 4 Uhr Nachmittags
in Dzieschowitz um 8 Uhr Vormittags und 4⁴⁵ Uhr Nachmittags

zum Anschluß an die Personenzüge nach Breslau und nach Myslowitz;

aus Dzieschowitz um 10 Uhr Vormittags und 6¹⁵ Uhr Nachmittags

nach Ankunft des Personenzuges aus Myslowitz resp. aus Breslau,

in Leschnitz um 10⁴⁵ Uhr Vormittags und 7 Uhr Abends.

Das Personengeld für einen Platz im Innern des Wagens beträgt 4½ Sgr. und für einen Bockplatz 3¾ Sgr. pro Tour, wofür 30 Pfd. Gepäck frei mitgenommen werden können.

Oppeln, den 27. Mai 1863.   Königliche Ober-Post-Direction.

(282) Vom 1sten Juni d. J. ab werden Post-Expeditionen eingerichtet:
1) in Deutsch-Rasselwitz, Kreis Neustadt O. S., 1 Meile von Ober-Glogau entfernt,
2) in Wiesau, Kreis Neisse, 1½ Meile von Ottmachau entfernt.

Dem Bestellbezirke der Post-Expedition in D. Rasselwitz werden folgende Ortschaften zugetheilt:
a. aus dem Bezirke der Post-Expedition in Ober-Glogau: Eichwald, Groß- und Klein-Gläsen, Deutsch-Rasselwitz, Schönau;
b. aus dem Bezirke der Post-Expedition in Neustadt O. S.: Laßwitz;
c. aus dem Bezirke des Post-Amts in Leobschütz: Buschmühle, Kittelwitz, Pommerswitz, Steubendorf, Alt- und Neu-Wiendorf;
d. aus dem Bezirke der Post-Expedition in Zülz: Deutsch-Probnitz.

In den Bestellbezirk der Post-Expedition in Wiesau gehen folgende Ortschaften über:
a. aus dem Bezirke der Post-Expedition in Ottmachau: Heinersdorf, Hermsdorf, Kalkau, Krackwitz, Papiermühle, Petersitz, Rathmannsdorf, Schwandorf;
b. aus dem Bezirke der Post-Expedition in Ziegenhals: Dürr-Arnsdorf, Bischofswalde, Borkendorf, Kaindorf, Kleinwalde, Groß-Kunzendorf, Lentsch, Neudörfel, Schubertskroffe;
c. aus dem Bezirke des Post-Amts in Neisse: Baude, Blumenthal, Eylau, Köppernig, Maschkowitz, Naasdorf, Steinberg, Tonnenberg, Wiesau.

Die Verbindung der neuen Post-Anstalten wird hergestellt:
ad Nr. 1 durch eine tägliche Cariolpost zwischen Ober-Glogau und Deutsch-Rasselwitz:
aus Ober-Glogau um 1⁴⁵ Uhr Nachmittags,
in Deutsch-Rasselwitz um 2⁴⁵ Uhr Nachmittags,
aus Deutsch-Rasselwitz um 6 Uhr Abends,
in Ober-Glogau um 7 Uhr Abends.
ad Nr. 2 durch eine tägliche Cariolpost zwischen Ottmachau und Wiesau:
aus Ottmachau um 2 Uhr Nachmittags,
in Wiesau um 3³⁰ Uhr Nachmittags,
aus Wiesau um 7³⁰ Uhr Abends,
in Ottmachau um 9 Uhr Abends.

Oppeln, den 28. Mai 1863.   Königliche Ober-Post-Direction.

Redaction des Amtsblatts im Regierungs-Gebäude. — Druck von F. Weilshäuser in Oppeln.

Amts-Blatt
der Königlichen Regierung zu Oppeln.

Stück 24. Oppeln, den 11. Juni 1863.

Allerhöchste Cabinets-Ordre.

(295) Auf Ihren Bericht vom 15ten April d. J. will Ich, in Folge des Antrages des 16ten Schlesischen Provinzial-Landtages in der wieder angeschlossenen Petition vom 6ten December 1862 die nachfolgenden Aenderungen des beiliegenden Statuts der Hilfscasse für die Provinz Schlesien, ausschließlich der Oberlausitz, de conf. 24sten Mai 1853,

zu §. 14 Nr. 3 lit. c. „Zum Behufe der Sicherstellung von Hilfscassen-Darlehen durch Verpfändung von Staats- oder vom Staate garantirten Papieren, oder von inländischen Pfandbriefen, wird der Pfandwerth dieser Effecten nach dem Börsen-Course derselben, unter Rückschlag von 15 pro Cent, jedoch niemals über den Nennwerth derselben, bestimmt."

zu §§. 12, 13 und 14. „Den vom Staate genehmigten Genossenschaften der Grundbesitzer zur Herstellung von Drain-Anlagen können Darlehne zu diesem Zwecke, wie anderen derartigen Genossenschaften, ohne besondere Sicherstellung durch Pfänder oder Bürgen, unter denselben Maaßgaben und Cautelen, wie sie bei Darlehen an Gemeinden vorgeschrieben sind, gewährt werden."

hierdurch landesherrlich bestätigen. Berlin, den 27. April 1863.

(gez.) **Wilhelm.**

(ggz.) von Bodelschwingh. Graf Eulenburg.

An den Finanz-Minister und den Minister des Innern.

Vorstehende Allerhöchste Ordre wird hiermit zur öffentlichen Kenntniß gebracht.

Breslau, den 1. Juni 1863.

Der Königliche Wirkliche Geheime Rath und Ober-Präsident der Provinz Schlesien. Schleinitz.

Allgemeine Gesetz-Sammlung.

(285) Das 15te Stück der Gesetz-Sammlung enthält unter

Nr. 5705. Den Freundschafts-, Handels- und Schifffahrtsvertrag zwischen den Staaten des Deutschen Zoll- und Handelsvereins, den Großherzogthümern Mecklenburg-Schwerin und Mecklenburg-Strelitz, sowie den Hansestädten Lübeck, Bremen und Hamburg einerseits und China andererseits. Vom 2ten September 1861.

Nr. 5706. Den Allerhöchsten Erlaß vom 13ten April 1863, betreffend die Verleihung der fiscalischen Vorrechte in Bezug auf den Bau und die Unterhaltung einer Kreis-Chaussee von Schroda über Santompyl bis zur Schrimmer Kreisgrenze in der Richtung auf Schrimm.

Nr. 5707. Den Allerhöchsten Erlaß vom 20sten April 1863, betreffend die Verleihung der fiscalischen Vorrechte in Bezug auf den Bau und die Unterhaltung der Kreis-Chausseen: 1) von der Kreisstadt Marggrabowa über Dullen, Doliewen, Duneyken, Wessolowen nach der Lycker Kreisgrenze in der Richtung auf Widminnen; 2) von Duneyken (an der Chaussee ad 1) über Chelchen, Griesen, Diebowen, Czychne, Sokollken, Mennsöwen, Gubsen bis zur Insterburger-Lycker Staats-Chaussee bei Kowahlen, und 3) von Wielitzken an der projectirten Marggrabowa-Czymochener Staats-Chaussee über Neumühl, Nordenthal, Kleszczewen, Czarnen, Bronaken, Gutten nach der Lycker Kreisgrenze in der Richtung auf Kallinowen, an den Kreis Oletzko, im Regierungs-Bezirk Gumbinnen; und

Nr. 5708. Das Privilegium, wegen Ausfertigung auf den Inhaber lautender Kreis-Obligationen des Oletzkoer Kreises im Betrage von 62,000 Thlr. Vom 20sten April 1863.

(288) Das 16te Stück der Gesetzsammlung enthält unter

Nr. 5709. Den Allerhöchsten Erlaß vom 27sten Mai 1863, betreffend die Verlängerung des Privilegiums der städtischen Bank in Breslau.

— 118 —

(296) Das 17te Stück der Gesetzsammlung enthält unter
Nr. 5710. Die Verordnung, betreffend das Verbot von Zeitungen und Zeitschriften. Vom 1sten Juni 1863.
Nr. 5711. Den Allerhöchsten Erlaß vom 3ten November 1862, betreffend die Bewilligung des Expropriationsrechts für die von Kohlfurt und Görlitz über Lauban, Greiffenberg und Hirschberg nach Waldenburg zu erbauende Eisenbahn, so wie die Einsetzung einer Behörde unter der Firma "Königliche Commission für den Bau der Schlesischen Gebirgsbahn".
Nr. 5712. Den Tarif zur Erhebung der Schiffahrts-Abgaben in der Stadt Tolkemitt, Kreis Elbing, Regierungs-Bezirk Danzig. Vom 27sten April 1863.
Nr. 5713. Den Allerhöchsten Erlaß vom 4ten Mai 1863, betreffend die Verleihung der fiscalischen Vorrechte für den Bau und die Unterhaltung der Gemeinde-Chaussee von Werningsleben im Kreise Erfurt bis zur Landesgrenze in der Richtung auf Stadt Ilm, an die Gemeinde Werningsleben.

Bekanntmachungen der höchsten Staats-Behörden.

(287) **Bekanntmachung.**
Wir machen wiederholt bekannt, daß wir Demjenigen, welcher zuerst einen Verfertiger oder wissentlichen Verbreiter falscher Preußischer Cassenanweisungen oder Banknoten der Polizei-Behörde dergestalt nachweist, daß er zur Untersuchung gezogen und bestraft werden kann, eine nach den Umständen zu bestimmende Belohnung bis auf Höhe von 500 Thlr. zahlen werden.
Wer Anzeigen dieser Art zu machen hat, kann sich, wenn er es verlangt und es ohne Nachtheil für die Untersuchung möglich ist, der Verschweigung seines Namens versichert halten.
Berlin, den 22. Mai 1863. Haupt-Verwaltung der Staatsschulden.
Gamet. Meinecke.

(291) Am 1sten October d. J. wird in der Königlichen Central-Turn-Anstalt hierselbst wiederum ein sechsmonatlicher Cursus für Civil-Eleven beginnen.
Zu demselben können außer solchen Schulmännern, welchen der Unterricht in der Gymnastik an Gymnasien, Real- und höheren Bürgerschulen, sowie an Schullehrer-Seminarien übertragen werden soll, auch solche Elementarlehrer zugelassen werden, welche dazu geeignet sind, für die Ausbreitung des Turnens in weiteren Kreisen thätig zu sein.
Der gesammte Unterricht in der Anstalt wird unentgeltlich ertheilt, und können in dazu geeigneten Fällen auch einzelnen Eleven Unterstützungen gewährt werden.
Die Anmeldungen zum Eintritt sind an die betreffenden Königlichen Provinzial-Schul-Collegien, resp. Regierungen, zu richten, und vor dem 15ten Juli d. J. einzureichen.
Berlin, den 19. Mai 1863.
Der Minister der geistlichen, Unterrichts- und Medicinal-Angelegenheiten.
In Vertretung: gez. Lehnert.

Bekanntmachungen der Königlichen Regierung.

(289) Die bisherige Filiale der Königshütter Apotheke zu Laurahütte (Beuthener Kreises) ist in den Besitz des Apothekers Lorenz übergegangen, und ist derselben die Eigenschaft einer selbstständigen Apotheke beigelegt worden. Oppeln, den 27. Mai 1863.

(286) Dem Privatdocenten der Chemie an der Königl. Universität Dr. F. L. Sonnenschein zu Berlin ist unter dem 30sten Mai 1863 ein Patent
auf eine in ihrer Zusammensetzung als neu und eigenthümlich erkannte Zünd-Composition zur Anfertigung von Reibzündhölzern
auf fünf Jahre, von jenem Tage an gerechnet und für den Umfang des Preußischen Staats ertheilt worden. Oppeln, den 11. Juni 1863.

(300) Ist dem Königlichen Commerzienrath Carl Schleicher zu Schönthal bei Langerwehe am 10ten Juli 1858 für die Dauer von fünf Jahren ertheilte Patent
auf eine Maschine zum Spitzen der Nadelschäfte und Drahtstifte in der durch Zeichnung und Beschreibung nachgewiesenen Zusammensetzung und ohne Jemand in der Benutzung bekannter Theile zu beschränken,
ist vom 10ten Juli d. J. ab für die Dauer von drei ferneren Jahren verlängert.
Oppeln, den 11. Juni 1863.

(301) Dem Fabrikanten Christoph Andreae zu Mühlheim a. Rhein ist unter dem 4ten Juni 1863 ein Patent
auf einen durch Zeichnung und Beschreibung erläuterten, für neu und eigenthümlich erachteten Webstuhl zur Darstellung von Sammetbändern, ohne Jemand in der Benutzung bekannter Theile zu beschränken,
auf fünf Jahre, von jenem Tage an gerechnet und für den Umfang des Preußischen Staats ertheilt worden. Oppeln, den 11. Juni 1863.

Bekanntmachungen verschiedener Behörden.

(261) **Auskündigung** von ausgeloosten Rentenbriefen der Provinz Schlesien.
Bei der heute in Gemäßheit der Bestimmungen §§. 41 u. folg. des Rentenbank-Gesetzes vom 2ten März 1850 im Beisein der Abgeordneten der Provinzial-Vertretung und eines Notars stattgehabten Verloosung der nach Maaßgabe des Tilgungs-Plans zum 1sten October 1863 einzulösenden Rentenbriefe der Provinz Schlesien, sind nachstehende Nummern im Werthe von 119,380 Thalern gezogen worden und zwar:

92 Stück Lit. A. à 1000 Thlr.
Nr. 4. 59. 185. 361. 477. 518. 655. 769. 828. 853. 1060. 1513. 2035. 2046. 2319. 2522. 2624. 2730. 2759. 2870. 3080. 3132. 3485. 3688. 3885. 3962. 4022. 4064. 4401. 4633. 5056. 5617. 5685. 6045. 6653. 6854. 6979. 6989. 6992. 7562. 7594. 8145. 8230. 8498. 9355. 9724. 9764. 10,015. 10,063. 10,267. 10,435. 10,668. 12,139. 12,332. 12,473. 12,660. 12,762. 13,024. 13,065. 13,548. 13,563. 13,609. 14,005. 14,049. 14,703. 14,850. 15,013. 16,051. 16,114. 16,300. 16,414. 16,535. 16,782. 17,036. 17,071. 17,473. 17,721. 17,958. 18,352. 18,424. 18,535. 18,539. 18,594. 19,075. 19,171. 19,362. 19,993. 20,055. 20,550. 21,066. 21,253. 21,569.

25 Stück Lit. B. à 500 Thlr.
Nr. 257. 325. 656. 722. 822. 1011. 1079. 1059. 1148. 1378. 2195. 2322. 2675. 2920. 3671. 3904. 4001. 4091. 4157. 4474. 5109. 5340. 5420. 5458. 5470.

83 Stück Lit. C. à 100 Thlr.
Nr. 34. 138. 557. 1084. 1099. 1481. 1726. 2369. 2479. 3485. 3626. 3957. 4161. 4314. 5149. 5428. 5458. 5530. 5599. 5856. 5893. 6312. 6610. 6819. 7053. 7155. 7331. 7927. 8085. 8105. 8386. 8619. 8819. 9567. 9594. 10,371. 11,063. 11,390. 11,408. 11,423. 11,477. 11,665. 11,984. 11,933. 12,178. 12,696. 13,459. 13,514. 13,641. 13,701. 13,776. 14,188. 14,257. 14,830. 14,920. 14,971. 15,331. 15,349. 15,507. 15,577. 15,596. 15,597. 15,673. 15,893.
Nr. 16,005. 16,053. 16,189. 16,330. 16,465. 16,688. 16,890. 17,235. 17,343. 17,379. 17,473. 17,489. 17,548. 17,646. 17,687. 18,039. 18,456. 18,509. 18,875.

62 Stück Lit. D. à 25 Thlr.
Nr. 218. 303. 593. 990. 1627. 1650. 1668. 1730. 1744. 1859. 2190. 2559. 2648. 2798. 2830. 2960. 3225. 3245. 3247. 3534. 3618. 3744. 4114. 4219. 4405. 4578. 4621. 4688. 4716. 5001. 5466. 5594. 5668. 5834. 5974. 6364. 7129. 7538. 7725. 8089. 8487. 8525. 9164. 9222. 9260. 9494. 10,032. 10,106. 10,117. 10,704. 10,903. 10,976. 11,555. 11,624. 12,166. 12,232. 12,964. 12,999. 13,162. 13,177. 13,282. 13,774.

503 Stück Lit. E. à 10 Thlr.
Nr. 20. 34. 180. 220. 264. 272. 309. 389. 440. 443. 553. 636. 661. 785. 796. 847. 869. 682. 888. 973. 988. 1012. 1017. 1081. 1107. 1128. 1177. 1268. 1326. 1343. 1394. 1449. 1466. 1574. 1604. 1620. 1673. 1678. 1695. 1701. 1729. 1739. 1745. 1750. 1761. 1836. 1839. 1841. 1877. 1949. 1953. 2073. 2113. 2341. 2370. 2501. 2512. 2525. 2605. 2609. 2671. 2729. 2765. 2831. 2842. 2923. 3010. 3018. 3110. 3196. 3197. 3231. 3251. 3300. 3305. 3401. 3426. 3477. 3493. 3525. 3532. 3596. 3626. 3655. 3667. 3692. 3732. 3791. 3792. 3802. 3827. 3904. 3923. 3975. 4048. 4066. 4053. 4150. 4215. 4276. 4412. 4579. 4261. 4750. 4906. 4969. 4994. 5015. 5138. 5176. 5298. 5352. 5367. 5447. 5453. 5454. 5533. 5549. 5604. 5613. 5630. 5662. 5685. 5760. 5774. 5807. 5850. 6009. 6079. 6080. 6128. 6139. 6179. 6244. 6272. 6309. 6351. 6370. 6439. 6455. 6526. 6535. 6595. 6738. 6744. 6771. 6783. 6872. 6901. 6951. 6954. 6991. 7002. 7007. 7053. 7088. 7091. 7102. 7115. 7146. 7175. 7206. 7239. 7247. 7254. 7301. 7342. 7349. 7398. 7445. 7494. 7513. 7531.

Nr. 7710. 7752. 7768. 7801. 7853. 7859. 8014. 8026. 8059. 8064. 8108. 8171. 8230. 8368.
8411. 8425. 8460. 8521. 8590. 8637. 8643. 8692. 8694. 8710. 8746. 8747. 8774. 8851.
8928. 8993. 9122. 9163. 9208. 9380. 9424. 9441. 9509. 9511. 9552. 9572. 9666. 9689.
9705. 9726. 9731. 9751. 9755. 9767. 9772. 9838. 9868. 9870. 9911. 9997. 10,230. 10,283.
10,285. 10,291. 10,340. 10,347. 10,348. 10,359. 10,385. 10,421. 10,436. 10,470. 10,655.
10,705. 10,745. 10,765. 10,779. 10,788. 10,884. 10,906. 10,957. 10,997. 11,009. 11,051.
11,059. 11,073. 11,145. 11,163. 11,259. 11,271. 11,277. 11,285. 11,300. 11,318. 11,347.
11,367. 11,386. 11,467. 11,504. 11,533. 11,552. 11,555. 11,558. 11,609. 11,624. 11,626.
11,685. 11,708. 11,728. 11,754. 11,779. 11,852. 11,864. 11,874. 11,897. 11,909. 12,002.
12,016. 12,073. 12,094. 12,146. 12,172. 12,173. 12,209. 12,215. 12,258. 12,279. 12,291.
12,396. 12,436. 12,490. 12,545. 12,628. 12,658. 12,716. 12,726. 12,770. 12,775. 12,785.
12,941. 13,005. 13,006. 13,030. 13,058. 13,063. 13,209. 13,246. 13,336. 13,419. 13,512.
13,527. 13,553. 13,608. 13,619. 13,697. 13,708. 13,713. 13,718. 13,742. 13,813. 13,824.
13,828. 13,856. 13,955. 13,991. 14,032. 14,053. 14,064. 14,095. 14,105. 14,117. 14,260.
14,355. 14,373. 14,386. 14,387. 14,388. 14,437. 14,464. 14,468. 14,516. 14,538. 14,561.
14,577. 14,615. 14,621. 14,631. 14,684. 14,702. 14,705. 14,774. 14,790. 14,871. 14,926.
14,965. 15,188. 15,204. 15,275. 15,287. 15,360. 15,393. 15,573. 15,575. 15,593. 15,666.
15,705. 15,716. 15,720. 15,769. 15,811. 15,813. 15,853. 15,862. 15,992. 15,997. 16,022.
16,046. 16,091. 16,155. 16,240. 16,273. 16,337. 16,379. 16,386. 16,455. 16,520. 16,592.
16,618. 16,627. 16,712. 16,753. 16,825. 16,850. 16,902. 16,980. 17,020. 17,075. 17,166.
17,222. 17,229. 17,243. 17,267. 17,286. 17,321. 17,390. 17,434. 17,511. 17,525. 17,601.
17,638. 17,689. 17,714. 17,778. 17,838. 17,897. 17,898. 17,911. 17,939. 18,047. 18,053.
18,092. 18,190. 18,237. 18,281. 18,303. 18,306. 18,338. 18,353. 18,377. 18,391. 18,395.
18,398. 18,443. 18,450. 18,503. 18,522. 18,527. 18,548. 18,560. 18,561. 18,594. 18,620.
18,654. 18,655. 18,690. 18,691. 18,749. 18,800. 18,822. 18,842. 18,864. 18,871. 18,985.
18,990. 19,014. 19,017. 19,032. 19,048. 19,060. 19,065. 19,101. 19,103. 19,138. 19,166.
19,198. 19,200. 19,209. 19,215. 19,217. 19,295. 19,367. 19,384. 19,400. 19,401. 19,411.
19,414. 19,433. 14,454. 19,459. 19,479. 19,489. 19,499. 19,510. 19,546. 19,568. 19,606.
19,664. 19,695. 19,717. 19,759. 19,768. 19,818. 19,832. 19,841. 19,946. 19,952.

Indem wir die vorstehend bezeichneten Rentenbriefe zum 1sten October 1863 hiermit kündigen, werden die Inhaber derselben aufgefordert, den Nennwerth gegen Zurücklieferung der Rentenbriefe nebst den dazu gehörigen Zins-Coupons Serie II. Nr. 11 bis 16, so wie gegen Quittung

in term. **den 1sten October 1863** und die folgenden Tage, mit Ausschluß der Sonn- und Festtage bei unserer Casse — Sandstraße Nr. 10 hierselbst — in den Vormittagsstunden von 9 bis 1 Uhr

baar in Empfang zu nehmen.

Die Empfangnahme der Valuta kann, nach Maaßgabe der Bestände unserer Casse, auch schon früher und zwar schon von jetzt ab geschehen, in diesem Falle jedoch nur gegen Abzug der Zinsen von 4 pro Cent für die Zeit vom Zahlungstage bis zum Verfalltage, den 1sten October 1863, worauf die Inhaber der verloosten Rentenbriefe hiermit besonders aufmerksam gemacht werden.

Bei der Präsentation mehrerer Rentenbriefe zugleich, sind solche nach den verschiedenen Apoints und nach der Nummerfolge geordnet, mit einem besondern Verzeichniß vorzulegen.

Auch ist es bis auf Weiteres gestattet, die gekündigten Rentenbriefe unserer Casse mit der Post, aber frankirt und unter Beifügung einer gehörigen Quittung auf besonderem Blatte über den Empfang der Valuta einzusenden und die Uebersendung der letzteren auf gleichem Wege, natürlich auf Gefahr und Kosten des Empfängers, zu beantragen.

Vom 1sten October 1863 ab findet eine weitere Verzinsung der hiermit gekündigten Rentenbriefe nicht statt und der Werth der etwa nicht mit eingelieferten Coupons Serie II. Nr. 11 bis 16 wird bei der Auszahlung vom Nennwerthe der Rentenbriefe in Abzug gebracht.

Zugleich wird hiermit bekannt gemacht, daß von den früher verloosten Rentenbriefen der Provinz Schlesien, seit deren Fälligkeit bereits zwei Jahre und darüber verflossen sind, folgende zur Einlösung bei der Rentenbank-Casse noch nicht präsentirt worden sind, und zwar aus den Fälligkeits-Terminen:

a. vom 1sten October 1855:

Lit. D. Nr. 6618. à 25 Thlr.

— 121 —

b. vom 1sten October 1857:
Lit. E. Nr. 1854. à 10 Thlr.

c. vom 1sten April 1858:
Lit. D. Nr. 7972 à 25 Thlr.
Lit. E. Nr. 1852. 1979. 3925. 5178. 5412. 11,947. à 10 Thlr.

d. vom 1sten October 1858:
Lit. E. Nr. 8284 à 10 Thlr.

e. vom 1sten April 1859:
Lit. A. Nr. 2152 à 500 Thlr.
Lit. C. Nr. 1206. 5286. 8021. 10,703. 14,945. 15,501. à 100 Thlr.
Lit. D. Nr. 7335. 8823. 9919. à 25 Thlr.
Lit. E. Nr. 46. 2623. 4739. 5619. 16,038. 18,154. à 10 Thlr.

f. vom 1sten October 1859:
Lit. A. Nr. 18,649. 19,705. à 1000 Thlr.
Lit. C. Nr. 7290. 7329. 15,276. 17,337. à 100 Thlr.
Lit. D. Nr. 7667. 7693. 10,561. 10,769. à 25 Thlr.
Lit. E. Nr. 308. 327. 331. 563. 751. 1163. 1303. 1328. 1356. 1616. 1782. 1830. 2205. 2242. 2327. 2562. 2656. 2963. 3008. 3125. 3215. 3304. 3354. 3990. 4117. 4122. 4245. 4500. 4527. 4623. 4636. 4952. 5088. 5110. 5253. 5300. 5411. 5463. 5629. 5633. 5635. 5778. 5823. 5867. 6024. 6226. 6245. 6326. 6353. 6421. 6447. 6550. 6793. 7159. 7163. 7187. 7284. 7285. 7325. 7394. 7577. 7637. 7844. 7954. 8308. 8386. 8414. 8517. 8912. 9113. 9116. 9180. 9334. 9484. 9515. 9694. 9808. 9834. 9835. 9858. 9859. 9980. 10,005. 10,123. 10,334. 10,478. 10,505. 10,536. 10,578. 10,703. 10,804. 11,121. 11,153. 11,212. 11,411. 11,483. 11,765. 11,935. 11,984. 12,024. 12,104. 12,116. 12,232. 12,414. 12,646. 12,660. 12,711. 12,740. 12,755. 12,784. 12,899. 13,147. 13,272. 13,289. 13,418. 13,581. 13,795. 13,825. 14,038. 14,098. 14,168. 14,186. 14,281. 14,296. 14,360. 14,454. 14,530. 14,761. 15,076. 15,265. 15,348. 15,440. 15,586. 15,646. 15,661. 15,716. 16,107. 16,109. 16,114. 16,397. 16,572. 16,670. 16,755. 16,797. 16,972. 16,973. 17,156. 17,180. 17,185. 17,684. 17,764. 17,925. 18,113. 18,201. 18,248. 18,257. 18,275. 18,277. 18,380. 18,545. 18,617. à 10 Thlr.

g. vom 1sten April 1860:
Lit. A. Nr. 10,797. 12,435. 14,661. à 1000 Thlr.
Lit. B. Nr. 5525. 5528. à 500 Thlr.
Lit. C. Nr. 4137. 7854. 9678. 12,185. 12,891. 15,173. à 100 Thlr.
Lit. D. Nr. 56. 1278. 3443. 4403. 4406. 6620. 9721. 9964. à 25 Thlr.
Lit. E. Nr. 63. 150. 550. 817. 850. 1223. 1567. 1900. 2975. 3398. 3603. 4398. 4419. 4544. 4822. 5366. 5465. 5748. 6059. 6646. 6707. 6778. 7183. 7403. 7471. 7641. 8352. 8719. 8741. 9061. 9111. 9198. 9211. 9581. 9754. 10,261. 10,272. 10,300. 10,807. 11,231. 11,995. 12,078. 13,112. 13,433. 14,099. 14,149. 14,167. 14,169. 14,189. 14,362. 14,712. 15,075. 15,077. 15,710. 15,831. 15,917. 16,590. 16,757. 17,178. 17,465. 17,938. 18,458. 18,671. 18,758. à 10 Thlr.

h. vom 1sten October 1860:
Lit. A. Nr. 2746. 10,378. 12,767. 14,787. à 1000 Thlr.
Lit. B. Nr. 4978. à 500 Thlr.
Lit. C. Nr. 3789. 6596. 7963. 9150. 10,772. 11,461. 13,811. 17,129. 17,575. à 100 Thlr.
Lit. D. Nr. 3560. 3661. 3772. 4306. 4885. 5213. 5961. 7474. 9028. 9728. 11,022. 13,011. 13,485. à 25 Thlr.
Lit. E. Nr. 56. 78. 266. 301. 391. 400. 836. 905. 1111. 1382. 1689. 2064. 2328. 2832. 2979. 3080. 3223. 3410. 3518. 3552. 4121. 4124. 4279. 4414. 4769. 4871. 5076. 5169. 5319. 5405. 5429. 5678. 5752. 5806. 5962. 6795. 7047. 7069. 7182. 7246. 7456. 7674. 7798. 8167. 8667. 8890. 8984. 9242. 9394. 9596. 9675. 10,056. 10,057. 10,164. 10,712. 11,004. 11,136. 11,482. 12,156. 12,496. 12,591. 12,644. 12,695. 12,756. 12,758. 12,834. 13,465. 14,134. 14,777. 14,919. 14,984. 14,987. 15,049. 15,324.

Lit. E. Nr. 15,451. 15,485. 15,755. 15,777. 15,833. 16,003. 16,292. 16,314. 16,716. 16,808.
16,896. 17,241. 17,320. 17,467. 17,649. 17,890. 18,105. 18,199. 18,335. 18,341.
18,478. 18,647. 18,669. 18,741. 18,776. 19,003. 19,063. 19,120. à 10 Thlr.

I. vom 1sten April 1861:

Lit. A. Nr. 574. 4224. 5791. 5803. 7232. 8220. 8497. à 1000 Thlr.
Lit. C. Nr. 1478. 3293. 7084. 8527. 9581. 12,658. 14,401. 14,547. 15,821. 15,885. 16,816.
17,964. à 100 Thlr.
Lit. D. Nr. 1551. 2446. 2803. 4741. 6331. 6609. 8123. 8720. 8766. 10,809. 12,400. 12,493.
13,924. 14,057. à 25 Thlr.
Lit. E. Nr. 41. 136. 137. 248. 349. 350. 684. 721. 1334. 1510. 1618. 1623. 1781. 2888. 2959.
3085. 3212. 3301. 3593. 4202. 4637. 4880. 4691. 5293. 5542. 5914. 5961. 6117.
6371. 6637. 6794. 7078. 7335. 7365. 7406. 7498. 7529. 7984. 7997. 8066. 8249.
8360. 8473. 9422. 9578. 9701. 9894. 9974. 10,326. 10,633. 10,814. 10,856. 11,455.
11,832. 11,973. 12,515. 13,311. 13,485. 14,306. 14,475. 14,603. 14,771. 14,818.
14,841. 14,865. 14,971. 15,596. 15,698. 15,776. 15,946. 16,539. 17,016. 17,232.
17,384. 17,463. 17,537. 17,693. 17,966. 18,223. 18,235. 18,279. 18,336. 18,374.
18,421. 18,579. 18,694. 18,783. 18,852. 19,097. 19,273. 19,333. à 10 Thlr.

Die ausgeloosten Rentenbriefe verjähren nach §. 44 des Rentenbankgesetzes binnen zehn Jahren.

Breslau, den 16. Mai 1863.

Königliche Direction der Rentenbank für die Provinz Schlesien.

(278) Die nächste Schwurgerichtssitzung bei dem Königlichen Kreis-Gericht in Neisse beginnt am 6ten Juli 1863. Neisse, den 26 Mai 1863. Königliches Kreis-Gericht. I. Abtheilung.

(290) Bekanntmachung, die Anmeldung der mit Taback bepflanzten Aecker betreffend.

Zur Verhütung der gesetzlichen Strafen, in welche die mit dem Anbau von Taback sich beschäftigenden Bewohner verfallen, wenn sie die mit Taback bepflanzten Aecker der Steuer-Behörde nicht rechtzeitig anmelden, bringe ich die Bestimmungen des §. 5 der Allerhöchsten Cabinets-Ordre vom 29sten März 1828 hierdurch mit der Aufforderung in Erinnerung, zur Vermeidung der in der Allerhöchsten Cabinets-Ordre vom 30sten Juli 1842 und der Steuer-Ordnung vom 8ten Februar 1819 §. 60 et seq. bestimmten Strafen, ihre mit Taback bepflanzten Grundstücke vor Ablauf des Monats Juli d. J. einzeln nach Lage und Größe in Morgen und Quadratruthen Preußisch, der Steuer- oder Zollbehörde des Bezirks, in welchem die Grundstücke belegen sind, genau und wahrhaft anzumelden.

Breslau, den 1. Juni 1863. Der Provinzial-Steuer-Director.
In Vertretung: Der Ober-Regierungs-Rath. Reinhard.

(292) **Auszahlung der Pfandbriefzinsen.**

Die Einlösung der in Johannis 1863 fällig werdenden Zinscoupons zu den schlesischen landschaftlichen Pfandbriefen wird in dem Zeitraume **vom 2ten bis 21sten Juli 1863** alltäglich — Mittwoch und Sonnabend ausgenommen — von 9 Uhr Vormittag bis 1 Uhr Nachmittag bei der General-Landschafts-Casse stattfinden. Wer mehr als fünf Coupons realisiren will, muß zugleich ein Verzeichniß derselben nach littera, Nummer und Betrag übergeben. Die Coupons von altländschaftlichen Pfandbriefen müssen für sich, die zu Pfandbriefen littera C. ebenfalls für sich, und die zu Neuen Pfandbriefen wieder besonders, und zwar unter Trennung der 3½procentigen von den 4procentigen, consignirt werden.

Formulare zu solchen Verzeichnissen werden in unserer Kanzlei ausgereicht.

Die Einlösung der Pfandbrief-Recognitionen, welche für gekündigte Pfandbriefe im letzten Weihnachts-Termine oder früher ausgereicht worden sind, wird **vom 20sten Juni ab** stattfinden.

Außerdem wird die Einlösung von Zins-Coupons und von fälligen Pfandbriefen stattfinden:
in Berlin bei dem Bankier J. Saling,
in Dresden bei dem Bankier M. Kaskel.

Breslau, den 3. Juli 1863. Schlesische General-Landschafts-Direction.

(294) **Bekanntmachung.** Durch rechtskräftiges Erkenntniß des hiesigen Königlichen Stadtgerichts vom 25sten März a. c. sind die landschaftlichen Pfandbriefe: Kunzendorf G. S. Nr. 85 à 1000 Thlr., Münsterberg-Frankensteiner ehem. Dom.-Güter M. G. Nr. 152, O. N. Simsdorf O. M. Nr. 16 über je 500 Thlr., Bankau I. und II. B. B. Nr. 192, Reimen N. G. Nr. 48, Brzezinka, Kreis Pleß, O. S. Nr. 17, O. M. N. Pangau O. M. Nr. 76 über je 100 Thlr., Sacrau, Kreis Cosel, O. S. Nr. 381

à 50 Thlr., Schönheide N. G. N. 1. 3. 4. über je 300 Thlr., Nr. 11 à 100 Thlr., Jaeschkowitz B. B. Nr. 125 à 200 Thlr., Nieder-Cammerau S. J. Nr. 12, Standesherrschaft Plesse O. S. Nr. 547 über je 100 Thlr., Wilschütz O. M. Nr. 88, Polkendorf B. I. Nr. 35 über je 30 Thlr. für erloschen erklärt, und es wird auf dieselben, sollen sie zum Vorschein kommen, von der Landschaft ferner Zahlung geleistet. Breslau, am 3. Juli 1863. Schlesische Generallandschafts-Direction.

(297) Bei der Oberschlesischen Fürstenthums-Landschaft findet die Eröffnung des Fürstenthums-Tages für den Johannis-Termin d. J. am 22sten Juni statt, wogegen die Einnahme der Pfandbriefs-Interessen für gedachten Termin schon am 17ten bis einschließlich den 24sten Juni und die Einlösung der Zinscoupons und Pfandbriefs-Recognitionen vom 24sten Juni bis einschließlich den 4ten Juli a. c. erfolgen wird.

Inhaber von mehr als fünf Zinscoupons werden darauf aufmerksam gemacht, daß Letztere in eine Consignation aufzunehmen sind, zu deren Anfertigung Formulare in der Landschafts-Casse gratis entnommen werden können. Ratibor, den 6. Juni 1863.

Directorium der Oberschlesischen Fürstenthums-Landschaft. gez. von Prittwitz.

(298) Die dritte Sitzungsperiode des hiesigen Schwurgerichts für das Geschäftsjahr 1863 beginnt am 13ten Juli 1863. Oppeln, den 3. Juni 1863. Königliches Kreis-Gericht. I. Abtheilung.

Personal-Chronik.

(284) Des Königs Majestät haben dem Schleusenmeister Adler bei der Schleuse Nr. 5 des Klodnitz-Canals das Allgemeine Ehrenzeichen mit der Zahl 50 Allergnädigst zu verleihen geruht.

(291) Des Königs Majestät haben Allergnädigst geruht, dem Regierungs-Haupt-Cassen-Cassirer Leib hierselbst den Character als Rechnungsrath, sowie dem katholischen Schulrector Kozold hierselbst den rothen Adlerorden vierter Classe zu verleihen. Das durch den Tod des Pfarrers Poppe in Neustadt erledigte Amt eines Erzpriesters des Neustädter Sprengels ist dem Pfarrer Rippel in Neustadt übertragen worden.

Angestellt: der ehemalige Hilfsaufseher bei der Königlichen Strafanstalt zu Ratibor, Woiton, als Krankenwärter resp. Aufseher bei der Königlichen Filial-Strafanstalt zu Pilchowitz.

Bestätigt: die Vocation des katholischen Schullehrers Postulka zu Ellguth-Sterngtitz.

(285) Ernannt wurden: der Ober-Grenz-Controleur Siegmann in Habelschwerdt zum Ober-Grenz-Controleur in Loslau,
der Sergeant Gabriel zum Grenzaufseher in Weissak.

(293) Personal-Veränderungen
im Departement des Königlichen Appellations-Gerichts zu Ratibor pro Monat Mai 1863.

A. Bei dem Appellations-Gericht.

Ernannt: der Stadtgerichts-Präsident Holzapfel zum Ersten Präsidenten des Appellations-Gerichts;
der Auscultator Hugo Benno Reymann zum Appellations-Gerichts-Referendarius.

Verliehen: dem Kanzleirath Warsitz der rothe Adlerorden 4ter Klasse mit dem Abzeichen für fünfzigjährige Dienstzeit.

Versetzt: die Gerichtsassessoren Schroeder und Pieper aus dem Departement des Appellations-Gerichts Paderborn, resp. Breslau, in das hiesseitige Departement.

Pensionirt: der Appellations-Gerichts-Rath Urbani unter Verleihung des rothen Adlerordens 4ter Klasse.

Ausgeschieden: der Referendarius Hugo Benno Reymann wegen seines Uebertritts zur Verwaltung und der Referendarius Gustav Stiegert Behufs Uebertritts in das Departement des Appellations-Gerichts Breslau.

B. Bei den Kreis-Gerichten.

I. Bei dem Kreis-Gericht zu Beuthen.

Ernannt: die Gerichts-Assessoren Belhagen aus Myslowitz und Preyß aus Groß-Strehlitz zu Kreisrichtern.

II. Bei dem Kreis-Gericht zu Cosel.

Ernannt: der Gerichts-Assessor Marcelli aus Beuthen zum Kreisrichter.

III. Bei dem Kreis-Gericht zu Neustadt.

Gestorben: der Secretair Schreiner.

IV. Bei dem Kreis-Gericht zu Pleß.
Versetzt: der Staatsanwalt Eiteldinger in gleicher Eigenschaft an das Kreis- und Schwurgericht zu Schneidemühl vom 1sten Juli d. J. ab.
V. Bei dem Kreis-Gericht zu Rosenberg.
Pensionirt: der Secretair Gurek vom 1sten October d. J. ab.
VI. Bei dem Kreis-Gericht Groß-Strehlitz.
Pensionirt: die Gefangenwärter Kroll und Lehmann vom 1sten Juli c. ab.

Nachweisung
der gewählten und bestätigten Schiedsmänner pro Monat Mai 1863.

Bezeichnung der Schiedsmänner.	Kreis.	Benennung der Ortschaften.
Gemeindeschreiber Franz Klose zu Waltdorf	Neisse	Waltdorf.
Schullehrer Carl Seyfried zu Krzizanowitz	Ratibor	Krzizanowitz und Roschkau.
Bauer Franz Piegsa zu Ruderswald	Ratibor	Ruderswald.
Schullehrer Joseph Glomb zu Gr.-Strehlitz	Groß-Strehlitz	Adamowitz, Neudorf, Stephanshain und Waldhäuser.
Schullehrer Nicolaus Gasch zu Pyschcz	Ratibor	Pyschcz, Boleslau, Borutin, Owschütz, Wrzeschin.
Schullehrer Kolleritsch zu Brzesnitz	dto.	Ellgoth Herzoglich, Ganiowitz, Lubowitz, Brzesnitz und Grzegorzowitz Herzoglich.
Schullehrer Vincent Kraiczirsky zu Zawada Herzoglich	dto.	Leng, Schichowitz und Zawada Herzoglich.
Schullehrer Eduard Seyfried zu Rogau	dto.	Rogau, Bluschcau und Kamin.
Schullehrer Flegel zu Thurze	dto.	Budzisk, Ruda, Thurze.
Gutsbesitzer v. Raczek zu Bczezinka	Gleiwitz	Brzezinka, Ellgot v. Gröling, Rzepitz, Zbierdz, Ober- und Nieder-Oslerono.
Lehrer Franz Janik zu Wyssoka	Cosel	Wyssoka und Wachowitz.
Schullehrer Valentin Jaschik zu Zielonna	Lublinitz	Zielonna.
Schullehrer Franz Linke zu Jacobswalde	Cosel	Jacobswalde, Goschütz und Kl.-Althammer.
Schullehrer Anton Polenga in Lugnian	Oppeln	Lugnian mit Dombrowka und Mainczol.
Schullehrer Franz Rewig in Eiglau	Leobschütz	Eiglau und Rakau.

Redaction des Amtsblatts im Regierungs-Gebäude. — Druck von F. Weishäuser in Oppeln.

Amts-Blatt
der Königlichen Regierung zu Oppeln.

Stück 25.   Oppeln, den 18. Juni   **1863.**

Allerhöchste Cabinets-Ordre.

(304) Auf Ihren Vortrag bestimme Ich, daß in der Flotten-Stamm-Division, mit Rücksicht auf deren besondere und eigenthümliche Verhältnisse, die Versorgungs-Berechtigung durch eine 12 jährige Dienstzeit, darunter mindestens eine 5 jährige als Unteroffizier, erworben wird. Bei den Schiffsjungen soll die versorgungsberechtigende Dienstzeit vom 17ten Lebensjahre ab gerechnet werden.

Auch soll den betreffenden Schiffsjungen, bei in Folge des Dienstes eingetretener Invalidität, die Dienstzeit von dem Zeitpunkte ab gerechnet werden, wo sie zur ersten Einschiffung gelangen.

Berlin, den 19. März 1863.
(gez.) **Wilhelm.**
(gegengez.) **von Roon.**

An den Kriegs- und Marine-Minister.

Allgemeine Gesetz-Sammlung.

(305) Das 18te Stück der Gesetz-Sammlung enthält unter

Nr. 5714. Das Gesetz, betreffend die Ergänzung und Erläuterung der Allgemeinen Deutschen Wechsel-Ordnung. Vom 27sten Mai 1863.

Nr. 5715. Das Privilegium wegen Ausfertigung auf den Inhaber lautender Kreis-Obligationen des Königsberger Kreises im Betrage von 122,000 Thlrn. Vom 20sten April 1863; und unter

Nr. 5716. Den Allerhöchsten Erlaß vom 4ten Mai 1863, betreffend die Verleihung des Rechts zur Erhebung eines Chausseegeldes auf der Kreis-Chaussee von Gehlenbeck nach Frotheim in dem Kreise Lübbecke, im Regierungs-Bezirk Minden.

Bekanntmachungen der höchsten Staats-Behörden.

(302) **Bekanntmachung**
wegen Ausreichung neuer Zinscoupons Ser. VII. und Talons zu den Neumärkischen Schuldverschreibungen.

Die den Zeitraum vom 1sten Juli 1863 bis 30sten Juni 1867 umfassenden Zinscoupons Ser. VII. nebst Talons zu den Neumärkischen Schuldverschreibungen wird die Controle der Staatspapiere hierselbst, Oranienstraße Nr. 92, vom 15ten d. Mts. ab von 9 bis 1 Uhr Vormittags, mit Ausnahme der Sonn- und Festtage und der drei letzten Tage jedes Monats ausreichen.

Dieselben können bei der gedachten Controle selbst in Empfang genommen oder durch Vermittelung der Königlichen Regierungs-Hauptkassen bezogen werden.

Wer das Erstere wünscht, hat die mit der abgelaufenen Couponserie ausgegebenen Talons vom 23sten April 1859 mittelst eines Verzeichnisses, zu welchem Formulare bei der Controle unentgeltlich zu haben sind, bei dieser persönlich oder durch einen Beauftragten abzugeben. Genügt dem Einreicher eine numerirte Marke als Empfangsbescheinigung, so ist das erwähnte Verzeichniß nur einfach einzureichen, wogegen dasselbe von denen, welche eine schriftliche Bescheinigung über die Abgabe der Talons zu erhalten wünschen, doppelt abzugeben ist.

Es erhalten Letztere das eine Exemplar des Verzeichnisses mit einer schriftlichen Empfangsbescheinigung versehen sofort zurück. Die Marke oder Empfangsbescheinigung ist bei der Aushändigung der neuen Coupons zurückzugeben.

In Schriftwechsel hierüber kann sich die Controle der Staatspapiere nicht einlassen.

Wer die Talons vom 23sten April 1859 zur Erlangung neuer Coupons und Talons nicht selbst oder durch einen Anderen bei der Controle abgeben will, hat sie mit einem doppelten Verzeichnisse an die nächste Regierungs-Hauptkasse einzureichen. Derselbe wird das eine Exemplar des Verzeichnisses, mit einer

Empfangsbescheinigung versehen, sogleich zurückerhalten, welches demnächst bei Aushändigung der Coupons wieder abzuliefern ist.

Formulare zu diesen letzteren Verzeichnissen sind bei den Regierungs-Hauptkassen und den von den Königlichen Regierungen in den Amtsblättern zu bezeichnenden Kassen unentgeltlich zu haben. Des Einreichens der Schuldverschreibungen selbst bedarf es zur Erlangung neuer Coupons und Talons nur dann, wenn die betreffenden älteren Talons abhanden gekommen sind. Die Documente sind in diesem Falle an eine Regierungs-Hauptkasse oder an die Controle der Staatspapiere mittelst besonderer Eingabe einzureichen.

Die Beförderung der Talons oder resp. der Schuldverschreibungen an die Regierungs-Hauptkasse (nicht an die Controle der Staatspapiere) erfolgt durch die Post bis zum 1sten Februar k. J. portofrei, wenn auf dem Couverte bemerkt ist:

„Talons zu . . . . Thlr. Neumärkischer Schuldverschreibungen (resp. Neumärkische Schuldverschreibungen über . . . . Thlr.) zum Empfange neuer Coupons."

Mit dem 1sten Februar k. J. hört die Portofreiheit auf. Es werden nach dieser Zeit die neuen Coupons nebst Talons den Einsendern auf ihre Kosten zugesandt.

Für solche Sendungen, die von Orten eingehen oder nach Orten bestimmt sind, welche außerhalb des Preußischen Postbezirks, aber innerhalb des deutschen Postvereinsgebiets liegen, kann eine Befreiung vom Porto nach Maaßgabe der Vereinsbestimmungen nicht stattfinden.

Berlin, den 1. Juni 1863.

Haupt-Verwaltung der Staatsschulden.
von Wedell.   Gamet.   Meinecke.

Vorstehende Bekanntmachung wird mit dem Bemerken zur öffentlichen Kenntniß gebracht, daß Formulare zu den Verzeichnissen auch bei den Königlichen Kreis-Steuerkassen und bei den Haupt-Zoll-Aemtern zu Landsberg und Myslowitz unentgeltlich zu haben sind.

Oppeln, den 11. Juni 1863.   Königliche Regierung.

(303) <center>Tarif,</center>
nach welchem das Ueberfahrtsgeld bei der Fähranstalt über die Oder bei Koswadze im Groß-Strehlitzer Kreise, Regierungsbezirk Oppeln, zu erheben ist.

Es wird entrichtet für das Uebersetzen:

I. von Personen, einschließlich dessen, was sie tragen, für jede Person . . . . 3 Pfg.,
   Personen, welche zu einem Fuhrwerke oder als Treiber, Reiter oder Führer zu Thieren gehören, wofür die Abgabe nach den Sätzen zu II. und III. entrichtet wird, sind frei;

II. von Thieren:
   a. für ein Pferd, einen Esel, einen Maulesel oder ein Stück Rindvieh . . . . 6 Pfg.
   b. für ein Fohlen, Schwein, Kalb, Schaf, eine Ziege oder ein anderes kleines Stück Vieh, welches frei geführt oder getrieben wird . . . . 3 Pfg.
   c. für Federvieh, welches getrieben wird, für je 10 Stück . . . . 3 Pfg.
   Wenn Federvieh in geringerer Anzahl als 10 Stück oder auf einem Fuhrwerk oder in einem Tragkorbe übergesetzt wird, so wird dafür keine besondere Abgabe erhoben;

III. vom Fuhrwerke, einschließlich der Abgabe für das Gespann,
   1) für beladenes
      a. mit einem Zugthiere . . . . 1 Sgr. 6 Pfg.
      b. mit zwei Zugthieren . . . . 2 „ 6 „
      c. mit drei oder vier Zugthieren . . . . 3 „ — „
   2) für unbeladenes die Hälfte der Sätze zu 1a. bis c.;
   3) für einen Handwagen, Handschlitten, Schiebkarren und anderes Handfuhrwerk, beladen oder unbeladen . . . . — „ 6 „

IV. von unbeladenen Gegenständen wird die Abgabe erhoben, welche die Personen, Thiere oder Fuhrwerke treffen würde, durch welche dieselben zur Fährstelle gebracht worden sind.

Allgemeine Bestimmungen.

1) Die obigen Sätze sind bei jedem Wasserstande, ohne Rücksicht auf dessen Höhe, zu entrichten.
2) Bei vorhandener Eisbahn, für deren gehörigen Zustand und Sicherheit der Fährinhaber zu sorgen verpflichtet ist, werden statt des Satzes von 3 Pfg. nur 2 Pfg., statt des Satzes von 9 Pfg. nur 5 Pfg., statt des Satzes von 1 Sgr. 3 Pfg. nur 8 Pfg., statt der übrigen Sätze nur die Hälfte derselben entrichtet.

Befreiungen.

Befreit von dem Fährgelde sind:
1) Equipagen und Thiere, welche den Hofhaltungen des Königlichen Hauses oder den Königlichen Gestüten angehören;
2) öffentliche Beamte mit ihren Fuhrwerken oder Thieren, wenn sie sich durch Freikarten legitimiren, Steuer- und Polizeibeamte in Uniform auch ohne besondere Legitimation, desgleichen Briefträger und Postboten im Dienste;
3) commandirte Militairs, einberufene Rekruten, Kriegsvorspann, Kriegslieferungsfuhren, sowie Fuhrwerke und Thiere, welche der Armee oder den Truppen auf dem Marsche angehören;
4) Transporte für Rechnung des Staats;
5) Posten, Couriere und Estafetten, sowie alle von Postbeförderungen leer zurückgehenden Pferde und Wagen;
6) Hülfsfuhren bei Feuersbrünsten und ähnlichen Nothständen;
7) alle Diejenigen, welche bei niederem Wasserstande durch die Oder gehen, ohne die Fähre zu benutzen.
8) Hinsichtlich der in Bezug auf die bisherige Hebung des Fährgeldes etwa sonst bestehenden Befreiungen wird durch diesen Tarif nichts geändert.

Berlin, den 4. Mai 1863.
gez. **Wilhelm.**
ggez. von Bodelschwingh. Itzenplitz.

Vorstehender Tarif wird hiermit zur öffentlichen Kenntniß gebracht.
Oppeln, den 6. Juni 1863. Königliche Regierung. Abtheilung des Innern.

Bekanntmachungen der Königlichen Regierung.

(308) Nach einer amtlichen Mittheilung der Kaiserlich Russischen Behörde ist im Königreiche Polen in den Ortschaften Bieschow, Grabowka, Rzonzow und Redzin, unfern der Landesgrenze, welche den Kreis Lublinitz von dem Königreiche Polen trennt, die Rinderpest ausgebrochen. Wir sehen uns hiernach veranlaßt, die durch die Amtsblatt-Bekanntmachung vom 13ten April dieses Jahres nach Maßgabe des §. 2 der Verordnung vom 27sten März 1836 angeordneten milderen Sperrmaßregeln rücksichtlich desjenigen Theils der Landesgrenze, welche die Kreise Creuzburg, Rosenberg O. S., Lublinitz und Beuthen O. S. von dem russisch-polnischen und resp. österreichischen Landesgebiet scheidet, wiederum auf die strengeren Bestimmungen des §. 3 l. c. zurückzuführen und bestimmen hiermit für diese Grenzstrecke, daß
   a. Hornvieh, Schaafe, Schweine, Ziegen, Hunde und Federvieh, frische Rinder- und andere Thierhäute, Hörner und ungeschmolzenes Talg, ferner Rindfleisch, Dünger, Rauchfutter und gebrauchte Stallgeräthe jeder Art gar nicht zugelassen werden dürfen;
   b. daß auch unbearbeitete Wolle, trockene Häute und thierische Haare (excl. Borsten) zurückzuweisen, wenn Gründe zu der Annahme vorhanden sind, daß solche aus inficirten Orten stammen, auch daß
   c. nur solche Personen ohne Weiteres einzulassen, von welchen nach den Umständen anzunehmen ist, daß sie entweder in gar keinem inficirten Orte gewesen, oder doch daselbst mit dem inficirten Rindvieh nicht in unmittelbare Berührung gekommen sind, daß dagegen alle Personen, bei denen nach ihren Verhältnissen die Beschäftigung und der Verkehr mit Rindvieh vorauszusetzen ist, z. B. Vieh- und Lederhändler, Fleischer, Gerber, Abdecker zurückgewiesen werden, oder dieselben, wenn sehr erhebliche Gründe für die Zulassung sprechen, sich zuvörderst einer sorgfältigen, unter polizeilicher Aufsicht vorzunehmenden Reinigung unterwerfen müssen.

Desgleichen wird auch die Abhaltung von Viehmärkten in den Kreisen Rosenberg, Lublinitz und Beuthen bis auf Weiteres untersagt.
Hiernach haben die betreffenden Polizeibehörden und Grenz-Zoll-Aemter sofort zu verfahren, auch die Gewerbetreibenden sich genau zu achten.
Oppeln, den 13. Juni 1863.

Bekanntmachungen des Königlichen Appellations-Gerichts zu Ratibor.

(307) Bekanntmachung, betreffend die Gerichtsferien.

Während der Gerichtsferien vom 21sten Juli bis 1sten September d. J. wird bei den Gerichten nur in den Angelegenheiten verhandelt und verfügt werden, welche eine besondere Beschleunigung erfordern.

Es sind daher Anträge und Gesuche während der Ferienzeit lediglich auf derartige Angelegenheiten zu beschränken und als „Feriensache" zu bezeichnen.
Ratibor, den 10. Juni 1863.

Bekanntmachungen verschiedener Behörden.

(297) Bei der Oberschlesischen Fürstenthums-Landschaft findet die Eröffnung des Fürstenthums-Tages für den Johannis-Termin d. J. **am 22sten Juni** statt, wogegen die Einnahme der Pfandbriefs-Interessen für gedachten Termin schon **am 17ten bis einschließlich den 25sten Juni** und die Einlösung der Zinscoupons und Pfandbriefs-Recognitionen **vom 24sten Juni bis einschließlich den 4ten Juli** a. c. erfolgen wird.

Inhaber von mehr als fünf Zinscoupons werden darauf aufmerksam gemacht, daß Letztere in eine Consignation aufzunehmen sind, zu deren Anfertigung Formulare in der Landschafts-Casse gratis entnommen werden können. Ratibor, den 6. Juni 1863.

Directorium der Oberschlesischen Fürstenthums-Landschaft. gez. von Prittwitz.

Personal-Chronik.

(306) Die durch Versetzung des Kreis-Steuer-Einnehmer Oppermann in den Ruhestand erledigte Kreis-Steuer-Einnehmer-Stelle zu Neustadt ist dem Kreis-Steuer-Einnehmer Krakau zu Pleß, die hierdurch vacant gewordene Kreis-Steuer-Einnehmer-Stelle zu Pleß dem Kreis-Secretair Scholz zu Cosel, die Kreis-Secretair-Stelle zu Cosel, aber dem seitherigen Regierungs-Supernumerarius Laffter hierselbst vom 1sten Juli d. J. ab verliehen worden.

Des Königs Majestät haben Allergnädigst geruht, den Schullehrern Thanheiser in Tharnau und Scholz in Leupusch zu ihren resp. fünfzigjährigen Dienstjubiläen das Allgemeine Ehrenzeichen zu verleihen.

Dem Candidaten der evangelischen Theologie Herrmann aus Schweidnitz ist die Erlaubniß ertheilt worden, in dem hiesigen Regierungs-Bezirk eine Hauslehrerstelle anzunehmen.

Bestätigt: die Wahl des Königlichen Rechtsanwalts und Notar, Justizrath Witzenhusen hierselbst als Beigeordneter hiesiger Stadt.

Gestorben: der evangelische Schullehrer Groß zu Creutzburg.

Hierzu eine Beilage, enthaltend die Concession und Statuten der „Caisse paternelle" zu Paris.

Amts-Blatt
der Königlichen Regierung zu Oppeln.

Stück 26.   Oppeln, den 25. Juni   **1863.**

Allgemeine Gesetz-Sammlung.

(312) Das 19te Stück der Gesetzsammlung enthält unter:

Nr. 5717. Das Gesetz wegen Verwaltung der Bergbau-Hülfskassen. Vom 5ten Juni 1863.

Nr. 5718. Das Gesetz, betreffend die Gebührenpflichtigkeit in Vormundschaftssachen im Bezirk des Appellationsgerichtshofes zu Cöln. Vom 5ten Juni 1863.

Nr. 5719. Das Gesetz wegen Aufhebung des Preußischen Landrechts vom Jahre 1721 und der Instruction für die westpreußische Regierung vom 21sten September 1773 in den zu der Provinz Posen gehörenden Landestheilen. Vom 5ten Juni 1863; und unter

Nr. 5720. Den Allerhöchsten Erlaß vom 27sten Mai 1863, betreffend die Bestimmung, daß die Vorschriften des Gesetzes über Eisenbahn-Unternehmungen vom 3ten November 1838 auf die herzustellende Bahn von dem Bahnhofe Erfurt nach dem Steinsalzbergwerke bei Ilversgehofen Anwendung finden.

Bekanntmachungen der Königlichen Regierung.

(314) Von dem Herrn Ober-Präsidenten der Provinz Schlesien ist nach erfolgter Zustimmung der Interessenten auf Grund des §. 1 alin. 4 des Gesetzes vom 14ten April 1856 genehmigt worden, daß die mittelst des gerichtlichen Vertrages vom 18. Juni / 4. September 1862 von dem Königlichen Forst-Fiscus an den Einlieger Andreas Meyer zu Snrowine, Kreis Oppeln, aus dem Jagen 108 der Oberförsterei Kupp gegen ein dem ꝛc. Meyer gehöriges, im Jagen 89 der Oberförsterei Kupp gelegenes Grundstück von 12 Morgen 111 □Ruthen vertauschte Fläche von gleichem Umfang, welche bisher keinem Gemeinde-Verbande einverleibt war, mit dem Gemeindebezirke Brinnitze, Kreis Oppeln, verbunden werden, dagegen das dem ꝛc. Meyer früher gehörig gewesene Grundstück aus dem Gemeinde-Verbande von Brinnitze ausscheide und mit dem Forstbezirk vereinigt werde. Oppeln, den 5. Juni 1863.

(320) Nach amtlichen Nachrichten sind in den Ortschaften Cynkow und Alesbara im Königreich Polen, von denen der erstere Ort dicht an der im Kreise Lublinitz von Polen trennenden Landesgrenze und der letztere Ort ebenfalls nur ½ Meile von der Landesgrenze, welche den Kreis Beuthen O. S. berührt, entfernt liegt, unter dem dortigen Hornvieh Krankheitserscheinungen hervorgetreten, welche es nicht zweifelhaft erscheinen lassen, daß die Rinderpest in unmittelbarer Nähe unsern Verwaltungs-Bezirk aufs Neue bedroht. Wir sehen uns daher veranlaßt, noch den §. 4 der Verordnung vom 27sten März 1836 zur Anwendung zu bringen und jeden Verkehr mit den inficirten Grenzorten vollständig zu untersagen. Oppeln, den 21. Juni 1863.

(309) Dem Ober-Maschinenmeister der Königlichen Ostbahn Rohrbeck in Bromberg ist unter dem 12ten Juni 1863 ein Patent

auf eine Häckselschneidemaschine in der durch Beschreibung und Zeichnung dargelegten ganzen Zusammensetzung, ohne Jemand in der Anwendung bekannter Theile zu beschränken,

auf fünf Jahre, von jenem Tage an gerechnet und für den Umfang des preußischen Staats ertheilt worden. Oppeln, den 25. Juni 1863.

(310) Dem Kaufmann C. F. Wappenhans in Berlin ist unter dem 12ten Juni 1863 ein Patent

auf mechanische Vorrichtungen zum Zerkleinern und Zertheilen von Thon zu Ziegeln in ihrer, durch Zeichnungen und Beschreibung nachgewiesenen Zusammensetzung und ohne Jemand in der Benutzung bekannter Theile zu beschränken,

auf fünf Jahre, von jenem Tage an gerechnet, und für den Umfang des preußischen Staats ertheilt worden. Oppeln, den 25. Juni 1863.

(313) Dem General-Director der Actien-Gesellschaft „Chemische Fabrik Rhenania" Dr. Hasenclever in Aachen ist unter dem 16ten Juni 1863 ein Patent
auf ein Verfahren zur Darstellung von Chlorbarium, in so weit es als neu und eigenthümlich erkannt ist,
auf fünf Jahre, von jenem Tage an gerechnet und für den Umfang des Preußischen Staats ertheilt worden. Oppeln, den 25. Juni 1863.

(317) Dem Dr. Gustav Clemm in Dresden ist unterm 16ten Juni 1863 ein Patent
auf ein durch Beschreibung erläutertes, für neu und eigenthümlich erkanntes Verfahren, Soda und auch Pottasche zu gewinnen,
auf fünf Jahre von jenem Tage an gerechnet, und für den Umfang des preußischen Staats ertheilt worden. Oppeln, den 25. Juni 1863.

(318) Der Cölnischen Maschinenbau-Actien-Gesellschaft zu Cöln ist unter dem 18ten Juni 1863 ein Patent
auf eine durch Zeichnung und Beschreibung nachgewiesene Centrifugal-Maschine, soweit dieselbe als neu und eigenthümlich erkannt ist,
auf fünf Jahre, von jenem Tage an gerechnet, und für den Umfang des Preußischen Staats ertheilt worden. Oppeln, den 25. Juni 1863.

Bekanntmachungen verschiedener Behörden.

(311) Vom 1sten Juli c. ab wird die Botenpost zwischen Gogolin und Ober-Glogau aufgehoben und dafür eine tägliche Cariolpost zwischen diesen Orten mit folgendem Gange eingerichtet:

aus Gogolin um 5^{30} Uhr früh,

nach Ankunft der Nachtgüterzüge aus Kattowitz und Breslau,

durch Krappitz um $\frac{6^{15}}{6^{30}}$ Uhr früh,

in Ober-Glogau um 8^{30} Uhr Vormittags,

aus Ober-Glogau um 7^{30} Uhr Abends;

nach Ankunft der Cariolpost aus Deutsch-Rasselwitz,

durch Krappitz um $\frac{9^{30}}{9^{45}}$ Uhr Abends,

in Gogolin um 10^{30} Uhr Abends,

zum Anschluß an die Nachtgüterzüge nach Breslau und Kattowitz.

Oppeln, den 16. Juni 1863.   Königliche Ober-Post-Direction.

Personal-Chronik.

(315) Ernannt: der practische Arzt Dr. Rosenthal zu Guttentag zum Kreisphysicus des Rosenberger Kreises.

Angenommen: der Unterofficier Alder als vierter Aufseher und Pförtner bei dem Königlichen Armenhause zu Creuzburg.

Bestätigt: die Wahl des Böttchermeister Grunert zu Schurgast als unbesoldeter Rathmann und die Vocation des katholischen Schullehrers Winkler zu Bitschin.

Gestorben: der Erzpriester und Pfarrer Serp zu Klein-Strehlitz, sowie die katholischen Schullehrer Dierlich zu Biskupitz und Hetfig zu Pommerswitz.

Hierzu eine Beilage, enthaltend:
1) Nachweisung der Schiedsmanns-Bezirke im Regierungs-Bezirk Oppeln, in Bezug der Vertretungsverpflichtung der Schiedsmänner;
2) Bekanntmachung, betreffend die stattgehabte 5te Verloosung von Schlesischen Provinzial-Obligationen.

Redaction des Amtsblatts im Regierungs-Gebäude. — Druck von F. Weishäuser in Oppeln.

Extraordinaire Beilage
zum Amts-Blatt der Königlichen Regierung zu Oppeln.
Stück 26.

Bekanntmachung.

(265) Die von uns unterm 3ten Juni 1857 — extraordinaire Beilage zum Stück 31 des Oppelner Regierungsamts-Blattes pro 1857 — zur Kenntniß gebrachte Nachweisung zur Vertretung erkrankter oder sonst verhinderter Schiedsmänner hat bis jetzt wieder viele Veränderungen erfahren. Wir haben uns daher veranlaßt gesehen, über die gegenwärtige Vertretungsverpflichtung der Schiedsmänner in unserem Departement die nachfolgende Nachweisung aufzustellen:

1. Kreis Beuthen O. S.

Bezeichnung der Schiedsmanns-Bezirke.	Lfd. Nr.	Die Vertretung liegt ob dem Schiedsmann im Bezirk:	M.	Bezeichnung der Schiedsmanns-Bezirke.	Lfd. Nr.	Die Vertretung liegt ob dem Schiedsmann im Bezirk:	M.
Antonienhütte	1	Chudow	7			Klodnitz	
Bilowine		Klein-Paniow				Kochlowitz	
Hallemba						Neudorf	
Klodnitz						Radoschau	
Kochlowitz				Bielschowitz	8	Chudow u. Kl.-Paniow	7
Neudorf				Kunzendorf			
Radoschau				Paulsdorf			
Baingow	2	Bittkow	10	Bisknpitz	9	Orzegow	48
Przelaika		Michalkowitz		Ruda		Schomberg	
Siemianowitz				Bittkow	10	Baingow	2
Bedersdorf	3	Kattowitz	4	Michalkowitz		Przelaika	
Domb		Zalenze				Siemianowitz	
Josephsdorf				Bobrek	11	Guretzko	31
Kattowitz	4	Bedersdorf		Rokittnitz	3	Hospitalgrund	
Zalenze		Domb				Roßberg	
		Josephsdorf		Bobrownik	12	Ptakowitz	28
Alt-Chechlau	5	Bibiella		Koslowagura	6	Alt- u. Neu-Repten	
Neu-Chechlau		Brinnitz		Radzionkau			
Neudek		Jendrissel		Bogutschütz		Bogutschütz	14
Orzech		Truschütz		Zawodzie		Ignatzdorf	
		Gr.-Zyglin		Ignatzdorf	14	Bogutschütz	13
		Kl.-Zyglin				Zawodzie	
Bibiella	6	Alt-Chechlau		Boruschowitz	5	Oppatowitz	39
Brinnitz		Neu-Chechlau		Friedrichshütte		Gr.-Pniowitz	
Jendrissel		Neudek		Lassowitz		Alt-Tarnowitz	
Truschütz		Orzech		Piasetzna			
Gr.-Zyglin				Rybna			
Kl.-Zyglin				Sowitz			
Chudow	7	Antonienhütte	1	Broslawitz	16	Gltnitz	30
Paniow		Bilowine		Georgendorff		Grzibowitz	
		Hallemba		Kempczowitz		Kunary	

Bezeichnung der Schiedsmanns-Bezirke.	Lfd. Nr.	Die Vertretung liegt ob dem Schiedsmann im Bezirk:	Nr.	Bezeichnung der Schiedsmanns-Bezirke.	Lfd. Nr.	Die Vertretung liegt ob dem Schiedsmann im Bezirk:	Nr.
Miedar		Marienau		Grzibowitz		Georgendorf	
		Nierada		Kunari		Kempczowitz	
		Philippsdorf		Marienau		Miedar	
		Wieschowa		Nierada			
Brzenskowitz	17	Stadt Mislowitz I. Be-	51	Philippsdorf			
Brzezinka		zirk		Wieschowa			
Brzezowitz	18	Deutsch-Piekar	41	Gurezko	31	Bobrek	11
Gr.-Dombrowka				Hospitalgrund		Rokittnitz	
Kamin				Roßberg			
Bujakow	19	Gr.-Paniow	40	Königshütte	32	Chorzow	22
Schwientochlowitz	20	Chropaczow u. Pniaki	21			Nieder-Haiduk	
Charlottenhof						Ober-Haiduk	
Chropaczow und Pniaky	21	Schwientochlowitz Charlottenhof	20	Larischhof	33	Erdmannswille Tarnowitz Stadt	42
Chorzow	22	Mittel-Lagiewnik	23	Gr.-Wilkowitz			
Erdmannswille		Ober-Lagiewnik		Maczeikowitz	34	Chorzow	22
Nieder-Haiduk						Nieder- und Ober-Haiduk	
Ober-Haiduk							
Mittel-Lagiewnik	23	Kolonien von Mittel- u.	19			Erdmannswille	
Ober-Lagiewnik		Ober-Lagiewnik		Mikultschütz	35	Biskupitz	9
Klein-Dombrowka	24	Scheppinitz	55			Ruda	
		Nosdzin		Schloß Mislowitz	36	Scheppinitz	55
Dorotheendorf	25	Sosnitza	26			Nosdzin	
Mathesdorf				Miechowitz	37	Bobrek, Rokittnitz	11
Zaborze				Raclo	38	Friedrichsgrube	27
Alt-Zabrze				Oppatowitz	39	Boruschowitz	15
Klein-Zabrze				Gr.-Paniow		Friedrichshütte	
Zabrze Bergw.				Alt-Tarnowitz		Lassowitz	
Makoschau						Piasetzna	
Sosnitza	26	Dorotheendorf	25			Rybna	
		Mathesdorf				Sowitz	
		Zaborze		Gr.-Paniow	40	Bujakow	19
		Alt-Zabrze		Deutsch-Piekar	41	Brzezowitz	18
		Klein-Zabrze				Gr.-Dombrowka	
		Zabrze Bergw.				Kamin	
		Makoschau		Stadt Tarnowitz	42	Larischhof	33
						Gr.-Wilkowitz	
Friedrichsgrube	27	Raclo	38	Stadt Beuthen, I. Bez.	43	Stadt Beuthen II. Bez.	44
Piasowitz	28	Bobrownik	12	Stadt Beuthen, II. Bez.	44	Stadt Beuthen I. Bez.	43
Alt- und Neu-Repten		Koslowagura		Stadt Beuthen, III.	45	Stadt Beuthen IV. Bez.	46
		Radzionkau		Bezirk			
Georgenberg	29	Bibiella	6	Stadt Beuthen, IV.	46	Stadt Beuthen III. Bez.	45
		Brinitz		Bezirk			
		Jendrissek		Rudy-Piekar	47	Alt-Chechlau	5
		Truschütz		Trockenberg		Neu-Chechlau	
		Gr.-Zyglin				Rendek	
		Kl.-Zyglin					
Glinitz	30	Broslawitz	16			Orzech	

Bezeichnung der Schiedsmanns-Bezirke.	Lfd. Nr.	Die Vertretung liegt ob dem Schiedsmann im Bezirk:	Nr.	Bezeichnung der Schiedsmanns-Bezirke.	Lfd. Nr.	Die Vertretung liegt ob dem Schiedsmann im Bezirk:	Nr.
Drzegow	48	Biskupitz	9	Piasniki			
Schomberg		Ruda		Schoppinitz	55	Schloß-Myslowitz	36
Kolonien von Mittel- und Ober-Lagiewnik	49	Mittel- und Ober-Lagiewnik	23	Roßdzin			
Friedrichswille	50	Piakowitz	28			II. Kreis Cosel:	
Stollarzowitz		Alt- und Neu-Repten		Autischkau	1	Barmuntbau	30
Stadt Myslowitz, I. Bezirk	51	Brzenskowitz Brzezinka	17			Mzczitz Vorsicht	
(Ring, Eutengasse, die Plesser Straße, die Bahnhofstraße, der Bahnhof u. die östliche Hälfte der Kirchgasse)				Blechhammer Schlawentzitz Dorf Schlawentzitz Kolonie Miedar Lenartowitz	2	Jacobswalde Goschütz Althammer	8
Stadt Myslowitz, II. Bezirk	52	Stadt Myslowitz I. Bezirk	51	Miecce Borislawitz Sophienfeld Vorwerk Cyffek Koschowitzwald Laudsmierz Dobroslawitz (Gr.-Grauden)	3	Pawlowitzke	24
Alle andern, vorstehend nicht genannten Stadttheile					4	Kobelwitz	11
Beuthener Schwarzwald umfassend	53	Antonienhütte Pikowine Hallemba Klodnitz Kochlowitz Neudorf Radoschau	1		5	Maykirch	19
a. die Eisenhütten					6	Militsch Teschenau Jacobsdorf Kl.-Grauden	20
Friedrichshütte Eintrachthütte							
b. die Zinkhütten							
Clarahütte Rosamundehütte Beuthenerhütte				Jacobswalde Goschütz Althammer	8	Ortowitz	23
c. die Steinkohlengruben				Januschkewitz Wielmierzowitz Kolitsch Raschowa Klodnitz Kuschitza Cziffowa Landzrin Pogorzellek Brzezek	9	Lenkauer Bezirk Lichinia I.	16
Fausta-Grube Friedrich-Wilhelm-Grube Vorsicht-Grube Guttmannsdorf-Grube Ottilien-Grube Eintrachts-Grube Beelowssegengrube Saara-Grube Louisen-Grube Georginen-Grube Gutglück-Grube Lythandra-Grube					10	Cosel	36
				Kobelwitz Kostenthal Dorf Kostenthal Scholtisei Mierzenzin I. Koste	11	Reinschdorf	28
					12	Koste	13
					13	Kostenthal Dorf Kostenthal Scholtisei Mierzenzin I.	12
Kolonien Lippine Davidhütte Silesiahütte Silesia	54	Chropaczow Puiaki	21	Arzanowitz Langlieben Pirchwitz	14	Kobelwitz	11

1*

Bezeichnung der Schiedsmanns-Bezirke.	Lfd. Nr.	Die Vertretung liegt ob dem Schiedsmann im Bezirk:	Nr.	Bezeichnung der Schiedsmanns-Bezirke.	Lfd. Nr.	Die Vertretung liegt ob dem Schiedsmann im Bezirk:	Nr.
Zabnik				Rogau	29	Stadtbezirk Cosel	36
Dembowa				Fischerei			
Liebischau	15	Ortowitz		Roschowitzdorf	23	Sakrau	30		32
Birawa				Niesnaschin		Stöblau	
Alt-Cosel				Przewos		Bitschinitz	
Sackenhoym				Podlesch		Succowitz	
Lenkauer Bezirk	16	Lichinia II.		Dziergowitz	17		
Lichinia I.				Jaborowitz			
Lichinia II.	17	Lenkauer Bezirk, Lichinia I.		Rzepitz	16	Pawlowitzke	31		25
Lohnau	18	Raschowitzdorf		Warmunthau			
Mistitz		Niesnaschin		Vorsicht	30		
Blazeowitz		Przewos		Sakrau		Arzanowitz	32		14
Dziunitz		Podlesch		Stöblau		Langlieben	
		Dziergowitz		Bitschinitz		Pirchwitz	
		Jaborowitz		Succowitz		Zabnik	
						Dembowa	
Matzkirch	19	Dobroslawitz	5	Trawnig		Gr.-Nimsdorf	33		22
Militsch	20	Gr.-Grauden	6			Grötsch	
Leschenau				Tscheidt		Bronin	34		35
Jacobsdorf				Dzielau		Heinrichsdorf	
Kl.-Grauden				Lanietz		Dollendzin	
Nesselwitz	21	Comorno	38	Czienskowitz		Mierzenzin II.	
Wiegschütz		Poborschau		Grzendzin			
		Mechnitz		Wittoslawitz			
		Kamionka		Habicht			
Gr.-Nimsdorf	22	Trawnig	33	Nosurau			
Grötsch				Ehrenfeld			
Ortowitz	23	Jacobswalde	8	Bronin		Tscheidt	35		34
		Goschütz		Heinrichsdorf		Dzielau	
		Althammer		Dollendzin		Lanietz	
Ostrosnitz	24	Pawlowitzke	25	Mierzenzin II.		Czienskowitz	
Przeborowitz						Grzendzin	
Gieraltowitz						Wittoslawitz	
Kl.-Nimsdorf						Habicht	
Pawlowitzke	25	Borislawitz	3			Nosurau	
		Sophienfeld Vorwerk				Ehrenfeld	
Potzenkarb	26	Reinschdorf	28	Stadtbezirk Cosel	36	Rogau			29
Lenschütz						Fischerei	
Pickau				Kl.-Elguth		Radoschau	37		27
Juliusburg				Poln.-Neukirch		Dobischau	
Urbanowitz				Müllowitz		Chrost	
Karchwitz				Comorno		Wiegschütz	38		21
Gr.-Elguth				Proboschau		Nesselwitz	
Radoschau	27	Klein-Elguth	37	Mechnitz			
Dobischau		Poln.-Neukirch		Kamionka			
Chrost		Müllowitz					
Reinschdorf	28	Kobelwitz	11				

Bezeichnung der Schiedsmanns-Bezirke.	lfd. Nr.	Die Vertretung liegt ob dem Schiedsmann im Bezirk:	Nr.	Bezeichnung der Schiedsmanns-Bezirke.	lfd. Nr.	Die Vertretung liegt ob dem Schiedsmann im Bezirk:	Nr.
III. Kreis Creutzburg:				Nassadel I. II. III. IV.	14	Pitschen	34
Schönwald	1	Schmardt I. II. III. IV. V. VI.	7	Adolphsthal Borkhausen			
Sarnau		Neuwalde		Carlsthal			
Gottersdorf I. u. II. Anth.		Benjaminsthal		Erdmannsbain Gusenau			
Bürtultschütz				Nieder-Nassadel			
Margsdorf	2	Schmardt I. II. III. IV. V. VI.	7	Pohlwitz Goslau			
Kl.-Margsdorf		Neuwalde		Wilmsdorf			
Nieder-Ellguth		Benjaminsthal		Baumgarten			
Frei-Tschapel				Proschlitz	15	Pollanowitz	16
Ulrichsdorf				Jacobsdorf		Birkenfeld	
Creutzburg Freigut						Bischdorf	
Alt-Tschapel						Kochelsdorf	
Ludwigsdorf	3	Bankau	9	Polanowitz	16	Proschlitz	15
Buddenbruck		Brzezinke		Birkenfeld		Jacobsdorf	
Prittwitz				Bischdorf			
Steinberg				Kochelsdorf			
Ober-Ellguth	4	Kuhnau	30	Bürgsdorf	17	Constadt	33
Schloß Ellguth				Reinersdorf	18	Schönfeld	27
Ober-Kunzendorf	5	Lositewitz	35	Brune			
Nieder-Kunzendorf				Neudorf	19	Jaschkowitz	10
Wüttendorf I.	6	Matzdorf	8	Omechau			
Wüttendorf II.		Wesendorf		Costau	20	Golkowitz	21
Schmardt I. II. III. IV. V. VI.	7	Margsdorf	2	Golkowitz	21	Costau	20
Neuwalde		Kl.-Margsdorf		Alt-Wundschütz	22	Poln.-Würbitz	23
Benjaminsthal		Nieder-Ellguth		Neu-Wundschütz		Gr.-Deutschen	
		Frei-Tschapel		Jeroltschütz		Kl.-Deutschen	
		Ulrichsdorf		Brinitze			
		Creutzburg-Freigut		Pol.-Würbitz			23	Alt-Wundschütz	22
		Alt-Tschapel		Gr.-Deutschen		Neu-Wundschütz	
				Kl.-Deutschen		Jeroltschütz	
Matzdorf	8	Wüttendorf I.	6			Brinitze	
Wesendorf		Wüttendorf II.		Deutsch-Würbitz	24	Simmenau	28
Bankau	9	Ludwigsdorf	3	Constadt-Ellguth		Gr.-Schweinern	26
Brzezinke		Buddenbruck		Sophienthal		Kl.-Schweinern	
		Prittwitz		Gr.-Schweinern		26	Constadt-Ellguth	25
		Steinberg		Kl.-Schweinern		Sophienthal	
Jaschkowitz	10	Neudorf	19	Schönfeld	27	Reinersdorf	18
		Omechau				Brune	
Ober-Rosen	11	Scalung	29	Simmenau	28	Deutsch-Würbitz	24
Nieder-Rosen		Albrechtsthal		Scalung	29	Ober-Rosen	11
Roschkowitz	12	Schieroslawitz	13	Albrechtsthal		Nieder-Rosen	
Borek		Woislawitz		Kuhnau	30	Ober-Ellguth	4
Schieroslawitz	13	Roschkowitz	12			Schloß-Ellguth	
Woislawitz		Borek		Creutzburg I. Bezirk	31	Creutzburg II. Bezirk	32

Bezeichnung der Schiedsmanns-Bezirke.	lfd. Nr.	Die Vertretung liegt ob dem Schiedsmann im Bezirk:	Nr.	Bezeichnung der Schiedsmanns-Bezirke.	lfd. Nr.	Die Vertretung liegt ob dem Schiedsmann im Bezirk:	Nr.
Creutzburg II. Bezirk	32	Creutzburg I. Bezirk	31	Schedliske			
Constadt	33	Bürgsdorf	17	Dorf Friedland	11	Rauisch	27
Pitschen	34	Naffadel I. II. III. IV.	14	Floste			
		Adolphsthal		Woistrasch			
		Barkhausen		Hammer			
		Carlsthal		Friedrichsfeld			
		Erdmannshain		Ellguth-Friedland			
		Guenau		Hillersdorf			
		Nieder-Naffadel		Julienthal			
		Pohlwitz		Ferdinandshof			
		Goslau		Nicoline	12	Golschwitz	29
		Wilmsdorf				Sowade	
		Baumgarten		Arnsdorf	13	Stroschwitz-Falkenberg	30
Lofflowitz	35	Kunzendorf Ober-	5	Ranske		Stroschwitz-Löwen und	
		Kunzendorf Nieder-				Kl.-Saarne	
				Stadt Schurgast	14	Hilbersdorf	25
IV. Kreis Falkenberg:				Weißdorf			
Sonnenberg	1	Gr.-Mahlendorf	18	Dorf u. Schloß Schurgast			
Schaderwitz	2	Jacobsdorf mit Kleusch-nitz	19	Daumbran	15	Poln.-Leipe	31
Karbischau	3	Schönwitz	20	Czeppelwitz		Deutsch-Jamke	
Kl.-Schnellendorf	4	Puschine	21	Sekollnik		Sorge	
		Polnisch-Jamke				Niewe	
		Piechoßütz				Borkwitz	
		Heinrichau		Städtel Friedland	16	Bielitz	32
Gr.-Schnellendorf	5	Heinrichau	21	Rogau	17	Grüben	33
Plieschnitz				Taruitze			
Ellguth-Steinau				Kirchberg			
Bauschwitz	6	Lammsdorf	22	Gr.-Mahlendorf	18	Sonnenberg	1
Nüßdorf				Jacobsdorf mit Kleusch-nitz	19	Schaderwitz	2
Mauschwitz				Schönwitz	20	Karbischau	3
Kerpitz							
Schedlau	7	Geppersdorf	36	Puschine	21	Kl.-Schnellendorf	4
Mullwitz				Poln.-Jamke			
Gubran				Piechoßütz			
Graase	8	Raschwitz	24	Heinrichau			
Rautke				Lammsdorf	22	Bauschwitz	6
Gr.-Saarne						Nüßdorf	
Gr.-Mangersdorf	9	Guschwitz	35			Mauschwitz	
Kl.-Mangersdorf						Kerpitz	
Tillowitz	10	Sabine	26	Norok	23	Stadt Schurgast	14
Baumgarten				Niewodnik		Weißdorf	
Michelsdorf						Dorf und Schloß Schurgast	
Weiderwitz							
Seifersdorf				Roschwitz	24	Graase	8
Ellguth-Tillowitz						Rautke	
Schiedlow						Gr.-Saarne	

Bezeichnung der Schiedsmanns-Bezirke.	Lfd. Nr.	Die Vertretung liegt ob dem Schiedsmann im Bezirk:	№	Bezeichnung der Schiedsmanns-Bezirke.	Lfd. Nr.	Die Vertretung liegt ob dem Schiedsmann im Bezirk:	№
Hilbersdorf	25	Stadt Schurgast Weißdorf Dorf und Schloß Schurgast	14	Schloß Falkenberg Weschelle Czeppanowitz Lippen			
Sabine	26	Tillowitz Baumgarten Michelsdorf Weiberwitz Seifersdorf Ellguth-Tillowitz Schiedlow Schedliske	10	Springsdorf Brande Guschwitz	35	Gr.-Mangersdorf Kl.-Mangersdorf	9
				Geppersdorf	36	Scheblau Mulwitz Guhrau	7
				Heidersdorf	37	Geppersdorf	36
Ranisch	27	Dorf Friedland Floste Woistrasch Hammer Friedrichsfeld Ellguth-Friedland Hillersdorf Julienthal Ferdinandshof	11	Grobitz Wiersbel	38	Guschwitz	35
						V. Kreis Gleiwitz:	
				Althammer Bitschin Ciochowitz Klisczczau Latischau	1 2	Smolnitz Glegowitz Niekarn Niewiesche Gr.-Patschin Ponischowitz	39 29
Stadt Falkenberg	28	Jatzdorf Rosdorf Petersdorf Schloß Falkenberg Weschelle Czeppanowitz Lippen Springsdorf Brande	34	Boguschütz Boltschow Latscha	3 4	Stadt Tost Gr.-Sierakowitz Kl.-Sierakowitz Rachowitz	36 26
				Brynnek Hanussek	5	Tworog Kotten Mikolesla Neudorf Tworog Polom Potempa Schwinowitz Wessola	16
Golschwitz Sowade	29	Nicoline	12				
Stroschwitz-Falkenberg Stroschwitz-Löwen u. Kl.-Saarne	30	Ursdorf Rauske	13				
Polnisch-Leipe Deutsch-Jamke Sorge Riewe Borkwitz	31	Dambrau Czeppelwitz Sokollnik	15	Chechlo Louta Wydow Eisengießerei	6	Stupsko	28
					7	Trynnek Ellgot-Zabrze	33
Bielitz Grüben	32 33	Städtel Friedland Rogau Tarnitze Kirchberg	16 17	Brzezinka Ellgot v. Gröling Rzepitz Zdzieraz	8	Laband Czechowitz Alt-Gleiwitz Niepaschütz Przyschowka	14
Jatzdorf Rosdorf Petersdorf	34	Stadt Falkenberg	26	Nieder-Dziersno Ober-Dziersno Gr.-Kottulin	9	Glegowitz	29

Bezeichnung der Schiedsmanns-Bezirke.	Lfd. Nr.	Die Vertretung liegt ob dem Schiedsmann im Bezirk:	Nr.	Bezeichnung der Schiedsmanns-Bezirke.	Lfd. Nr.	Die Vertretung liegt ob dem Schiedsmann im Bezirk:	Nr.
Proboschowitz		Nieckarn				Kolonie Dombrowa	
Kl.-Kottulin		Niewiesche				Jasten	
Skal		Gr.-Patschin				Lubie	
		Ponischowitz		Preiswitz		22 Gieraltowitz	10
Gieraltowitz	10	Preiswitz	22	Rudzinitz		23 Plawniowitz	
Kamienietz	11	Jaschkowitz	30	Anduo			
Boniowitz		Jawada		Laskarzowka			
Marchowitz				Zernik v. Gr.		24 Petersdorf Städtel	19
Lubek				Zernik Städt.		Petersdorf v. Welczek	
Kieferstädtel Schloß	12	Althammer	1			Neudorf v. Welczek	
Chorinskowitz				Schönwald		25 Deutsch-Zernitz	32
Moslem I. II. u. III., Anth.				Gr.-Sierakowitz		26 Boitschow	4
				Kl.-Sierakowitz		Latscha	
Kopienitz	13	Pniow	21	Machowitz			
Kolonie Dombrowa				Schieroth		27 Langendorf	15
Jasten				Kolonie Sabinka		Czarkow	
Lubie				Lonczek		Ottmuchow	
Laband	14	Brzezinka	5	Zacharzowitz		Woisko I. und II.	
Czechowitz		Ellgot v. Gröling				Woisko III.	
Alt-Gleiwitz		Rzezitz		Slupsko		28 Czechlo	6
Niepaschütz		Zdierdz				Lonia	
Przyschowka						Wydow	
Langendorf	15	Schwieben	35	Giegowitz		29 Bitschin	2
Czarkow		Wischnitz		Nieckarn		Ciochowitz	
Ottmuchow		Radun		Niewiesche		Kliszczau	
Woisko I. u. II.		Kolonie Radun		Gr.-Patschin		Tatischau	
Woisko III.		Blascowitz		Ponischowitz			
		Kieleszka		Jaschkowitz		30 Kamienietz	11
Tworog	16	Bronnek	5	Jawada		Boniowitz	
Kotten		Hannsek				Marchowitz	
Mikoleska						Lubek	
Neudorf-Tworog				Ostroppa		31 Richtersdorf	34
Polom				Kolonie Zedlitz			
Potempa				Deutsch-Zernitz		32 Schönwald	25
Schwinowitz				Trynnek		33 Eisengießerei	7
Wessola				Ellgot-Zabrze			
Lona u. Lany	17	Stadt Kieferstädtel	37	Richtersdorf		34 Ostroppa	31
Kl.-Patschin	18	Stadt Peiskretscham	35			Kolonie Zedlitz	
Gr.-Zaolschau				Stadt Peiskretscham		35 Kl.-Patschin	18
Pfarrlich Zaolschau						Gr.-Zaolschau	
Petersdorf Städtel	19	Zernik v. Gr.	24			Pfarrlich Zaolschau	
Petersdorf v. Welczek		Zernik Städt.		Stadt Tost		36 Boguschütz	3
Neudorf v. Welczek				Stadt Kieferstädtel		37 Lona u. Lany	17
Plawniowitz	20	Rudzinietz	23	Schwieben		38 Langendorf	15
		Rudno		Wischnitz		Czarkow	
		Laskarzowka		Radun		Ottmuchow	
Pniow	21	Kopienitz	13	Kolonie Radun		Woisko I. und II.	

Bezeichnung der Schiedsmanns-Bezirke.	Lfd. Nr.	Die Vertretung liegt ob dem Schiedsmann im Bezirk:	Nr.	Bezeichnung der Schiedsmanns-Bezirke.	Lfd. Nr.	Die Vertretung liegt ob dem Schiedsmann im Bezirk:	Nr.
Blazcowitz		Woisko III.				VI. Kreis Grottkau:	
Kieleczka				Herzogswalde	1	Seiffersdorf b. Gr.	53
Smolnitz	39	Althammer	1	Lichtenberg	2	Seiffersdorf b. Gr.	53
Gleiwitz Rathhausbezirk	40	Gleiwitz-Beuthener Vorstadt-Bezirk	43	Lenpnich	3	Woisseldorf	4
				Woisseldorf	4	Lenpnich	3
Gleiwitz Pfarrbezirk	41	Gleiwitz-Ratiborer Vorstadt-Bezirk	42	Grottkau Stadt	5	Tharnau b. Gr.	6
				Tharnau b. Gr.	6	Grottkau Stadt	5
Gleiwitz Ratiborer Vorstadt-Bezirk	42	Pfarr-Bezirk	41	Leine	7	Gublau	8
						Osseg	
Gleiwitz-Beuthener Vorstadt-Bezirk	43	Rathhaus-Bezirk	40	Gublau	8	Leipe	7
				Osseg			
Gleiwitz Sandvorstadt-bezirk	44	Beuthener Vorstadt-Bezirk	13	Hohen-Giersdorf Niclasdorf	9	Nieder-Giersdorf	10
Dombrowka	45	Giesowitz	29	Nieder-Giersdorf	10	Hohen-Giersdorf Niclasdorf	9
		Niefarn					
		Niewiesche		Würben	11	Gührau	12
		Gr.-Patschin		Gührau	12	Würben	11
		Ponischowitz		Hönigsdorf	13	Endersdorf Voigtsdorf	14
Kiakzlas	46	Kamienietz	11				
		Poniowitz		Endersdorf Voigtsdorf	14	Hönigsdorf	13
		Karchowitz					
		Lubek		Halbendorf	15	Endersdorf Voigtsdorf	14
Przeschlebie	47	Jaschkowitz	30	Kl.-Neudorf			
Schwientoschowitz		Zawada		Märzdorf	17	Tiefensee	18
Ziemientzitz				Tiefensee	18	Märzdorf	17
Schloß Tost				Koppitz	19	Winzenberg	20
Ellguth-Tost	48	Sarnau	49	Winzenberg	20	Koppitz	19
Kottlischowitz				Alt-Grottkau	21	Koppendorf	22
Oratsche				Koppendorf	22	Alt-Grottkau	21
Pawlowitz				Falkenau	23	Friedewalde	24
Pissarzowitz				Kroschen		Gr.-Briesen	
Kl.-Pluschnitz						Geltendorf	
Kl.-Wilkowitz				Friedewalde	24	Falkenau	23
Lonczek-Tost				Gr.-Briesen		Kroschen	
Sarnau	49	Schloß Tost	48	Geltendorf			
		Ellguth-Tost		Hennersdorf	25	Mogwitz	26
		Kottlischowitz		Mogwitz	26	Hennersdorf	25
		Oratsche		Striegendorf	27	Zindel	28
		Pawlowitz		Zindel	28	Ober-Kühschmalz	29
		Pissarzowitz		Ober-Kühschmalz	29	Zindel	28
		Kl.-Pluschnitz		Nieder-Kühschmalz	30	Petersheide Schönheide Eckwertsheide Königswalde	31
		Kl.-Wilkowitz		Rogau			
		Lonczek-Tost					
Leboschowitz	50	Althammer	1				
Schalscha	51	Zernik v. Gr.		Petersheide	31	Nieder-Kühschmalz	30
Czakanau		Zernik Städt.		Schönheide		Rogau	
Pohlsdorf	52	Althammer	1	Eckwertsheide			

— 10 —

Bezeichnung der Schiedsmanns-Bezirke.	lfd. Nr.	Die Vertretung liegt ob dem Schiedsmann im Bezirk:	Nr.	Bezeichnung der Schiedsmanns-Bezirke.	lfd. Nr.	Die Vertretung liegt ob dem Schiedsmann im Bezirk:	Nr.
Königswalde				Mahlendorf			
Seifferodorf b. Ottma= chau	32	Gläsendorf		Perschkenstein Ullersdorf	33		
Schwedlich				Weidich			
Gläsendorf	33	Seifferodorf b. Ottma= chau Schwedlitz	32	Starrwitz		50 Matzwitz Ritterwitz Grädit	51
Ramnig	34	Tschechdorf	35	Matzwitz Ritterwitz Grädit		51 Starrwitz	50
Schützendorf Bonhmannsdorf							
Tschechdorf	35	Ramnig Schützendorf Bonhmannsdorf	34	Ottmachau Kl.=Vorwerk Seiferodorf b. Gr.		52 Weiß 53 Herzogswalde	47 1
Roschendorf	36	Lindenau	37	Jauritz		54 Klodebach	40
Lindenau	37	Roschendorf	36	Johnsdorf		55 Lindenau	37
Lobedau	38	Ellguth Sarlowitz	39	Laßwitz			
			38	VII. Kreis Leobschütz:			
Ellguth Sarlowitz Klodebach	39	Lobedau		Babitz Jülkewitz Badewitz	41	1 Jülkewitz 2 Babitz 3 Neudorf	2 1 4
	40	Gr.=Sarlowitz Reisewitz Rasiczka		Neudorf		4 Badewitz	3
Gr.=Sarlowitz Reisewitz Rasiczka	41	Klodebach	40	Bauerwitz Zernau Biesfau		5 Zernau 6 Bauerwitz 7 Deutsch=Neukirch	6 5 8
Ogen	42	Bauers Tharnau b. Ottmachau Satteldorf Pillwösche	43	Deutsch=Neukirch Bladen Josephsthal Banowitz		8 Biesfau 9 Banowitz 10 Bladen Josephsthal	7 10 9
Bauers Tharnau b. Ottmachau Satteldorf Pillwösche Reisendorf Kl.=Sarlowitz	43	Ogen	42	Bleischwitz Hennerwitz Branitz=Michelsdorf Pesnig Bratsch=Saliswalde		11 Hennerwitz 12 Bleischwitz 13 Pesnig 14 Branitz=Michelsdorf 15 Türmitz	12 11 14 13 16
	44	Zedlitz	45				
Zedlitz	45	Reisendorf Kl.=Sarlowitz	44	Türmitz Casimir		16 Bratsch=Saliswalde 17 Damasko Berndau	15 18
Tschanschwitz Weitz Graschwitz	46	Weitz	47	Damasko Berndau Thomnitz	49	Thomnitz 18 Casimir	17
	47	Tschanschwitz	46				
	48	Bittendorf Laskowitz Mahlendorf Perschkenstein Ullersdorf Weidich		Schönau Gläsen Comeise		19 Gläsen 20 Schönau 21 Peterwitz Choltiz	20 19 22
Bittendorf Laskowitz	49	Graschwitz	48	Peterwitz		22 Comeise	21

Bezeichnung der Schiedsmanns-Bezirke.	Lfd. Nr.	Die Vertretung liegt ob dem Schiedsmann im Bezirk:	№	Bezeichnung der Schiedsmanns-Bezirke.	Lfd. Nr.	Die Vertretung liegt ob dem Schiedsmann im Bezirk:	№
Choltitz				Moker	48	Pilgersdorf	49
Dirschel	23	Liptin	24	Dobersdorf		Burgstädtel	
Liptin	24	Dirschel	23	Pilgersdorf	49	Moker	48
Eiglau	25	Stolzmütz	26	Burgstädtel		Dobersdorf	
Rakau				Wehowitz	50	Waissack	51
Stolzmütz	26	Eiglau	25	Dirschkowitz			
		Rakau		Neuberg			
Gröbnig	27	Kreisewitz	28	Waissack	51	Wehowitz	50
Kreisewitz	28	Gröbnig	27			Dirschkowitz	
Leisnitz	29	Dittmerau	61			Neuberg	
Neustift				Piltsch		Rösnitz	52
Hochkretscham	30	Osterwitz	31			Steuberwitz	
		Kaldaun		Rösnitz		Piltsch	52
Osterwitz	31	Hochkretscham		Steuberwitz	30		
Kaldaun				Kreuzendorf		Soppau	55
Knispel	32	Tschirmkau	33	Schmeißdorf			
Tschirmkau	33	Knispel	32	Soppau		Kreuzendorf	54
Hohudorf	34	Zauchwitz	35			Schmeißdorf	
Zauchwitz	35	Hohudorf	34	Roben		Städtel Troplowitz	57
Königsdorf	36	Pommerswitz	37			Dorf Troplowitz	
Sabschütz		Amaliengrund				Schönwiese	
Schlegenberg		Alt-Wiendorf				Geppersdorf	
Kaltenhausen		Neu-Wiendorf				Raden	
Trenkau				Städtel Troplowitz	57	Roben	56
Blümsdorf				Dorf Troplowitz			
Pommerswitz	37	Königsdorf	36	Schönwiese			
Amaliengrund		Sabschütz		Geppersdorf			
Alt-Wiendorf		Schlegenberg		Raden			
Neu-Wiendorf		Kaltenhausen		Schönbrunn	58	Wernersdorf	59
		Trenkau		Wernersdorf	59	Schönbrunn	58
		Blümsdorf		Steubendorf	60	Schönau	19
Rösling		Katscher	39	Kittelwitz		Leisnitz	29
Katscher	39	Rösling	38	Dittmerau	61	Neustift	
Krug	40	Rosen	41				
Rosen	41	Krug	40	Leobschütz I. Bezirk	62	Leobschütz II. Bezirk	63
Fürstl. Langenau	42	Lehn-Langenau	43	Leobschütz II. Bezirk	43	Leobschütz III. Bezirk	64
Lehn-Langenau	43	Fürstl. Langenau	42			Taumlitz	
Leimerwitz	44	Nassiedel	45	Leobschütz III. Bezirk		Leobschütz I. Bezirk	62
Ehrenberg		Krastilau		Taumlitz			
		Klemstein		Neu-Katscher		Katscher	39
		Auchwitz		Alt-Hradschein		Turkau	67
Nassiedel	45	Leimerwitz	44	Neu-Hradschein			
Krastilau		Ehrenberg		Turkau		Alt-Hradschein	66
Klemstein				Jacubowitz		Neu-Hradschein	
Auchwitz				Boblowitz			
Löwitz	46	Sauerwitz	47			Waissak	51
Sauerwitz	47	Löwitz	46				

VIII. Kreis Lublinitz:

Bezeichnung der Schiedsmanns-Bezirke.	Lfd. Nr.	Die Vertretung liegt ob dem Schiedsmann im Bezirk:	№.	Bezeichnung der Schiedsmanns-Bezirke.	Lfd. Nr.	Die Vertretung liegt ob dem Schiedsmann im Bezirk:	№.
Stadt Guttentag Schloß-Guttentag Ellguth-Guttentag	1	Ellguth-Guttentag Makowczitz		Jawornitz	2	Stadt Lublinitz Schloß Lublinitz Kl.-Droniowitz städt.	18
Makowczitz Glowczitz Goslawitz Rendzin Zwoos Grosdzian Skrzidlowitz Dzielna	2 3 4	Stadt Guttentag Schloß Guttentag Gwosdzian Skrzidlowitz Dzielna Glowczitz Goslawitz Rendzin Zwoos	1 4 3	Stadt Lublinitz Schloß Lublinitz Kl.-Droniowitz Schierokau Charlottenthal Ponoschau Bieberstein Schemrowitz Warlow	18 19 20 21	Jawornitz Ponoschau Bieberstein Schierokau Charlottenthal Rzendowitz	17 20 19 22
Muschinowitz Kl.-Droniowitz Ober-Sodow Nieder-Sodow Wiersbie	5	Jawornitz	17	Rzendowitz Harbultowitz Chwostek Gr.-Droniowitz	22 23	Schemrowitz Warlow Czschieschowa Hadra	21 24
Koschentin Drathhammer Bruschek				Czschieschowa Hadra	8		
Strzebin Erdmannshain	7	Strzebin Erdmannshain		Kl.-Lagiewnik Koschmieder	7	Harbultowitz Chwostek Gr.-Dronlowitz Bzinitz Pluder	24 25	23 30
Ellguth-Woischnik	8	Koschentin Drathhammer Bruschek		Pawonkau Solarnia	36	Lissowitz Drahlin	26	32
Städtchen Woischnik	9 10	Lohna Schloß Woischnik Lohna Schloß Woischnik		Wendzin	36	Jezowa Rollna Cziasnau	27	28
Lubschau Kaling Olschin	11 12	Zielonna Boronow Dembowagura Lissagura Niewen	34 29	Jezowa Rollna Cziasnau Boronow	28	Wendzin		27
Kochtzitz	13	Kochanowitz Lissau Liebsdorf	14	Dembowagura Lissagura Niewen		Koschentin Drathhammer Bruschek	29	7
Kochanowitz Lissau Liebsdorf	14	Kochtzitz	13	Bzinitz Pluder Pfaar		Kl.-Lagiewnik	30	25
Zborowski Bogdalla	15	Lubetzko Steblau Schloß Lagiewnik Glinitz	16	Ludwigsthal Babinitz Lissowitz Drahlin		Zielona Lubetzko Steblau	31 32	34 16
Lubetzko Steblau Schloß Lagiewnik Glinitz	16	Zborowski Bogdalla	15	Kutschau mit den Kolonien Soßnitz, Mo-		Schloß Lagiewnik Glinitz Zielona	33	34

Bezeichnung der Schiedsmanns-Bezirke.	Lfd. Nr.	Die Vertretung liegt ob dem Schiedsmann im Bezirk:	Nr.	Bezeichnung der Schiedsmanns-Bezirke.	Lfd. Nr.	Die Vertretung liegt ob dem Schiedsmann im Bezirk:	Nr.
truß, Stablhammer und dem Vorwerk Zawodzie				Niemertsheide Neuforge		Hannsdorf 11 Lassoth	12
Zielona	34	Ellguth-Woischnik		9 Rothhaus		Ober-Jentritz Nieder-Jentritz	
Kokottek	35	Ruschinowitz	5	Lassoth		12 Niemertsheide	11
Wüstenhammer		Kl.-Troniowitz Ober- und Nieder-Sodow Wiersbie		Ober-Jentritz Nieder-Jentritz Mannsdorf Wischke		Neuforge Rothhaus 13 Ritterswalde	11
Lohna Schloß Woischnik	36	Ellguth-Woischnik		9 Ritterswalde		14 Mannsdorf Wischke	13
Kaminitz	37	Lubschau		11 Volkmannsdorf Mannsdorf Neunersdorf		15 Hermsdorf b. Bielitz	16
IX. Kreis Neisse:							
Heidersdorf Schilde	1	Glumpenau Gießmannsdorf Zentsch	2	Kl.-Warthe Hermsdorf b. Bielitz		16 Volkmannsdorf Mannsdorf Neunersdorf Kl.-Warthe	15
Glumpenau Gießmannsdorf Zentsch Stephansdorf	2	Heidersdorf Schilde		Steinsdorf Jäglitz Greisau Preckendorf Oppersdorf Lindewiese	4	17 Jäglitz 18 Steinsdorf 19 Preckendorf 20 Greisau 21 Lindewiese	18 17 20 19 22
Nowag Bechau Guttwitz Rottwitz Schlaupitz Reinschdorf Schmelzdorf Reimen Schmolitz Franzdorf Kuschdorf Ratschke Korkwitz Sengwitz	3 4 5 6 7 8	Nowag Bechau Guttwitz Rottwitz Schlaupitz Stephansdorf Reimen Schmolitz Reinschdorf Schmelzdorf Korkwitz Sengwitz Franzdorf Kuschdorf Ratschke	3 6 5 5 7	Heidau Deutsch-Kamitz Preiland Markersdorf Pohlnischwette Dürr-Kamitz Wehrau Bielau Steinbübel Grunau Blumenthal Kupferhammer Köppernig Raasdorf	6 5 7	22 Oppersdorf 23 Deutsch-Kamitz 24 Heidau 25 Pohlnischwette 26 Preiland Markersdorf 27 Bielau Steinbübel 28 Wehrau 29 Köppernig Raasdorf 30 Grunau Blumenthal Kupferhammer	21 24 23 26 25 28 27 30 29
Gr.-Neundorf Struwitz Weißenberg Hannsdorf Waltdorf	9 10	Waltdorf Gr.-Neundorf Strnwitz Weißenberg	10 9	Kl.-Briesen Heidenau Seigwitz Würben Rathmannsdorf	9	31 Würben 32 Bösdorf 33 Kaltau Brünschwitz 34 Mösen	33 68 47 35

Bezeichnung der Schiedsmanns-Bezirke.	Lfd. Nr.	Die Vertretung liegt ob dem Schiedsmann im Bezirk:	№	Bezeichnung der Schiedsmanns-Bezirke.	Lfd. Nr.	Die Vertretung liegt ob dem Schiedsmann im Bezirk:	№
		Krackwitz		Altewalde	62	Neuwalde	63
Mösen	35	Rathmannsdorf	34	Neuwalde	63	Altewalde	62
Krackwitz				Ludwigsdorf	64	Arnoldsdorf	65
Alt-Patschkau	36	Stadt Patschkau	38	Arnoldsdorf	65	Ludwigsdorf	64
Alt-Wilmsdorf				Dürr-Kunzendorf	66	Schönwalde	67
Kosel	37	Stadt Patschkau	38	Altmannsdorf			
Stadt Patschkau	38	Alt-Patschkau Alt-Wilmsdorf	36	Schönwalde	67	Dürrkunzendorf	66
						Altmannsdorf	
Gostitz	39	Kamitz	40	Bösdorf	68	Beigwitz	32
Kamitz	40	Gostitz	39	Conradsdorf	69	Carlshof	80
Gesäß	41	Heinzendorf Fuchswinkel	42	Carlau Finstergasse	42	Neuland (Pfarrtheilich) Neuland (Hübner)	
Heinzendorf				Wachsbleiche	41	Schäferei	
Fuchswinkel	42	Gesäß	41			Wellenhof	
Heinersdorf	43	Schwammelwitz Friedrichseck Schleinitz Stübendorf	44	Renny	44	Carlshof Neuland (Pfarrtheilich) Neuland (Hübner) Schäferei Wellenhof	80
Schwammelwitz							
Friedrichseck				Giersdorf	71	Eilau	55
Schleinitz	44	Heinersdorf	43	Neiße I. Bezirk	72	Neiße II. Bezirk	73
Stübendorf				Neiße II. Bezirk	73	Neiße I. Bezirk	72
Peterwitz	45	Hermsdorf bei Weidenau	46	Neiße III. Bezirk	74	Neiße IV. Bezirk mit Mährengasse und Gräferei	75
Hermsdorf bei Weidenau	46	Peterwitz	45				
Kalkau	47	Wiesau	53	Neiße IV. Bezirk mit Mährengasse und Gräferei	75	Neiße III. Bezirk	74
Brünswitz							
Schwandorf	48	Hermsdorf	46				
Tanneberg	49	Baucke	50	Neiße V. Bezirk	76	Neiße VI. Bezirk	77
Schubertscrosse				Neiße VI. Bezirk	77	Neiße V. Bezirk	76
Baucke	50	Tanneberg Schubertscrosse	49	Neiße VII. Bezirk	78	Neiße VIII. Bezirk	79
				Neiße VIII. Bezirk	79	Neiße VII. Bezirk	78
Dürrarnsdorf	51	Wiesau	53	Carlshof	80	Conradsdorf	69
Kainsdorf	52	Dürrarnsdorf	51	Neuland (Pfarrtheilich)	51	Carlau	
Wiesau	53	Dürrarnsdorf	51	Neuland (Hübner)		Finstergasse	
Bischofswalde	54	Eilau	55	Schäferei Wellenhof		Wachsbleiche	
Lentsch				Rieglitz	54		
Eilau	55	Bischofswalde Lentsch	54			Beigwitz	32
				X. Kreis Neustadt:			
Gr.-Kunzendorf	56	Borkendorf	57				
Borkendorf	57	Gr.-Kunzendorf	56	Leuber	1	Elschnig	13
Deutschwette	58	Winnsdorf	59			Schlogwitz	
Winnsdorf	59	Deutschwette	58			Laßwitz	
Ziegenhals	60	Langendorf Rothfest und Waltdorf	61	Kunzendorf	2	Dittersdorf Kröschendorf	44
Langendorf Rothfest und Waltdorf	61	Ziegenhals	60	Kreiwitz Jaßen	3	Dittersdorf Kröschendorf	44

Bezeichnung der Schiedsmanns-Bezirke.	Lfd. Nr.	Die Vertretung liegt ob dem Schiedsmann im Bezirk:	Nr.	Bezeichnung der Schiedsmanns-Bezirke.	Lfd. Nr.	Die Vertretung liegt ob dem Schiedsmann im Bezirk:	Nr.
Wildgrund	4	Langenbrück	39			Pietna	
Neudek				Körnitz mit	20	Broschütz	17
Eichhäufel				Czekai		Grocholub	
Schnellewalde	5	Wackenau	38	Neuhof		Kramelau	
Achthuben				Kerven	21	Körnitz	20
Dittmannsdorf	6	Niegersdorf Gräfl. und Anth.	7	Reitersdorf		Czekai	
				Nzertsch		Neuhof	
Niegersdorf Gräfl. u. Anth.	7	Dittmannsdorf	6	Rosnochau	22	Twardawa	23
				Schweertz		Dobersdorf	
Städtel Steinau	8	Schweinsdorf	43	Schwesterwitz		Malkowitz	
Schmiersch	9	Jeschewitz	41	Jabierzau		Walzen	
Mühlsdorf und Koblsdorf	10	Jeschewitz	41	Twardawa		Rosnochau	22
				Dobersdorf		Schweertz	
Schönowitz	11	Stadt Zülz	47	Malkowitz		Schwesterwitz	
Altstadt				Walzen		Jabierzau	
Josephsgrund				Kl.-Streblitz	24	Dobrau	18
Gr.-Pramfen				Dracz		Neubude	
Waschelwitz				Karlshof		Stöblau	
Schloßgemeinde Zülz				Scherrswald			
Ottok	12	Schmietsch	9	Schiegau			
Grabine				Kopaline			
Ernestinenberg				Friedersdorf		Schloßgemeinde Glogau	26
Ellguth				Alt-Kuttendorf		Glöglichen	
Elschnig	13	Lenber		Neu-Kuttendorf		Weingasse	
Schlesgwitz				Fröbel		Hinterdorf	
Laßwitz				Probstberg		Blascewitz	
Deutsch-Müllmen	14	Deutsch-Probnitz	30			Wiese-Pauliner	
Polnisch-Müllmen				Schloßgemeine Glogan	26	Friedersdorf	25
Wilkau				Glöglichen		Alt-Kuttendorf	
Dziedzütz	15	Ehrzelitz	35	Weingasse		Neu-Kuttendorf	
Dziedzützer Pechhütte		Lonczuil		Hinterdorf		Fröbel	
Stiebendorf	16	Komornik	19	Blascewitz		Probstberg	
Borek		Lobkowitz		Wiese-Pauliner			
Jarczewitz				Freiherrl. Mochau	27	Stadt Ober-Glogau	48
Pietna				Gräfl. Mochau			
Broschütz				Pauliner Mochau			
Grocholub				Dirschelwitz Gräfl. u. Freiherrl.	28	Deutsch-Raffelwitz	29
Kramelau							
Dobrau mit	18	Kl.-Streblitz	24	Deutsch-Raffelwitz	29	Dirschelwitz Gräfl. und Freiherrl.	28
Neubude		Dracz					
Stöblau		Carlshof		Deutsch-Probnitz	30	Deutsch-Müllmen	14
		Scherrswald				Polnisch-Müllmen	
		Schiegau				Wilkau	
		Kovaline		Prychodt	31	Pogorz	34
Komornik	19	Stiebendorf	16	Leopoldsdorf		Brzeznitz	
Lobkowitz		Borek		Ringwitz		Kronzke	
		Jarczewitz		Rabstein			
					32	Moschen	33

Bezeichnung der Schiedsmanns-Bezirke.	lfd. Nr.	Die Vertretung liegt ob dem Schiedsmann im Bezirk:	Nr.	Bezeichnung der Schiedsmanns-Bezirke.	lfd. Nr.	Die Vertretung liegt ob dem Schiedsmann im Bezirk:	Nr.
Krobusch		Charlottendorf				(Gr.-Pramsen	
Ziabnik		Legelsdorf				Waschelwitz	
Mokrau						Schloßgemeinde Zülz	
Moschen	33	Radstein	32	Stadt Ober-Glogau	48	Mochau Freiherrl.	27
Charlottendorf		Krobusch				Mochau Gräfl.	
Legelsdorf		Ziabnik				Mochau Pauliner	
		Mokrau		Stadt Neustadt I. Be-	49	Stadt Neustadt II. Bez.	50
Pogorz	34	Brochdt	31	zirk			
Brzesnitz		Leopoldsdorf		Stadt Neustadt II. Be-	50	Stadt Neustadt I. Bez.	49
Fronzke		Ringwitz		zirk			
Chrzelitz	35	Dietrsitz	15	Dorf Steinau	51	Schwelmsdorf	43
Lonczuik		Dziedzitzer Pechhütte		Kl.-Pramsen	52	Schönowitz	11
Schreibersdorf	36	Dobrau	18			Altstadt	
		Neubude				Josephsgrund	
		Stöblau				Gr.-Pramsen	
Polnisch-Rasselwitz	37	Kl.-Strehlitz	24			Waschelwitz	
Kujau		Oracz				Schloßgemeinde Zülz	
Celline		Carlshof		**XI. Kreis Oppeln:**			
Jowade		Sebertswald					
Bublau		Schiegau		Chobie	1	Krascheow	10
Neuvorwerk		Koraline		Creuzthal		Carmerau Königl.	
Saßlau				Schodnia			
Wawrzinzowitz				Münchhausen			
Golczowitz				Kobylno und Vierd-	2	Heinrichsfelde	33
Czartowitz				zan			
Neudorf				Halbendorf	3	Chroscziuna	13
Wackenau	38	Schnellewalde	5	Birkowitz		Muchenitz	
		Achthuben		Leopoldsberg		Wrosle	
Laugenbrück	39	Wildgrund	4	Biestraunik	4	Sakrau-Turawa Dorf	78
		Neudek				und Kolonie	
		Eichhäusel		Boguschütz	5	Follwark	29
Wiese Gräfl.	40	Buchelsdorf	42	Chrzowitz		Winau	
		Siebenhuben		Kloniк		Gorrek	
Zeiselwitz	41	Schmietsch	9	Kowalske	6	Poln.-Neudorf	40
Buchelsdorf	42	Wiese Gräfl.	40			Gemprachszyn	
Siebenhuben				Brünitze		7	Neu-Kupp	72
Schweinsdorf	43	Städtel Steinau	8	Surowina		Klein-Kupp	?
Tittersdorf	44	Kunzendorf	2	Grobek		Alt-Kupp	
Kröschendorf				Alt-Budkowitz		8	Jellowa	34
Alt-Zülz	45	Olbersdorf	46	Neu-Budkowitz			
Simsdorf				Dambinicz			
Rosenberg				Podemils			
Polnisch-Probnitz				Carlsruhe		9	Dammratich	67
Olbersdorf	46	Deutsch-Probnitz	30	Krascheow		10	Chobie	1
Stadt Zülz	47	Schönowitz	11	Carmerau Königl.		Creuzthal	
		Altstadt				Schodnia	
		Josephsgrund				Münchhausen	

— 17 —

Bezeichnung der Schiedsmanns-Bezirke.	Lfd. Nr.	Die Vertretung liegt ob dem Schiedsmann im Bezirk:	Nr.	Bezeichnung der Schiedsmanns-Bezirke.	Lfd. Nr.	Die Vertretung liegt ob dem Schiedsmann im Bezirk:	Nr.
Chronstau Lendzin	11	Derschau	21	Wilhelmsberg		Althammer und Pilzdorf	
Neudorf Königl.	12	Grudschütz Malino	38			Neuhammer Zlattnik	
Chrosczinna	13	Halbendorf	3			Chrumczütz	
Muchenitz		Birkwalde		Gr.-Döbern	28	Chrosczütz	14
Wreske		Leopoldsberg		Finkenstein			
Chrosczütz	14	Gr.-Döbern	25	Follwark	29	Boguschütz	5
		Finkenstein		Winau		Chrzowitz	
Proskau Städtel	15	Ellguth-Proskau	27	Gorrek		Zlönitz	
Dorf und Schloß Jurisdiction		Jaschkowitz		Friedrichsgrätz	30	Malapane	36
Althammer und Pilzdorf		Przyschetz		Gräfenort	31	Hüttendorf Groschowitz	32
Neuhammer Zlattnik		Wilhelmsberg		Groschowitz Heinrichsfelde	32	Gräfenort Kobyllno und Bierdzau	31
Chrumczütz					33		2
Czarnowanz	16	Kempa und Luboschütz	60	Zellowa	34	Lugnian mit Dombrowka und Maineczok	56
Frauendorf Krzanowitz				Jowada Malapane	35 36	Kolanowitz Friedrichsgrätz	22 30
Plümkenau Süßenrode Neuwedel	17	Jedlitz	11	Hüttendorf Krogullno Gründorf	37	Seidlitz	44
Georgenwerk	18	Zelitz	41	Waldvorwerk			
Dembio	19	Dembiohammer Dorf u. Kolonie	20	Grudschütz Malino	38	Neudorf Königl.	12
Dombrowitz Fallmirowitz				Rackel	39	Schulenburg	49
Dembiohammer Dorf und Kolonie	20	Dembio Dombrowitz Fallmirowitz	19	Polnisch-Neudorf Comprachtzütz Jedlitz	40 41	Powallno Plümkenau Süßenrode Neuwedel	6 17
Derschau	21	Chronstau Lendzin	11				
Kolanowitz	22	Wengern	57	Przywor	42	Tarnau	51
Plumenthal	23	Tauenzienow	24	Kupferberg		Kosserowitz	
Tauenzienow	24	Plumenthal	23	Raschau	43	Daniez	76
Rogau	25	Boguschütz Chrzowitz Zlönitz	5	Seydlitz	44	Krogullno Gründorf Waldvorwerk	37
Dombrowka v. D. Gr.-Schmnitz Kl.-Schmnitz Kenty				Slawitz	45	Zelasno Kl.-Döbern	58
Domecko Simsdorf Ochotz	26	Chmiellowitz Dziekanstwo Zirkowitz Rothhaus	61	Gorrek Biadacz Horst Sczedzik	46	Groß-Kottorz Klein-Kottorz Turawa	64
Ellguth-Proskau Jaschkowitz Przyschetz	27	Proskau Städtel Dorf und Schloß Jurisdiction	15	Tempelhof Sakrau Königl.	47	Goslawitz	66

3

Bezeichnung der Schiedsmanns-Bezirke.	Lfd. Nr.	Die Vertretung liegt ob dem Schiedsmann im Bezirk:	Nr.	Bezeichnung der Schiedsmanns-Bezirke.	Lfd. Nr.	Die Vertretung liegt ob dem Schiedsmann im Bezirk:	Nr.
Alt-Schalkowitz	48	Alt-Popelau	63	Zawiscz	69	Königl. Dombrowka	71
Kolonie Schalkowitz		Kolonie Popelau		Liebenau	70	Königl. Dombrowka	71
		Klink		Dammratschhammer	71	Dammratsch	67
Schulenburg	49	Nackel	39	Dorf und Kolonie Kö-			
Straduna	50	Zuzella	54	niglich Dombrowka			
Tarnau	51	Przywor	42	Neu-Kupp	72	Brinnitze	7
Kossorowitz		Kupferberg		Klein-Kupp		Surowina	
Vogtsdorf	52	Wilhelmsthal	53	Alt-Kupp		Grobek	
Sczepanowitz				Hirschfelde	74	Salzbrunn	75
Wilhelmsthal	53	Voigtsdorf	52	Sacken			
		Sczepanowitz		Salzbrunn	75	Hirschfelde	74
Zuzella	54	Straduna	50			Sacken	
Zwrodczyz	55	Stadt Krappitz	77	Danietz	76	Raschau	43
Lugnian mit Dom-	56	Jellowa	34	Stadt Krappitz	77	Zwrodczüz	55
browka				Sakrau-Turawa	78	Biestrzinnik	4
Mainczok				Dorf und Kolonie			
Wengern	57	Kollanowitz	22	Oppeln Königsbezirk	79	Oppeln Oderbezirk	80
Zelasno	58	Slawitz	45	Oppeln Oderbezirk	80	Oppeln Königsbezirk	79
Kl.-Döbern				Oppeln Sebastiansbez.	81	Oppeln Adalbertbezirk	82
Borrek				Oppeln Adalbertbez.	82	Oppeln Sebastiansbezirk	81
Biadacz				Antonia	83	Malapane	36
Horst						Hüttendorf	
Friedrichsthal	59	Grabczok	65	Massow	84	Jellowa	34
Kreuzburgerhütte		Murow					
Kempa und Luboschütz	60	Czarnowanz	16		XII. Kreis Pleß:		
		Frauendorf		Beruu			
		Krzanowitz		Biassowitz	1	Ober-Boischow	47
Chmiellowitz	61	Deuczko	26	Kopietz			
Dziekanstwo		Simsdorf		Jarzombkowitz	2	Ober-, Mittel-, Nieder-	3
Zirkowitz		Ochotz		(Gr.-Pilgramsdorf		und Schloß Gold-	
Rothhaus				Kl.-Pilgramsdorf		mannsdorf	
Ellguth-Turawa	62	Sczedzik	46	Golassowitz		Johannendorf	
Kadlub		Tempelhof		Charlottendorf		Uniowek	
Friedrichsfelde				Ober-, Mittel-, Nie-	3	Jarzombkowitz	2
Alt-Popelau	63	Alt-Schalkowitz	48	der- und Schloß		Gr.-Pilgramsdorf	
Kolonie Popelau		Kolonie Schalkowitz		Goldmannsdorf		Kl.-Pilgramsdorf	
Klink				Johannendorf		Golassowitz	
Groß-Kottorz	64	Sczedzik	46	Uniowek		Charlottendorf	
Klein-Kottorz		Tempelhof		Staude	4	Pawlowitz	42
Turawa				Limmendorf	5	Creuzdorf	6
Grabczok	65	Friedrichsthal		Warschowitz		Ober-Borin	
Murow		Kreuzburgerhütte				Nieder-Borin	
Goslawitz	66	Sakrau Königl.	47			Rudolfsort	
Dammratsch	67	Carlsruhe	9				
Falkowitz	68	Dammratschhammer	71	Creuzdorf	6	Limmendorf	5
		Dorf und Kolonie		Ober-Borin		Warschowitz	
		Königl. Dombrowka		Nieder-Borin			

Bezeichnung der Schiedsmanns-Bezirke.	Lfd. Nr.	Die Vertretung liegt ob dem Schiedsmann im Bezirk:	N.	Bezeichnung der Schiedsmanns-Bezirke.	Lfd. Nr.	Die Vertretung liegt ob dem Schiedsmann im Bezirk:	N.
Rudolfsort						Porombek	
Poln.-Weichsel	7	Deutsch-Weichsel	45	Miedzna	27	Gubrau	28
Byrow	8	Mittel-, Nieder- und Ober-Laziok	40	Grzawa Mezerzitz		Zawadka	
Gostin	9	Kobier	39	Gillowitz			
Tichau	10	Podlesie	12	Erdmannsbruch Siegfriedsdorf			
Petrowitz und Ellgoth	11	Zarzetsche und Kamionla Pannewnik Althammer Smilowitz	13	Gubrau Zawadka	28	Miedzna Grzawa Mezerzitz Gillowitz Erdmannsbruch Siegfriedsdorf	27
Podlesie Zarzetsche und Kamionka	12	Tichau	10				
Pannewnik Althammer Smilowitz Mokrau	13	Petrowitz Ellgoth	11	Brzesk Kobielitz Altdorf Altdorf-Freigut Czarkow	29 30	Mieseran Schädlitz Schädlitz-Katus Louisenhof Grzeblowitz Schloß Pleß	23 39
Woszczytz Widek Kralowka	14 15	Orzesche Jaschkowitz Ensetz Niegerodorf	43	Poremba Radostowitz Jankowitz	31	Sandau	32
Rudoltowitz Czwiklitz Gacz und Kosztow Anhalt Smarzowitz Zabrzeg Eciern Czarnuchowitz Gubrek Kopczowitz Porombek Urbanowitz Swierczyniek Jaroschowitz Krier	16 17 18 19 20 21 22	Czwiklitz Rudoltowitz Dziedzkowitz Groß-Chelm Vogtei-Chelm Gollawitz und Blendow Lendzin und Gurkan Brzesk Kobielitz	17 16 37 46 26 24 29	Studzienitz Sandau Stadt Pleß I. Bezirk Stadt Pleß II. Bezirk mit städtisch Sandau und Jankowitz Stadt Pleß I. Bezirk Zgoin Paprotzan Cielmitz Zgoin Schädlitz Schädlitz-Katus	32 33 34 35 36 37 38	Jankowitz Studzienitz Stadt Pleß II. Bezirk mit städtisch Sandau u. Jankowitz Stadt Pleß I. Bezirk Zgoin Paprotzan Cielmitz Gacz und Kosztow Altdorf Altdorf-Freigut Czarkow	31 34 33 36 35 18 30
Mieseran Lendzin und Gurkan	23 24	Krier Urbanowitz Swierczyniek Jaroschowitz	22 21	Louisenhof Grzeblowitz Schloß Pleß Kobier		Poremba Radostowitz Sandau	32
Jedlin	25	Ober-Poischow	47	Mittel-, Nieder- und Ober-Laziok	40	Byrow	8
Gollawitz und Blendow	26	Zabrzeg Eciern Czarnuchowitz Gubrek Kopczowitz	20	Orzesche Jaschkowitz Pawlowitz Ensetz	41 42 43	Mokrau Stande Woszczytz	14 4 15

Bezeichnung der Schiedsmanns-Bezirke.	Lfd. Nr.	Die Vertretung liegt ob dem Schiedsmann im Bezirk:	№.	Bezeichnung der Schiedsmanns-Bezirke.	Lfd. Nr.	Die Vertretung liegt ob dem Schiedsmann im Bezirk:	№.
Riegersdorf		Widek Kralowka		Borutin Owschütz		nowitz	
Ober-Goczalkowitz	44	Lonkau nebst 5 Antheilen	59	Psiczcz und Wrzesin			
Nieder-Goczalkowitz				Klein-Hoschütz 4 An-	6	Gr.-Hoschütz	1
Deutsch-Weichsel	15	Polnisch-Weichsel	7	theile			
Groß-Chelm	16	Anhalt	19	Klebsch			
Vogtei Chelm		Smarzowitz		Sudoll I. und II.	7	Studzienna	16
Ober-Boischow	47	Jedlin	25			Adolphs- und Herzogl.-	
Wessola	18	Crassow	19	Kornmütz	8	Städtchen und Dorf Be-	29
Crassow	49	Wessola	18			neschau	
Lonkau 5 Antheile	50	Ober-Goczalkowitz Nieder-Goczalkowitz	44	Städtchen und Dorf Kranowitz	9	Boleslau Borutin	5
Nicolai I. Bezirk	51	Nicolai II. Bezirk	52			Owschütz	
Nicolai II. Bezirk	52	Nicolai I. Bezirk	51			Psiczcz und	
Wohlau	53	Miedzna	27			Wrzesin	
		Girdzawa		Neugarten	10	Altendorf	23
		Mezerzig				Niedane	
		Gilewitz				Proschowitz	
		Erdmannsbruch		Gammau	11	Babitz	2
		Siegfriedsdorf		Ponientzyg		Robilla	
Ornontowitz	54	Orzesche	41	Rudnik		Markowitz	
		Jaschkowitz		Schonowitz			
Gardawitz mit Mos-	55	Mosczycz	15	Silberkopf			
ciok und Zawise		Widek		Groß-Peterwitz	12	Ratsch	22
		Kralowka				Thröm	
Wilkowy	56	Lichau	40	Polnisch-Crawarn	13	Kornitz	28
Zawada	57	Orzesche	41	Makau		Pawlau	
Zasdrosez		Jaschkowitz				Wilhelmsdorf	
Imielin	58	Anhalt	19	Schichowitz	14	Czerweutschütz	40
		Smarzowitz		Leng		Lassoki	
XIII. Kreis Ratibor:				Zawada Herzogl.		Slawikau	
						Grzegorzowitz, Slawikan-	
Gr.-Hoschütz	1	Kl.-Hoschütz (4 Anth.)	6			er Antheil	
		Klebsch		Bukow	15	Binkowitz	3
Babitz	2	Gammau	11	Ellguth-Tworkau			
Robilla		Ponientzyg		Tworkau			
Markowitz		Rudnik		Studzienna (Adolphs-	16	Sudoll I. u. II.	7
		Schonowitz		und Herzogl.)			
		Silberkopf		Przezie	17	Bosatz	25
Binkowitz	3	Bukow	15	Kornowatz		Ostrog	
		Ellguth-Tworkau		Niebotschau		Plania	
		Tworkau		Pogrzebin			
Köberwitz	4	Polatiz	32	Wilhelmsberg	18	Ottiz	41
Kuchellna		Henneberg		Bojanow		Schardzin	
Rohow		Sczepankowitz		Cyprzanow			
Straudorf				Janowitz			
Boleslau	5	Städtchen u. Dorf Kra-	9	Schaumerwitz			

Bezeichnung der Schiedsmanns-Bezirke.	Lfd. Nr.	Die Vertretung liegt ob dem Schiedsmann im Bezirk:	Nr.	Bezeichnung der Schiedsmanns-Bezirke.	Lfd. Nr.	Die Vertretung liegt ob dem Schiedsmann im Bezirk:	Nr.
Lekartow						Strandorf	
Woinowitz				Pluschczau	33	Grabowka	27
Bobrownik	19	Autoschowitz	20	Rogau		Ludom	
Ellguth-Hultschin		Hatich		Kamin		Syrin	
Hoschialkowitz		Schillersdorf		Krzianowitz	34	Gr.-Darkowitz	21
Autoschowitz	20	Bobrownik	19	Roschkau		Kl.-Darkowitz	
Hatich		Ellguth-Hultschin				Marquartowitz	
Schillersdorf		Hoschialkowitz		Deutsch-Krawarn	35	Kauthen	39
Gr.-Darkowitz	21	Krzianowitz		Dorf und Kolonie	36	Adamowitz	38
Kl.-Darkowitz		Roschkau		Hammer		Bognitz	
Marquartowitz				Rendza		Raschütz	
Ratsch	22	Gr.-Peterwitz	12	Zollarnia		Schomotzrg	
Thröm				Oderich	37	Zauditz	26
Altendorf	23	Neugarten	10	Schlauschewitz			
Riedane				Schreibersdorf			
Proschowitz				Wrblau			
Pelschnitz	24	Gr.-Gorzitz	30	Adamowitz	38	Dorf und Kolonie	36
Odrau		Uhilsko		Bognitz		Hammer	
Olsau		Kraskowitz		Raschütz		Rendza	
		Kl.-Gorzitz		Schomotzrg		Zollarnia	
Bosatz	25	Brzezie	17	Kauthen	39	Deutsch-Krawarn	35
Ostrog		Kornowatz		Czerweutznz	40	Schichowitz	14
Planta		Riebotschau		Lassoki		Leug	
		Pogrzebin		Slawikau		Zawada Herzogl.	
		Wilhelmsberg		Grzegorzowitz			
Zauditz	26	Oderich	37	Slawikauer Antheil			
		Schlauschewitz		Ortitz		Bojanow	18
		Schreibersdorf		Schardzin		Egyptzanow	
		Wrblau				Janowitz	
Grabowka	27	Pluschczau	33			Schammerwitz	
Ludom		Rogau				Lekartow	
Syrin		Kamin				Woinowitz	
Kornitz	28	Poln.-Krawarn	13	Stadt Hultschin	42	Langendorf mit Schloß Hultschin	43
Pawlau		Makau					
Wilhelmsdorf				Langendorf mit Schloß Hultschin	43	Stadt Hultschin	42
Städtchen und Dorf Beneschau	29	Kostnitz	8	Zabrzeh	44	Bielau	31
Gr.-Gorzitz	30	Pelschnitz	24			Buslawitz	
Uhilsko		Odrau				Zawada-Beneschau	
Kraskowitz		Olsau		Ratibor I. Bezirk	45	Ratibor III. Bezirk	47
Kl.-Gorzitz				Ratibor II. Bezirk	46	Ratibor IV. Bezirk	48
Bielau	31	Zabrzeh	44	Ratibor III. Bezirk	47	Ratibor I. Bezirk	45
Buslawitz				Ratibor IV. Bezirk	48	Ratibor II. Bezirk	46
Zawada-Beneschau				Ludzierzewitz	49	Gr.-Darkowitz	21
Bolatitz	32	Köberwitz	4	Koblau		Kl.-Darkowitz	
Henneberg		Kuchelna		Petrkowitz		Marquartowitz	
Sczepankowitz		Rohow		Kl.-Peterwitz	50	Zauditz	26

— 22 —

Bezeichnung der Schiedsmanns-Bezirke.	Lfd. Nr.	Die Vertretung liegt ob dem Schiedsmann im Bezirk:	Nr.	Bezeichnung der Schiedsmanns-Bezirke.	Lfd. Nr.	Die Vertretung liegt ob dem Schiedsmann im Bezirk:	Nr.
Annaberg	51	Antoschowitz	20			Schönaich	
Zabelkau		Haatsch				Chudoba	
		Schillersdorf		Lowoschau	7	Albrechtsdorf	6
Ruderswald	52	Krzianowitz	31	Stadt Landsberg	8	Ober=Paulsdorf	2
		Reschkau				Nieder=Paulsdorf	
Budzisk	53	Czerwentzitz	40			Wienskowitz	
Ruda		Lassoki				Dorf Landsberg	
Thurze		Slawikau				Carlsberg	
		Grzegorzowitz				Sophienberg und Neu-Dupine	
		Slawikauer Antheil					
Ellgoth Herzogl.	54	Schichowitz	14			Budzow	
Ganiowitz		Leng				Donnersmark	
Lubowitz		Zawada Herzogl.		Kl.=Borek	9	Gr.=Borek	31
Przesnitz				Broniez		Christianthal	
Grzegorzowitz Herzogl.						Eisenhammer und Gottliebenthal	
XIV. Kreis Rosenberg:				Laskowitz	10	Gr.=Lassowitz	25
Kl.=Lassowitz	1	Jaschine	26	Sausenberg			
Storkau				Thule			
Grunowitz				Trzebitschin			
Marienau				Ober=, Mittel= und	11	Goble	13
Ober=Paulsdorf	2	Stadt Landsberg	6	Nieder=Seichwitz		Hellewald	
Nieder=Paulsdorf				Uschütz		Carlowitz	
Wienskowitz						Königswille	
Dorf Landsberg						Josephsberg und Teuczinau	
Carlsberg						Krzizancowitz	
Sophienberg und Neu-Dupine						Truischütz	
Budzow						Zawisna	
Donnersmark						Neudorf	
Basan							
Borkowitz	3	Bodland	19	Radau	12	Kueja	29
		Schumm		Lenke			
		Carlsgrund		Koschütz			
		Wierschau		Radowka			
		Fabianswalde		Goble	13	Ober=, Mittel= u. Nieder=Seichwitz	11
		Kraskau		Hellewald		Uschütz	
		Neuhof		Carlowitz			
Marienfeld	4	Gr.=Lassowitz	25	Königswille			
Kostellitz	5	Bischdorf	24	Josephsberg und Teuczinau			
Wyttola		Friedr chswille		Krzizancowitz			
Jastrzigowitz		Boroschau		Truischütz			
Stronskau				Zawisna			
Zarzisk							
Albrechtsdorf	6	Wendzin	27	Neudorf			
		Liebeich		Frei=Kadlub	14	Zembowitz	30
		Alt=Kielbaschin		Oschiezko		Pruskau	
		Neu=Kielbaschin		Thurzy		Wachow	

Bezeichnung der Schiedsmanns-Bezirke.	Lfd. Nr.	Die Vertretung liegt ob dem Schiedsmann im Bezirk:	№	Bezeichnung der Schiedsmanns-Bezirke.	Lfd. Nr.	Die Vertretung liegt ob dem Schiedsmann im Bezirk:	№
Frei-Pipa		Neu-Wachow Leschna und Poczolka		Jaschine	26	Kl.-Lassowitz Storkau	1
Schoffczütz	15	Wyssoka	33			Grunowitz	
Lomnitz		Wachowitz				Marienau	
Tellsruhe				Wendzin	27	Albrechtsdorf	6
Alt-Rosenberg	16	Kotschanowitz	21	Liebeich			
Cziorke				Alt-Kielbaschin			
Charlottenfeld				Neu-Kielbaschin			
Koselwitz	17	Jamm Piasetzna	28	Schönaich Chudoba			
Sternalitz	18	Kostellitz und Wyttcka	5	Jamm Piasetzna	26	Koselwitz	17
Ellguth							
Psurow		Jastrzigowitz Skronskau Zarzisk		Kneja	29	Radau Leuke Koschütz	12
Bobland	19	Busan				Radowka	
Schumm		Borkowitz	3	Zembowitz	30	Frei-Radlub	14
Carlsgrund				Pruskau		Oschletzko	
Wierschy				Wachow		Thurzy und Frei-Pipa	
Fabianswalde				Neu-Wachow			
Kroskau				Leschna und Poczolka			
Neuhof				Groß-Borek			
Stadt Rosenberg	20	Schoffczütz	15	Christianthal	31	Klein-Borek Bronletz	9
Walspeck		Lomnitz		Eisenhammer und Gott-			
Rosenhain		Tellsruhe		liebenthal			
Kotschanowitz	21	Alt-Rosenberg Cziorke Charlottenfeld	16	Schönwald Jordansmüh Charlottenberg	32	Wyssoka Wachowitz	33
Radlau	22	Wichrau	23	Wyssoka	33	Lomnitz	15
Wollentschin		Bodzanowitz		Wachowitz		Schoffczütz	
Kolpnitz		Kuzoben				Tellsruhe	
Alt-Karmunkau		Neu-Karmunkau Ulriquendorf		XV. Kreis Rybnik:			
Wichrau	23	Radlau	22	Pilchowitz	1	Knurrow	33
Bodzanowitz		Wollentschin		Niederdorf		Kriewald	
Kuzoben		Kolpnitz		Nieborowitz			
Neu-Karmunkau		Alt-Karmunkau		Nieborowitz-Hammer			
Ulriquendorf				Szczyglowitz			
Bischdorf	24	Kostellitz und Wyttcka	5	Wielcza Ober- wilcza Nieder-			
Friedrichswille							
Boroschau		Jastrzigowitz Skronskau Zarzisk		Wielopole Pilchowitz Leschczin Stein	2	Nieder-Bell Ober-Bell Stanowitz	29
Gr.-Lassowitz	25	Laskowitz Sausenberg Thule Trzebitschin	10	Przegendza Sczeikowitz Eyersfeld Baranowitz	3	Brodek	31

— 24 —

Bezeichnung der Schiedsmanns-Bezirke.	Lfd. Nr.	Die Vertretung liegt ob dem Schiedsmann im Bezirk:	Nr.	Bezeichnung der Schiedsmanns-Bezirke.	Lfd. Nr.	Die Vertretung liegt ob dem Schiedsmann im Bezirk:	Nr.
Nieder-Dschin		Henriettendorf		Nieder-Radlin	12	Nieder-Marklowitz	22
Ober-Dschin		Nogoisna		Ober-Radlin		Ober-Marklowitz	
Klischczow		Skrzeszkowitz		Romanshof			
		Verbriegen		Seibersdorf		Drzupowitz	14
Boguschowitz	4	Schloß Rybnik	15	Schlachtendorf		Zeyhowitz	
Ellguth		Smollna		Nieder-Niewiadom			
Rowin		Zamislau Königl.		Drzupowitz		Seibersdorf	13
Roy		Niedobschütz		Zeyhowitz		Schlachtendorf	
Gottartowitz		Ober-Niewiadom				Nieder-Niewiadom	
Jankowitz Königlich		Birtultau		Kokoschütz	15	Pschow	16
Chwallowitz		Poppelau				Pschower-Dollen	
Klokotschin						Zawada	
Golkowitz	5	Skrzischow	28	Pschow	16	Kokoschütz	15
Godow		Moschczenitz		Pschower Dollen			
Laziel		Friedrichsthal		Zawada			
Skrbenski		Krostoschowitz		Pallowitz		Gr.-Dubensko	34
Stadt Sohrau I. und II. Bezirk	6	Stadt Sohrau III. IV. Bezirk	7	Paulsdorf		Alt-Dubensko	
				Mathesthal		Czerwionka	
Stadt Sohrau III. u. IV. Bezirk	7	Stadt Sohrau I. II. Bez.	6	Schloß Rybnik	18	Boguschowitz	4
				Smollna		Ellguth	
Nieder-Rydultau	8	Pschow	16	Zamislau Königl.		Rowin	
Ober-Rydultau		Pschower-Dollen		Niedobschütz		Roy	
Orlowitz		Zawada		Ober-Niewiadom		Gottartowitz	
Königl. Radoschau				Birtultau		Jankowitz Königl.	
Ober-Radoschau				Poppelau		Chwallowitz	
Nieder-Radoschau						Klokotschin	
Krzyschlowitz				Stadt Loslau	19	Kokoschütz	15
Groß-Rauden	9	Stodoll	10	Wilschwa			
Klein-Rauden		Chwallenczitz		Dyhrengrund			
Jankowitz-Rauden		Zwonowitz		Kl. Thurze			
Rennersdorf				Gr. Thurze			
Barglowka				Zamislau-Loslau			
Stanitz				Gaschowitz			
Stodoll	10	Gr.-Rauden	9	Sczyrbitz		Pstrzonsna	20
Chwallenczitz		Kl.-Rauden		Summin		Lobnitz	
Zwonowitz		Jankowitz-Rauden		Gurek		Lukow	
		Rennersdorf		Lissek		Czernitz	
		Barglowka		Neudorf		Dzimirsch	
		Stanitz		Pietze		Rzuchow	
						Zyttna	
Pstrzonsna	11	Gaschowitz	20	Peterkowitz			
Lobnitz		Sczyrbitz		Neu-Loslau		Ober-Jastrzemb	21	30
Lukow		Summin		Alt-Loslau		Nieder-Jastrzemb	
Czernitz		Gurek		Reinersböfel		Sophienthal	
Dzimirsch		Lissek		Jedlownik			
Rzuchow		Neudorf		Krausendorf			
Zyttna		Pietze		Nieder-Marklowitz	22	Nieder-Radlin	12
		Peterkowitz					

Bezeichnung der Schiedsmanns-Bezirke.	Lfd. Nr.	Die Vertretung liegt ob dem Schiedsmann im Bezirk:	ℳ	Bezeichnung der Schiedsmanns-Bezirke.	Lfd. Nr.	Die Vertretung liegt ob dem Schiedsmann im Bezirk:	ℳ
Ober-Marklowitz		Ober-Radlin				Wielepole-Pilchowitz	17
		Romanshof		Gr.-Dubensko	34	Pallowitz	
Goleow	23	Stadt Rybnik	26	Alt-Dubensko		Paulsdorf	
Ochojetz				Czermionka		Matthesthal	
Wielepole Königlich				Ober-Wschanna	35	Ober-Jastrzemb	30
Kniezenitz	24	Goleow	23	Nieder-Wschanna		Nieder-Jastrzemb	
		Ochojetz				Sophienthal	
		Wielepole Königlich		Czuchow	36	Leschczin	2
Pohlom	25	Nieder-Schwirklan	27			Stein	
Altenstein		Ober-Schwirklan				Przegendza	
Nieder-Gogelau						Szczeikowitz	
Ober-Gogelau						Egersfeld	
Stadt Rybnik	26	Goleow	23	**XVI. Kreis Groß-Strehlitz:**			
		Ochojetz		Stadt Groß-Strehlitz	1	Adamowitz	2
		Wielepole Königlich				Nendorf	
Nieder-Schwirklan	27	Pohlom	25			Stephanshain	
Ober-Schwirklan		Altenstein				Waldhäuser	
		Nieder-Gogelau		Adamowitz	2	Stadt Groß-Strehlitz	1
		Ober-Gogelau		Nendorf			
Strzischow	28	Golkowitz	5	Stephanshain			
Moschczenitz		Godow		Waldhäuser			
Friedrichsthal		Laziok		Sucholobna		Mokrolobna	4
Krostoschowitz		Skrbenski		Schloß Groß-Strehlitz	3	Brzezina	
Nieder-Bell	29	Leschczen	2			Dziewkowitz	
Ober-Bell		Stein		Dollna	ad 3	Salesche und Popitz	10
Stanowitz		Przegendza		Czarnosin	gehörig		
		Szczeikowitz		Mokrolobna		Sucholobna	3
		Egersfeld		Brzezina		Schloß Groß-Strehlitz	
Ober-Jastrzemb	30	Neu-Loslau	21	Dziewkowitz		mit Dellua	
Nieder-Jastrzemb		Alt-Loslau				Czarnosin	
Sophienthal		Reinershöfel		Plottnitz	5	Warmuntowitz	6
		Czirsowitz		Centawa		Balzarowitz	
		Zedlownik		Gr.-Pluschnitz		Schironowitz	
		Krausendorf		Rogowschütz		Grzeboschowitz	
Brodek	31	Baranowitz	3	Warmuntowitz	6	Plottnitz	5
Henriettendorf		Nieder-Dschin		Balzarowitz		Centawa	
Rogoisna		Ober-Dschin		Schironowitz		Gr.-Pluschnitz	
Skrzetzkowitz		Klischczow		Grzeboschowitz		Rogowschütz	
Vorbriegen				Jarischau	7	Salesche und Popitz	10
Ruptau	32	Ober-Jastrzemb	30	Schloß Ujest	9	Salesche und Popitz	10
Ruptawitz		Nieder-Jastrzemb		Niesdrowitz			
Ezissowka		Sophienthal		Goy et Lalok			
Knurrow	33	Pilchowitz	1	Stadt Ujest			
Kriewald		Niederdorf		Salesche und Popitz	10	Jarischan	7
		Nieborowitz		Stadt Leschnitz	11	Kzenzowies	12
		Nieborowitz-Hammer				Freivogtei Leschnitz	
		Szczyglowitz		Kzenzowies	12	Stadt Leschnitz	11
		Wilcza Ober-		Freivogtei Leschnitz			
		Wilcza Nieder-		Dzieschowitz	13	Roswadze	36

4

Bezeichnung der Schiedsmanns-Bezirke.	Lfd. Nr.	Die Vertretung liegt ob dem Schiedsmann im Bezirk:	№	Bezeichnung der Schiedsmanns-Bezirke.	Lfd. Nr.	Die Vertretung liegt ob dem Schiedsmann im Bezirk:	№
Kraffowa Annaberg Poremba	14	Dorf Wyffoka Kolonie Wyffoka Kadlubietz Ober-Ellguth Niewke Dorf Ellguth Kolonie Ellguth Kalinow Kalinowitz		Ottmuth Heinrichsdorf Danietz Halensko Tschammer-Ellguth Zauche Kroschnitz Boritsch Kadlub Oschiek	15	Kadlub Oschiek und Carlsthal Kroschnik Boritsch	27 28 27
Dorf Wyffoka Kolonie Wyffoka Kadlubietz Ober-Ellguth Niewke Dorf Ellguth Kolonie Ellguth Kalinow Kalinowitz	15	Annaberg Poremba		Carlsthal Rosmirtz und Grodzisko Rosmirka Himmelwitz Gonschiorowitz Wierschlesche Laziol Liebenhain und Petersgrätz	14	Rosmirka Sosmirtz und Grodzisko Adamowitz Neudorf Stephanshayn Waldhäuser	29 30 29 2
Jeschiona Zyrowa Oleschka Gogolin	16 17	Oberwitz Ottmuth Karlubietz Maline Oderwanz		Collonowska Bendawitz Haraschowska Heine Groß-Stanisch Mischline Carmerau	19 18	Groß-Stanisch Mischline Carmerau Collonowska Bendawitz Haraschowska Heine	32 33 33 32
Ottmuth Karlubietz Maline Oderwanz Oberwitz	18 19	Gogolin Jeschiona Zyrowa Oleschka	17	Ziandowitz Zulkau Böhme Keltsch Borowian	16	Keltsch Borowian Ziandowitz Zulkau Böhme	34 35 35 34
Sacrau Dombrowka Goradze und Chorulla Groß-Stein Klein-Stein	20 21 22	desgl. Gogolin Schedlitz Posnowitz Sprenschütz		Roswadze Alt-Ujest Kopanina und Ferdinandshof	16 17 23	Dzieschowitz Kraffowa Stadt Ujest Schloß Ujest Niesdrowitz Goy et Lalok	36 37 13 9
Schedlitz Posnowitz Sprenschütz Schimischow Suchau Rosniontau	23 24	Gr.-Stein Kl.-Stein Adamowitz Neudorf Stephanshayn Waldhäuser		Klutschau Kaltwaffer Olschowa Kl.-Stanisch	22 2	Saleske Popitz Collonowka Bendawitz Harraschowska Heine	38 39 10 32
Krempa Stubendorf Grabow	25 26	Roswadze Rakel Kreis Oppeln	36 39				

Indem wir diese Nachweisung zur öffentlichen Kenntniß bringen, weisen wir gleichzeitig die Herren Schiedsmänner des Departements an, in Fällen der nothwendigen Vertretung bei Verhinderungen sich nach derselben zu richten. Ratibor, den 9. Mai 1863. Königliches Appellations-Gericht.

Bekanntmachungen verschiedener Behörden.

(816) **Bekanntmachung.** In der in Gemäßheit des §. 11 der Statuten der Ständischen Provinzial-Darlehns-Casse für Schlesien vom 5ten December 1854 (Gesetz-Sammlung Seite 609) stattgehabten fünften Verloosung von Schlesischen Provinzial-Obligationen (Obligationen der Provinz Schlesien) sind folgende Apoints über einen Gesammtbetrag von 122,000 Thlr. vorschriftsmäßig gezogen worden, und zwar:

138 Stück Lit. A. à 500 Thlr.

Nr. 5. 26. 32. 35. 42. 62. 63. 64. 70. 77. 89. 98. 103. 126. 142. 149. 159. 194. 216. 227. 228. 234. 285. 298. 309. 318. 319. 335. 336. 346. 584. 585. 586. 590. 600. 608. 612. 616. 631. 658. 682. 687. 695. 699. 708. 746. 748. 755. 756. 763. 782. 783. 784. 791. 804. 822. 848. 850. 855. 856. 866. 877. 880. 886. 889. 892. 893. 899. 916. 922. 926. 936. 941. 947. 950. 972. 983. 992. 995. 1000. 1007. 1008. 1012. 1021. 1026. 1052. 1057. 1059. 1063. 1072. 1074. 1083. 1088. 1089. 1105. 1117. 1140. 1146. 1152. 1154. 1162. 1164. 1171. 1193. 1194. 1195. 1206. 1230. 1244. 1250. 1251. 1264. 1266. 1268. 1272. 1274. 1280. 1281. 1289. 1297. 1309. 1327. 1335. 1336. 1364. 1379. 1380. 1385. 1390. 1392. 1409. 1560. 1572. 1577. 1586. 1589. 1597. 1600.

500 Stück Lit. B. à 100 Thlr.

Nr. 13. 14. 15. 16. 24. 25. 40. 48. 68. 86. 94. 99. 101. 105. 117. 126. 153. 155. 164. 168. 169. 174. 180. 187. 194. 199. 204. 209. 210. 226. 250. 254. 264. 285. 290. 291. 292. 300. 311. 323. 331. 343. 350. 375. 376. 392. 412. 413. 426. 432. 457. 461. 465. 467. 469. 470. 472. 473. 487. 512. 514. 518. 530. 547. 551. 555. 557. 558. 561. 574. 996. 998. 1310. 1314. 1317. 1318. 1319. 1321. 1324. 1340. 1351. 1354. 1356. 1359. 1370. 1377. 1381. 1390. 1391. 1400. 1408. 1412. 1414. 1419. 1430. 1436. 1442. 1456. 1460. 1469. 1484. 1485. 1488. 1492. 1493. 1511. 1513. 1525. 1538. 1543. 1544. 1554. 1561. 1567. 1580. 1581. 1592. 1625. 1626. 1628. 1631. 1647. 1649. 1657. 1672. 1687. 1701. 1704. 1713. 1742. 1749. 1753. 1757. 1763. 1766. 1791. 1792. 1794. 1801. 1804. 1812. 1821. 1823. 1824. 1828. 1832. 1835. 1841. 1866. 1867. 1869. 1875. 1891. 1904. 1906. 1923. 1925. 1930. 1932. 1933. 1948. 1955. 1956. 1961. 1964. 1966. 1981. 1988. 1991. 1993. 1995. 2013. 2014. 2015. 2032. 2037. 2049. 2057. 2071. 2077. 2088. 2101. 2109. 2124. 2132. 2155. 2161. 2165. 2166. 2172. 2178. 2187. 2188. 2199. 2216. 2226. 2229. 2235. 2236. 2238. 2250. 2280. 2283. 2285. 2286. 2288. 2295. 2297. 2299. 2311. 2319. 2328. 2330. 2336. 2341. 2344. 2355. 2366. 2372. 2405. 2412. 2413. 2415. 2424. 2428. 2434. 2449. 2452. 2455. 2456. 2461. 2465. 2467. 2472. 2482. 2487. 2491. 2505. 2523. 2525. 2532. 2554. 2564. 2565. 2571. 2581. 2626. 2634. 2636. 2654. 2656. 2658. 2660. 2665. 2670. 2678. 2714. 2715. 2720. 2728. 2735. 2758. 2771. 2773. 2776. 2784. 2811. 2832. 2838. 2839. 2840. 2844. 2852. 2855. 2859. 2864. 2870. 2871. 2886. 2900. 2903. 2919. 2923. 2925. 2915. 2956. 2966. 2973. 2981. 2990. 3001. 3003. 3017. 3020. 3027. 3036. 3039. 3048. 3052. 3061. 3063. 3068. 3070. 3080. 3093. 3101. 3102. 3105. 3115. 3122. 3132. 3159. 3161. 3162. 3164. 3169. 3195. 3201. 3202. 3205. 3207. 3569. 3576. 3587. 3607. 3609. 3618. 3623. 3625. 3630. 3636. 3643. 3655. 3673. 3685. 3686. 3688. 3691. 3695. 3706. 3711. 3719. 3731. 3736. 3739. 3740. 3753. 3755. 3760. 3767. 3768. 3792. 3795. 3798. 3809. 3811. 3818. 3826. 3831. 3845. 3847. 3851. 3856. 3857. 3861. 3865. 3868. 3896. 3904. 3912. 3915. 3924. 3925. 3930. 3937. 3944. 4012. 4024. 4026. 4030. 4037. 4044. 4061. 4062. 4066. 4067. 4089. 4105. 4106. 4111. 4118. 4122. 4126. 4130. 4140. 4146. 4147. 4148. 4153. 4156. 4157. 4175. 4178. 4183. 4189. 4198. 4203. 4215. 4217. 4219. 4220. 4221. 4231. 4236. 4248. 4262. 4265. 4270. 4285. 4303. 4309. 4311. 4313. 4328. 4329. 4336. 4342. 4345. 4348. 4356. 4359. 4369. 4383. 4393. 4395. 4410. 4419. 4420. 4421. 4426. 4455. 4460. 4465. 4469. 4471. 4474. 4479. 4486. 4497. 4498. 4517. 4520. 4529. 4557. 4563. 4565. 4581. 4597. 4599. 4600. 4601. 4602. 4604. 4607. 4610. 4628. 4631. 4633. 4646. 4667. 4674. 4676. 4696. 4703. 4705. 4707. 4711. 4715. 4720. 4721. 4752. 4754. 4757. 4761. 4772. 4774. 4777. 4779. 4790. 4797. 4802. 4807. 4808. 4811. 4812. 4816. 4826. 4832. 4834. 4839. 4846.

120 Stück Lit. C. à 25 Thlr.

Nr. 3. 7. 19. 37. 43. 45. 50. 59. 63. 76. 107. 116. 233. 234. 236. 239. 240. 241. 243. 247.

Nr. 279. 292. 301. 315. 320. 326. 334. 336. 344. 349. 351. 355. 367. 369. 381. 386. 391. 399.
411. 417. 426. 446. 454. 460. 464. 465. 467. 469. 470. 473. 475. 480. 484. 489. 503. 563.
565. 566. 567. 570. 571. 578. 581. 588. 592. 594. 596. 608. 613. 615. 622. 626. 638. 646.
655. 656. 664. 687. 697. 709. 720. 721. 741. 745. 746. 757. 769. 777. 791. 812. 818. 828.
830. 840. 844. 855. 875. 876. 879. 880. 883. 894. 896. 901. 912. 931. 941. 950. 953. 960.
966. 969. 970. 976. 978. 979. 980. 983. 985. 996.

Indem wir diese Provinzial-Obligationen hierdurch kündigen, fordern wir die Inhaber derselben auf, die Valuta dafür **am 2ten Januar 1864** unter Auslieferung der Obligationen nebst Coupons Ser. II. Nr. 8 bis 10 über die Zinsen vom 1sten Januar 1864 ab bei unserer Casse (Albrechtsstraße Nr. 16) in den gewöhnlichen Geschäftsstunden in Empfang zu nehmen. — Die Verzinsung der gezogenen Obligationen hört mit dem 1sten Januar 1864 auf, und wird der Betrag von da ab laufender, nicht mit eingelieferter Coupons vom Capital in Abzug gebracht. — Die Obligationen selbst verjähren, wenn sie nicht innerhalb 30 Jahren nach dem Rückzahlungstermine präsentirt werden. Nach Maaßgabe der Bestände unserer Casse kann übrigens die Valuta der gezogenen Obligationen schon vom 1sten Juli d. J. ab, jedoch nur gegen Abzug von $4\frac{1}{2}$ pCt. Zinsen für die Zeit vom Zahlungstage bis zum Verfalltage abgehoben werden. — Zugleich bemerken wir, daß folgende in früheren Verloosungen gezogene Provinzial-Obligationen noch nicht präsentirt worden sind:

aus der 2ten Verloosung:

Nr. 442 à 25 Thlr.

aus der 3ten Verloosung:
à 500 Thlr.

Nr. 134. 136. 145. 158. 160. 197. 214. 235. 302. 573. 630. 633. 654. 684. 834. 924. 938. 948. 970. 1022. 1322. 1413.

à 100 Thlr.

Nr. 29. 45. 73. 76. 145. 146. 445. 458. 475. 486. 490. 562. 1308. 1334. 1350. 1358. 1446. 1475. 1518. 1547. 1551. 1640. 1752. 1796. 1822. 1844. 1845. 1854. 2041. 2073. 2119. 2120. 2182. 2185. 2208. 2245. 2296. 2495. 2555. 2669. 2763. 2805. 2921. 2947. 3015. 3084. 3085. 3069. 3091. 3103. 3104. 3165. 3571. 3594. 3597. 3598. 3714. 3735. 3756. 3772. 3776. 3777. 3782. 3852. 3872. 3878. 3879. 3910. 3955. 4031. 4035. 4112. 4166. 4170. 4176. 4224. 4234. 4263. 4399. 4400. 4438. 4501. 4511. 4542. 4559. 4617. 4647. 4677. 4683. 4684. 4685. 4725. 4795.

à 25 Thlr.

Nr. 6. 20. 26. 27. 34. 56. 96. 100. 110. 232. 235. 280. 284. 289. 295. 300. 304. 327. 348. 377. 394. 398. 420. 455. 486. 554. 558. 569. 591. 632. 685. 719. 724. 725. 743. 786. 788. 831. 834. 850. 990.

aus der vierten Verloosung:
à 500 Thlr.

Nr. 93. 218. 290. 323. 324. 325. 329. 653. 656. 688. 788. 812. 818. 826. 842. 881. 980. 997. 1005. 1070. 1094. 1275. 1286. 1296. 1325. 1356. 1410. 1411. 1412.

à 100 Thlr.

Nr. 52. 62. 112. 131. 156. 230. 368. 399. 400. 466. 481. 1315. 1341. 1348. 1454. 1491. 1512. 1515. 1516. 1559. 1573. 1588. 1705. 1756. 1831. 1836. 1876. 1909. 1926. 2038. 2060. 2064. 2179. 2212. 2230. 2249. 2335. 2454. 2460. 2480. 2483. 2524. 2552. 2568. 2593. 2732. 2743. 2780. 2829. 2831. 2943. 3009. 3022. 3054. 3078. 3097. 3098. 3099. 3581. 3610. 3611. 3710. 3742. 3757. 3832. 3862. 3916. 3936. 3956. 3961. 3982. 3984. 3995. 4086. 4152. 4158. 4159. 4244. 4302. 4304. 4310. 4325. 4353. 4428. 4429. 4437. 4464. 4558. 4590. 4591. 4592. 4622. 4644. 4662. 4762. 4778. 4783.

à 25 Thlr.

Nr. 17. 22. 55. 105. 244. 288. 330. 424. 434. 491. 548. 572. 599. 671. 690. 691. 765. 825. 852. 856. 910. 973. 1000.

Breslau, den 13. Juni 1863.

Directorium der Ständischen Provinzial-Darlehns-Casse für Schlesien.

Frhr. v. Gaffron.   Kracker v. Schwarzenfeld.   Frhr. v. Schuckmann.   Becker.   v. Götz.

Druck von F. Weilshäuser in Oppeln.

— 131 —

Amts-Blatt
der Königlichen Regierung zu Oppeln.

Stück 27.   Oppeln, den 2. Juli   **1863.**

Allgemeine Gesetz-Sammlung.

(**327**) Das 20ste Stück der Gesetzsammlung enthält unter

Nr. 5721. Die Genehmigungs-Urkunde der in dem Schlußprotocolle der fünften Elbschifffahrts-Revisions-Commission, d. d. Hamburg, den 4ten April 1863, enthaltenen Erläuterungen, Ergänzungen und Abänderungen der Bestimmungen der Elbschifffahrtsacte vom 23sten Juni 1821, der Additionalacte vom 13ten April 1844, der Uebereinkunft vom 13ten April 1844 wegen der schifffahrts- und strompolizeilichen Vorschriften für die Elbe, und des Schlußprotocolls der dritten Elbschifffahrts-Revisions-Commission vom 8ten Februar 1854. Vom 15ten Mai 1863.

Nr. 5722. Die Uebereinkunft zwischen Preußen, Oesterreich, Sachsen, Hannover, Dänemark, Mecklenburg-Schwerin, Anhalt-Dessau-Köthen, Anhalt-Bernburg, Lübeck und Hamburg, eine neue Regulirung der Elbzölle betreffend. Vom 4ten April 1863.

Nr. 5723. Die Vereinbarung zwischen Preußen, Oesterreich, Sachsen, Anhalt-Dessau-Köthen, Anhalt-Bernburg und Hamburg, die Verwaltung und Erhebung des gemeinschaftlichen Elbzolles zu Wittenberge betreffend. Vom 4ten April 1863; und unter

Nr. 5724. Den Allerhöchsten Erlaß vom 27sten Mai 1863, betreffend die Verleihung der fiscalischen Vorrechte für den Bau und die Unterhaltung der Kreis-Chaussee von Trachenberg über Sulau und Militsch bis zur Kreisgrenze bei Sulmierzyce im Kreise Militsch, Regierungsbezirk Breslau.

(**335**) Das 21ste Stück der Gesetzsammlung enthält unter:

Nr. 5725. Den Schifffahrts-Vertrag zwischen Preußen und Belgien. Vom 28sten März 1863.

Nr. 5726. Die Uebereinkunft zwischen Preußen und Belgien wegen gegenseitigen Schutzes der Rechte an literarischen Erzeugnissen und Werken der Kunst. Vom 28sten März 1863 und,

Nr. 5727. Den Allerhöchsten Erlaß vom 7ten Juni 1863, betreffend die Verleihung der fiscalischen Vorrechte für den Bau und die Unterhaltung einer Gemeinde-Chaussee von der Derschlag-Rothemühler Bezirksstraße bei Müllerhaide über Sinspert und Finkenrath zur Brüchermühle-Neupener Bezirksstraße bei Auchel, im Kreise Waldbröl, Regierungsbezirk Cöln.

Bekanntmachungen der höchsten Staats-Behörden.

(**333**)   **Bekanntmachung,**
betreffend die 8te Verloosung der Staatsanleihe vom Jahre 1856 und die 2te Verloosung der 5%tigen Staatsanleihe von 1859.

In der am heutigen Tage öffentlich bewirkten Verloosung von Schuldverschreibungen der 4½%tigen Staatsanleihe aus dem Jahre 1856 und der fünfprocentigen Staatsanleihe aus dem Jahre 1859, sind die in der Anlage verzeichneten Nummern gezogen worden.

Dieselben werden den Besitzern mit der Aufforderung gekündigt, die darin verschriebenen Capitalbeträge vom 2ten Januar k. J. ab in den Vormittagsstunden von 9 bis 1 Uhr entweder bei der Staatsschulden-Tilgungs-Casse hierselbst, Oranienstraße Nr. 94, oder bei einer der Regierungs-Haupt-Cassen gegen Quittung und Rückgabe der Schuldverschreibungen mit den dazu gehörigen, erst nach dem 2ten Januar k. J. fälligen Zins-Coupons nebst Talons baar in Empfang zu nehmen.

Der Geldbetrag der etwa fehlenden, unentgeltlich mitabzuliefernden Zinscoupons wird von dem zu zahlenden Capitale zurückbehalten.

Formulare zu den Quittungen werden von den vorgedachten Cassen unentgeltlich verabreicht. Letztere können sich aber in einen Schriftwechsel über die Zahlungsleistung nicht einlassen.

Zugleich werden die Inhaber der in der Anlage bezeichneten, nicht mehr verzinslichen Schuldverschreibungen der Staatsanleihe aus dem Jahre 1856, welche in den bisherigen Verloosungen (mit Ausschluß der am 11ten December v. J. stattgehabten) gezogen, aber bis jetzt noch nicht realisirt sind, an die Erhebung ihrer Capitalien erinnert.

In Betreff der am 11ten December v. J. ausgeloosten und zum 1sten Juli d. J. gekündigten Schuldverschreibungen der Staatsanleihe aus dem Jahre 1856 und der fünfprocentigen Staatsanleihe aus dem Jahre 1859 wird auf das an dem ersteren Tage bekannt gemachte Verzeichniß Bezug genommen, welches bei den Regierungs-Haupt-Cassen, den Kreis-, den Steuer- und den Forst-Cassen, den Kämmerei- und anderen Communal-Cassen sowie auf den Bureaux der Landräthe, Magisträte und Comitéen-Resümées zur Einsicht offen liegt. Berlin, den 18. Juni 1863.

          Haupt-Verwaltung der Staats-Schulden.
          von Wedell.   Gamet.   Löwe.   Meinecke.

(322) Zwischen der Königlich Preußischen und der Königlich Belgischen Regierung ist unterm 6ten Mai d. J. ein Additional-Postvertrag geschlossen worden, welcher mit dem 1sten Juli d. J. in Kraft tritt.

Nach diesem Vertrage beträgt das Gesammtporto für den einfachen, bis 1 Loth excl. schweren frankirten Brief nach dem gesammten Belgischen Postgebiete:
  a. aus den Postbezirken der Rheinprovinz, Westphalen, Birkenfeld, Waldeck und Pyrmont 2 Sgr.,
  b. aus den übrigen Theilen des Preußischen Postbezirks . . . . 3 Sgr.

Unfrankirte Briefe unterliegen einem Portozuschlage von 1 Sgr. Für den einfachen unfrankirten Brief aus Belgien nach der Rheinprovinz, Westphalen, Birkenfeld, Waldeck und Pyrmont werden daher 3 Sgr., nach den übrigen Theilen des Preußischen Postbezirks 4 Sgr. Porto vom Adressaten erhoben.

Der einfache Portosatz zwischen solchen beiderseitigen Postanstalten, welche in gerader Linie nicht weiter als 30 Kilometer (ungefähr 4 Meilen) von einander entfernt liegen, ist für frankirte Briefe auf 1 Sgr. (10 Cts.), für unfrankirte Briefe auf 2 Sgr. (20 Cts.) festgesetzt worden.

Für die Briefe im Gewichte von 1 Loth und mehr steigt das Porto, wie bisher, in der Art, daß
    von 1 bis 2 Loth excl. das zweifache,
    von 2 bis 3 Loth excl. das dreifache Porto,
u. s. f., für jedes weitere Loth ein einfacher Briefportosatz mehr berechnet wird.

Recommandirte Briefe unterliegen dem Frankirungszwange; außer dem Porto für gewöhnliche Briefe wird eine Recommandations-Gebühr von 2 Sgr. erhoben. Die recommandirten Briefe müssen mit einem Kreuz-Couvert versehen und mit wenigstens zwei gleichen Siegeln wohl verschlossen sein. Verlangt der Absender eine Empfangsbescheinigung des Adressaten, so ist dafür ein weiterer Betrag von 2 Sgr. bei der Aufgabe des Briefes zu entrichten.

Briefe, welche von der Postanstalt des Bestimmungsorts mittelst expresser Boten an die Adressaten bestellt werden sollen, müssen mit dem Vermerke: „durch Expressen zu bestellen" oder „à remettre par exprès" versehen und recommandirt sein. In solchem Falle hat der Absender, außer dem Porto für gewöhnliche Briefe und der Recommandations-Gebühr, 3 Sgr. für die expresse Bestellung vorauszubezahlen, sofern der Brief nach dem Orte einer Postanstalt bestimmt ist. Wohnt der Adressat jedoch nicht an einem Orte, an welchem eine Postanstalt besteht, so wird die Expreß-Bestellgebühr nach dem Lande von dem Adressaten erhoben.

Sendungen mit Waarenproben und Mustern müssen bis zum Bestimmungsorte frankirt werden. Die Taxe beträgt 9 Pfennige für je 3 Loth excl.,
    mithin bis 3 Loth excl. 9 Pfennige,
    von 3 bis 6 Loth excl. 1 Sgr. 6 Pfennige,
    von 6 bis 9 Loth excl. 2 Sgr. 3 Pfennige u. s. w.

Diese Porto-Ermäßigung findet jedoch nur in dem Falle Anwendung, wenn die Waarenproben und Muster keinen Kaufwerth haben und wenn dieselben unter Band gelegt oder so verpackt sind, daß über ihre Natur kein Zweifel entstehen kann. Derartigen Sendungen darf kein Brief beigegeben sein, dagegen ist gestattet, außer der Adresse des Empfängers, die handschriftliche Angabe von Fabrik- oder Handelszeichen, Nummern und Preisen. Sonstige handschriftliche Zusätze sind hierbei unzulässig.

Correcturbogen nebst den beigefügten und dazu gehörigen Manuscripten unterliegen derselben Taxe, wie die Proben- und Mustersendungen; dürfen jedoch außer dem Manuscripte von keinen anderen

Schriften begleitet sein und nur solche schriftliche Bemerkungen enthalten, welche sich auf die Herstellung im Drucke beziehen. Das Porto von 9 Pfennigen für je 3 Loth excl. muß vom Absender voraus entrichtet werden; die Verpackung muß unter Band erfolgen.

Sendungen mit Waarenproben und Mustern und Sendungen mit Correcturbogen werden, wenn sie den vorstehenden Bestimmungen nicht entsprechen, wie Briefe tarirt.

Für Zeitungen und sonstige Sendungen unter Kreuzband ist das Preußische und das Belgische Porto nach wie vor zum Gesammtbetrage von 6 Pfennigen für jeden Bogen oder jedes einzelne gedruckte Blatt vom Absender vorauszubezahlen.

Die Bestimmungen des neuen Vertrages kommen vom 1sten Juli c. ab zugleich für den Postverkehr zwischen dem gesammten Gebiet des deutschen Postvereins und Belgien, so weit dieser Verkehr durch Preußische Postanstalten vermittelt wird, in Anwendung.

Berlin, den 17. Juni 1863. General-Post-Amt. Philipsborn.

Bekanntmachungen der Königlichen Regierung.

(223) Wir haben wiederholt die Wahrnehmung gemacht, daß Unterzeichnungen auf Druckschriften im Umherziehen angesammelt werden, ohne daß dergleichen Colporteure sich überhaupt im Besitz eines Gewerbescheines befinden, oder wenigstens nicht eines solchen, welcher ihnen die Befugniß zur Ausübung des gedachten Gewerbebetriebes ertheilt. Namentlich werden Gewerbescheine, welche zum Handel mit „Werken der bildenden Kunst" ausgestellt sind, häufig dazu benutzt, um auf Grund derselben auch Bestellungen auf Druckschriften zu suchen.

Die städtischen und ländlichen Orts-Polizei-Behörden werden daher hierdurch nochmals darauf verwiesen, daß das Einsammeln von Subscriptionen im Umherziehen nur dann statthaft ist, wenn dies in dem Gewerbeschein ausdrücklich ausgesprochen ist und daß es auch in diesem Falle den Inhabern der Gewerbescheine nur erlaubt ist, die Subscriptionen bei den Buchhändlern selbst aufzusuchen.

In allen anderen Fällen liegt eine polizeiliche und Steuer-Contravention vor, welche auf dem vorgeschriebenen Wege zur Bestrafung zu bringen ist. — Der Verkauf von Druckschriften im Umherziehen bleibt ganz untersagt, weil Druckschriften nicht zu den im §. 14 des Hausir-Regulativs vom 28sten April 1824 bezeichneten Gegenständen gehören.

Hierbei nehmen wir Veranlassung, den Orts-Polizeibehörden eine strenge Controle des Hausirhandels zur wiederholten Pflicht zu machen, wobei namentlich nicht aus den Augen zu lassen ist, daß der Inhaber des Gewerbescheines lediglich mit den in dem Gewerbeschein ausdrücklich bezeichneten Gegenständen den Hausirhandel betreiben darf.

Oppeln, den 21. Juni 1563.

(330) Es ist eine zweite Ausgabe des von dem vortragenden Rath des Königlichen Ministerii der geistlichen, Unterrichts- und Medicinal-Angelegenheiten, Herrn Geheimen Ober-Medicinal-Rath Dr. Horn im Verlage der Aug. Hirschwaldschen Buchhandlung in Berlin herausgegebenen Werkes:

„Das Preußische Medicinalwesen, II Theile"

erschienen.

Da das Werk auf amtlichen Quellen beruht und sowohl wegen seiner Zuverlässigkeit und Vollständigkeit, als auch wegen der zweckmäßigen Anordnung des Inhaltes nach Materien zum Gebrauch für die Medicinalbeamten vorzüglich geeignet und in der zweiten Ausgabe, deren Inhalt bis auf die neueste Zeit sich erstreckt, wesentlich vervollständigt ist, so wird auch diese zweite Ausgabe den Medicinal-Beamten und Medicinal-Personen hiermit zur Anschaffung empfohlen.

Oppeln, den 17. Juni 1863.

(334) Für die Kreis-Spar-Casse zu Rosenberg sind
    1) der Königliche Landrath Herr von Studnitz zu Rosenberg als Director,
    2) der Rittergutsbesitzer Herr Kothe zu Rosenberg, und
    3) der Pastor Herr Polko ebendaselbst, als Beisitzer,
ferner
    4) der Herr Graf v. Schack auf Uschütz,
    5) der Herr Graf v. Bethusy-Huc auf Bankau, und } als Stellvertreter
    6) der Herr Graf v. Geßler auf Schoffczütz,
gewählt und von uns bestätigt worden.

Oppeln, den 19. Juni 1863.

(319) Dem Maschinenbauer Adolf Nitschke zu Landsberg a. W. ist unter dem 18ten Juni 1863 ein Patent
auf eine Getreide-Mähemaschine in der durch Beschreibung und Zeichnung nachgewiesenen Zusammensetzung, ohne Andere in der Anwendung bekannter Theile zu beschränken,
auf fünf Jahre, von jenem Tage an gerechnet, und für den Umfang des preußischen Staats ertheilt worden. Oppeln, den 2. Juli 1863.

(321) Dem Hütten-Ingenieur M. Boner in Berlin ist unter dem 18ten Juni 1863 ein Patent
auf eine durch Zeichnung und Beschreibung nachgewiesene, als neu und eigenthümlich erkannte Vorrichtung zum Beschicken eines Zinkofens,
auf fünf Jahre, von jenem Tage an gerechnet und für den Umfang des preußischen Staats ertheilt worden. Oppeln, den 2. Juli 1863.

(324) Dem Ingenieur Carl Kremer zu Barop bei Dortmund ist unter dem 19ten Juni 1863 ein Patent
auf eine Sieb-Vorrichtung an der zum Ausscheiden und Auswaschen von Steinkohlen und anderen Mineralien bestimmten sogenannten continuirlich wirkenden Setzmaschine, in der durch Zeichnung und Beschreibung nachgewiesenen Zusammensetzung,
auf fünf Jahre, von jenem Tage an gerechnet, und für den Umfang des preußischen Staats ertheilt worden. Oppeln, den 2. Juli 1863.

(325) Der Firma Casiraghi und Giesecke in Chemnitz ist unter dem 22sten Juli 1863 ein Patent
auf einen in seiner Zusammensetzung für neu und eigenthümlich erkannten mechanischen Webstuhl mit mehrtheiligen Schützenkasten, ohne Jemand in der Benutzung bekannter Theile zu beschränken,
auf fünf Jahre, von jenem Tage an gerechnet, und für den Umfang des preußischen Staats ertheilt worden. Oppeln, den 2. Juli 1863.

(326) Das dem Maschinenbauer Casiraghi in Zeitz unterm 29sten Januar 1862 ertheilte Patent
auf einen in seiner Zusammensetzung für neu und eigenthümlich erkannten Webstuhl, ohne Jemand in der Benutzung der bekannten Theile zu beschränken,
ist aufgehoben. Oppeln, den 2. Juli 1863.

(336) Das dem Kaufmann J. H. F. Prillwitz in Berlin am 11ten April v. J. ertheilte Patent
auf eine durch Zeichnung und Beschreibung nachgewiesene, für neu und eigenthümlich erachtete Einrichtung an Tasten-Instrumenten, um die angeschlagenen Tasten nach Aufhebung des Druckes niedergedrückt zu erhalten,
ist aufgehoben. Oppeln, den 2. Juli 1863.

(337) Das dem Kaufmann J. H. F. Prillwitz in Berlin am 2ten April 1861 ertheilte Patent
auf eine rotirende Presse zur Darstellung fester Kohlensteine aus losen Brennstoffen, soweit dieselbe nach der angegebenen Zeichnung und Beschreibung als neu und eigenthümlich erkannt ist,
ist aufgehoben. Oppeln, den 2. Juli 1863.

Bekanntmachungen verschiedener Behörden.

(328) In den Cours-Einrichtungen des Bezirks treten vom 1sten Juli c. ab folgende Veränderungen ein:

A. Es werden aufgehoben:
1) die Cariolpost zwischen Guttentag und Rosenberg O. S.,
2) die Botenpost zwischen Gogolin und Ober-Glogau,
3) die Botenpost zwischen Oppeln und Königshuld.

B. Neu eingerichtet werden:
1) eine zweite tägliche viersitzige Personenpost zwischen Oppeln und Rosenberg,
aus Oppeln um 10^{30} Uhr Vormittags,
nach Ankunft des Schnellzuges aus Breslau und des Personenzuges aus Myslowitz,
aus Königshuld um 11^{50} Uhr Vormittags,
in Sausenberg um 2^{30} Uhr Nachmittags,
zum Anschluß an die Personenpost nach Creutzburg,
aus Sausenberg um 2^{45} Uhr Nachmittags,

in Rosenberg um 4⁵ Uhr Nachmittags;
aus Rosenberg um 10¹⁵ Uhr Vormittags,
aus Sausenberg um 11⁵⁰ Uhr Vormittags
nach Ankunft der Personenpost aus Creutzburg,
aus Königshuld um 1⁵⁰ Uhr Nachmittags,
in Oppeln um 3⁵⁰ Uhr Nachmittags,
zum Anschluß an den Personenzug nach Myslowitz und an den Schnellzug nach Breslau;
2) eine zweite tägliche viersitzige Personenpost zwischen Nicolai und Pleß,
aus Nicolai um 1³⁰ Uhr Nachmittags,
nach Ankunft des ersten Eisenbahnzuges aus Kattowitz,
in Pleß um 4 Uhr Nachmittags,
aus Pleß um 7⁴⁵ Uhr früh,
in Nicolai um 10¹⁵ Uhr Vormittags,
zum Anschluß an den ersten Eisenbahnzug nach Kattowitz;
3) eine tägliche Botenpost zwischen Jastrzemb und Loslau,
aus Jastrzemb um 3³⁰ Uhr Nachmittags,
in Loslau um 5³⁰ Uhr Nachmittags,
zum Anschluß an die Botenpost nach Rybnik,
aus Loslau um 8¹⁵ Uhr früh,
nach Ankunft der Botenpost aus Rybnik,
in Jastrzemb um 10¹⁵ Uhr Vormittags;
4) eine tägliche Botenpost von Schwientochlowitz nach Königshütte,
aus Schwientochlowitz um 9¼ Uhr Vormittags,
nach Ankunft des Nachtzüterzuges aus Breslau,
in Königshütte um 10 Uhr Vormittags.

Das Personengeld bei den neu eingerichteten Personenposten beträgt 6 Sgr. pro Person und Meile, wofür 30 Pfd. Reisegepäck frei mitgenommen werden können.

C. Im Gange verändert wird
die Personenpost zwischen Creutzburg-O.-S. und Sausenberg,
aus Creutzburg um 9 Uhr Vormittags,
in Sausenberg um 11³⁰ Uhr Vormittags,
zum Anschluß an die Personenpost nach Oppeln,
aus Sausenberg um 2⁴⁵ Uhr Nachmittags,
nach Ankunft der Personenpost aus Oppeln,
in Creutzburg um 5¹⁵ Uhr Nachmittags.

Oppeln, den 24. Juni 1863.   Königliche Ober-Post-Direction.

(329) Vom 1sten Juli c. ab werden Post-Expeditionen II. Klasse eingerichtet:
1) in Georgenberg an der Poststraße zwischen Tarnowitz und Woischnik, 1 Meile von Tarnowitz entfernt,
2) in Kieltsch an der Oppeln-Tarnowitzer Eisenbahn, 1,1 Meile von Zawadzki und 1,5 Meile von Tworog entfernt.

Dem Bestellbezirke der Post-Expedition in Georgenberg werden folgende Ortschaften zugetheilt:
  a. aus dem Bezirke der Post-Expedition in Tarnowitz: Boruschowitz, Mikoluschka, Tluczykunt, Wynislow;
  b. aus dem Bezirke der Post-Expedition in Woischnik: Banduchmühle, Bialashäuser, Jendryssel, Kutschau, Miottek, Sarah, Stablhammer, Truschütz, Zarodzie, Zielona;
  c. aus dem Bezirke der Post-Expedition in Neudeck: Bibiella (Colonie, Forsthaus und Vorwerk), Brinitz, Georgenberg, Zmilow, Radlof, Schiendreß, Zyglin, Gr.- und Kl.-.

In den Bestellbezirk der Post-Expedition in Kieltsch geben folgende Ortschaften über:
  a. aus dem Bezirke der Post-Expedition in Langendorf: Naplatki;
  b. aus dem Bezirke der Post-Expedition in Zawadzki: Borowian, Gaida, Kieltsch, Dorf und Colonie, Kruppamühle, Mosken, Nendorf, Twardy, Zamosz, Zandowitz;
  c. aus dem Bezirke der Post-Expedition in Tworog: Potempa, Alt- und Neu-Zulkau.

Oppeln, den 25. Juni 1863.   Königliche Ober-Post-Direction.

(331) Wir bringen hiermit zur öffentlichen Kenntniß, daß seine Königliche Majestät mittelst Allerhöchster Ordre vom 30sten v. Mts. auf den von dem Evangelischen Ober-Kirchenrath im Einverständnisse mit dem Herrn Minister der geistlichen 2c. Angelegenheiten gehaltenen Vortrag den bisherigen Superintendentur-Verweser Prediger Werkenthin in Hirschberg zum Superintendenten der Diöcese Hirschberg, und den bisherigen Superintendentur-Verweser Pastor Weigelt in Pleß zum Superintendenten der Diöcese Pleß, zu ernennen geruht haben und daß für dieselben unter dem 4ten und 6ten d. Mts. die diesfälligen Bestallungen ausgefertigt worden sind.

Breslau, den 17. Juni 1863.   Königliches Consistorium für die Provinz Schlesien.

Personal-Chronik.

(332) Der bisherige Regierungs-Rath von Schmidt hierselbst ist zum Geheimen Finanz-Rath und vortragenden Rath im Königlichen Finanz-Ministerium ernannt worden.

Verliehen: dem Thierarzt erster Klasse und Roßarzt in der Schlesischen Artillerie-Brigade Nr. 6, Riedel zu Neisse, die Kreis-Thierarzt-Stelle im Neisser Kreise.

Bestätigt: die Wahlen des Buchdruckereibesitzers Raabe, Schornsteinfegermeisters Treeger und Weineinkaufmannes Höfer hierselbst als unbesoldete Rathsherren und die Vocation des Fräulein Agnes Sington als Lehrerin an der Synagogengemeinde-Schule zu Gleiwitz.

Gestorben: der Stadt-Kämmerei-Controleur Proske zu Neisse.

Amts-Blatt
der Königlichen Regierung zu Oppeln.

Stück 28.   Oppeln, den 9. Juli   **1863.**

Allgemeine Gesetz-Sammlung.

(338) Das 22ste Stück der Gesetzsammlung enthält unter

Nr. 5728. Den Allerhöchsten Erlaß vom 10ten Juni 1863, betreffend die Abänderung des §. 2 des für die Handelskammer der Stadt Erfurt am 18ten October 1844 erlassenen Statuts.

Nr. 5729. Die Bekanntmachung, betreffend die Allerhöchste Genehmigung zu einer Abänderung des Statuts der Berliner Brodfabrik-Actiengesellschaft. Vom 19ten Juni 1863.

Nr. 5730. Den Allerhöchsten Erlaß vom 25sten Juni 1863, betreffend die in den Häfen von Swinemünde, Colbergermünde, Rügenwaldermünde, Stolpmünde und Neufahrwasser zu entrichtenden Hafengelder, ferner die für die Befahrung der Peene, Swine und Divenow, so wie des großen und kleinen Haffes zu entrichtenden Schifffahrts-Abgaben.

Bekanntmachungen der höchsten Staats-Behörden.

(338) **Instruction**
zur Ausführung des Gesetzes wegen Verwaltung der Bergbauhilfs-Cassen vom 5ten Juni 1863.
(Ges.-Samml. S. 365.)

Zur Ausführung des Gesetzes wegen Verwaltung der Bergbauhilfs-Cassen vom 5ten Juni 1863 (Gesetz-Samml. S. 365) verordnet der Minister für Handel, Gewerbe und öffentliche Arbeiten was folgt:

Art. 1. Für jede Bergbauhilfs-Casse wird von dem Oberbergamte der Provinz ein Verzeichniß der betheiligten Werke (§. 3) aufgestellt, welches
1) die Bezeichnung des Werks,
2) die Quantität der Förderung im Jahre 1862,
3) bei den im §. 1 unter Nr. 3—6 aufgeführten Bergbauhilfs-Cassen den steuerbaren Werth der Förderung desselben Jahres,
4) die dem Werthe oder der Quantität der Förderung entsprechende Stimmzahl (§. 9),
5) den Namen des Repräsentanten oder Alleinbesitzers,

enthält.

Zur Vertretung der betheiligten fiscalischen Werke ernennt das Oberbergamt einen Bevollmächtigten, welcher bei den Verhandlungen über die Feststellung des Statutes als Repräsentant der bezeichneten Werke fungirt.

Art. 2. Bei der Ermittelung des Werthes der Förderung sind die Gefälle-Designationen des Jahres 1862 maaßgebend.

Bei denjenigen Werken, für welche ein Abonnement (Gesetz vom 12ten Mai 1851 §. 11) bewilligt ist, wird der Betrag der Förderung auf Grund der Repräsentanten vorzulegenden Förderregister von dem Revierbeamten ermittelt und der Werth durch eine von dem Revierbeamten aufgenommene Taxe festgestellt.

Bei Abonnementsbewilligungen nach der Maaß- und Gewichtseinheit bleibt der Abonnementssatz für die Werthsermittelung maaßgebend.

Art. 3. Das Verzeichniß der betheiligten Werke (Art. 1) wird vom 15ten bis zum 31sten Juli d. J. in dem Dienstgebäude des Oberbergamtes und in den Amtslocalen des im Bezirke der Bergbauhilfs-Casse angestellten Revierbeamten offen gelegt. Erinnerungen gegen das aufgestellte Verzeichniß müssen unter Beifügung aller zur Begründung dienenden Schriftstücke bis zum 1sten August d. J. bei dem Oberbergamte angebracht werden. Die Entscheidung erfolgt durch einen Beschluß des Handelsministers, der das Verhältniß, in welchem die Betheiligten bei der Feststellung des Statutes mitzuwirken haben (§. 9), endgültig bestimmt. Bis diese Entscheidung ergeht, bleibt das von dem Oberbergamte aufgestellte Verzeichniß für die Legitimation der Betheiligten bei den Verhandlungen maaßgebend.

Art. 4. Zur Leitung der Verhandlungen über die Feststellung des Statutes ernennt das Oberbergamt einen **Commissar**.

Der Commissar ladet alle zur Mitwirkung bei der Feststellung des Statutes berechtigten Werksbesitzer und Repräsentanten zu einer Versammlung Behufs der Wahl eines Ausschusses zur Entwerfung des Statutes ein, welche vor dem 15ten August d. J. anzuberaumen ist.

Art. 5. Der Commissar führt den Vorsitz in der Wahlversammlung, welche ohne Rücksicht auf die Zahl der Erschienenen und der vertretenen Stimmen beschlußfähig ist. Er prüft die Legitimation der Erschienenen. Vollmachten zur Vertretung abwesender Stimmberechtigter müssen mit einer Beglaubigung der Unterschrift durch einen Notar oder durch eine öffentliche Behörde versehen sein.

Art. 6. Die Versammlung beschließt durch absolute Stimmenmehrheit die Zahl der **Ausschußmitglieder** und wählt hierauf in einer einzigen Wahlhandlung aus der Zahl der stimmberechtigten Alleinbesitzer und Repräsentanten mit absoluter Stimmenmehrheit die Mitglieder des Ausschusses in der beschlossenen Anzahl.

So weit sich bei der ersten oder bei einer folgenden Abstimmung absolute Stimmenmehrheit nicht ergiebt, kommen Diejenigen, welche die meisten Stimmen erhalten haben, in doppelter Anzahl der noch zu wählenden Ausschußmitglieder auf die engere Wahl.

Wenn bei einer Abstimmung die absolute Stimmenmehrheit auf mehrere, als die noch zu wählenden Mitglieder gefallen ist, so sind diejenigen gewählt, welche die höchste Stimmenzahl erhalten haben. Bei Stimmengleichheit entscheidet das Loos.

Art. 7. Der vorberathende Ausschuß wählt aus seiner Mitte unter der Leitung des Commissars einen Vorsitzenden. Die weiteren Versammlungen des Ausschusses werden von dem Vorsitzenden berufen.

Der Vorsitzende hat den Entwurf des Statutes, wie solcher aus den Berathungen des Ausschusses hervorgegangen ist, vor dem 1sten October d. J. dem Commissar einzureichen. Derselbe wird im Dienstgebäude des Oberbergamtes und in den Amtslocalen der im Bezirke der Bergbauhilfs-Cassen angestellten Revierbeamten bis zu dem Tage der General-Versammlung (Art. 8) offen gelegt.

Wenn der Statutenentwurf nicht vor dem 1sten October eingereicht wird, so wird ein von dem Commissar bearbeiteter Statutenentwurf der Generalversammlung zur Beschlußfassung vorgelegt und bis zu dem Tage der Generalversammlung an den vorbezeichneten Orten offen gelegt.

Art. 8. Die Generalversammlung zur Feststellung des Statuts findet in der ersten Hälfte des October statt und wird von dem Commissar anberaumt, sobald die Entscheidung des Handelsministers über die Erinnerungen gegen das Verzeichniß der stimmberechtigten Besitzer und Repräsentanten (Art. 2) eingegangen ist. Zeit und Ort der Versammlung wird jedem Stimmberechtigten unter Mittheilung der festgestellten Gesammt-Stimmenzahl und der Zahl der von ihm zu führenden Stimmen bekannt gemacht.

Art. 9. Die Verhandlungen der General-Versammlung werden von dem Commissar geleitet, welcher den Vorsitz führt und die Legitimation der Erschienenen prüft. Vollmachten zur Vertretung abwesender Stimmberechtigter müssen von einer öffentlichen Behörde oder von einem Notar beglaubigt sein.

Die Versammlung ist beschlußfähig ohne Rücksicht auf die Zahl der Erschienenen und der vertretenen Stimmen. Sie faßt ihre Beschlüsse mit absoluter Stimmenmehrheit.

Art. 10. Ueber die Paragraphen des der Berathung zu Grunde gelegten Statutenentwurfs (Art. 7) wird einzeln abgestimmt. Abänderungsvorschläge müssen schriftlich eingereicht und von einem Zehntel der Gesammtstimmenzahl (Art. 8) unterstützt werden.

Kann die Berathung nicht in einer Sitzung zu Ende geführt werden, so beschließt die Versammlung auf den Vorschlag des Commissars die Fortsetzung an einem folgenden Tage. Eine neue Vorladung zu der fortgesetzten Berathung findet nicht statt.

Art. 11. Die Protocolle über die Wahlversammlung (Art. 5, 6) und über die Generalversammlung (Art. 9, 10) werden von dem Commissar und von den anwesenden Mitgliedern des Ausschusses vollzogen.

Der Commissar stellt nach den Beschlüssen der Generalversammlung das festgestellte Statut zusammen und reicht dasselbe mit sämmtlichen Verhandlungen dem Oberbergamte ein, welches die Verhandlungen, Behufs der Bestätigung des beschlossenen Statuts, an den Handelsminister einreicht.

Art. 12. Das bestätigte Statut wird seinem ganzen Inhalte nach durch die Regierungs-Amtsblätter des Bezirkes der Bergbauhilfs-Casse bekannt gemacht.

Nach erfolgter Bestätigung wird die erste Generalversammlung zur Wahl des Vorstandes (§. 4) von dem Oberbergamte anberaumt und unter Leitung eines von dem Oberbergamte ernannten Commissars abgehalten.

Das Oberbergamt kann, wenn es dies für erforderlich erachtet, zugleich den Voranschlag der Einnahmen und Ausgaben für das Jahr 1864 durch seinen Commissar der ersten Generalversammlung zur Feststellung vorlegen. Berlin, den 19. Juni 1863.
(L. S.)
Der Minister für Handel, Gewerbe und öffentliche Arbeiten.
Im Auftrage: gez. von Krug.

Bekanntmachungen der Königlichen Regierung.

(341) In Folge der in dem Allerhöchsten Erlaß vom 10ten November v. J., betreffend die Einführung der siebenten Ausgabe der Landes-Pharmakopöe, hinsichtlich der Beschaffung und Anfertigung der chemischen und pharmaceutischen Präparate Seitens der Apotheker festgestellten Bestimmungen hat der Herr Minister der geistlichen, Unterrichts- und Medizinal-Angelegenheiten eine Revision der bisher für die Berechnung der Arzneitaxe maßgebend gewesenen Principien angeordnet und nach den auf Grund derselben abgeänderten, von demselben genehmigten Grundsätzen, so wie unter Berücksichtigung der eingetretenen Veränderungen in den Einkaufspreisen mehrerer Droguen und chemischen Präparate eine neue Ausgabe der Arzneitaxe ausarbeiten lassen, welche gleichzeitig mit der siebenten Ausgabe der Landes-Pharmakopöe mit dem 1sten Juli d. J. in Kraft tritt.

Dies wird hiermit und mit dem Bemerken zur öffentlichen Kenntniß gebracht, daß Exemplare dieser Arzneitaxe zu dem Preise von 10 Sgr. durch alle inländischen Buchhandlungen zu beziehen sind. Oppeln, den 27. Juni 1863.

(342) Auf Veranlassung des Herrn Ministers für die landwirthschaftlichen Angelegenheiten hat sich eine Anzahl von Landwirthen und Freunden der Landwirthschaft zu Berlin vereinigt, das Andenken des verstorbenen Landes-Oeconomie-Raths Koppe durch Gründung einer Stiftung zu ehren. Dieselben haben sich als Comité mit der Absicht constituirt, Fachgenossen zu Beiträgen für die bezweckte „Koppe-Stiftung" öffentlich in sämmtlichen Provinzen des Staates aufzufordern.

Die hierzu von dem Comité höheren Orts erbetene Erlaubniß ist von dem Herrn Minister des Innern mittelst Rescripts vom 6ten d. M., ertheilt worden.

Dies wird hierdurch zur öffentlichen Kenntniß gebracht. Oppeln, den 27. Juni 1863.

(344) In Folge Allerhöchster Bestimmung bringen wir wiederholt zur öffentlichen Kenntniß, daß nach der Verordnung, betreffend die Umwechselung der inländischen Scheidemünzen gegen Courant bei den Staatscassen vom 15ten Februar 1858 (Gesetz-Sammlung pro 1858 Seite 42) die Hauptmünzcasse zu Berlin, die Regierungs-Hauptcassen und die Kreis-Steuercassen, bis auf Weiteres zum Umtausch der inländischen Scheidemünze in grobe Silbermünze verpflichtet sind, insofern die zur Umwechselung angebotene Summe bei der Silberscheidemünze den Betrag von „Fünf Thalern" und bei der Kupferscheidemünze den Betrag von „Zwei Thalern" erreicht.
Oppeln, den 1. Juli 1863.

(340) Dem Weber Alvin Mantel in Berlin ist unter dem 29sten Juni 1863 ein Patent auf eine durch Modell nachgewiesene Jacquard-Maschine, soweit dieselbe für neu und eigenthümlich erachtet ist, auf fünf Jahre, von jenem Tage an gerechnet und für den Umfang des preußischen Staats ertheilt worden. Oppeln, den 9. Juli 1863.

Bekanntmachungen verschiedener Behörden.

(114) Folgende von dem unterzeichneten Königlichen Kredit-Institute für Schlesien ausgefertigte Pfandbriefe Litt. B.:

à 4 pro Cent.

1) auf Ndr.-Marklowitz, Kreis Pleß, ausgefertigt den 2ten November 1837,
Nr. 49 à 1000 Thlr.
„   1096 bis incl. Nr. 1098 à 500 Thlr.
„   3121 „   „   „   3124 à 200 „
„   5741 „   „   „   5748 à 100 „

— 140 —

Nr. 10978 bis incl. Nr. 10991 à 50 Thlr.
" 21449 " " " 21476 à 25 "

2) auf Groß-Petrowitz, Kreis Ratibor, ausgefertigt den 6ten März 1839,
Nr. 171 bis incl. Nr. 177 à 1000 Thlr.
" 1359 " " " 1372 à 500 "
" 3705 " " " 3736 à 200 "
" 6657 " " " 6686 ⎫
" 6688 " " " 6693 ⎬ à 100 "
" 6695 " " " 6720 ⎭
" 11431 " " " 11432 à 50 "
" 22354 " " " 22357 à 25 "

3) auf die Herrschaft Mallmitz cum pert., Kreis Sprottau, ausgefertigt den 1sten Juli 1841,
Nr. 420 bis incl. Nr. 441 à 1000 Thlr.
" 1829 " " " 1872 à 500 "
" 4465 " " " 4564 à 200 "
" 7781 " " " 7851 ⎫
" 7852 " " " 7906 ⎬ à 100 "
" 7908 " " " 7981 ⎭
" 11579 " " " 11608 à 50 "
" 22590 " " " 22639 à 25 "

4) auf Dober und Pause, Kreis Sagan, ausgefertigt den 1sten Juli 1841,
Nr. 1873 und 1874 à 500 Thlr.
" 4565 " 4566 à 200 "
" 7981 bis incl. Nr. 7984 à 100 Thlr.
" 11609 " " " 11610 à 50 "
" 22640 " " " 22643 à 25 "

5) auf Krzischowitz, Kreis Rybnik, ausgefertigt den 18ten November 1845,
Nr. 40003 bis incl. Nr. 40006 à 1000 Thlr.
" 43005 " " " 43011 à 500 "
" 49007 " " " 49017 à 200 "
" 61011 " " " 61028 à 100 "
" 79004 " " " 79006 à 50 "
" 82007 " " " 82012 à 25 "

à 3½ pro Cent.

6) auf die Herrschaft Groß-Strehlitz, gleichnamigen Kreises, ausgefertigt den 16ten Juli 1844,
Nr. 996 bis incl. Nr. 1000 und ⎫
" 23701 " " " 23835 ⎬ à 1000 Thlr.
" 2940 " " " 3000 und ⎫
" 24701 " " " 24879 ⎬ à 500 "
" 15946 " " " 16045 à 200 "
" 10225 " " " 10380 und ⎫
" 17661 " " " 17704 ⎬ à 100 "
" 12130 " " " 12169 à 50 "

werden mit Bezugnahme auf die öffentliche Bekanntmachung vom 25sten November v. J. hiermit wiederholt öffentlich aufgerufen und die Inhaber derselben aufgefordert, diese Pfandbriefe in coursfähigem Zustande nebst laufenden Zinscoupons spätestens **den 15ten August d. J.** an unsere Kasse (Albrechtsstraße Nr. 16 hierselbst) einzureichen und dagegen andere dergleichen Pfandbriefe B. vom nämlichen Betrage in Empfang zu nehmen. — Sollte die Präsentation nicht bis zum 15ten August d. J. erfolgen, so werden die Inhaber der qu. Pfandbriefe nach §. 50 der Allerhöchsten Verordnung vom 8ten Juni 1835 mit ihrem Realrechte auf die in den Pfandbriefen ausgedrückte Special-Hypothek präcludirt, die Pfandbriefe in Ansehung der Special-Hypothek für vernichtet erklärt, in unserem Register und im Hypothekenbuche gelöscht und die Inhaber mit ihren Ansprüchen wegen dieser Pfandbriefe lediglich an die in unserem Gewahrsam befindlichen Umtausch-Pfandbriefe verwiesen werden.

Breslau, den 22. Februar 1863.   Königliches Kredit-Institut für Schlesien.

(345) **Bekanntmachung.** Es wird hierdurch zur öffentlichen Kenntniß gebracht, daß der concessionirte Markscheider Gäbler mit unserer Genehmigung am 1sten Juli d. J. seinen Wohnsitz von Beuthen O. S. nach Tarnowitz verlegen wird.
Breslau, den 30. Juni 1863.   **Königliches Ober-Bergamt.**

(347) Die Präparanden-Prüfung im Königlichen Seminar zu Steinau a. O. pro 1863 wird hiermit **auf Mittwoch den 26sten, Donnerstag den 27sten und Freitag den 28sten August** anberaumt, und zur persönlichen Meldung der Prüflinge beim unterzeichneten Director **Dienstag, der 25ste August, Nachmittag 5 Uhr,** bestimmt.

Bei der, der persönlichen Meldung vorausgehenden schriftlichen Meldung, welche bis zum 16ten August c. erfolgen muß, sind nachstehende Zeugnisse einzureichen:

1) ein Taufzeugniß des Präparanden;
2) ein Führungs-Attest von dem Ortspfarrer seines dermaligen und, wenn er binnen Jahresfrist noch anderswo wohnhaft gewesen sein sollte, seines vormaligen Aufenthalts-Ortes ausgestellt;
3) ein Zeugniß über die zur Aufnahme ins Seminar erhaltene Vorbildung von dem Präparandenbildner;
4) ein Zeugniß über die Leistungen und Befähigung des Präparanden bei der mit demselben vom Superintendenten der Diöcese abgehaltenen Prüfung;
5) ein in Gemäßheit des Rescripts vom 11ten Mai 1840 (Ministerialblatt 1840 Seite 231) ausgestelltes Gesundheitsattest, nebst einem demselben beigelegten Scheine über die innerhalb der letzten zwei Jahre mit Erfolg wiederholte Impfung. — Atteste, welche nicht von dem Königlichen Kreis-Physicus ausgestellt sind, werden als ungültig angesehen;
6) eine schriftliche, von der Ortsbehörde beglaubigte Erklärung der Eltern, Vormünder oder Pfleger, daß dieselben oder sonstige Verwandte im Stande und gewillt sind, für den aufzunehmenden Zögling sogleich bei seinem Eintritt in die Anstalt 23 Thlr. Kostgeld und eine gleiche Summe am Beginn eines jeden der beiden folgenden Jahre zu erlegen, wie auch alle übrigen Unterhaltungskosten auf dasselben während seines Aufenthalts im Seminar zu verwenden;
7) ein Lebenslauf mit Angabe der Gründe des Entschlusses sich dem Schullehrerstande zu widmen.

Auf dem Titelblatte dieser Lebensbeschreibung ist kurz anzugeben:
a. der Tauf- und Familienname des Präparanden;
b. das Alter und der Geburtsort, nebst Angabe des Kreises, in welchem derselbe liegt;
c. Stand, Beruf und Wohnort des Vaters, und ob die Eltern noch am Leben sind;
d. bei wem sich der Präparand, Behufs seiner Vorbildung für das Seminar, zuletzt aufgehalten hat;
e. ob er der polnischen Sprache mächtig ist;
f. wie oft und wo derselbe an Präparanden-Prüfungen Theil genommen.

Von der letzten derselben ist, falls sie nicht am hiesigen Seminar stattgefunden hat, das Zeugniß über den Ausfall beizulegen.

Vor der Zulassung zur Prüfung wird jeder Präparand auch noch von dem hiesigen Anstalts-Arzte untersucht werden.

Die Präparanden müssen bis zum Tage der Prüfung das 17te Lebensjahr vollendet und das 20ste noch nicht überschritten haben.   Steinau a. O., den 24. Juni 1863.
                                                     Der Seminar-Director. Jungklaaß.

(348) Von den H. H. Aerzten hiesigen Regierungs-Bezirks sind für die Hufeland'sche Stiftung zur Unterstützung nothleidender Aerzte und deren Wittwen an Beiträgen für das Jahr 1862 gezahlt worden: aus dem Kreise Beuthen 20 Thlr., aus dem Kreise Cosel 6 Thlr., aus dem Kreise Kreuzburg 4 Thlr., aus dem Kreise Falkenberg 8 Thlr., aus dem Kreise Grottkau 8 Thlr., aus dem Kreise Leobschütz 18 Thlr., aus dem Kreise Lublinitz 9 Thlr., aus dem Kreise Neisse 18 Thlr., aus dem Kreise Neustadt 3 Thlr., aus dem Kreise Oppeln 15 Thlr., aus dem Kreise Pleß 8 Thlr., aus dem Kreise Ratibor 10 Thlr., aus dem Kreise Rosenberg 9 Thlr., aus dem Kreise Rybnik 5 Thlr., aus dem Kreise Groß-Strehlitz 12 Thlr., aus dem Kreise Tost-Gleiwitz 7 Thlr.

Diese 160 Thlr. sind von dem Unterzeichneten an das Directorium der Stiftung gesendet worden, wovon die geehrten Mitglieder hiermit benachrichtigt werden. Ebensoviel ist im Jahre 1862 und bis dato an Unterstützungen aus dem betreffenden Fonds an Aerzte des hiesigen Regierungsbezirks und deren

Wittwen vertheilt worden. Oppeln, den 4. Juli 1863.

Dr. Eitner, Regierungs-Medicinal-Rath.

Personal-Chronik.

(345) Des Königs Majestät haben den seitherigen Landrathsamtsverweser, Kreisdeputirten von Studnitz zum Landrathe des Kreises Rosenberg Allergnädigst zu ernennen geruht.

Dem jüdischen Privatlehrer Riesenfeld in Laurahütte ist die jederzeit widerrufliche Erlaubniß zur Errichtung einer jüdischen Privat-Elementarschule in Laurahütte nebst den Ortschaften Siemianowitz, Sodzawka und Georgenhütte ertheilt worden.

Gestorben: der Regierungs-Supernumerar Moroni.

(346)   Personal-Veränderungen
im Departement des Königlichen Appellations-Gerichts zu Ratibor pro Monat Juni 1863.
A. Bei dem Appellations-Gericht.

Ernannt: der Kreis-Gerichts-Rath von Gliszczynski aus Görlitz zum Appellations-Gerichts-Rath vom 1sten October d. J. ab; die Auscultatoren Carl Gemänder und Emil Victor Carl Larisch zu Appellations-Gerichts-Referendarien.

Versetzt: der Auscultator von Blacha aus dem Departement des Königlichen Appellationsgerichts Breslau und der Auscultator Feuerstack aus dem Departement des Königlichen Appellationsgerichts Halberstadt in das diesseitige Departement.

Ausgeschieden: die Referendarien Stiegert, Pickart und Kablert Behufs Uebertritts in das Departement des Königlichen Appellationsgerichts Breslau und der Referendarius Gottwald zufolge seines Antrages.

B. Bei den Kreis-Gerichten.
I. Bei dem Kreis-Gericht zu Cosel.

Ernannt: der Gerichts-Assessor Freiherr van Kittlitz aus Bolkenhayn zum Kreisrichter.

Versetzt: der Kreisrichter Kneusel an das Kreisgericht Leobschütz.

II. Bei dem Kreis-Gericht zu Gleiwitz.

Versetzt: der Rechtsanwalt und Notar Oehr von Gleiwitz in gleicher Eigenschaft an das Stadtgericht zu Breslau.

III. Bei dem Kreis-Gericht Ratibor.

Ernannt: der Gerichts-Assessor Erbs aus Neisse zum Kreisrichter mit der Funktion als Gerichts-Commissarius in Hultschin.

IV. Bei dem Kreis-Gericht Rybnik.

Gestorben: der Bote, Executor und Gefangenwärter Grün zu Loslau.

V. Bei dem Kreis-Gericht Groß-Strehlitz.

Ernannt: der Gerichts-Assessor Keller aus Linz zum Kreisrichter.

Amts-Blatt
der Königlichen Regierung zu Oppeln.

Stück 29. Oppeln, den 16. Juli **1863.**

Allgemeine Gesetz-Sammlung.
(350) Das 23ste Stück der Gesetz-Sammlung enthält unter
Nr. 5731. Das Gesetz für die Hohenzollernschen Lande, betreffend die Gewährleistung bei einigen Arten von Hausthieren. Vom 5ten Juni 1863.
Nr. 5732. Den Vertrag über den Beitritt der Herzoglichen Regierung von Sachsen-Koburg und Gotha für das Herzogthum Koburg zum Süddeutschen Münzvereine. Vom 9ten Januar 1863; und
Nr. 5733. Das Privilegium wegen Ausgabe auf jeden Inhaber lautender Obligationen der Stadt Jauer zum Betrage von 50,000 Thlrn. Vom 27sten Mai 1863.

Bekanntmachungen der höchsten Staats-Behörden.
(279) **Bekanntmachung**
wegen Ausreichung neuer Zinscoupons Ser. II. und Talons zu den Schuldverschreibungen der 5procentigen Preußischen Staats-Anleihe von 1859.

Die den Zeitraum vom 1sten Juli 1863 bis 30sten Juni 1867 umfassenden Zinscoupons Ser. II. nebst Talons zu den Schuldverschreibungen der fünfprocentigen Staats-Anleihe von 1859 wird die Controle der Staatspapiere hierselbst, Oranienstraße Nr. 92, vom 1sten Juni d. J. ab von 9 bis 1 Uhr Vormittags, mit Ausnahme der Sonn- und Festtage und der drei letzten Tage jedes Monats, ausreichen.

Dieselben können bei der gedachten Controle selbst in Empfang genommen, oder durch Vermittlung der Königlichen Regierungs-Hauptcassen bezogen werden.

Wer das Erstere wünscht, hat die mit der ersten Coupon-Serie ausgegebenen Talons vom 11ten Juni 1859 mittelst eines Verzeichnisses, zu welchem Formulare bei der Controle und in Hamburg bei dem Preußischen Ober-Postamte unentgeltlich zu haben sind, bei der Controle der Staatspapiere persönlich oder durch einen Beauftragten abzugeben. Genügt dem Einreicher eine nummerirte Marke als Empfangs-Bescheinigung, so ist das erwähnte Verzeichniß nur einfach einzureichen, wogegen dasselbe von denen, welche eine schriftliche Bescheinigung über die Abgabe der Talons zu erhalten wünschen, doppelt abzugeben ist. Es erhalten Letztere das eine Exemplar des Verzeichnisses mit einer schriftlichen Empfangs-Bescheinigung versehen sofort zurück.

Die Marke oder Empfangs-Bescheinigung ist bei der Aushändigung der neuen Coupons zurückzugeben.

In Schriftwechsel hierüber kann sich die Controle der Staatspapiere nicht einlassen.

Wer die Talons vom 11ten Juni 1859 zur Erlangung neuer Coupons und Talons nicht selbst oder durch einen Anderen bei der Controle abgeben will, hat sie mit einem doppelten Verzeichnisse an die nächste Regierungs-Hauptcasse einzureichen. Derselbe wird das eine Exemplar des Verzeichnisses mit einer Empfangs-Bescheinigung versehen sogleich zurückerhalten, welches demnächst bei Aushändigung der Coupons wieder abzuliefern ist.

Formulare zu diesen letztern Verzeichnissen sind bei den Regierungs-Hauptcassen und den von den Königlichen Regierungen in den Amtsblättern zu bezeichnenden Cassen unentgeltlich zu haben.

Des Einreichens der Schuldverschreibungen selbst bedarf es zur Erlangung neuer Coupons und Talons nur dann, wenn die betreffenden älteren Talons abhanden gekommen sind.

Die Documente sind in diesem Falle an eine Regierungs-Hauptcasse oder an die Controle der Staatspapiere mittelst besonderer Eingabe einzureichen.

Die Beförderung der Talons oder resp. der Schuldverschreibungen an die Regierungs-Hauptcasse (nicht an die Controle der Staatspapiere) erfolgt durch die Post bis zum 1sten Februar l. J. portofrei, wenn auf dem Couverte bemerkt ist:

„Talons (resp. Schuldverschreibungen) zu . . . . . . Thlr. der 5procentigen Staats-Anleihe von 1859 zum Empfange neuer Coupons."

Mit dem 1sten Februar k. J. hört die Portofreiheit auf. Es werden nach dieser Zeit die neuen Coupons, nebst Talons den Einsendern auf ihre Kosten zugesandt.

Für solche Sendungen, die von Orten eingehen oder nach Orten bestimmt sind, welche außerhalb des Preußischen Postbezirks, aber innerhalb des deutschen Postvereinsgebiets liegen, kann eine Befreiung vom Porto nach Maaßgabe der Vereinsbestimmungen nicht stattfinden. Berlin, den 18. Mai 1863.

Haupt-Verwaltung der Staatsschulden.
von Wedell. Gamet. Meinecke.

Vorstehende Bekanntmachung wird mit dem Bemerken zur öffentlichen Kenntniß gebracht, daß Formulare zu den Verzeichnissen auch bei den Königlichen Kreis-Steuer-Cassen und bei den Haupt-Zoll-Aemtern zu Landsberg D. S. und Myslowitz unentgeltlich zu haben sind.

Oppeln, den 28. Mai 1863.   Königliche Regierung.

Bekanntmachungen der Königlichen Regierung.

(355) Es ist von Landespolizeiwegen genehmigt worden, daß dem, von dem Dominium Deutsch-Würbitz im Creutzburger Kreise auf seiner Feldmark neu zu erbauenden Vorwerke der Name „Wald-Vorwerk" beigelegt werde. Oppeln, den 30. Juni 1863.

(356) Unter Bezugnahme auf die Amtsblattbekanntmachung vom 21sten v. M. bringen wir hiermit zur öffentlichen Kenntniß, daß amtlichen Nachrichten zu Folge die Rinderpest im Königreiche Polen auch in der ungefähr ¾ Meilen von der Landesgrenze und in der Nähe der Ortschaft Cpukow belegenen Stadt Koczieglowy ausgebrochen ist, das Auftreten der Seuche in dem früher als inficirt bezeichneten Orte Niesbara sich jedoch nicht bestätigt hat. Während daher die in der Amtsblattbekanntmachung vom 21sten v. M. angeordneten Verkehrs-Beschränkungen auf die Ortschaft Niesbara keine Anwendung mehr finden, treten dieselben für Koczieglowy in volle Kraft, so daß jeder Verkehr mit dem letztgedachten Orte, sowie mit Cpukow hiermit unbedingt untersagt wird.

Oppeln, den 9. Juli 1863.

Bekanntmachung, die höhere Bürgerschule in Creuzburg betreffend.

(357) Die seit dem 1sten October 1860 ins Leben getretene höhere Bürgerschule zu Creuzburg ist durch Erlaß des Herrn Ministers der geistlichen, Unterrichts- und Medicinal-Angelegenheiten vom 23sten Januar d. J. (U. 861)

„als höhere Bürgerschule im Sinne des Reglements vom 6ten October 1859" definitiv anerkannt worden. Es umfaßt diese Schule fünf Klassen, welche den fünf unteren Klassen einer vollständigen Realschule entsprechen. Das in derselben erworbene Zeugniß der Reife gewährt außer dem Rechte auf Zulassung zum einjährigen Militairdienste noch folgende Vortheile:

1) Zulassung zum Studium der Thierheilkunde als Civil-Eleve der Königlichen Thierarzneischule in Berlin;
2) zum Bureaudienst bei der Bergwerksverwaltung;
3) ein Zeugniß aus Secunda befähigt zur Aufnahme in die obere Abtheilung der Königlichen Gärtnerlehranstalt zu Potsdam, desgleichen
4) in das Königliche Musikinstitut in Berlin.

In den für die Vorbildung der Apothekerlehrlinge erlassenen Bestimmungen sind die Realschulen, auf denen das Lateinische ein obligatorischer Lehrgegenstand ist, den Gymnasien gleich gestellt.

Endlich befähigen die Zeugnisse aus den mittleren Klassen zur Aufnahme auf die Berg- und Provinzial-Gewerbe-Schulen, zum Subalterndienst bei verschiedenen Unterbehörden &c. —

Die städtischen Behörden in Creuzburg beabsichtigen, diese Anstalt später bei gesteigerter Frequenz zu einer Realschule höherer Ordnung zu erweitern.

Wir bringen das Vorstehende hierdurch zur öffentlichen Kenntniß.

Oppeln, den 18. Juni 1863.

(360) Bei der Ausarbeitung der Arzneitaxe pro 1863 ist zur Feststellung des Preises von Unguentum Zinci statt Unguenium rosatum irrthümlich Adeps suillus in Rechnung gebracht worden und hieraus eine unrichtige Preisbestimmung entstanden.

Im Auftrage des Herrn Ministers der geistlichen, Unterrichts- und Medizinal-Angelegenheiten brin-

— 145 —

gen wir zur öffentlichen Kenntniß, daß es Seite 42 Zeile 22 und 23 der Arzneitaxe pro 1863 statt:
Unguentum Zinci 1 Drachme . . . — Sgr. 5 Pf.,
1 Unze . . . 2 Sgr. 8 Pf.,
heißen muß:
Unguentum Zinci 1 Drachme . . . — Sgr. 8 Pf.,
1 Unze . . . 4 Sgr. 4 Pf.
Oppeln, den 10. Juli 1863.

Bekanntmachungen verschiedener Behörden.

(351) **Uebersicht**
der Verwaltungs-Resultate bei der allgemeinen Unterstützungs-Anstalt für evangelische Schullehrer-Wittwen und Waisen in der Provinz Schlesien pro 1862.

Die Anstalt zählte am Schlusse des Jahres 1862 überhaupt 2528 Mitglieder, und zwar 2473 Mitglieder mit vollen Beiträgen zu 2⅔ Thlr., und 55 Mitglieder mit halben Beiträgen zu 1⅓ Thlr.

Pensionsberechtigte Wittwen und Waisen waren am Schlusse des Jahres 1862 überhaupt 522 vorhanden, und zwar:

332 Wittwen ohne Kinder mit ganzen Pensionsraten				à 20 Thlr.,
24	dto.	dto.	auf ½ Jahr	à 10 "
114 Wittwen mit Kindern mit ganzen Pensionsraten				à 20 "
16	dto.	dto.	auf ½ Jahr	à 10 "
13 Waisen mit ganzen Pensionsraten				à 20 "
4	dto.	dto.	auf ½ Jahr	à 10 "
17 Waisen mit halben Pensionsraten				à 10 "
2	dto.	dto.	auf ½ Jahr	à 5 "

i. e. 522

Die Einnahme der Casse betrug:

Tit.			Thlr.	Sgr.	Pf.
I.	An Zinsen von Capitalien		5875	24	6
II.	An Kirchen-Collecten-Geldern		639	8	5
III.	An Antritts-Geldern		132	—	—
IV.	An Extra Beiträgen		6668	—	—
V.	An Strafgeldern		1	5	—
VI.	An Alters-Differenz-Quote		145	—	—
VII.	An Geschenken und Vermächtnissen		7010	6	—
VIII.	An zurückgezahlten und neu angelegten Capitalien		13700	—	—
IX.	Ad Extraordinaria		—	—	—
		Summa..	34171	13	11

Hierzu:
A.	Bestand aus vorigem Jahre	1727	—	1
B.	An eingegangenen Resten	81	20	—

Summa aller Einnahme.. 35980 Thlr. 4 Sgr. — Pf.

Die Ausgabe beträgt:

Tit.			Thlr.	Sgr.	Pf.
I.	An Verwaltungskosten		246	6	8
II.	An Pensionen		9790	—	—
III.	An Testaments-Legatare		35	—	—
IV.	An zurückgezahlten und neu angelegten Capitalien		23865	—	—
V.	Insgemein		—	—	—
		Summa..	33936	6	8

Hierzu:
An Resten .... — — —

Summa aller Ausgabe.. 33936 Thlr. 6 Sgr. 8 Pf.

Balance:
Die Gesammt-Einnahme beträgt .... 35980 Thlr. 4 Sgr. — Pf.
Die Gesammt-Ausgabe beträgt .... 33936 , 6 , 8 ,
Mithin bleibt baarer Bestand.. 2043 Thlr. 27 Sgr. 4 Pf.
Das Vermögen der Anstalt bestand:
1) In baarem Gelde....................... 2043 , 27 , — ,
2) In den angelegten Capitalien a. in Pfandbriefen..151800 , — , — ,
    b. in Hypothek. à 5% 12000 , — , — ,
3) In Resten .... 118 , 10 , — ,
Mithin überhaupt in ..165962 Thlr. 7 Sgr. 4 Pf.

Vorstehende Uebersicht wird in Gemäßheit der Bestimmung des §. 42 des Reglements der Anstalt hiermit zur öffentlichen Kenntniß gebracht. Breslau, den 30. Juni 1863.
Königliche Regierung. Abtheilung für Kirchen- und Schulwesen.

(352) In dem Bezirke der hiesigen Ober-Post-Direction sind öfter Landbriefträger-, Postfußboten-, Packetträger- und sonstige contractliche Postdienst-Stellen, mit denen jährliche Löhnungen bis 150 Thaler verbunden sind, zu besetzen.

Versorgungsberechtigte Militair-Personen werden aufgefordert, sich, sofern sie bereit sind, eine derartige Dienststelle zu übernehmen, dieserhalb bei der Postanstalt ihres Wohnortes oder bei der ihrem Wohnorte zunächst belegenen Postanstalt zu melden. Außer den ihren Versorgungs-Anspruch begründenden Militair-Papieren haben sie bei ihrer Meldung auch alle über ihre Führung sprechenden Zeugnisse, insbesondere auch ein obrigkeitliches Attest beizubringen, welches über ihre Führung bis auf die neueste Zeit, d. i. bis zum Termine der Bewerbung überzeugenden Aufschluß giebt.

Der Bewerber muß deutsch und polnisch lesen und schreiben können, auch im Rechnen einige Fertigkeit haben und eine Dienst-Caution von 50 Thalern in Staatspapieren sogleich beim Antritt der Dienststelle erlegen können.

Durch die Annahme einer derartigen contractlichen Stelle begeben sich übrigens die zur Versorgung berechtigten Militair-Invaliden nicht ihrer Ansprüche auf eine spätere Anstellung als Post-Unterbeamte.
Oppeln, den 6. Juli 1863. Königliche Ober-Post-Direction.

(354) Reise- und Geschäfts-Plan
für das Departements-Ersatz-Geschäft im Bereich der 24sten Infanterie-Brigade pro 1863.

Montag, den 31sten August, Reise von Groß-Strehlitz; Dienstag, den 1sten September, Aushebung daselbst; Mittwoch, den 2ten September, Reise nach Kattowitz; Donnerstag, den 3ten September, Aushebung daselbst und Reise nach Beuthen; Freitag und Sonnabend, den 4ten und 5ten September, Aushebung daselbst; Sonntag, den 6ten September, Reise nach Lublinitz; Montag, den 7ten September, Aushebung in Lublinitz; Dienstag, den 8ten September Reise nach Rosenberg; Mittwoch, den 9ten September, Aushebung in Rosenberg und Reise nach Creutzburg; Donnerstag, den 10ten September, Aushebung in Creutzburg; Freitag, den 11ten September Reise nach Carlsruhe; Sonnabend, den 12ten September, Aushebung in Carlsruhe; Sonntag, den 13ten September, Reise nach Oppeln; Montag und Dienstag, den 14ten und 15ten September, Aushebung in Oppeln; Mittwoch, den 16ten September, Reise nach Falkenberg; Donnerstag, den 17ten September, Aushebung in Falkenberg und Reise nach Grottkau; Freitag, den 18ten September, Aushebung in Grottkau; Sonnabend, den 19ten September, Reise nach Patschkau; Sonntag, den 20sten September, Ruhe; Montag, den 21sten September, Aushebung in Patschkau; Dienstag, den 22sten September, Reise nach Neisse, Mittwoch und Donnerstag, den 23sten und 24sten September, Aushebung in Neisse; Freitag, den 25sten September, Rückreise nach Oppeln.

Vorstehender Reise- und Geschäftsplan wird auf Grund des §. 74 ad 4 der Militair-Ersatz-Instruction vom 9ten December 1858 hiermit zur öffentlichen Kenntniß gebracht.

Neisse,
Oppeln, den $\frac{8}{10}$. Juli 1863.

Die Departements-Ersatz-Commission im Bereich der 24. Infanterie-Brigade.
Der Militair-Vorsitzende: Der Civil-Vorsitzende:
Bojanowski, Oberst, beauftragt mit der   Rubloff, Regierungs- und Militair-
Führung der 24. Infanterie-Brigade.   Departementsrath.

(353) Das Dorf Riebnig, Kreis Brieg, ist dem Bestellbezirke der Post-Expedition in Poppelau und das Dorf Zandowitz, Kreis Groß-Strehlitz, dem Bezirke der Post-Expedition in Zawadzki zugetheilt worden. Ferner ist das Dorf Gr.-Zindel, Kreis Brieg, aus dem Bezirke der Post-Expedition in Grottkau in den der neu eingerichteten Post-Expedition in Böhmischdorf (Kreis Brieg) übergegangen.
Oppeln, den 7. Juli 1863. Königliche Ober-Post-Direction

(358) **Bekanntmachung.** Auf Grund des §. 19 des Rentenbank-Gesetzes vom 2ten März 1850, und mit Bezug auf unsere Bekanntmachung vom 16ten December 1852 (Schlesische Zeitung 1852 Nr. 331 und 332, Amtsblatt der Königlichen Regierung zu Breslau pro 1853 Seite 2) bringen wir hierdurch zur öffentlichen Kenntniß, daß außer den dort bezeichneten Feuer-Versicherungs-Gesellschaften auch **die Northern Assurance-Company zu Aberdeen**
(Nordische Feuer- und Lebens-Versicherungs-Gesellschaft)
von uns als solche genehmigt worden ist, bei welcher Versicherungen rentepflichtiger Gebäude gegen Feuersgefahr stattfinden können. Breslau, den 4. Juli 1863.
Königliche Direction der Rentenbank für die Provinz Schlesien.

Personal-Chronik.

(359) Ausgeschieden: der Königliche Oberforstmeister Maron in Folge Versetzung in den Ruhestand.
Eingetreten: der zum Oberforstmeister bei dem hiesigen Regierungs-Collegio Allerhöchsten Orts ernannte bisherige Oberforstbeamte bei der Königlichen Regierung in Danzig v. Wurmb.
Ernannt: der Feldmesser Carl Otto Friedrich Hartmann zu Ratibor zum Vermessungs-Revisor — der Forstaufseher Eduard Bude zu Neu-Kupp zum Königlichen Förster — der Appellations-Gerichts-Referendarius Benno Heymann zum Regierungs-Referendarius.

(349) Personal-Veränderungen
im District des Königlichen Oberbergamts zu Breslau
während des I. Semesters 1863.

Bei dem Oberbergamte ist der Calculator und Oberbergamts-Secretair Karger gestorben und der Oberbergamts-Assistent Kneisel zum Oberbergamts-Secretair ernannt worden. Die Bergexpectanten Broja, Dondorff, Cöster und Paulte sind zu Bergreferendarien, die Hüttenexpectanten Zander, Jagsch und Schlenz zu Hütteneleven, und der Bergexpectant Kunitz ist zum Bergeleven ernannt worden.
In den Revieren. Der Berginspector Kühnemann in Nicolai hat den Amtscharacter „Bergmeister" erhalten.
Bei dem Hüttenamte zu Königshütte. Der Hütteninspector Scharf ist nach Gleiwitz versetzt worden. Der Hütteninspector Wittwer ist von Jedlitze bei Malapane, und der Hüttenmeister Brucauff unter Beförderung in die Klasse der Factoren von Kreuzburgerhütte nach Königshütte versetzt, dem Hüttenmeister Dilla ist der Amtscharacter als Hütteninspector ertheilt; der Productenverwalter Erbrich ist aus dem Amte entlassen und statt seiner der Hüttenamtsassistent Wagner, unter Beförderung zum Secretair, zum Productenverwalter ernannt worden. Ferner ist der Civilanwärter Wolff, nach Entlassung des Assistenten Banz, zum Hüttenamtsassistenten ernannt worden. Dem Hüttenamtsassistenten Kutzer aus Gleiwitz ist die Polizeiverwalterstelle in Königshütte übertragen worden.
Bei dem Hüttenamte zu Gleiwitz. Der Hüttenmeister Liebeneiner ist nach Malapane, der Hütteninspector Schnackenberg nach Jedlitze bei Malapane, und der Hüttenmeister Wachler nach Saynerhütte (im Rheinischen Hauptbergdistrict) versetzt worden; der von Königshütte nach Gleiwitz versetzte Hütteninspector Scharf ist gestorben. Der Hüttenamtsassistent Kutzer ist in Folge der Ernennung zum Polizeiverwalter in Königshütte ausgeschieden.
Bei dem Hüttenamte zu Malapane. Der Hüttenmeister Liebeneiner ist von Gleiwitz nach Malapane und der Hütteninspector Schnackenberg von Gleiwitz nach Jedlitze bei Malapane, dagegen der Hütteninspector Wittwer von Jedlitze nach Königshütte versetzt. Dem bisherigen Registrator Horsella ist die Materialien- und Productenverwaltung in Malapane übertragen worden.
Bei dem Hüttenamte zu Kreuzburgerhütte. Der Hüttenmeister Brucauff ist unter Beförderung in die Klasse der Factoren nach Königshütte versetzt worden.
Breslau, den 2. Juli 1863. Königliches Ober-Bergamt.

Personal-Veränderungen
im Bereich der Königlichen Intendantur des 6ten Armee-Corps.

Befördert: der Intendantur-Assessor Müller zum Intendantur-Rath; die Secretariats-Assistenten Hay und Müller zu überzähligen Intendantur-Secretairen.

Ernannt: der Zahlmeister-Aspirant, Sergeant Kudzielka, zum Intendantur-Secretariats-Assistenten; der Lazareth-Inspector Muche zu Neisse, zum Kasernen-Inspector daselbst; der frühere Telegraphist, Feldwebel Kaufmann, zum Lazareth-Inspector in Breslau.

Versetzt: der Intendantur-Rath Kriele vom 6ten zum 3ten Armee-Corps, als Vorstand der Intendantur der 5ten Division in Frankfurt a. O.; der Intendantur-Assessor Tobisch vom 4ten zum 6ten Armee-Corps; der controleführende Kasernen-Inspector Rothstock von Breslau nach Spandau, und der controleführende Kasernen-Inspector Jaenicke von Potsdam nach Breslau.

Nachweisung
der gewählten und bestätigten Schiedsmänner pro Monat Juni 1863.

Benennung der Ortschaften.	Kreis.	Bezeichnung der Schiedsmänner.
Odersch, Schreibersdorf, Schlausewitz, Wrbkau.	Ratibor	Gemeindeschreiber Theodor Sylvester zu Odersch.
Althammer	Gleiwitz	Bäckermeister August Klein zu Kieferstädtel.
Altewalde	Neisse	Erbscholtiseibesitzer Joseph Glatzel zu Altewalde.
Groß- und Klein-Gorritz, Kraskowitz und Uchilsko	Ratibor	Schullehrer Grzegorczyk in Belschnitz.
Adamowitz, Bogunitz, Raschütz und Schymotzy	dto.	Schullehrer Herrmann zu Raschütz.
Laffocki, Slawikau, Czerwentzütz und Grzegorzowitz-Slawikau	dto.	Häusler Carl Rzodecko zu Laffocki.
Gammau, Ponientzütz, Rudnik, Schonowitz und Silberkopf	o.	Schullehrer Anton Jauernik zu Rudnik.
Boronow, Dembowagora, Lissagura und Riemen	Lublinitz	Schullehrer Lorenz Ohl aus Boronow.
Sonnenberg	Falkenberg	Freigärtner Joseph Muche zu Sonnenberg.
Slupsko	Gleiwitz	Schullehrer Victor Pigulla zu Pontschowitz.

Redaction des Amtsblatts im Regierungs-Gebäude. — Druck von E. Weilshäuser in Oppeln.

Amts-Blatt
der Königlichen Regierung zu Oppeln.

Stück 30.   Oppeln, den 23. Juli   **1863.**

Allgemeine Gesetz-Sammlung.

(370) Das 24ste Stück der Gesetzsammlung enthält unter:

Nr. 5734. Das Gesetz, betreffend die Bewilligung einer Beihülfe von 200,000 Thlr. für die Anlage einer Eisenbahnverbindung von der Bergisch-Märkischen Eisenbahn bei Rittershausen nach Lennep und Remscheid. Vom 5ten Juni 1863;

Nr. 5735. Das Gesetz, betreffend die Abänderung des §. 13 des Gesetzes über die Besteuerung der Bergwerke vom 12ten Mai 1851. Vom 17ten Juni 1863;

Nr. 5736. Die Verordnung, betreffend die Verhütung des Zusammenstoßens der Schiffe auf See. Vom 23sten Juni 1863;

Nr. 5737. Das Privilegium wegen Ausfertigung auf den Inhaber lautender Kreis-Obligationen des Lübbecker Kreises, im Betrage von 50,000 Thlr. Vom 10ten Juni 1863.

Bekanntmachungen der Königlichen Regierung.

(365) In der mit dem 1sten d. Mts. in Kraft getretenen Arzneitaxe, sind die für Decocte, Gelatineu und Infusionen ausgeworfenen Arbeitspreise mit Rücksicht auf die Bereitung in dem Dampf-Apparat berechnet worden.

Sämmtliche Apothekenbesitzer müssen daher, nach wie vor, mit den erforderlichen Dampfvorrichtungen zur Bereitung der Extracte und ätherischen Oele versehen sein, und haben sich bei der Bereitung der Decocte, Decocta-Infusa und Infusa nach der in unserer Amtsblatts-Verfügung vom 19ten Mai 1847 (Stück 22 Seite 135 pro 1847) gegebenen Instruction zu achten.

Oppeln, den 11. Juli 1863.

(372) Von dem Herrn Ober-Präsidenten der Provinz Schlesien ist nach erfolgter Zustimmung der Interessenten, auf Grund des §. 1 alin. 4 des Gesetzes vom 14ten April 1856 genehmigt worden, daß die Colonie Krastowitz, Kreis Ratibor, mit dem Gemeindebezirk Groß-Gorzütz vereinigt werde.

Oppeln, den 13. Juli 1863.

(362) Dem Julius Boeddinghaus (in Firma H. Boeddinghaus u. Söhne) in Elberfeld ist unter dem 10ten Juli 1863 ein Patent

auf eine verbesserte Garndruckmaschine in der durch Zeichnung und Beschreibung nachgewiesenen Zusammensetzung, ohne Jemand in der Benutzung bekannter Theile zu beschränken,

auf fünf Jahre, von jenem Tage an gerechnet, und für den Umfang des preußischen Staats ertheilt worden. Oppeln, den 23. Juli 1863.

(363) Dem Herrn H. von Rath zu Lauersfort bei Crefeld ist unter dem 11ten Juli 1863 ein Patent

auf einen durch Zeichnung und Beschreibung nachgewiesenen, in seiner Zusammensetzung für neu und eigenthümlich erkannten, sogenannten Gleisenschlichter für Feldwege, ohne Andere in der Anwendung der bekannten Theile zu beschränken,

auf fünf Jahre, von jenem Tage an gerechnet und für den Umfang des preußischen Staats ertheilt worden. Oppeln, den 23. Juli 1863.

(368) Nach:
über den Geschäfts-Betrieb und die Resultate der Spar-Cassen

Laufende Nummer.	1. Namen der Städte resp. Kreise.	2. Zeit der Einrichtung der Spar-Casse.	3. Der Einlagen a. Minimum. Thlr.	b. Maximum. Thlr.	4. Betrag der Einlagen am Schlusse des Jahres 1861. thlr. sgr. pf.	5. Zuwachs des Jahrs a. durch neue Einlagen. thlr. sgr. pf.
1	Stadt Creuzburg	1. Januar 1844.	½	24	4002 2 4	3157 29 4
2	= Grottkau	6. Juni 1841.	1	200	14716 1 —	4236 1 8
3	= Leobschütz	1. Januar 1854.	1	100	1867 22 7	787 4 —
4	= Neisse	1. Juli 1824.	1	400	306820 22 9	105176 11 4
5	= Neustadt	16. December 1841.	1	100	10081 21 8	1876 5 6
6	= Oppeln	14. Juli 1844.	1	300	8514 2 10	2937 9 3
7	= Patschkau	1. Mai 1852.	1	200	18969 5 9	10310 28 3
8	= Ratibor	1. Juli 1845.	½	200	28640 21 10	10706 3 8
9	Kreis Creuzburg	10. December 1855.	½	200	6780 5 4	5321 13 7
10	= Beuthen	1. October 1858.	1	200	7830 — —	6972 8 8
11	= Grottkau	30. April 1856.	1½	650	5450 29 6	2385 2 1
12	= Leobschütz	1. April 1856.	1	335	4348 23 8	1684 23 9
13	= Lublinitz	21. October 1857.	½	1000	6446 18 5	6231 21 7
14	= Neustadt	3. December 1855.	1⅙	133	639 16 8	333 4 2
15	= Rosenberg	1. Januar 1857.	½	200	4619 21 —	3233 27 —
16	= Groß-Strehlitz	4. November 1857.	½	200	4519 22 6	2532 26 —
17	= Pleß	1. März 1860.	½	200	2014 5 9	3936 10 6
18	= Rybnik	1. April 1859.	⅓	100	4076 21 9	1294 17 5
19	Dorf Kattowitz, Kreis Beuthen	15. October 1844.	⅓	unbeschränkt	9401 19 11	3505 14 7
20	Marktflecken Carlsruhe, Kreis Oppeln	1. Februar 1859.	½	100	2243 21 1	1231 22 —
	Summa	—	—	—	451954 8 9	177851 14 4

Oppeln, den 27. April 1863.

Bemerkung ad lfde. Nr. 14.
Der Betrag der Einlagen am Schlusse des Jahres 1861 war in der vorjährigen Nachweisung durch ein Versehen des betreffenden Sparcassen-Rendanten, irrthümlich mit 609 Thlr. 26 Sgr. 11 Pf., statt mit 639 Thlr. 18 Sgr. 8 Pf. angegeben.
Die Sparcasse in Siemianowitz, Kreis Beuthen, (Nr. 20 der vorjährigen Nachweisung) ist aufgelöst.

Bekanntmachungen des Königlichen Appellations-Gerichts zu Ratibor.

(367) Mit Bezug auf unsere Bekanntmachung vom 9ten Mai d. J. (Extraordinaire Beilage zum Oppelner Regierungs-Amtsblatte pro 1863 Stück 26) ad VI. machen wir ferner bekannt, daß die zum Schiedsmannsbezirk Nr. 24, Kreis Grottkau, gehörige Ortschaft Friedewalde von diesem Bezirk losgetrennt worden ist und nunmehr einen selbstständigen Bezirk unter Nr. 16 bildet.
Dem neuen Bezirke Nr. 16 wird der Bezirk Nr. 23 (Falkenau und Kroschen) substituirt, wogegen das gegenseitige Substitutions-Verhältniß zwischen den Bezirken Nr. 23 und Nr. 24 bestehen bleibt.
Ratibor, den 13. Juli 1863.

weisung
in dem Regierungs-Bezirk Oppeln, Provinz Schlesien, für das Jahr 1862.

während des 1862. b. durch Zuschreibung v. Zinsen.			6. Ausgabe im Jahre 1862 für zurückgenommene Einlagen.			7. Betrag der Einlagen nach dem letzten Abschlusse 1862.			8. Bestand der Separat- oder Spar-Fonds.			9. Zinsen, welche die Anstalt gewährt.	10. Zinsen, welche die Anstalt bei ausgeliehenen Capitalien erhält.	11. Bestand des Reserve-Fonds.			12. Von dem Vermögen der Spar-Casse (Colonne 7, 8 und 11) sind zinsbar angelegt. Ueberhaupt.		
tlr.	sgr.	pf.	tlr.	sgr.	pf.	tlr.	sgr.	pf.	tlr.	sgr.	pf.	%	%	tlr.	sgr.	pf.	tlr.	sgr.	pf.
137	15	—	1411	10	10	5856	5	10	—	—	—	3⅓	5⅙	319	22	10	4574	8	4
481	22	5	3465	2	1	15968	23	—	—	—	—	3⅓	4½	1682	29	10	15552	29	—
32	18	6	703	27	—	1983	18	1	7	8	—	3⅓	4¹/₁₀	198	11	4	2270	—	—
9659	22	3	73526	1	4	348130	25	—	—	—	—	3⅓	4	15738	23	10	336925	6	1
323	28	3	2037	17	9	10241	7	8	—	—	—	3½	4½	1615	3	7	11570	—	—
189	27	11	1722	—	7	9919	9	5	—	—	—	3	3½—4	1264	26	4	10650	—	—
252	25	—	6799	—	2	22733	28	10	1322	29	2	3⅓	5	1495	3	10	21032	21	4
799	23	7	7604	24	11	32541	24	2	—	—	—	3⅓	3½—5	755	9	10	25985	10	—
274	8	8	2476	15	6	9899	12	1	—	—	—	3⅓	5	86	10	3	9280	—	—
293	24	1	2972	28	8	12123	4	6	—	—	—	3⅓	5⅔	—	—	—	11800	—	—
182	16	11	1578	2	10	6440	15	8	—	—	—	3⅓	5	—	—	—	6329	—	—
148	16	10	1119	12	10	5062	21	5	33	14	—	3½	4¼	97	18	6	5090	—	—
249	15	9	2475	15	6	10422	10	3	—	—	—	3⅓	4¾	169	26	10	9677	—	—
21	29	3	126	25	2	867	26	11	49	19	10	3½	4	27	26	11	840	—	—
176	12	—	1494	6	6	6535	23	6	—	—	—	3⅓	5	98	2	8	5940	—	—
101	25	7	1713	26	10	5140	17	3	73	28	8	3⅓	5—6	—	—	—	4142	17	—
119	3	9	483	3	4	5586	16	8	—	—	—	3⅛	4	19	8	5	5510	—	—
128	8	7	1099	13	9	4400	4	—	—	—	—	3⅓	4¾	107	13	11	4369	28	11
338	25	3	1247	3	—	11998	26	9	2010	26	1	3⅓	5	—	—	—	13380	—	—
85	25	6	302	4	—	3259	4	7	66	7	8	3⅓	4½	138	2	3	3100	—	—
13999	5	1	114389	2	7	529415	25	7	3564	13	5	—	—	23815	1	2	508319	—	8

(366) Mit Bezug auf unsere Bekanntmachung vom 9ten Mai d. J. (Extraordinaire Beilage zum Oppelner Regierungs-Amtsblatte pro 1863 Stück 26 ad XII. und XV. machen wir ferner bekannt, daß
1) das gegenseitige Substitutions-Verhältniß der Schiedsmannsbezirke Nr. 35 (Paprotzan und Czielmitz) und Nr. 36 (Zgoin) — Kreis Pleß — aufgehoben, dem Bezirke Nr. 35 der Bezirk Nr. 21 (Urbanowitz ꝛc.) und dem Bezirke Nr. 36 der Bezirk Nr. 9 (Gostin) substituirt worden;
2) die zum Schiedsmannsbezirke Nr. 16, Kreis Rybnik, gehörige Ortschaft Zawada von diesem Bezirke losgetrennt und mit dem Bezirke Nr. 15 (Kokoschütz) vereinigt worden ist.

In dem wechselseitigen Substitutions-Verhältnisse der letzterwähnten beiden Bezirke und in der Vertretung des Bezirks Nr. 8 durch den Bezirk Nr. 16 und des Bezirks Nr. 19 durch den Bezirk Nr. 15 — Kreis Rybnik — sowie in der Vertretung des Bezirks Nr. 9 durch den Bezirk Nr. 39 und in der gegenseitigen Substitution der Bezirke Nr. 21 und Nr. 24 — Kreis Pleß — wird nichts geändert.

Ratibor, den 9. Juli 1863.

(374) Mit Bezug auf unsere Bekanntmachung vom 9ten Mai d. J. (Extraordinaire Beilage zum Oppelner Regierungs-Amtsblatte pro 1863 Stück 26) ad XI. machen wir ferner bekannt, daß die zum Schiedsmannsbezirk Nr. 27, Kreis Oppeln, gehörigen Ortschaften Przyschetz und Wilhelmsberg von diesem Bezirke losgetrennt worden sind und nunmehr einen selbstständigen Bezirk unter Nr. 73 bilden.

Dem neuen Bezirke Nr. 73 wird der Bezirk Nr. 15 (Dorf und Städtel Proskau) substituirt, wogegen das gegenseitige Substitutions-Verhältniß zwischen den Bezirken Nr. 15 und 27 bestehen bleibt.
Ratibor, den 15. Juli 1863.

Bekanntmachungen verschiedener Behörden.

(358) **Bekanntmachung.** Auf Grund des §. 19 des Rentenbank-Gesetzes vom 2ten März 1850, und mit Bezug auf unsere Bekanntmachung vom 19ten December 1852 (Schlesische Zeitung 1852 Nr. 331 und 332, Amtsblatt der Königlichen Regierung zu Breslau pro 1853 Seite 2) bringen wir hierdurch zur öffentlichen Kenntniß, daß außer den dort bezeichneten Feuer-Versicherungs-Gesellschaften auch **die Northern Assurance-Company zu Aberdeen**
(Nordische Feuer- und Lebens-Versicherungs-Gesellschaft)
von uns als solche genehmigt worden ist, bei welcher Versicherungen rentepflichtiger Gebäude gegen Feuersgefahr stattfinden können. Breslau, den 4. Juli 1863.
Königliche Direction der Rentenbank für die Provinz Schlesien.

(369) Es wird hiermit zur öffentlichen Kenntniß gebracht, daß in der Stadt Nicolai eine Salz-Factorei errichtet worden und der Debit bei derselben vom 1sten k. Mts. ab beginnen wird.
Breslau, den 16. Juli 1863. Der Provinzial-Steuer-Director.
In Vertretung: Der Ober-Regierungs-Rath. Reinhard.

(371) Auf Grund des Allerhöchsten Erlasses vom 27sten Mai d. J., welcher also lautet:

Auf Ihren Bericht vom 22sten d. Mts. will Ich Sie hierdurch ermächtigen, die gegenwärtig bestehenden Kur- und Verpflegungskostensätze des Charité-Krankenhauses zu Berlin von 10 Silbergroschen für die dritte und 12 Silbergroschen 6 Pfennige für die zweite Krankenklasse bis zum Eintritt günstigerer Verhältnisse auf resp. 12 Silbergroschen 6 Pfennige und 15 Silbergroschen pro Kopf und Tag zu erhöhen.
Berlin, den 27. Mai 1863. gez. **Wilhelm.**
gegengez. von Mühler.

hat der Herr Minister der geistlichen, Unterrichts- und Medicinal-Angelegenheiten durch Verfügung vom 4ten Juni d. J., bestimmt, daß die Kur- und Verpflegungskosten im hiesigen Charité-Krankenhause nach den erhöhten Sätzen vom 1sten Juli d. J. ab bis auf Weiteres zu berechnen sind.
Dies wird unter Verweisung auf §. 7 des Regulativs vom 7ten September 1830 — Ges. Samml. S. 133 — und die Allerhöchste Cabinets-Ordre vom 17ten April 1846 — Ges. Samml. S. 166 — mit dem Bemerken hierdurch bekannt gemacht, daß von den Kranken zweiter Klasse neben dem Verpflegungssatz von 15 Sgr. die verbrauchten Arzneien, wie bisher, besonders zu bezahlen sind.
Berlin, den 10. Juni 1863. Königliche Charité-Direction.
Vorstehende Bekanntmachung wird hiermit zur öffentlichen Kenntniß gebracht.
Oppeln, den 23. Juni 1863. Königliche Regierung. Abtheilung des Innern.

(375) **Aufkündigung Schlesischer Pfandbriefe.** Die in dem beiliegenden Verzeichnisse aufgeführten Pfandbriefe sollen in dem nächsten Zinstermine, Weihnachten 1863, von der Landschaft eingelöset werden. Wir fordern daher die Inhaber auf, gedachte Pfandbriefe nebst denjenigen Zinscoupons, welche auf einen späteren als den vorbezeichneten Fälligkeitstermin lauten, unverzüglich an uns oder an eine der Fürstenthumslandschaften einzuliefern. Ueber die Einlieferung wird Rekognition ertheilt und diese demnächst im Fälligkeitstermine durch Verausfolgen der Valuta eingelöset werden. Diejenigen Inhaber gekündigter Pfandbriefe, welche dieselben nicht bis zum 1sten September 1863 einliefern, haben zu gewärtigen, daß alsdann diese Pfandbriefe auf ihre Kosten nochmals aufgerufen werden; diejenigen aber, welche weiterhin die Einlieferung der altlandschaftlichen und der Pfandbriefe Littera C. bis zum **1sten Februar 1864,** der Neuen Pfandbriefe bis zum **6ten Februar 1864,** nicht bewirken, haben zu erwarten, daß sie nach Vorschrift der Regulative vom 7ten December 1848 resp. 22sten November 1858 und resp. 11ten Mai 1849 (Ges.-Samml. 1849 Seite 77 resp. 1858 Seite 584 und resp. 1849 Seite 182) mit dem Pfandbriefsrechte und beziehungsweise mit dem Rechte der Specialhypothek präkludirt und mit ihren Ansprüchen auf die bei der Landschaft zu deponirende Valuta verwiesen werden. Breslau, den 15. Juli 1863. Schlesische Generallandschafts-Direction.

Amts-Blatt
der Königlichen Regierung zu Oppeln.

Stück 31. Oppeln, den 30. Juli **1863.**

Bekanntmachungen der höchsten Staats-Behörden.

(302) Bekanntmachung
wegen Ausreichung neuer Zinscoupons Ser. VII. und Talons zu den Neumärkischen Schuldverschreibungen

Die den Zeitraum vom 1sten Juli 1863 bis 30sten Juni 1867 umfassenden Zinscoupons Ser. VII. nebst Talons zu den Neumärkischen Schuldverschreibungen wird die Controle der Staatspapiere hierselbst, Oranienstraße Nr. 92, vom 15ten d. Mts. ab von 9 bis 4 Uhr Vormittags, mit Ausnahme der Sonn- und Festtage und der drei letzten Tage jedes Monats ausreichen.

Dieselben können bei der gedachten Controle selbst in Empfang genommen oder durch Vermittelung der Königlichen Regierungs-Hauptkassen bezogen werden.

Wer das Erstere wünscht, hat die mit der abgelaufenen Coupon-Serie ausgegebenen Talons vom 23sten April 1859 mittelst eines Verzeichnisses, zu welchem Formulare bei der Controle unentgeltlich zu haben sind, bei dieser persönlich oder durch einen Beauftragten abzugeben. Genügt dem Einreicher eine numerirte Marke als Empfangsbescheinigung, so ist das erwähnte Verzeichniß nur einfach einzureichen, wogegen dasselbe von denen, welche eine schriftliche Bescheinigung über die Abgabe der Talons zu erhalten wünschen, doppelt abzugeben ist.

Es erhalten Letztere das eine Exemplar des Verzeichnisses mit einer schriftlichen Empfangsbescheinigung versehen sofort zurück. Die Marke oder Empfangsbescheinigung ist bei der Aushändigung der neuen Coupons zurückzugeben.

In Schriftwechsel hierüber kann sich die Controle der Staatspapiere nicht einlassen.

Wer die Talons vom 23sten April 1859 zur Erlangung neuer Coupons und Talons nicht selbst oder durch einen Anderen bei der Controle abgeben will, hat sie mit einem doppelten Verzeichnisse an die nächste Regierungs-Hauptkasse einzureichen. Derselbe wird das eine Exemplar des Verzeichnisses, mit einer Empfangsbescheinigung versehen, sogleich zurückerhalten, welches demnächst bei Aushändigung der Coupons wieder abzuliefern ist.

Formulare zu diesen letzteren Verzeichnissen sind bei den Regierungs-Hauptkassen und den von den Königlichen Regierungen in den Amtsblättern zu bezeichnenden Kassen unentgeltlich zu haben. Des Einreichens der Schuldverschreibungen selbst bedarf es zur Erlangung neuer Coupons und Talons nur dann, wenn die betreffenden älteren Talons abhanden gekommen sind. Die Documente sind in diesem Falle an eine Regierungs-Hauptkasse oder an die Controle der Staatspapiere mittelst besonderer Eingabe einzureichen.

Die Beförderung der Talons oder resp. der Schuldverschreibungen an die Regierungs-Hauptkasse (nicht an die Controle der Staatspapiere) erfolgt durch die Post bis zum 1sten Februar k. J. portofrei, wenn auf dem Couverte bemerkt ist:

„Talons zu . . . . Thlr. Neumärkischer Schuldverschreibungen (resp. Neumärkische Schuldverschreibungen über . . . . . Thlr.) zum Empfange neuer Coupons."

Mit dem 1sten Februar k. J. hört die Portofreiheit auf. Es werden nach dieser Zeit die neuen Coupons nebst Talons den Einsendern auf ihre Kosten zugesandt.

Für solche Sendungen, die von Orten eingehen oder nach Orten bestimmt sind, welche außerhalb des Preußischen Postbezirks, aber innerhalb des deutschen Postvereinsgebiets liegen, kann eine Befreiung vom Porto nach Maaßgabe der Vereinsbestimmungen nicht stattfinden.

Berlin, den 1. Juni 1863.

Haupt-Verwaltung der Staatsschulden.
von Wedell. Gamet. Meinecke.

Vorstehende Bekanntmachung wird mit dem Bemerken zur öffentlichen Kenntniß gebracht, daß Formulare zu den Verzeichnissen auch bei den Königlichen Kreis-Steuerkassen und bei den Haupt-Zoll-Aemtern zu Landsberg und Myslowitz unentgeltlich zu haben sind.
Oppeln, den 11. Juni 1863.   Königliche Regierung.

Bekanntmachungen des Herrn Ober-Präsidenten.

(385) Der Provinzial Land-Feuer-Societät sind im abgelaufenen ersten Semester 1863 142 Brände, welche an bei ihr versicherten Gebäuden stattgefunden haben, und in deren Folge an Schadenvergütigungen insgesammt 76,009 Thlr. angemeldet resp. liquidirt worden. Zu Deckung dieser Summe und der außerdem verursachten Nebenkosten an Lösch- und anderen Prämien, für Aufnahme und Abschätzung der Brandschäden, für örtliche Prüfung neuer Versicherungs-Anträge, für den Bureau-Aufwand der Kreis-Feuer-Societäts-Directoren und der Kreis-Steuer-Einnehmer in 58 Kreisen der Provinz, so weit die Anrechnung der Zinsen des Reservefonds unzugänglich ist, wird die gegenwärtige Ausschreibung der Assecuranz-Beiträge für das erste Semester c. auf Höhe eines

(1½ fachen) Ein und einhalbfachen Beitragssimplums
hiermit von mir festgesetzt, so daß die Associaten auf jedes Hundert Versicherungssumme
  in der ersten Klasse 1 Sgr.
  in der zweiten Klasse 2 Sgr.
  in der dritten Klasse 4 Sgr.
  in der vierten Klasse 6 Sgr.
  für die Kirchen jedoch blos die Hälfte dieser Sätze,
aufzubringen haben. Der Beitrag für die Versicherung von Fabriken ꝛc. ist dagegen nach den vereinbarten besonderen Vertrags-Bedingungen zu entrichten.

Nach Vorschrift des §. 25 des Feuer-Societäts-Reglements vom 1sten September 1852 wird der 10te September d. J. als der äußerste Termin hiermit festgesetzt, bis zu welchem der ausgeschriebene Beitrag von den Associaten eingezahlt, und von den Ortsvorständen an das betreffende Kreissteueramt abgeliefert sein muß, da nach Ablauf dieses Tages jeder noch rückständige Beitrag ohne weitere Verwarnung executivisch von den Restanten eingezogen werden wird. Diese Endfrist, welche nur für zur besonderen Berücksichtigung geeignete Fälle nachgelassen ist, darf übrigens die Ortsbehörde nicht abhalten, mit der Einziehung der Beiträge alsbald vorzugehen und auf die zeitgemäße Ablieferung derselben mit Umsicht hinzuwirken.

Innerhalb drei Tagen nach Ablauf dieses äußersten Einlieferungstermins haben die Ortsvorstände dem betreffenden Kreis-Steuer-Amte einen Nachweis der Restanten in duplo zu überweisen, weil selbige im Unterlassungsfalle persönlich für den verbliebenen, und von ihnen nicht nachgewiesenen Rückstand in Anspruch genommen werden müßten. Breslau, den 15. Juli 1863.
Der Provinzial-Land-Feuer-Societäts-Director. Schleinitz.

Bekanntmachungen der Königlichen Regierung.

(382) Mittelst Allerhöchster Cabinets-Ordre vom 4ten dieses Monats ist die Versetzung der Stadt Leobschütz aus der dritten in die zweite Gewerbesteuer-Abtheilung vom 1sten Januar 1864 ab, genehmigt worden, was hierdurch zur öffentlichen Kenntniß gebracht wird.
Oppeln, den 23. Juli 1863.

(384) **Belobung.**
Die Hüttenarbeiter Wittek Pawelczyk und Johann Plazek aus Kutzoben im Rosenberger Kreise, haben sich um die Rettung der am 15ten Mai d. J. in dem Hüttenteiche zu Kutzoben verunglückten Musketiere Friedrich Pfitzner und Joseph Stober eifrig und bezüglich des ꝛc. Pfitzner mit Erfolg bemüht.
Für diese menschenfreundliche Handlung wird den obengenannten hiermit eine Belobigung ertheilt.
Oppeln, den 10. Juli 1863.

(389) Von dem Herrn Minister des Innern ist mittelst Rescripts vom 11ten d. M. gemäß §. 2 alinea 4 der Städteordnung vom 30sten Mai 1853 genehmigt worden, daß die von der Kreiscorporation Cosel erworbenen, auf dem sogenannten Wiegschützer Teiche belegenen und seither zu dem Domainen-

Gutsbezirk Cosel gehörigen beiden Parzellen von 2 Morgen 7 ☐Ruthen und 1 Morgen 82☐ Ruthen von dem letztgedachten Bezirke abgetrennt und mit der Gemeinde- Gemarkung der Stadt Cosel vereinigt werden. Oppeln, den 20. Juli 1863.

(390) Der zu Ratibor verstorbene Stadt-Aelteste **Adamowsky** hat in seinem Testamente vom 20/30sten Juni c. dem städtischen Krankenhause daselbst ein Legat von 100 Thlr. zugewendet, was hiermit bekannt gemacht wird. Oppeln, den 28. Juli 1863.

(376) Dem Fabrikbesitzer **R. Mau zu Wüste-Waltersdorf** ist unter dem 17ten Juli 1863 ein Patent
    auf eine, in Zeichnungen, Modellen und Beschreibung dargelegte Vorrichtung an Etagen-Rosten zur Beschickung der einzelnen Rostplätze, ohne Jemand in der Anwendung bekannter Theile zu beschränken,

auf fünf Jahre, von jenem Tage an gerechnet und für den Umfang des preußischen Staats ertheilt worden. Oppeln, den 30. Juli 1863.

(380) Dem Kaufmann **J. H. F. Prillwitz in Berlin** ist unter dem 22sten Juli 1863 ein Patent
    auf eine durch Zeichnungen und Beschreibung nachgewiesene, in ihrer Zusammensetzung für neu und eigenthümlich erkannte mechanische Vorrichtung zum Glätten verzinnter Bleche, ohne Jemand in der Benutzung bekannter Theile zu beschränken,

auf fünf Jahre, von jenem Tage an gerechnet, und für den Umfang des preußischen Staats ertheilt worden. Oppeln, den 30. Juli 1863.

Bekanntmachungen verschiedener Behörden.

(377) In Gemäßheit der Bestimmung des §. 11 des Gesetzes vom 12ten Mai 1851, betreffend die Verhältnisse der Miteigenthümer eines Bergwerks, wird hierdurch bekannt gemacht, daß Frau Major **von Tiele-Winkler zu Miechowitz** als Alleingewerkin der Steinkohlengruben Wilhelmswunsch, Neuer Segen, Zink, Walter, Rumpf, Bitowsky, Honorata und Clara in den Gemeinden Ornontowitz und Orzesche, Kreis Pleß, Regierungsbezirk Oppeln, die Vereinigung dieser Werke zu einem unzertrennlichen Ganzen unter dem Namen „Consolidirte Orzescher Steinkohlengruben", Inhalts der notariellen Urkunde vom 5ten vorigen Monats beschlossen hat, auch diese Vereinigung, als bergwirthschaftlich zulässig, von uns durch Urkunde vom heutigen Tage genehmigt worden ist.

Breslau, den 7. Juli 1863.   **Königliches Oberberg-Amt.**

(378) **Königliche landwirthschaftliche Academie Proskau in Schlesien.**

Verzeichniß

der Vorlesungen, practischen Uebungen und Erläuterungen im Winter-Semester 1863—64.

I. Ueber das Studium und Leben an landwirthschaftlichen Academien, im Anfange des Semesters	Director, Landes-Deconomie-Rath Settegast.
II. Philosophische Propädeutik	
a. Psychologie	Professor Dr. Heinzel.
III. Volkswirthschaftslehre	Regier.-Assessor Beutner.
IV. Landwirthschaftliche Disciplinen:	
1) Landwirthschaftliche Betriebslehre	
2) Schafzucht und Wollkunde	
3) Unterweisung im Classificiren und Zutheilen der Schafe, im Bonitiren und Sortiren der Wolle	Director, Landes-Deconomie-Rath Settegast.
4) Landwirthschaftliches Practicum und Conversatorium	
5) Uebungen im Entwerfen von landwirthschaftlichen Ertragsanschlägen und Wirthschaftsplänen	
6) Allgemeine Thierproductionslehre	Lehrer der Landwirthschaft Walter Funke.
7) Rindviehzucht	
8) Landwirthschaftliche Maschinen- und Geräthekunde	
9) Allgemeiner Acker- und Pflanzenbau	
10) Wiesenbau	Administrat. Leisewitz.
11) Practische landwirthschaftliche Demonstrationen	

12) Pferdezucht.................................) Departements-Thierarzt
13) Schweinezucht................................ Lüthens.
14) Landwirthschaftliche Buchführung .... Rendant Schneider,
15) Gemüse- und Weinbau ....) academischer Gärtner
16) Anleitung zur Verschönerung der Landgüter ... Hannemann.

V. Forstwirthschaftliche Disciplin:
Forsttaxation und Forstbenutzung................Kgl. Oberförster Wagner.

VI. Naturwissenschaftliche Disciplinen:
.1) Unorganische Chemie
2) a. Physik
   b. Meteorologie
3) Analytische Chemie und Uebungen in landwirthschaftlich-chemischen
   Arbeiten im Laboratorium ....) Professor Dr. Kroker.
4) Analytische Chemie, privatim..................Dr. Martini.
5) Anatomie und Physiologie der Pflanzen
6) Oryktognosie und Geognosie .... Professor Dr. Heinzel.
7) Land- und forstwirthschaftliche Insectenkunde.)

VII. Thierheilkunde:
Anatomie und Physiologie der Hausthiere ....Departements-Thierarzt
                                                Lüthens.
VIII. Baukunst:
Landwirthschaftliche Baukunde................... Baumeister Engel.

IX. Mathematische Disciplin:
Mechanik und Maschinenlehre .... Derselbe.

Das Winter-Semester beginnt am 15ten October, das Studien-Honorar beträgt für zwei Jahre 100 Thaler, und kann im Falle der Bedürftigkeit ganz oder zur Hälfte erlassen werden. Nähere Nachrichten über die Academie, deren Einrichtungen und Lehr-Hülfsmittel finden sich in dem Menzel-v. Lengerke'schen landwirthschaftlichen Kalender; auch ist der unterzeichnete Director gern bereit, darüber weitere Auskunft zu ertheilen. Proskau, im Juli 1863.
Der Director Königliche Landes-Oeconomie-Rath Settegast.

(379) Nachstehender Reise- und Geschäfts-Plan für das Departements-Ersatz-Geschäft im Bereich der 24sten Infanterie-Brigade pro 1863:
Freitag, den 31sten Juli und Sonnabend den 1sten August, Aushebung in Neisse; Sonntag, den 2ten August, Reise nach Patschkau; Montag, den 3ten August, Aushebung daselbst; Dienstag, den 4ten August, Reise nach Grottkau; Mittwoch, den 5ten August, Aushebung daselbst; Donnerstag, den 6ten August, Reise nach Falkenberg; Freitag, den 7ten August, Aushebung daselbst und Reise nach Oppeln; Sonnabend den 8ten, Sonntag den 9ten und Montag den 10ten August, Aushebung in Oppeln; Dienstag, den 11ten August, Reise nach Carlsruhe, Mittwoch, den 12ten August, Aushebung daselbst; Donnerstag, den 13ten August, Reise nach Kreuzburg; Freitag, den 14ten August, Aushebung daselbst und Reise nach Rosenberg; Sonnabend, den 15ten August, Aushebung in Rosenberg; Sonntag, den 16ten August, Reise nach Lublinitz; Montag, den 17ten August, Aushebung daselbst; Dienstag, den 18ten August, Reise nach Beuthen; Mittwoch, den 19ten und Donnerstag, den 20sten August, Aushebung daselbst; Freitag, den 21sten August, Reise nach Kattowitz; Sonnabend, den 22sten August, Aushebung daselbst; Sonntag, den 23sten August, Reise nach Groß-Strehlitz; Montag, den 24sten August, Aushebung daselbst; Dienstag, den 25sten August, Rückreise, wird in Gemäßheit des §. 74 ad 4 der Militair-Ersatz-Instruction vom 9ten December 1858 mit dem Bemerken zur öffentlichen Kenntniß gebracht, daß auf höhere Anordnung der unterm 8./10. d. Mts. im Stück 29 Seite 146 des Regierungs-Amtsblattes veröffentlichte Geschäfts-Plan aufgehoben ist.
Oppeln, den 22. Juli 1863.
Neisse,
Die Departements-Ersatz-Commission im Bereich der 24sten Infanterie-Brigade.

(381) Berichtigung.
In unserer Bekanntmachung vom 13ten Juni c. betreffend die 5te Verloosung von schlesischen Pro-

vinzial-Obligationen (Extraordinaire Beilage zum Oppelner Regierungs-Amtsblatt Stück 26 sub Nro. 316 Seite 27) muß es bei den daselbst aufgeführten 500 Stück Litt. B. à 100 Thlr. statt 323 heißen 328.
Breslau, den 18. Juli 1863.
Directorium der Ständischen Provinzial-Darlehns-Casse für Schlesien.

(387) Wir bringen hierdurch zur öffentlichen Kenntniß, daß die Vitriolerzbergwerke Amalie bei Schmelzdorf, Caroline bei Beigwitz und Emilie bei Arnsdorf, Kreis Neisse, sowie das Braunkohlenbergwerk Theodor-Albertine bei Bowallno, Kreis Oppeln, wegen unterlassener Rezeßgeldzahlung in das landesherrliche Freie gefallen sind. Breslau, den 22. Juli 1863. Königliches Oberbergamt.

(392) **Bekanntmachung.**
Am Königlichen Schullehrer-Seminar zu Steinau a. d. O. wird die diesjährige
Commissions-Prüfung
für die außerhalb der Seminarien vorgebildeten Schulamts-Bewerber
am 26sten, 28sten und 29sten September c.
zugleich mit der Abiturientenprüfung stattfinden.

Die Gesuche um Theilnahme an dieser Prüfung sind bei der unterzeichneten Behörde bis zum **15ten September c.** unter Beifügung folgender Papiere einzureichen:
1) ein ärztliches Attest über den Gesundheitszustand;
2) ein selbstverfertigter Lebenslauf;
3) die Nachweise über genossene Bildung und Erziehung überhaupt und über die Vorbereitung zum Schulfache insbesondere;
4) ein Zeugniß der Ortsbehörde oder des Pfarrers über den bisherigen Lebenswandel des Schulamts-Bewerbers und seiner Qualification zum Schulamte.

Auf dem Titelblatte des Lebenslaufes ist anzugeben:
   a. der vollständige Name;
   b. Tag, Jahr, Ort, Kreis der Geburt;
   c. Wohnort und Kreisstadt;
   d. bei wem und wo der Prüfling vorbereitet ist.

Die an der Commissions-Prüfung Theilnehmenden melden sich beim Königlichen Seminar-Director **Jungklaaß** zu Steinau am 25sten September, Nachmittag um 5 Uhr, persönlich.

Die diesjährige Lehrerinnen-Prüfung
ebendaselbst wird Mittwoch **den 30sten September c.** beginnen und **den 1sten und 2ten October** fortgesetzt werden.

Die Gesuche um Zulassung zur Theilnahme an dieser Prüfung sind spätestens bis zum **17ten September c.** an das unterzeichnete Königliche Provinzial-Schul-Collegium einzureichen und sind denselben nachbenannte Zeugnisse beizufügen:
1) ein Taufzeugniß;
2) ein ärztliches Attest über den Gesundheitszustand;
3) ein selbstverfaßter Lebenslauf;
4) die Nachweise und Zeugnisse über die genossene Erziehung und Bildung überhaupt und über die Vorbereitung zum Schulstande insbesondere;
5) Zeugniß der Ortsbehörde oder des Pfarrers über den bisherigen Lebenswandel und über die Qualification zum Schulamte.

Außerdem ist auf dem Titelblatte des Lebenslaufes anzugeben:
   a. der vollständige Name;
   b. Tag, Jahr, Ort und Kreis der Geburt;
   c. Wohnort und Kreisstadt;
   d. Stand und Wohnort des Vaters;
   e. bei wem und wo sich die Aspirantin vorbereitet hat.

Die persönliche Meldung bei dem Herrn Seminar-Director **Jungklaaß** erfolgt Dienstag den 29sten September, Nachmittags 5 Uhr. Breslau, den 13. Juli 1863.
Königliches Provinzial-Schul-Collegium.

Personal-Chronik.

(378) Nachdem der Erzpriester Serp gestorben, ist das erledigte Amt eines Erzpriesters des Kl.-Strehlitzer Sprengels dem Schulen-Inspector und Pfarrer Jacksch in Krappitz übertragen worden.

(383) Bestätigt: die Vocationen der Lehrer Dr. Stürmer und Freudel an der höheren Bürgerschule zu Creutzburg.

Concessionirt: der Barbier Alter zu Beuthen als Heildiener.

(386) Des Königs Majestät haben dem Ober-Glöckner Wiedemann an der katholischen Stadtpfarrkirche zu Neisse zu seinem fünfzigjährigen Dienstjubiläum das allgemeine Ehrenzeichen mit der Zahl 50 Allergnädigst zu verleihen geruht.

(364) **Bekanntmachung**
der Königl. General-Commission für Schlesien, die in deren Verwaltungs-Bereich vom 1sten Januar bis Ende Juni 1863 vorgekommenen Personal-Veränderungen betreffend.

1) Es wurde ernannt: der General-Commissions-Präsident Schellwitz zugleich zum Director der Rentenbank für die Provinz Schlesien; der Feldmesser Hartmann in Ratibor zum Vermessungs-Revisor.
2) Verliehen wurde: dem Rechnungs-Rath Schnitzer der rothe Adler-Orden vierter Klasse und dem Bureaudiener Riebel das allgemeine Ehrenzeichen.
3) Versetzt wurde: der Land-Gerichts-Assessor Brach an die Königl. Regierung zu Gumbinnen, der Regierungs-Assessor Kunisch-Richthofen zur Königl. Regierung in Königsberg i. Pr., der Gerichts-Assessor Bormann von dem Königl. Appellations-Gericht hierselbst an das Collegium der Königl. General-Commission.
4) Pensionirt wurde: der Canzleidiener Debschütz, welcher demnächst verstorben.
5) Ausgeschieden sind: der Special-Commissarius, Gerichts-Assessor Schröder, wegen seines Rücktritts in den Justizdienst, und der Feldmesser Schmidt zu Koslowagura, welcher sich von seinem Stationsort entfernt hat.
6) Verstorben sind: der Geheime Regierungs- und Fürstbischöfliche Ober-Consistorial-Rath Dr. Koch, Ehrenmitglied des Collegii, und der Geheime Regierungs-Rath Masuch.

(388) Ernannt wurden:

Der Feldwebel von Grumbkow zum Grenzaufseher in Waissack, der Sergeant Schnürch zum Grenzaufseher in Kamienz, der Sergeant Meissner zum Grenz-Aufseher in Boronow, der Vice-Feldwebel Perschke zum Grenzaufseher in Klebsch.

Hierzu eine Beilage, enthaltend: die Concession und die Statuten der Lebensversicherungs-Bank „Kosmos" in Zeyst.

Redaction des Amtsblatts im Regierungs-Gebäude. — Druck von E. Wellshäuser in Oppeln.

Amts-Blatt
der Königlichen Regierung zu Oppeln.

Stück 32.   Oppeln, den 6. August   **1863.**

Bekanntmachungen der höchsten Staats-Behörden.

(391) **Instruction**
über
das Verfahren bei der Prüfung und Stempelung der Waagen.

Auf Grund der Bestimmung im §. 11 des Gesetzes, die Stempelung und Beaufsichtigung der Waagen im öffentlichen Verkehr betreffend, vom 24sten Mai 1853 (Ges.-Samml. S. 569) wird nachfolgende Instruction über das Verfahren bei der Prüfung und Stempelung der Waagen erlassen, welche an die Stelle der untern 20sten Juli 1853 über den nämlichen Gegenstand erlassenen Instruction tritt.

A. Gleicharmige Waagen.

§. 1. Bei der Prüfung einer neuen, zur Stempelung vorgelegten gleicharmigen Waage kommt vornehmlich die Beschaffenheit des Waagebalkens in Betracht. Hinsichtlich der dazu gehörigen Schalen ist nur darauf zu sehen, daß sie mit den zu ihrer Aufhängung dienenden Ketten oder Schnüren, ohne Ausgleichung durch willkürliches Anhängen eines Bleistückes, Drahtes oder eines anderen Ausgleichungsmittels, das mit den Schalen nicht unzertrennlich verbunden ist, gleiche Gewichte haben.

Eine Stempelung der Waagschalen ist aber nicht erforderlich, da die Uebereinstimmung ihrer Gewichte durch die Richtigkeit des Waagebalkens hinreichend gesichert ist.

§. 2. Was den Waagebalken betrifft, so muß derselbe eine regelmäßige, tüchtige Ausführung, und in seinen beiden Schenkeln eine solche Uebereinstimmung der Gestalt zeigen, daß das bloße Auge keine Verschiedenheit wahrnehmen kann.

Nach der Länge und den Abmessungen des Balkens in seinem mittleren Querschnitte richtet sich die Tragfähigkeit desselben, d. h. die größte Belastung, welche ohne Gefahr einer nachtheiligen Biegung einer jeden Waagschale zugemuthet werden kann, weshalb diese bei der Prüfung zu constatiren ist.

In der zur Unterstützung dienenden Scheere oder — bei Stativwaagen — in dem Ständer, muß der Balken mittelst einer in seiner Mitte unwandelbar befestigten Stahlschneide, deren nach unten gekehrte Schärfe in stählernen Pfannen ruht, in einer verticalen Ebene frei spielen, ohne daß er selbst oder seine Zunge seitwärts anstreichen kann.

Die erwähnte Zunge muß mit dem Waagebalken, senkrecht über oder unter der Mittelschneide desselben, auf eine unveränderliche Weise verbunden sein. Sie muß eine gerade Linie bilden, die beim Einspielen vertical steht, während die Mittellinie des Balkens dann eine horizontale Lage hat.

Zum Aufhängen der Waagschalen dienen zwei mit ihren Schärfen nach oben gekehrte Stahlschneiden, die mit den Enden des Balkens so verbunden sein müssen, daß sie unter sich und mit der als Drehachse dienenden Mittelschneide parallel sind. Außerdem müssen alle drei Schneiden auf der verticalen Ebene des Waagebalkens senkrecht stehen, und die gehörige Härtung haben, um gegen eine zu schnelle Abnutzung gesichert zu sein. Die Waagebalken dürfen nicht mit rund gekrümmten Enden, sogenannten Schwanenhälsen, versehen sein.

Die Pfannen in den Gehängen der Waagschalen müssen auf den zugehörigen Stahlschneiden ohne alle Klemmungen und seitliche Reibungen frei spielen. Auch ist darauf zu sehen, daß sie nur mit den äußersten Schärfen der Schneiden in Berührung kommen können.

Die Art der Aufhängung, bei welcher an den Enden des Waagebalkens statt der nach oben gekehrten Stahlschneiden hohle Pfannen befestigt, die zugehörigen Schneiden aber in den Gehängen angebracht sind, ist ganz fehlerhaft, und darf eine auf diese Weise construirte Waage nicht zur Eichung zugelassen werden.

§. 3. Die fernere Prüfung, welche der Stempelung vorhergehen muß, betrifft die Erforschung der **Richtigkeit und Empfindlichkeit.**

Zur Richtigkeit eines Waagebalkens gehört, neben den im vorigen Paragraphen genannten Erfordernissen, zweierlei:
1) daß der Balken für sich im Gleichgewichte sei, und
2) daß er gleicharmig sei.

Das Vorhandensein der ersten Bedingung zeigt sich sofort, wenn die Zunge des von den Schalen befreiten Waagebalkens genau einsteht, und in diese Stellung nach einigen Schwankungen wieder zurückkehrt, nachdem man sie durch Anstoß etwas daraus entfernt hat.

Dieselbe Probe, jedoch mit gleicher Belastung der beiden Arme des Waagebalkens, giebt auch Aufschluß über das Zutreffen der zweiten Bedingung.

Hat man nämlich an beiden Armen genau gleiche Gewichte aufgehängt, so haben die Arme gleiche Länge, sobald die Zunge richtig einsteht. Muß man aber auf der einen Seite ein kleines Uebergewicht zulegen, um das genaue Einstehen herbeizuführen, so ist der nach dieser Seite gekehrte Arm kürzer, als der ihm gegenüberstehende.

Im letzteren Falle wird der Unterschied beider Längen in Theilen des kürzeren Armes erhalten, indem man das Uebergewicht durch eines der gleichen Gewichte dividirt. Hätte man z. B. bei einer Belastung von 10 Pfund auf jeder Seite den links hangenden Gewichte $1/4$ Loth zulegen müssen, um die Zunge zum Einstehen zu bringen, so würde der rechte Arm des Balkens um $1/4 : 300$, d. h. um $1/1200$ länger sein, als der linke, oder: die Längen beider Arme würden sich in diesem Falle wie 1201 zu 1200 verhalten.

Da es aber immer sehr schwierig bleibt, einen Waagebalken genau gleicharmig herzustellen, so kann eine Abweichung, die nicht mehr als $1/3000$ der Länge eines Armes beträgt, als unschädlich nachgesehen werden.

§. 4. Was die Empfindlichkeit betrifft, so wird diese nach der mehr oder mindern Abweichung der Zunge aus der verticalen Stellung im Zustande des Gleichgewichts bei einem gewissen Uebergewicht auf der einen Waagschale, d. h. nach dem größeren oder geringeren Ausschlage beurtheilt. Aus theoretischen Gründen ist dieser Ausschlag unter übrigens gleichen Umständen desto größer, die Waage also um so empfindlicher, je länger ihr Balken und je leichter derselbe construirt ist. Außerdem hat die Lage seines Schwerpunktes, sowie der Umstand, ob die beiden Aufhängepunkte der Waagschalen mit dem mittleren Unterstützungspunkte des Balkens — die mit letzterem verbundenen drei Stahlschneiden — in eine gerade oder gebrochene Linie fallen, einen bestimmten Einfluß.

Am häufigsten kommt es vor, daß die Mittelschneide etwas oberhalb der geraden Linie liegt, welche durch die Endschneiden gezogen werden kann, und dies ist insofern als ein Uebelstand zu betrachten, als sich dann der Waagebalken bei einer größeren Belastung weniger empfindlich zeigt, als bei geringeren Belastungen. Dagegen ist der Ausschlag, den die Zunge für ein bestimmtes Uebergewicht anzeigt, von der Größe der Belastung unabhängig, sobald jene drei Schneiden genau in einer geraden Linie liegen, weshalb bei der Prüfung darauf gesehen werden muß, daß dies so viel als möglich der Fall sei.

§. 5. Gleichwohl wird es nicht ausbleiben, daß die Belastung der beiden Waagschalen immer noch fortfährt, einen gewissen Einfluß auf die Größe des Ausschlages auszuüben, da schon die nie ganz zu vermeidende Reibung der Stahlschneiden in den zugehörigen Pfannen, und besonders die der mittleren Schneide, so wie nicht minder die aus der Elasticität des Balkens entspringende Biegung desselben, einen solchen Einfluß bedingt. Mit Rücksicht auf diese Umstände, welche beide der Belastung proportional sind, wird vorgeschrieben, daß die Empfindlichkeit einer bis zur größten Tragfähigkeit belasteten Waage mit einem Uebergewichte geprüft werden soll, welches im Verhältniß zu einem der gleichen Gewichte, die sich auf der Waage das Gleichgewicht halten, auf jeden Zentner ein Loth beträgt.

Man darf sich aber nicht damit begnügen, die genannte Prüfung nur auf einer Seite vorzunehmen, sie muß ebenso auch auf der andern Seite geschehen, wo dann die Zunge nach beiden Seiten hin einen gleich großen Ausschlag geben muß.

§. 6. Hat man sich auf diese Weise die Ueberzeugung verschafft, daß eine zur Eichung vorgelegte Waage den Anforderungen entspricht, welche die Sicherheit des Publicums nöthig macht, so erfolgt die Stempelung ihres Balkens in der Mitte eines jeden Armes, einmal mit dem preußischen Adler und zum anderen mit dem Ortsnamen der Eichungsbehörde. Bei kleineren Waagebalken bis zu acht Zoll Länge erfolgt die Stempelung nur mit dem preußischen Adler.

§. 7. Finden dagegen nach dem pflichtmäßigen Gutachten der Eichungsbehörde in Bezug auf die in §. 2 genannten allgemeinen Constructions-Erfordernisse wesentliche Mängel statt, oder geben die in §§. 3 bis 5 vorgeschriebenen Proben in Absicht auf die Richtigkeit und Empfindlichkeit nicht die verlangten

Resultate, so darf die Stempelung der Waage nicht eher erfolgen, als bis jene Mängel vollständig beseitigt sind.

Trägt aber eine solche mangelhafte Waage noch von einer früheren Eichung her die Stempelung an sich, so ist letztere durch einen darüber gemachten Kreuzhieb vermittelst eines scharfen Meißels zu cassiren, und die Waage ist bei der abermaligen Vorlage wie eine neue zu behandeln.

B. Römische Waage.

§. 8. Die unter dem Namen der römischen Waage bekannte Schnellwaage besteht aus einem ungleicharmigen Balken, der auf gleiche Weise, wie bei der vorigen Wiegevorrichtung, mittelst einer an beiden Seiten vortretenden Stahlschneide in stählernen Pfannen, der sogenannten Scheere, ruht. Eine eben solche Schneide, nur mit nach oben gekehrter Schärfe, ist am Ende des kurzen Armes angebracht, und diese trägt vermittelst eines gabelförmigen, mit Stahlpfannen versehenen Gehänges, einen Doppelhaken zum Anhängen der Waagschale, oder zur unmittelbaren Aufhängung der zu wiegenden Körper.

Um das Gewicht der letzteren zu bestimmen, dient ein unveränderliches Gegengewicht, das sogenannte Laufgewicht, welches an dem langen Arme des Waagebalkens so aufgehängt ist, daß es versuchsweise hin- und hergeschoben werden kann, bis der Waagebalken in horizontaler Stellung zum Gleichgewicht kommt.

Diese Stellung wird auf gleiche Weise, wie bei der gleicharmigen Waage, durch eine auf dem Waagebalken befestigte, in der Scheere frei spielende Zunge angezeigt. Endlich ist auf dem langen Arme des Waagebalkens eine Theilung mit beigesetzten Zahlen angebracht, um mittelst derselben das Gewicht der am kurzen Arm hängenden Last ohne Weiteres ablesen zu können.

§. 9. Damit eine Wiegevorrichtung dieser Art zur Eichung zugelassen werden kann, muß dieselbe durch ihre äußeren Constructions-Verhältnisse folgenden Anforderungen entsprechen:

1) Der Waagebalken muß eine regelmäßige Bearbeitung und eine hinreichende Stärke haben, um selbst bei der schwersten Belastung nicht gebogen zu werden.
2) Der verticale Querschnitt des Balkens muß überall ein Rechteck mit horizontalen und verticalen Seiten sein. Am langen Arme müssen alle diese Rechtecke gleiche Breite haben, während die Höhen nach dem äußersten Ende des Armes zu etwas abnehmen können.
3) Waagebalken mit Querschnitten in Gestalt eines übereck gestellten Quadrates sind zur Eichung nicht zulässig.
4) Soll der Waagebalken nicht blank gelassen werden, so kann er geschwärzt oder bronzirt, und allenfalls mit einer dünnen Firniß überzogen werden. Ein dick aufgetragener Anstrich mit Oelfarbe ist dagegen nicht zulässig.
5) Die Stahlschneiden müssen die gehörige Härtung und eine solche Zuschärfung haben, daß sie die ebenfalls gehärteten Pfannen nur mit der äußersten Kante berühren.
6) Beide Schneiden müssen so mit dem Waagebalken verbunden sein, daß sie auf der Seitenfläche des letzteren senkrecht stehen, und daß eine durch ihre Schärfen gelegte gerade Linie mit der Zunge einen rechten Winkel bildet.
7) Wird eine Waagschale zur Aufnahme der zu wägenden Gegenstände angewendet, so muß das Gewicht derselben mit Einschluß der zu ihrer Aufhängung dienenden Ketten, Oesen und des zugehörigen Gehänges eine ganze Zahl von Pfunden betragen, welche auf der vorderen Seitenfläche des Gehänges in vertiefter Schrift angegeben sein muß.
8) Das Laufgewicht darf nicht, wie dies bei den ordinairen Schnellwaagen in der Regel zu geschehen pflegt, vermittelst eines Hakens unmittelbar auf dem Rücken des Waagebalkens hängen, sondern auf letzterem muß eine Hülse geschoben sein, an beiden Seiten mit vorstehenden Stahlschneiden und einem gabelförmigen Gehänge versehen, dessen unteres Verbindungsstück einen Haken zum Aufhängen des Laufgewichts trägt.
9) Die an beiden Seiten der Hülse vortretenden Stahlschneiden müssen mit ihren nach oben gekehrten Schärfen eine gerade Linie bilden, die mit den Schärfen der beiden vorgenannten Schneiden parallel ist. Auch muß diese Linie wo möglich in der durch die beiden ersten Schärfen gelegten Ebene sich befinden, wenigstens darf sie nicht tiefer als einen Viertelzoll unterhalb dieser Ebene, niemals aber oberhalb derselben liegen.
10) Das Laufgewicht muß die Gestalt einer Kugel haben und oben mit einer eingegossenen Oese aus Schmiedeeisen zur Aufhängung an den vorerwähnten Haken versehen sein. Diese Kugel in der

34*

bindung mit dem gabelförmigen Gehänge und der verschiebbaren Hülse bildet das ganze Gegengewicht, welches stets eine ganze, auf der Hülse in vertiefter Schrift angegebene Zahl von Pfunden betragen muß. Eine anderweite Ausgleichung durch zugefügte Blei- oder Drahtstücke darf nicht daran vorkommen.

11) Die Theilung am langen Arm des Waagebalkens muß auf einer der Seitenflächen desselben angebracht und eine gleichmäßige sein, d. h. je zwei auf einander folgende Theilstriche müssen immer gleiche Entfernungen von einander haben.

12) Die genannten Entfernungen dürfen nicht kleiner, als eine preußische Linie sein, und die den Theilstrichen beizusetzenden Zahlen dürfen nur die ganzen Pfunde ausdrücken, während etwa vorkommende Theilstriche für Bruchtheile des Pfundes ohne numerische Bezeichnung zu lassen sind.

13) Die Hülse muß auf dem abgeschrägten Rande der einen Seite, welche über die vorerwähnte Theilung fortgleitet, mit einem scharf eingerissenen senkrechten Striche versehen sein, der als Index dient, um durch das Zusammentreffen desselben mit irgend einem Theilstriche der Scala das entsprechende Gewicht richtig ablesen zu können.

§. 10. Häufig werden die Schnellwaagen auch mit zwei Scalen zum Wiegen leichter und schwerer Lasten angefertigt, wo dann die eine Scala auf der vorderen Seite des Balkens, die andere aber auf der Rückseite desselben so angebracht ist, daß zu ihrem Gebrauch der Waagebalken umgekantet werden muß. Letzterer ist bei dieser Einrichtung mit zwei Scheeren zu seiner Unterstützung versehen, welche in verschiedenen Abständen von dem Aufhängepunkte der Waagschale am Ende des kurzen Armes — dem sogenannten Lastpunkte — angebracht sind.

Beim Gebrauche der leichteren Scala findet der Waagebalken, wie im Vorhergehenden angegeben, seine Unterstützung in der am Weitesten von dem Lastpunkte entfernten Scheere, während die diesem Punkte am Nächsten befindliche Scheere an der zugehörigen Stahlschneide frei herabhängt. Das Umgekehrte von diesem findet Statt, sobald nach Umkantung des Waagebalkens die Scala für schwere Belastungen in Gebrauch genommen wird, woraus hervorgeht, daß die zu beiden Scheeren gehörigen Stahlschneiden eine entgegengesetzte Stellung haben müssen.

Im Gleichen muß die als Lastpunkt dienende Stahlschneide mit zweien, bezüglich nach unten und nach oben gekehrten Schärfen versehen sein, damit das zugehörige gabelförmige Gehänge beim Umkanten des Waagebalkens nur um das äußerste Ende des kurzen Armes herum gedreht zu werden braucht, um für beide Scalen zur Aufhängung der Last gleich geeignet zu sein.

Betreffend die Hülse für das Laufgewicht, welches für den Gebrauch beider Scalen dasselbe bleibt, so muß diese beim Umkanten des Waagebalkens vorher von demselben ab- und nachher wieder aufgeschoben werden, damit ein und derselbe Strich als Index für beide Scalen dient. Schnellwaagen, deren Hülsen mit zwei auf den entgegengesetzten Seiten eingerissenen Zeigerstrichen versehen sind, von denen einer für die leichte, den anderen für die schwere Scala bestimmt, dürfen nicht geeicht werden.

Im Uebrigen gelten für beide Scalen dieselben constructiven Bedingungen, welche im §. 9 für eine Scala vorgeschrieben sind, und es ist also für eine solche Schnellwaage in Absicht auf die Beurtheilung ihrer Eichungsfähigkeit eine doppelte Prüfung nöthig.

§. 11. Was die Richtigkeit einer Schnellwaage betrifft, so wird diese vornehmlich durch die Eintheilung der Scala, die Schwere des Gegengewichtes und die Stellung des Zeigerstriches auf der Hülse desselben bedingt.

Die Länge des kurzen Armes, d. h. die Entfernung des Lastpunktes von dem Unterstützungspunkte des Balkens, kommt nur soweit in Betracht, als zwischen dieser Länge, der Pfundzahl des Gegengewichtes, der Entfernung zweier Theilstriche von einander, und der Differenz der zugehörigen Gewichtsangaben, eine bestimmte Beziehung stattfindet, mittelst welcher die eine dieser Größen aus den anderen berechnet werden kann. Diese Beziehung besteht darin, daß die Länge des kurzen Armes sich zu der Entfernung je zweier Theilstriche von einander, wie die Größe des Gegengewichtes zu der, jener Entfernung entsprechenden Gewichtsdifferenz, verhält.

Bei der Prüfung der Richtigkeit einer vorgelegten Schnellwaage hat man aber nicht nöthig, auf eine solche Berechnung einzugehen, sondern man kann sich durch folgendes Verfahren eine genügende Ueberzeugung von der Richtigkeit verschaffen.

§. 12. Zuvörderst befreit man den Waagebalken von der aufgeschobenen Hülse und bringt ihn durch hinreichende Beschwerung des Lastpunktes ins Gleichgewicht. Eine kleine Störung des letzteren muß dann eine schwankende Bewegung zur Folge haben, bei welcher die Zunge nach beiden Seiten hin einen Ausschlag von gleicher Größe anzeigt.

Nächstdem versieht man den langen Arm, wie zum wirklichen Gebrauche, mit dem Laufgewichte, und überzeugt sich, ob die Zunge jedesmal richtig einspielt, wenn nach einander der an der Hülse befindliche Zeigerstrich auf zwei möglichst weit von einander entfernte Theilstriche der Scala gestellt wird, während gleichzeitig die diesen Theilstrichen entsprechenden Belastungen angebracht sind. Trifft diese Probe zu, so hat man sich nur noch zu überzeugen, ob der Abstand zwischen jenen Theilstrichen in so viel gleiche Theile, wie die Differenz der zugehörigen Belastungen Pfunde enthält, getheilt ist, und ob auch die übrigen Theile der Scala hinsichtlich der Größe damit übereinstimmen.

Es ist am Zweckmäßigsten, die obige Prüfung an zwei Theilstrichen vorzunehmen, von denen der eine in der Nähe des ersten, der andere aber in der Nähe des letzten Theilpunktes der Scala liegt, und zur mehreren Sicherheit kann man dann dieselbe Probe noch für einen dritten zwischen jenen liegenden Theilstrich wiederholen.

Uebrigens versteht es sich von selbst, daß bei einer Schnellwaage mit zwei Scalen die vorstehend angegebene Prüfung auf jede ihrer Scalen ausgedehnt werden muß.

§. 13. Hinsichtlich der Empfindlichkeit einer Schnellwaage wird festgestellt, daß diese mit einer Gewichtszulage von drei Loth auf den Zentner geprüft werden soll, wobei folgendermaßen zu verfahren ist.

Man bringt zuerst, wie vorhin angegeben, eine dem Maximum der Tragfähigkeit nahe kommende Belastung an der Waage ins Gleichgewicht, indem man das Laufgewicht auf den entsprechenden Theilstrich der Scala stellt, so daß die Zunge richtig einspielt. Legt man dann demselben nach Verhältniß ihrer Schwere das entsprechende Uebergewicht zu, so muß der Zeiger nach der Seite des kurzen Armes hin einen deutlichen Ausschlag anzeigen.

Ist dies der Fall, so schiebt man das Laufgewicht um so viel weiter, daß abermals Gleichgewicht eintritt, und nimmt das Uebergewicht von der Belastung fort, alsdann muß die Zunge denselben Ausschlag nach der entgegengesetzten Seite hin anzeigen.

§. 14. Ist nach sorgfältiger Beobachtung des vorstehend angegebenen Prüfungs-Verfahrens eine Schnellwaage als vorschriftsmäßig construirt und richtig befunden, so muß sowohl der Waagebalken als auch das Gehänge der Schale und die Hülse des Laufgewichtes mit dem preußischen Adler und dem Stempel der Eichungsbehörde gestempelt werden.

Bei dem Waagebalken erfolgt diese Stempelung beim ersten und letzten Theilstriche der Scala, bei der Hülse auf beiden Seiten unmittelbar neben dem als Zeiger dienenden Strich, so daß eine Verrückung desselben ohne Zerstörung des Stempels unausführbar wird, und bei dem Gehänge auf der vorderen Seite desselben.

Ist der Waagebalken mit einer zweiten Scala versehen, so muß diese nach befundener Richtigkeit in gleicher Weise wie die erste gestempelt werden.

§. 15. In der von den Eichungsbehörden auszustellenden Eichungsbescheinigung ist außer der laufenden Nummer und des Namens dessen, der die Eichung verlangt hat, noch anzugeben:
1) Die Bemerkung, ob die Schnellwaage eine einfache oder doppelte (mit nur einer Scala oder mit zwei derselben versehen) ist.
2) Die Länge eines Theils der Scala, der zwischen zwei, möglichst weit von einander entfernten und mit einer ganzen Zahl von Pfunden bezeichneten, Theilstrichen enthalten ist.
3) Der Werth dieser Länge, ausgedrückt durch die Differenz jener Zahlen, welche namhaft zu machen sind, und die Angabe der etwa vorhandenen Unterabtheilungen für halbe, viertel Pfunde re.
4) Die Schwere des Gegengewichtes einschließlich der Hülse und des zugehörigen Gehänges.

C. Brückenwaagen.

§. 16. Die unter der Benennung Brückenwaagen bekannten Wiegevorrichtungen werden nach sehr verschiedenen Principien construirt, die in Absicht auf Zuverlässigkeit bald mehr, bald weniger Gewähr leisten. Im Allgemeinen sollen nur diejenigen Vorrichtungen, welche unter dem Namen der Straßburger Brückenwaage bekannt sind, zur Eichung zugelassen werden.

Andere Arten von Brückenwaagen dürfen nur auf den Nachweis hin, daß das Ministerium für Handel rc. dieselben als eichungsfähig besonders anerkannt habe, von den Eichungsbehörden zur Eichung und Stempelung angenommen werden.

§. 17. Die wesentlichen Bestandtheile einer Straßburger Brückenwaage, welche bei der Prüfung vorzüglich in Betracht kommen, sind folgende:
1) Der ungleicharmige Waagebalken, dessen Drehpunkt in einer auf dem Ständer befestigten Stahlpfanne angebracht ist, und der am Ende seines längeren Armes die Schale zur Aufnahme der verjüngten Gewichte trägt. Am kürzeren Arme befinden sich zwei Aufhängepunkte: der am äußersten Ende zur Aufhängung des Tragehebels, der dem Drehpunkte zunächst liegende zum Tragen der Brücke dienend.
2) Der unter der Brücke horizontal gelagerte Tragehebel, aus zweien auf der hohen Kante stehenden Eisenstangen von hinreichender Stärke in Gestalt eines gleichschenkligen Dreiecks zusammengesetzt. Die Basis dieses Dreiecks bildet das hintere Ende des Tragehebels, und hier sind unter den Schenkeln desselben zwei, eine gerade Linie bildende Stahlschneiden befestigt, welche, in unbeweglichen Stahlpfannen ruhend, dem Hebel zum Stützpunkte dienen. Mit dem vorderen Ende ist dagegen der Hebel durch eine senkrechte Eisenstange am äußeren Ende des kurzen Armes vom Waagebalken aufgehangen.
3) Die waagerechte Brücke, zur Aufnahme der Last bestimmt, deren Gewicht ermittelt werden soll. Vermittelst einer senkrechten Eisenstange hängt sie einerseits am kurzen Arm des Waagebalkens, während sie andrerseits auf zwei Stahlschneiden ruht, die auf den Schenkeln des Tragehebels so befestigt sind, daß ihre nach oben gekehrten Schneiden in eine gerade Linie fallen.
4) Zur horizontalen Stellung der Brücke, wie überhaupt zur richtigen Aufstellung des ganzen Apparates dient ein Pendelzeiger, der an der vorderen Seite des den Waagebalken tragenden Ständers so angebracht ist, daß die Spitze desselben senkrecht über einen festen Punkt steht, wenn die Brücke waagerecht ist.
5) Außerdem sind noch zu erwähnen: die Zunge zur Anzeige des eingetretenen Gleichgewichts, und der Regulator, um die Gewichte sämmtlicher Theile so auszugleichen, daß bei der unbelasteten Vorrichtung die Zunge richtig einsteht. Diese beiden Theile sind am langen Arme des Waagebalkens angebracht.

§. 18. Alle vorgenannten Bestandtheile müssen sorgfältig gearbeitet und in solchen Abmessungen ausgeführt sein, wie sie dem Maximum der Tragfähigkeit der Brückenwaage entsprechen, ohne andrerseits die todte Masse derselben unnöthig zu vermehren. Vornehmlich ist darauf zu sehen, daß alle Verbindungen zwischen den beweglichen Theilen und deren festen Unterstützungen mittelst gehärteter Schneiden und Pfannen so hergestellt seien, daß in denselben eine möglichst freie Drehbewegung ohne merkliche Reibung stattfinden kann, sowie daß diese Theile nirgend eine Seitenreibung erleiden, wodurch Irrthümer herbeigeführt werden würden.

Beim Waagebalken müssen aus ähnlichen Gründen, wie bei der gleicharmigen Waage, die drei Aufhängepunkte mit dem Unterstützungspunkte des Balkens wo möglich genau, jedenfalls aber doch sehr nahe in einer geraden Linie liegen, welche Linie im Gleichgewichtsstande eine horizontale Lage hat. Ein Gleiches gilt in sofern auch von dem Tragehebel, als bei diesem die Schneiden der an ihm befestigten Stahlprismen in einer waagerechten Ebene liegen müssen.

§. 19. Außerdem ist darauf zu sehen, daß sowohl die beiden Stahlschneiden, auf welchen das hintere Ende der Brücke ruht, als auch die beiden zur Unterstützung des Hebels dienenden Schneiden, jedesmal eine gerade Linie bilden, sowie daß jene Schneiden nach oben, diese dagegen nach unten gekehrt sind, was wesentlich zur dauernden Erhaltung ihrer Richtigkeit beiträgt.

Zuweilen begegnet man auch der umgekehrten Anordnung, so daß beispielsweise die zum Auflager der Brücke dienenden Stahlschneiden an deren unterer Fläche, die zugehörigen Pfannen dagegen auf den Schenkeln des Tragehebels befestigt sind. Eine Brückenwaage, an welcher diese fehlerhafte, zu falschen Resultaten Anlaß gebende Construction vorkommt, darf nicht gestempelt werden.

§. 20. Was die Richtigkeit einer Brückenwaage anbetrifft, so müssen in dieser Beziehung folgende zwei Bedingungen erfüllt werden:
1) muß es hinsichtlich des zum Gleichgewicht erforderlichen Gegengewichtes gleichgültig sein, auf welche Stelle der Brücke die zu wägende Last gelegt wird;
2) muß ein bestimmtes Verhältniß zwischen den sich das Gleichgewicht haltenden Gewichten stattfinden, welches Verhältniß kein anderes als das von 1 : 10 oder 1 : 100 sein darf.

Für das Zutreffen der ersten Bedingung ist erforderlich, daß der kurze Arm des Waagebalkens und die Länge des Tragehebels durch die vorerwähnte Verbindung des vorderen und hinteren Endes der Brücke mit diesen Theilen in demselben Verhältnisse getheilt werden. Findet diese Anordnung statt, so hat sie zur unmittelbaren Folge, daß die irgendwo auf der Brücke liegende Last ebenso auf den Waagebalken wirkt, als wäre sie in der die Brücke mit dem kurzen Arm dieses Balkens verbindenden Eisenstange angebracht.

Zur Erfüllung der zweiten Bedingung muß daher die Entfernung des Aufhängepunktes der erwähnten Stange vom Drehpunkte des Balkens bei einer Decimalwaage genau den zehnten Theil derjenigen Entfernung betragen, in welcher die Waagschale von eben diesem Drehpunkte am langen Arme aufgehängt ist.

§. 21. Bei Centesimalwaagen dürfen als wesentliche Bestandtheile außer dem unter der Brücke horizontal gelagerten Traghebel, noch zwei andere, horizontal gelagerte Traghebel angeordnet werden, welche das Gewicht der Brücke und deren Belastung auf den ersten Hebel übertragen. Die Länge der Arme, sowohl dieser beiden Traghebel, als auch des ersteren, des sogenannten Transmissionshebels, muß dem Verhältniß von 1 zu 10 entsprechen, damit die zwiefache Zusammensetzung das centesimale Verhältniß, 1 zu 100, ergiebt.

Centesimalwaagen, deren unter der Brücke liegende Hebel ein anderes Verhältniß ihrer Arme haben, so daß das centesimale Verhältniß durch Ungleicharmigkeit des Waagebalkens hergestellt werden muß, dürfen nur auf Grund eines Nachweises, daß das Ministerium für Handel ꝛc. ihre Eichungsfähigkeit anerkannt habe, zur Eichung und Stempelung zugelassen werden.

§. 22. Da es nicht wohl angänglich ist, das Vorhandensein der obigen Längenverhältnisse durch directe Messungen genau nachzuweisen, so wird in dieser Beziehung folgendes Prüfungsverfahren vorgeschrieben:

Hat man es z. B. mit einer Decimalwaage von 15 Zentnern Tragfähigkeit zu thun, so muß dieselbe zuvörderst möglichst horizontal auf- und festgestellt werden, wozu der vorn am Ständer angebrachte kleine Pendelzeiger dient. Nächstdem bringt man mit Hülfe des Regulators die Zunge zum richtigen Einstehen, falls sie dies nicht von selbst thun sollte.

Nach dieser Vorbereitung läßt man etwa 5 Zentner auf die Brücke möglichst weit nach vorn, und $\frac{1}{2}$ Zentner als Gegengewicht auf die Waagschale setzen; auch jetzt muß die Zunge nach einigen Schwankungen des Waagebalkens richtig einspielen. Thut sie dies auch dann noch, nachdem man die aufgesetzten 5 Zentner möglichst weit nach dem hinteren Ende der Brücke hat rücken lassen, und kehrt sie beharrlich wieder in die fragliche Stellung zurück, wenn man in beiden Fällen durch absichtliches Anstoßen das Gleichgewicht gestört hat, so ist das ein Zeichen, daß die im §. 20 zu 1 und 2 genannten Bedingungen erfüllt sind.

Der Sicherheit wegen ist dann dieselbe Probe noch unter einer successiven Belastung der Brücke von 10 und 15 Zentnern, wozu bezüglich 1 und 1½ Zentner als Gegengewicht gehören, mit aller Sorgfalt zu wiederholen, und erst wenn sich bei jeder dieser drei Proben dasselbe Ergebniß herausstellt, sind die Constructionsverhältnisse der Brückenwaage als richtig zu erachten.

Jede Brückenwaage muß bis zu ihrer vollen Tragfähigkeit geprüft werden. Es ist jedoch nicht erforderlich, daß zu ihrer Belastung nur wirkliche Gewichtstücke verwendet werden; es genügt vielmehr, daß, soweit gestempelte Gewichtstücke nicht vorhanden sind, oder auf der Brücke nicht hinlänglichen Raum finden würden, zu der Belastung auch andere, ihrem Gewichte nach genau ermittelte schwere Körper von geeigneter Beschaffenheit benutzt werden.

§. 23. Mit den oben erwähnten Proben ist zugleich die Prüfung der Empfindlichkeit einer Brückenwaage zu verbinden.

Dieselbe muß nämlich von der Art sein, daß ein der Last zugelegtes Uebergewicht von **zwei Loth auf jeden Zentner** noch eine merkliche Störung des stattgehabten Gleichgewichtes zur Folge hat. Wenn also in dem vorigen Beispiele die Brücke nach einander mit 5, 10 und 15 Zentner belastet worden ist, hat man diesen Belastungen bezüglich 10, 20 und 30 Loth zuzulegen, wonach sich die Zunge jedesmal merklich über ihren Gleichgewichtsstand erheben muß. Sie muß sich dagegen um eben so viel senken, wenn man, statt der obigen Gewichtszulagen zu den verschiedenen Belastungen der Brücke, zu den in der Waagschale befindlichen Gegengewichten bezüglich 1, 2 und 3 Loth zulegt.

§. 24. Den Eichungs-Commissionen wird die gewissenhafte Beachtung aller der Anforderungen, welche dieser Instruction gemäß an eine ihnen zur Stempelung vorgelegte Brückenwaage in constructiver Hinsicht zu machen sind, so wie die sorgfältige Ausführung der in den §§. 22 und 23 vorgeschriebenen Verfahrungsweisen zur Prüfung der Richtigkeit und Empfindlichkeit einer solchen Waage zur besonderen Pflicht gemacht. Nur wenn die Waage in allen diesen Beziehungen den Anforderungen entspricht, und wenn außerdem der Vorschrift in §. 4 des Gesetzes vom 24sten Mai 1853 Genüge geschehen, darf die Stempelung ausgeführt werden.

Letztere erfolgt schließlich durch Aufschlagung des preußischen Adlers und des Stempels mit dem Namen der Eichungs-Commission auf dem Waagebalken und den Schenkeln des Tragehebels, so wie durch Einbrennen dieser Stempel an geeigneten Stellen der Brücke.

Der dem Besitzer der Waage nach §. 6 des Gesetzes vom 24sten Mai 1853 zu übergebende Beglaubigungsschein muß die nähere Bezeichnung derselben durch die Benennung Decimal- oder Centesimal-Waage, den Namen des Verfertigers, die Tragfähigkeit der Waage und das Datum der geschehenen Eichung enthalten. Dieser Schein wird von dem Director unter Beidrückung des Amtsstempels unterschrieben.

§. 25. Als Gegengewichte auf den Brückenwaagen sollen so weit als möglich die bei den gewöhnlichen Wägungen schon üblichen Gewichtstücke zur Anwendung kommen. Doch sind bei Decimal- wie bei Centesimalwaagen als Ausgleichungsgewichte und zum Abwiegen von Lasten unter 10, beziehungsweise unter 100 Pfund noch folgende besondere Proportional-Gewichtstücke gestattet:

  A. Bei Decimalwaagen
    1) für Lasten von........ 5, 2 und 1 Pfund
      die Gegengewichte von 0,5; 0,2 und 0,1 Pfund.
    2) für Lasten von........ 15, 10, 5, 3 und 1 Loth
      die Gegengewichte von 1,5; 1,0; 0,5; 0,3 und 0,1 Loth.
  B. Bei Centesimalwaagen
    1) für Lasten von........ 50, 20 und 10 Pfund
      die Gegengewichte von 0,50; 0,20 und 0,10 Pfund,
    2) für Lasten von........ 5, 2, und 1½ Pfund
      die Gegengewichte von 0,05; 0,02; 0,01 Pfund und 0,15 Loth.

Alle diese Gewichtstücke dürfen nur nach ihrer Eigenschwere, als decimale (centesimale) Bruchtheile des Pfundes, beziehungsweise des Lothes, nicht aber nach dem Gewichte der mit ihnen zu wägenden Last, bezeichnet sein.

Die unter A. und B. zu 1 aufgeführten Gewichtstücke können sowohl aus Messing, als auch aus Schmiede- oder Gußeisen bestehen. Die messingenen müssen entweder die cylindrische, oder die Form flacher Scheiben mit kreisrunder Basis haben, für die eisernen ist nur diese Scheibenform zulässig. Die unter A. und B. zu 2 aufgeführten Gewichtstücke dürfen nur aus Messing gefertigt sein, und zwar nur in Scheibenform mit einem Knopf.

§. 26. Für die Eichung und Stempelung der gleicharmigen und Schnellwaagen, so wie der Brückenwaagen, sind die in dem Allgemeinen Gebühren-Tarif vom 20sten Juli 1862 unter IV. ausgeworfenen Gebühren zu erheben.

Berlin, den 16. Juli 1863.

Der Minister für Handel, Gewerbe und öffentliche Arbeiten.
Im Auftrage:
Delbrück.

Im Anschluß an unsere Bekanntmachung vom 7ten December 1853 im Amtsblatt pro 1853 (Extraord. Beilage zu Stück 51) bringen wir vorstehend die von dem Königlichen Ministerium für Handel, Gewerbe und öffentliche Arbeiten umgearbeitete Instruction vom 16ten Juli d. J., über das Verfahren bei der Prüfung und Stempelung der Waagen zur öffentlichen Kenntniß, da die unterm 20sten Juli 1853 erlassene Instruction in Rücksicht auf das seitdem ergangene Gesetz, betreffend die Einführung eines allgemeinen Landesgewichts vom 17ten Mai 1856 und die Instruction zu demselben vom 15ten October 1857 nicht mehr in allen Theilen zutreffend ist.

Oppeln, den 26. Juli 1863.   Königliche Regierung, Abtheilung des Innern.

Bekanntmachungen der Königlichen Regierung.

(397) Der für die Stadt Rybnik auf den 18ten August c. angesetzte Jahrmarkt ist auf den 19ten desselben Monats verlegt worden.   Oppeln, den 22. Juli 1863.

(399) Mit Rücksicht darauf, daß nach den Bestimmungen der siebenten Ausgabe der Landespharmakopöe fast alle chemischen und pharmaceutischen Präparate künftighin von den Apothekern nicht mehr selbst

Amts-Blatt
der Königlichen Regierung zu Oppeln.

Stück 33.   Oppeln, den 13. August   **1863.**

Allgemeine Gesetz-Sammlung.

(407) Das 25ste Stück der Gesetz-Sammlung enthält unter

Nr. 5738. Den Allerhöchsten Erlaß vom 2ten Juli 1863, betreffend die Ausdehnung des Geschäftskreises der Rheinischen Provinzial-Feuersocietät auf Mobiliar-Versicherung.

Nr. 5739. Die Bekanntmachung der Ministerial-Erklärung, betreffend den mit der Fürstlich Waldeckischen Regierung vereinbarten gegenseitigen Schutz der Waarenbezeichnungen gegen Mißbrauch und Verfälschung. Vom 14ten Juli 1863.

Nr. 5740. Die Konzessions- und Bestätigungs-Urkunde, betreffend die Erweiterung des Unternehmens der Rheinischen Eisenbahn durch Anlage einer Zweigeisenbahn von Ostrath über Uerdingen nach Essen, welche bei Rheinhausen mittelst einer Trajectanstalt den Rhein und unterhalb Mülheim mittelst Ueberbrückung die Ruhr überschreiten soll. Vom 16ten Juli 1863.

Nr. 5741. Die Bekanntmachung der Ministerial-Erklärung vom 18ten Juli 1863, betreffend den mit der freien Stadt Frankfurt vereinbarten gegenseitigen Schutz der Waarenbezeichnungen gegen Mißbrauch und Verfälschung. Vom 19ten Juli 1863; und unter

Nr. 5742. Die Bekanntmachung, betreffend die Allerhöchste Genehmigung der unter der Firma „Weseler Actiengesellschaft für Gasbeleuchtung" mit dem Sitze zu Wesel errichteten Actiengesellschaft. Vom 23sten Juli 1863.

Bekanntmachungen der höchsten Staats-Behörden.

(410) Grundsteuer-Veranlagung.

Anweisung
für
das Verfahren bei Behandlung der Reclamationen gegen die erfolgte Einschätzung der Liegenschaften behufs anderweiter Regelung der Grundsteuer in den sechs östlichen Provinzen nach Vorschrift der §§. 45 ff. der Anweisung für das Verfahren bei Ermittelung des Reinertrags der Liegenschaften vom 21sten Mai 1861.

§. 1. Die Publication der Resultate der Einschätzung der Liegenschaften und die Einleitung des Reclamationsverfahrens gegen dieselben nach Vorschrift der §§. 45 ff. der Hauptanweisung zum Grundsteuergesetze vom 21sten Mai 1861 ist für jeden Kreis zu veranlassen, sobald die Gemarkungskarten, sowie die Einschätzungsregister und Klassenzusammenstellungen für sämmtliche Gemarkungen des ersteren fertig gestellt sind.

Für die nach §. 44 der Hauptanweisung und nach dem Circulare vom 12ten October 1862 (IV. a. 4142) anzufertigenden Kreisübersichten ist die Veröffentlichung in der im §. 45 der Hauptanweisung vorgeschriebenen Art nicht angeordnet. Es darf daher durch die etwa im Rückstand befindliche Kreisübersicht die Einleitung des Reclamationsverfahrens nicht aufgehalten werden, und ist nur dafür zu sorgen, daß diese Uebersicht während der Dauer des letzteren, unter Vorbehalt der Berichtigung und Vervollständigung nach Maaßgabe der in Folge der Reclamationen etwa zu treffenden anderweiten Festsetzungen, beendet und dadurch der rechtzeitige Abschluß des ganzen Verfahrens ausreichend vorbereitet wird.

§. 2. Behufs Publication der Einschätzungsresultate ist seitens des Veranlagungscommissars jedem Gemeindevorstande mittelst besonderen Anschreibens nach anliegendem Muster 1, jedem Inhaber *Muster 1.* eines selbstständigen Gutsbezirks mittelst besonderen Anschreibens nach dem anliegenden Mu- *Muster 2.* ster 2:

a. Abschrift des Einschätzungsregisters nebst Klassenzusammenstellung derjenigen Gemarkung, welche den Hauptcomplex der den betreffenden Gemeindeverband oder Gutsbezirk bildenden Grundstücke umfaßt, sowie

b. falls zu dem Gemeindeverband beziehungsweise selbstständigen Gutsbezirk Grundstücke gehören, welche wegen ihrer getrennten Lage bei einer anderen Gemarkung nachgewiesen sind, ein diese Grundstücke nachweisender Auszug aus dem Einschätzungsregister der betreffenden Gemarkung,

gegen Empfangsbescheinigung (Formular 4 beziehungsweise 5 zur Verfügung vom 23sten October 1861 Iv. 2375), welche zu den Gemarkungseinschätzungsacten zu bringen ist, mit dem Eröffnen zuzufertigen, daß das Ergebniß der Einschätzungen für den ganzen Kreis durch Einsicht der nach Vorschrift des §. 3 offen zu legenden Gemarkungskarten und Einschätzungsregister entnommen werden könne, und daß Einwendungen gegen die geschehene Einschätzung binnen einer Präclusivfrist von vier Wochen, vom Tage des Empfangs der Eröffnung an gerechnet, schriftlich und unter gehöriger Begründung, so wie unter Rückgabe der Abschriften des Einschätzungsregisters und der Klassenzusammenstellung bei dem Veranlagungscommissar anzubringen seien; Reclamationen aber, welche nicht schriftlich oder ohne Angabe von Reclamationsgründen oder nach Ablauf der Präclusivfrist angebracht werden sollten, nicht berücksichtigt werden dürften; endlich diejenigen Kosten, welche durch die Untersuchung unbegründeter Reclamationen entständen, von dem Reclamanten, der in der Entscheidung der Bezirkscommission zu bezeichnen ist, zu erstatten seien, und im Verwaltungswege von ihm eingezogen werden würden.

In welcher Weise die Besitzer der keinem Communalverbande angehörenden Besitzungen von dem Ergebnisse der Einschätzungen in Kenntniß zu setzen, bleibt der Bestimmung des Veranlagungscommissars nach Maaßgabe der obwaltenden Verhältnisse vorbehalten.

Die zugefertigte Abschrift des Einschätzungsregisters und der Klassenzusammenstellung ist, auch wenn keine Einwendungen gegen die Einschätzung erhoben werden, mit dem Ablaufe der Präclusivfrist dem Veranlagungscommissar zurückzugeben und sind hierauf die Empfänger der Abschriften mit der Eröffnung aufmerksam zu machen, daß im Fall die ersteren bei ihnen verloren gehen, oder sonst in einen unbrauchbaren Zustand versetzt werden sollten, anderweite Abschriften auf ihre Kosten angefertigt werden würden.

In dem Eröffnungsschreiben ist zugleich unter Hinweisung auf den Schlußsatz des §. 45 der Hauptanweisung zum Grundsteuergesetze vom 21sten Mai 1861 ausdrücklich darauf aufmerksam zu machen, daß Einwendungen nicht gegen den Klassificationstarif für den Kreis, beziehungsweise Klassificationsdistrict gerichtet, sondern nur ausgebracht werden dürfen:

a. wegen unrichtigen Ansatzes einzelner Grundstücke,
b. wegen unrichtiger Ermittelung des Flächeninhalts,
c. wegen unrichtiger Einschätzung in den Klassificationstarif,
d. wegen vorgekommener Fehler bei den aufgestellten Berechnungen.

§. 3. Sogleich nach erfolgter Behändigung der im §. 2 gedachten Eröffnungsschreiben sind die Gemarkungskarten und Einschätzungsregister nebst Klassenzusammenstellungen für den ganzen Kreis während eines nach dem Umfange des letzteren zu bestimmenden Zeitraums von vierzehn Tagen bis vier Wochen zu gewissen, von dem Veranlagungscommissar festzustellenden Tagen und Stunden in dem Bureau des Veranlagungscommissars, falls sich dasselbe nicht hierzu eignet oder nicht innerhalb des Kreises oder in einem gelegenen Orte desselben belegen sein sollte, in einem von dem Bezirkscommissar auf Vorschlag des Veranlagungscommissar dafür zu bestimmenden, innerhalb des Kreises belegenen Locale und zwar thunlichst in einem dem Staate, dem Kreise oder einer Commune gehörigen Gebäude zur Einsicht der Betheiligten offen zu legen.

Der Veranlagungscommissar hat bei eigener Verantwortung dafür zu sorgen, daß die zu publicirenden Documente rechtzeitig herbeigeschafft und während der Zeit der Offenlegung sicher und gut aufbewahrt werden.

§. 4. Nur die Vorstände der einzelnen Gemeinden und die Inhaber selbstständiger Gutsbezirke, nicht aber die einzelnen Grundstücksbesitzer innerhalb des Gemeindeverbandes beziehungsweise des Gutsbezirks, sind berechtigt, die vorgedachten Einwendungen zu erheben.

Ausgenommen hiervon sind die Besitzer der innerhalb des Gemeindeverbandes beziehungsweise Gutsbezirks belegenen (in Spalte 6 des Einschätzungsregisters einzutragenden), bisher grundsteuerfreien oder hinsichtlich der Grundsteuer bevorzugten, aber künftig steuerpflichtigen Grundstücke (§. 40 der Hauptanweisung), sowie die Vertreter solcher in die Spalten 7, 8, 9 des Einschätzungsregisters einzutragenden Grundstücke, für welche auf Grund der Vorschriften im §. 4 des Grundsteuergesetzes vom 21sten Mai 1861 auch künftighin die Grundsteuerfreiheit in Anspruch genommen wird. Die Eigenthümer oder Vertreter solcher

— 171 —

Grundstücke haben, da in dem Verfahren über die Anmeldung und Feststellung der Ansprüche auf Entschädigung für die Aufhebung der Grundsteuerbefreiungen und Bevorzugungen Ausstellungen gegen die ausgeführten Einschätzungen und Vermessungen nicht weiter verfolgt werden können (§. 17 des Entschädigungsgesetzes vom 21sten Mai 1861), etwaige hierauf bezügliche Einwendungen ebenfalls während des allgemeinen Reclamationsverfahrens schriftlich und unter gehöriger Begründung bei dem Gemeindevorstand beziehungsweise Inhaber des Gutsbezirks, behufs weiterer Verfolgung in dem geordneten Wege binnen der bestimmten Frist anzubringen.

Ueber das Recht auf Entschädigung nach den Bestimmungen des Grundsteuerentschädigungsgesetzes vom 21sten Mai 1861 (Nr. 5381) findet dagegen in dem gegenwärtigen Reclamationsverfahren keine Erörterung statt (cfr. §. 14 des letztgedachten Gesetzes) und wird der hierüber im geordneten Wege herbeizuführenden Entscheidung durch das gegenwärtige Reclamationsverfahren in keiner Art vorgegriffen.

Die Gemeindevorstände beziehungsweise Inhaber der selbstständigen Gutsbezirke haben sogleich nach Empfang der Abschriften des Einschätzungsregisters und der Klassenzusammenstellung, deren Eingang in der Gemeinde beziehungsweise dem Gutsbezirke in ortsüblicher Weise bekannt und auf die in Vorstehendem erwähnte Reclamationsbefugniß der Besitzer bisher von der Grundsteuer befreiter oder hinsichtlich derselben bevorzugter, künftig aber steuerpflichtiger, sowie auch künftig grundsteuerfrei bleibender Grundstücke aufmerksam zu machen, auch darüber, daß und wie die fragliche Bekanntmachung erfolgt ist, eine Bescheinigung unter Benutzung des anliegenden Formulars 3 auszustellen und binnen längstens 8 Tagen vom Nummer 3. Empfange des im §. 3 bezeichneten Anschreibens zu den Reclamationsacten des Veranlagungscommissars einzureichen.

§. 5. Die im Reclamationsverfahren anzubringenden Einwendungen gegen die Einschätzungs-, Vermessungs- und Berechnungsarbeiten sind hinsichtlich ihrer Ausdehnung nur insoweit beschränkt, als sie sich nicht auf Gemarkungen außerhalb des Kreises beziehen dürfen.

Zur näheren Erläuterung des Schlußsatzes des §. 45 der Hauptanweisung wird Nachstehendes bemerkt:

1) Einwendungen wegen unrichtigen Ansatzes einzelner Grundstücke sind insbesondere zulässig:
   a. wenn ein Grundstück einem Guts- oder Gemeindebezirke zugeschrieben worden ist, zu welchem es nicht gehört;
   b. wenn ein Grundstück im Einschätzungsregister zwei- oder mehrfach angesetzt, oder
   c. wenn ein Grundstück in dem Einschätzungsregister ganz übergangen ist;
   d. wenn steuerpflichtige Grundstücke als steuerfrei eingetragen sind oder umgekehrt;
   e. wenn Grundstücke, welche wegen ihrer Benutzung zu öffentlichen Zwecken ertraglos sind (§. 2a. der Hauptanweisung), eingeschätzt und als ertragsfähig in das Register übernommen;
   f. wenn Hausgärten, welche von der Gebäudesteuer betroffen werden, desgleichen Hofräume unter den grundsteuerpflichtigen Grundstücken verzeichnet, oder Hausgärten, welche über einen Morgen groß sind, gar nicht eingeschätzt worden sind.

2) Ausstellungen wegen unrichtiger Ermittelung des Flächeninhalts können, soweit sie nicht in die Kategorie der unter Nr. 4 (unten) bezeichneten Einwendungen wegen vorgekommener Rechenfehler fallen, nur gegen den Gesammtinhalt der Gemarkung beziehungsweise der Gemeinde oder des selbstständigen Gutsbezirks gerichtet; specielle Einwendungen gegen die Grenzen und die Ermittelung des Flächeninhalts einzelner Grundstücke innerhalb einer und derselben Gemarkung aber nur soweit berücksichtigt werden, als von ihrer Erledigung die richtige Feststellung des Gesammtflächeninhalts der Gemarkung abhängig ist. Andere Einwendungen der letztgedachten Art z. B. die unrichtige Bezeichnung der Grenzen zwischen zwei verschiedenen Eigenthümern gehörigen Grundstücken und ähnliche, welche auf den Gesammtflächeninhalt der Gemarkung ohne Einfluß sind, können erst bei dem künftigen Verfahren wegen Untervertheilung der Grundsteuerhauptsumme angehoben und erledigt werden.

Nur in dem Falle, wenn sich unter den eingeschätzten Liegenschaften bisher grundsteuerfreie oder hinsichtlich der Grundsteuer bevorzugte, aber künftig steuerpflichtige Grundstücke oder solche Grundstücke befinden, welche nach den im §. 4 des Grundsteuergesetzes vom 21sten Mai 1861 enthaltenen Vorschriften künftighin von der Grundsteuer befreit bleiben, sind Einwendungen gegen die Ermittelung des Flächeninhalts derselben, jedoch auch hier nur durch Vermittelung des Gemeindevorstandes oder des Inhabers des selbstständigen Gutsbezirkes (§. 4) zulässig und eventuell zur Erledigung zu bringen.

Bei Beurtheilung der Richtigkeit der Vermessung sind diejenigen Bestimmungen maaßgebend, welche durch die Specialanweisung vom 24sten August 1861 und im Anschluß an letztere zur Ausführung der Grundsteuervermessungsarbeiten erlassen worden sind.

3) Einwendungen wegen unrichtiger Einschätzung in den Klassificationstarif können von dem Gemeindevorstande beziehungsweise Inhaber des selbstständigen Gutsbezirks nicht nur hinsichtlich der innerhalb der eigenen Gemarkung belegenen Grundstücke angebracht, sondern auf sämmtliche Gemarkungen innerhalb desselben Kreises (Klassificationsdistricts) insoweit ausgedehnt werden, als der Gemeindevorstand oder der Inhaber des selbstständigen Gutsbezirks Veranlassung zu haben glaubt, die Einschätzung einer anderen Gemarkung im Ganzen sowohl, wie in Betreff einzelner Grundstücke als unrichtig, beziehungsweise nicht im richtigen Verhältniß zu den übrigen Einschätzungen desselben Kreises (Klassificationsdistrict) stehend zu bezeichnen.

Ein etwa zu rügender Widerspruch zwischen den Angaben des Einschätzungsregisters und der Gemarkungskarte (Coupons) ist gleichfalls als Einwand gegen die Einschätzung anzusehen und danach zu behandeln.

4) Einwendungen wegen vorgekommener Fehler bei den aufgestellten Berechnungen werden sich vorzugsweise nur ergeben, wenn die im Einschätzungsregister oder in der Klassenzusammenstellung nachgewiesenen Flächengrößen den betreffenden Figuren in der Karte nicht entsprechen, oder wenn die Größe einzelner Abschnitte in die unrichtige Spalte der Klassenzusammenstellung übertragen, oder die einzelnen Flächen des Einschätzungsregisters oder der Klassenzusammenstellung unrichtig aufsummirt sind.

§. 6. Nach Ablauf der Präclusivfrist hat der Veranlagungscommissar die eingegangenen Reclamationen nach dem unter 4 beigefügten Muster und nach Gemarkungen geordnet, übersichtlich zusammenzustellen, und Abschrift dieser Zusammenstellung dem Bezirkscommissar zur Kenntnißnahme einzureichen. Muster 4.

Falls er es den Umständen nach für zweckmäßig erachtet, kann der Veranlagungscommissar die Veranlagungscommission sogleich nach Aufstellung der vorbezeichneten Uebersicht einberufen, um die Reclamationen zunächst einer sorgfältigen, vorläufigen Prüfung zu unterstellen, diejenigen unter denselben, hinsichtlich deren er eine weitere Untersuchung nicht mehr für erforderlich erachtet, durch Beseitigung der gerügten Mängel zu erledigen beziehungsweise in erschöpfender Weise als unbegründet zu begutachten, für alle übrigen aber die noch erforderliche nähere, beziehungsweise örtliche Untersuchung anzuordnen.

Dem Ermessen des Veranlagungscommissars beziehungsweise des Bezirkscommissars bleibt es jedoch überlassen, diese örtliche Untersuchung in geeigneten Fällen durch einzelne Mitglieder der Veranlagungscommission schon vor der Einberufung der letzteren bewirken zu lassen, beziehungsweise das zur Beurtheilung der Reclamationen erforderliche Material möglichst herbeizuschaffen, und der Commission bei ihrem erst später herbeizuführenden Zusammentritte vorzulegen.

§. 7. Reclamationen gegen Feldmesserarbeiten sind, je nachdem dieselben als begründet oder als unbegründet sich ergeben sollten, auf Kosten des Feldmessers, welcher solche gefertigt hat, oder auf Kosten des Reclamanten zu erledigen.

Zu diesem Behufe sind die Feldmesser, gegen deren Arbeiten Reclamationen erhoben worden sind, über letztere zunächst und, soweit nicht nach dem Ermessen des Veranlagungscommissars, beziehungsweise des Bezirkscommissars, deren Vorlegung an den Obergeometer zur Aeußerung, beziehungsweise weiteren Veranlassung für zweckmäßig erachtet werden sollte, von der Veranlagungscommission mit ihrer Gegenäußerung zu hören. Erachtet die Veranlagungscommission diese Gegenäußerung nicht für ausreichend, um auf Grund desselben die gerügten Mängel zu beseitigen, oder ist der betreffende Feldmesser aus dem bisherigen Dienstverhältniß bereits ausgeschieden, so hat der Veranlagungscommissar einen anderen vollständig qualificirten, mit den Grundsteuervermessungsarbeiten vertrauten Feldmesser seines Kreises mit der Untersuchung und Erledigung der Reclamation, und zwar unter Zuziehung des Reclamanten, eventuell des betheiligten Feldmessers, zu beauftragen. Dieser Auftrag ist so weit als thunlich Vermessungsrevisoren, falls dieselben aber nicht in genügender Anzahl vorhanden sind, denjenigen Feldmessern zu ertheilen, welche dazu von dem Bezirkscommissar besonders bestimmt werden. Das Gutachten solcher Vermessungsrevisoren oder Feldmesser ist für die Beschlüsse der Veranlagungscommission maaßgebend.

§. 8. In soweit die Reclamationen die Einschätzungen in den Klassificationstarif betreffen, und darnach eine weitere örtliche Untersuchung erforderlich erscheint, ist diese durch zwei von dem Veranlagungscommissar zu deputirende Mitglieder der Veranlagungscommission zu bewirken; hierbei aber darauf zu halten, daß mindestens eins der zu deputirenden Mitglieder bei der ersten Einschätzung des betreffenden Grundstücks nicht betheiligt war. Dem betreffenden Gemeindevorstand, beziehungsweise Besitzer des selbstständigen Gutsbezirks, ist freizustellen, dieser Prüfung beizuwohnen.

Wenn hierbei, was, soweit thunlich, überall zunächst zu versuchen, eine Verständigung über die Art der Erledigung oder über die Zurücknahme der Reclamation erfolgt, so ist dies durch ein hierüber aufzunehmendes, und auch dem Reclamanten zur Vollziehung vorzulegendes Protocoll festzustellen.

Ist die Zurücknahme der Reclamation nicht zu erreichen, so hat die Revisionsdeputation in dem aufzunehmenden Protocolle oder in einem besonderen schriftlichen Gutachten die erhobene Ausstellung eingehend zu erörtern.

Soweit als möglich ist dahin zu wirken, daß ein Mitglied der Bezirkscommission der örtlichen Revision und Begutachtung der Reclamationen beiwohne; das Nähere hierüber bleibt der Bestimmung des Bezirkscommissars, welchem von der erfolgten Ernennung der Deputation u. s. w. durch den Veranlagungscommissar Kenntniß zu geben, überlassen.

§. 9. Insoweit die Reclamationen in dem vorstehend (§§. 7 und 8) bezeichneten Verfahren nicht erledigt, beziehungsweise zurückgenommen worden sind, hat die Veranlagungscommission über dieselben auf Grund des Gutachtens ihrer Deputirten (§. 8) Beschluß zu fassen, diejenigen, welche sie für begründet erachtet, durch Beseitigung der gerügten Mängel zu erledigen, die übrigen aber behufs Vorbereitung der Entscheidung über dieselben durch die Bezirkscommission, speciell zu beleuchten. Die hierüber aufzunehmenden Verhandlungen mit allen übrigen Einschätzungsarbeiten sind demnächst durch den Veranlagungscommissar unter entsprechender Ausfüllung des Musters zu §. 6 dieser Anweisung unter Beifügung seines eigenen Gutachtens zur weiteren Veranlassung an den Bezirkscommissar einzureichen.

§. 10. Ueber die unerledigt gebliebenen Reclamationen hat die Bezirkscommission, nach eingehender Prüfung der Einschätzungsarbeiten des betreffenden Kreises u. s. w. auf den Vortrag eines, oder in wichtigen Fällen zweier Mitglieder, endgültig zu entscheiden.

Der Bezirkscommissar ernennt die Referenten und bestimmt, ob dieselben über die Reclamation schriftlichen Vortrag zu halten haben.

Behufs der Entscheidung über Reclamationen gegen geometrische Arbeiten ist der Obergeometer mit seinem Gutachten zu hören.

Erachtet die Bezirkscommission eine Reclamation zur Entscheidung noch nicht ausreichend vorbereitet, so ist unter gehöriger Präcisirung und Feststellung der noch zu erörternden Punkte von dem Bezirkscommissar die weitere Untersuchung und Vervollständigung der Verhandlungen, eventuell unter Zuziehung der Revisionsdeputation der Veranlagungscommission anzuordnen.

§. 11. Die Entscheidungen der Bezirkscommission über die Reclamationen werden unter der Unterschrift des Bezirkscommissars und zweier Mitglieder der Bezirkscommission ausgefertigt und den betreffenden Veranlagungscommissarien übersandt, um solche den Reclamanten insinuiren zu lassen und das etwa sonst noch Erforderliche wegen Berichtigung der Karten, Einschätzungsregister u. s. w. zu veranlassen. Ob die Entscheidung mit Gründen auszufertigen oder ohne solche zu ertheilen ist, bleibt dem Ermessen der Bezirkscommission nach Bewandniß des Falles vorbehalten.

§. 12. Die in Folge des Reclamationsverfahrens eintretenden Abänderungen sind in den Einschätzungsregistern, den Klassenzusammenstellungen, den etwa bereits aufgestellten Kreisübersichten und den sonstigen Schriftstücken mit rother Dinte nachzutragen, soweit dies erforderlich, auch die Coupons und Gemarkungskarten danach zu berichtigen.

Daß dies geschehen, ist in der Reclamationsnachweisung (Muster 4 zu §. 6) zu bescheinigen.

Berlin, den 15. Juli 1863.
Der **Finanzminister.**
Im Auftrage:
Bitter.

Muster 1. (zu §. 2.)

Grundsteuer-Veranlagung.

Kreis............
Gemeinde..........

Die Bestandtheile des Gemeindeverbandes sind enthalten in den Gemarkungen
....

An den Gemeindevorstand
  zu........................

Der Gemeindevorstand erhält hierneben in Gemäßheit der Bestimmung im §. 45 der Anweisung für das Verfahren bei Ermittelung des Reinertrags der Liegenschaften behufs anderweiter Regelung der Grundsteuer vom 21sten Mai 1861 (Gesetzsammlung für 1861 S. 257) eine Abschrift des Einschätzungsregisters nebst Klassenzusammenstellung von den die Gemarkung .... bildenden Liegenschaften mit dem Bemerken zugefertigt, daß das Ergebniß der Einschätzungen für den ganzen Kreis durch Einsicht der zu .... in .... vom .... ten .... bis zum .... ten .... offen gelegten Gemarkungskarten und Einschätzungsregister nebst Klassenzusammenstellungen an drei Tagen in der Woche, nämlich ...., ..., und .... in den Stunden von .... Uhr .... mittags bis .... Uhr .... mittags entnommen werden kann, und daß Einwendungen gegen die geschehene Einschätzung binnen einer Präclusivfrist von vier Wochen, vom Tage des Empfangs dieser Eröffnung an gerechnet, schriftlich und unter gehöriger Begründung, sowie unter Rückgabe der anliegenden Abschriften des Einschätzungsregisters nebst Klassenzusammenstellung, bei dem Unterzeichneten anzubringen sind.

Reclamationen, welche weder schriftlich, noch unter Angabe von Reclamationsgründen, noch innerhalb der bestimmten Präclusivfrist angebracht werden, müssen unberücksichtigt bleiben.

Die Einwendungen dürfen nach §. 45 a. a. O. nicht gegen den Klassificationstarif für den Kreis beziehungsweise Klassificationsdistrict gerichtet, sondern nur angebracht werden:
  a. wegen unrichtigen Ansatzes einzelner Grundstücke,
  b. wegen unrichtiger Ermittelung des Flächeninhalts,
  c. wegen unrichtiger Einschätzung in den Klassificationstarif,
  d. wegen vorgekommener Fehler bei den aufgestellten Berechnungen.

Nur der Gemeindevorstand, nicht aber die einzelnen Grundstücksbesitzer innerhalb der Gemeinde sind berechtigt, die vorgedachten Einwendungen zu erheben.

Ausstellungen wegen unrichtiger Ermittelung des Flächeninhalts können, soweit eine Abweichung gegen die wirkliche Größe im Felde behauptet wird, nur gegen den Gesammtinhalt der zu der Gemeinde gehörenden Grundstücke gerichtet werden.

Befinden sich aber innerhalb der Gemeinde bisher von der Grundsteuer befreite, oder hinsichtlich derselben bevorzugte, künftighin aber steuerpflichtige oder solche Grundstücke, welche nach §. 4 des Grundsteuergesetzes vom 21sten Mai 1861 (Gesetzsammlung S. 253) auch künftighin von der Grundsteuer befreit bleiben, so steht den Eigenthümern oder Vertretern derselben gleichfalls die Befugniß zu, Einwendungen gegen die geschehene Einschätzung, sowie gegen die angenommenen Grenzen, beziehungsweise die Ermittelung des Flächeninhalts jener Grundstücke durch Ihre Vermittelung binnen der oben bezeichneten Präclusivfrist zu erheben. Ueber die Frage, ob den Besitzern der in Spalte 6 des Einschätzungsregisters eingetragenen speciell ermittelten Grundstücke, beziehungsweise den Besitzern anderer, einstweilen nicht speciell ermittelter Grundstücke ein Recht auf Entschädigung nach den Bestimmungen des Grundsteuerentschädigungsgesetzes vom 21sten Mai 1861 gebührt, findet in dem gegenwärtigen Reclamationsverfahren noch keine Erörterung statt, und wird durch das letztere der hierüber in dem geordneten Wege besonders zu treffenden Entscheidung in keiner Art vorgegriffen.

Falls die angebrachten Reclamationen als unbegründet erkannt werden, fallen die durch die Untersuchung derselben etwa entstandenen Kosten dem Reclamanten, welcher in der von der Bezirkscommission zu treffenden Entscheidung zu bezeichnen ist, zur Last und werden von demselben im Verwaltungswege eingezogen.

Die anliegenden, oben speciell bezeichneten Schriftstücke sind, auch wenn keine Einwendungen gegen die geschehene Einschätzung erhoben werden, mit dem Ablaufe der vierwöchentlichen Präclusivfrist wieder unversehrt an den Unterzeichneten zurückzugeben, widrigenfalls dieselben auf Kosten des Gemeindevorstandes neu werden angefertigt werden.

Sogleich nach Empfang der mehrerwähnten beifolgenden Schriftstücke ist deren Eingang in der Gemeinde in ortsüblicher Weise bekannt zu machen, auf die vorstehend erwähnte Reclamationsbefugniß der Besitzer bisher von der Grundsteuer befreiter oder bevorzugter, künftighin aber steuerpflichtiger, sowie solcher Grundstücke, welche künftighin von der Grundsteuer befreit bleiben, besonders aufmerksam zu machen, und darüber, daß und wie diese Bekanntmachung erfolgt ist, von dem Gemeindevorstande eine Bescheinigung unter Benutzung des anliegenden Formulars auszustellen und dem Unterzeichneten binnen längstens acht Tagen, vom Empfange dieser Eröffnung an gerechnet, einzureichen.

.... den ..... ten .... 186...

Der Veranlagungscommissar
zur Regelung der Grundsteuer für den Kreis ....

Muster 8. (zu §. 2.)

Grundsteuer-Veranlagung.

Kreis.............
Selbstständiger Gutsbezirk............. ...... Die Bestandtheile des selbstständigen Gutsbezirks sind enthalten in den Gemarkungen ....

An den..................................

Ew. .... erhalten hierneben in Gemäßheit der Bestimmung im §. 45 der Anweisung für das Verfahren bei Ermittelung des Reinertrags der Liegenschaften behufs anderweiter Regelung der Grundsteuer vom 21sten Mai 1861 (Gesetzsamml. für 1861 S. 257) eine Abschrift des Einschätzungsregisters nebst Klassenzusammenstellung von den die Gemarkung .... bildenden Liegenschaften ....

mit dem Bemerken zugefertigt, daß das Ergebniß der Einschätzungen für den ganzen Kreis durch Einsicht der zu .... im .... vom .... ten .... bis zum .... ten .... offen gelegten Gemarkungskarten und Einschätzungsregister nebst Klassenzusammenstellungen an drei Tagen in der Woche, nämlich.......... .... und .... in den Stunden von ..... Uhr .... mittags bis ...... Uhr .... mittags entnommen werden kann, und daß Einwendungen gegen die geschehene Einschätzung binnen einer Präclusivfrist von vier Wochen, vom Tage des Empfangs dieser Eröffnung an gerechnet, schriftlich und unter gehöriger Begründung, sowie unter Rückgabe der anliegenden Abschriften des Einschätzungsregisters nebst Klassenzusammenstellung, bei dem Unterzeichneten von Ihnen anzubringen sind.

Reclamationen, welche weder schriftlich noch unter Angabe von Reclamationsgründen, noch innerhalb der bestimmten Präclusivfrist angebracht werden, müssen unberücksichtigt bleiben.

Die Einwendungen dürfen nach §. 45 a. a. O. nicht gegen den Klassificationstarif für den Kreis, beziehungsweise Klassificationsdistrict gerichtet, sondern nur angebracht werden:
    a. wegen unrichtigen Ansatzes einzelner Grundstücke,
    b. wegen unrichtiger Ermittelung des Flächeninhalts,
    c. wegen unrichtiger Einschätzung in den Klassificationstarif,
    d. wegen vorgekommener Fehler in den aufgestellten Berechnungen.

Ausstellungen wegen unrichtiger Ermittelung des Flächeninhalts können, soweit eine Abweichung gegen die wirkliche Größe im Felde behauptet wird, nur gegen den Gesammtinhalt der zu dem Gutsbezirk gehörenden Grundstücke gerichtet werden.

Sollten sich etwa innerhalb der Grenzen des Gutsbezirks einzelne anderen Eigenthümern gehörige, bisher von der Grundsteuer befreite oder hinsichtlich derselben bevorzugte, künftighin aber steuerpflichtige oder solche Grundstücke befinden, welche nach §. 4 des Grundsteuergesetzes vom 21sten Mai 1861 (Gesetzsamml. für 1861 Seite 253) auch künftighin von der Grundsteuer befreit bleiben, so wollen Ew........ .... deren Besitzer von dem Ihnen behändigten Resultat der Einschätzung ebenfalls mit dem Bemerken Nachricht geben, daß denselben die Befugniß zusteht, Einwendungen gegen die geschehene Einschätzung, sowie gegen die angenommenen Grenzen, beziehungsweise die Ermittelung des Flächeninhalts jener Grundstücke durch Ihre Vermittelung binnen der oben bezeichneten Präclusivfrist zu erheben.

Darüber, daß und wie die Benachrichtigung erfolgt ist, wollen Ew. .... eine Bescheinigung unter Benutzung des anliegenden Formulars ausstellen, und dem Unterzeichneten binnen längstens acht Tagen, vom Empfange dieser Eröffnung an gerechnet, einreichen.

Ueber das Recht auf eine Entschädigung für die neu auferlegte Grundsteuer nach den Bestimmungen des Grundsteuerentschädigungsgesetzes vom 21sten Mai 1861, findet in dem gegenwärtigen Reclamationsverfahren noch keine Erörterung statt, und wird durch letzteres der hierüber auf dem geordneten Wege zu treffenden besonderen Entscheidung nicht vorgegriffen.

Falls die angebrachten Reclamationen als unbegründet erkannt werden, fallen die durch die Untersuchung derselben etwa entstandenen Kosten dem Reclamanten zur Last, und werden von demselben im Verwaltungswege eingezogen.

Die anliegenden oben speciell bezeichneten Schriftstücke wollen Ew. ...., auch wenn keine Einwendungen gegen die geschehene Einschätzung erhoben werden, mit dem Ablaufe der vierwöchentlichen Präclusivfrist wieder unversehrt an den Unterzeichneten zurückgeben, widrigenfalls dieselben auf Ihre Kosten neu angefertigt werden müssen.

.................., den ..... ten .... 186....
Der Veranlagungscommissar
zur Regelung der Grundsteuer für den Kreis ....

Muster 3. (zu §. 4.)

Grundsteuer-Veranlagung.

Gemarkung..............

Es wird hierdurch bescheinigt, daß der Eingang des Schreibens des Herrn Veranlagungscommissars für den Kreis .... vom ..... ten .... 186.... und der mit dem ersteren hieher gelangten Einschätzungsregister und Klassenzusammenstellungen in der Gemeinde (dem selbstständigen Gutsbezirk)*) bekannt gemacht, auch daß auf die Reclamationsbefugniß der Besitzer bisher von der Grundsteuer befreiter und hinsichtlich derselben bevorzugter, aber künftig steuerpflichtiger, sowie solcher Grundstücke, welche künftig von der Grundsteuer befreit bleiben, aufmerksam gemacht ist.

Diese Bekanntmachung ist erfolgt durch ....
....

.................., den ..... ten .... 186....
Der Gemeindevorstand*)
Der Inhaber des selbstständigen Gutsbezirks*)
(Unterschrift)..............

*) Bemerkung. Die Worte „der Gemeinde", beziehungsweise „dem selbstständigen Gutsbezirk", oder „der Gemeindevorstand", beziehungsweise „der Inhaber des selbstständigen Gutsbezirks", sind zu durchstreichen, je nachdem es sich um einen selbstständigen Gutsbezirk oder um eine Gemeinde handelt.

An
den Veranlagungscommissar zur Regelung der Grundsteuer Herrn..................
Herrschaftliche Grundsteuer-
veranlagungssache.
zu
....

Muster 4. (zu §. 6.)

Grundsteuer-Veranlagung.

Regierungsbezirk..............
Kreis..............
Gemarkung..............
№........

Reclamations-Nachweisung.

Bemerkung.
Die speciellen über die Reclamationen gepflogenen Verhandlungen sind gegenwärtiger Nachweisung unter Beifügung eines Hinweises auf die laufende Nummer der letzteren in einem geordneten Heft beizufügen.

Bekanntmachungen der Königlichen Regierung.

(**411**) Auf der Privatchaussee von Kobier über Tichau, Emanuelsseegen, bis zur Beuthener Kreisgrenze wird
1) an der Hebestelle Kobier, Station 20, das Chausseegeld für eine Meile, und
2) an der Hebestelle Emanuelsseegen, Station 443, das Chausseegeld für ein und eine halbe Meile erhoben,

was wir hiermit zur öffentlichen Kenntniß bringen. Oppeln, den 5. August 1863.

(**414**) **Belobigung.**
Der Kolonist Lorenz Bednarek zu Paczeras, im Kreise Lublinitz, hat durch seine Hülfe die verehelichte Hüttenschmidt Rosalie Pluta daselbst vom Tode des Ertrinkens gerettet.

Diese verdienstliche Handlung wird unter lobender Anerkennung hiermit zur öffentlichen Kenntniß gebracht. Oppeln, den 29. Juli 1863.

(**403**) Dem Maschinen-Fabrikanten Rudolph Alfred Wens zu Berlin ist unter dem 31sten Juli 1863 ein Patent
- auf eine rotirende Mähmaschine in der durch Zeichnung und Beschreibung nachgewiesenen Zusammensetzung, ohne Andere in der Benutzung bekannter Theile zu beschränken,

auf fünf Jahre, von jenem Tage an gerechnet und für den Umfang des preußischen Staats ertheilt worden. Oppeln, den 13. August 1863.

(**404**) Dem Maschinen-Fabrikanten C. Schwartzkopff zu Berlin ist unter dem 31sten Juli 1863 ein Patent
auf einen durch Zeichnung und Beschreibung nachgewiesenen, für neu und eigenthümlich erachteten Universal-Schraubenschlüssel

auf fünf Jahre, von jenem Tage an gerechnet, und für den Umfang des preußischen Staats ertheilt worden. Oppeln, den 13. August 1863.

(**408**) Dem Fabrikbesitzer Joh. Zimmermann in Chemnitz ist unter dem 1sten August 1863 ein Patent
auf eine durch Zeichnung und Beschreibung nachgewiesene, für neu und eigenthümlich erachtete Rad-Theil- und Hobel-Maschine, ohne Jemand in der Benutzung bekannter Theile zu beschränken,

auf fünf Jahre, von jenem Tage an gerechnet, und für den Umfang des preußischen Staats ertheilt worden. Oppeln, den 13. August 1863.

Bekanntmachungen verschiedener Behörden.

(**402**) Dem schifffahrttreibenden Publicum wird hierdurch bekannt gemacht, daß die Schiffsschleuse bei Ohlau, einer nothwendigen Reparatur wegen, von heut ab auf drei bis vier Wochen gesperrt werden muß. Breslau, den 23. Juli 1863. Königliche Regierung. Abtheilung des Innern.

(**406**) Wir bringen hiermit zur öffentlichen Kenntniß, daß Seine Majestät der König mittels Allerhöchster Ordre vom 7ten d. Mts. auf den von dem Evangelischen Ober-Kirchenrathe im Einverständniß mit dem Herrn Minister der geistlichen ꝛc. Angelegenheiten gehaltenen Vortrag den bisherigen Superintendentur-Verweser, Pastor Deßmann in Bolkenhain, zum Superintendenten der Diöcese Bolkenhain zu ernennen geruht haben, und daß für denselben unter dem 20sten d. Mts. die diesfällige Bestallung ausgefertigt worden ist. Breslau, den 29. Juli 1863.

Königliches Consistorium für die Provinz Schlesien.

(**413**) **Bekanntmachung.**
betreffend die Nichtzulassung von Schiffsgefäßen von vorschriftswidrigen Dimensionen auf dem Friedrich-Wilhelms-Kanal vom 1sten Januar 1864 ab.

Obgleich das durch die Allerhöchste Kabinets-Ordre vom 21sten November 1845 bestätigte Regulativ vom 8ten desselben Monats und Jahres (Gesetz-Sammlung pro 1845 Seite 785; außerordentliche Beilage zum diesseitigen Amtsblatt Nr. 53 pro 1845) in §. 1 ausdrücklich anordnet, daß vom 1sten Januar 1853 ab der Friedrich-Wilhelms-Kanal nur von Schiffsgefäßen befahren werden darf, deren äußere größte Breite nicht über 14½ Fuß, und deren Länge nicht über 128 Fuß von einer zur anderen Kaffe spitze beträgt, und obgleich der gedachte Termin wiederholt verlängert worden ist, kommen doch noch einzelne Schiffsgefäße vor, welche eine größere Breite und Länge als die vorbestimmte haben.

Da auf diese Weise aber das allgemeine Schifffahrts-Interesse in hohem Grade benachtheiligt wird, haben wir den betreffenden Kanalbeamten strenge zur Pflicht gemacht, fortan auf Befolgung der in Rede stehenden Bestimmung genau zu achten, und vom **1sten Januar 1864 ab** alle der letzteren nicht entsprechenden Schiffsgefäße unnachsichtlich zurückzuweisen.

Indem wir dies zur Kenntniß des schifffahrtstreibenden Publicums bringen, bleib diesem nunmehr lediglich selbst überlassen, sich vor den nachtheiligen Folgen zu schützen, welche aus längerer Nichtbeachtung der oben gedachten gesetzlichen Vorschrift nothwendig für dasselbe hervorgehen müssen.

Frankfurt a/O., den 31. Juli 1863.   Königliche Regierung. Abtheilung des Innern.

Vorstehende Polizeiverordnung der Königlichen Regierung zu Frankfurt a/O. wird hiermit zur Kenntniß und Nachachtung für das schifffahrttreibende Publicum gebracht.

Oppeln, den 4. August 1863.   Königliche Regierung. Abtheilung des Innern.

(405) Das Ergebniß der Rechnung der Provinzial-Städte-Feuer-Societäts-Kasse für das Jahr 1862 wird in Gemäßheit des §. 94 des Provinzial-Städte-Feuer-Societäts-Reglements vom 1sten September 1852 hierdurch nachstehend zur öffentlichen Kenntniß gebracht:

	Versicherungen in Klasse						zusammen
	I.	II.	III.	IV.	V.	VI.	
	Rth.	Rth.	Rth.	Rth.	Rth.	Rth.	Rth.
Ultimo 1861 betrug die Versicherung:	16,688,100	814,790	1,231,770	2,037,710	642,190	3,567,920	24,982,480
Zugang pro 1862	1,179,440	41,220	78,970	110,030	19,170	137,980	1,566,810
zusammen...	17,867,540	856,010	1,310,740	2,147,740	661,360	3,705,900	26,549,290
Abgang pro 1862	152,790	14,680	23,550	107,470	36,980	99,820	435,290
Mithin bleiben Versicherungen ult. December 1862......	17,714,750	841,330	1,287,190	2,040,270	624,380	3,606,080	26,114,000
und zwar im: Regierungs-Bezirk: Breslau........	7,430,510	401,780	760,380	823,140	404,310	1,516,580	11,336,700
Liegnitz	4,288,190	294,660	394,340	283,080	153,810	914,860	6,328,940
Oppeln	5,996,050	144,890	132,470	934,050	66,260	1,174,640	8,448,360
Summa wie oben..	17,714,750	841,330	1,287,190	2,040,270	624,380	3,606,080	26,114,000 incl. 47,330 geg. fig. Vers.

An dieser Versicherungssumme von 26,114,000 Thlr. participiren die nachstehenden Städte der ganzen Provinz, wie folgt:

Auras .... 76,000.
Bauerwitz .... 176,170.
Bernstadt .... 373,150.
Beuthen a. d. O........... 227,300.

Beuthen O. S. .... 317,020.
Bolkenhain .... 120,200.
Brieg .... 1,734,850.
            (incl. 19,980 figirt.)

Bunzlau	236,140.
Canth	138,470.
Constadt	185,420.
Cosel	160,080.
Creutzburg	548,480.
	(incl. 500 fixirt.)
Falkenberg	144,620.
	(incl. 470 fixirt.)
Festenberg	202,160.
Frankenstein	266,390.
Freistadt	70,220.
Friedeberg	57,660.
Friedland	124,160.
Glatz	325,140.
	(incl. 1,500 fixirt.)
Gleiwitz	544,890.
	(incl. 300 fixirt.)
Glogau, Groß-	716,370.
Glogau, Ober-	187,920.
	(incl. 4,360 fixirt.)
Görlitz	212,520.
Goldberg	464,140.
Gottesberg	65,790.
Greiffenberg	42,720.
Grottkau	68,950.
Grünberg	753,280.
	incl. 5,300 fixirt.)
Guhrau	428,100.
Guttentag	211,220.
Habelschwerdt	55,710.
Hainau	219,620.
Herrnstadt	160,800.
	(incl. 720 fixirt.)
Hirschberg	84,010.
Hohenfriedeberg	7,800.
Hoyerswerda	44,830.
Hultschin	104,940.
Hundsfeld	78,860.
Jauer	334,580.
Juliusburg	71,120.
Katscher	121,390.
Kieferstädtel	17,250.
Köben	105,940.
Krappitz	197,200.
Kupferberg	3,430.
Laehn	30,100.
Landek	40,600.
Landeshut	251,790.
Landsberg O. S.	90,920.
Lauban	154,540.
Leobschütz	608,510.
Leschnitz	92,250.
Lewin	37,190.
Liebau	101,640.
Liebenthal	30,120.
Liegnitz	214,660.
Löwen	124,320.
Löwenberg	111,420.
Loslau	59,820.
Lublinitz	262,030.
Lüben	361,360.
	(incl. 1,340 fixirt.)
Markliffa	135,520.
Medzibor	105,610.
Militsch	158,830.
Mittelwalde	40,790.
Münsterberg	342,150.
Muskau	2,150.
Namslau	355,290.
Naumburg a. B.	39,480.
	(incl. 280 fixirt.)
Naumburg a. Q.	4,990.
Neisse	161,160.
Neumarkt	340,770.
Neurode	198,910.
Neusalz	73,800.
Neustadt O. S.	435,260.
Neustädtel	104,100.
Nicolai	171,930.
Nimptsch	238,970.
Oels	697,210.
	(incl. 130 fixirt.)
Ohlau	480,000.
Oppeln	775,280.
Ottmachau	137,860.
Parchwitz	111,910.
	(incl. 200 fixirt.)
Patschkau	174,400.
	(incl. 4,920 fixirt.)
Peiskretscham	149,350.
Pitschen	125,070.
Pleß	276,640.
Polkwitz	213,710.
Prausnitz	283,750.
Priebus	29,910.
Primkenau	73,290.
Ratibor	160,840.
Rauden	199,240.
Reichenbach	326,010.
Reichenstein	95,090.
Reichthal	46,090.
Reinerz	49,300.
	(incl. 3,000 fixirt.)
Rosenberg	273,820.
	(incl. 50 fixirt.)
Rothenburg O.-L.	22,460.
Ruhland	98,610.
Rybnik	63,520.

Sagan	67,560.	Trachenberg	229,980.
Schlawa	17,090.	Trebnitz	408,430.
Schmiedeberg	114,380.		(incl. 1,800 fixirt.)
Schömberg	166,590.	Tschirnau	37,350.
	(incl. 370 fixirt.)	Ujest	189,110.
Schönau	36,910.	Waldenburg	68,000.
Schönberg O.-L.	30,170.	Wansen	114,750.
Schurgast	43,150.	Wartenberg, Deutsch-	83,660.
Schweidnitz	173,500.	Wartenberg, Polnisch-	81,430.
Silberberg	52,870.	Wartha	57,450.
Sohrau	180,050.	Wilhelmsthal	12,420.
Sprottau	6,190.	Winzig	220,550.
Steinau a. d. O.	277,280.		(incl. 1,490 fixirt.)
Strehlen	462,340.	Wittichenau	55,750.
	(incl. 420 fixirt.)		(incl. 180 fixirt.)
Strehlitz, Gross-	326,450.	Wohlau	60,260.
Striegau	316,610.	Wünschelburg	100,950.
Stroppen	68,830.	Ziegenhals	65,940.
Sulau	40,080.	Zobten	186,720.
Tarnowitz	347,550.	Zülz	138,120.
Tost	144,250.		

In den Städten Dyhernfurth, Freyburg, Myslowitz, Seidenberg und Reichenbach O.-L. waren keine Gebäude bei der Provinzial-Städte-Feuer-Societät versichert.

Die Versicherungen haben im Jahre 1862 zugenommen, und zwar sind mehr:

  in der I. Klasse .... 1,026,650 Thlr.,
    „   „ II.   „ ....   26,540 „
    „   „ III.   „ ....   55,420 „
    „   „ IV.   „ ....   2,560 „
    „   „ VI.   „ ....   38,160 „

          zusammen also mehr .... 1,149,330 tlr.

Dagegen weniger:
  in der V. Klasse .... 17,810 „

so dass nach Berechnung des Zuganges und Abganges die wirkliche Zunahme an Versicherungen im Jahre 1862 .... 1,131,520 „
beträgt.

Die Versicherungs-Zunahme hat in jedem der 3 Regierungsbezirke der Provinz stattgefunden, und zwar:
  im Regierungsbezirk Breslau um .... 489,000 Thlr.,
   „   „ Liegnitz   „ .... 283,200 „
   „   „ Oppeln   „ .... 359,320 „

         zusammen also .. 1,131,520 Thlr.

I. Einnahme pro 1862.

A. pro 1861 et retro.

1) Uebertragener Bestand (incl. 100,000 Schles. Rentenbriefe und 16,000 Bauscheine der hiesigen städtischen Bank) .... 116,479 Thlr. 25 Sgr. 11 Pf.
2) Einnahme-Reste .... 1 „ 12 „ 10 „

B. Currente Einnahme pro 1862.

1) Ordentliche Beiträge .... 10,324 Thlr. 4 Sgr. 3 Pf.
2) Fixirte Beiträge .... 806 „ 12 „ 6 „
3) Ordnungsstrafen .... 11 „ — „ — „

     Latus ... 11,141 Thlr. 16 Sgr. 9 Pf. 116,481 Thlr. 8 Sgr. 9 Pf.

Transport ... 11,141 Thlr. 16 Sgr. 9 Pf. 116,481 Thlr. 8 Sgr. 9 Pf.
    4) Zinsen und anderweite Einnahmen . 4,269 „   2 „ 6 „
                                                                  15,410 „ 19 „ 3 „
            C. Ferner:
        Für städtische Bankscheine baar erhoben .... 30,600 „ — „ — „
                             Die gesammte Einnahme beträgt daher 162,491 Thlr. 28 Sgr. — Pf.
                    II. Ausgabe pro 1862.
             A. Rest-Ausgabe.
                               Thlr. Sgr. Pf.
    1) Für die alte Städte-Feuer-
       Societät................... 20 — —
    2) Abschätzungs- und Revisions-
       Kosten....................   18 23 9
    3) Brandschäden-Vergütigungen . 2480 1 —
    4) Vergütigungen für Feuereimer . 19 10 —
    5) Sprizen und andere Prämien. 15 15 —
                                    2,553 Thlr. 19 Sgr. 9 Pf.
             B. Currente Ausgabe.
       I. Verwaltungs-Kosten:
    1) Besoldungen und Remunerati-   Thlr. Sgr. Pf.
       onen....................   744 16 6
    2) Buchbinder-Arbeiten 5 13 6
    3) für Drucksachen .... 140 — —
    4) Abschätzungskosten .... 122 — 6
    5) Diäten und Reisekosten des pro-
       vinzialständischen Ausschusses. 114 — —
    6) Kassen-Verwaltungskosten ...   96 1 10
    7) Tantième für die Magisträte. 1651 3 5
                                    2,873 „ 5 „ 9 „
    II. Brandschäden-Vergütigungen, und zwar
         in den Regierungsbezirken: Thlr. Sgr. Pf.
    a. Breslau 15,040 25 3
    b. Liegnitz...............   1,989 13 8
    c. Oppeln...............   9,886 3 9
                                    26,916 „ 12 „ 8 „
    III. Vergütigung für Feuer-Eimer.........   92 „ 24 „ — „
    IV. Vergütigung für Sprizen- und andere
         Prämien..................   164 „ — „ — „
    V. Insgemein...............   16 „ 2 „ — „
             C. Ferner
    1) An die hiesige städtische Bank
       gegen Baarzahlung zurückge-
       gebene Bankscheine .... 29,600 — —
    2) Bei der Breslauer städtischen
       Bank zinsbar angelegt ..... 1,000 — —
                                    30,600 „ — „ — „
                      Die gesammte Ausgabe beträgt demnach 63,216 „ 4 „ 2 „
                                         Verbleiben also 99,275 Thlr. 23 Sgr. 10 Pf.
                         Hierzu kommt noch der Ausgaberest mit 1,168 „ — „ — „
           Mithin ist am Schlusse des Jahres 1862 ein Bestand von 100,443 Thlr. 23 Sgr. 10 Pf.

und zwar, a. in Schlesischen Rentenbriefen 100,000 Thlr. — Sgr. — Pf.
    b. in Breslauer Stadt-Bankscheinen 400 „ — „ — „
    c. in baarem Gelde............ 43 „ 23 „ 10 „
               100,443 Thlr. 23 Sgr. 10 Pf.
 Die Rentenbriefe per 100,000 Thlr. standen nach dem Course vom
31sten December 1862 al pari, waren also werth............. 100,000 Thlr. — Sgr. — Pf.
Hierzu die Zinsen bis ultimo December 1862 mit................ 1,000 „ — „ — „
Ferner in Breslauer Bankscheinen...................... 400 „ — „ — „
und Baar................................... 43 „ 23 „ 10 „
so daß hiernach das Gesammt-Vermögen der Provinzial-Städte-Feuer-Societät am 31sten December 1862 in Wirklichkeit............. 101,443 Thlr. 23 Sgr. 10 Pf.
betrug.
 Einnahme-Reste waren Ende 1862 nicht vorhanden.
 Brände sind im Jahre 1862 bei der Provinzial-Städte-Feuer-Societät 58 vorgekommen, und zwar:
      a. im Regierungsbezirk Breslau.......... 25,
      b. „ „ „ Liegnitz.......... 9,
      c. „ „ „ Oppeln.......... 24,
                  58.
und sind durch diese Brände 96 Wohnhäuser,
        61 Stallungen,
        32 Scheunen,
         1 Brauerei,
         1 Schulgebäude und
         2 Fabrik-Gebäude,
gänzlich oder theilweise zerstört worden.
 Zwei von diesen Bränden sind durch Kinder beim Spielen verursacht worden; bei den übrigen hat die Entstehungs-Ursache nicht ermittelt werden können. In drei Fällen hat die Brandschaden-Vergütigung von der Societät auf Grund der Bestimmungen der §§. 6 und 13 des Reglements vom 1sten September 1852 und der Allerhöchsten Cabinets-Ordre vom 1sten Juli 1859 verweigert werden müssen.
 Die meisten Brände haben stattgefunden:
      in der Stadt Gleiwitz............ 4,
      „ „ „ Medzibor............ 4 und
      „ „ „ Prausnitz............ 3.
 Die bedeutendsten unter den Bränden waren:
  1) in der Stadt Bauerwitz den 24sten April 1862..... wofür 1,260 Thlr.,
  2) „ „ „ Creuzburg „ 2ten November 1862.... „ 2,363 „
  3) „ „ „ Medzibor „ 16ten September 1862.. „ 9,994 „
an Vergütigungen gezahlt worden sind.
 Da im Jahre 1862 an Brandschaden-Vergütigungen nur 29,228 Thlr. zu zahlen waren, so konnten die ordentlichen Feuer-Societätsbeiträge für das erste Semester ganz, und für das zweite Semester zu drei Viertheilen erlassen werden.
 Die Beiträge haben sich daher für das Jahr 1862 noch niedriger gestellt, als für das Jahr 1861. Dieselben betrugen nämlich für das Jahr 1862 und zwar:
    in der I. Klasse .... — Sgr. 6 Pf.
    „ „ II. „ .... 1 „ — „
    „ „ III. „ .... 1 „ 6 „
    „ „ IV. „ .... 2 „ — „
    „ „ V. „ .... 2 „ 6 „
    „ „ VI. „ .... 3 „ — „
oder im Durchschnitt 1 Sgr. 9 Pf. für 100 Thlr. der Versicherungssumme, während der Durchschnitt der ordentlichen Beiträge für das Jahr 1861 3 Sgr. 6 Pf., und für das Jahr 1860 14 Sgr. betragen hat.
 Breslau, den 25. Juli 1863.   Königliche Regierung. Abtheilung des Innern.

(413) Königliche Preußische landwirthschaftliche Academie zu Poppelsdorf bei Bonn.

Im Winterhalbjahr 1863—64 werden an der landwirthschaftlichen Academie zu Poppelsdorf folgende Vorlesungen gehalten:

Einleitung in die landwirthschaftlichen Studien; Landwirthschaftliche Betriebslehre; Allgemeiner Ackerbau: Director Dr. Hartstein.

Schafzucht, Wollkunde und Schweinezucht; Landwirthschaftliche Rechnungsführung und landwirthschaftliche Berechnungen: Administrator Dr. Krämer.

Forstwissenschaft; Jagd und Fischereiwesen: Dr. Bonhausen.

Obstbaumzucht: Garteninspector Sinning.

Physik; Landwirthschaftliche Technologie; Unorganische Chemie; Analytische Chemie mit Uebungen in landwirthschaftlich-chemischen Arbeiten.

Mineralogie und Geognosie; Pflanzen-Anatomie und Physiologie; Allgemeine und landwirthschaftliche Zoologie; Künstliche Fischzucht: Professor Dr. Sachs.

Volkswirthschaftslehre: Professor Dr. Kaufmann.

Landwirthschaftsrecht: Professor Dr. Achenbach.

Arithmetik und Algebra mit Uebungs-Aufgaben; Mechanik mit besonderer Berücksichtigung der landwirthschaftlichen Geräthe und Maschinen; Landwirthschaftliche Baukunde; Zeichnen-Unterricht: Baumeister Schubert.

Anatomie und Physiologie der Hausthiere; Aeußere Krankheiten der Hausthiere; Geburtshülfe und Hufbeschlag; Gesundheitspflege der Hausthiere: Departement-Thierarzt Schell.

Die Vorlesungen beginnen am 15ten October c. gleichzeitig mit den Vorlesungen an der Universität zu Bonn. Auf betreffende Anfragen wegen Eintritts in die Academie wird der Unterzeichnete nähere Auskunft ertheilen. Poppelsdorf bei Bonn, im August 1863.

Der Director. Dr. Hartstein.

Personal-Chronik.

(412) Des Königs Majestät haben dem Glashüttenbesitzer Ebstein zu Murow den Königlichen Kronen-Orden IV. Klasse mit der Zahl 50 Allergnädigst zu verleihen geruht.

Bestätigt: die Wahlen der Apotheker Höfer und Lange in Pleß zu unbesoldeten Rathmännern, sowie des Commercienrath Doms, Kaufmann Pyrkosch, Conditor David, Maurermeister Höniger und Gerbermeister Zobel zu Ratibor zu unbesoldeten Rathsherren.

(409) Zur Personal-Chronik des Ober-Post-Directions-Bezirks Oppeln.

Es ist ernannt worden: der Postmeister Engelberg in Oppeln zum Postdirector.

Angestellt: der Post-Expedienten-Anwärter Ignaz Kittel als Post-Expedient bei der Post-Expedition in Kattowitz; der Post-Expedienten-Anwärter Carl Hoene als Post-Expedient und zugleich als Vorsteher der Post-Expedition in Kandrzin; der Post-Expedienten-Anwärter Carl Wraziblo als Post-Expedient bei der Post-Expedition in Cosel; der Post-Expedienten-Anwärter Johann Kroemer als Post-Expedient bei der Post-Expedition in Kattowitz; der frühere Oeconom Jachnik als Post-Expediteur in Neudek; der invalide Unterofficier Carl Neugebauer als Bureaudiener bei der hiesigen Ober-Post-Direction.

Versetzt: der Ober-Post-Secretair Plischke von Magdeburg nach Oppeln; der Post-Expedient Fesser von Königshütte nach Kandrzin.

Es ist freiwillig ausgeschieden: der Post-Expediteur Ebel in Jastrzemb und der Post-Expediteur Jaekel in Czernitz; der Bureaudiener Stentzsch in Oppeln.

Entlassen: der Post-Expediteur Schilling in Neudek.

Oppeln, den 4. August 1863. Königliche Ober-Post-Direction.

(416) Personal-Veränderungen im Departement des Königlichen Appellations-Gerichts zu Ratibor pro Monat Juli 1863.

A. Bei dem Appellations-Gericht.

Ernannt: der Referendarius Oscar König zum Gerichts-Assessor, der Kanzlei-Diätarius Hertel zum Appellationsgerichts-Canzlisten.

Versetzt: der Gerichts-Assessor Nizdorf aus dem Departement des Königlichen Appellationsgerichts

Breslau und der Kammergerichts-Referendarius Holzapfel in das hiesige Departement. Ausgeschieden: der Referendarius, Freiherr von Richthofen, Behufs Uebertritts in das Department des Königlichen Kammer-Gerichts.

B. Bei den Kreis-Gerichten.

I. Bei dem Kreis-Gericht zu Creuzburg.

Ernannt: der Gerichtsassessor Kniebusch zum Kreisrichter.
Gestorben: der Kreisrichter Pfitzner.

II. Bei dem Kreis-Gericht zu Falkenberg.

Versetzt: der Secretair Hoffmann an das Kreisgericht Neustadt.

III. Bei dem Kreis-Gericht zu Gleiwitz.

Ernannt: der Kreisrichter Dr. jur. Weiner zum Kreisgerichtsrath, der Rechtsanwalt und Notarius Winkler zum Justiz-Rath, der Kreisrichter Kneusel aus Leobschütz zum Rechtsanwalt und Notar vom 1sten September c. ab.

IV. Bei dem Kreis-Gericht Leobschütz.

Ernannt: der Kreisrichter Liese zum Kreisgerichtsrath.

V. Bei dem Kreis-Gericht Neisse.

Dem Secretair und Canzlei-Director König ist der Character als Canzlei-Rath verliehen worden.

VI. Bei dem Kreis-Gericht zu Neustadt.

Ernannt: der Rechtsanwalt und Notarius Kaiser zum Justiz-Rath.
Versetzt: der Bureau-Assistent Koschek aus Neustadt an die Gerichts-Commission Ober-Glogau.

VII. Bei dem Kreis-Gericht zu Oppeln.

Ernannt: der Kreisrichter Niederstetter zum Kreisgerichtsrath, die Hülfsboten und Executoren Carl Köhl und Carl Richter definitiv zu Boten und Executoren.

VIII. Bei dem Kreis-Gericht zu Pleß.

Ernannt: der Kreisrichter Rave zum Kreisgerichtsrath und der Rechtsanwalt und Notarius Schramm zum Justizrath.

IX. Bei dem Kreis-Gericht zu Rosenberg.

Entlassen: der Bote und Executor Murra zufolge rechtskräftigen Erkenntnisses.

X. Bei dem Kreis-Gericht Rybnik.

Dem Secretair Schimski ist der Character als Canzlei-Rath verliehen worden.

Redaction des Amtsblatts im Regierungs-Gebäude. — Druck von F. Weilshäuser in Oppeln.

Amts-Blatt
der Königlichen Regierung zu Oppeln.

Stück 34. Oppeln, den 20. August **1863.**

Allgemeine Gesetz-Sammlung.

(**420**) Das 26ste Stück der Gesetzsammlung enthält unter

Nr. 5743. Den Allerhöchsten Erlaß vom 27sten Juni 1863, betreffend die Aenderung der Bestimmung sub 1, 2 des Gebührentarifs für die Preußischen Consulate vom 10ten Mai 1832 (Gesetzsammlung S. 173), in Beziehung auf die Häfen von Großbritannien und Irland, und

Nr. 5744. Die Verordnung, betreffend die durch die Ermittelung des Reinertrags der Liegenschaften Behufs anderweiter Regelung der Grundsteuer nach dem Gesetz vom 21sten Mai 1861 entstehenden Kosten. Vom 4ten Juli 1863.

Bekanntmachungen der Königlichen Regierung.

(**418**) Nach eingegangenen amtlichen Nachrichten ist in dem im Königreich Polen unweit Praszka belegenen und nur eine Meile von der Landesgrenze entfernten Dorfe Gana die Rinderpest ausgebrochen. Wir sehen uns daher veranlaßt, den §. 4 der Verordnung vom 27sten März 1836 zur Anwendung zu bringen und jeden Verkehr mit der genannten Ortschaft Gana hierdurch zu untersagen.

Oppeln, den 12. August 1863.

(**422**) Die im §. 26 der Maaß- und Gewichtsordnung vom 16ten Mai 1816 (Gesetzsammlung pro 1816 pag. 146) ausgesprochene Verpflichtung der Böttcher, auf die von ihnen gefertigten oder veränderten Fässer, worin Bier, Wein, Essig, Branntwein und ähnliche Flüssigkeiten verkauft werden, den Quartinhalt und ihren Stempel einzubrennen, besteht unverändert fort. Den Eichungsbehörden ist die Ermächtigung zur Prüfung und Stempelung solcher Gefäße — abgesehen von den Fällen, wo sie zur Handhabung der polizeilichen Controle über die Richtigkeit der Bezeichnung und zur Constatirung entdeckter Unrichtigkeiten als erforderlich sich ergiebt, — lediglich zu dem Zwecke ertheilt worden, theils den Böttchern zu einer zuverlässigen Ermittelung des Inhalts Gelegenheit zu geben, theils andere Gewerbetreibende und Privatpersonen, welche in die Richtigkeit der Inhaltsangabe auf den in ihrem Besitz befindlichen Fässern Zweifel setzen möchten, von dem wirklichen Inhalt zu unterrichten.

Ein Zwang aber, letztere den Eichungsbehörden vorzulegen, besteht nicht. Es versteht sich von selbst, daß diejenigen Böttcher, welche den Inhalt der von ihnen gefertigten Fässer durch die Eichungsbehörde ermitteln und einbrennen lassen, hiermit zugleich der ihnen nach §. 26 obliegenden Verpflichtung genügen und der nach §. 27 bestehenden Verantwortlichkeit enthoben sind.

Im Uebrigen ist den Böttchern die freie Wahl der Wege, auf welchen sie die Inhaltsermittelung vornehmen wollen, überlassen, also auch unbenommen, sich zu diesem Zwecke einer Privat-Vermessungs-Anstalt zu bedienen. Hierbei bleibt der Böttcher für die Richtigkeit der Inhaltsangabe verantwortlich, hat also auch bei Strafe seinen Stempel auf das betreffende Gefäß einzubrennen. Uebrigens finden die §§. 26 und 27 der Maaß- und Gewichtsordnung nicht blos auf diejenigen, welche das Böttcherhandwerk betreiben, sondern auf alle solche Personen Anwendung, welche sich gewerbeweise mit Anfertigung von Fässern beschäftigen.

Mit Rücksicht darauf, daß in neuerer Zeit die vorstehenden Bestimmungen vielfach in Vergessenheit gerathen und nicht beobachtet worden sind, werden dieselben hiermit in Erinnerung gebracht und werden die Ortspolizei-Behörden angewiesen, die Böttchermeister und diejenigen Personen, welche sich sonst gewerbeweise mit Anfertigung von Fässern beschäftigen zur Nachsuchung der im §. 26 l. c. erwähnten Stempel und Vermeidung der dieselben nach §. 27 ebendaselbst treffenden Polizeistrafen aufzufordern. Die Stempel werden auf Antrag der Ortspolizei-Behörde für die gedachten Gewerbetreibenden von der Eichungs-Commission des Departements hierselbst angefertigt und gegen bloße Erstattung der Kosten den Gewerbetreibenden durch die Ortspolizei-Behörde zugesendet werden und müssen zurückgeliefert werden,

sobald der betreffende Gewerbebetrieb aufgegeben wird.
Oppeln, den 9. August 1863.

(423) Unter Hinweis auf unsere Amtsblatt-Verordnung vom 13ten Juni d. J., die zur Abwendung der Rinderpest an der Landesgrenze gegen das Königreich Polen und resp. gegen das österreichische Landes-Gebiet getroffenen Sperrmaaßregeln betreffend, setzen wir hiermit fest:

„Außer den sub a. der erwähnten Amtsblatt-Verordnung aufgeführten Gegenständen dürfen auch Knochen ohne Unterschied über die dort bezeichnete Grenzstrecke nicht eingeführt werden."

Hiernach haben die betreffenden Polizeibehörden und Königl. Grenz-Zollämter sofort zu verfahren, auch die Gewerbtreibenden sich genau zu achten.

Uebertreter dieses Verbots verfallen in die Strafe des §. 307 des Strafgesetzbuches vom 14ten April 1851. Oppeln, den 14. August 1863.

(417) Dem academischen Künstler Carl Heckert in Berlin ist unter dem 12ten August 1863 ein Patent

auf ein durch Beschreibung nachgewiesenes Verfahren, photographische Abbildungen auf Glas oder Porzellan zu fixiren, so weit es als neu und eigenthümlich erkannt ist,

auf fünf Jahre, von jenem Tage an gerechnet und für den Umfang des preußischen Staats ertheilt worden. Oppeln, den 20. August 1863.

Bekanntmachungen verschiedener Behörden.

(419) **Verzeichniß**
der
Vorlesungen, welche auf der Universität Breslau im Winter-Semester 1863/64 vom 15ten October an gehalten werden.
(Die mit * bezeichneten Vorlesungen werden öffentlich oder unentgeltlich gehalten.)

Theologie.

A. Evangelische Facultät.

Theologische Encyklopädie, Herr Professor Lic. Hahn. Einleitung in das alte Testament, Herr Professor Dr. Rädiger. Erklärung der Weissagungen des Jesaias, Herr Professor Lic. Schulz. *Erklärung des zweiten Theiles des Jesaias mit besonderer Berücksichtigung der Grammatik, Derselbe. Erklärung des Buches Hiob, Herr Professor Dr. Rädiger. *Erklärung der Weissagungen Nahum's und Habakuk's, Herr Lic. Rhode. Auslegung des Evangeliums Matthäi, Herr Professor Dr. Meuß. Erklärung des Evangeliums Johannis, Herr Professor Lic. Schulz. Erklärung des Römerbriefes, Herr Professor Dr. Köstlin. Erklärung der Briefe an die Corinther, Herr Professor Lic. Hahn. Auslegung des Hebräerbriefes, Herr Professor Dr. Meuß. Kirchengeschichte, zweite Hälfte, vom Zeitalter Gregor's VII. an, Herr Professor Dr. Semisch. *Ueber den gegenwärtigen Zustand der christlichen Religion und Kirche, Fortsetzung, Herr Lic. Rhode. Christliche Dogmengeschichte, Herr Professor Dr. Semisch. Dogmengeschichte, Herr Lic. Rhode. *Examinatorium über Kirchen- und Dogmengeschichte, Herr Professor Lic. Hahn. Dogmatik, Herr Professor Dr. Köstlin. System des christlichen Lebens, in concreter Einheit mit der christlichen Erziehungswissenschaft, Herr Professor Dr. Böhmer. Practische Theologie, zweiter Theil, umfassend Liturgik, Homiletik, Katechetik, Herr Professor Dr. Gaupp. *Geschichte der christlichen Predigt, Herr Professor Dr. Meuß.

*Theologisches Seminar: Exegetische Uebungen im Alten Testament, Herr Professor Dr. Rädiger; — exegetische, kritische und dialektische Uebungen im Neuen Testament, Herr Professor Dr. Böhmer; — Kirchen- und dogmenhistorische Uebungen, Herr Professor Dr. Semisch; — Uebungen für systematische Theologie, Herr Professor Dr. Köstlin.

*Practisches Seminar: Katechetische Uebungen, Herr Professor Dr. Gaupp; — homiletische Uebungen, Herr Professor Dr. Meuß.

B. Katholische Facultät.

Encyklopädie der Theologie, Herr Dr. Scholz. *Religionslehre des Alten Testaments, Herr Professor Dr. Stern. Erklärung der kleinen Propheten, Derselbe. Messianische Weissagungen des Alten Testaments, Herr Dr. Scholz. *Leben Jesu, Herr Professor Dr. Friedlieb. Allgemeine und specielle Einleitung in die hh. Schriften des Neuen Testaments, Derselbe. Erklärung der drei ersten Evangelien,

Derselbe. Kirchengeschichte 1. Theil, Herr Professor Dr. Reinkens. Patrologie, Derselbe. *Geschichte der kirchlichen Hymnen, Derselbe. Erster Theil der generellen Dogmatik, Herr Dr. Soffner. Die christliche Lehre vom Menschen, von der Erlösung und Gnade, Derselbe. Moraltheologie, 1. Theil, Herr Dr. Scholz. *Katechetik, Herr Professor Dr. Pohl. Pastoral-Theologie nach seinem Handbuche, Derselbe. *Theologisches Seminar: Neutestamentliche Uebungen, Herr Professor Dr. Friedlieb; — alttestamentliche Uebungen, Herr Professor Dr. Stern; — kirchengeschichtliche Uebungen, Herr Professor Dr. Reinkens.

Die Herren Professoren Dr. Baltzer und Dr. Bittner werden, jener z. Z. keine Vorlesungen halten, dieser sie seiner Zeit ankündigen.

Rechtswissenschaft.

Encyklopädie und Methodologie der Rechtswissenschaft, Herr Professor Dr. Schulze. Naturrecht oder Rechtsphilosophie, Herr Professor Dr. Abegg. Geschichte und Institutionen des römischen Rechts, Herr Professor Dr. Hutschke. Pandekten mit Ausschluß des Erbrechts, Herr Professor Dr. Gitzler. *Römischer Civilprozeß, Herr Professor Dr. Huschke. *Erklärung von Gajus' Institutionen, Herr Dr. Marx. *Erklärung ausgewählter Pandektenstellen, verbunden mit einem Disputatorium über dieselben, Herr Dr. Göppert. Examinatorium und Repetitorium der Pandekten, Herr Dr. Marx. Deutsche Staats- und Rechtsgeschichte, Herr Professor Dr. Rive. *Erklärung von Tacitus' Germania, Derselbe. *Erklärung des Sachsenspiegels, Hr. Professor Dr. Stobbe. Deutsches Privatrecht mit Einschluß des Lehnrechts, Herr Professor Dr. Stobbe. Deutsches und preußisches Handels-, Wechsel- und Seerecht, Derselbe. Bergrecht, Herr Professor Dr. Rive. Katholisches und evangelisches Kirchenrecht, Herr Professor Dr. Gitzler. *Katholisches und evangelisches Eherecht, Derselbe. *Canonischer Strafprozeß, Herr Dr. Marx. Gemeines und preußisches Criminalrecht, Herr Professor Dr. Eberty. *Gemeiner und preußischer Concursprozeß, Herr Professor Dr. Abegg. Gemeiner und preußischer Criminalprozeß, Derselbe. Repetitorium über das preußische Strafrecht und den Civilprozeß, Derselbe. Deutsches Staatsrecht, Herr Professor Dr. Schulze. *Interpretation staatsrechtlicher Quellenstellen, Derselbe. Preußisches Civilrecht, Herr Professor Dr. Gitzler. *Preußisches Erbrecht, Herr Dr. Göppert. *Ausgewählte Capitel des englischen Rechts, Herr Professor Dr. Eberty.

Heilkunde.

Encyklopädie und Hodegetik des medicinischen Studiums, Herr Dr. Finkenstein. Osteologie und Syndesmologie, Herr Professor Dr. Grosser. Gesammtanatomie des Menschen, Herr Professor Dr. Barkow. *Anatomisches Repetitorium, Herr Professor Dr. Grosser. *Gerichtliche Sectionen, Herr Professor Dr. Barkow. *Einzelne Capitel der chirurgischen Anatomie, Herr Professor Dr. Grosser. Secir-Uebungen, Herr Professor Dr. Barkow. Allgemeine und specielle Gewebelehre, Herr Professor Dr. Heidenhain. Zeugungs- und Entwickelungsgeschichte, Herr Professor Dr. Aubert. *Ueber die Entwickelung der Gewebe des menschlichen Körpers, Derselbe. *Specielle Lehre der Reflexbewegungen mit Rücksicht auf Pathologie, Herr Dr. Auerbach. Mechanik des menschlichen Skelettes, Derselbe. *Physiologische Vorträge für Nichtmediciner, Herr Professor Dr. Heidenhain. Physiologie der vegetativen Functionen, Derselbe. Mikroskopische und experimentelle Uebungen auf dem physiologischen Institute, Derselbe. Mikroskopische Uebungen in der normalen und pathologischen Histologie, Herr Professor Dr. Aubert. *Allgemeine pathologische Anatomie mit Rücksicht auf Cellularpathologie, Herr Dr. Cohn. Specielle pathologische Anatomie mit mikroskopischen Demonstrationen, Derselbe. Arzneimittellehre in Verbindung mit allgemeiner Therapie, Herr Professor Dr. Häser. *Diätetik, Herr Dr. Lewald. Repetitorium der Arzneimittellehre mit pharmakologischen Demonstrationen, Derselbe. *Elektrotherapie Herr Dr. Klopsch. *Ueber die Natur der gewöhnlichen und insbesondere der Mineralquellen, Herr Dr. Levy. *Balneotherapie, Derselbe. Chirurgie, Operations-, Instrumenten- und Bandagenlehre, Herr Professor Dr. Middeldorpf. *Ueber Verrenkungen, Derselbe. *Ueber Knochenkrankheiten, Herr Dr. Klose. *Ueber die chirurgischen Krankheiten der Knochen und Gelenke, Herr Dr. Paul. Ueber Fracturen und Luxationen, Herr Dr. Klopsch. Chirurgisch-augenärztliche Klinik und Poliklinik, Herr Professor Dr. Middeldorpf. *Ueber Anwendung des Augenspiegels, Herr Professor Dr. Förster. Augenheilkunde, Derselbe. *Untersuchung des Gehörorgans an der Leiche mit Bezug auf die Krankheiten desselben, Herr Dr. Voltolini. Ueber die Krankheiten des Gehörorgans, Derselbe. Cursus der Laryngoskopie und Rhinoskopie (privatissime), Derselbe. Specielle Pathologie und Therapie, Herr Professor Dr. Lebert. *Ueber syphilitische Krankheiten, Derselbe. *Ueber syphilitische Krankheiten, Herr Dr. Reymann. Allgemeine Therapie, Derselbe. Diagnostik innerer Krankheiten mit Einschluß der Auscultation und Percuffion Herr Dr. Cohn. Auscultation und Percuffion, Herr Dr. Lewald. *Colloquium über chronische Krankheiten und deren Behandlung durch Mineralwafferkuren, Herr Dr. Levy. *Ueber die epidemifchen Krankheiten, Herr Profeffor Dr. Häfer. Medicinifche Klinik und Poliklinik, Herr Profeffor Dr. Lebert. Frauenkrankheiten, Herr Dr. Burchardt. Geburtshilfe, Herr Profeffor Dr. Betfchler. *Geburtshilfliche Operationen, Derfelbe. Ueber die gynäkologifchen Operationen, Herr Dr. Freund. Gynäkologifche Operationen, Herr Dr. Burchardt. *Geburtshilfliche Erforfchungslehre, (privatiffime et gratis), Derfelbe. Die Lehre vom menfchlichen Becken, Herr Dr. Freund. Geburtshilfliche Klinik und Poliklinik, Herr Profeffor Dr. Betfchler. Gerichtliche Medicin, Herr Dr. Paul. Gerichtliche Medicin, Herr Dr. Klofe. Gefchichte der Medicin, Herr Profeffor Dr. Häfer. *Gefchichte der Syphilis und des Auffatzes, Herr Dr. Finkenftein. Pfychiatrie, Herr Profeffor Dr. H. Neumann. *Gerichtliche Pfychologie, Derfelbe.

Philofophifche Wiffenfchaften.

*Encyklopädie der Philofophie, Herr Dr. Oginsti. Pfychologie und Logik, Herr Profeffor Dr. Braniß. Metaphyfik, Herr Profeffor Dr. Elvenich. *Pfychologifche Erklärung von Shakespeare's König Lear, Herr Dr. Scherner. Das Syftem der Pädagogik, Herr Dr. Oginski. Rhetorik oder die Lehre von der Verwirklichung der ethifchen Ideen, Herr Dr. Oginski. *Gefchichte der Philofophie feit Kant, Herr Profeffor Dr. Braniß. *Dialektifche Uebungen, Herr Profeffor Dr. Elvenich.

Mathematifche Wiffenfchaften.

Differentialrechnung und Elemente der Integralrechnung, Herr Profeffor Dr. Lipfchitz. Theorie der partiellen Differential-Gleichungen, Derfelbe. *Ueber die Methode der kleinften Quadrate, Herr Profeffor Dr. Galle. Allgemeine Theorie der krummen Flächen und Raumkurven, Herr Profeffor Dr. Schröter. Die Elemente der Mechanik, Derfelbe. Theoretifche Aftronomie, Herr Profeffor Dr. Galle. *Mathematifche Uebungen (privatiffime), Herr Profeffor Dr. Schröter. *Mathematifche Uebungen (privatiffime), Herr Profeffor Dr. Lipfchitz.

Naturwiffenfchaften.
1. Phyfik und Chemie.

Experimental-Phyfik, Herr Profeffor Dr. Frankenheim. Experimental-Phyfik, Herr Profeffor Dr. Marbach. *Elektricitäts-Lehre, Herr Profeffor Dr. Frankenheim. Kryftallographie, Herr Profeffor Dr. Marbach. *Ueber die Verwendung der Optik auf die Chemie, Derfelbe. *Phyfikalifche Uebungen (privatiffime), Herr Profeffor Dr. Frankenheim. Organifche Experimental-Chemie, Herr Profeffor Dr. Löwig. *Die Elemente der analytifchen Chemie, Herr Profeffor Dr. Duflos. *Ueber quantitative Analyfe, Herr Profeffor Dr. Löwig. Phyfikalifche Chemie mit Experimenten, Herr Dr. Lothar Meyer. Pharmazeutifche organifche Chemie, Herr Profeffor Dr. Duflos. Pharmakognofie, Derfelbe. Allgemeine Hüttenkunde, Herr Profeffor Dr. Schwarz. *Vom Eifen, Derfelbe. *Repetitorium über pharmazeutifche Chemie, Herr Profeffor Dr. Duflos. Uebungen im chemifchen Laboratorium, Herr Profeffor Dr. Löwig. Maaßanalyfe, in feinem Laboratorium (privatiffime), Herr Profeffor Dr. Schwarz. Arbeiten im phyfiologifch-chemifchen Laboratorium, (privatiffime), Herr Dr. Lothar Meyer.

2. Naturgefchichte.

Allgemeine Naturgefchichte, Herr Dr. Körber. Geognofie, Herr Profeffor Dr. Römer. *Naturgefchichte der metallifchen Foffilien oder Erze, Derfelbe. Mineralogifches Practicum, Derfelbe. *Allgemeine phyfikalifche Geographie der fchweizerifchen und deutfchen Alpenlande, Herr Profeffor Dr. Neumann. Anatomifche Morphologie und Phyfiologie der Gewächfe mit mikrofkopifchen Demonftrationen, Herr Profeffor Dr. Göppert. Anatomie, Phyfiologie und Entwickelungsgefchichte der Pflanzen, verbunden mit einem mikrofkopifchen Curfus im phyfiologifchen Inftitut, Herr Profeffor Dr. Cohn. *Ueber Ernährung der Pflanzen, Derfelbe. Deutfchland's phanerogame Flora nach natürlichen Familien mit befonderer Rückficht botanifch-geographifcher Verhältniffe, Herr Profeffor Dr. Göppert. *Kryptogamifche Pflanzen mit mikrofkopifchen Demonftrationen, Derfelbe. *Lichenologie, (privatiffime), Herr Dr. Körber. *Ueber die Flora der Vorwelt, insbefondere die Charakter-Pflanzen der einzelnen Formationen, Herr Profeffor Dr. Göppert. *Botanifche Uebungen, defcriptive und mikrofkopifche, in dem neu begründeten Mufeum des botanifchen Gartens, (privatiffime), Derfelbe. *Der zweite Theil der Zoologie, die Säugethiere, Herr Profeffor Dr. Grube. Conchyliologie, Derfelbe. Uebungen im Beftimmen der Thiere, Derfelbe. *Phyfiologifche Vorträge für Nichtmediciner, Herr Profeffor Dr. Heidenhain.

Staats- und Kameral-Wiffenfchaften.

Polizeiwiffenfchaft, Herr Profeffor Dr. Bergius. Volkswirthfchaftslehre, Derfelbe.

Geschichte und deren Hilfswissenschaften.

Alte Geschichte Herr Professor Dr. Junkmann. Griechische Geschichte bis zur Zeit Philipps von Macedonien, Herr Professor Dr. Neumann. Geschichte des Mittelalters, Herr Professor Dr. Röpell. Geschichte des preußischen Staates von der Zeit des großen Churfürsten an, Herr Dr. Grünhagen. *Geschichte der französischen Revolution von 1789, fortgesetzt bis in die neuere Zeit, Herr Professor Dr. Junkmann. *Uebungen des historischen Seminars, Herren Professoren Dr. Röpell und Junkmann. *Diplomatische Uebungen, Herr Dr. Grünhagen.

Litteratur und Philologie.
1. Orientalische.

Grammatik der hebräischen Sprache, Herr Professor Dr. Schmölders. Hebräische Sprache, im Besondern Grammatik, Herr Professor Dr. Magnus. *Erklärung des Propheten Malachai, Herr Lect. Dr. Neumann. Practische Uebungen in der hebräischen Grammatik, Derselbe. Uebungen im Uebersetzen des alten Testaments, Herr Professor Dr. Magnus. *Syrische Schriftsteller, Derselbe. *Chaldäische Grammatik und Erklärung des Buches Daniel, Derselbe. *Arabische Grammatik, Derselbe *Erklärung arabischer Schriftsteller, Derselbe. *Erklärung leichterer und schwerer arabischer Schriftsteller, Herr Professor Dr. Schmölders. *Persische Sprache, Derselbe. Vergleichende Grammatik der Indogermanischen Sprachen, Herr Professor Dr. Stenzler. *Sanskrit-Sprache, zweiter Cursus, Derselbe. *Erklärung der Lieder des Rigveda, Derselbe.

2. Classische.

Encyklopädie der Philologie, nebst historischer Einleitung, Herr Professor Dr. Haase. Griechische Mythologie, Herr Professor Dr. Roßbach. Griechische Syntax, Herr Dr. Lübbert. Metrik der Griechen und Römer, Herr Professor Dr. Roßbach. Aristophanes' Acharner, Professor Dr. Haase. *Ergänzungen zu seiner im vorigen Halbjahre aufgestellten Auslegung des platonischen Timäus, Herr Dr. Sukow. Römische Literaturgeschichte bis auf das Augusteische Zeitalter, Herr Professor Dr. Herz. *Geschichte der Philosophie bei den Römern und Erklärung von Lucretius' fünftem Buche, Herr Dr. Bernays. *Uebungen des königlichen philologischen Seminars, Herr Professor Dr. Haase und Herr Professor Dr. Roßbach. *Uebungen des königlichen philologischen Proseminars, Herr Professor Dr. Herz und Herr Dr. Lübbert. *Uebungen der archäologischen Gesellschaft, Herr Professor Dr. Roßbach. *Philologische Colloquien, (privatissime) Herr Dr. Lübbert.

3. Neuere.

*Deutsche Grammatik, Herr Dr. Rumpelt. *Mittelhochdeutsche Grammatik und Erklärung des Niebelungenliedes, Herr Dr. Pfeiffer. *Althochdeutsche Uebungen, Herr Professor Dr. Rückert. Das angelsächsische Epos Beowulf, Derselbe. Aufangsgründe der englischen Sprache, Herr Lect. Dr. Bebnsch. *Byron's Cain, Derselbe. *Erklärung altromanischer Sprachdenkmale, Herr Dr. Karow. Französische Grammatik mit mündlichen und schriftlichen Uebungen Herr Lect. Freymond. Die sechs ersten Bücher der Fabeln von Lafontaine, Derselbe. Geschichte des Columbus nebst lyrischen Gedichten von Lamartine, (privatissime) Derselbe. *Lustspiele von Lesage, „Turcaret" und „Crispin", Derselbe. Anfangsgründe der italienischen Sprache, Herr Lect. Marochetti. *Erklärung schwieriger italienischer Schriftsteller, Derselbe. Uebungen im Italienisch-Sprechen und Schreiben, Derselbe. *Italienische Grammatik und Erklärung von Ariost's „Rasenden Roland", Herr Dr. Karow. *Spanische Grammatik und Erklärung von Cervantes' „Don Quijote", Derselbe. Neugriechische Grammatik, Herr Lect. Dr. Peucker. Geschichte der slavischen Literatur des laufenden Jahrhunderts, Herr Professor Dr. Cybulski. *Ueber die epische Dichtkunst bei den Slaven, Derselbe. *Formenlehre der polnischen Grammatik, Herr Lect. Fritz. *Lesen und Erklären eines polnischen Werkes, Derselbe. *Drei Cursus der polnischen Sprache nach seiner Grammatik, Herr Lect. hon. Dr. Krainski. *Polnische Literatur, Derselbe. *Polnische Kanzelberedsamkeit, Derselbe.

Schöne und gymnastische Künste.

*Harmonielehre, erste Hälfte, Herr Dr. Baumgart. *Die Geschichte des evangelischen Kirchengesanges bis auf Johann Eccard, Herr Dir. Schäffer. *Unterricht im mehrstimmigen Gesange, Derselbe. *Orgelunterricht, Herr Dr. Baumgart. Zeichnenkunst, Herr Siegert. Reitkunst, Herr Stallmeister Preuße. Fechtkunst, Herr Pfeiffer. Tanzkunst, Herr v. Kronheim.

Besondere academische Anstalten und wissenschaftliche Sammlungen.

Die Universitätsbibliothek wird alle Montage, Mittwoche, Donnerstage und Sonnabende von 2—4 Uhr, und alle Dienstage, Mittwoche, Freitage und Sonnabende von 11—12 Uhr geöffnet und werden daraus Bücher, theils zum Lesen in dem dazu bestimmten Zimmer, theils zum häuslichen Gebrauche gegeben. Die Bedingungen zeigt ein Anschlag an der Thür des Lesezimmers. Die Studentenbibliothek nebst Lesezimmer ist Dienstag, Mittwoch, Freitag und Sonnabend von 2—5 Uhr geöffnet. Auch stehen die drei Stadtbibliotheken an bestimmten Tagen zum öffentlichen Gebrauche offen.

Die bei der Universität befindlichen **Sammlungen** von **Naturgegenständen** und **Präparaten**, von **physikalischen Instrumenten** u. s. w., so wie das **chemische Laboratorium**, das **Archiv**, das **Münzkabinet**, das **Alterthümer-Museum** und die **Gemäldesammlung** werden den Liebhabern auf Verlangen gezeigt. Das **zoologische Museum** insbesondere ist für die Studirenden Mittwochs von 11—1 Uhr, für das übrige Publikum Montags von 11—12 Uhr, das **anatomische Museum** für die Studirenden Mittwochs von 2—4 Uhr, für das größere Publikum Sonnabends von 2—4 Uhr geöffnet; eben so die **Sternwarte**, Mittwochs und Sonnabends von 9—11 Uhr Vormittags.

Der **botanische Garten** ist außer Sonntags täglich von 7 Uhr Morgens bis 7 Uhr Abends geöffnet.

(424) Durch das Ableben des Pastor Conrad in Langenoels, Kreis Nimptsch, ist das dortige evangelische Pfarramt erledigt worden. Dasselbe gewährt ein Einkommen von c. 950 Thlr. und ist die Stelle landesherrlichen Patronats. Breslau, den 8. August 1863.

Königliches Consistorium für die Provinz Schlesien.

(425) In Gemäßheit des §. 128 der Militair-Ersatz-Instruction vom 9ten December 1858, beginnt die Prüfung der Aspiranten für den einjährigen freiwilligen Militairdienst im II. Semester c.

Freitag den 2ten October c., Nachmittags 2 Uhr,
im hiesigen Regierungs-Gebäude, und wird den darauf folgenden Tag fortgesetzt.

Diejenigen Aspiranten, welche bezüglich ihrer Brauchbarkeit zum Militairdienste, von einem Militair-Oberarzte noch nicht untersucht sind, haben sich schon am Morgen des 2ten October c. dem Königlichen Stabsarzte Rabetge hierselbst vorzustellen. Anmeldungen zur Theilnahme an der Prüfung sind spätestens bis zum 26sten September c. an uns einzureichen und denselben die im §. 129 der Ersatz-Instruction erforderte Atteste beizufügen. Oppeln, den 15. August 1863.

Königl. Departements-Prüfungs-Commission der Freiwilligen zum einjährigen Militairdienst.

Personal-Chronik.

(421) Bestätigt: die Wiederwahlen des Beigeordneten Engel und der Rathsherren Gißmann, Beyer und Saulich zu Leobschütz, der Rathmänner Gabriel und Hoffmann zu Patschkau, sowie die Neuwahl des Kaufmann Erteil daselbst zum Rathmann.

Angestellt: der Feldwebel Peschke als Polizei-Commissarius zu Leobschütz.

Amts - Blatt
der Königlichen Regierung zu Oppeln.

Stück 35. Oppeln, den 27. August **1863.**

Bekanntmachungen der höchsten Staats-Behörden.

(428) **Bekanntmachung**
wegen Ausreichung neuer Zinscoupons Ser. III. und beziehungsweise Ser. II. nebst Talons zu den Schuldverschreibungen der Staatsanleihe vom Jahre 1855 A. und der zweiten Staats-Anleihe von 1859.

Die den Zeitraum vom 1sten October 1863 bis den 30sten September 1867 umfassenden Zinscoupons Ser. III. zu den Schuldverschreibungen der Staatsanleihe vom Jahre 1855 A. und Ser. II. zu den Schuldverschreibungen der zweiten Staatsanleihe von 1859 nebst Talons, wird die Controle der Staatspapiere hierselbst, Oranienstraße Nr. 92, vom 1sten September d. J. ab, von 9 bis 1 Uhr Vormittags, mit Ausnahme der Sonn- und Festtage und der drei letzten Tage jedes Monats, ausreichen.

Die Coupons können bei der gedachten Controle selbst in Empfang genommen oder durch Vermittelung der Königlichen Regierungs-Hauptcassen bezogen werden. Wer das Erstere wünscht, hat die mit der letzten Coupons-Serie ausgegebenen Talons vom 11ten Mai beziehungsweise 2ten September 1859 mittelst abgesonderter Verzeichnisse, zu welchen Formulare bei der Controle und in Hamburg bei dem Preußischen Ober-Postamte unentgeltlich zu haben sind, bei der Controle der Staatspapiere persönlich oder durch einen Beauftragten abzugeben.

Genügt dem Einreicher eine numerirte Marke als Empfangsbescheinigung, so ist das Verzeichniß der betreffenden Anleihe nur einfach einzureichen, wogegen dasselbe von denen, welche eine schriftliche Bescheinigung über die Abgabe der Talons zu erhalten wünschen, doppelt abzugeben ist. In dem letztgedachten Falle erhalten die Einreichenden das eine Exemplar des Verzeichnisses mit einer schriftlichen Empfangsbescheinigung versehen sofort zurück.

Die Marke oder Empfangsbescheinigung ist bei der Aushändigung der neuen Coupons zurückzugeben.

In Schriftwechsel kann sich die Controle der Staatspapiere nicht einlassen.

Wer die Talons zur Erlangung neuer Coupons und Talons nicht selbst oder durch einen Anderen bei der Controle abgeben will, hat sie mit einem doppelten Verzeichnisse an die nächste Regierungs-Hauptcasse einzureichen. Das eine Exemplar des Verzeichnisses wird dann mit einer Empfangsbescheinigung versehen, sogleich zurückgegeben, doch ist dasselbe demnächst bei Aushändigung der Coupons an die Regierungs-Hauptcasse wieder abzuliefern. Formulare zu diesen letzteren Verzeichnissen sind bei den Regierungs-Hauptcassen und den von den Königlichen Regierungen in den Amtsblättern zu bezeichnenden Cassen unentgeltlich zu haben.

Des Einreichens der Schuldverschreibungen selbst bedarf es zur Erlangung neuer Coupons und Talons nur dann, wenn die betreffenden älteren Talons abhanden gekommen sind.

Die Documente sind in diesem Falle an eine Regierungs-Hauptcasse oder an die Controle der Staatspapiere mittelst besonderer Eingabe einzureichen.

Die Beförderung der Talons oder resp. der Schuldverschreibungen an die Regierungs-Hauptcasse (nicht an die Controle der Staatspapiere) erfolgt durch die Post bis zum 1sten Mai k. J. portofrei, wenn auf dem Couverte bemerkt ist: „Talons (resp. Schuldverschreibungen) zu . . . . Thlr. der Staatsanleihe von 1855 A. (beziehungsweise der zweiten Staatsanleihe von 1859) zum Empfange neuer Coupons".

Mit dem 1sten Mai k. J. hört die Portofreiheit auf. Es werden nach dieser Zeit die neuen Coupons nebst Talons den Einsendern auf ihre Kosten zugesandt.

Für solche Sendungen, die von Orten eingehen oder nach Orten bestimmt sind, welche außerhalb des Preußischen Postbezirks, aber innerhalb des deutschen Postvereins-Gebiets liegen, kann eine Befreiung vom Porto nach Maaßgabe der Vereinsbestimmungen nicht stattfinden.

Berlin, den 12. August 1863.

Haupt-Verwaltung der Staats-Schulden.

Löwe. Meinecke.

Umstehende Bekanntmachung wird mit dem Bemerken zur öffentlichen Kenntniß gebracht, daß als Formulare zu den Verzeichnissen diejenigen benützt werden können, welche wir nach unserer Amtsblatts-Bekanntmachung vom 28sten Mai c. Stück 23 pro 1863 den Königlichen Kreis-Steuer-Cassen und den Haupt-Zoll-Aemtern zu Landsberg O. S. und Myslowitz zugefertigt haben, und bei welchen diese ohne alle Entschädigung bezogen werden können. Oppeln, den 18. August 1863.

Königliche Regierung. Abtheilung des Innern.

(279) **Bekanntmachung**
wegen Ausreichung neuer Zinscoupons Ser. II. und Talons zu den Schuldverschreibungen der 5procentigen Preußischen Staats-Anleihe von 1859.

Die den Zeitraum vom 1sten Juli 1863 bis 30sten Juni 1867 umfassenden Zinscoupons Ser. II. nebst Talons zu den Schuldverschreibungen der fünfprocentigen Staats-Anleihe von 1859 wird die Controle der Staatspapiere hierselbst, Oranienstraße Nr. 92, vom 1sten Juni d. J. ab von 9 bis 1 Uhr Vormittags, mit Ausnahme der Sonn- und Festtage und der drei letzten Tage jedes Monats, ausreichen.

Dieselben können bei der gedachten Controle selbst in Empfang genommen, oder durch Vermittlung der Königlichen Regierungs-Hauptcassen bezogen werden.

Wer das Erstere wünscht, hat die mit der ersten Coupon-Serie ausgegebenen Talons vom 11ten Juni 1859 mittelst eines Verzeichnisses, zu welchem Formulare bei der Controle und in Hamburg bei dem Preußischen Ober-Postamte unentgeltlich zu haben sind, bei der Controle der Staatspapiere persönlich oder durch einen Beauftragten abzugeben. Genügt dem Einreicher eine nummerirte Marke als Empfangs-Bescheinigung, so ist das erwähnte Verzeichniß nur einfach einzureichen, wogegen dasselbe von denen, welche eine schriftliche Bescheinigung über die Abgabe der Talons zu erhalten wünschen, doppelt abzugeben ist. Es erhalten Letztere das eine Exemplar des Verzeichnisses mit einer schriftlichen Empfangs-Bescheinigung versehen sofort zurück.

Die Marke oder Empfangs-Bescheinigung ist bei der Aushändigung der neuen Coupons zurückzugeben.

In Schriftwechsel hierüber kann sich die Controle der Staatspapiere nicht einlassen.

Wer die Talons vom 11ten Juni 1859 zur Erlangung neuer Coupons und Talons nicht selbst oder durch einen Anderen bei der Controle abgeben will, hat sie mit einem doppelten Verzeichnisse an die nächste Regierungs-Hauptcasse einzureichen. Derselbe wird das eine Exemplar des Verzeichnisses mit einer Empfangs-Bescheinigung versehen sogleich zurückerhalten, welches demnächst bei Aushändigung der Coupons wieder abzuliefern ist.

Formulare zu diesen letztern Verzeichnissen sind bei den Regierungs-Hauptcassen und den von den Königlichen Regierungen in den Amtsblättern zu bezeichnenden Cassen unentgeltlich zu haben.

Des Einreichens der Schuldverschreibungen selbst bedarf es zur Erlangung neuer Coupons und Talons nur dann, wenn die betreffenden älteren Talons abhanden gekommen sind.

Die Documente sind in diesem Falle an eine Regierungs-Hauptcasse oder an die Controle der Staatspapiere mittelst besonderer Eingabe einzureichen.

Die Beförderung der Talons oder resp. der Schuldverschreibungen an die Regierungs-Hauptcasse (nicht an die Controle der Staatspapiere) erfolgt durch die Post bis zum 1sten Februar k. J. portofrei, wenn auf dem Couverte bemerkt ist:

"Talons (resp. Schuldverschreibungen) zu . . . . . . Thlr. der 5procentigen Staats-Anleihe von 1859 zum Empfange neuer Coupons."

Mit dem 1sten Februar k. J. hört die Portofreiheit auf. Es werden nach dieser Zeit die neuen Coupons nebst Talons den Einsendern auf ihre Kosten zugesandt.

Für solche Sendungen, die von Orten eingehen und nach Orten bestimmt sind, welche außerhalb des Preußischen Postbezirks, aber innerhalb des deutschen Postvereinsgebiets liegen, kann eine Befreiung vom Porto nach Maaßgabe der Vereinsbestimmungen nicht stattfinden.

Berlin, den 18. Mai 1863.

Haupt-Verwaltung der Staatsschulden.
von Wedell. Gamet. Meinecke.

Vorstehende Bekanntmachung wird mit dem Bemerken zur öffentlichen Kenntniß gebracht, daß Formulare zu den Verzeichnissen auch bei den Königlichen Kreis-Steuer-Cassen und bei den Haupt-Zoll-Aemtern zu Landsberg O. S. und Myslowitz unentgeltlich zu haben sind.

Oppeln, den 28. Mai 1863. Königliche Regierung.

Bekanntmachungen der Königlichen Regierung.

(427) Von dem Herrn Ober-Präsidenten der Provinz Schlesien ist nach erfolgter Zustimmung der Interessenten auf Grund des §. 1 alin. 4 des Gesetzes vom 14ten April 1856 genehmigt worden, daß das mittelst gerichtlichen Tauschvertrages vom 25sten Mai 1861 / 28sten Juni 1662 von dem Besitzer der Häuslerstelle Nr. 65 zu Sczedrzik, Gastwirth Kurpierz hierselbst, an den Königlichen Forst-Fiscus tauschweise abgetretene Ackerstück von 16 Morgen 90 ☐Ruthen, welches bisher dem Gemeindeverbande von Sczedrzik angehörte, aus demselben ausscheide, und mit der Königlichen Forst verbunden werde, dagegen die von dem Königlichen Fiscus an den 2c. Kurpierz überlassene, zur Oberförsterei Grudschütz gehörige, beim Dorfe Zbizko belegene Wiesenfläche von 2 Morgen 135 ☐Ruthen mit dem Gemeindebezirke Sczedrzik verbunden werde. Oppeln, den 8. August 1863.

(431) Mittelst Erlasses des Herrn Finanz-Ministers vom 14ten d. Mts. ist genehmigt, daß die Ortschaften Neudorf von Welczek und Eisengießerei mit der Stadt Gleiwitz zu einer Gewerbesteuer-Abtheilung vereinigt und vom 1sten Januar 1864 in den Rollenbezirk der Stadt Gleiwitz aufgenommen werden. Dies wird hierdurch zur öffentlichen Kenntniß gebracht. Oppeln, den 21. August 1863.

Bekanntmachungen verschiedener Behörden.

(426) **Waldau.**
Königlich Preußische landwirthschaftliche Academie bei Königsberg i. Pr.
Verzeichniß der Vorlesungen, Uebungen und Demonstrationen im Wintersemester 18⁶³/₆₄.
I. Ueber das Studium und Leben auf landwirthschaftlichen Academien im Anfange des Semesters: Director Oeconomie-Rath Wagener.
II. Volkswirthschaftslehre: Administrator Dr. Freiherr v. d. Golz.
III. Landwirthschaftliche Disciplinen:
1) Landwirthschaftliche Betriebslehre; 2) Allgemeiner Acker- und Pflanzenbau; 3) Wollkunde; 4) Demonstrationen in der Wollkunde: Director Oeconomie-Rath Wagener.
5) Uebungen im Entwerfen von landwirthschaftlichen Ertrags-Anschlägen und Wirthschaftsplänen: Versuchsfeld-Dirigent Pietrusky.
6) Allgemeine Thierproductionslehre; 7) Rindviehzucht; 8) Landwirthschaftliche Buchführung; 9) Practische landwirthschaftliche Demonstrationen: Administrator Dr. Freiherr v. d. Golz.
10) Pferdezucht: Thierarzt Neumann.
11) Düngerl. II. Theil: Dr. Helden privatim.
12) Gartenbau: Institutsgärtner Strauß.
IV. Forstwirthschaftliche Disciplin.
Forstwirthschaftslehre: Oberförster Gebauer.
V. Naturwissenschaftliche Disciplinen.
1) Unorganische Chemie; 2) Physik; 3) Uebungen im chemischen Laboratorium: Professor Dr. Ritthausen.
4) Repetitorium in der unorganischen Chemie: Dr. Helden privatim.
5) Landwirthschaftliche Mineralogie; 6) Anatomie und Physiologie der Pflanzen; 7) Landwirthschaftliche Zoologie; 8) Fortsetzung in der systematischen Botanik und Repetition über einzelne Kapitel aus allen Gebieten der Botanik: Professor Dr. Körnicke.
VI. Thierheilkunde.
1) Anatomie und Physiologie der Hausthiere; 2) Innere Krankheiten der Hausthiere: Thierarzt Neumann.
VII. Baukunst.
Landwirthschaftliche Baukunde: Baumeister Kinzel.
VIII. Mathematische Disciplin.
Theoretische Anleitung zum Feldmessen und Nivelliren: Baumeister Kinzel.

Das Winter-Semester beginnt am 15ten October c.; das Studienhonorar beträgt für 2 Jahre 100 Thlr. und kann im Falle der Bedürftigkeit ganz oder zur Hälfte erlassen werden. Nähere Nachrichten über die Academie, deren Einrichtungen und Lehrhülfsmittel, enthält der Menzel von Lengerke'sche Kalender, auch ist der unterzeichnete Director gern bereit, über dieselbe weitere Auskunft zu ertheilen.
Waldau, im August 1863. Der Director, Königl. Oeconomie-Rath: gez. L. Wagener.

(429) **Lectionsplan**
der Königl. staats- und landwirthschaftlichen Academie zu Eldena bei Greifswald
pro Wintersemester 1863/64.

Die Vorlesungen an der hiesigen Königlichen Academie beginnen im nächsten Winter-Semester am 15ten October und werden sich auf die nachbenannten Unterrichtsgegenstände beziehen.
1) Ein- und Anleitung zum academischen Studium; 2) Volkswirthschaftslehre II. Theil, Director Professor Dr. Baumstark; 3) Encyclopädische Einleitung in das Landwirthschaftsrecht, Professor Dr. Häberlin; 4) Landwirthschaftliche Geräthe- und Maschinenkunde; 5) Landwirthschaftliche Betriebslehre, insbesondere auch Buchführung; 6) Landwirthschaftliches Practicum und Conversatorium, Professor Dr. Segnitz; 7) Schaafzucht, Rindviehzucht und Schweinezucht; 8) Landwirthschaftliche Demonstrationen, Oeconomie-Rath Dr. Robbe; 9) Gemüsegartenbau, academischer Gärtner Jarnack; 10) Forstwirthschaftliche Betriebslehre, Forstmeister Wiese; 11) Anatomie und Physiologie der Hausthiere; 12) Gesundheitspflege der Haussäugethiere, Departements-Thierarzt Dr. Fürstenberg; 13) Anorganische Experimentalchemie; 14) Uebungen im chemischen Laboratorium; 15) Landwirthschaftliche Technologie, Professor Dr. Trommer; 16) Anatomie und Physiologie der Pflanzen; 17) Ueber landwirthschaftlich schädliche Thiere und Pflanzenkrankheiten; 18) Mikroscopische Uebungen in der Pflanzen-Anatomie, Dr. Jessen; 19) Repetitorium über organische Chemie, Vorträge über analytische Chemie, sowie über Mineralogie und Geognosie, Assistent Dr. Scholz; 20) Landwirthschaftliche Baukunst I. Theil, Baumeister Müller; 21) Stereometrie, Trigonometrie und Arithmetik; 22) Mechanik und Maschinenlehre, Professor Dr. Grunert.

Eldena, im August 1863.
Der Geheime Regierungsrath und Director der Königlichen staats- und landwirthschaftlichen Academie.
Dr. E. Baumstark.

Personal-Chronik.

Nachweisung
der gewählten und bestätigten Schiedsmänner pro Monat Juli 1863.

Benennung der Ortschaften.	Kreis.	Bezeichnung der Schiedsmänner.
Paprotzan und Cielmitz	Pleß	Schullehrer August Beer zu Paprotzan.
Zawada	Rybnik	Schullehrer Lazy zu Kokoschütz.
Nieder-Kühschmalz und Rogau	Grottkau	Gemeindeschreiber und Häusler August Scholz zu Nieder-Kühschmalz.
Urbanowitz, Swierczinietz und Jaroschowitz	Pleß	Häusler Johann Berger zu Jaroschowitz.
Stadt Katscher	Leobschütz	Bürger Joseph Heisler zu Katscher.
Walzek und Rosenhain	Rosenberg	Bürgermeister a. D. Friedrich Reichert zu Rosenberg.
Koschpendorff	Grottkau	Stellenbesitzer August Wenig zu Koschpendorff.
Alt-Grottkau mit Sorgau	dto.	Bauergutsbesitzer Franz Knittel zu Alt-Grottkau.
Lomnitz, Schoffczitz und Tellsruhe	Rosenberg	Schullehrer Mendel zu Lomnitz.
Schönwald, Jordansmühl und Charlottenburg	dto.	Schullehrer Kollodziej.
Woinowitz, Bojanow, Cyprzanow, Janowitz, Lekartow, Schammerwitz.	Ratibor	Schullehrer Franz Machaczek zu Woinowitz.

Redaction des Amtsblatts im Regierungs-Gebäude. — Druck von F. Wellshäuser in Oppeln.

Amts-Blatt
der Königlichen Regierung zu Oppeln.

Stück 36.   Oppeln, den 3. September   **1863.**

Bekanntmachungen der Königlichen Regierung.

(433) Von dem Herrn Ober-Präsidenten der Provinz Schlesien ist nach erfolgter Zustimmung der Interessenten auf Grund des §. 1 alin. 4 des Gesetzes vom 14ten April 1856 genehmigt worden, daß das von dem Königlichen Forst-Fiscus mittelst gerichtlichen Vertrages vom $\frac{25\text{sten Februar}}{17\text{ten April}}$ d. J. an den Schmied Maximilian Walliczek zu Dombrowitz käuflich überlassene, bisher zu Dombrowitzer Blankhutung im Grubschützer Forstrevier gehörig gewesene Grundstück von 36,5 ☐Ruthen, auf welchem eine Schmiede erbaut ist, und welches bisher noch keinem Gemeinde-Verbande angehört hat, dem Gemeinde-Verbande von Dombrowitz einverleibt werde. Oppeln, den 20. August 1863.

(434) Dem Kaufmann und Rittergutsbesitzer Carl Ziever in Cöln ist unter dem 24sten August 1863 ein Patent
> auf eine Dampfstrahlpumpe in der durch Zeichnung und Beschreibung nachgewiesenen für neu und eigenthümlich erachteten Zusammensetzung, und ohne Jemand in der Benutzung bekannter Theile zu beschränken,

auf fünf Jahre, von jenem Tage an gerechnet, und für den Umfang des preußischen Staats ertheilt worden. Oppeln, den 3. September 1863.

(437) Dem Fabrik-Director Dr. Rolle zu Gerstewitz bei Weißenfels ist unter dem 24sten August d. J. ein Patent
> auf eine als neu und eigenthümlich erkannte, durch Zeichnung und Beschreibung nachgewiesene Vorrichtung zur Abführung der flüchtigen Destillations-Producte aus Theer-Schwälöfen,

auf fünf Jahre, von jenem Tage an gerechnet, und für den Umfang des preußischen Staats ertheilt worden. Oppeln, den 3. September 1863.

(438) Dem Maschinenbauer Otto Jaenicke zu Gnesen ist unter dem 26sten August d. J. ein Patent
> auf ein durch Modell nachgewiesenes, in seiner Zusammensetzung für neu und eigenthümlich erkanntes Vorhängeschloß, ohne Jemand in der Benutzung bekannter Theile zu beschränken,

auf fünf Jahre, von jenem Tage an gerechnet und für den Umfang des preußischen Staats ertheilt worden. Oppeln, den 3. September 1863.

Bekanntmachungen verschiedener Behörden.

(435) **Oeffentliche Bekanntmachung.** Die nächste Sitzungsperiode des hiesigen Schwur-Gerichts wird den 21ten September c. beginnen. Ratibor, den 21. August 1863.
Königliches Kreis-Gericht. Ferien-Abtheilung.

(436) Bei der Personenpost zwischen Rosenberg O. S. und Landsberg O. S. ist die Aufnahme von Personen, welche sich unterwegs in den Dörfern Albrechtsdorf (am Zollhause), Boroschau (am Kretscham), Stronskau (am Dominium) und Wienskowitz (am Zollhause) zur Mitreise melden, gestattet. Oppeln, den 27. August 1863.
Königliche Ober-Post-Direction.

(440) **Bekanntmachung,**
betreffend die Ungültigkeits-Erklärung sämmtlicher seither von der unterzeichneten Königlichen Regierung und von den derselben nachgeordneten Behörden ausgefertigten Pässe und Grenz-Legitimationskarten nach dem Königreich Polen.

Wir haben uns veranlaßt gefunden, sämmtliche von uns und von den uns nachgeordneten Behörden seither ausgefertigten Pässe zu Reisen nach dem Königreiche Polen und Grenz-Legitimationskarten zur

Ueberschreitung der Landesgrenze nach dem Königreiche Polen, wie hiermit geschieht, **vom 1sten September d. J. ab** dergestalt für abgelaufen, erloschen und ungültig zu erklären, daß Alle, welche auf Reisen nach dem Königreich Polen und zurück mit einer solchen abgelaufenen und ungültig erklärten Reise-Legitimation versehen sind, so angesehen behandelt werden sollen, als seien sie ohne Reise-Legitimation. Dieselben werden daher an der Grenze zurückgewiesen und, wenn sie solche trotzdem überschreiten, nicht blos angehalten und nach Vorschrift des Paß-Edicts und der General-Paß-Instruction behandelt, sondern außerdem in Gemäßheit der heute erlassenen Polizei-Verordnung, betreffend die Ueberschreitung der Landesgrenze nach dem Königreiche Polen ohne Legitimation, bestraft werden. Die zur Ausfertigung von Pässen und Grenz-Legitimations-Karten von uns ermächtigten Behörden sind mit Anweisung darüber versehen worden, unter welchen Bedingungen und Beschränkungen oben gedachten für abgelaufen und ungültig erklärten Reise-Legitimationen in einzelnen Fällen durch einen darauf auszufertigenden Vermerk in Betreff der Dauer der Gültigkeit wieder verlängert werden können, wenn die Prolongation binnen vierzehn Tagen, von heute ab, nachgesucht wird.

Die Prolongation von ungültig erklärten Reise-Legitimationen darf unter keinen Bedingungen erfolgen, wenn solche nicht bis zu dem gedachten Termine nachgesucht wird.

Unter welchen Bedingungen und Beschränkungen fortan neue Pässe und Grenz-Legitimations-Karten nach Polen ausgefertigt werden können, darüber sind die uns nachgeordneten Behörden gleichfalls mit besonderer Anweisung nach Maaßgabe der Vorschriften des Paß-Edicts und der General-Paß-Instruction versehen worden. Posen, den 14. August 1863.

Königliche Regierung. Abtheilung des Innern.

(441) **Polizei-Verordnung.**

Auf Grund der §§. 11 und 12 des Gesetzes über die Polizei-Verwaltung vom 11ten März 1850 verordnen wir hiermit für den Umfang unseres Verwaltungsbezirks was folgt:

Wer zuwider dem Verbote des §. 7 des Allgemeinen Paß-Edicts vom 22sten Juni 1817 (Gesetz-Sammlung Seite 152), welches wörtlich lautet:

„Niemand ohne Unterschied zwischen Inländern und Fremden soll ohne einen Ausgangs-Paß zu Wasser oder zu Lande auf irgend eine Art aus unseren Staaten in das Ausland reisen"

die Landesgrenze nach dem Königreich Polen ohne einen zur Reise dorthin gültigen Paß, oder ohne eine zum Eintritt in das Königreich Polen berechtigende Grenz-Legitimations-Karte überschreitet, wird mit einer Geldbuße von zehn Thalern, an deren Stelle im Unvermögensfalle Gefängnißstrafe von vierzehn Tagen tritt, bestraft. Posen, den 14. August 1863.

Königliche Regierung. Abtheilung des Innern.

(442) Der neue Cursus am Königlichen Gewerbe-Institut für Mechaniker, Chemiker und Schiffbauer, welche sich eine höhere theoretische Ausbildung aneignen wollen, beginnt am 1sten October d. J. Die Bewerber um Aufnahme in die Anstalt haben sich bis zum 15ten September d. J. unter Einreichung des Geburtsscheines und des Zeugnisses der Reise von einer Provinzial-Gewerbeschule, Realschule oder von einem Gymnasium nach Maaßgabe des Regulativs für die Organisation des Gewerbe-Instituts vom 23sten August 1860 schriftlich bei dem Unterzeichneten zu melden. Diejenigen, welche Schiffbauer werden wollen, müssen außerdem durch beglaubigte Atteste nachweisen, daß sie mindestens ein volles Jahr practische Arbeiten auf einem Schiffswerfte als ihre Hauptbeschäftigung getrieben haben.

Das Unterrichts-Honorar beträgt für jedes Semester 20 Rthlr., für Chemiker, welche an den practischen Arbeiten im Laboratorium Theil nehmen wollen, 45 Rthlr. Es ist praenumerando zu entrichten. Berlin, den 27. August 1863.

Der Geheime Ober-Baurath und Director des Königlichen Gewerbe-Instituts. Nottebohm.

Personal-Chronik.

(438) Des Königs Majestät haben dem katholischen Pfarrer Marcinek zu Beukowitz die Annahme und Anlegung des ihm von dem lateinischen Patriarchen zu Jerusalem verliehenen Ritterkreuzes des Ordens zum heiligen Grabe Allergnädigst zu gestatten geruht.

(439) Dem seitherigen Regierungs-Haushälter, früheren Unterofficier Dehmel, ist eine Regierungs-Canzleidiener-Stelle verliehen worden.

Gestorben: der katholische Schullehrer Förster zu Poßnitz.

Amts-Blatt
der Königlichen Regierung zu Oppeln.

Stück 37. Oppeln, den 10. September **1863.**

Allgemeine Gesetz-Sammlung.

(449) Das 27ste Stück der Gesetz-Sammlung enthält unter

Nr. 5745. Das Privilegium wegen Ausfertigung auf den Inhaber lautender Kreis-Obligationen des Remeler Kreises im Betrage von 10,000 Thalern, II. Emission. Vom 2ten Juli 1863.

Nr. 5746. Den Allerhöchsten Erlaß vom 11ten Juli 1863, betreffend die Verleihung der fiscalischen Vorrechte für den Bau und die Unterhaltung der Kreis-Chaussee von Enger, im Kreise Herford, Regierungsbezirk Minden, über Westerenger nach der Grenze des Kreises Halle in der Richtung auf Werther.

Nr. 5747. Die Bekanntmachung der Ministerial-Erklärung, betreffend den mit der Herzoglich anhaltbernburgischen Regierung vereinbarten gegenseitigen Schutz der Waarenbezeichnungen gegen Mißbrauch und Verfälschung. Vom 1sten August 1863; und unter

Nr. 5748. Den Allerhöchsten Erlaß vom 5ten August 1863, betreffend die Genehmigung des revidirten Reglements für die Feuer-Societät des preußischen Markgrafthums Ober-Lausitz.

Bekanntmachungen der höchsten Staats-Behörden.

(802) **Bekanntmachung**
wegen Ausreichung neuer Zinscoupons Ser. VII. und Talons zu den Neumärkischen Schuldverschreibungen

Die den Zeitraum vom 1sten Juli 1863 bis 30sten Juni 1867 umfassenden Zinscoupons Ser. VII. nebst Talons zu den Neumärkischen Schuldverschreibungen wird die Controle der Staatspapiere hierselbst, Oranienstraße Nr. 92, vom 15ten d. Mts. ab von 9 bis 1 Uhr Vormittags, mit Ausnahme der Sonn- und Festtage und der drei letzten Tage jedes Monats ausreichen.

Dieselben können bei der gedachten Controle selbst in Empfang genommen oder durch Vermittelung der Königlichen Regierungs-Hauptkassen bezogen werden.

Wer das Erstere wünscht, hat die mit der abgelaufenen Coupon-Serie ausgegebenen Talons vom 23sten April 1859 mittelst eines Verzeichnisses, zu welchem Formulare bei der Controle unentgeltlich zu haben sind, bei dieser persönlich oder durch einen Beauftragten abzugeben. Genügt dem Einreicher eine numerirte Marke als Empfangsbescheinigung, so ist das erwähnte Verzeichniß nur einfach einzureichen, wogegen dasselbe von denen, welche eine schriftliche Bescheinigung über die Abgabe der Talons zu erhalten wünschen, doppelt abzugeben ist.

Es erhalten Letztere das eine Exemplar des Verzeichnisses mit einer schriftlichen Empfangsbescheinigung versehen sofort zurück. Die Marke oder Empfangsbescheinigung ist bei der Aushändigung der neuen Coupons zurückzugeben.

In Schriftwechsel hierüber kann sich die Controle der Staatspapiere nicht einlassen.

Wer die Talons vom 23sten April 1859 zur Erlangung neuer Coupons und Talons nicht selbst oder durch einen Anderen bei der Controle abgeben will, hat sie mit einem doppelten Verzeichnisse an die nächste Regierungs-Hauptkasse einzureichen. Derselbe wird das eine Exemplar des Verzeichnisses, mit einer Empfangsbescheinigung versehen, sogleich zurückerhalten, welches demnächst bei Aushändigung der Coupons wieder abzuliefern ist.

Formulare zu diesen letzteren Verzeichnissen sind bei den Regierungs-Hauptkassen und den von den Königlichen Regierungen in den Amtsblättern zu bezeichnenden Kassen unentgeltlich zu haben. Des Einreichens der Schuldverschreibungen selbst bedarf es zur Erlangung neuer Coupons und Talons nur dann, wenn die betreffenden älteren Talons abhanden gekommen sind. Die Documente sind in diesem Falle an eine Regierungs-Hauptkasse oder an die Controle der Staatspapiere mittelst besonderer Eingabe einzureichen.

Die Beförderung der Talons oder resp. der Schuldverschreibungen an die Regierungs-Hauptkasse (nicht an die Controle der Staatspapiere) erfolgt durch die Post bis zum 1sten Februar k. J. portofrei, wenn auf dem Couverte bemerkt ist:
„Talons zu . . . . Thlr. Neumärkischer Schuldverschreibungen (resp. Neumärkische Schuldverschreibungen über . . . . Thlr.) zum Empfange neuer Coupons."

Mit dem 1sten Februar k. J. hört die Portofreiheit auf. Es werden nach dieser Zeit die neuen Coupons nebst Talons den Einsendern auf ihre Kosten zugesandt.

Für solche Sendungen, die von Orten eingehen oder nach Orten bestimmt sind, welche außerhalb des Preußischen Postbezirks, aber innerhalb des deutschen Postvereinsgebiets liegen, kann eine Befreiung vom Porto nach Maaßgabe der Vereinsbestimmungen nicht stattfinden.

Berlin, den 1. Juni 1863.
Haupt-Verwaltung der Staats-schulden.
von Wedell. Gamst. Meinecke.

Vorstehende Bekanntmachung wird mit dem Bemerken zur öffentlichen Kenntniß gebracht, daß Formulare zu den Verzeichnissen auch bei den Königlichen Kreis-Steuerkassen und bei den Haupt-Zoll-Aemtern zu Landsberg und Myslowitz unentgeltlich zu haben sind.

Oppeln, den 11. Juni 1863.   Königliche Regierung.

(458) Die Vorschrift im §. 39 ad XIV. des Reglements vom 21sten December 1860 zu dem Gesetze über das Postwesen in Betreff der Normirung der Conto-Gebühr für die Creditirung von Porto, wird vom 1sten October d. J. ab hierdurch wie folgt abgeändert:

„In Fällen, in welchen das Porto creditirt wird, ist dafür eine Contogebühr zu erheben. Dieselbe beträgt:
  a. bei einer monatlichen Summe bis zu 50 Thalern einschließlich: 1 Sgr. für jeden Thaler oder Theil eines Thalers; im Minimum aber monatlich 5 Sgr.;
  b. bei einer monatlichen Summe über 50 Thaler
    für die ersten 50 Thaler: die Gebühr nach obiger Festsetzung sub a. bemessen und für den über 50 Thaler hinaus creditirten Betrag: ½ Sgr. für jeden Thaler oder Theil eines Thalers.

Berlin, den 28. August 1863.
Der Minister für Handel, Gewerbe und öffentliche Arbeiten. Graf von Itzenplitz.

Bekanntmachungen der Königlichen Regierung.

(451) Von dem Herrn Ober-Präsidenten der Provinz Schlesien ist nach erfolgter Zustimmung der Interessenten auf Grund des §. 1 alin. 4 des Gesetzes vom 14ten April 1856 genehmigt worden, daß das von dem Königlichen Forst-Fiskus an den ehemaligen Besitzer der Koloniestelle Nr. 18 zu Finkenstein, Kreis Oppeln, August Flöter, mittelst gerichtlichen Tauschvertrages vom 19/30sten September 1861 überlassene, zu Groß-Döbern belegene ehemalige Förster-Etablissement mit Hof, Baustelle und Garten etwa 165 ☐ Ruthen, in den Gemeinde-Verband Groß-Döbern einverleibt werde, dagegen die von dem ꝛc. Flöter an den Königlichen Forst-Fiskus abgetretene Koloniestelle mit einem Flächen-Inhalte von 13 Morgen aus dem Gemeinde-Verbande von Finkenstein ausscheide und mit der Königlichen Forst verbunden werde. Oppeln, den 22. August 1863.

(452) Der für die Stadt Rybnik auf den 28sten und 29sten September d. J. angesetzte Kram- und Viehmarkt ist auf **den 30sten September und 1sten October d. J.** verlegt worden.

Oppeln, den 31. August 1863.

(460) In der Oberförsterei Dambrowka sind am 30sten v. Mts. und am 4ten d. Mts. Waldbrände entstanden, und es ist alle Wahrscheinlichkeit vorhanden, daß das Feuer beidemal von ruchloser Hand absichtlich angelegt ist. Wir sichern Demjenigen eine Belohnung von

Einhundert Thalern

zu, welcher den Thäter oder die gemeinschaftlichen Thäter in soweit ermittelt und zur Anzeige bringt, daß ihre gerichtliche Bestrafung erfolgen kann. Oppeln, den 7. September 1863.

(446) Dem Mechaniker Julius Steiner zu Hattingen a. d. Ruhr ist unter dem 31sten August d. J. ein Patent
auf eine durch Zeichnung und Beschreibung angegebene, in ihrer Zusammensetzung für neu und eigenthümlich erachtete Spinnmaschine für Baumwolle und Wolle, ohne Jemand in der Be-

nutzung bekannter Theile zu beschränken, auf fünf Jahre, von jenem Tage an gerechnet, und für den Umfang des preußischen Staats ertheilt worden. Oppeln, den 10. September 1863.

Bekanntmachungen verschiedener Behörden.

(443) Nach §. 11 der Vorschriften für die Königliche Bau-Academie zu Berlin vom 18ten März 1855 muß die Meldung zur Aufnahme in diese Anstalt bis zum 8ten October c. schriftlich bei dem unterzeichneten Director erfolgen, und die Befähigung zugleich durch Einreichung der in §. 12 resp. 14 gedachten Vorschriften, so wie in dem Nachtrage vom 1sten November 1859 geforderten Zeugnisse und Zeichnungen nachgewiesen werden.
Die Vorschriften vom 18ten März 1855 sind bei dem Kanzlei-Rath Röhl im Bau-Academie-Gebäude käuflich zu haben. Berlin, den 30. August 1863.
Der Geheime Ober-Bau-Rath und Director der Königl. Bau-Academie. Busse.

(444) Die nächste Schwurgerichts-Sitzung bei dem Königlichen Kreis-Gericht in Neisse beginnt **am 19ten October 1863.** Neisse, den 1. September 1863.
Königliches Kreis-Gericht. I. Abtheilung.

(450) Die Erlaubniß zu predigen erhielten nach abgelegtem Examen pro venia concionandi die Candidaten:
1) Georg Friedrich Richard Peters aus Liegnitz, 2) Hugo Emil Tiesler aus Krotoschin, 3) Robert Hahn aus Breslau, 4) Gustav Emil Karaus aus Fraustadt, 5) Maximilian Schönwälder aus Brieg, 6) Paul Wilhelm Scholz aus Breslau, 7) Bruno Erwin Vogt aus Marklissa.

Das Zeugniß der Wählbarkeit zum geistlichen Amte erhielten nach absolvirter Prüfung pro ministerio die Candidaten des Predigtamts:
1) Carl Wilhelm Joachim aus Würbitz bei Beuthen O. S., 25¾ Jahr alt; 2) Cuno Theobald Engelhard Schwerk aus Paschkerwitz bei Trebnitz, 27¹¹/₁₂ Jahr alt.
Breslau, den 24. August 1863. Königliches Consistorium für die Provinz Schlesien.

(454) Dem Schifffahrt treibenden Publicum wird hierdurch bekannt gemacht, daß die Bürgerwerder-Schleuse zu Breslau, Behufs des Einhängens neuer Oberthore, vom 31sten d. Mts. an, auf drei Wochen gesperrt sein wird. Breslau, den 27. August 1863.
Königliche Regierung. Abtheilung des Innern.

(455) Der Unterricht in der mit dem Königlichen Gewerbe-Institut verbundenen Musterzeichnenschule für das kommende Winter-Halbjahr beginnt mit dem 1sten October d. J. Diejenigen jungen Leute, welche die vorgenannte Schule besuchen wollen und den Bedingungen des §. 11 des Reglements vom 8ten September 1856 — veröffentlicht in Nr. 223 des Staats-Anzeigers vom 21sten September 1856 — entsprechen, haben sich dazu unter Einreichung
1) des Geburtsscheins,
2) des Confirmations-Scheins,
3) des Schulzeugnisses oder der Zeugnisse über genossenen Privat-Unterricht,
4) im Fall der Minderjährigkeit einer Bescheinigung des Vaters oder Vormundes darüber, daß der aufzunehmende Schüler mit ihrer Uebereinstimmung in die Anstalt tritt und daß sie für den Unterhalt und das Unterrichtsgeld einstehen,
bei dem Unterzeichneten mit Angabe ihrer Wohnung bis spätestens den 25sten September d. J. schriftlich zu melden.
Das Unterrichtsgeld ist halbjährlich mit 12 Thlr. für sämmtliche Lehrgegenstände im Voraus an die Kasse des Königlichen Gewerbehauses zu entrichten. Berlin, den 27. August 1863.
Der Geheime Ober-Ba..rath und Director des Königlichen Gewerbe-Instituts. Nottebohm.

(456) Deutsch-Krawarn, Ratiborer Kreises, den 29. August 1863. Gestern wurden hier 32 Rustikalstellen mit Stallungen und Scheuern während eines orkanartigen Sturmes in 1½ Stunden vom Feuer verzehrt. Nahe an 200 Personen sind obdachlos, der Ernte und sonstigen Habe beraubt. Nur Wenige sind versichert. Groß ist der Nothstand! So gern wir bereit sind, unsern Mitbrüdern Obdach zu gewähren, sie zu kleiden und sie den langen Winter durch zu unterstützen, unsere Kräfte sind zu schwach; denn schon drei mal wurde unser Kirchspiel in diesem Jahre von Bränden heimgesucht.
Noch nie waren wir in der Lage, die öffentliche Theilnahme für uns anregen zu müssen; jetzt drängt

der Nothschrei des Elends dazu. „Trauert einer der Brüder, so trauert die Gesammtheit," sagt der Apostel, hiermit die Solidarität im christlichen Verbande ausdrückend. Die Bewohner Oberschlesiens haben dieses Gefühl der Gemeinsamkeit nie verläugnet; sie werden auch dies Mal sicher beitragen, unsere Nackten zu kleiden und unsere Hungernden zu speisen. Wir bitten dringend, Geldbeiträge, Lebensmittel, Kleider rc. rc. geneigtest an die Redaction des Kreisblattes oder an den hiesigen Kaplan Plesch zu übersenden, voraus für jede, auch noch so geringe Gabe dankend.

Im Namen der Gemeinde: Das Unterstützungs-Comitée.

W. Fontaine. A. Rehren. Peterek, Pfarrer. Plesch, Cooperator. Weczorek, Schullehrer.

(457) In der im Stück 22, 23 und 24 des Amtsblattes der Königlichen Regierung zu Oppeln pro 1863 abgedruckten diesseitigen Bekanntmachung vom 16ten Mai d. Js., die Auskündigung der ausgeloosten Schlesischen Rentenbriefe betreffend, muß es bei

503 Stück Lit. E. à 10 Thlr.:

Nr. 19,454 statt 14,454

heißen. Breslau, den 3. September 1863. Königl. Direction der Rentenbank für Schlesien.

Personal-Chronik.

(458) Dem seitherigen Polizei-Sekretair Scholz hierselbst ist der Titel eines Polizei-Inspectors beigelegt worden.

Bestätigt: die Wahl des bisherigen Bürgermeister der Stadt Kieferstädtel, Dalibor, zum Bürgermeister in Ujest.

Gestorben: die katholischen Schullehrer Butter zu Ziegenhals und Sieberth zu Miedzna.

(445) Ernannt wurden:

der Zolleinnehmer Verworn in Zawisna zum Zolleinnehmer in Lissau, der berittene Steuer-Aufseher Henschel in Falkenberg zum Neben-Zolleinnehmer in Zawisna, der Sergeant Blasel zum Grenz-Aufseher in Zborowski.

(453) Personal-Veränderungen

im Departement des Königlichen Appellations-Gerichts zu Ratibor pro Monat August 1863.

A. Bei dem Königlichen Appellations-Gerichte.

Ernannt: der Kanzleidiätar Anton Keil zum Appellations-Gerichts-Kanzlisten.

Verliehen: dem Appellations-Gerichts-Kanzlisten, Kanzleisekretair Mucha, der Charakter als Kanzlei-Rath.

Versetzt: der Auscultator Maximilian Ludwig Eduard Rudolph Gustav Holzapfel aus dem Departement des Königlichen Kammergerichts zu Berlin in das diesseitige Departement.

Ausgeschieden: der Referendarius Adalbert Wagner Behufs Uebertritts in das Departement des Königlichen Appellations-Gerichts Breslau.

Pensionirt: der Kanzlist Kessel vom 1sten October d. J. ab.

B. Bei den Kreis-Gerichten.

I. Bei dem Kreis-Gericht zu Creutzburg.

Versetzt: der Staatsanwalt Beer in Creutzburg an das Kreis-Gericht zu Gnesen, Departement Bromberg.

II. Bei dem Kreis-Gericht zu Neisse.

Pensionirt: der Bureau-Assistent Loewe vom 1sten Januar k. J. ab.

III. Bei dem Kreis-Gericht zu Rosenberg.

Ernannt: der Bureau-Assistent Schandalla aus Oppeln zum Kreis-Gerichts-Secretair.

IV. Bei dem Kreis-Gericht Groß-Strehlitz.

Versetzt: der Bote und Executor Schumann aus Ujest an das Kreis-Gericht zu Oppeln.

Gestorben: der Bote, Executor und Gefangenwärter Knappik zu Ujest.

Amts-Blatt
der Königlichen Regierung zu Oppeln.

Stück 38.   Oppeln, den 17. September   **1863.**

Allgemeine Gesetz-Sammlung.

(**461**) Das 28ste Stück der Gesetzsammlung enthält unter

Nr. 5749. Die Verordnung, betreffend die Auflösung des Hauses der Abgeordneten. Vom 2ten September 1863.

Nr. 5750. Den Allerhöchsten Erlaß vom 10ten August 1863, betreffend die Errichtung einer Handelskammer für die Stadt Frankfurt a. d. O. und die zu derselben gehörigen Kämmereidörfer.

Nr. 5751. Die Verordnung, betreffend die Wiederherstellung der bei dem Brande des Locals der Gerichts-Commission zu Putzig vernichteten Hypothekenbücher und Grundacten, so wie die Amortifikation der dabei verloren gegangenen Documente. Vom 21sten August 1863, und

Nr. 5752. Die Bekanntmachung, betreffend die Allerhöchste Genehmigung des neuen Statuts der Loutsenthaler Actien-Gesellschaft für Druckerei, Weberei und Spinnerei mit dem Sitze zu Mühlheim an der Ruhr vom 16ten Mai 1863. Vom 25sten August 1863.

Bekanntmachungen der höchsten Staats-Behörden.

(**464**) Nachdem die zwischen Preußen und Belgien wegen gegenseitigen Schutzes der Rechte an litterarischen Erzeugnissen und Werken der Kunst unter dem 28sten März d. J. abgeschlossene Uebereinkunft (Gesetzsammlung S. 428 ff.) in Gemäßheit der Bestimmung des Artikels 18 mit dem 20sten v. Mts. in Kraft getreten ist, wird auf Grund der Artikel 3 und 6 der gedachten Uebereinkunft bei dem Königlichen Ministerium der geistlichen 2c. Angelegenheiten die kostenfreie Eintragung derjenigen zum ersten Mal in Belgien erschienenen und noch nicht zum Gemeingut gewordenen Bücher, Karten, Kupferstiche, Stiche anderer Art, Lithographien und musikalischen Werke bewirkt werden, welche zu diesem Zweck von den Belgischen Urhebern, deren gesetzlichen Vertretern oder Rechtsnachfolgern entweder bei dem Ministerium selbst oder bei der Königlichen Gesandtschaft in Brüssel schriftlich angemeldet werden. Die betreffende Anmeldung muß enthalten:

bei Büchern und musikalischen Werken:
den Titel des Werks mit Angabe des Urhebers beziehungsweise des Uebersetzers, des Verlegers, des Orts und der Zeit des Erscheinens, der Anzahl der Bände und der Bogen, der etwa beigegebenen Tafeln und des Formats;

bei Karten, Kupferstichen, Stichen anderer Art und Lithographien:
die Bezeichnung des Gegenstandes der Darstellung und die Bezeichnung der Reproductionsart, mit Angabe des Urhebers des Originalwerks, des Urhebers der Reproduction, des Druckers, des Verlegers, des Orts und der Zeit des Erscheinens, sowie der Dimensionen des Formats.

Die Anmeldung der in einem und demselben Verlag vor dem 20sten August d. J. erschienenen Belgischen Werke 2c. 2c. kann ausnahmsweise auch in der Art bewirkt werden, daß von dem Anmeldenden zwei mit seiner Unterschrift zu versehende Exemplare eines gedruckten Catalogs der betreffenden Werke 2c. eingereicht werden.

Den Betheiligten wird auf ihr Verlangen eine urkundliche Bescheinigung über die erfolgte Eintragung ertheilt werden, wofür die gesetzliche Stempelabgabe im Betrag von 15 Silbergroschen zu entrichten ist.

Die von Belgischen Urhebern, ihren gesetzlichen Vertretern oder Rechtsnachfolgern hier angemeldeten und eingetragenen Werke werden im Leipziger Buchhändler-Börsenblatt fortlaufend bekannt gemacht werden.

Den Preußischen Verlegern und Sortimentshändlern, welche Belgische, bis zum 20sten November der d. J. hier zum Schutz angemeldete und in Folge dessen eingetragene Werke ꝛc. vor dem 20sten August d. J. in Abdrücken, Uebersetzungen, Nachbildungen ꝛc. veröffentlicht oder eingeführt, oder mit der Veröffentlichung oder Herstellung solcher Werke begonnen haben, wird auf Grund der im Artikel 12 der Uebereinkunft vom 28sten März d. J. getroffenen Abrede zur Erleichterung eines künftigen Nachweises der Rechtmäßigkeit ihrer betreffenden Publicationen anheimgegeben, bis zum 31sten März 1864 ihre Vervielfältigungen, sowie auch die in ihrem Besitz befindlichen Clichés, Holzstöcke, gestochenen Platten aller Art oder lithographischen Steine zu Nachbildungen solcher Belgischen Werke ꝛc. bei ihrer Ortspolizei-Behörde anzumelden. Die letztere wird, wenn sie sich von der Richtigkeit der gemachten Angaben überzeugt hat, die angemeldeten Exemplare von Büchern, musikalischen und artistischen Werken mit einem Stempel versehen, die Clichés, Holzstöcke ꝛc. einregistriren und eine Bescheinigung über die erfolgte Registrirung ertheilen. Die von den einregistrirten Clichés ꝛc. genommenen Abdrücke können bis zum 20sten August 1867 eine Stempelung erhalten.

Sobald die Königlich Belgische Regierung diejenigen Anordnungen bekannt gemacht haben wird, welche dieselbe hinsichtlich der Anmeldung und Eintragung Preußischer Werke ꝛc. in Belgien, sowie auf Grund des Artikels 12 der Uebereinkunft vom 28sten März d. J. ihrerseits getroffen haben wird, werde ich dafür Sorge tragen, dieselben durch die geeignete Veröffentlichung zur Kenntniß der diesseitigen Interessenten gelangen zu lassen. Berlin, den 5. September 1863.

Der Minister der geistlichen, Unterrichts- und Medicinal-Angelegenheiten. v. Mühler.
An sämmtliche Königliche Regierungen.

Bekanntmachungen der Königlichen Regierung.

(465) Es wird hiermit zur öffentlichen Kenntniß gebracht, daß bei der Hebestelle in Waschelwitz auf der Kreis-Chaussee von Zülz nach Friedland von Fuhrwerken und unangespannten Thieren, welche bei der genannten Hebestelle auf die Chaussee nach Schmitsch einbiegen, oder von dieser letzteren Chaussee kommen, das tarifmäßige Chausseegeld für eine halbe Meile erhoben wird.
Oppeln, den 8. September 1863.

Bekanntmachungen verschiedener Behörden.

(462) Behufs auszuführender Reparatur wird die hiesige Schifffahrts-Schleuse von heut ab durch 14 Tage gesperrt sein. Cosel, den 8. September 1863. Zickler, Kreis-Baumeister.

(466) Die fünfte Sitzungs-Periode des hiesigen Schwurgerichts für das Jahr 1863 beginnt am 5ten October d. J. Beuthen O. S., den 10. September 1863.
Königliches Kreis-Gericht. Erste Abtheilung.

Personal-Chronik.

Nachweisung
der gewählten und bestätigten Schiedsmänner pro Monat August 1863.

Namen der Ortschaften.	Kreis.	Bezeichnung der Schiedsmänner.
Kostellitz mit Wyttoka, Jastrzigowitz, Stronkau und Zarzisl.	Rosenberg	Schullehrer Johann Dirbach in Kostellitz.
Dembiohammer Dorf und Kolonie	Oppeln	Schullehrer Beyer in Dembiohammer.
Friedewalde	Grottkau	Schullehrer Theodor Günther zu Friedewalde.
Klein-Lagiewnik	Lublinitz	Revierförster Stahr zu Klein-Lagiewnik.
Ellguth-Proskau und Jaschkowitz	Oppeln	Schullehrer Korgel zu Ellguth-Proskau.
Przyschetz und Wilhelmsberg	dto.	Schullehrer Bulla zu Przyschetz.

Redaction des Amtsblatts im Regierungs-Gebäude. — Druck von E. Weißhänsel in Oppeln.

Amts-Blatt
der Königlichen Regierung zu Oppeln.

Stück 39.   Oppeln, den 24. September   **1863.**

Bekanntmachungen der höchsten Staats-Behörden.

(**478**) Bei der heute öffentlich bewirkten 9ten Serien-Verloosung der Staats-Prämien-Anleihe von 1855 sind die 20 Serien
Nr. 74. 96. 136. 148. 299. 312. 371. 398. 516. 528. 556. 589. 742. 746. 804. 805. 1,089. 1,095. 1,406. 1,456.
gezogen worden.

Die zu diesen Serien gehörigen 2,000 Schuldverschreibungen und die für dieselben am 1sten April l. J. zu zahlenden Prämien werden am 15ten und 16ten Januar k. J. ausgelooft werden.
Berlin, den 15. September 1863.
      Haupt-Verwaltung der Staatsschulden.
          von Wedell. Löwe. Meinecke.

Bekanntmachungen der Königlichen Regierung.

(**463**) Der Bauer-Auszügler Daniel Melzer zu Margsdorf im Creutzburger Kreise, hat zum Bau eines Glockenthurmes und zur Beschaffung zweier Glocken von Gußstahl die Summe von tausend Thalern verwendet, dann aber den Thurm nebst Glocken der dortigen Gemeinde geschenkt. Wir bringen dieses hiermit gern zur öffentlichen Kenntniß.   Oppeln, den 4. September 1863.

(**476**) Da fortgesetzte Beobachtungen und Versuche ergeben haben, daß die hohe Feuergefährlichkeit des Petroleum demselben nur im rohen Zustande beiwohnt, daß dagegen gereinigtes durch Raffiniren von den entzündlichen Gasen befreites Petroleum nicht entzündlicher und deshalb in nicht höherem Grade feuergefährlich ist, als Terpentinöl oder als Alkohol, so werden hiermit die Vorsichtsmaßregeln, welche beim Transport, der Lagerung oder der Verarbeitung von Petroleum zu beachten sind und deren Zusammenstellung in der darüber ergangenen Polizei-Verordnung vom 6ten Januar d. J. mitgetheilt worden ist, lediglich auf das rohe Petroleum beschränkt und das raffinirte — gereinigte — Petroleum nur denselben Sicherheitsmaßregeln unterworfen, welchen Terpentinöl und Alkohol unterliegen.

Das rohe Petroleum ist undurchsichtig, von grünlicher oder bräunlicher Farbe und hat in Folge der Beimischung von consistenten bituminösen Bestandtheilen meist die Beschaffenheit eines dünnflüssigen Theers. Das gereinigte Petroleum ist meistens vollkommen durchsichtig und sehr dünnflüssig und zeigt als besonders characteristisches Merkmal eine schwach bläuliche Opalisirung (Schillerung), welche bei der Betrachtung gegen einen weißen Hintergrund besonders deutlich hervortritt.
Oppeln, den 3. September 1863.

(**477**) Die Provinzial-Gewerbeschule zu Brieg, in welcher der Unterricht
1) in Mathematik, practischem Rechnen, Feldmessen, Mechanik, Maschinenkunde und mechanischer Technologie,
2) in Physik, Chemie und chemischer Technologie,
3) im Linear- und Freihandzeichnen, in Bauconstructions- und Projections-Lehre und im Modelliren,

in zwei auf einander folgenden einjährigen Cursen ertheilt wird, tritt am 6ten October d. J. ins Leben.

Bauhandwerker können während des Winters, ohne Verpflichtung zum Schulbesuch während des Sommers, an dem Unterricht Theil nehmen. Personen, welche dem Unterricht in einzelnen Objecten beiwohnen wollen, werden als Hospitanten aufgenommen.

Anmeldungen von Schülern und Hospitanten nimmt der unterzeichnete Director bis zum 3ten October d. J. entgegen. Derselbe ist gern bereit, auf Anfragen nähere Auskunft zu ertheilen.
Brieg, den 12. September 1863.
                                              Noeggerath.

Umstehende Mittheilung haben die Herren Landräthe und Magisträte auch in den Kreis- resp. Localblättern zu veröffentlichen. Oppeln, den 18. September 1863.

(480) Es wird hiermit zur öffentlichen Kenntniß gebracht, daß am evangelischen Seminar zu Münsterberg die angeordnete zweite Prüfung für interimistisch angestellte Elementarlehrer Mittwoch bis Sonnabend den 21ften bis 24ften October d. J. stattfinden wird. Diejenigen Schulamts-Candidaten, welche bis zum Herbste 1861 ihre erste Prüfung gemacht haben und an der zweiten Theil nehmen wollen, haben bis zum 1sten October
 1) das bei der ersten Prüfung erhaltene Zeugniß im Original;
 2) ein von dem betreffenden Herrn Superintendenten mit vollzogenes Führungs-Attest derjenigen Revisoren, unter deren Aufsicht sie an der Schule gearbeitet, und
 3) einen ausführlichen Bericht über ihre amtliche Wirksamkeit und die bei dieser gemachten Erfahrungen an die unterzeichnete Regierung einzureichen, auch sich am 20sten October, 6 Uhr Abends, bei dem Herrn Seminardirector Bock persönlich zu melden. Oppeln, den 21. September 1863.
Königliche Regierung, Abtheilung des Innern.

(474) Das dem Knopfmacher-Meister Waldemar Rose und dem Maschinenbauer F. Haack zu Berlin unterm 9ten November 1860 ertheilte Patent:
„auf eine mechanische Vorrichtung zur Anfertigung von Chenille"
wird hierdurch zurückgenommen. Oppeln, den 24. September 1863.

Bekanntmachungen verschiedener Behörden.

(470) **Wiederholter Aufruf gekündigter Pfandbriefe.** Von den, durch unsere Bekanntmachung vom 15ten Juli 1863 aufgekündigten Pfandbriefen sind die in dem anliegenden Verzeichnisse aufgeführten noch nicht eingeliefert worden. Wir fordern daher die Inhaber wiederholentlich auf, gedachte Pfandbriefe nebst denjenigen Zinscoupons, welche auf einen späteren als den vorbezeichneten Fälligkeitstermin lauten, unverzüglich an uns oder an eine der Fürstenthumslandschaften einzuliefern. Ueber die Einlieferung wird Recognition ertheilt und diese demnächst im Fälligkeitstermine durch Herausfolgen der Valuta eingelöset werden. Sollte die Einlieferung der altländschaftlichen und der Pfandbriefe Littera C. bis zum **1sten Februar 1864**, der Neuen Pfandbriefe aber bis zum **6ten Februar 1864** nicht erfolgen, so werden die säumigen Inhaber nach Vorschrift des Regulative vom 7ten December 1848 resp. 22sten November 1858 und resp. vom 11ten Mai 1840 (G.-S. 1849 S. 77 resp. G.-S. 1858 S. 584 und resp. G.-S. 1840 S. 182) mit dem Pfandbriefsrechte und beziehungsweise mit dem Rechte der Specialhypothek präcludirt und mit ihren Ansprüchen auf die bei der Landschaft zu deponirende Valuta verwiesen werden. Breslau, am 15. September 1863.
Schlesische Generallandschafts-Direction.

(472) Mit Bezug auf unsere Bekanntmachung vom 25sten Juni 1862 (Amtsblatt Nr. 27 pro 1862) bringen wir hiermit zur öffentlichen Kenntniß, daß an Stelle des von Gleiwitz nach Saynerhütte versetzten Hüttenmeisters Wachler, der Königliche Hüttenmeister Wiehmer zu Eisengießerei bei Gleiwitz mit der Vornahme der Revisionen der auf der Königlichen Eisengießerei bei Gleiwitz im Betriebe befindlichen und der Abnahme der in der dortigen Maschinenwerkstatt angefertigten Dampfkessel von uns beauftragt worden ist. Breslau, den 12. September 1863. Königliches Oberbergamt.

(473) In den Bezirke der hiesigen Ober-Post-Direction sind öfter Landbriefträger-, Postfußboten-, Packetträger- und sonstige contractliche Postdienst-Stellen, mit denen jährliche Löhnungen von 180. Thaler verbunden sind, zu besetzen.
Versorgungsberechtigte Militair-Personen werden aufgefordert, sich, sofern sie bereit sind, eine derartige Dienststelle zu übernehmen, dieserhalb bei der Postanstalt ihres Wohnortes oder bei der ihrem Wohnorte zunächst belegenen Postanstalt zu melden. Außer den ihren Versorgungs-Anspruch begründenden Militair-Papieren haben sie bei ihrer Meldung auch alle über ihre Führung sprechenden Zeugnisse, insbesondere auch ein obrigkeitliches Attest beizubringen, welches über ihre Führung bis auf die neueste Zeit, d. i. bis zum Termine der Bewerbung überzeugenden Aufschluß giebt.
Der Bewerber muß deutsch und polnisch lesen und schreiben können, auch im Rechnen einige Fertigkeit besitzen und eine Dienst-Caution von 50 Thalern in Staatspapieren sogleich beim Antritt der Dienststelle zu erlegen im Stande sein.
Durch die Annahme einer derartigen contractlichen Stelle begeben sich übrigens die zur Versorgung berechtigten Militair-Invaliden nicht ihrer Ansprüche auf eine spätere Anstellung als Post-Unterbeamte.
Oppeln, den 3. September 1863. Königliche Ober-Post-Direction.

(479) Folgende von dem unterzeichneten Königlichen Credit-Institute für Schlesien ausgefertigte Pfandbriefe Litt. B.:

à 4 pro Cent:

1) auf Ober-, Mitt.- und Nied.-Schlaube, Kreis Guhrau, ausgefertigt den 4ten Januar 1841:
Nr. 366 bis incl. 368 à 1000 Thlr.,
* 1735 * * 1742 à 500 *
* 4303 * * 4317 à 200 *
* 7539 * * 7558 à 100 *
* 11523 * * 11532 à 50 *
* 22503 * * 22517 à 25 *

2) auf Gewehrsewitz, Kreis Guhrau, ausgefertigt den 4ten Januar 1841:
Nr. 369 à 1000 Thlr.,
* 1743 bis incl. 1744 à 500 Thlr.,
* 4318 * * 4320 à 200 *
* 7559 * * 7562 à 100 *
* 11533 * * 11534 à 50 *
* 22518 * * 22522 à 25 *

3) auf Sczyrbitzcum pert., Kreis Rybnik, ausgefertigt den 6ten November 1846:
Nr. 40118 und 40119 à 1000 Thlr.,
* 43228 bis incl. 43231 à 500 Thlr.,
* 49392 * * 49399 à 200 *
* 61550 * * 61561 à 100 *
* 79105 à 50 Thlr.
* 82108 à 25 *

4) auf Schützendorf, Kreis Grottkau, ausgefertigt den 4ten November 1847:
Nr. 40259 bis incl. 40263 à 1000 Thlr.,
* 43506 * * 43514 à 500 *
* 49854 * * 49872 à 200 *
* 62164 * * 62174 à 100 *
* 62176 * * 62191 à 100 *
* 79183 * * 79185 à 50 *
* 82169 * * 82171 à 25 *

5) auf Dambrau und Sokollnick Kreis Falkenberg, ausgefertigt den 20sten März 1847:
Nr. 40162 bis incl. Nr. 40178 à 1000 Thlr.,
* 43314 * * * 43349 à 500 *
* 49535 * * * 49538 à 200 *
* 49540 * * * 49552 à 200 *
* 49554 * * * 49573 à 200 *
* 49575 * * * 49596 à 200 *
* 49598 * * * 49600 à 200 *
* 49602 * * * 49605 à 200 *
* 49607 * * * 49609 à 200 *
* 61743 * * * 61773 à 100 *
* 61775 * * * 61827 à 100 *
* 79137 * * * 79143 à 50 *
* 82136 * * * 82140 à 25 *

6) auf Mittel-Selchwitz, Kreis Rosenberg, ausgefertigt den 12ten December 1848:
Nr. 40789 bis incl. Nr. 40795 à 1000 Thlr.,
* 44493 * * * 44505 à 500 *
* 51103 * * * 51122 à 200 *
* 63800 * * * 63824 à 100 *
* 63826 * * * 63827 à 100 *
* 79295 * * * 79296 à 50 *
* 82289 * * * 82292 à 25 *

7) auf Ober- und Nieder-Wabnitz, Kreis Oels, ausgefertigt den 20sten April 1850:
Nr. 41283 bis incl. Nr. 41289 à 1000 Thlr.,
* 45366 * * * 45378 à 500 *
* 52430 * * * 52436 à 200 *
* 52454 * * * 52454 à 200 *
* 65288 * * * 65309 à 100 *
* 65311 * * * 65325 à 100 *
* 79482 * * * 79483 à 50 *
* 82476 * * * 82479 à 25 *

à 3½ pro Cent:

8) auf Däsdorf, Kreis Bolkenhayn, ausgefertigt den 14ten October 1844:
Nr. 23909 bis incl. 23920 à 1000 Thlr.,
* 25039 * * 25062 à 500 *
* 16320 * * 16354 à 200 *
* 18126 * * 18165 à 100 *
* 12236 * * 12250 à 50 *

9) auf Ober-, Mittel- und Nieder-Wernersdorf, Kreis Bolkenhayn, ausgefertigt den 14ten October 1844:
Nr. 23921 bis incl. 23934 à 1000 Thlr.,
* 25063 * * 25088 à 500 *
* 16355 * * 16392 à 200 *
* 18166 * * 18210 à 100 *
* 12251 * * 12257 à 50 *

10) auf Alt-Rosenberg, Kreis Rosenberg, ausgefertigt den 28sten Juli 1845:
Nr. 24056 bis incl. 24094 à 1000 Thlr.,
* 25374 * * 25391 à 500 *
* 16851 * * 16880 à 200 *
* 18842 * * 18881 à 100 *
* 12604 * * 12608 à 50 *

werden mit Bezugnahme auf die öffentliche Kündigung vom 21sten Mai d. J. hiermit wiederholt öffentlich aufgerufen und die Inhaber derselben aufgefordert, diese Pfandbriefe in coursfähigem Zustande nebst laufenden Zinscoupons **spätestens den 15ten Februar 1864** an unsere Casse (Albrechtstraße Nr. 16 hierselbst) einzureichen und dagegen andere dergleichen Pfandbriefe B. vom nämlichen Betrage in Empfang zu nehmen.

Sollte die Präsentation nicht bis zum 15ten Februar k. J. erfolgen, so werden die Inhaber der quaest. Pfandbriefe nach §. 50 der Allerhöchsten Verordnung vom 8ten Juni 1835 mit ihrem Real-Rechte auf die in den Pfandbriefen ausgedrückte Special-Hypothek präcludirt, die Pfandbriefe in Ansehung der Special-Hypothek für vernichtet erklärt, in unserem Register und im Hypothekenbuche gelöscht und die Inhaber mit ihren Ansprüchen wegen dieser Pfandbriefe lediglich an die in unserem Gewahrsam befindlichen Umtausch-Pfandbriefe verwiesen werden.

Breslau, den 13. September 1863.   Königliches Credit-Institut für Schlesien.

Personal-Chronik.

(471) Den Amtspächtern von **Damnitz** in Sternalitz und **Jaenisch** in Bischdorf ist der Character „**Königlicher Ober-Amtmann**" verliehen worden.   Berlin, den 11. September 1863.

Königliche Hofkammer der Königlichen Familiengüter.

(467) Nachdem der Musik-Lehrer **Heinze** am katholischen Schullehrer-Seminar zu Ober-Glogau in die durch die Ernennung des bisherigen Seminar-Lehrer Dorn zum Haupt-Lehrer am katholischen Schullehrer-Seminar zu Liebenthal erledigte zweite ordentliche Lehrstelle am Seminar zu Ober-Glogau aufgerückt, ist die hierdurch erledigte dritte Lehrstelle an der gedachten Anstalt dem bisherigen Uebungs-Lehrer am katholischen Schullehrer-Seminar zu Peiskretscham, **Ludwig Weiß**, verliehen worden. — Die Gründung einer ersten Lehrstelle am Königlichen evangelischen Schullehrer-Seminar zu Creutzburg ist höhern Orts genehmigt und dieselbe dem gegenwärtig am Waisenhause zu Bunzlau beschäftigten Candidaten des Predigt- und Rector-Amtes, **Julius Eismann** verliehen worden.

(475) Des Königs Majestät haben dem Hausbesitzer und Schneidermeister **Karnowsky** zu Dirschel das Allgemeine Ehrenzeichen Allergnädigst zu verleihen geruht.

Angestellt: der bisherige Kreis-Gerichts-Executor **Richter** hierselbst als Executor und Rent-Amtsdiener zu Proskau.

Redaction des Amtsblatts im Regierungs-Gebäude. — Druck von F. Wellshäuser in Oppeln.

Amts - Blatt
der Königlichen Regierung zu Oppeln.

Stück 40.   Oppeln, den 1. October   **1863.**

Allgemeine Gesetz-Sammlung.

(**484**) Das 29ste und 30ste Stück der Gesetzsammlung enthält unter

Nr. 5753. Das Privilegium wegen Ausfertigung auf den Inhaber lautender Kreis-Obligationen des 1. Jerichowschen Kreises, im Regierungsbezirk Magdeburg, zum Betrage von 18,500 Thalern. Vom 5ten August 1863.

Nr. 5754. Den Allerhöchsten Erlaß vom 21sten August 1863, betreffend die Verleihung der fiscalischen Vorrechte für den Bau und die Unterhaltung einer Kreis-Chaussee von Rosenberg nach Guttentag, im Regierungsbezirk Oppeln, an die Kreise Rosenberg und Lublinitz.

Nr. 5755. Den Allerhöchsten Erlaß vom 2ten September 1863, betreffend die Genehmigung ergänzender Bestimmungen zu dem revidirten Reglement für die Westphälische Provinzial-Feuer-Societät vom 26sten September 1859.

Nr. 5756. Den Allerhöchsten Erlaß vom 21sten August 1863, betreffend die Genehmigung des revidirten Reglements für die Feuer-Societät des platten Landes des Herzogthums Sachsen; und

Nr. 5757. Das Privilegium wegen Ausgabe auf jeden Inhaber lautender Schweidnitzer Stadt-Obligationen zum Betrage von 60,000 Thalern. Vom 21sten August 1863.

(**497**) Das 31ste Stück der Gesetzsammlung enthält unter

Nr. 5759. Den Allerhöchsten Erlaß vom 9ten September 1863, betreffend die Genehmigung des revidirten Reglements für die Feuer-Societät der Provinz Posen.

Bekanntmachungen der höchsten Staats-Behörden.

(**493**)   **Bekanntmachung.**

In der heute öffentlich bewirkten Verloosung von Schuldverschreibungen der 4½%igen Preußischen Staatsanleihen der Jahre 1848, 1854, 1855 A., 1857 und 1859 sind die in der Anlage verzeichneten Nummern gezogen worden.

Dieselben werden den Besitzern mit der Aufforderung gekündigt, die darin verschriebenen Capitalbeträge vom 1sten April l. J. ab in den Vormittagsstunden von 9 bis 1 Uhr entweder bei der Staatsschulden-Tilgungscasse hierselbst, Oranienstraße Nr. 94, oder bei der nächsten Regierungs-Haupt-Casse gegen Quittung und Rückgabe der Schuldverschreibungen mit den dazu gehörigen, nach dem 1sten April l. J. fälligen Zinscoupons nebst Talons, baar in Empfang zu nehmen.

Der Geldbetrag der etwa fehlenden, unentgeltlich mitabzuliefernden Zinscoupons wird von dem zu zahlenden Capitale zurückbehalten. Formulare zu den Quittungen werden von den vorgedachten Cassen unentgeltlich verabreicht.

Die Staatsschulden-Tilgungscasse kann sich in einen Schriftwechsel mit den Inhabern der Obligationen über die Zahlungsleistung nicht einlassen, es werden daher hierauf bezügliche Eingaben unberücksichtiget bleiben oder den Bittstellern portopflichtig zurückgesandt werden.

Zugleich werden die Inhaber der in der Anlage bezeichneten, nicht mehr verzinslichen Schuldverschreibungen der oben bezeichneten Anleihen, so wie der Anleihen aus den Jahren 1850, 1852 und 1853, welche in den bisherigen Verloosungen (mit Ausschluß der 16ten März d. J. stattgehabten) gezogen aber bis jetzt noch nicht realisirt sind, an die Erhebung ihrer Capitalien erinnert.

In Betreff der am 16ten März d. J. ausgeloosten und zum 1sten October d. J. gekündigten Schuldverschreibungen der in Rede stehenden Anleihen wird auf das an dem erstgenannten Tage bekannt gemachte Verzeichniß Bezug genommen, welches bei den Regierungs-Haupt-Cassen, den Kreis-, den Steuer- und den Forstcassen, den größeren Communal-Cassen, so wie auf den Bureaus der Landräthe und Ma-

giftrate zur Einsicht offen liegt. Berlin, den 15. September 1863.
Haupt-Verwaltung der Staatsschulden.
von Wedell. Löwe. Meinecke.

Bekanntmachungen der Königlichen Regierung.

(463) Der Herr Minister der geistlichen, Unterrichts- und Medicinal-Angelegenheiten hat durch Erlaß vom 7ten d. Mts. (Nr. 17,273) genehmigt, daß die evangelische Stadtschule in Beuthen O. S. als eine Rectorats-Schule angesehen und dem ersten Lehrer Arndt an derselben der Rectortitel verliehen wird.
Wir bringen dieses zur öffentlichen Kenntniß mit dem Bemerken, daß die Genehmigung auf Grund unserer Circular-Verfügung vom 4ten März 1860 (A. d. J. X. 366b.) das städtische Schulwesen betreffend, erfolgt ist. Oppeln, den 18. September 1863.

(485) **Belobigung.**
Der Häusler Leopold Filla aus Doppelau, im Kreise Oppeln, hat durch seine Hülfe den dortigen Hirtenjungen August Geppert vom Tode des Ertrinkens gerettet.
Ebenso hat sich die Einliegerin Agnes Hennel aus Domecko, im Kreise Oppeln, um die Rettung des 1¾ Jahr alten Kindes des Häuslers Vincent Piechatzel von dort vom Tode des Ertrinkens mit Erfolg bemüht.
Für diese menschenfreundlichen Handlungen wird dem Häusler Filla und der Einliegerin Hennel hiermit eine Belobigung ertheilt. Oppeln, den 20. September 1863.

(488) Die für die Stadt Ottmachau, Kreis Grottkau, im Jahre 1864 angesetzten Jahr- und Viehmärkte werden nicht am
           8ten und 9ten Februar,
           2ten und 3ten Mai,
           5ten und 6ten September,
           30sten November und 1sten December,
sondern am
           8ten Februar,
           2ten Mai,
           5ten September,
           28sten November
abgehalten. Dies wird hierdurch zur öffentlichen Kenntniß mit dem Bemerken gebracht, daß gleichzeitig mit jedem dieser Markttage ein Viehmarkt verbunden ist.
Oppeln, den 19. September 1863.

(490) Am 27ten November d. J. findet in Constadt, Kreises Creuzburg, ein allgemeiner Flachsmarkt statt, was hiermit zur Kenntniß des Publicums gebracht wird.
Oppeln, den 23. September 1863.

(496) Der Herr Minister der geistlichen, Unterrichts- und Medicinal-Angelegenheiten hat mittelst Rescripts vom 18ten d. M. den Taxpreis eines Blutegels für die Zeit vom 1sten October d. J. bis uk. März k. J. auf 1 Sgr. 9 Pf. festgesetzt, was hiermit zur öffentlichen Kenntniß gebracht wird.
Oppeln, den 23. September 1863.

(468) Dem Königlichen Berg-Assessor Althaus zu Berlin ist unter dem 10ten September d. J. ein Patent
           auf einen durch eine Dampfstrahlpumpe betriebenen Condensations- und Evakuirungs-Apparat in der durch Zeichnung und Beschreibung nachgewiesenen Zusammensetzung und ohne Jemand in Anwendung bekannter Theile zu beschränken,
auf fünf Jahre, von jenem Tage an gerechnet, und für den Umfang des preußischen Staats ertheilt worden. Oppeln, den 1. October 1863.

(469) Das dem Gastwirth August Kluge zu Ratibor am 21sten August 1861 ertheilte Patent auf eine Nähemaschine in der durch Modell und Beschreibung nachgewiesenen Zusammensetzung, ohne Andere in der Anwendung bekannter Theile dieser Maschine zu beschränken, ist aufgehoben.
Oppeln, den 1. October 1863.

(482) Dem Fabrikanten Gustav Brinkmann zu Witten ist unter dem 21sten September 1863 ein Patent

auf eine Steuerung für Dampfhämmer in der durch Zeichnung und Beschreibung nachgewiesenen Ausführung, ohne Jemand in der Benutzung bekannter Theile zu beschränken,
auf fünf Jahre, von jenem Tage an gerechnet und für den Umfang des preußischen Staats ertheilt worden. Oppeln, den 1. October 1863.

(494) Dem Arzt John Lehmann zu Neudietendorf bei Gotha ist unter dem 25sten December c. ein Patent
auf ein Sauginstrument zur Entfernung der Blasenwürmer aus dem Gehirn drehkranker Rinder und Schafe, soweit dasselbe nach vorgelegter Zeichnung, Beschreibung und Modell als neu und eigenthümlich erkannt ist,
auf fünf Jahre, von jenem Tage an gerechnet und für den Umfang des preußischen Staats ertheilt worden. Oppeln, den 1. October 1863.

(495) Dem Fabrikbesitzer Eduard Schmidt in Nachrodt bei Grüne, im Kreise Altena, ist unter dem 25sten September 1863 ein Einführungs-Patent
auf eine durch Zeichnung, Modell und Beschreibung erläuterte Vorrichtung zur Anfertigung von Weißblech, ohne Jemand in der Anwendung bekannter Theile zu beschränken,
auf fünf Jahre, von jenem Tage an gerechnet, und für den Umfang des preußischen Staats ertheilt worden. Oppeln, den 1. October 1863.

Bekanntmachungen verschiedener Behörden.

(316) **Bekanntmachung.** In der in Gemäßheit des §. 11 der Statuten der Ständischen Provinzial-Darlehns-Casse für Schlesien vom 5ten December 1854 (Gesetz-Sammlung Seite 609) stattgehabten fünften Verloosung von Schlesischen Provinzial-Obligationen (Obligationen der Provinz Schlesien) sind folgende Apoints über einen Gesammtbetrag von 122,000 Thlr. vorschriftsmäßig gezogen worden, und zwar:

138 Stück Lit. A. à 500 Thlr.

Nr. 5. 26. 32. 35. 42. 62. 63. 64. 70. 77. 89. 98. 103. 126. 142. 149. 159. 194. 216. 227. 228. 234. 285. 298. 309. 316. 319. 335. 336. 346. 584. 585. 586. 590. 600. 608. 612. 616. 631. 658. 662. 687. 695. 699. 708. 746. 748. 755. 756. 763. 782. 783. 784. 791. 804. 822. 848. 850. 855. 856. 866. 877. 880. 886. 889. 892. 893. 899. 916. 922. 926. 936. 841. 947. 950. 972. 983. 992. 995. 1000. 1007. 1008. 1012. 1021. 1026. 1052. 1057. 1059. 1063. 1072. 1074. 1083. 1088. 1089. 1105. 1117. 1140. 1146. 1152. 1154. 1162. 1164. 1171. 1193. 1194. 1195. 1206. 1230. 1244. 1250. 1251. 1264. 1266. 1268. 1272. 1274. 1280. 1281. 1289. 1297. 1309. 1327. 1335. 1336. 1364. 1379. 1380. 1385. 1390. 1392. 1409. 1560. 1572. 1577. 1586. 1589. 1597. 1600.

500 Stück Lit. B. à 100 Thlr.

Nr. 13. 14. 15. 16. 24. 25. 40. 48. 69. 86. 94. 99. 101. 105. 117. 126. 153. 155. 164. 168. 169. 174. 180. 187. 194. 199. 204. 209. 220. 226. 250. 254. 264. 285. 290. 291. 292. 300. 311. 328. 331. 343. 350. 375. 376. 392. 412. 413. 426. 432. 457. 461. 465. 467. 469. 470. 472. 473. 487. 514. 518. 530. 547. 555. 557. 558. 561. 574. 996. 998. 1310. 1314. 1317. 1318. 1319. 1321. 1324. 1340. 1351. 1354. 1356. 1359. 1370. 1377. 1381. 1390. 1391. 1400. 1408. 1412. 1414. 1419. 1430. 1436. 1442. 1456. 1460. 1469. 1484. 1485. 1488. 1492. 1493. 1511. 1513. 1525. 1538. 1543. 1544. 1554. 1561. 1567. 1580. 1581. 1592. 1625. 1626. 1628. 1631. 1647. 1649. 1657. 1672. 1687. 1701. 1704. 1713. 1742. 1749. 1753. 1757. 1763. 1766. 1791. 1792. 1794. 1801. 1804. 1812. 1821. 1823. 1824. 1828. 1832. 1835. 1841. 1866. 1867. 1869. 1875. 1891. 1904. 1906. 1923. 1925. 1930. 1933. 1948. 1955. 1956. 1961. 1964. 1966. 1981. 1988. 1991. 1993. 1995. 2013. 2014. 2015. 2032. 2037. 2049. 2057. 2071. 2077. 2088. 2101. 2109. 2124. 2132. 2155. 2161. 2165. 2166. 2172. 2178. 2187. 2188. 2199. 2216. 2226. 2229. 2235. 2236. 2238. 2250. 2280. 2283. 2285. 2288. 2295. 2297. 2299. 2311. 2319. 2328. 2330. 2336. 2341. 2344. 2355. 2366. 2372. 2405. 2412. 2413. 2415. 2424. 2428. 2434. 2449. 2452. 2455. 2456. 2461. 2465. 2467. 2472. 2482. 2487. 2491. 2505. 2523. 2525. 2532. 2554. 2564. 2565. 2571. 2581. 2626. 2634. 2636. 2654. 2656. 2658. 2660. 2665. 2670. 2678. 2714. 2715. 2720. 2728. 2735. 2758. 2771. 2773. 2776. 2784. 2811. 2832. 2838. 2839. 2840. 2844. 2852. 2855. 2859. 2864. 2870. 2871. 2886. 2900. 2903. 2919. 2923. 2925. 2945. 2956. 2966. 2973. 2981. 2990. 3001. 3003. 3017. 3020. 3027. 3036. 3039.

Nr. 3048. 3052. 3061. 3063. 3068. 3070. 3080. 3093. 3101. 3102. 3105. 3115. 3122. 3132. 3159. 3161. 3162. 3164. 3169. 3195. 3201. 3202. 3205. 3207. 3569. 3576. 3587. 3607. 3609. 3618. 3623. 3625. 3630. 3636. 3643. 3655. 3673. 3685. 3686. 3688. 3691. 3695. 3706. 3711. 3719. 3731. 3736. 3739. 3740. 3753. 3755. 3760. 3767. 3768. 3792. 3795. 3798. 3809. 3811. 3818. 3826. 3931. 3845. 3847. 3851. 3856. 3857. 3861. 3865. 3868. 3896. 3904. 3912. 3915. 3924. 3925. 3930. 3937. 3944. 4012. 4024. 4026. 4030. 4037. 4044. 4061. 4062. 4066. 4067. 4089. 4105. 4106. 4111. 4118. 4122. 4126. 4130. 4140. 4146. 4147. 4148. 4153. 4156. 4157. 4175. 4178. 4183. 4189. 4198. 4203. 4215. 4217. 4219. 4220. 4221. 4231. 4236. 4248. 4262. 4265. 4270. 4285. 4303. 4309. 4311. 4313. 4328. 4329. 4336. 4342. 4345. 4348. 4356. 4359. 4369. 4383. 4393. 4395. 4410. 4419. 4420. 4421. 4426. 4455. 4460. 4465. 4469. 4474. 4479. 4486. 4497. 4498. 4517. 4520. 4529. 4557. 4563. 4565. 4581. 4597. 4599. 4600. 4601. 4602. 4604. 4607. 4610. 4628. 4631. 4633. 4646. 4667. 4674. 4676. 4696. 4703. 4705. 4707. 4711. 4715. 4720. 4721. 4752. 4754. 4757. 4761. 4772. 4774. 4777. 4779. 4790. 4797. 4802. 4807. 4808. 4811. 4812. 4816. 4826. 4832. 4834. 4839. 4846.

120 Stück Lit. C. à 25 Thlr.

Nr. 3. 7. 19. 37. 43. 45. 50. 58. 63. 76. 107. 116. 233. 234. 236. 239. 240. 241. 243. 247. 279. 292. 301. 315. 320. 326. 334. 336. 344. 349. 351. 355. 367. 369. 391. 386. 391. 399. 411. 417. 426. 446. 454. 460. 464. 465. 467. 469. 470. 473. 475. 480. 484. 489. 503. 563. 565. 566. 567. 570. 571. 578. 581. 588. 592. 594. 596. 608. 613. 615. 622. 626. 638. 646. 655. 656. 664. 687. 697. 709. 720. 721. 741. 745. 746. 757. 769. 777. 791. 812. 818. 828. 830. 840. 844. 855. 875. 876. 879. 880. 883. 894. 895. 901. 912. 931. 941. 950. 953. 960. 966. 969. 970. 976. 978. 980. 983. 985. 996.

Indem wir diese Provinzial-Obligationen hierdurch kündigen, fordern wir die Inhaber derselben auf, die Valuta dafür **am 2ten Januar 1864** unter Auslieferung der Obligationen nebst Coupons Ser. II. Nr. 8 bis 10 über die Zinsen vom 1sten Januar 1864 ab bei unserer Casse (Albrechtsstraße Nr. 16) in den gewöhnlichen Geschäftsstunden in Empfang zu nehmen. — Die Verzinsung der gezogenen Obligationen hört mit dem 1sten Januar 1864 auf, und wird der Betrag von da ab laufender, nicht mit eingelieferter Coupons vom Capital in Abzug gebracht. — Die Obligationen selbst verjähren, wenn sie nicht innerhalb 30 Jahren nach dem Rückzahlungstermine präsentirt werden. Nach Maaßgabe der Bestände unserer Casse kann übrigens die Valuta der gezogenen Obligationen schon vom 1sten Juli d. J. ab, jedoch nur gegen Abzug von 4½ pCt. Zinsen für die Zeit vom Zahlungstage bis zum Verfalltage abgehoben werden. — Zugleich bemerken wir, daß folgende in früheren Verloosungen gezogene Provinzial-Obligationen noch nicht präsentirt worden sind:

aus der 2ten Verloosung:

Nr. 442 à 25 Thlr.

aus der 3ten Verloosung:
à 500 Thlr.

Nr. 134. 136. 145. 158. 160. 197. 214. 235. 302. 573. 630. 633. 654. 684. 834. 924. 938. 948. 970. 1022. 1322. 1413.

à 100 Thlr.

Nr. 29. 45. 73. 76. 145. 146. 445. 459. 475. 486. 490. 562. 1308. 1334. 1350. 1358. 1446. 1475. 1518. 1547. 1551. 1640. 1752. 1796. 1822. 1844. 1845. 1854. 2041. 2073. 2119. 2120. 2182. 2185. 2208. 2245. 2296. 2495. 2555. 2669. 2763. 2805. 2921. 2947. 3015. 3084. 3085. 3089. 3091. 3103. 3104. 3165. 3571. 3594. 3597. 3598. 3714. 3735. 3756. 3772. 3776. 3777. 3782. 3852. 3872. 3878. 3879. 3910. 3955. 4031. 4035. 4112. 4166. 4170. 4176. 4179. 4224. 4234. 4263. 4399. 4400. 4438. 4501. 4511. 4542. 4559. 4617. 4647. 4677. 4683. 4684. 4685. 4725. 4795.

à 25 Thlr.

Nr. 6. 20. 26. 27. 34. 56. 96. 100. 110. 232. 235. 280. 284. 289. 295. 300. 304. 327. 348. 377. 394. 398. 420. 455. 480. 554. 558. 569. 591. 632. 685. 719. 724. 725. 743. 786. 788. 831. 834. 850. 990.

aus der vierten Verloosung:
à 500 Thlr.

Nr. 93. 218. 290. 323. 324. 325. 329. 653. 656. 688. 788. 812. 818. 826. 842. 881. 980. 997. 1005. 1070. 1094. 1275. 1266. 1296. 1325. 1356. 1410. 1411. 1412.

à 100 Thlr.

Nr. 52. 62. 112. 131. 156. 230. 368. 399. 400. 406. 481. 1315. 1341. 1848. 1454. 1491. 1511. 1515. 1516. 1559. 1573. 1588. 1705. 1756. 1831. 1836. 1876. 1909. 1926. 2036. 2060. 2064. 2179. 2212. 2230. 2249. 2335. 2454. 2460. 2480. 2483. 2524. 2582. 2586. 2593. 2732. 2743. 2780. 2829. 2831. 2943. 3009. 3022. 3054. 3078. 3097. 3098. 3099. 3581. 3610. 3611. 3710. 3742. 3757. 3832. 3862. 3916. 3936. 3956. 3961. 3982. 3984. 3995. 4086. 4152. 4168. 4159. 4244. 4302. 4307. 4310. 4325. 4353. 4428. 4429. 4437. 4464. 4558. 4590. 4591. 4592. 4622. 4644. 4662. 4762. 4778. 4783.

à 25 Thlr.

Nr. 17. 22. 55. 105. 244. 288. 330. 424. 434. 494. 548. 572. 599. 671. 690. 691. 765. 825. 852. 856. 910. 973. 1000.

Breslau, den 13. Juni 1863.
Directorium der Ständischen Provinzial-Darlehns-Casse für Schlesien.
Frhr. v. Gaffron. Kracker v. Schwarzenfeld. Frhr. v. Schuckmann. Becker. v. Götz.

(481) Die vierte Sitzungsperiode des hiesigen Schwurgerichts für das Geschäftsjahr 1863 beginnt **am 26sten October 1863.** Oppeln, den 20. September 1863.
Königliches Kreis-Gericht. I. Abtheilung.

(487) Der bisherige Königl. Bergmeister Nehler ist durch den Erlaß Sr. Excellenz des Herrn Minister für Handel, Gewerbe und öffentliche Arbeiten vom 4ten Juli 1863 zum Königlichen Berg-Inspector bei der Friedrichsgrube in Tarnowitz ernannt worden.
Breslau, den 19. September 1863. Königliches Ober-Bergamt.

(488) Es wird hierdurch bekannt gemacht, daß die Verwaltung der Königl. Friedrichsgrube zu Tarnowitz durch den Erlaß Sr. Excellenz des Herrn Minister für Handel, Gewerbe und öffentliche Arbeiten vom 16ten September 1863 die Bezeichnung
Königliche Berg-Inspection
in Tarnowitz erhalten hat. Breslau, den 19. September 1863.
Königliches Ober-Bergamt.

(489) Es wird hierdurch bekannt gemacht, daß durch den Erlaß Sr. Excellenz des Herrn Minister für Handel, Gewerbe und öffentliche Arbeiten vom 15ten September 1863 die Verwaltung des Königlichen Hüttenwerkes Friedrichshütte die Bezeichnung
Königliches Hüttenamt
in Friedrichshütte erhalten hat. Breslau, den 19. September 1863.
Königliches Ober-Bergamt.

(491) **200 Thlr. Belohnung!**
Am 9ten d. Mts. ist bei Beförderung der Kempen-Breslauer Personenpost der Fahrpostbeutel von Bralin nach Breslau, einen Geldbrief mit 1000 Thlr. enthaltend, abhanden gekommen.
Der Inhalt des Briefes besteht aus:
 1 Stück Pr. Banknote à 500 Thlr., und
 5 Stück Pr. Banknoten à 100 Thlr.
Auf der Rückseite sämmtlicher Banknoten befindet sich folgender, mit schwarzer Dinte geschriebener Vermerk:
— B. R. Brs. 8963. —
Wer den bezeichneten Fahrpostbeutel mit seinem Inhalte unbeschädigt wieder herbeischafft, erhält obige Belohnung von 200 Thalern.
Alle Königlichen Cassen und Behörden werden ersucht, auf das Vorkommen derartiger Banknoten zu achten und dieselben im Präsentations-Falle anzuhalten; das Publicum wird davor gewarnt, Banknoten, welche den obigen Vermerk enthalten, in Zahlung zu nehmen und Jeder, der über den Verbleib des Fahrpostbeutels oder seines Inhalts Auskunft geben kann, aufgefordert, hiervon bei der nächsten Post- oder Polizei-Behörde Anzeige zu machen. Breslau, den 21. September 1863.
Der Ober-Post-Director. Schroeder.

Personal-Chronik.

(492) Die durch das Ableben des Gymnasiallehrer Habler und durch die hierdurch erfolgte As-

cension der übrigen Lehrer erledigte letzte Lehrstelle am hiesigen Gymnasium ist dem bisherigen Collaborator Dr. Wenzel und die hierdurch erledigte Collaboratur dem bisher am Gymnasium zu Leobschütz beschäftigt gewesenen Lehramts-Candidaten Scholz verliehen worden.

Bestätigt: die Wiederwahlen des Beigeordneten Kothe, der Rathmänner Slowig und Welgert zu Rosenberg, die Wahlen des Apothekers Wellshäuser zum Beigeordneten in Ziegenhals, des Kaufmann Roesch zu Loslau und des Gastwirth Tschauner zu Ober-Glogau zu Rathmännern, sowie die Vocationen der katholischen Schullehrer Dirbach zu Kostellitz, Piffarczyk zu Jeschona und Böhm zu Krempa.

Pensionirt: der evangelische Schullehrer Kunert in Bischdorf.

Verliehen: dem Kreis-Schulen-Inspector und Pfarrer Mader zu Kujau die Pfarrei in Klein-Strehlitz und dem zeitherigen Seelsorger an der Königlichen Strafanstalt in Ratibor, Kleemann, die Pfarrei in Kujau.

Redaction des Amtsblatts im Regierungs-Gebäude. — Druck von F. Wellshäuser in Oppeln.

Amts-Blatt
der Königlichen Regierung zu Oppeln.

Stück 41.   Oppeln, den 8. October   **1863.**

Bekanntmachungen der höchsten Staats-Behörden.

(428) Bekanntmachung
wegen Ausreichung neuer Zinscoupons Ser. III. und beziehungsweise Ser. II. nebst Talons zu den Schuldverschreibungen der Staatsanleihe vom Jahre 1855 A. und der zweiten Staats-Anleihe von 1859.

Die den Zeitraum vom 1sten October 1863 bis den 30sten September 1867 umfassenden Zinscoupons Ser. III. zu den Schuldverschreibungen der Staatsanleihe vom Jahre 1855 A. und Ser. II. zu den Schuldverschreibungen der zweiten Staatsanleihe von 1859 nebst Talons, wird die Controle der Staatspapiere hierselbst, Oranienstraße Nr. 92, vom 1sten September d. J. ab, von 9 bis 1 Uhr Vormittags, mit Ausnahme der Sonn- und Festtage und der drei letzten Tage jedes Monats, ausreichen.

Die Coupons können bei der gedachten Controle selbst in Empfang genommen oder durch Vermittelung der Königlichen Regierungs-Hauptcassen bezogen werden. Wer das Erstere wünscht, hat die mit der letzten Coupons-Serie ausgegebenen Talons vom 11ten Mai beziehungsweise 2ten September 1859 mittelst abgesonderter Verzeichnisse, zu welchen Formulare bei der Controle und in Hamburg bei dem Preußischen Ober-Postamte unentgeltlich zu haben sind, bei der Controle der Staatspapiere persönlich oder durch einen Beauftragten abzugeben.

Genügt dem Einreicher eine numerirte Marke als Empfangsbescheinigung, so ist das Verzeichniß der betreffenden Anleihe nur einfach einzureichen, wogegen dasselbe von denen, welche eine schriftliche Bescheinigung über die Abgabe der Talons zu erhalten wünschen, doppelt abzugeben ist. In dem letztgedachten Falle erhalten die Einreichenden das eine Exemplar des Verzeichnisses mit einer schriftlichen Empfangsbescheinigung versehen sofort zurück.

Die Marke oder Empfangsbescheinigung ist bei der Aushändigung der neuen Coupons zurückzugeben.
In Schriftwechsel kann sich die Controle der Staatspapiere nicht einlassen.

Wer die Talons zur Erlangung neuer Coupons und Talons nicht selbst oder durch einen Anderen bei der Controle abgeben will, hat sie mit einem doppelten Verzeichnisse an die nächste Regierungs-Hauptcasse einzureichen. Das eine Exemplar des Verzeichnisses wird dann mit einer Empfangsbescheinigung versehen, sogleich zurückgegeben, doch ist dasselbe demnächst bei Aushändigung der Coupons an die Regierungs-Hauptcasse wieder abzuliefern. Formulare zu diesen letzteren Verzeichnissen sind bei den Regierungs-Hauptcassen und den von den Königlichen Regierungen in den Amtsblättern zu bezeichnenden Stellen unentgeltlich zu haben.

Des Einreichens der Schuldverschreibungen selbst bedarf es zur Erlangung neuer Coupons und Talons nur dann, wenn die betreffenden älteren Talons abhanden gekommen sind.

Die Documente sind in diesem Falle an eine Regierungs-Hauptcasse oder an die Controle der Staatspapiere mittelst besonderer Eingabe einzureichen.

Die Beförderung der Talons oder resp. der Schuldverschreibungen an die Regierungs-Hauptcasse (nicht an die Controle der Staatspapiere) erfolgt durch die Post bis zum 1sten Mai k. J. portofrei, wenn auf dem Couverte bemerkt ist: „Talons (resp. Schuldverschreibungen) zu .... Thlr. der Staatsanleihe von 1855 A. (beziehungsweise der zweiten Staatsanleihe von 1859) zum Empfange neuer Coupons".

Mit dem 1sten Mai k. J. hört die Portofreiheit auf. Es werden nach dieser Zeit die neuen Coupons nebst Talons den Einsendern auf ihre Kosten zugesandt.

Für solche Sendungen, die von Orten eingehen oder nach Orten bestimmt sind, welche außerhalb des Preußischen Postbezirks, aber innerhalb des deutschen Postvereins-Gebiets liegen, kann eine Befreiung vom Porto nach Maaßgabe der Vereinsbestimmungen nicht stattfinden.

Berlin, den 12. August 1863.
Haupt-Verwaltung der Staats-Schulden.
Löwe.   Meinecke.

Umstehende Bekanntmachung wird mit dem Bemerken zur öffentlichen Kenntniß gebracht, daß als Formulare zu den Verzeichnissen diejenigen benutzt werden können, welche wir nach unserer Amtsblatts-Bekanntmachung vom 28sten Mai c. Stück 23 pro 1863 den Königlichen Kreis-Steuer-Caßen und den Haupt-Zoll-Aemtern zu Landsberg O. S. und Myslowitz zugefertigt haben, und bei welchen diese ohne alle Entschädigung bezogen werden können. Oppeln, den 18. August 1863.

Königliche Regierung. Abtheilung des Innern.

(498) Im Verfolg des Circular-Erlasses vom 5ten d. Mts. (17841 U.), betreffend die Ausführung der zwischen Preußen und Belgien wegen gegenseitigen Schutzes der Rechte an literarischen Erzeugnissen und Werken der Kunst unter dem 28sten März d. J. abgeschlossenen Uebereinkunft (Gesetzsammlung S. 428 ff.), veranlasse ich die Königliche Regierung, die nachstehende Königlich Belgische Verordnung vom 5ten d. Mts. nebst den beigefügten Formularen in französischer und deutscher Sprache durch das Amtsblatt zur öffentlichen Kenntniß zu bringen. Berlin, den 25. September 1863.

Der Minister der geistlichen, Unterrichts- und Medicinal-Angelegenheiten. v. Mühler.

An sämmtliche Königliche Regierungen. 17894. U.

Ministerien der auswärtigen Angelegenheiten und des Innern.

Uebereinkunft zwischen Belgien und Preußen vom 28sten März 1863 zum Schutz der Rechte an Werken der Litteratur und Kunst. Ausführungs-Verordnung.

Leopold, König der Belgier ꝛc.

Auf Grund des Gesetzes vom 22sten Juni d. J., betreffend die Genehmigung der Uebereinkunft zwischen Belgien und Preußen vom 28sten März 1863 zu gegenseitigem Schutz des Eigenthums an Werken der Litteratur und Kunst, an gewerblichen Mustern und an Fabrikzeichen;

insonderheit auf Grund der Artikel 3, 6 und 12 der gedachten Uebereinkunft;

haben wir verordnet und verordnen auf den Antrag Unserer Minister des Innern und der auswärtigen Angelegenheiten:

Art. 1. Es sollen im Ministerium des Innern besondere Listen angelegt werden für die Eintragung der in Preußen herausgegebenen, noch nicht zum Gemeingut gewordenen Werke der Litteratur und Kunst, an welchen die Urheber oder deren Rechtsnachfolger sich das Eigenthumsrecht gegen jede Beeinträchtigung in Belgien wahren wollen.

Diese Eintragung wird auf die Anmeldung der Betheiligten oder ihrer Rechtsnachfolger geschehen.

Für jedes nach dem 20sten August d. J. erschienene Werk ist eine besondere Anmeldung mit Angabe des Datums der Einreichung erforderlich; die vor dem genannten Tage erschienenen Werke dürfen von dem Verleger in eine gemeinschaftliche Anmeldung zusammengefaßt werden, mit welcher zwei unterzeichnete Exemplare seines Catalogs einzureichen sind.

Die Betheiligten sind berechtigt, für jedes Werk gegen Entrichtung des Stempelbetrags von 45 Centimes eine amtliche Bescheinigung der Eintragung zu verlangen.

Ministères des affaires étrangères et de l'intérieur.

Convention littéraire et artistique, conclue le 28. mars 1863, entre la Belgique et la Prusse. Règlement d'exécution.

Léopold, Roi des Belges.

A tous présents et à venir, Salut.

Vu la loi du 22. juin dernier, portant approbation de la convention conclue, le 28. mars 1863, entre la Belgique et la Prusse, pour la garantie réciproque de la propriété des oeuvres littéraires et artistiques, des modèles et dessins industriels et des marques de fabrique;

Vu, notamment, les articles 3, 6 et 12 de la dite convention;

Sur la proposition de Nos Ministres de l'intérieur et des affaires étrangères;

Nous avons arrêté et arrêtons:

Art. 1er. Il sera ouvert au ministère de l'intérieur des registres spéciaux pour l'enregistrement des oeuvres de littérature ou d'art éditées en Prusse et non tombées dans le domaine public, dont les auteurs ou leurs ayants cause voudront garantir la propriété en Belgique contre toute atteinte portée à leurs droits.

Cet enregistrement sera fait sur la déclaration des intéressés ou de leurs ayants cause.

Une déclaration spéciale, portant la date de sa remise, devra être produite pour chaque ouvrage publié postérieurement au 20. août; pour les ouvrages publiés avant cette date, les éditeurs auront la faculté de faire une déclaration collective, en y annexant deux exemplaires signés de leur catalogue.

Les intéressés auront le droit de réclamer, pour chaque ouvrage, un certificat authentique d'enregistrement, qui leur sera délivré moyennant le prix du timbre (45 centimes).

Die in diesem Artikel erwähnten Anmeldungen werden auch bei der Königlich Belgischen Gesandtschaft in Berlin angenommen, durch deren Vermittelung die Betheiligten die amtliche Eintragungs-Bescheinigung, falls sie eine solche verlangen, erhalten können.

Art. 2. Nach Ablauf der dreimonatlichen Frist, welche für die Eintragung der vor dem Eintritt der Wirksamkeit der Uebereinkunft erschienenen Werke bestimmt ist, wird die Liste der eingetragenen Werke im Ministerium des Innern (im bureau de la librairie) den Betheiligten zur Einsicht offen stehen.

Art. 3. Innerhalb dreier Monate, vom 1sten Januar 1864 ab gerechnet, müssen Verleger oder Sortimentshändler die in ihrem Besitz befindlichen Exemplare solcher Werke, welche ursprünglich in Preußen erschienen sind und für welche die Förmlichkeit der Eintragung in Belgien erfüllt ist, bei dem Ministerium des Innern anmelden.

Das Feilhalten solcher Exemplare soll erlaubt sein, wenn sie mit einem besonderen, im Auftrag des Ministeriums des Innern aufgedruckten Stempel versehen worden sind.

Art. 4. Nach Ablauf der im vorigen Artikel erwähnten Frist für die Stempelung verfällt jedes Exemplar einer nicht autorisirten Vervielfältigung Preußischer Werke, welches durch den Verleger oder Sortimentshändler zum Verkauf gestellt oder versendet wird, falls es nicht mit dem Stempel versehen ist, der Beschlagnahme und Confiscation zu Gunsten der Betheiligten.

Art. 5. Die Inhaber von Clichés, Holzstöcken und gestochenen Platten aller Art sowie von lithographischen Steinen zu nicht autorisirten Vervielfältigungen Preußischer Werke haben das Verzeichniß derselben innerhalb der nächsten sechs Monate nach dem Eintritt der Wirksamkeit der Uebereinkunft bei dem Ministerium des Innern einzureichen.

Wenn sie von der im Artikel 12 gewährten Erlaubniß, diese Gegenstände zu benutzen, Gebrauch machen wollen, so müssen sie zuvor dem Ministerium des Innern davon Anzeige machen, worüber ihnen eine Bescheinigung ertheilt wird. Auf ihr Verlangen werden die mittels dieser Clichés, Holzstöcke, Platten ꝛc. vor dem 20sten August 1867 hergestellten Exemplare mit einem besonderen Stempel im Auftrag des Ministeriums des Innern versehen werden.

Art. 6. Alle Bestimmungen der vorstehenden Artikel in Betreff der ursprünglich in Preußen erschienenen, noch nicht zum Gemeingut gewordenen Werke, für welche die Förmlichkeit der Eintragung erfüllt ist, und welche in Belgien vor der Uebereins

Les déclarations mentionnées au présent article seront également reçues à la légation belge à Berlin, par l'intermédiaire de laquelle les intéressés recevront, lorsqu'ils le réclameront, le certificat authentique d'enregistrement.

Art. 2. A l'expiration du délai de trois mois fixé pour l'enregistrement des ouvrages publiés antérieurement à la date de la mise en vigueur de la convention, la liste des ouvrages enregistrés sera tenue à la disposition des intéressés, au département de l'intérieur (bureau de la librairie.)

Art. 3. Dans un délai de trois mois, à dater du 1er janvier 1864, les éditeurs ou détaillants ayant en leur possession des exemplaires d'ouvrages originairement publiés en Prusse et pour lesquels aura été remplie la formalité de l'enregistrement, en Belgique, devront en faire la déclaration au ministère de l'intérieur.

L'exposition en vente de ces exemplaires sera rendue licite par l'apposition d'un timbre spécial qui sera faite par les délégués du ministère de l'intérieur.

Art. 4. A partir de l'expiration du délai mentionné à l'article précédent pour l'apposition du timbre, tout exemplaire de réimpression non autorisée d'ouvrages prussiens mis en vente ou expédié par l'éditeur ou détaillant, sera, s'il n'est revêtu du timbre, passible de saisie et de confiscation au profit des intéressés.

Art. 5. Les détenteurs de clichés, bois et planches gravées de toute sorte ainsi que des pierres lithographiques concernant des réimpressions non autorisées d'ouvrages prussiens, devront en remettre l'inventaire au département de l'intérieur dans les six mois qui suivront la mise en vigueur de la convention.

S'ils veulent user de la faculté que leur donne l'article 12, d'utiliser ces objets, ils devront en faire, au département de l'intérieur, la déclaration préalable dont il leur sera donné acte. Sur leur demande, les exemplaires obtenus au moyen de ces clichés, bois, planches etc., avant le 20. août 1867, seront revêtus d'un timbre spécial par les délégués du ministère de l'intérieur.

Art. 6. Toutes les dispositions des articles précédents concernant les ouvrages publiés originairement en Prusse, non tombés dans le domaine public, pour lesquels aura été remplie la formalité de l'enregistrement et réimprimées en

kunft vervielfältigt worden sind, gelten ebenso für die beim Eintritt der Wirksamkeit der Uebereinkunft in der Veröffentlichung begriffenen Werke gleicher Art.

Art. 7. Jede betrügerische Nachbildung oder Fälschung der Stempel unterliegt den im Code pénal bestimmten Strafen.

Art. 8. Die Preußischen Fabrikanten oder Kaufleute, welche das Eigenthumsrecht an ihren Bezeichnungen oder Etiquettirungen von Waaren oder deren Verpackung, an ihren Mustern oder Fabrik- und Handels-Zeichen gegen jede Beeinträchtigung in Belgien sich wahren wollen, müssen dieselben beim Handelsgericht in Brüssel niederlegen.

Art. 9. Unser Minister des Innern wird die Form der oben (Art. 1) erwähnten Listen, Anmeldungen und Eintragungs-Bescheinigungen bestimmen.

Art. 10. Unsere Minister der auswärtigen Angelegenheiten und des Innern haben, je an ihrem Theil, vorstehende Verordnung in Ausführung zu bringen.

Gegeben zu Ostende, den 5. September 1863.

(gez.) **Leopold.**

(gegengez.) Der Minister der auswärtigen Angelegenheiten. **Ch. Rogier.**

Der Minister des Innern. **Alp. Vandenpeereboom.**

Anmeldungs-Formulare zur gesetzlichen Eintragung.

(Art. 1, alinea 3 der Königlichen Verordnung vom 5ten September 1863.)

№ 1. — Zusammenfassende Anmeldung.

Datum und Ich Unterzeichneter........
Nummer der wohnhaft zu........
Eintragung. (¹) in Vertretung von (²)......
erkläre, daß ich die Eintragung der in den beiden Exemplaren des beifolgenden Katalogs mit einem Stern bezeichneten Werke beantrage.

(Datum und Unterschrift.)

(¹) Wird im Ministerium des Innern (bureau de la librairie) zu Brüssel ausgefüllt.

(²) Ist zu streichen, falls die Anmeldung nicht durch einen Beauftragten erfolgt.

№ 2. — Anmeldung eines einzelnen Werks.

Datum und Ich Unterzeichneter.........
Nummer der wohnhaft zu........
Eintragung. (¹) in Vertretung von (²)....
erkläre, daß ich die Eintragung des nachstehenden Werks beantrage:

Belgique antérieurement à la convention, s'appliquent également aux ouvrages de même nature en cours de publication à l'époque de la mise en vigueur de la convention.

Art. 7. Toute reproduction frauduleuse ou falsification des timbres sera passible des peines édictées par le code pénal.

Art. 8. Les fabricants ou commerçants prussiens qui voudront garantir la propriété de leurs marques ou étiquettes de marchandises ou emballages; de leurs dessins ou marques de fabrique ou de commerce contre toute atteinte portée à leurs droits en Belgique, devront en effectuer le dépôt au greffe du tribunal de commerce de Bruxelles.

Art. 9. Notre Ministre de l'intérieur déterminera la forme des registres, déclarations et certificats d'enregistrement dont il est question à l'art. 1er ci-dessus.

Art. 10. Nos Ministres des affaires étrangères et de l'intérieur sont chargés, chacun en ce qui le concerne, de l'exécution du présent arrêté.

Donné à Ostende, le 5. septembre 1863.

Léopold.

Par le Roi: Le Ministre des affaires étrangères. **Ch. Rogier.**

Le Ministre de l'intérieur. **Alp. Vandenpeereboom.**

Modèles de déclarations d'enregistrement légal.

Date et Nro. d'enregistrement. (¹) (Art. 1er, § 3, de l'arrêté royal du 5. septembre 1863.)

№ 1. — Déclaration collective.

Je soussigné.........
demeurant à........
représentant (²) de M.....
déclare requérir l'enregistrement des ouvrages marqués d'un astérisque aux deux exemplaires du catalogue cijoint.

(Date et signature.)

(¹) Ce blanc sera rempli au ministère de l'intérieur (bureau de la librairie) à Bruxelles.

(²) La mention de représentant n'est indiquée que dans le cas où la déclaration est faite par un mandataire.

№ 2. — Déclaration spéciale.

Date et Je soussigné.........
Nro. d'enre-demeurant à........
gistrement. (¹) représentant (²) de M.....
déclare requérir l'enregistrement de l'ouvrage ci-dessous:

(⁴) Namen { Titel (³) des Verfassers: des Druckers:	(⁴) Noms { Titre (³) de l'auteur de l'imprimeur
Format:	Format:
Ausgabe:	Edition:
Zahl oder Bezeichnung der Bände: desgl. der Druckbogen:	Nombre ou désignation des volumes: Id. de feuilles d'impression:
Datum der Veröffentlichung in Preußen: (Datum und Unterschrift.)	Date de la publication en Prusse: (Date et signature.)
(¹) Wird im Ministerium des Innern (bureau de la librairie) zu Brüssel ausgefüllt.	(¹) Ce blanc sera rempli au ministère de l'intérieur (bureau de la librairie) à Bruxelles.
(²) Ist zu streichen, falls die Anmeldung nicht durch einen Beauftragten erfolgt.	(²) La mention de représentant n'est indiquée que dans le cas où la déclaration est faite par un mandataire.
(³) Bei Kunstdrucken ist der Gegenstand und die Reproductions=Art (Kupferstich, Stahlstich, Holzschnitt, Radirung, Lithographie ꝛc.) anzugeben, bei Musikalien die Gattung, sowie die Namen des Componisten und des Verfassers des Textes.	(³) S'il s'agit d'une estampe, on indique le sujet et le procédé de reproduction (gravure sur cuivre, gravure sur acier, gravure sur bois, eau forte, lithographie etc.); s'il s'agit d'une oeuvre de musique, on mentionne son genre, ainsi que les noms du compositeur et de l'auteur des paroles.
(⁴) Wenn das Uebersetzungsrecht vorbehalten ist, wird dies hier bemerkt.	(⁴) Si le droit de traduction est réservé, en faire mention ici.

(502) **Verordnung**
über die Ausführung der Wahl der Abgeordneten
zur zweiten Kammer.

Wir Friedrich Wilhelm von Gottes Gnaden König von Preußen ꝛc. ꝛc. verordnen in Ausführung der Artikel 67 bis 74 und auf Grund des Artikels 105 der Verfassungs=Urkunde auf den Antrag Unseres Staats=Ministeriums, daß statt des Wahlgesetzes für die Abgeordneten der zweiten Kammer vom 6ten December 1848 die nachfolgenden näheren Bestimmungen zur Anwendung zu bringen sind:

§. 1. Die Abgeordneten der zweiten Kammer werden von Wahlmännern in Wahlbezirken, die Wahlmänner von Urwählern in Urwahl=Bezirken gewählt.

§. 2. Die Zahl der in jedem Regierungs=Bezirke zu wählenden Abgeordneten weist das anliegende Verzeichniß nach.

§. 3. Die Bildung der Wahlbezirke ist nach Maaßgabe der durch die letzten allgemeinen Zählungen ermittelten Bevölkerung von den Regierungen dergestalt zu bewirken, daß von jedem Wahlkörper mindestens zwei Abgeordnete zu wählen sind. Kreise, die zu verschiedenen Regierungs=Bezirken gehören, können ausnahmsweise durch den Ober=Präsidenten zu einem Wahlbezirke vereinigt werden, wenn es nach der Lage und den sonstigen Verhältnissen der ersteren nöthig erscheint.

§. 4. Auf jede Vollzahl von 250 Seelen ist ein Wahlmann zu wählen.

§. 5. Gemeinden von weniger als 750 Seelen, so wie nicht zu einer Gemeinde gehörende bewohnte Besitzungen, werden von dem Landrathe mit einer oder mehreren benachbarten Gemeinden zu einem Urwahl=Bezirke vereinigt.

§. 6. Gemeinden von 1750 oder mehr als 1750 Seelen werden von der Gemeinde=Verwaltungs=Behörde in mehrere Urwahl=Bezirke getheilt. Diese sind so einzurichten, daß höchstens 6 Wahlmänner darin zu wählen sind.

§. 7. Die Urwahl=Bezirke müssen, so weit es thunlich ist, so gebildet werden, daß die Zahl der in einem jeden derselben zu wählenden Wahlmänner durch drei theilbar ist.

§. 8. Jeder selbstständige Preuße, welcher das 24ste Lebensjahr vollendet und nicht den Vollbesitz der bürgerlichen Rechte in Folge rechtskräftigen richterlichen Erkenntnisses verloren hat, ist in der Gemeinde, worin er seit sechs Monaten seinen Wohnsitz oder Aufenthalt hat, stimmberechtigter Urwähler, sofern er nicht aus öffentlichen Mitteln Armen=Unterstützung erhält.

§. 9. Die Militairpersonen des stehenden Heeres und die Stamm=Mannschaften der Landwehr wählen an ihrem Standorte, ohne Rücksicht darauf, wie lange sie sich an demselben vor der Wahl aufgehalten haben. Sie bilden, wenn sie in der Zahl von 750 Mann oder darüber zusammenstehen, einen oder mehrere besondere Wahlbezirke. Landwehrpflichtige, welche zur Zeit der Wahlen zum Dienste einberufen sind, wählen an dem Orte ihres Aufenthalts für ihren Heimaths-Bezirk.

§. 10. Die Urwähler werden nach Maaßgabe der von ihnen zu entrichtenden directen Staatssteuern (Klassensteuer, Grundsteuer, Gewerbesteuer) in 3 Abtheilungen getheilt, und zwar in der Art, daß auf jede Abtheilung ein Drittheil der Gesammtsumme der Steuerbeträge aller Urwähler fällt.

Diese Gesammtsumme wird berechnet:
 a. gemeindeweise, falls die Gemeinde einen Urwahl-Bezirk für sich bildet oder in mehrere Urwahl-Bezirke getheilt ist (§. 6),
 b. bezirksweise, falls der Urwahl-Bezirk aus mehreren Gemeinden zusammengesetzt ist (§. 5).

§. 11. Wo keine Klassensteuer erhoben wird, tritt für dieselbe zunächst die etwa in Gemäßheit der Verordnung vom 4ten April 1848 anstatt der indirecten, eingeführte directe Staatssteuer ein.

Wo weder Klassensteuer noch classificirte Steuer auf Grund der Verordnung vom 4ten April 1848 erhoben wird, tritt an Stelle der Klassensteuer die in der Gemeinde zur Hebung kommende directe Communalsteuer.

Wo auch eine solche ausnahmsweise nicht besteht, muß von der Gemeinde-Verwaltung nach den Grundsätzen der Klassensteuer-Veranlagung eine ungefähre Einschätzung bewirkt und der Betrag ausgeworfen werden, welchen jeder Urwähler danach als Klassensteuer zu zahlen haben würde.

Wird die Gewerbesteuer von einer Handels-Gesellschaft entrichtet, so ist die Steuer, Behufs Bestimmung, in welche Abtheilung die Gesellschafter gehören, zu gleichen Theilen auf dieselben zu repartiren.

§. 12. Die erste Abtheilung besteht aus denjenigen Urwählern, auf welche die höchsten Steuerbeträge bis zum Belaufe eines Drittheils der Gesammtsteuer (§. 10) fallen.

Die zweite Abtheilung besteht aus denjenigen Urwählern, auf welche die nächst niedrigeren Steuerbeträge bis zur Grenze des zweiten Drittheils fallen.

Die dritte Abtheilung besteht aus den am niedrigsten besteuerten Urwählern, auf welche das dritte Drittheil fällt. In diese Abtheilung gehören auch diejenigen Urwähler, welche keine Steuer zahlen.

§. 13. So lange der Grundsatz wegen Aufhebung der Abgaben-Befreiungen in Bezug auf die Klassensteuer und directe Communalsteuer noch nicht durchgeführt ist, sind die zur Zeit noch befreiten Urwähler in diejenige Abtheilung aufzunehmen, welcher sie angehören würden, wenn die Befreiungen bereits aufgehoben wären.

§. 14. Jede Abtheilung wählt ein Drittheil der zu wählenden Wahlmänner.

Ist die Zahl der in einem Urwahl-Bezirke zu wählenden Wahlmänner nicht durch drei theilbar, so ist, wenn nur ein Wahlmann übrig bleibt, dieser von der zweiten Abtheilung zu wählen. Bleiben zwei Wahlmänner übrig, so wählt sie die erste Abtheilung den einen und die dritte Abtheilung den andern.

§. 15. In jeder Gemeinde ist sofort ein Verzeichniß der stimmberechtigten Urwähler (Urwählerliste) aufzustellen, in welchem bei jedem einzelnen Namen der Steuerbetrag angegeben wird, den der Urwähler in der Gemeinde oder in den aus mehreren Gemeinden zusammengesetzten Urwahl-Bezirk zu entrichten hat. Dies Verzeichniß ist öffentlich auszulegen, und daß dies geschehen, in ortsüblicher Weise bekannt zu machen.

Wer die Aufstellung für unrichtig oder unvollständig hält, kann dies innerhalb dreier Tage nach der Bekanntmachung bei der Orts-Behörde oder dem von derselben dazu ernannten Commissar oder der dazu niedergesetzten Commission schriftlich anzeigen oder zu Protocoll geben.

Die Entscheidung darüber steht in den Städten der Gemeinde-Verwaltungs-Behörde, auf dem Lande dem Landrathe zu.

In Gemeinden, die in mehrere Urwahl-Bezirke getheilt sind, erfolgt die Aufstellung der Urwählerlisten nach den einzelnen Bezirken.

§. 16. Die Abtheilungen (§. 12) werden Seitens derselben Behörden festgestellt, welche die Urwahl-Bezirke abgrenzen (§§. 5, 6).

Eben diese Behörden haben für jeden Urwahl-Bezirk das Local, in welchem die auf den Bezirk bezügliche Abtheilungs-Liste öffentlich auszulegen und die Wahl der Wahlmänner abzuhalten ist, zu bestimmen und den Wahlvorsteher, der die Wahl zu leiten hat, sowie einen Stellvertreter desselben für Verhinderungsfälle zu ernennen.

In Bezug auf die Berichtigung der Abtheilungs-Listen kommen die Vorschriften des §. 15 gleichmäßig zur Anwendung.

§. 17. Der Tag der Wahl ist von dem Minister des Innern festzusetzen.

§. 18. Die Wahlmänner werden in jeder Abtheilung aus der Zahl der stimmberechtigten Urwähler des Urwahl-Bezirks ohne Rücksicht auf die Abtheilung gewählt.

Mit Ausnahme des Falles der Auflösung der Kammer sind die Wahlen der Wahlmänner für die ganze Legislatur-Periode dergestalt gültig, daß bei einer erforderlich werdenden Ersatzwahl eines Abgeordneten nur an Stelle der inzwischen durch Tod, Wegziehen aus dem Urwahl-Bezirke oder auf sonstige Weise ausgeschiedenen Wahlmänner neue zu wählen sind.

§. 19. Die Urwähler sind zur Wahl durch ortsübliche Bekanntmachung zu berufen.

§. 20. Der Wahlvorsteher nennt aus der Zahl der Urwähler des Wahlbezirks einen Protocollführer so wie 3 bis 6 Beisitzer, welche mit ihm den Wahlvorstand bilden, und verpflichtet sie mittelst Handschlags an Eidesstatt.

§. 21. Die Wahlen erfolgen abtheilungsweise durch Stimmengebung zu Protocoll, nach absoluter Mehrheit und nach den Vorschriften des Reglements (§. 32.)

§. 22. In der Wahlversammlung dürfen weder Discussionen stattfinden, noch Beschlüsse gefaßt werden.

Wahlstimmen unter Protest oder Vorbehalt abgegeben, sind ungültig.

§. 23. Ergiebt sich bei der ersten Abstimmung keine absolute Stimmenmehrheit, so findet die engere Wahl statt.

§. 24. Der gewählte Wahlmann muß sich über die Annahme der Wahl erklären. Eine Annahme unter Protest oder Vorbehalt gilt als Ablehnung und zieht eine Ersatzwahl nach sich.

§. 25. Das Protocoll wird von dem Wahlvorstande (§. 20) unterzeichnet und sofort dem Wahl-Commissar (§. 26) für die Wahl der Abgeordneten eingereicht.

§. 26. Die Regierung ernennt den Wahl-Commissar für jeden Wahlbezirk zur Wahl der Abgeordneten und bestimmt den Wahlort.

§. 27. Der Wahl-Commissar beruft die Wahlmänner mittelst schriftlicher Einladung zur Wahl der Abgeordneten. Er hat die Verhandlungen über die Urwahlen nach den Vorschriften dieser Verordnung zu prüfen, und wenn er einzelne Wahlacte für ungültig erachten sollte, der Versammlung der Wahlmänner seine Bedenken zur endgültigen Entscheidung vorzutragen. Nach Ausschließung derjenigen Wahlmänner, deren Wahl für ungültig erkannt ist, schreitet die Versammlung sofort zu dem eigentlichen Wahlgeschäfte.

Außer der vorgedachten Erörterung und Entscheidung über die etwa gegen einzelne Wahlacte erhobenen Bedenken dürfen in der Versammlung keine Discussionen stattfinden noch Beschlüsse gefaßt werden.

§. 28. Der Tag der Wahl der Abgeordneten ist von dem Minister des Innern festzusetzen.

§. 29. Zum Abgeordneten ist jeder Preuße wählbar, der das dreißigste Lebensjahr vollendet, den Vollbesitz der bürgerlichen Rechte in Folge rechtskräftigen richterlichen Erkenntnisses nicht verloren hat und bereits ein Jahr lang dem Preußischen Staats-Verbande angehört.

§. 30. Die Wahlen der Abgeordneten erfolgen durch Stimmgebung zu Protocoll.

Der Protocollführer und die Beisitzer werden von den Wahlmännern auf den Vorschlag des Wahl-Commissarius gewählt und bilden mit diesen den Wahl-Vorstand.

Die Wahlen erfolgen nach absoluter Stimmenmehrheit. Wahlstimmen unter Protest oder Vorbehalt abgegeben, sind ungültig.

Ergiebt sich bei der ersten Abstimmung keine absolute Mehrheit, so wird zu einer engeren Wahl geschritten.

§. 31. Der gewählte Abgeordnete muß sich über die Annahme oder Ablehnung der auf ihn gefallenen Wahl gegen den Wahl-Commissarius erklären. Eine Annahme-Erklärung unter Protest oder Vorbehalt gilt als Ablehnung und hat eine neue Wahl zur Folge.

§. 32. Die zur Ausführung dieser Verordnung erforderlichen näheren Bestimmungen hat Unser Staats-Ministerium in einem zu erlassenden Reglement zu treffen.

Urkundlich unter Unserer Höchsteigenhändigen Unterschrift und beigedrucktem Königlichen Insiegel.

Gegeben Sanssouci, den 30. Mai 1849.

Friedrich Wilhelm.

Graf von Brandenburg. von Ladenberg. von Manteuffel. von Strotha. von der Heydt. von Rabe. Simons.

Diese §§. sind in Urwahlterminen zu verlesen.

Reglement
zur Verordnung vom 30sten Mai 1849
über
die Ausführung der Wahlen zum Hause der Abgeordneten.

Unter Aufhebung des Reglements vom 31sten Mai 1849 treten an dessen Stelle zur Ausführung der Verordnung vom 30sten Mai ej. a. fortan die folgenden näheren Bestimmungen:

§. 1. Die Landräthe oder, im Falle §. 6 der Verordnung, die Gemeinde-Verwaltungs-Behörden, haben unverzüglich die Aufstellung der Urwähler-Listen zu veranlassen.

Gleichzeitig sind von ihnen die Urwahl-Bezirke (§§. 5, 6, 7 der Verordnung) abzugrenzen, und die Zahl der auf jeden derselben fallenden Wahlmänner (§§. 4, 6, 7 der Verordnung) festzusetzen.

Die Zahl der Wahlmänner des Wahlbezirks und dessen allgemeine Abgrenzung ist auf der Urwählerliste (§. 15 der Verordnung) anzugeben. Jeder Urwahl-Bezirk muß ein möglichst zusammenhängendes und abgerundetes Ganze bilden.

Kein Urwahl-Bezirk darf mehr als 1749 Seelen umfassen.

§. 2. Nach Aufstellung der Urwählerlisten erfolgt die Aufstellung der Abtheilungslisten (§. 16 der Verordnung).

§. 3. Bei der Aufstellung der Abtheilungslisten ist folgendes Verfahren zu beobachten:

A. ───── Nach Anleitung des anliegenden Formulars werden die Urwähler in der Ordnung verzeichnet, daß mit dem Namen des Höchstbesteuerten angefangen wird, dann derjenige folgt, welcher nächst jenem die höchsten Steuern entrichtet, und so fort bis zu denjenigen, welche die geringste oder gar keine Steuern zu zahlen haben.

Alsdann wird die Gesammtsumme aller Steuern berechnet und endlich die Grenze der Abtheilungen dadurch gefunden, daß man die Summe der Steuern jedes einzelnen Urwählers so lange zusammenrechnet, bis das erste und dann das zweite Drittel der Gesammtsumme aller Steuern erreicht ist.

Die Urwähler, auf welche das erste Drittheil fällt, bilden die erste, diejenigen, auf welche das zweite Drittheil fällt, die zweite, und alle übrigen die dritte Abtheilung.

Läßt sich bei gleichen Steuer- oder Schätzungs-Beträgen nicht entscheiden, welcher unter mehreren Wählern zu einer bestimmten Abtheilung zu rechnen ist, so giebt die alphabetische Ordnung der Familiennamen den Ausschlag.

§. 4. In Gemeinden, welche für sich einen Urwahl-Bezirk bilden, und in Urwahl-Bezirken, welche aus mehreren Gemeinden bestehen, wird nur eine Abtheilungsliste angefertigt. Im ersteren Falle stellt dieselbe die Gemeinde-Verwaltungs-Behörde, im letzteren der Landrath auf. Ist aber eine Gemeinde in mehrere Bezirke getheilt, so wird von der Gemeinde-Verwaltungs-Behörde zuvörderst eine allgemeine Abtheilungsliste für die ganze Gemeinde angelegt, und dann aus dieser für jeden einzelnen Bezirk ein Auszug gemacht, welcher für diesen Bezirk die Abtheilungsliste bildet. In der allgemeinen Liste muß bei jedem Urwähler die Nummer des Bezirks angegeben sein.

§. 5. Steuerfreie Urwähler, welche auf Grund des §. 13 der Verordnung ihr Stimmrecht auszuüben wünschen, müssen der Behörde, welche die Urwählerliste aufstellt, innerhalb einer von derselben festzusetzenden und bekannt zu machenden Frist die Grundlage der für sie anzustellenden Steuerberechnung an die Hand geben. Steuerfreie Urwähler, welche es unterlassen, eine solche Angabe rechtzeitig zu machen, werden ohne weitere Prüfung der dritten Abtheilung zugezählt.

§. 6. Nach Feststellung der Abtheilungsgrenzen bleibt für die Reihenfolge der Urwähler innerhalb der Abtheilungen dieselbe Ordnung nach den Steuersätzen maaßgebend, in welcher die Urwähler bei Aufstellung der Abtheilungslisten verzeichnet worden sind (§. 3 des Reglements). Die gleichbesteuerten oder geschätzten Urwähler derselben Abtheilung und die steuerfreien Urwähler werden alphabetisch nach Familiennamen, und bei gleichen Namen durch das Loos, geordnet.

§. 7. Auf der Abtheilungsliste muß von der Behörde, die zur Entscheidung über die Reclamation berufen ist, also entweder von dem Landrathe oder der Gemeinde-Verwaltungs-Behörde (§§. 15, 16 der Verordnung) noch vor dem Wahltermin bescheinigt werden, daß innerhalb der Reclamationsfrist (§. 15 der Verordnung) keine Reclamationen erhoben, oder die erhobenen erledigt sind.

Nachdem auf diese Weise die Abtheilungsliste abgeschlossen worden, ist jede spätere Aufnahme von Urwählern in dieselbe untersagt.

§. 8. Aus der Abtheilungsliste des Urwahl-Bezirks wird für jeden einzelnen landwehrpflichtigen Urwähler, welcher zur Zeit der Wahl zum Dienste einberufen ist, ein Auszug gemacht. Derselbe muß enthalten:

a. den Namen und Wohnort des Urwählers,
b. den Steuerbetrag, mit welchem er zum Ansatz gekommen ist,
c. den Bezirk und die Abtheilung, für welche er zu wählen hat,
d. die Zahl der von der Abtheilung zu wählenden Wahlmänner.

Dieser Auszug ist dem stellvertretenden Landwehr-Bataillons-Commandeur mit dem Ersuchen zu übersenden, ihn, Behufs der Ausfüllung der Namen der Wahlmänner durch die landwehrpflichtigen Urwähler, an den Commandeur desjenigen Bataillons gelangen zu lassen, zu welchem dieselben einberufen sind.

Auf demselben Wege gelangt der ausgefüllte Auszug zurück, und ist die Requisition, sowie die Erledigung derselben so zu beschleunigen, daß die ausgefüllten Auszüge noch vor dem Wahltermin in den Händen des Wahl-Commissars sich befinden.

Dasselbe Verfahren findet statt, wenn bei engeren Wahlen eine nochmalige Stimmen-Abgabe der Landwehrmänner erforderlich werden sollte, und sind in diesem Falle auf dem Auszuge die Namen derjenigen Candidaten zu vermerken, auf welche die Stimmgebung sich nur erstrecken darf (§. 14 des Reglements).

§. 9. Die sämmtlichen Urwähler des Urwahl-Bezirks werden zu einer bestimmten Stunde des Tages der Wahl zusammenberufen.

Die Wahl-Verhandlung wird mit Vorlesung der §§. 18 bis 25 der Verordnung, und der §§. 9 bis 16 dieses Reglements durch den Wahl-Vorsteher eröffnet.

Alsdann werden die Namen aller stimmberechtigten Urwähler aller Abtheilungen in der Reihenfolge vorgelesen, wie sie in der Abtheilungsliste verzeichnet sind (§§. 3 und 6 des Reglements), wobei mit dem Höchstbesteuerten angefangen wird.

Jeder nicht stimmberechtigte Anwesende wird zum Abtreten veranlaßt, und so die Versammlung constituirt.

Später erscheinende Urwähler melden sich bei dem Wahl-Vorsteher und können an den noch nicht geschlossenen Abstimmungen theilnehmen. Abwesende, mit Ausnahme der zum Dienst einberufenen Landwehrpflichtigen, können in keiner Weise durch Stellvertreter oder sonst an der Wahl theilnehmen.

§. 10. Der Wahl-Vorsteher ernennt den Protocollführer und die Beisitzer (§. 20 der Verordnung). Er beauftragt den Protocollführer mit Eintragung der Wahlstimmen in die Abtheilungsliste.

§. 11. Die dritte Abtheilung wählt zuerst, die erste zuletzt.

§. 12. Der Protocollführer ruft die Namen der Urwähler abtheilungsweise in derselben Folge wie bei deren Vorlesung auf (§. 9 des Reglements). Jeder Aufgerufene tritt an den zwischen der Versammlung und dem Wahl-Vorsteher aufgestellten Tisch und nennt, unter genauer Bezeichnung, den Namen des Urwählers, welchem er seine Stimme geben will. Sind mehrere Wahlmänner zu wählen, so nennt er gleich so viel Namen, als deren in der Abtheilung zu wählen sind. Diese trägt der Protocollführer neben den Namen des Urwählers, und in Gegenwart desselben, in die Abtheilungsliste ein oder läßt sie, wenn derselbe es wünscht, von dem Urwähler selbst eintragen.

§. 13. Die Wahl erfolgt nach absoluter Mehrheit der Stimmenden.

Ungültig sind außer dem Fall des §. 22 der Verordnung solche Wahlstimmen, welche auf andere als die nach §. 18 der Verordnung, oder §. 14 dieses Reglements wählbaren Personen fallen.

Ueber die Gültigkeit einzelner Wahlstimmen entscheidet der Wahl-Vorstand.

§. 14. So weit sich bei der ersten oder einer folgenden Abstimmung absolute Stimmenmehrheit nicht ergiebt, kommen Diejenigen, welche die meisten Stimmen haben, in doppelter Anzahl der noch zu wählenden Wahlmänner auf die engere Wahl.

Wenn bei einer Abstimmung die absolute Stimmenmehrheit auf mehrere, als die noch zu wählenden Wahlmänner gefallen ist, so sind diejenigen derselben gewählt, welche die höchste Stimmenzahl haben.

Bei Stimmengleichheit entscheidet das Loos, welches durch die Hand des Vorstehers gezogen wird.

§. 15. Sowohl bei der ersten, wie bei der engeren Wahl, ist die Abgabe der Stimmen Seitens der zum Dienst einberufenen Landwehrmänner Behufs Abschließung der Wahlverhandlung nur dann abzuwarten oder einzuholen, wenn die fehlenden Stimmen noch einen entscheidenden Einfluß auf den Ausfall der Wahl haben können. In diesem Falle ist die Wahl erst dann abzuschließen, wenn die Stimmen der Landwehrmänner eingegangen sind.

§. 16. Die gewählten Wahlmänner müssen sich, wenn sie im Urwahltermine anwesend sind, sofort, sonst binnen drei Tagen, nachdem ihnen die Wahl angezeigt ist, erklären, ob sie dieselbe annehmen und, wenn sie in mehreren Abtheilungen gewählt sind, für welche derselben sie annehmen wollen.

Annahme unter Protest oder Vorbehalt, sowie das Ausbleiben der Erklärung binnen drei Tagen, gilt als Ablehnung.

Jede Ablehnung hat für die Abtheilung eine neue Wahl zur Folge.

§. 17. Ueber die Wahlverhandlung ist ein Protocoll nach dem anliegenden Formular aufzunehmen.

§. 18. Die Regierungen haben sofort die Wahl-Commissare für die Wahl der Abgeordneten zu bestimmen, und davon, daß dies geschehen, die Wahl-Vorsteher zu benachrichtigen.

§. 19. Die Wahl-Vorsteher reichen die Urwahl-Protocolle dem Wahl-Commissar an.

Der Wahl-Commissar stellt aus den eingereichten Urwahl-Protocollen für jeden Kreis seines Wahlbezirks sofort eine besondere Liste der Wahlmänner auf. Für die Reihenfolge in diesen Kreislisten entscheidet zunächst die alphabetische Ordnung nach dem Namen der Gemeinden oder der selbstständigen Gutsbezirke, in denen die Wahlmänner ihren Wohnsitz haben. Innerhalb der Gemeinden und Gutsbezirke werden dann die Wahlmänner alphabetisch nach ihren Familiennamen aufgeführt. Gehören zu dem Wahlbezirke solche Städte, welche in dem dem Gesetze vom 27sten Juni v. J. beigefügten Verzeichnisse speciell benannt sind, so ist für jede derselben ebenfalls eine besondere Liste der Wahlmänner anzulegen. In diesen städtischen Listen sind die letzteren sämmtlich nach der alphabetischen Folge der Familiennamen zu ordnen.

Der Wahl-Commissar hat darauf zu veranlassen, daß diese Listen durch Auslegung in den landräthlichen, resp. städtischen Geschäftslocalen der betreffenden Kreise und der erwähnten Städte, sowie durch Abdruck in den zu den amtlichen Publicationen dienenden Blättern unverzüglich veröffentlicht werden.

Gleichzeitig hat derselbe die Wahlmänner seines Wahlbezirks schriftlich zur Wahl der Abgeordneten einzuladen.

§. 20. Die Wahlverhandlung wird mit Verlesung der §§. 26 bis 31 der Verordnung, so wie der §§. 21 bis 24 dieses Reglements eröffnet. Alsdann werden die Namen aller Wahlmänner nach den aufgestellten Listen in deren Reihenfolge vorgelesen. (§. 19 des Reglements.)

Im Uebrigen kommen die Bestimmungen des §. 9 zur Anwendung, so weit sie nicht nachstehend modificirt sind.

§. 21. Jeder Abgeordnete wird in einer besonderen Wahlhandlung gewählt. Bei der ersten nach Erlaß dieses Reglements eintretenden Wahlhandlung hat, sobald die Wahlversammlung constituirt ist (§§. 9 und 20 des Reglements) das durch den Wahl-Commissar zu ziehende Loos ein- für allemal die Reihenfolge festzustellen, in welcher die dem Wahlbezirk angehörenden Kreise und die §. 19 gedachten Städte zur Abstimmung gelangen. Diese Reihenfolge gilt als Turnus für alle künftigen Wahlen in der Art, daß bei jeder folgenden besonderen Wahlhandlung der Kreis (resp. die Stadt) mit der Abstimmung beginnt, welcher bei der vorangegangenen Wahlhandlung als der zweite abgestimmt hat.

Im Uebrigen muß bei jeder Wahlhandlung die Abstimmung in der Reihenfolge der Wahlmännerlisten (§. 19 des Reglements) stattfinden. Die Wahl selbst erfolgt, indem der aufgerufene Wahlmann an den zwischen der Wahlversammlung und dem Wahl-Commissarius aufgestellten Tisch tritt und den Namen Desjenigen nennt, dem er seine Stimme giebt.

Den vom Wahlmann genannten Namen trägt der Protocollführer neben den Namen des Wahlmannes in die Wahlmännerliste ein, wenn der Wahlmann nicht verlangt, den Namen selbst einzutragen.

§. 22. Hat sich auf keinen Candidaten die absolute Stimmenmehrheit vereinigt, so wird zu einer weiteren Abstimmung geschritten.

Dabei kann keinem Candidaten die Stimme gegeben werden, welcher bei der ersten Abstimmung keine oder nur eine Stimme gehabt hat.

Die zweite Abstimmung wird unter den übrigen Candidaten in derselben Weise wie die erste vorgenommen.

Jede Wahlstimme, welche auf einen anderen als die in der Wahl gebliebenen Candidaten fällt, ist ungültig.

Wenn auch die zweite Abstimmung keine absolute Mehrheit ergiebt, so fällt in jeder der folgenden Abstimmungen Derjenige, welcher die wenigsten Stimmen hatte, aus der Wahl, bis die absolute Mehrheit sich auf einen Candidaten vereinigt hat.

Stehen sich mehrere in der geringsten Stimmenzahl gleich, so entscheidet das Loos, welcher aus der Wahl fällt.

Wenn die Abstimmung nur zwischen zwei Candidaten noch stattfindet, und jeder derselben die Hälfte der gültigen Stimmen auf sich vereinigt hat, entscheidet ebenfalls das Loos.

— 225 —

à 500 Thlr.:
Nr. 2148 auf Czeppelwitz
» 43570 » Ndr.=Buchwald ꝛc.
» 44281 » Fürstenstein
» 45106 » Poln. Krawarn.

à 200 Thlr.:

Nr.	auf		Nr.	auf		Nr.	auf
3272	Ratibor		49440	Deutsch=Würbitz		51580	Miechowitz
3492	Saabor		49539	Dambrau		51639	dto.
3811	Carolath		49574	dto.		52071	Ratibor
4778	Matzdorf		49737	Poln.=Leipe		52145	dto.
4833	Baumgarten		49743	Jacobsdorf		52209	dto.
4983	Lossen ꝛc.		49911	Wieschegrabe		52252	dto.
4988	dto.		49941	Raffadel		52345	Frohnau
15022	Siemianowitz		50059	Cantersdorf		52556	Simmelwitz
15094	dto.		50213	Puschine		52663	Wackenau
15312	dto.		50530	Tost ꝛc.		52881	Koswadze
			50910	Groß=Stein ꝛc.			

à 100 Thlr.:

Nr.	auf		Nr.	auf		Nr.	auf
6004	Ratibor		10449	Siemianowitz		62571	Puschine
6309	Saabor		17470	dto.		63798	Klein=Tinz
6403	dto.		17482	dto.		63825	Mtl.=Seichwitz
6497	Grzybowitz		61348	Ulbersdorf		64270	Miechowitz
6687	Groß=Petrowitz		61466	Buchwald		65058	Ratibor
6694	dto.		61774	Dambrau		65059	dto.
7852	Mallmitz		62251	Raffadel		65552	Giesmannsdorf
8010	Gr.=Deutschen		62253	dto.		65566	dto.
8420	Matzdorf		62293	Nd.Buchwald ꝛc.		65719	Schottwitz
8463	Baumgarten		62323	Pogarell		65731	Eckersdorf
8651	Lossen ꝛc.		62358	dto.		65736	dto.
8720	dto.		62406	Cantersdorf		65737	dto.
			62436	dto.			

à 50 Thlr.:

Nr.	auf		Nr.	auf		Nr.	auf
10572	Guhrwitz		11221	Bojadel		12556	Siemianowitz
10797	Rettkau		11325	Ratibor		79076	Koselwitz
10819	Naucke		11683	Baumgarten		79081	Massel
10832	dto.		11742	Lossen ꝛc.		79106	Scyrbitz
11160	Skalung		12490	Siemianowitz		79133	Lederhose
11161	dto.		12544	dto.		79505	Giesmannsdorf

werden hierdurch unter Bezugnahme auf unsere Bekanntmachung vom 26sten Februar d. J. wiederholt aufgefordert, diese Pfandbriefe binnen 4 Wochen bei unserer Kasse (Albrechtstraße Nr. 16 hierselbst) zu präsentiren und dagegen die Valuta derselben nach Abzug des Betrages der etwa fehlenden Coupons in Empfang zu nehmen.

Sollte die Präsentation nicht **spätestens bis zum 15ten November d. J.** erfolgen, so werden die Inhaber der qu. Pfandbriefe nach §. 50 der Allerhöchsten Verordnung vom 8ten Juni 1835 mit ihrem Realrechte auf die in den Pfandbriefen ausgedrückte Special=Hypothek präcludirt, die Pfandbriefe in Ansehung ihrer Special=Hypothek für vernichtet erklärt, in unserem Register und im Hypothekenbuche gelöscht und die Inhaber mit ihren Ansprüchen wegen dieser Pfandbriefe lediglich an die in unserem Gewahrsam befindliche Kapital-Valuta verwiesen werden. Breslau, den 27. September 1863.

Königliches Kredit=Institut für Schlesien.

(503) Wegen der bevorstehenden Wahlen zum Abgeordnetenhause ist der Beginn der vierten Sitzungsperiode des hiesigen Schwur=Gerichts für das Geschäftsjahr 1863 vom 26sten October c. au **den 3ten November** c. verlegt worden. Oppeln, den 4. October 1863.

Königliches Kreis=Gericht. Erste Abtheilung.

(504) In dem evangelischen **Schullehrer-Seminar zu Münsterberg** wird eine Rectorats-Prüfung auf **Dienstag und Mittwoch den 20sten und 21sten October** dieses Jahres anberaumt.

Diejenigen Candidaten, die gesonnen sind, sich dieser Prüfung zu unterwerfen, haben ihre schriftliche Meldung

    a. mit dem Universitäts-Abgangs-Zeugnisse;
    b. mit dem Zeugnisse der 1sten oder 2ten theologischen Prüfung, sofern sie diese gemacht und bestanden haben;
    c. mit einem Führungs-Zeugnisse von dem Superintendenten der Diöcese;
    d. mit einem Lebenslaufe, auf dessen Titelblatte speciell anzugeben ist:
        1) Tag, Jahr, Ort und Kreis der Geburt,
        2) Wohnort und Kreisstadt,
        3) in welchen Jahren Candidat studirt hat,
        4) ob und welche theologische und pädagogische Prüfungen derselbe gemacht hat, mit bestimmter Angabe der Zeit,

bis spätestens zum **8ten October** der unterzeichneten Behörde einzureichen, wogegen die **persönliche Meldung bei dem Seminar-Director Herrn Bock in Münsterberg** auf den **19ten October, Abends 6 Uhr,** festgestellt ist.

Breslau, den 17. September 1863.   **Königliches Provinzial-Schul-Collegium.**

— 631 —

(2346) Der von uns hinter dem Kutscher und Haushälter Johann Baudis aus Schadegur, Kreis Ramslau, unterm 11ten Juni 1863 in Nr. 25 Seite 304 erlassene Steckbrief wird hiermit erneuert. Neustadt O. S., den 29. September 1863. Königliches Kreis-Gericht. I. Abtheilung.

(2347) Königliches Kreis-Gericht zu Beuthen, den 30. September 1863. Der hinter dem Arbeiter Blasius Wohnetzki aus Siemianowitz unterm 8ten August 1861 im öffentlichen Anzeiger Stück 36 Seite 578 sub Nro. 2243 erlassene Steckbrief wird hiermit erneuert.

Steckbriefs-Widerrufe.

(2296) Der hinter dem Füsilier (Rekrut) Johann Anton Gellert der 5ten Compagnie schlesischen Füsilier-Regiments Nr. 38 erlassene Steckbrief ist erledigt.
Glogau, den 24. September 1863. Der Major und Detachements-Commandeur.

(2297) Der hinter dem Schneidergesellen Carl Pohl aus Gleiwitz am 4ten Februar 1863 (Stück 5 Nr. 408) erlassene Steckbrief ist erledigt. Cosel, den 25. September 1863.
Königliches Kreis-Gericht. I. Abtheilung.

(2305) Der hinter dem Tagearbeiter Stephan Kolodzey aus Groß-Döbern unterm 8ten Mai c. Stück 21 des öffentlichen Anzeigers pro 1863 erlassene Steckbrief ist erledigt.
Lublinitz, den 26. September 1863. Königliches Kreis-Gericht. I. Abtheilung.

(2307) Der hinter dem Einlieger Emil Christowsky aus Sandau unterm 12ten August c. von der Königlichen Staats-Anwaltschaft hierselbst im öffentlichen Anzeiger Stück 34 Seite 529 Nr. 1951 erlassene Steckbrief ist erledigt. Pleß, den 23. September 1863.
Königliches Kreis-Gericht. I. Abtheilung.

Polizeiliche Nachrichten vermischten Inhalts.

(2298) **Bekanntmachung.** Am 23sten dieses Monats gegen 11 Uhr des Vormittags sind dem Gastwirth Joseph Danziger zu Nicolai aus einem, in dessen Schlafstube, welche von außen mit einem Riegel verriegelt war, stehenden Schreibsecretair vermittelst eines Nachschlüssels nachstehende Sachen resp. Gelder entwendet worden:
I. in einer rothen Holzschachtel: 1) ein Paar goldene Ohrgehänge im Werthe 15 Thlr., 2) ein goldener Damenring mit weißen Perlen und einem Brillant, 25 Thlr., 3) ein goldener Reifring, 5 Thlr., 4) ein goldener Reifring von innen eingravirt S. O. 1800, 3 Thlr., 5) zwei goldene kleine Körbchen zu Ohrringen, 4 Thlr., 6) ein Paar goldene Bummel-Ohrgehänge, 20 Thlr., 7) ein preußischer Krönungsthaler, 1 Thlr., 8) ein silberner Bleifederhalter, 15 Sgr., 9) ein goldenes Collier, 40 Thlr. II. in einem braunen Notizbuche: 10) eine Kassenanweisung von 25 Thlr., 11) in ¼ Kassenanweisungen circa 30 Thlr. III. in einem grauleinenen Geldbeutel: 12) in ¼ ⅓ ¼ Silbergeld circa 80 Thlr., zusammen 248 Thlr. 15 Sgr.
Ich fordere alle, welche von dem Verbleib der Sachen oder dem Thäter Kenntniß erlangen, hierdurch auf, mich schleunigst davon zu benachrichtigen. Pleß, den 26. September 1863.
Der Königliche Staats-Anwalt.

(2319) **Bekanntmachung.** In der Nacht vom 21sten zum 22sten September d. J. sind dem Anbauer Leopold Alker in Piltsch, Kreis Leobschütz, mittelst Einbruchs nachstehende Gegenstände:
1) zwei Gebett Betten mit neuen Federn und grau und weiß gestreiften neuen Inletten; 2) ein Uebergug Züchen, blau gestreift; 3) ein dergleichen roth und eng gestreift; 4) ein dergleichen rothcarrirt und gestreift; 5) fünf Stück rohes flächsenes Garn; 6) zwanzig Stück weiß gebleichtes flächsenes Garn; 7) zwei Ballen weiße — halb feine und halb etwas stärkere Leinwand, schon angeschnitten; 8) vier Paar neue schaflederne Frauenschuhe; 9) ein Paar lange Mannsstiefeln, beinahe noch neu; 10) eine ausgearbeitete Hirschhaut und 11) circa 6 Schock Eier, Gesammtwerth zwischen 60 und 70 Thaler,
entwendet worden.
Jeder, welcher über den Thäter oder den Verbleib der entwendeten Gegenstände Auskunft zu geben vermag, wird aufgefordert, der nächsten Gerichts- oder Polizei-Behörde oder dem Unterzeichneten Mittheilung zu machen. Neustadt O. S., den 29. September 1863. Der Königl. Staats-Anwalt.

(2348) **Bekanntmachung.** Da die nachstehend signalisirten in der Nacht vom 11ten zum 12ten August d. J. aus der Strafanstalt zu Ratibor entwichenen und von der Königlichen Direction der gedachten Anstalt in Nr. 34 unseres diesjährigen Amtsblatts sub 1933 und 1934 steckbrieflich verfolgten

Verbrecher, Steinmetzer Joseph Laufer aus Gorkau (Kreis Nimptsch), und Drechsler Eduard Stenzel aus Neu-Wlendorf (Leobschützer Kreises), unerachtet der sub 1961 derselben Nummer des Amtsblatts auf ihre Wiederergreifung ausgesetzten Belohnung von je 50 Thlr. noch nicht eingebracht worden sind, fordern wir die resp. Polizeibehörden und Gensdarmen wiederholt auf, sich die Habhaftwerdung derselben ganz besonders angelegen sein zu lassen. — Zugleich wollen wir mit Rücksicht auf die große Gefährlichkeit des wegen Raubes und Todtschlags zu lebenswieriger Zuchthausstrafe verurtheilten rc. Laufer die vorerwähnte auf dessen Wiedereinlieferung ausgesetzte Belohnung hiermit auf **Zweihundert Thaler** erhöhn.

Joseph Laufer ist katholischer Religion, 51 Jahr alt, 5 Fuß 2 Zoll groß, hat braune Haare, freie Stirn, braune Augenbrauen, graue Augen, längliche Nase, gewöhnlichen Mund, rasirten Bart, defecte Zähne, rundes Kinn, ovale Gesichtsform, gesunde Gesichtsfarbe, ist von kleiner Gestalt, spricht deutsch und hat als besonderes Kennzeichen eine Glatze.

Eduard Stenzel ist katholischer Religion, 40 Jahr alt, 5 Fuß 2½ Zoll groß, hat schwarzbraune Haare, freie Stirn, schwarzbraune Augenbrauen, braune Augen, spitze Nase, gewöhnlichen Mund, rasirten Bart, defecte Zähne, ovales Kinn, längliche Gesichtsform, blasse Gesichtsfarbe, ist von mittler Statur und spricht deutsch und etwas polnisch. Oppeln, den 4. October 1863.

Königliche Regierung. Abtheilung des Innern.

(2367) **50 Thaler Prämie!**

In der Nacht vom 21sten zum 22sten März d. J., sowie vom 21sten zum 22sten August c. sind bei dem Commerzienrath Guradze und dem Kaufmann Simon Katz, beide in Tost, ebenso freche wie gewaltthätige Einbrüche und Diebstähle verübt worden.

Es liegen bereits sehr bestimmte Indicien vor, daß diese Beraubungen und viele andere in den Gegenden der Kreise Gleiwitz und Beuthen von einer Räuberbande ausgeführt sind, welche ihren Schlupfwinkel theils in den an der Gleiwitzer Kreises unmittelbar belegenen Colonien Georgendorf und Philippsdorf, theils in den angrenzenden Waldungen haben.

Als Hauptanführer gelten die Gebrüder Pietsch. Eduard Pietsch, ein ehemaliger Forstbeflissener, ist am 4ten Juni v. J. aus der Filial-Strafanstalt in Pilchowitz entsprungen. Wilhelm Pietsch stand noch vor 9 Monaten unter Polizeiaufsicht in Brosawitz, Kreis Beuthen. Beide werden bereits steckbrieflich verfolgt. Mit angeblich bald drei bald vier Complicen, unter denen sich auch ein Neffe der beiden Pietsch befinden soll, beunruhigen diese Menschen, mit Gewehren und Terzerolen bewaffnet, durch weite Excursionen die Kreise Gleiwitz und Beuthen.

Wir sichern deshalb demjenigen eine Prämie von 50 Thlr. zu, welcher zur Wiederergreifung des Eduard Pietsch, sowie zur Festnahme seines Bruders Wilhelm Pietsch und der von diesen Beiden geführten Räuberbande verhilft. Oppeln, den 5. October 1863.

Königliche Regierung. Abtheilung des Innern.

Schluß
der im Anzeiger Stück 40 pag. 620 Nr. 2278 pro 1863 bekannt gemachten, in dem Bezirke des Königlichen Appellations-Gerichts zu Ratibor ergangenen Strafurtheile.

XIII. Bei dem Kreis-Gericht zu Groß-Strehlitz: 64) der Tagearbeiter Johann Uczieł aus Adamowitz, wegen einfachen Diebstahls im wiederholten Rückfalle zu 2 Jahr Zuchthaus und 2 Jahr Stellung unter Polizeiaufsicht; 65) der Einlieger Johann Drost aus Miesce, Kreis Cosel, wegen einfachen Diebstahls im wiederholten Rückfalle zu 2 Jahr Zuchthaus und 2 Jahr Stellung unter Polizeiaufsicht; 66) der Müllergesell Constantin Wiechoczek aus Himmelwitz, wegen schweren Diebstahls zu 2 Jahr Zuchthaus und Stellung unter Polizeiaufsicht auf gleiche Dauer; 67) die Wittwe Caroline Sopka aus Roswadze, wegen zwei einfacher Diebstähle im wiederholten Rückfalle zu 3 Jahr Zuchthaus und dreijährige Stellung unter Polizeiaufsicht; 68) die Einlegerin Agnes Kuynia aus Rogau, Kreis Cosel, wegen einfachen Diebstahls im wiederholten Rückfalle zu 3 Jahr Zuchthaus und dreijährige Stellung unter Polizeiaufsicht. Ratibor, den 19. September 1863.

Königliches Appellations-Gericht. Criminal-Senat.

Die Insertions-Gebühren betragen pro Zeile oder deren Raum ½ Sgr.

Druck von F. Wellshäuser in Oppeln.

In beiden Fällen ist das Loos durch die Hand des Wahl-Commissars zu ziehen.

§. 23. Ueber die Gültigkeit einzelner Wahlstimmen entscheidet der Wahlvorstand.

§. 24. Die Gewählten sind von der auf sie gefallenen Wahl durch den Wahl-Commissar in Kenntniß zu setzen und zur Erklärung über die Annahme derselben, so wie zum Nachweise, daß sie nach §. 29 der Verordnung wählbar sind, aufzufordern.

Annahme unter Protest oder Vorbehalt, so wie das Ausbleiben der Erklärung binnen 8 Tagen, von der Zustellung der Benachrichtigung, gilt als Ablehnung.

In Fällen der Ablehnung oder Nichtwählbarkeit hat die Regierung sofort eine neue Wahl zu veranlassen.

§. 25. Sämmtliche Verhandlungen, sowohl über die Wahl der Wahlmänner, als die Wahl der Abgeordneten werden von dem Wahl-Commissar der Regierung, gehörig geheftet, eingereicht, welche dieselben dem Minister des Innern zur weiteren Mittheilung an das Haus der Abgeordneten vorzulegen hat.

Berlin, den 4. October 1861.

Königliches Staats-Ministerium.

von Auerswald. von der Heydt. von Patow. Graf Pückler. von Bethmann-Hollweg. Graf von Schwerin. von Roon. von Bernuth.

In Ausführung der Allerhöchsten Ordre vom 2ten September d. J., betreffend die Auflösung des Hauses der Abgeordneten, und in Gemäßheit des Artikels 51 der Verfassungs-Urkunde vom 31sten Januar 1850, sowie auf Grund der §§. 17 und 28 der Wahlverordnung vom 30sten Mai 1849 ist höhern Orts

a. der Tag **zur Wahl der Wahlmänner** auf Dienstag den 20sten October dieses Jahres, und b. der Tag **zur Wahl der Abgeordneten** auf Mittwoch den 28sten October dieses Jahres festgesetzt worden.

Die Bildung der Wahlbezirke, die Bestimmung der Wahlorte, die Festsetzung der Zahl der in jedem Wahlbezirke zu wählenden Abgeordneten, und die Ernennung der Wahl-Commissarien und ihrer Stellvertreter, ist für den diesseitigen Regierungsbezirk in der nachstehend ersichtlichen Weise erfolgt:

Nr. des Wahlbezirks.	Umfang des Wahlbezirks.	Wahlort.	Zahl der zu wählenden Abgeordneten.	Wahl-Commissar.	Dessen Stellvertreter.
I.	die Kreise Creutzburg u. Rosenberg	Stadt Creutzburg	2	Landrath von Studnitz zu Rosenberg.	Landrath Graf Monts zu Constadt.
II.	Kreis Oppeln	Stadt Oppeln	2	Landrath Hoffmann zu Oppeln.	Kreisdeputirter Baron von Dalwigk auf Dombrowka.
III.	die Kreise Lublinitz u. Groß-Strehlitz	Stadt Guttentag	2	Landrath Prinz zu Hohenlohe in Lublinitz.	Landesältester von Frankenberg auf Eziasnau.
IV.	Kreis Tost-Gleiwitz	Stadt Gleiwitz	1	Landrath Graf v. Strachwitz auf Kamienitz.	Kreisdeputirter v. Raczek auf Preisewitz.
V.	Kreis Beuthen	Stadt Beuthen	2	Landrath Solger zu Beuthen.	Kreisdeputirter Graf von Posadowski auf Groß-Paniow.
VI.	die Kreise Pleß und Rybnik	Stadt Sohrau	3	Landrath Freiherr v. Seherr zu Pleß.	Landrath Baron v. Richthofen zu Rybnik.
VII.	Kreis Ratibor	Stadt Ratibor	2	Landrath von Selchow.	Kreisdeputirter von Wrochem auf Brzesnitz.
VIII.	die Kreise Cosel und Leobschütz	Gnadenfeld, Kreis Cosel	3	Geheimer Regierungs- und Landrath Waagen zu Leobschütz.	Landrath Himml zu Cosel.
IX.	die Kreise Falkenberg u. Neustadt	Friedland, Kreis Falkenberg	2	Landrath Baron v. Koppy zu Falkenberg.	Landrath Berlin zu Neustadt.
X.	die Kreise Neisse und Grottkau	Stadt Neisse	2	Landrath Freiherr v. Seherr zu Neisse.	Landrath Dr. Friedenthal zu Grottkau.

Indem wir dies zur öffentlichen Kenntniß bringen, weisen wir auf die vorstehend abgedruckte Verordnung vom 30sten Mai 1849 und das Wahlreglement vom 4ten October 1861 hin.

Oppeln, den 2. October 1863.   Königliche Regierung. Abtheilung des Innern.

Bekanntmachungen der Königlichen Regierung.

(499) Für die Kreis-Sparcasse in Rybnik ist der Rittergutsbesitzer und Lieutenant Herr Milieski auf Ober-Niwiadom als Mitglied des Curatoriums gewählt und von uns bestätigt worden.

Oppeln, den 24. September 1863.

(500) Nach §. 174. 1. der Militair-Ersatz-Instruction vom 9ten December 1858 hat von jedem Preußischen Unterthan, welcher in das militairpflichtige Alter eingetreten ist, bei einem Wohnortswechsel die Behörde, welche die Niederlassung in dem neugewählten Wohnorte nach dem Gesetze vom 31sten December 1842 zu genehmigen oder zu verweigern hat, bei Feststellung seiner Identität sich auch darüber den Nachweis führen zu lassen, ob und in welcher Art derselbe seiner Militairpflicht im stehenden Heere und in der Landwehr genügt hat, event. inwiefern er noch militairpflichtig ist. — Der Nachweis der erfüllten Militairdienstpflicht, resp. der Befreiung von derselben muß durch die im §. 175 loc. cit. verzeichneten Militairpapiere geführt werden. — Außerdem sind nach den Circular-Erlassen vom 24sten December 1833 (v. Kamptz Annalen S. 1110) und 16ten November 1846 (Ministrl.-Blatt für die innere Verwltg. S. 227) die Polizei-Obrigkeiten verpflichtet, von den Reservisten und Landwehrmännern den Ausweis über die ihnen obliegenden An- und Abmeldungen von Wohnorts-Veränderungen bei den Bezirks-Feldwebeln zu erfordern.

Da in neuerer Zeit Zweifel über die Ausführung dieser Controll-Vorschriften entstanden sind, so bestimmen wir im höheren Auftrage hierdurch, daß nicht nur die im §. 174 l. c. angeordnete allgemeine Controlle der Militairpflichtigen, sondern auch die durch die vorerwähnten Erlasse vorgeschriebene besondere Controlle der Wohnorts-An- und Abmeldungen der Reservisten und Landwehrmänner, welchen späterhin noch die Seewehr-Mannschaften hinzugetreten sind,

in den Städten von der Polizei-Obrigkeit, auf dem platten Lande und zwar:

    a. an denjenigen Orten, wo die Polizei-Obrigkeit oder deren Vertreter ihren Sitz haben, von dieser,

    b. an denjenigen Orten, wo die Polizei-Obrigkeit oder deren Vertreter ihren Sitz nicht haben, von dem Ortsvorstande,

durch Einsicht der betreffenden Urlaubs-Landwehr- und Seewehr-Pässe, auf welchen auch die erfolgten An- und Abmeldungen des Wohnortes von den Bezirks-Feldwebeln vermerkt worden, auszuüben ist.

Ergiebt sich hierbei, daß Militairpflichtige ihren militairischen Verpflichtungen nicht genügt haben, so haben

die Polizei-Obrigkeiten

dem Landrathe und bei Individuen, welche angeblich der Reserve, der Landwehr oder Seewehr angehören, dem Landwehr-Bataillons-Commando,

die Orts-Vorstände

der Polizei-Obrigkeit, welchen letzteren alsdann die weitere Mittheilung obliegt, darüber sofort Anzeige zu machen.

Die betreffenden Polizei-Obrigkeiten und resp. Orts-Vorstände werden zur pünktlichen Befolgung der obigen Bestimmung bei Vermeidung von Ordnungsstrafen im Falle der Nichtbeachtung hierdurch angewiesen. Oppeln, den 25. September 1863.

(507) Der am 19ten und 20sten d. Mts. angesetzte resp. Vieh- und Krammarkt in Ober-Glogau wird auf **den 26sten und 27sten d. M.** verlegt.

Oppeln, den 6. October 1863.

Bekanntmachungen verschiedener Behörden.

(501) Die Inhaber folgender verlooster, und in Folge dessen zur Baarzahlung gekündigter 4 procentiger Pfandbriefe Litt. B.:

    1) aus der 7ten Verloosung (Bekanntmachung vom 16ten December 1846, 22sten Juni 1852 und 7ten November 1855).

        Nr. 61045 auf Bonoschau über 100 Thlr.

    2) aus der 14ten Verloosung (Bekanntmachung vom 22sten December 1861).

Amts-Blatt
der Königlichen Regierung zu Oppeln.

Stück 42.   Oppeln, den 15. October   **1863.**

Allgemeine Gesetz-Sammlung.

(509) Das 32ste Stück der Gesetzsammlung enthält unter

Nr. 5759. Das Privilegium wegen Ausfertigung einer zweiten Serie von auf den Inhaber lautende Kreis-Obligationen des Thauser Kreises im Betrage von 100,000 Thalern. Vom 10ten August 1863, und

Nr. 5760. Das Privilegium wegen Ausfertigung einer zweiten Emission auf den Inhaber lautender Kreis-Obligationen des Deutsch-Croner Kreises im Betrage von 100,000 Thalern. Vom 21sten August 1863.

(510) Das 33ste Stück der Gesetzsammlung enthält unter

Nr. 5761. Den Allerhöchsten Erlaß vom 25sten August 1863, betreffend die Verleihung der fiscalischen Vorrechte für den Bau und die Unterhaltung der Gemeinde-Chaussee im Kreise Halberstadt, Regierungsbezirks Magdeburg, von der Landesgrenze gegen Blankenburg über Derenburg, Dannstedt nach Athenstedt.

Nr. 5762. Das Statut der Meliorations-Societät der Amelingwiesen bei Hohenstein, Kreises Osterode. Vom 9ten September 1863, und

Nr. 5763. Das Statut der Genossenschaft zur Regulirung der Issel in den Gemeinden Werth, Mussum, Herzebocholt, Anholt im Regierungsbezirke Münster und in den Gemeinden Wertherbruch, Isselburg und Vehlingen im Regierungsbezirke Düsseldorf. Vom 16ten September 1863.

Bekanntmachungen der höchsten Staats-Behörden.

(515) **Bekanntmachung.**

Die Regierungen der Zollvereinsstaaten haben die Verabredung getroffen, daß die Bestimmungen des amtlichen Waaren-Verzeichnisses zum Zoll-Tarife die aus der folgenden Zusammenstellung ersichtlichen Ergänzungen und Abänderungen erleiden sollen.

Benennung der Gegenstände.	Abtheilung.	Hauptartikel.	Unter-Abtheilung des Hauptartikels.
Anilin, Flavin, Benzin.	II.	5. Droguerie- ꝛc. Waaren.	a. Chemische Fabrikate ꝛc.
Photographien auf Pappe oder stärkeres Papier aufgezogen. Kleine photographische Bilder, welche auf durchgeschlagenes Papier aufgeklebt sind (sogenannte Buchzeichen und dergleichen.)	II.	Allgemeine Eingangs-Abgabe. Allgemeine Eingangs-Abgabe.	
Decken (Fußdecken) aus Stroh, Schilf, Bast, Binsen und Baumwurzeln, s. Matten. — (Fußdecken) aus losen (nicht versponnenen oder gedrehten) Fasern von Kokos, Manillahanf, Jute und anderen losen, vegetabilischen Fasern, mit Ausnahme der	II.	27. Papier ꝛc.	b. geleimtes ꝛc.

Benennung der Gegenstände.	Hinweisung auf den Zolltarif.		
	Abtheilung.	Hauptartikel.	Unter-Abtheilung des Hauptartikels.
Baumwolle, gefärbt oder ungefärbt; ferner dergleichen in Verbindung mit Bindfaden aus Hanf oder mit Werg, ingleichen in Verbindung mit leinenen oder baumwollenen Fäden, womit die Bündel der Binsen, Fasern ꝛc. umwickelt sind, auch mit einer Einfassung von Leinen, Wolle oder Baumwolle bis 2 Zoll preußisch Breite ...	II.	Allgemeine Eingangs-Abgabe.	
Decken dergleichen mit einer über 2 Zoll preuß. breiten Einfassung von Leinen, Wolle oder Baumwolle	II.	22. Leinengarn ꝛc.	e. Rohe Leinwand, roher Zwillich u. Drillich.
— — dergleichen ganz oder theilweise aus versponnenen oder gedrehten vegetabilischen Fasern, mit Ausnahme von Baumwolle, gefärbt oder ungefärbt; auch dergl. in Verbindung mit Kälber-, Kuh- oder Hundehaaren oder mit Schweinborsten, mit einer bloßen Einfassung von Leinen, Wolle oder Baumwolle, oder sonst in unwesentlicher Verbindung mit nicht seidenen Spinnmaterialien:			
a. sofern sie weder in der Kette noch in dem Schusse mehr als 15 Fäden auf den laufenden preußischen Zoll enthalten	II.	22. Leinengarn ꝛc.	e. Rohe Leinwand, roher Zwillich u. Drillich.
b. insofern sie mehr als 15 Fäden in der Kette oder in dem Schusse auf den laufenden preußischen Zoll enthalten	II.	22. Leinengarn ꝛc.	f. Gebleichte ꝛc.
— — dergleichen ohne Rücksicht auf die Fadenzahl, wenn die Verbindung mit nicht seidenen Spinnmaterialien eine wesentliche ist	II.	41. Wolle ꝛc.	c. 3. Fußteppiche.
— — ganz grobe, aus Kälber-, Kuh-, Hunde-Haaren oder Schweinborsten, allein oder in Verbindung mit Werg .	II.	41. Wolle ꝛc.	Anmerkung.
— (Fußdecken, Fußteppiche) aus Wolle oder anderen Thierhaaren, allein oder in Verbindung mit anderen, nicht seidenen Spinn-Materialien..................	II.	41. Wolle ꝛc.	c. 3. Fußteppiche.
Matten und Fußdecken von Stroh, Schilf, Bast, Binsen und Baumwurzeln, ordinaire ungefärbte	II.	35. Stroh- ꝛc. Waaren.	a.1. Matten ꝛc. ungefärbte.
— — gefärbte	II.	35. Stroh- ꝛc. Waaren.	a.2. Matten ꝛc. gefärbte.
— — noch feinere, sparterie-ähnliche .... (S. übrigens Decken, Fußdecken.)	II.	35. Stroh- ꝛc. Waaren.	b. Stroh- und Bastgeflechte ꝛc.
Email (künstliche Glasurmasse, feine) ...	II.	Allgemeine Eingangs-Abgabe.	
Mehl aus genießbaren Kastanien (Maronen)	II.	25. Material- ꝛc. Waaren ꝛc.	i. β. Früchte ꝛc. trockene ꝛc.
Mehl aus genießbaren Kastanien (Maronen), geröstet oder mit Zucker, Vanille oder dergleichen vermengt und zum feinen Tafelgenuß zubereitet	II.	25. Material- ꝛc. Waaren ꝛc.	p. Confitüren ꝛc.

Benennung der Gegenstände.	Hinweisung auf den Zolltarif.		
	Abtheilung	Hauptartikel.	Unter-Abtheilung des Hauptartikels.
Lithographirsteine, rohe....................	I.	27. Steine, alle behauene 2c.	
Lithographirsteine, geschliffene.............	II.	33. Steine 2c.	Anmerkung.
Parquettafeln, blos roh vorgearbeitet.........	II.	12. Holz 2c.	Anmerkung zu e. und h.
Parquettafeln, mit oder ohne eingelegte Arbeit oder Mosaik, gefärbt, gebeizt oder polirt................	II.	12. Holz 2c.	e. Hölzerne Hausgeräthe 2c.
Vegetabilisches Pergamentpapier, durch Behandlung gewöhnlichen Papiers mit Schwefelsäure bereitet..........	II.	27. Papier- und Pappwaaren.	b. geleimtes.
Pflüge von geschmiedetem Eisen..............	II.	6. Eisen und Stahl 2c.	f. 2. Waaren, grobe.
— hölzerne (beschlagene und unbeschlagene)......	II.	12. Holz, Holzwaaren 2c.	Anmerkung zu e. und h.
— andere, aus verschieden tarifirten Materialien gefertigte wie Maschinen.			
Piassawa-Stengel (holzige Rippen der Blätter und Blattstiele der Piassawa-Palme)...............	II.	5. Droguerie- 2c. Waaren.	e. Erzeugnisse 2c.
		(Gesetz vom 26. Februar 1861, Ges.-Samml. S. 112.)	
Platten von Marmor 2c., rohe, s. Steine.			
— von Marmor, geschliffene oder polirte:			
a. mehrseitig polirte von einer Länge unter 24 Zoll preußisch............................	II.	33. Steine 2c.	b. Waaren 2c.
b. andere............................	II.	33. Steine 2c.	Anmerkung.
Speckstein, roher und gemahlener............	I.	7. Erden 2c.	
Tabakspfeifenköpfe, irdene (ohne Unterschied, ob einfarbig, oder weiß, oder bemalt, bedruckt, vergoldet, oder versilbert 2c.).........................	II.	38. Töpferwaaren.	b. Einfarbiges 2c.
Telegraphenkabel (bestehend aus schwachen, von Guttapercha eingeschlossenen Kupferdrähten, welche zunächst von einer dünnen Schicht getheerten Hanfs und weiter von einem starken Geflechte aus Eisendraht umgeben sind).......	II.	6. Eisen 2c.	f. 2. Waaren, grobe.
Töpferwaaren, gemeine, d. h. gewöhnliches, aus gemeinem Thon verfertigtes Töpfergeschirr mit oder ohne Glasur.	II.	38. Töpferwaaren.	a. Gemeine 2c.
— feine, aus gemeinem Thon, mit oder ohne Glasur, wie Fayence.			
(Die übrigen zu den Töpferwaaren zu zählenden Fabrikate siehe unter ihren besonderen Benennungen.)			

Die Zollbehörden sind angewiesen, von den vorbezeichneten Gegenständen den Eingangszoll nach den hinzugefügten Positionen des Zolltarifs vom 1sten November d. J. ab zu erheben.
Berlin, den 10. September 1863.
Der Finanz-Minister.
gez. von Bodelschwingh.

Bekanntmachungen der Königlichen Regierung.

(517) Die Rechnung von dem Hornvieh-Assecuranz-Fonds unseres Bezirks für das Jahr 1862, welche von der ständischen Commission revidirt und dechargirt worden ist, ergiebt:
I. bezüglich der Einnahme:
  a. einen Bestand aus dem Jahre 1861 von .... 6890 Thlr. 16 Sgr. 1 Pf.
  b. an currenten Einnahmen..................... 1258 „ 8 „ 4 „
                                        zusammen ... 8148 Thlr. 24 Sgr. 5 Pf.
II. die Ausgabe von .... 2498 „ 1 „ 2 „
III. den Bestand von..................................... 5650 Thlr. 23 Sgr. 3 Pf.
        und zwar von 5000 Thlr. in Rentenbriefen,
        und .... 650 Thlr. 23 Sgr. 3 Pf. in baarem Gelde.

Dies wird auf Grund der Ausführungs-Verordnung vom 15ten December 1841 hiermit zur öffentlichen Kenntniß gebracht. Oppeln, den 3. October 1863.

(596) Dem Ingenieur Moritz Gerstenhöfer zu Muldenhütte bei Freiberg ist unter dem 2ten October 1863 ein Patent
        auf einen durch Zeichnung und Beschreibung nachgewiesenen Röstofen, insoweit derselbe als neu und eigenthümlich erkannt worden,
auf fünf Jahre, von jenem Tage an gerechnet, und für den Umfang des preußischen Staats ertheilt worden. Oppeln, den 15. October 1863.

(509) Das dem Maschinenfabrikanten Ewald Hilger zu Essen unter dem 31sten Juli 1861 ertheilte Patent
        auf eine Tuchpreßmaschine, in der durch Zeichnung und Beschreibung nachgewiesenen ganzen Zusammensetzung, ohne Jemand in Anwendung bekannter Theile zu beschränken,
ist aufgehoben worden. Oppeln, den 15. October 1863.

Bekanntmachungen verschiedener Behörden.

(511) In dem Bezirke der hiesigen Ober-Post-Direction sind öfter Landbriefträger-, Postfußboten-, Packetträger- und sonstige contractliche Postdienst-Stellen, mit denen jährliche Löhnungen bis 180 Thaler verbunden sind, zu besetzen.

Versorgungsberechtigte Militair-Personen werden aufgefordert, sich, sofern sie bereit sind, eine derartige Dienststelle zu übernehmen, dieserhalb bei der Postanstalt ihres Wohnortes oder bei der ihrem Wohnorte zunächst belegenen Postanstalt zu melden. Außer den ihren Versorgungs-Anspruch begründenden Militair-Papieren haben sie bei ihrer Meldung auch alle über ihre Führung sprechenden Zeugnisse, insbesondere auch ein obrigkeitliches Attest beizubringen, welches über ihre Führung bis auf die neueste Zeit, d. i. bis zum Termine der Bewerbung überzeugenden Aufschluß giebt.

Der Bewerber muß deutsch und polnisch lesen und schreiben können, auch im Rechnen einige Fertigkeit haben und eine Dienst-Caution von 50 Thalern in Staatspapieren sogleich beim Antritt der Dienststelle erlegen können.

Durch die Annahme einer derartigen contractlichen Stelle begeben sich übrigens die zur Versorgung berechtigten Militair-Invaliden nicht ihrer Ansprüche auf eine spätere Anstellung als Post-Unterbeamte. Oppeln, den 8. October 1863.
                                                            Königliche Ober-Post-Direction.

(519) **Kundmachung.**

In der von Kaspar Joseph Therer, Kanonikus zu Ober-Glogau in Schlesien, begründeten Studentenstiftung ist der Platz Nr. 1 mit der Jahresgebühr von 140 Fl. österr. W. zu besetzen. Diese Stiftung ist bestimmt:
  a. für Abkömmlinge der Schwester des Stifters Anna Maria Herbst, Wittwe des Ottmachauer Rathsherrn Johann Georg Herbst;
  b. für Abkömmlinge von des Stifters zweiten Schwester Susanna Röder, Kaminfegers-Wittwe zu Neisse; nach diesen
  c. für Abkömmlinge der Neisser Rathsmänner: Josef Augustin Therer von Therenheim und Siegfried von Therenheim und ihrer Schwester Elisabeth Scheickart von Wiesenthal; jedoch sollen die näheren Verwandten immer den Vorzug haben; bei Abgang dieser

d. für Söhne Neisser Rathsmänner,
  e. für Neisser Bürgersöhne,
  f. für Söhne Ottmachauer Rathsmänner,
  g. für Ottmachauer Bürgersöhne; endlich
  h. soll jener den Vorzug haben, welcher in den Schulen höher ist und Weltpriester werden will. Der Genuß dauert durch die Philosophie und Theologie, bei Fremden nur durch die Theologie.

Die Bewerber haben ihre, mit dem Mittellostagkeits- und Impfungszeugnisse, dem Taufscheine und dem Studienzeugnisse von der letzten Semestralprüfung, die Verwandten nebstdem mit einem legalen Stammbaume belegten Gesuche bis 15ten November 1863 bei dieser k. k. Statthalterei einzubringen.

Von der böhmischen k. k. Statthalterei.   Prag, am 22. September 1863.

Personal-Chronik.

(511) Des Königs Majestät haben dem Schlossergesellen Hennig zu Eintrachtshütte das Verdienst-Ehrenzeichen für Rettung aus Gefahr Allergnädigst zu verleihen geruht.

Entlassen: der Strafanstalts-Seelsorger Pfarrer Kleemann zu Ratibor in Folge seiner Berufung als Pfarrer nach Kujau.

Bestätigt: die Vocation des katholischen Schullehrer Jrgel zu Schobnia.

(512)   **Personal-Veränderungen**
im Districte des Königlichen Ober-Bergamts zu Breslau
während des III. Quartals 1863.

Bei dem Ober-Bergamte.

Ernannt: die früheren Bergamts-Markscheider Segnitz und Hörold zu Ober-Bergamts-Markscheidern; die früheren Bergamts-Registratoren Reiche und Pattloch zu Ober-Bergamts-Secretairen; die früheren Bergamts-Secretaire Hofmeister und Kundt zu Ober-Bergamts-Bureau-Assistenten; die Berg-Expectanten Foitzick, Hospelt, v. Schmid und Ribbentrop zu Berg-Referendarien.

Gestorben: der Berg-Referendar Paulke.

Bei den fiskalischen Bergwerken.

Ernannt: der Bergmeister Nehler in Tarnowitz zum Berg-Inspector.

Bei den fiskalischen Hüttenwerken.

Befördert: der Hüttenmeister Pezold in Malapane zum Hütten-Inspector; der Hüttenmeister Richter in Königshütte in die Klasse der Factoren.

Versetzt: der Hüttenmeister Wiebmer von Rybnikerhammer nach der Königlichen Eisengießerei bei Gleiwitz.

Bei der Bergschule zu Waldenburg ist der Lehrer Lindner gestorben.

Breslau, den 2. October 1863.   Königliches Ober-Bergamt.

(513) Ernannt wurden:

Der Steuer-Aufseher Horn in Breslau zum Zoll-Amts-Assistenten in Oesterreichisch Oderberg, der Grenz-Aufseher Niegisch zu Pleß zum Zoll-Einnehmer in Golkowitz, der Trompeter Greulich zum Grenz-Aufseher in Kreuzendorf, der Feldwebel Zehn zum Grenz-Aufseher in Turkau, der Feldwebel Foerster zum Grenz-Aufseher in Myslowitz, der Wachtmeister Langer zum Grenz-Aufseher in Gollasowitz, der Sergeant Urbach zum Grenz-Aufseher in Hadra, der Sergeant Reichstein zum Grenz-Aufseher in Roben, der Sergeant Fieß zum Grenz-Aufseher in Kamnitz, der Unteroffizier Steinbrich zum Grenz-Aufseher in Laßwitz, der Lazarethgehülfe Hoffmann zum Grenz-Aufseher in Trenkau, der Sergeant Seidler zum Grenz-Aufseher in Wendzin.

(514)   Zur Personal-Chronik
des Ober-Post-Directions-Bezirks Oppeln.

Es ist ernannt worden:

Der frühere Post-Expedient, Bureaubeamte 2. Klasse Golz in Oppeln, zum Post-Assistenten.

Angestellt:

Der Post-Secretair Reck aus Dessau, unter Ernennung zum Ober-Post-Secretair, als Bureaubeamte bei der hiesigen Ober-Post-Direction. Der Post-Assistent Thomas als Post-Secretair bei dem Post-Amte in Beuthen O. S. Der Post-Expedienten-Anwärter Franz Teichmann als Post-Expedient bei der Post-Expedition in Neustadt O. S. Der frühere Civil-Supernu-

merar Herrmann **Rudolph** als Post-Expedient bei der Post-Expedition in Königshütte. Der Hauptmann a. D. Adolph von **Greiffenstern** als Post-Expediteur in Jastrzemb.
Der Schullehrer August **Reinsch** als Post-Expediteur in Schweinsdorf.
Der Eisenbahn-Stations-Vorsteher **Klose** als Post-Expediteur in Czernitz.
Der invalide Sergeant Friedrich **Hennig** als Packetbesteller bei dem Post-Amte in Ratibor.
Der invalide Gefreite Michael **Schuster** als Packetbesteller bei dem Post-Amte in Ratibor.
Versetzt:
Der Post-Expedient **Fesser** aus Kandrzin nach Berlin.
Oppeln, den 5. October 1863.　　　　　　　　Königliche Ober-Post-Direction.

(516)　　　　　　Personal-Veränderungen
　　　　im Bereich der Königlichen Intendantur des 6ten Armee-Corps.
Versetzt: 1) der Intendantur-Assessor **Menger** vom 6ten zum 5ten Armee-Corps;
　　　　2) der Intendantur-Secretair **Lichtenberg** vom 6ten zum 3ten Armee-Corps, und
　　　　3) der Intendantur-Secretair **Lissel** vom 4ten zum 6ten Armee-Corps.

(508)　　　　　　Personal-Veränderungen
im Departement des Königlichen Appellations-Gerichts zu Ratibor pro Monat September 1863.
　　　　A. Bei dem Appellations-Gerichte.
Versetzt: die Gerichtsassessoren **Gorke** und **Metzler** aus dem Departement des Königlichen Appellations-Gerichts Breslau in das hiesige Departement.
Ausgeschieden: der Auscultator **Dynnebier** auf seinen Antrag.
　　　　B. Bei den Kreis-Gerichten.
　　　　　I. Bei dem Kreis-Gericht zu Beuthen.
Ernannt: der Hilfsbote und Executor Theodor **Kubitzky** definitiv zum Boten und Executor mit Bestimmung seiner Function bei der Gerichts-Commission Tarnowitz.
Versetzt: der Kreisrichter **Fipper** an das Kreis-Gericht zu Leobschütz.
　　　　　II. Bei dem Kreis-Gericht zu Falkenberg.
Ernannt: der Hilfsbote und Executor Amand **Hermstein** definitiv zum Boten und Executor.
　　　　　III. Bei dem Kreis-Gericht zu Leobschütz.
Pensionirt: der Kreis-Gerichts-Rath **Mützschepfahl**. Demselben ist der rothe Adlerorden 4ter Klasse verliehen worden.
　　　　　IV. Bei dem Kreis-Gericht zu Oppeln.
Ernannt: der Civil-Supernumerar, Actuar II. Klasse, Christian **Fotzik**, zum Bureau-Assistenten.
Ausgeschieden: der Bote und Executor Carl **Richter** zufolge seines Antrages.
　　　　　V. Bei dem Kreis-Gericht zu Pless.
Ernannt: die Hilfsboten und Executoren Johann **Boretzki** und Julius **Klehr** definitiv zu Boten und Executoren, Letzterer mit der Bestimmung seiner Function bei der Gerichts-Commission Nicolai.
Versetzt: der Kreisrichter **Schaeffer** von der Gerichts-Commission Neuberun an das Kreis-Gericht zu Leobschütz.
　　　　　VI. Bei dem Kreis-Gericht zu Rybnik.
Pensionirt: der Bote und Executor Carl Adalbert Dominik **Kirsch** vom 1sten Januar und der Bote und Executor Ludwig **Nowobilski** zu Sobrau vom 1sten Februar k. J. ab.
　　　　　VII. Bei dem Kreis-Gericht zu Gross-Strehlitz.
Ernannt: der Hilfsbote und Executor Vincent **Nimsch** definitiv zum Boten und Executor mit der Bestimmung seiner Function bei der Gerichts-Commission Ujest.

Redaction des Amtsblatts im Regierungs-Gebäude. — Druck von F. **Weilshäuser** in Oppeln.

Amts-Blatt
der Königlichen Regierung zu Oppeln.

Stück 43. Oppeln, den 22. October **1863.**

Allgemeine Gesetz-Sammlung.

(524) Das 34ste Stück der Gesetzsammlung enthält unter:

Nr. 5764. Das Privilegium wegen Ausgabe auf den Inhaber lautender Obligationen der Stadt Solingen zum Betrage von 50,000 Thalern. Vom 2ten September 1863;

Nr. 5765. Den Allerhöchsten Erlaß vom 5ten September 1863, betreffend die Verleihung der fiscalischen Vorrechte für den Bau und die Unterhaltung der Kreis-Chausseen von Pillkallen über Rudszen nach Lasdehnen und von Willuhnen über Zurcken und Rudszen nach Schillehnen;

Nr. 5766. Das Privilegium wegen Ausfertigung auf den Inhaber lautender Kreis-Obligationen des Pillkallener Kreises im Betrage von 78,000 Thalern. Vom 5ten September 1863, und unter

Nr. 5767. Das Privilegium wegen Emission von Prioritäts-Obligationen der Rheinischen Eisenbahn im Gesammtbetrage von 750,000 Thalern zum Bau der Eisenbahn von Ehrenbreitstein bis zur Preußisch-Nassauischen Grenze bei Horchheim. Vom 16ten September 1863.

Bekanntmachungen der Königlichen Regierung.

(520) Dem Fabrikanten Robert Schärff zu Brieg ist unter dem 9ten October 1863 ein Patent
auf einen durch Zeichnung und Beschreibung nachgewiesenen mechanischen Gurtenwebestuhl, soweit derselbe für neu und eigenthümlich erkannt ist,
auf fünf Jahre, von jenem Tage an gerechnet, und für den Umfang des preußischen Staats ertheilt worden. Oppeln, den 22. October 1863.

(521) Dem Kaufmann Carl Eduard Stengel in Zwickau ist unter dem 9ten October 1863 ein Patent
auf einen mittelst Gases aus Brennmaterial jeder Art zu beheizenden Ofen zum Brennen von Porzellan und anderen Thonwaaren, so weit derselbe nach der vorgelegten Beschreibung und Zeichnung für neu und eigenthümlich erachtet worden ist,
auf fünf Jahre, von jenem Tage an gerechnet, und für den Umfang des preußischen Staats ertheilt worden. Oppeln, den 22. October 1863.

(522) Dem Kaufmann J. H. F. Prillwitz in Berlin ist unter dem 10ten October 1863 ein Patent
auf einen durch Zeichnung und Beschreibung nachgewiesenen, in seiner Zusammensetzung als neu und eigenthümlich erkannten Apparat zur Gewinnung von Zucker aus Melassen, ohne Jemand in der Anwendung bekannter Theile zu beschränken,
auf fünf Jahre, von jenem Tage an gerechnet und für den Umfang des preußischen Staats ertheilt worden. Oppeln, den 22. October 1863.

(525) Dem Dr. Paul Kulmiz und C. Löwig zu Ida- und Marienhütte bei Saarau ist unter dem 13ten October 1863 ein Patent
auf ein als neu und eigenthümlich erkanntes Verfahren zur Darstellung kohlensaurer Baryterde auf fünf Jahre, von jenem Tage an gerechnet, und für den Umfang des preußischen Staats ertheilt worden. Oppeln, den 22. October 1863.

Bekanntmachungen verschiedener Behörden.

(523) Die Personenpost zwischen Tarnowitz und Woischnik wird jetzt auf der neu erbauten Chausseestrecke befördert und erhält deshalb folgenden veränderten Gang:
aus Tarnowitz um 1 Uhr Nachmittags,
in Woischnik um 4¼ Uhr Nachmittags,

aus Woischnik um 6 Uhr früh,
in Tarnowitz um 9¼ Uhr Vormittags.
Die Abfertigungszeit in Georgenberg wird auf 5 Minuten festgesetzt.
Da die Post in Folge dieser Veränderung den Ort Zielonna nicht mehr berührt, wird die daselbst zur Aufnahme unterweges sich meldender Personen bisher bestandene Haltestelle aufgehoben und dafür eine solche in dem Orte Miottel eingerichtet.

Oppeln, den 14. October 1863.   Königliche Ober-Post-Direction.

Personal-Chronik.

(526) Des Königs Majestät haben dem Erzpriester und Pfarrer Birnbach zu Hennersdorf den rothen Adlerorden vierter Klasse Allergnädigst zu verleihen geruht.

Dem mittelst Allerhöchst vollzogener Bestallung vom 20sten Juli d. J. zum Regierungs- und Schul-Rath ernannten seitherigen Seminar-Director Hauptstock zu Graudenz ist die Stelle eines zweiten katholischen Schul-Raths bei der hiesigen Königlichen Regierung verliehen und dem Königlichen Oberförster Grafen von Matuschka zu Schöneiche, Regierungsbezirk Breslau, ist die interimistische Verwaltung der hiesigen zweiten Forst-Inspectorstelle übertragen worden.

Bestätigt: die Wahlen des Rittergutsbesitzers, Lieutenant Milieski auf Ober-Niewiadom, Rybniker Kreises, zum Civil-Mitgliede der Kreis-Ersatz-Commission und des Rittergutsbesitzers Meyen auf Brodek zum stellvertretenden Mitgliede dieser Commission; ferner die Wahlen der Mitglieder und Stellvertreter der Commission zur Auswahl der Mobilmachungspferde im Rybniker Kreise, nämlich: des Gutspächters, Lieutenant Pietruski zu Poppelau im I. Bezirk, des Landraths a. D. Brauns auf Loslau im III. Bezirk, des Rittergutsbesitzers Kern auf Nieder-Radoschau im IV. Bezirk als Commissarien, u. des Rittergutsbesitzers Schmidt auf Ellguth im I. Bezirk, des Gutspächters Sylvester in Pallowitz im II. Bezirk, des Gutspächters Mündner in Jedlownik im III. Bezirk, des Gutsbesitzers von Poser auf Pieze und des Rittergutsbesitzers Hübner auf Gaschowitz im IV. Bezirk als Stellvertreter; endlich die Vocation des katholischen Schullehrers Rzegotta zu Kramelau.

Gestorben: der geistliche Rath und Pfarrer Smolnitzki zu Friedland.

Nachweisung
der gewählten und bestätigten Schiedsmänner pro Monat September 1863.

Benennung der Ortschaften.	Kreis.	Namen der Schiedsmänner.
Stadt Ottmachau und Gemeinde Klein-Vorwerk	Grottkau	Kaufmann Michael Thomas zu Ottmachau.
Gostitz	Neisse	Bauergutsbesitzer Carl Kuhnert zu Gostitz.

Ratibor, den 2. October 1863.   Königliches Appellations-Gericht.

Redaction des Amtsblatts im Regierungs-Gebäude. — Druck von F. Weishäuser in Oppeln.

Amts-Blatt
der Königlichen Regierung zu Oppeln.

Stück 44. Oppeln, den 29. October **1863.**

Bekanntmachungen der höchsten Staats-Behörden.

(533) **Bekanntmachung**
wegen Ausreichung neuer Zinscoupons Ser. VII. nebst Talons zu den Kurmärkischen Schuldverschreibungen.

Zu den Kurmärkischen Schuldverschreibungen werden die neuen Zinscoupons Ser. VII. Nr. 1—8 über die Zinsen vom 1sten November 1863 bis dahin 1867 nebst Talons vom 1sten November d. J. ab von der Controlle der Staatspapiere hierselbst, Oranienstraße Nr. 92 täglich in den Vormittagsstunden von 9 bis 1 Uhr, mit Ausnahme der Sonn- und Festtage und der drei letzten Tage jedes Monats, ausgereicht werden.

Die Coupons können bei der gedachten Controlle selbst in Empfang genommen oder durch Vermittelung der Königlichen Regierungs-Hauptcassen bezogen werden. Wer das Erstere wünscht, hat die mit der letzten Coupons-Serie ausgegebenen Talons vom 23sten April 1859 mittelst eines Verzeichnisses, zu welchem Formulare bei der Controlle unentgeltlich zu haben sind, bei der Controlle der Staatspapiere persönlich oder durch einen Beauftragten abzugeben. Genügt dem Einreicher eine numerirte Marke als Empfangs-Bescheinigung, so ist das Verzeichniß nur einfach einzureichen, wogegen dasselbe von denen, welche eine schriftliche Bescheinigung über die Abgabe der Talons zu erhalten wünschen, doppelt abzugeben ist. In dem letztgedachten Falle erhalten die Einreichenden das eine Exemplar des Verzeichnisses mit einer schriftlichen Empfangs-Bescheinigung versehen sofort zurück.

Die Marke oder Empfangs-Bescheinigung ist bei der Aushändigung der neuen Coupons zurückzugeben.

In Schriftwechsel kann sich die Controlle der Staatspapiere nicht einlassen.

Wer die Talons zur Erlangung neuer Coupons und Talons nicht selbst oder durch einen Anderen bei der Controlle abgeben will, hat sie mit einem doppelten Verzeichnisse an die nächste Regierungs-Hauptcasse einzureichen. Das eine Exemplar des Verzeichnisses wird dann mit einer Empfangsbescheinigung versehen sogleich zurückgegeben, doch ist dasselbe demnächst bei der Aushändigung der Coupons an die Regierungs-Hauptcasse wieder abzuliefern.

Formulare zu diesen letzteren Verzeichnissen sind bei den Regierungs-Hauptcassen und den von den Königlichen Regierungen in den Amtsblättern zu bezeichnenden Cassen unentgeltlich zu haben.

Des Einreichens der Schuldverschreibungen selbst bedarf es zur Erlangung neuer Coupons und Talons nur dann, wenn die betreffenden älteren Talons abhanden gekommen sind. Die Documente sind in diesem Falle an eine Regierungs-Hauptcasse oder an die Controlle der Staatspapiere mittelst besonderer Eingabe einzureichen.

Die Beförderung der Talons oder resp. der Schuldverschreibungen an die Regierungs-Hauptcasse (nicht an die Controlle der Staatspapiere) erfolgt durch die Post bis zum 1sten Juni k. J. portofrei, wenn auf dem Couverte bemerkt ist:

„Talons zu . . . . . . Thlr. Kurmärkische Schuldverschreibungen (resp. Kurmärkische Schuldverschreibungen über . . . . . . Thlr.) zum Empfange neuer Coupons."

Mit dem 1sten Juni k. J. hört die Portofreiheit auf. Es werden nach dieser Zeit die neuen Coupons nebst Talons den Einsendern auf ihre Kosten zugesandt.

Für solche Sendungen, die von Orten eingehen oder nach Orten bestimmt sind, welche außerhalb des preußischen Postbezirks, aber innerhalb des deutschen Postvereins-Gebiets liegen, kann eine Befreiung

vom Porto nach Maaßgabe der Vereinsbestimmungen nicht stattfinden.
Berlin, den 12. October 1863.
Haupt-Verwaltung der Staats-Schulden.
von Wedell. Gamet. Löwe. Meinecke.
Die Deputirten der Kurmark.
Graf Häseler. Scharnweber.

Vorstehende Bekanntmachung wird mit dem Bemerken zur öffentlichen Kenntniß gebracht, daß als Formulare zu den Verzeichnissen diejenigen benützt werden können, welche wir nach unserer Amtsblatts-Bekanntmachung vom 28sten Mai c. Stück 23 pro 1863 den Königlichen Kreis-Steuer-Cassen und den Haupt-Zoll-Aemtern zu Landsberg O. S. und Myslowitz zugefertigt haben, woselbst sie unentgeltlich bezogen werden können. Oppeln, den 21. October 1863. Königliche Regierung.

Bekanntmachungen des Herrn Ober-Präsidenten.

(537) Des Königs Majestät haben mittelst Allerhöchsten Erlasses vom 23sten October c. die Einberufung eines außerordentlichen Provinzial-Landtages des Herzogthums Schlesien, der Grafschaft Glatz und des Markgrafthums Ober-Lausitz auf **Sonntag den 1sten November d. J.** zu genehmigen, und des Herzogs von Ratibor, Prinzen zu Hohenlohe-Waldenburg-Schillingsfürst, Fürsten zu Corvey Durchlaucht zum Marschall, den Ersten Director des Schlesischen Credit-Instituts Königlichen Geheimen Regierungs-Rath und Schloßhauptmann Freiherrn von Gaffron zu dessen Stellvertreter, und den Unterzeichneten zum Commissarius zu ernennen geruht.

Demgemäß wird die Eröffnung des Landtages, nach vorangegangener gottesdienstlicher Feier in den noch näher zu bezeichnenden Kirchen, am letztgedachten Tage Mittags 12 Uhr, im hiesigen Ständehause erfolgen. Breslau, den 26. October 1863.

Der Königliche Wirkliche Geheime Rath und Ober-Präsident der Provinz Schlesien. Schleinitz.

Bekanntmachungen der Königlichen Regierung.

(528) An Stelle des früheren Regierungs-Raths, jetzigen Geheimen Finanz-Raths von Schmidt ist der Regierungs-Assessor von König zu unserem Commissarius für die Veranlagungs-Geschäfte der Klasse A I. best llt worden, was hierdurch zur öffentlichen Kenntniß gebracht wird.
Oppeln, den 17. September 1863.

(531) Bei dem am 29sten August d. J. in Oswięcim und der benachbarten Ortschaft Kluczniko-wice stattgehabten verheerenden Brande, welcher 110 Häuser sammt Nebengebäuden eingeäschert hat, haben die Feuerwache von Neuberun und Zawisz unter Leitung des Majors von Greve auf Kopciowitz, des Gastwirths Sandberg zu Fabrieg und des Gensdarmen Pattich, sowie die Feuerwache von Biasowitz Aliberun und Groß Chełm wesentliche Löschhülfe geleistet.

Die K. K. Statthalterei-Commission hat diese hochherzigen, einer wahrhaften Humanität entspringenden Acte mit dem Ersuchen zu unserer Kenntniß gebracht, hierfür sowohl den genannten Personen als auch den erwähnten Feuerwachen Ihren und der vom Brandunglücke betroffenen Communen wärmsten und tiefgefühlten Dank auszudrücken.

Wir kommen diesem Ersuchen, wie hiermit geschieht, gern nach.
Oppeln, den 19. October 1863.

(532) **Belobigung.** Der Bauerssohn, ehemalige Garde-Dragoner Adolph Ullrich aus Piltsch, im Kreise Leobschütz, hat den 9 Jahr alten Gärtnerssohn Franz Kobian zu Dirschkowitz, desselben Kreises, von der Gefahr des Ertrinkens gerettet.

Diese menschenfreundliche Handlung wird unter lobender Anerkennung des Adolph Ullrich hiermit zur öffentlichen Kenntniß gebracht. Oppeln, den 15. October 1863.

(536) **Polizei-Verordnung.**

Obgleich wir in unserer Bekanntmachung vom 5ten März 1855 (Amtsblatt Seite 92 Nr. 81) auf die Gefahr aufmerksam gemacht haben, welche durch das vorzeitige Schließen der Ofenklappen für Leben und Gesundheit der Menschen herbeigeführt wird, so sind in unserem Departement doch wieder Fälle vorgekommen, wo Personen an Erstickung durch Kohlendämpfe in Wohnzimmern, deren Oefen mit Klappen versehen waren, verunglückt sind.

Indem wir hierdurch zur Belehrung und Warnung Folgendes bekannt machen, verordnen wir, daß diese Bekanntmachung von den Kreis- und Local-Polizei-Behörden alljährlich mindestens einmal im Monat October auf ortsübliche Weise republicirt wird.

— 237 —

Bei jeder Verbrennung von Holz und Steinkohlen (Koals) erzeugt sich, selbst wenn Flamme und Rauch nicht mehr wahrgenommen werden, Stickluft (Kohlenoxyd-Gas), welche sich nicht einmal durch den Geruch verräth, aber betäubt, das Athmen bis zur Erstickung beschränkt, und so in doppelter Weise die Betreffenden unfähig macht, der drohenden Lebensgefahr durch schnelles Oeffnen von Fenstern, Thüren und Ofenklappen noch rechtzeitig zu entgehen, und daher sehr bald tödtlich werden kann.

Bei der Holzkohle ist die Bildung dieses tödtlichen Gases zum Theil an den blauen Flämmchen erkennbar, welche sich aus der glühenden Kohle entwickeln; so lange sich also diese blaue Flamme über im Ofen glühenden Kohlen noch zeigt, ist die Ofenklappe nicht zu schließen, weil das Gas, sobald ihm der Abzug durch das Rauchrohr verschlossen ist, durch die bei keinem Ofen vermeidlichen Ritzen und Sprünge und durch die gewöhnlich nur locker schließende Ofenthür zurücktritt und das Zimmer erfüllt.

Bei der verglühenden Steinkohle fehlt dieses schwache Erkennungszeichen, die blaue Flamme, dagegen glüht Steinkohle, selbst unter der Asche, noch lange Zeit fort, und setzt, so lange dies geschieht, Kohlenoxyd-Gas der Art ab, daß ein Schließen der Klappe gar nicht, oder nur dann zulässig ist, wenn, nachdem das helle Glühen der Kohlenreste aufgehört hat, diese aus dem Ofen vollständig entfernt oder durch reichliches Uebergießen mit Wasser abgelöscht worden.

Das sicherste Mittel gegen das Eindringen des Kohlenoxyd-Gases in die Zimmer bleibt jedoch die gänzliche Beseitigung der Ofenklappen, welche ohne Beeinträchtigung des Wärmevermögens des Ofens durch Anbringung einer luftdicht schließenden Ofenthür vollständig ersetzt wird. Wo diese Einrichtung der Kosten wegen nicht durchzuführen ist, wird zwar angerathen, nur reibeisenartig durchlöcherte Ofenklappen anzuwenden, um dem tödtlichen Gase durch diese Oeffnungen in der Klappe selbst, den Weg ins Freie offen zu halten. Jedenfalls aber ist es besser, bei Steinkohlenfeuerung von der Ofenklappe gar keinen Gebrauch zu machen, und wo sie noch bestehen, vor dem Schließen derselben, und weil sie oft von selbst zufallen, die Kohlenreste aus dem Ofen fortzuschaffen oder sie vollständig mit Wasser abzulöschen. Bei älteren Rauchklappen, welche sich leicht bewegen lassen und deshalb, wenn sie geöffnet werden, sich öfter von selbst schließen, ist Letzterem einigermaßen dadurch zu begegnen, daß der Stiel zwischen Rauchrohr und dem Knopf des Klappengriffs mit Draht so umwickelt wird, daß deren Oeffnen und Schließen nur mit Anwendung einer kräftigen Drehung bewirkt werden kann.

Die Polizeibehörden haben den Vermiethern von Wohnungsräumen, unter Hinweis auf die in unserer Amtsblatt-Bekanntmachung vom 5ten März 1855 angedrohten Strafen, aufzugeben, die Beseitigung etwaiger Mängel an den Schließungs-Apparaten der Stubenöfen rechtzeitig zu bewirken. Zu diesem Behufe haben sie sich alljährlich durch Revision der Heizeinrichtungen in den von ihnen vermietheten Wohnungen, von dem Zustande der Schließungs-Vorrichtungen an den Oefen zu überzeugen, und darauf hinzuwirken, daß neue Ofenklappen nur durchlöchert angefertigt, ältere, bereits bestehende aber mit dieser Einrichtung nachträglich noch versehen werden.

Das Zuwiderhandeln gegen diese Vorschriften ist, sobald es zur Kenntniß der Behörden gelangt, an dem Schuldigen (soweit dies überhaupt noch angeht), unnachsichtig nach Maaßgabe der Bestimmung in unserer Verordnung vom 5ten März 1855 zu ahnden.

Oppeln, den 24. October 1863.

Bekanntmachungen verschiedener Behörden.

(530) Uebersicht
der Verwaltungs-Resultate bei der allgemeinen Unterstützungs-Anstalt für katholische Elementar-Schullehrer-Wittwen und Waisen in der Provinz Schlesien für das Jahr 1862.

Die Anstalt zählte am Schlusse des Jahres 1862 überhaupt 1975 wirkliche Mitglieder und 693 beitragspflichtige Adjuvanten. — Pensionsberechtigte Wittwen und Waisen waren überhaupt 494, und zwar 414 Wittwen und 80 Waisen, außerdem aber 74 pensionsberechtigte invalide Lehrer vorhanden.

1) die Einnahme der Casse betrug 1862:

Tit.			Thlr.	Sgr.	Pf.
I.	An Capitalszinsen		1605	21	—
II.	An Beiträgen der Mitglieder, Adjuvanten, Antrittsgeldern, Collecten und Strafgeldern		7264	15	1
III.	An Vermächtnissen und Geschenken		669	—	—
IV.	Insgemein		7802	14	2
V.	An zurückgezahlten Kapitalien		100	—	—
		Summa..	17441	20	3

		Transport ...	17441 Thlr.	20 Sgr.	3 Pf.
	Hierzu:				
A.	Bestand aus dem Jahre 1861		301 Thlr.	6 Sgr.	4 Pf.
B.	Reste aus dem desgleichen		215 "	13 "	10 "
C.	Defecte		— "	— "	— "
		Summa aller Einnahme ...	17958 Thlr.	10 Sgr.	5 Pf.
	2) Die Ausgabe betrug:				
Tit. I.	An Pensionen		6864 Thlr.	— Sgr.	— Pf.
" II.	An Vorschüssen		— "	— "	— "
" III.	An elocirten Capitalien		10895 "	19 "	4 "
" IV.	Insgemein		54 "	— "	— "
		Summa aller Ausgaben ...	17813 Thlr.	19 Sgr.	4 Pf.
	Balance:				
	Die Gesammt-Einnahme betrug		17958 Thlr.	10 Sgr.	5 Pf.
	Die Gesammt-Ausgabe betrug		17813 "	19 "	4 "
		Mithin blieb 1862 Baar-Bestand ...	144 Thlr.	21 Sgr.	1 Pf.
	Das Vermögen der Anstalt besteht in Capitalien, und zwar:				
	1) in schlesischen Pfandbriefen à 3½%		31550 Thlr.		
	2) desgleichen à 4%		16000 "		
	3) in schlesischen Rentenbriefen		1505 "		
	4) in Staatsschuldscheinen		200 "		
	5) in Resten		126 "	11 "	4 "
	6) in baarem Bestande		144 "	21 "	1 "
		Ueberhaupt in ...	49526 Thlr.	2 Sgr.	5 Pf.
	Am Schlusse des Jahres 1861 betrug dasselbe		39152 "	25 "	2 "
		Mithin ergiebt sich eine Verbesserung von ...	10373 Thlr.	7 Sgr.	3 Pf.

Vorstehende Uebersicht wird hiermit zur öffentlichen Kenntniß gebracht.

Breslau, den 13. October 1863.

Königliche Regierung. Abtheilung für Kirchen- und Schulwesen.

(529) Zur Anmeldung des diesjährigen Weingewinns wird in Ausführung des §. 5 des Gesetzes vom 25sten September 1820 die Zeit vom 1sten bis incl. 20sten November d. J. hierdurch bestimmt.

Breslau, den 19. October 1863.

Der Provinzial-Steuer-Director. In Vertretung: Der Ober-Regierungs-Rath. Reinhard.

Personal-Chronik.

(535) Des Königs Majestät haben dem Schleusenmeister Klein zu Schleuse Nr. 10 des Klodnitz-Kanals das Allgemeine Ehrenzeichen mit dem Abzeichen für 50jährige Dienstzeit Allergnädigst zu verleihen geruht.

Bestätigt: die Wahlen der Kaufleute Nicolaier und Neumann zu Cosel zu unbesoldeten Rathmännern, sowie die Vocationen der katholischen Schullehrer Thomanek zu Goczalkowitz, Schöfer zu Arnoldsdorf, Gasowsky zu Krasillau und Janiec zu Wyssoka.

Redaction des Amtsblatts im Regierungs-Gebäude. — Druck von F. Weilshäuser in Oppeln.

Amts-Blatt
der Königlichen Regierung zu Oppeln.

Stück 45.   Oppeln, den 5. November   **1863.**

Allgemeine Gesetz-Sammlung.

(527) Das 35ste Stück der Gesetzsammlung enthält unter

Nr. 5768. Das Privilegium wegen Ausfertigung auf den Inhaber lautender Kreis-Obligationen des Kreises Tilsit, im Regierungsbezirk Gumbinnen, im Betrage von 50,000 Thalern. Vom 2ten September 1863.

Nr. 5769. Die Verordnung wegen Abänderung des Zolltarifs. Vom 20sten September 1863; und unter

Nr. 5770. Die Bekanntmachung der Ministerial-Erklärung vom 19ten September 1863, betreffend die Erläuterung und Ergänzung der Artikel 15 und 34 der Uebereinkunft mit dem Königreich Sachsen zur Beförderung der Rechtspflege vom $\frac{14.\ October}{11.\ December}$ 1839, beziehungsweise der den Artikel 34 erweiternden Uebereinkunft vom $\frac{24.\ Juni}{7.\ Juli}$ 1854. Vom 30sten September 1863.

(534) Das 36ste Stück der Gesetz-Sammlung enthält unter

Nr. 5771. Den Allerhöchsten Erlaß vom 9ten September 1863, betreffend die Verleihung der fiskalischen Vorrechte für den Bau und die Unterhaltung der Kreis-Chaussee von Wetteringen bis zur Münster-Glanerbrücker Staatsstraße, in der Richtung auf Metelen, und von Borghorst nach Emsdetten, im Kreise Steinfurt, Regierungsbezirks Münster.

Nr. 5772. Den Allerhöchsten Erlaß vom 28sten September 1863, betreffend die Ausdehnung des Bezirks der Handelskammer für die Bürgermeistereien Essen, Werden und Kettwig auf den noch übrigen Theil des Kreises Essen, nämlich auf die Bürgermeistereien Altenessen, Steele und Borcek.

Nr. 5773. Die Bestätigungs-Urkunde, betreffend die Veräußerung des Magdeburg-Wittenbergschen Eisenbahn-Unternehmens an die Magdeburg-Halberstädter Eisenbahn-Gesellschaft, die Auflösung der Magdeburg-Wittenbergschen Eisenbahn-Gesellschaft und einen Nachtrag zum Statut der Magdeburg-Halberstädter Eisenbahn-Gesellschaft. Vom 28sten September 1863.

Nr. 5774. Die Bekanntmachung der Ministerial-Erklärung, betreffend die Ergänzung der Militair-Durchmarsch- und Etappen-Conventionen zwischen Preußen und Großherzogthum Hessen vom 8/9ten October 1860. Vom 9ten October 1863; und unter

Nr. 5775. Die Bekanntmachung der Ministerial-Erklärung, betreffend die Gleichstellung der Königlich preußischen und der Herzoglich anhaltischen Unterthanen in dem gesetzlichen Schutze der Waarenbezeichnungen. Vom 9ten October 1863.

(545) Das 37ste Stück der Gesetz-Sammlung enthält unter

Nr. 5776. Die Concessions- und Bestätigungs-Urkunde für die preußisch-niederländische Verbindungsbahn-Gesellschaft. Vom 21sten August 1863.

Allerhöchste Cabinets-Ordre.

(546) Verordnung wegen Einberufung der beiden Häuser des Landtages der Monarchie.

Wir Wilhelm, von Gottes Gnaden König von Preußen ꝛc., verordnen in Gemäßheit des Art 51. der Verfassungs-Urkunde vom 31. Januar 1850, auf den Antrag Unseres Staats-Ministeriums, was folgt:
Die beiden Häuser des Landtages der Monarchie, das Herrenhaus und das Haus der Abgeordneten, werden auf den 9. d. M. in Unsere Haupt- und Residenzstadt Berlin zusammenberufen.
Das Staats-Ministerium wird mit der Ausführung dieser Verordnung beauftragt.

Urkundlich unter Unserer Höchsteigenhändigen Unterschrift und beigedrucktem Königlichen Insiegel. Gegeben Schloß Babelsberg, den 1. November 1863.
(L. S.) **Wilhelm.**
von Bismarck. von Bodelschwingh. von Roon. Graf von Itzenplitz. von Mühler. Graf zur Lippe. von Selchow. Graf zu Eulenburg.

Bekanntmachungen der höchsten Staats-Behörden.

(538) Allerhöchste Ordre de dato Berlin, den 28sten September 1863, betreffend die Genehmigung der anderweitigen Vorschriften für die Berg-Academie zu Berlin.

Auf Ihren Bericht vom 15ten September d. J. ertheile Ich den hierbei zurückfolgenden anderweitigen Vorschriften für die Berg-Academie zu Berlin, unter Aufhebung der unter dem 1sten September 1860 bestätigten, hierdurch Meine Genehmigung.
Berlin, den 28. September 1863.
gez. **Wilhelm.**
gegengez. Graf von Itzenplitz.
An
den Minister für Handel, Gewerbe und öffentliche Arbeiten. C. O. Nr. 814.

Vorschriften für die Königliche Berg-Academie zu Berlin.

Zweck der Academie.

§. 1. Die Königliche Berg-Academie in Berlin hat den Zweck, denjenigen, welche sich im Berg-, Hütten- und Salinenwesen ausbilden wollen, Gelegenheit zur Erwerbung der erforderlichen Fachkenntnisse zu geben.

Leitung und Verwaltung.

§. 2. Der vom Könige ernannte Director führt die Leitung der Berg-Academie. Dieselbe ist dem Minister für Handel, Gewerbe und öffentliche Arbeiten untergeordnet. Die Cassen- und Bureaugeschäfte werden von Beamten der Ministerial-Abtheilung für das Berg-, Hütten- und Salinenwesen wahrgenommen.

Curatorium.

§. 3. Das Curatorium der Academie besteht aus fünf, von dem Könige ernannten Mitgliedern. Dasselbe hat bei den organischen Einrichtungen, bei der Feststellung des Lehrplanes, sowie bei der Anstellung der Docenten mitzuwirken.

Obliegenheiten des Directors.

§. 4. Außer der allgemeinen Leitung der Lehranstalt liegt dem Director im Besonderen ob:
1) die Ertheilung der Erlaubniß zum Besuche der Academie, nach Maaßgabe der Bestimmungen in §§. 10—12.;
2) die Ueberwachung des planmäßigen Ganges der Lehrvorträge und des Unterrichts;
3) die Controlle über die Sammlungen und Lehrmittel, für welche zunächst die betheiligten Docenten verantwortlich zu machen sind, sowie über Instandhaltung der Locale und des Inventariums;
4) die Aufstellung und Einreichung der Etats-Entwürfe;
5) die Anschaffung von Utensilien, Mobilien und Lehrmitteln, und die Vollziehung der Zahlungs-Anweisungen an die Casse innerhalb der Grenzen des Etats;
6) die Einreichung der Jahres-Rechnungen, die Bearbeitung und Erledigung der Notaten und Monita;
7) die Erstattung eines Jahresberichtes;
8) die Berufung der ordentlichen Docenten zu Berathungen über den Lehrplan und andere den Unterricht betreffende Verhältnisse, so oft dergleichen erforderlich sind, in der Regel aber halbjährlich einmal.

Ordentlicher Unterricht.

§. 5. Für die Hauptgegenstände des Unterrichtes werden ordentliche Docenten mit der Verpflichtung, bestimmte Vorträge zu halten und bestimmten Unterricht zu ertheilen, von dem Minister für Handel, Gewerbe und öffentliche Arbeiten auf Vorschlag des Directors und gutachtlichen Bericht des Curatoriums angestellt.

Außerordentlicher Unterricht.

§. 6. Außerdem kann der Director mit Zustimmung des Curatoriums jedem ordentlichen Docenten der Berg-Academie, jedem Professor und Lehrer einer anderen höheren Lehranstalt und sonstigen geeigneten Personen gestatten, Vorträge über hierher gehörige Gegenstände zu halten.

Allgemeiner Lehrplan.

§. 7. Die Vorlesungen an der Berg-Academie dauern vom 15ten October bis zum 15ten August des folgenden Jahres.
Zu Ostern finden dreiwöchentliche Ferien statt.

Lehrgegenstände.

§. 8. Der ordentliche Unterricht umfaßt folgende Lehrgegenstände:
1) Bergbaukunde,
2) Salinenkunde,
3) Allgemeine Hüttenkunde,
4) Eisenhüttenkunde,
5) Mechanik,
6) Maschinenlehre,
7) Markscheide- und Meßkunst,
8) Zeichnen und Construiren, mit Vorträgen über Projections-Methoden und Schatten-Constructionen,
9) Repetitorien und Colloquien über Mineralogie und Geognosie,
10) Repetitorien und Colloquien über mathematische Disciplinen,
11) Allgemeine chemische Analyse, mit practischen Arbeiten im Laboratorium,
12) Probirkunst auf trockenem und auf nassem Wege, theoretisch und practisch.

Das specielle Verzeichniß der Lectionen und der dafür zu entrichtenden Honorare wird halbjährlich bekannt gemacht.

Aufnahme der Studirenden.

§. 9. Die Erlaubniß zum Besuche der Academie wird nach Maaßgabe der Bestimmungen in §§. 10—12 auf vorgängige, innerhalb der ersten vierzehn Tage jedes Semesters unter Ueberreichung der erforderlichen Atteste anzubringende Meldung durch den Director ertheilt und auf dem Anmeldebogen vermerkt, welchen der Studirende bei dem Registraturbeamten der Academie persönlich in Empfang zu nehmen hat.

Berechtigung zum Besuche der Academie.

§. 10. Zum Besuche der Academie sind berechtigt:
1) diejenigen Berg-, Hütten- und Salinen-Beflissenen, welche sich dem Preußischen Staatsdienste widmen wollen;
2) die immatriculirten Studirenden der Königlichen Friedrich-Wilhelm-Universität hierselbst;
3) die immatriculirten Studirenden des Königlichen Gewerbe-Instituts.

Zulassung von Hospitanten.

§. 11. Außerdem ist der Director befugt, anderen Personen den Besuch einzelner Vorträge zu gestatten.
Die betreffenden Vorträge werden auf dem Anmeldebogen namhaft gemacht.

Meldung zu den Vorträgen.

§. 12. Die nach §§. 10 und 11 zugelassenen Studirenden zeichnen diejenigen Vorträge, welche sie während des Semesters zu hören wünschen, in die dafür bestimmte Columne des Anmeldebogens ein und legen denselben alsdann dem Registrator der Academie zur Signatur vor.

§. 13. Demnächst, und längstens innerhalb vier Wochen nach Beginn des Semesters, erfolgt die Zahlung der Honorare (§. 16) an die Casse und die Vorlegung des Anmeldebogens (§§. 11 und 12) sowie die persönliche Meldung der Studirenden bei den Docenten.

§. 14. Kein Docent ist befugt, die Meldung eines Studirenden anzunehmen oder den Besuch der Vorträge und des Unterrichtes zuzulassen, bevor nicht das Honorar gezahlt und darüber von der Casse auf dem Anmeldebogen quittirt, beziehungsweise die Stundung nachgewiesen ist.

Honorare.

§. 15. Die Vorlesungen und Uebungen werden theils gegen Honorar (privatim), theils unentgeltlich (publice) gehalten.

§. 16. Für die zum ordentlichen Unterricht gehörigen Privat=Vorlesungen soll das Honorar auf jede wöchentliche Lehrstunde 1½ Thaler — also beispielsweise bei einem wöchentlich 5stündigen Vortrage 7½ Thaler — pro Semester nicht übersteigen.

Die Festsetzung der Honorare für den Zeichnen=Unterricht und für die Arbeiten im Laboratorium bleibt vorbehalten.

§. 17. Den Betrag des Honorars für außerordentliche Vorträge setzen die Docenten im Einverständniß mit dem Curatorium fest, worüber der Casse Nachricht zu geben ist. Hierbei soll im Allgemeinen der für die ordentlichen Vorträge angenommene Satz nicht überschritten werden.

§. 18. Das für den außerordentlichen Unterricht entrichtete Honorar wird den betreffenden Lehrern am Schlusse des Semesters ausgezahlt.

Stundung.

§. 19. In Fällen großer, durch Atteste öffentlicher Behörden nachzuweisender Bedürftigkeit kann der Minister für Handel, Gewerbe und öffentliche Arbeiten auf Vorschlag des Directors Inländern Stundung der Hälfte des Honorars für den ordentlichen Unterricht bewilligen.

Eine Stundung der Honorare für außerordentliche Lehrvorträge findet nicht statt.

§. 20. Die Bewilligung der Stundung wird von dem Director auf dem Anmeldebogen bescheinigt. Durch einen schriftlichen Revers übernimmt der Studirende alsdann die Verpflichtung, die gestundeten Beträge spätestens in sechs Jahren nach dem Abgange von der Academie an deren Casse zu zahlen.

Rückerstattung des Honorars.

§. 21. Rückzahlung des Honorars erfolgt, wenn die Vorlesungen nicht zu Stande gekommen oder innerhalb der ersten Hälfte des Semesters abgebrochen, oder auf eine andere als die angekündigte Zeit verlegt worden sind. Die Beträge müssen jedoch in den ersten vier Monaten des laufenden Semesters bei der Casse abgehoben werden, widrigenfalls der Anspruch auf Rückerstattung erlischt.

Zeugnisse.

§. 22. Die Testate werden am Schlusse jedes Semesters durch Eintragung in die dafür bestimmte Columne des Anmeldebogens ertheilt.

Auf Verlangen werden den Studirenden Zeugnisse über den Besuch der Berg=Academie durch den Director gegen Rückgabe des Anmeldebogens ausgestellt.

Bekanntmachungen des Herrn Ober=Präsidenten.

(342) Der diesjährige Provinzial=Landtag des Herzogthums Schlesien, der Grafschaft Glatz und des Markgrafthums Ober=Lausitz wurde nach vorangegangenem Gottesdienste heut Mittag 12 Uhr im hiesigen Ständehause in herkömmlicher Weise eröffnet, und hierbei zwei Allerhöchst vollzogene Propositions-Decrete vom resp. 2ten September und 28sten October c., welche, wie folgt, lauten:

Wir **Wilhelm**, von Gottes Gnaden König von Preußen rc., entbieten Unseren zum Provinzial=Landtage einberufenen getreuen Ständen des Herzogthums Schlesien, der Grafschaft Glatz und des Markgrafthums Ober=Lausitz Unseren gnädigen Gruß und lassen Ihnen folgende Proposition zur Berathung und Erledigung zugehen.

Durch das Uns überreichte Gutachten des XVI. Schlesischen Provinzial=Landtags vom 5ten December 1862 ist dem Unseren getreuen Ständen zugegangenen Propositions=Decret vom 15ten November v. Js., die Einrichtung und Verwaltung des Landarmen= und Correctionswesens in der Provinz Schlesien betreffend, insofern nur genügt worden, indem der Provinzial=Landtag der Begutachtung über die auf das Markgrafthum Ober=Lausitz bezüglichen Regierungs=Vorschläge sich enthalten hat.

Wir fordern Unsere getreuen Stände auf, in dieser Beziehung das abgegebene Gutachten zu vervollständigen. — Außerdem bedarf es noch der alsbaldigen Vornahme einiger anderer Beschlußfassungen und Wahlen, um die Ausführung der beabsichtigten Regulirung im Sinne der von Unseren getreuen Ständen hinsichts des Herzogthums Schlesien und der Grafschaft Glatz erklärten Zustimmung vollständig vorzubereiten. Unter Bezugnahme auf den anliegenden zweiten Nachtrag zu der mittelst Unseres Decrets vom 15ten November pr. vorgelegten Denkschrift, in welchem diese noch übrigen Aufgaben sämmtlich specieller angegeben und motivirt sind, veranlassen Wir Unsere getreuen Stände, der Erledigung derselben sich zu unterziehen.

Zugleich ist Unser Commissarius beauftragt, in Betreff der laufenden ständischen Verwaltung und der Dauer des Provinzial-Landtages Unseren getreuen Ständen die nöthigen Mittheilungen zu machen.

Wir verbleiben Unseren getreuen Ständen in Gnaden gewogen.

Gegeben Berlin, den 2. September 1863.

(L. S.) gez. **Wilhelm**.

(ggz.) v. Bodelschwingh. v. Roon. Gr. z. Lippe. Gr. Eulenburg.

An die zum Provinzial-Landtage des Herzogthums Schlesien, der Grafschaft Glatz und des Markgrafthums Ober-Lausitz versammelten Stände.

Wir **Wilhelm**, von Gottes Gnaden König von Preußen ꝛc., entbieten Unseren zum Provinzial-Landtage des Herzogthums Schlesien, der Grafschaft Glatz und des Markgrafthums Ober-Lausitz außerordentlich zusammenberufenen Ständen Unsern gnädigsten Gruß und lassen ihnen nachfolgende Propositionen zur Berathung und Erledigung zugehn.

1) Zu den der Provinz angehörigen Bezirks-Commissionen für die klassificirte Einkommen-Steuer haben Unsere getreuen Stände neue Mitglieder und Stellvertreter in Gemäßheit des §. 24 des Gesetzes vom 1sten Mai 1851 zu wählen. Hinsichtlich der Zahl der für die einzelnen Bezirks-Commissionen zu wählenden Mitglieder und Stellvertreter, so wie hinsichtlich der übrigen bei den Wahlen zu beobachtenden Momente bewendet es bei den Vorschriften; nach welchen die früheren diesfälligen Wahlen stattgefunden haben, und werden Unsern getreuen Ständen die Nachweisungen der einkommensteuerpflichtigen Einwohner der einzelnen Bezirke durch Unsern Commissarius mitgetheilt werden.

2) Unsere getreuen Stände werden ferner, soweit es nöthig, die Wahl des Ausschusses in Gemäßheit des §. 5 Nr. 2 des Gesetzes wegen der Kriegsleistungen und deren Vergütigung vom 11ten Mai 1851 unter angemessener Betheiligung der einzelnen Stände zu bewirken haben.

3) Für die Bezirks-Commissionen zur Regelung der Grundsteuer haben Unsere getreuen Stände an Stelle der ausgeschiedenen Mitglieder oder Ersatzmänner in Gemäßheit des §. 13 der Anweisung für das Verfahren bei Ermittelung des Reinertrages der Liegenschaften vom 21sten Mai 1861 (Gesetz-Sammlung S. 257) nach der näheren Mittheilung, welche Unser Commissarius hierüber machen wird, neue Mitglieder oder Ersatzmänner zu wählen. Die Dauer des Provinzial-Landtages haben Wir auf 8 Tage bestimmt.

Wir bleiben Unsern getreuen Ständen in Gnaden gewogen.

Gegeben Berlin, den 28. October 1863.

(L. S.) (gez.) **Wilhelm**.

(ggz.) v. Bismark. v. Bodelschwingh. v. Roon. Grf. v. Itzenplitz. v. Mühler.
Grf. zur Lippe. v. Selchow. Grf. zur Eulenburg.

An die zum Provinzial-Landtage des Herzogthums Schlesien, der Grafschaft Glatz und des Markgrafthums Ober-Lausitz versammelten Stände.

vorgelesen und übergeben.

Breslau, den 1. November 1863.

Der Königliche Landtags-Commissarius, Wirkliche Geheime Rath und Ober-Präsident, Schleinitz.

Bekanntmachungen der Königlichen Regierung.

(543) Dem Organisten Lubetzky in Miedzna, im Kreise Pleß, ist auf Grund des §. 7 des Gesetzes vom 13ten Februar 1843 (Ges.-Samml. pag. 75) die Befugniß ertheilt worden, für die Insassen der Gemeinden Miedzna, Grzawer, Siegfriedsdorf, Erdmannsbruch und Gillowitz, welche Pferde vertauschen, verschenken, oder sonst veräußern wollen, die vorgeschriebenen Legitimations-Atteste stempel- und kostenfrei auszufertigen. Oppeln, den 24. October 1863.

Bekanntmachungen verschiedener Behörden.

(316) Bekanntmachung. In der in Gemäßheit des §. 11 der Statuten der Ständischen Provinzial-Darlehns-Casse für Schlesien vom 5ten December 1854 (Gesetz-Sammlung Seite 609) stattgehabten fünften Verloosung von Schlesischen Provinzial-Obligationen (Obligationen der Provinz Schlesien) sind folgende Apoints über einen Gesammtbetrag von 122,000 Thlr. vorschriftsmäßig gezogen worden, und zwar:

138 Stück Lit. A. à 500 Thlr.

Nr. 5. 26. 32. 35. 42. 62. 63. 64. 70. 77. 89. 98. 103. 126. 142. 149. 159. 194. 216: 227. 228. 234. 285. 298. 309. 316. 319. 335. 336. 346. 554. 585. 586. 590. 600. 608. 612. 616. 631. 658. 682. 687. 695. 699. 708. 746. 748. 755. 756. 763. 782. 783. 794. 791. 804. 822. 848. 850. 855. 856. 866. 877. 880. 886. 889. 892. 893. 899. 916. 922. 926. 936. 941. 947. 950. 972. 983. 992. 995. 1000. 1007. 1008. 1012. 1021. 1026. 1052. 1057. 1059. 1063. 1072. 1074. 1083. 1088. 1089. 1105. 1117. 1140. 1146. 1152. 1154. 1162. 1164. 1171. 1193. 1194. 1195. 1206. 1230. 1244. 1250. 1251. 1264. 1266. 1268. 1272. 1274. 1280. 1281. 1289. 1297. 1309. 1327. 1335. 1336. 1364. 1379. 1380. 1385. 1390. 1392. 1409. 1560. 1572. 1577. 1586. 1589. 1597. 1600.

500 Stück Lit. B. à 100 Thlr.

Nr. 13. 14. 15. 16. 24. 25. 40. 48. 68. 86. 94. 99. 101. 105. 117. 126. 153. 155. 164. 168. 169. 174. 180. 187. 194. 199. 204. 209. 220. 226. 250. 254. 264. 285. 290. 291. 292. 300. 311. 328. 331. 343. 350. 375. 376. 392. 412. 413. 426. 432. 457. 461. 465. 467. 469. 470. 472. 473. 487. 512. 514. 518. 530. 547. 551. 555. 557. 558. 561. 574. 996. 998. 1310. 1314. 1317. 1318. 1319. 1321. 1324. 1340. 1351. 1354. 1356. 1359. 1370. 1377. 1381. 1390. 1391. 1400. 1408. 1412. 1414. 1419. 1430. 1436. 1442. 1456. 1460. 1469. 1484. 1485. 1488. 1492. 1493. 1511. 1513. 1525. 1538. 1543. 1544. 1554. 1561. 1567. 1580. 1581. 1592. 1625. 1626. 1628. 1631. 1647. 1649. 1657. 1672. 1687. 1701. 1704. 1713. 1742. 1749. 1753. 1757. 1763. 1766. 1791. 1792. 1794. 1801. 1804. 1812. 1821. 1823. 1824. 1828. 1832. 1835. 1841. 1866. 1867. 1869. 1875. 1891. 1904. 1906. 1923. 1925. 1930. 1932. 1933. 1948. 1955. 1956. 1961. 1964. 1966. 1981. 1988. 1991. 1993. 1995. 2013. 2014. 2015. 2032. 2037. 2049. 2057. 2071. 2077. 2088. 2101. 2109. 2124. 2132. 2155. 2161. 2165. 2166. 2172. 2178. 2187. 2188. 2199. 2216. 2226. 2229. 2235. 2236. 2238. 2250. 2280. 2283. 2285. 2286. 2288. 2295. 2297. 2299. 2311. 2319. 2328. 2330. 2336. 2341. 2344. 2355. 2366. 2372. 2405. 2412. 2413. 2415. 2424. 2428. 2434. 2449. 2452. 2455. 2456. 2461. 2465. 2467. 2472. 2482. 2487. 2491. 2505. 2523. 2525. 2532. 2554. 2564. 2565. 2571. 2581. 2626. 2634. 2636. 2654. 2656. 2658. 2660. 2665. 2670. 2678. 2714. 2715. 2720. 2728. 2735. 2758. 2771. 2773. 2776. 2784. 2811. 2832. 2838. 2839. 2840. 2844. 2852. 2855. 2859. 2864. 2870. 2871. 2886. 2900. 2903. 2919. 2923. 2925. 2945. 2956. 2966. 2973. 2981. 2990. 3001. 3003. 3017. 3020. 3027. 3036. 3039. 3048. 3052. 3061. 3063. 3068. 3070. 3080. 3093. 3101. 3102. 3105. 3115. 3122. 3132. 3159. 3161. 3162. 3164. 3166. 3195. 3201. 3202. 3205. 3207. 3569. 3576. 3587. 3607. 3609. 3618. 3623. 3625. 3630. 3636. 3643. 3655. 3673. 3685. 3686. 3688. 3691. 3695. 3706. 3711. 3719. 3731. 3736. 3739. 3740. 3753. 3755. 3760. 3767. 3768. 3792. 3795. 3798. 3809. 3811. 3818. 3826. 3831. 3845. 3847. 3851. 3856. 3857. 3861. 3865. 3868. 3896. 3904. 3912. 3915. 3924. 3925. 3930. 3937. 3944. 4012. 4024. 4026. 4030. 4037. 4044. 4061. 4062. 4066. 4067. 4089. 4105. 4106. 4111. 4118. 4122. 4126. 4130. 4140. 4146. 4147. 4148. 4153. 4156. 4157. 4175. 4178. 4183. 4189. 4198. 4203. 4215. 4217. 4219. 4220. 4221. 4231. 4236. 4248. 4262. 4265. 4270. 4285. 4303. 4309. 4311. 4313. 4328. 4329. 4336. 4342. 4345. 4348. 4356. 4359. 4369. 4383. 4393. 4395. 4410. 4419. 4420. 4421. 4426. 4455. 4460. 4465. 4469. 4474. 4479. 4486. 4497. 4498. 4517. 4520. 4529. 4557. 4563. 4565. 4581. 4597. 4599. 4600. 4601. 4602. 4604. 4607. 4624. 4628. 4631. 4674. 4633. 4646. 4667. 4674. 4676. 4696. 4703. 4705. 4707. 4711. 4715. 4720. 4721. 4752. 4754. 4757. 4761. 4772. 4774. 4777. 4779. 4790. 4797. 4802. 4807. 4808. 4811. 4812. 4816. 4826. 4832. 4834. 4839. 4846.

120 Stück Lit. C. à 25 Thlr.

Nr. 3. 7. 19. 37. 43. 45. 50. 58. 63. 76. 107. 116. 233. 234. 236. 239. 240. 241. 243. 247. 279. 292. 301. 315. 320. 326. 334. 336. 344. 349. 351. 355. 367. 369. 381. 386. 391. 399.

Nr. 411. 417. 426. 446. 454. 460. 464. 465. 467. 469. 470. 473. 475. 480. 484. 489. 503. 563. 565. 566. 587. 570. 571. 578. 581. 588. 592. 594. 596. 608. 613. 615. 622. 626. 638. 646. 655. 656. 664. 687. 697. 709. 720. 721. 741. 745. 746. 757. 769. 777. 791. 812. 818. 828. 830. 840. 844. 855. 875. 876. 879. 850. 883. 894. 896. 901. 912. 931. 941. 950. 953. 960. 966. 969. 970. 976. 978. 979. 980. 983. 985. 996.

Indem wir diese Provinzial-Obligationen hierdurch kündigen, fordern wir die Inhaber derselben auf, die Valuta dafür **am 2ten Januar 1864** unter Auslieferung der Obligationen nebst Coupons Ser. II. Nr. 8 bis 10 über die Zinsen vom 1sten Januar 1864 ab bei unserer Casse (Albrechtsstraße Nr. 16) in den gewöhnlichen Geschäftsstunden in Empfang zu nehmen. — Die Verzinsung der gezogenen Obligationen hört mit dem 1sten Januar 1864 auf, und wird der Betrag von da ab laufender, nicht mit eingelieferter Coupons vom Capital in Abzug gebracht. — Die Obligationen selbst verjähren, wenn sie nicht innerhalb 30 Jahren nach dem Rückzahlungstermine präsentirt werden. Nach Maaßgabe der Bestände unserer Casse kann übrigens die Valuta der gezogenen Obligationen schon vom 1sten Juli d. J. ab, jedoch nur gegen Abzug von $4\frac{1}{2}$ pCt. Zinsen für die Zeit vom Zahlungstage bis zum Verfalltage abgehoben werden. — Zugleich bemerken wir, daß folgende in früheren Verloosungen gezogene Provinzial-Obligationen noch nicht präsentirt worden sind:

aus der 2ten Verloosung:
Nr. 442 à 25 Thlr.

aus der 3ten Verloosung:
à 500 Thlr.
Nr. 134. 136. 145. 158. 160. 197. 214. 235. 302. 573. 630. 633. 654. 684. 834. 924. 938. 948. 970. 1022. 1322. 1413.

à 100 Thlr.
Nr. 29. 45. 73. 76. 145. 146. 445. 458. 475. 486. 490. 562. 1308. 1334. 1350. 1358. 1446. 1475. 1516. 1547. 1551. 1640. 1752. 1796. 1822. 1844. 1845. 1854. 2041. 2073. 2119. 2120. 2182. 2185. 2208. 2245. 2296. 2495. 2555. 2669. 2763. 2805. 2921. 2947. 3015. 3084. 3085. 3089. 3091. 3103. 3104. 3165. 3571. 3594. 3597. 3598. 3714. 3735. 3756. 3772. 3776. 3777. 3782. 3852. 3872. 3878. 3879. 3910. 3955. 4031. 4035. 4112. 4166. 4170. 4176. 4179. 4224. 4234. 4263. 4399. 4400. 4438. 4501. 4511. 4542. 4559. 4617. 4647. 4677. 4683. 4684. 4685. 4725. 4795.

à 25 Thlr.
Nr. 6. 20. 26. 27. 34. 56. 96. 100. 110. 232. 235. 250. 284. 289. 295. 300. 304. 327. 348. 377. 394. 398. 420. 455. 486. 554. 558. 568. 591. 632. 685. 719. 724. 725. 743. 786. 788. 831. 834. 859. 990.

aus der vierten Verloosung:
à 500 Thlr.
Nr. 93. 218. 290. 323. 324. 325. 329. 653. 656. 688. 788. 812. 818. 826. 842. 881. 980. 997. 1005. 1070. 1094. 1275. 1286. 1296. 1325. 1356. 1410. 1411. 1412.

à 100 Thlr.
Nr. 52. 62. 112. 131. 156. 230. 368. 399. 400. 466. 481. 1315. 1341. 1348. 1454. 1491. 1512. 1515. 1516. 1559. 1573. 1588. 1705. 1756. 1831. 1836. 1876. 1909. 1926. 2038. 2060. 2064. 2179. 2212. 2230. 2249. 2335. 2454. 2460. 2464. 2483. 2524. 2552. 2588. 2593. 2732. 2743. 2780. 2829. 2831. 2943. 3009. 3022. 3054. 3078. 3097. 3098. 3099. 3581. 3610. 3611. 3710. 3742. 3757. 3832. 5862. 3916. 3936. 3956. 3961. 3982. 3984. 3995. 4086. 4152. 4158. 4159. 4244. 4302. 4307. 4310. 4325. 4353. 4428. 4429. 4437. 4464. 4558. 4590. 4591. 4592. 4622. 4644. 4662. 4762. 4778. 4783.

à 25 Thlr.
Nr. 17. 22. 55. 105. 244. 288. 330. 424. 484. 491. 548. 572. 599. 671. 690. 691. 765. 825. 852. 856. 910. 973. 1000.

Breslau, den 13. Juni 1863.
Directorium der Ständischen Provinzial-Darlehns-Casse für Schlesien.
Frhr. v. Gaffron. Krader. v. Schwarzenfeld. Frhr. v. Schuckmann. Becker. v. Götz.

(539) **Bekanntmachung.** Den Ortsbriefträgern bei den Königlichen Post-Anstalten in Gleiwitz, Neisse, Oppeln, Ratibor, Beuthen O. S., Leobschütz, Cosel, Creuzburg, Reg.-Bez. Oppeln, Grottkau, Kattowitz, Königshütte, Lublinitz, Myslowitz, Neustadt O. S., Nicolai, Pleß, Rybnik, Gr.

Streblitz und Tarnowitz wird von jetzt ab ein bestimmter Vorrath von Freimarken und Franko-Couverts auf den Bestellungsgängen mitgegeben werden, um davon, auf Nachfrage der Correspondenten, sofort die verlangten Quantitäten gegen Erlegung des Werthes, ohne Nebenkosten, abzulassen. Hierdurch wird jedoch das bisherige Verfahren, wonach dem Publicum auf vorherige an die Post-Anstalt des Ortes zu richtende schriftliche Bestellung Freimarken und Franko-Couverts gegen Erstattung des Werthes derselben, ohne Nebenkosten durch die Ortsbriefträger zugestellt werden können, nicht ausgeschlossen. Oppeln, den 27. October 1863. Königliche Ober-Post-Direction.

(544) Auf Grund der am 21sten und 22sten dieses Monats am evangelischen Schullehrer-Seminar zu Münsterberg bestandenen Prüfung ist dem Candidaten der evangelischen Theologie Friedrich Bahr die Qualification als
„Lehrer an einer Stadtschule"
zuerkannt worden. Breslau, den 27. October 1863.
Königliches Provinzial-Schul-Collegium.

Personal-Chronik.

(540) Des Königs Majestät haben den Regierungs-Assessor Schoulz hierselbst zum Regierungs-Rath Allergnädigst zu ernennen geruht.

(541) Ernannt wurden:
der Sergeant v. Below zum Grenz-Aufseher in Trenkau; der Sergeant Chwastek zum Grenz-Aufseher in Jast; der Trompeter Haemmerling zum Grenz-Aufseher in Türmitz; der Supernumerarius Pardeß zum Steuer-Aufseher in Ratibor.

Amts-Blatt
der Königlichen Regierung zu Oppeln.

Stück 46.   Oppeln, den 12. November   **1863.**

(358) Thronrede Seiner Majestät des Königs bei Eröffnung des Landtags am 9ten November 1863.

Erlauchte, edle und liebe Herren von beiden Häusern des Landtages!

Der Landtag der Monarchie ist in seiner letzten Sitzungsperiode vor Beendigung der Berathungen über den Staatshaushalts-Etat geschlossen und demnächst das Haus der Abgeordneten aufgelöst worden, weil ein befriedigendes Ergebniß weiterer Verhandlungen nach den an Mich gerichteten Erklärungen nicht mehr erwartet werden konnte.

Es ist mein dringender Wunsch, daß den zwischen Meiner Regierung und einem Theile der Landesvertretung entstandenen Zerwürfnissen ein Ende gemacht werde. Meine Königliche Pflicht gebietet Mir, die Macht und die Rechte Meiner Krone nicht minder wie die verfassungsmäßigen Befugnisse der Landesvertretung hoch zu halten und zu schützen.

Ueber den Umfang und die Grenzen des an sich unbestrittenen Rechts der Landesvertretung zur Mitwirkung bei der gesetzlichen Feststellung des Staatshaushalts-Etats haben sich entgegengesetzte Auffassungen geltend gemacht. Um zur Ausgleichung derselben zu gelangen, wird Ihnen eine Vorlage gemacht werden, welche bestimmt ist, die Befugnisse der Regierung für den Fall, daß der Staatshaushalts-Etat nicht zur gesetzlichen Feststellung gelangt, zu regeln und der Befürchtung entgegenzutreten, daß Meine Regierung in solchem Falle eine unbeschränkte Verfügung über die Staatsfonds ohne Rücksicht auf das Recht der Landesvertretung in Anspruch zu nehmen beabsichtige.

Ich habe aber nicht allein für die innere Wohlfahrt, sondern auch für die äußere Sicherheit des Staates Sorge zu tragen und muß in beiden Beziehungen auf Ihre Mitwirkung rechnen können.

Die neue Formation des Heeres ist aus dem unabweislichen Bedürfniß hervorgegangen, mit der gesteigerten Wehrkraft der Nachbarländer gleichen Schritt zu halten und den wirthschaftlichen Interessen der eigenen Bevölkerung durch gerechtere Vertheilung der gesetzlichen Wehrpflicht Rechnung zu tragen.

Das Heer ist auch nach der Reorganisation, wie Ich dies schon im Jahre 1860 an dieser Stelle ausgesprochen, das preußische Volk in Waffen, und zwar in größerer Wahrheit, wie zuvor; denn während die verstärkte Organisation der Linie eine Erleichterung der älteren Landwehrklassen möglich macht, ist die Gesammtstärke der Landwehr unverändert geblieben. Diese Formation hat sich in den verflossenen Jahren auf Grund der Bewilligungen des Landtages während der Sitzungsperioden von 1860 und 1861 zu einer dauernden Staatseinrichtung ausgebildet, deren Bestand ohne bedenkliche Gefährdung der wichtigsten Interessen des Landes nicht mehr in Frage gestellt werden kann. Die Erkenntniß dieser Gefahr legt Mir die Pflicht auf, Meine nach der Verfassung erforderliche Zustimmung nur einem solchen Staatshaushalts-Etat zu ertheilen, durch welchen die Erhaltung der bestehenden Heereseinrichtung sicher gestellt wird. Um den gesetzlichen Abschluß dieser Angelegenheit endlich herbeizuführen, wird Ihnen der umgearbeitete Entwurf eines Gesetzes über die Verpflichtung zum Kriegsdienst vorgelegt werden.

Es ist seither die Erwartung in Erfüllung gegangen, daß die Durchführung der Reorganisation des Heeres in den Finanzkräften des Staates kein Hinderniß findet.

Die Einnahmen sind, wie bekannt, im vorigen Jahre so ergiebig gewesen, daß sie nicht nur zur vollständigen Deckung der Staatsausgaben ausgereicht, sondern auch noch einen beträchtlichen Ueberschuß geliefert haben, über dessen Verwendung Ihnen Vorschläge zugehen werden. Zu gleichen Hoffnungen berechtigen auch die diesjährigen Staats-Einnahmen; sie werden, soweit dies jetzt zu übersehen ist, ausreichende Mittel bieten, sämmtliche Staats-Ausgaben dieses Jahres ohne Rückgriff auf den Staatsschatz zu decken.

Meine Regierung wird Ihnen den Staatshaushalts-Etat für das laufende Jahr mit einem Nachtrage unverzüglich vorlegen. In dem Staatshaushalts-Etat für das Jahr 1864, welcher ebenfalls alsbald zu Ihrer Prüfung gelangen wird, ist zwar das scheinbar vorhandene Deficit noch nicht beseitigt; derselbe liefert jedoch den erfreulichen Beweis, daß die Staats-Einnahmen, ohne die bewährten Grundsätze bei der Veranschlagung zu verlassen, in erheblichem Maaße haben höher angenommen werden können, und die Mittel darbieten werden, in allen Verwaltungszweigen zahlreiche neue Bedürfnisse zu befriedigen.

Die Veranlagung der neuen Grund- und Gebäudesteuer ist gegenwärtig so weit gefördert, daß der Abschluß derselben bis zum Anfang des Jahres 1865 sicher in Aussicht genommen werden darf. Die hieraus zu erwartenden Mehr-Einnahmen werden demnächst die Mittel gewähren, den Staatshaushalts-Etat für das Jahr 1865 ohne Deficit abzuschließen.

Die allgemeinen Rechnungen über den Staatshaushalt der Jahre 1859, 1860 und 1861 werden Ihnen zur Genehmigung der Etats-Ueberschreitungen und Ertheilung der Decharge und ebenso ein Gesetz-Entwurf zur Feststellung der Einnahmen und Ausgaben des Jahres 1862 als Grundlage für die allgemeine Rechnung dieses Jahres vorgelegt werden.

Der wirthschaftliche Zustand des Landes ist befriedigend. Durch eine gesegnete Ernte wird die Lage der arbeitenden Klassen erleichtert, und die Bodencultur ist bei der zunehmenden Strebsamkeit der Landwirthe in erfreulichem Fortschreiten begriffen. Die Gewerbthätigkeit hat sich gehoben, und an Gelegenheit zu lohnender Arbeit hat es nicht gefehlt. Auch der Verkehr auf den Eisenbahnen ist in stetiger Entwickelung geblieben. Meine Regierung ist unablässig bemüht, für die weitere Ausdehnung dieses Communicationsmittels Sorge zu tragen. Während die Schienenverbindung mit Neu-Vorpommern kürzlich eröffnet worden, sind andere gleich wichtige Linien in baulichen Angriff genommen, und es werden Ihnen wegen Herstellung neuer Bahnen Vorlagen gemacht werden.

Die Verhandlungen über die Fortsetzung des Zollvereins sind zwischen den Vereins-Regierungen eröffnet worden.

Meine Regierung, festhaltend an der Handelspolitik, welche sie im vollen Einklange mit der Landesvertretung befolgt, ist in diese Verhandlungen mit dem ernsten Bestreben eingetreten, das Band, welches die materiellen Interessen des größten Theils von Deutschland umschließt, unter Aufrechthaltung des mit Frankreich geschlossenen Vertrages von Neuem zu befestigen und demnächst, sobald der Zollverein in seinem Fortbestand gesichert sein wird, seine Beziehungen zu dem österreichischen Kaiserstaate zu regeln.

Die Genossenschaften, welche die Förderung der wirthschaftlichen Verhältnisse der Arbeiter bezwecken, bedürfen zur vollen Entwickelung ihrer gemeinnützigen Wirksamkeit der gesetzlichen Feststellung ihrer Rechtsverhältnisse. Meine Regierung ist mit der Ausarbeitung eines entsprechenden Gesetzentwurfs beschäftigt.

Die in der letzten Sitzungsperiode unerledigt gebliebenen Entwürfe von Gesetzen über die Rechtsverhältnisse gewisser Actien-Gesellschaften und der Seeleute, sowie die provisorisch erlassenen Verordnungen wegen Abänderung des Zolltarifs und zur Verhütung des Zusammenstoßens der Schiffe auf der See, werden Gegenstand Ihrer Berathungen werden.

Um der von der Tagespresse in gefahrdrohender Weise geförderten Aufregung im Lande entgegenzuwirken, hat eine provisorische Verordnung gegen derartige Ausschreitungen auf Grund des Art. 63 der Verfassungs-Urkunde erlassen werden müssen. Diese Verordnung wird mit einem Gesetzentwurfe wegen Abänderung einiger Bestimmungen des Preßgesetzes und des Strafgesetzbuches Ihnen zur verfassungsmäßigen Beschlußnahme vorgelegt werden.

Die auf Wiederherstellung des früheren Königreichs Polen gerichteten aufständischen Bewegungen hatten die Ruhe unserer Grenzprovinzen bedroht. Wir dürfen uns Glück wünschen, daß die von Mir angeordnete Truppen-Aufstellung und das kräftige Auftreten Meiner Behörden Preußen vor ernsteren Nachtheilen behütet haben.

Der Deutsche Bund hat beschlossen, im Wege der Execution diejenigen bundesrechtlichen Forderungen zur Geltung zu bringen, welchen die Regierung Seiner Majestät des Königs von Dänemark in Betreff der Herzogthümer Holstein und Lauenburg bisher nicht genügt hat, oder bis zum Eintritt der Execution nicht genügen wird. Im Falle eines den Executions-Truppen überlegenen Widerstandes ist die Mitwirkung preußischer und österreichischer Streitkräfte in Aussicht genommen. Sollte dieser Fall eintreten und die Verwendung außerordentlicher Mittel erheischen, so wird Meine Regierung dem Landtage deshalb die erforderlichen Vorlagen machen.

Von dem bisherigen Verlauf der Verhandlungen über die von der Kaiserlich Oesterreichischen Regierung angeregte Bundes-Reform wird Meine Regierung dem Landtage Mittheilungen zugehen lassen. Ich habe die Mängel der bestehenden Bundes-Verfassung niemals verkannt, aber zu ihrer Umgestaltung weder den gegenwärtigen Moment noch die eingeschlagenen Wege für richtig gewählt halten können. Tief werde Ich es bedauern, wenn die von Mir gegen Meine Bundesgenossen ausgesprochene Befürchtung sich bewahrhalten sollte, daß die Schwächung des Vertrauens, dessen die Bundes-Einrichtungen zur Erfüllung ihrer Zwecke bedürfen, und die Unterschätzung der Vortheile, welche sie den Mitgliedern des Bundes in der gegenwärtigen Lage Europa's gewähren, das alleinige Ergebniß von Reformversuchen sein würden, welche ohne Bürgschaft des Gelingens unternommen wurden. Diese Bürgschaft aber kann nur solchen Reformen beiwohnen, welche, in gerechter Vertheilung des Einflusses nach dem Verhältnisse der Macht und der Leistungen, dem Preußischen Staate die ihm in Deutschland gebührende Stellung sichern. Dies gute Recht Preußens und mit ihm die Macht und die Sicherheit Deutschlands zu wahren, sehe Ich als Meine heilige Pflicht an.

Meine Herren! Wir stehen in einer bewegten Zeit, vielleicht an der Schwelle einer bewegteren Zukunft. Um so dringender richte Ich an Sie die Aufforderung, an die Lösung unserer inneren Fragen mit dem ernsten Willen der Verständigung heranzutreten. — Das Ziel kann aber nur dann erreicht werden, wenn die für die Preußische Monarchie unentbehrliche Macht des Königlichen Regiments ungeschwächt erhalten wird und Ich von Ihnen bei Ausübung Ihrer verfassungsmäßigen Rechte in der Erfüllung Meiner landesherrlichen Pflichten unterstützt werde.

Gemeinsam haben wir für die Ehre und das Wohl des Vaterlandes zu wirken. Dieser Aufgabe sind Meine Bestrebungen unwandelbar und ausschließlich gewidmet, und in unerschüttertem Vertrauen auf die Treue Meines Volkes hoffe Ich dieselbe so zu lösen, wie Ich es vor Gott verantworten kann.

Nach Beendigung der Rede erklärte auf Allerhöchsten Befehl Sr. Majestät des Königs der Präsident des Staats-Ministeriums von Bismark den Landtag für eröffnet.

Se. Majestät verließen darauf den Saal unter wiederholtem dreimaligen Lebehoch der Versammlung.

Bekanntmachungen der höchsten Staats-Behörden.

(244) **Bekanntmachung,**
betreffend die Ersatzleistung für die präcludirten Cassen-Anweisungen von 1835 und Darlehns-Cassenscheine.

Durch unsere wiederholt veröffentlichten Bekanntmachungen sind die Besitzer von Cassen-Anweisungen von 1835 und von Darlehns-Cassenscheinen von 1848 aufgefordert, solche Behufs der Ersatzleistung an die Controle der Staatspapiere hierselbst, Oranienstraße 92, oder an eine der Königlichen Regierungs-Hauptcassen einzureichen.

Da dessenungeachtet ein großer Theil dieser Papiere nicht eingegangen ist, so werden die Besitzer derselben nochmals an deren Einreichung erinnert. Zugleich werden diejenigen Personen, welche dergleichen Papiere nach dem Ablauf des auf den 1sten Juli 1855 festgesetzt gewesenen, durch das Gesetz vom 15ten April 1857 gemachten Präclusivtermins an die Controle der Staatspapiere oder für die Provinzial-, Kreis- oder Localcassen abgeliefert, und den Ersatz dafür noch nicht empfangen haben, wiederholt veranlaßt, solchen bei der Controle der Staatspapiere oder bei einer der Regierungs-Hauptcassen gegen Rückgabe der ihnen ertheilten Empfangscheine oder Bescheide in Empfang zu nehmen.

Berlin, den 21. April 1863.
Haupt-Verwaltung der Staatsschulden.
v. Wedell. Gamst. Löwe. Meinecke.

(550) Unter Bezugnahme auf die in Nr. 38 der Gesetz-Sammlung publicirte Allerhöchste Verordnung vom 1sten d. Mts., durch welche die beiden Häuser des Landtages der Monarchie, das Herrenhaus und das Haus der Abgeordneten, auf den 9ten November d. J. in die Haupt- und Residenz-Stadt Berlin zusammenberufen sind, mache ich hierdurch bekannt, daß die besondere Benachrichtigung über den Ort und die Zeit der Eröffnungs-Sitzung in dem Bureau des Herrenhauses und in dem Bureau des Hauses der Abgeordneten am 7ten in den Stunden von 8 Uhr Morgens bis 8 Uhr Abends, am 8ten in den Stunden von 12 Uhr Mittags bis 8 Uhr Abends und am 9ten d. Mts. in den Morgenstunden offen liegen wird. In diesen Bureaux werden auch die Legitimations-Karten zu der Eröffnungs-Sitzung ausgegeben und jede sonst erforderliche Mittheilung in Bezug auf dieselbe gemacht werden.

Berlin, den 3. November 1863.   Der Minister des Innern.   gez. Graf Eulenburg.

Bekanntmachungen der Königlichen Regierung.

(549) Nachdem die Irren-Bewahr-Anstalt in Plagwitz Mitte Juli d. J. aufgelöst und für dieselbe eine Irren-Pflege-Anstalt bei Bunzlau errichtet worden und diese bereits in Wirksamkeit getreten ist,

wird die für die Verwaltungs-Commission dieser letzteren Anstalt ausgefertigte Instruction zur öffentlichen Kenntniß gebracht. Oppeln, den 4. November 1863. Königl. Regierung. Abtheilung des Innern.

Instruction
für die
Verwaltungs-Commission
der
Provinzial-Irren-Pflege-Anstalt zu Bunzlau.

§. 1. Die, die Administration der Anstalt beaufsichtigende und leitende Behörde, welche als solche unmittelbar dem Königlichen Ober-Präsidenten der Provinz untergeordnet ist, besteht aus einer Commission, gebildet:
    a. aus dem von dem Königlichen Ober-Präsidenten zu ernennenden Vorstand,
    b. aus drei durch den Provinzial-Landtag gewählten Mitgliedern, und drei für den Vertretungsfall zu wählenden Stellvertretern.

Die Wahl der Commissions-Mitglieder und Stellvertreter erfolgt von Landtag zu Landtag. Die Wählbarkeit Beider ist durch die Eigenschaft als Mitglied der Standschaft bedingt, aber nicht auf die Mitgliedschaft des Provinzial-Landtages beschränkt.

Die Rangordnung unter den ständischen Deputirten bestimmt sich nach dem landständischen Verhältniß.

§. 2. Bei dem Abgange oder bei der Abwesenheit eines der gewählten Commissions-Mitglieder tritt zunächst der Stellvertreter aus dem Stande ein, zu welchem das Mitglied der Verwaltungs-Commission gehörte. Bei etwaigen Abgängen oder Abwesenheiten des Abgeordneten sowohl als dessen Stellvertreters bleibt es dem Vorstande überlassen, einen der noch übrigen beiden Stellvertreter zu den Geschäften der Verwaltungs-Commission einzuberufen. Diäten und Reisekosten für amtliche Verrichtungen werden den Commissions-Mitgliedern nach denselben Sätzen, welche den Provinzial-Landtags-Abgeordneten bewilligt sind, aus dem Fonds der Anstalt vergütet.

§. 3. Die Gegenstände der Geschäftsthätigkeit der Commission sind:
    a. die Beaufsichtigung und obere Leitung der gesammten Verwaltung der Anstalt in allen ihren einzelnen Theilen;
    b. die Administration der Fonds des Instituts und das Cassen- und Rechnungswesen;—
    c. die Aufsicht und Disciplin über das Beamten- und Offizianten-Personale der Anstalt.

Die Vorschriften der Hausordnung, der Etats und der von dem Königlichen Ober-Präsidenten zu bestätigenden Instructionen für die Administration und deren einzelne Mitglieder dienen der Verwaltungs-Commission zum Anhalt und zur Vorschrift bei ihrer Geschäftsführung.

§. 4. Alles was auf die medicinische und diätetische Behandlung der Pfleglinge Beziehung hat, bleibt zwar vornämlich dem pflichtmäßigen und sachkundigen Ermessen des Institutsarztes unter Zustimmung der Commission überlassen, jedoch hat dieselbe insbesondere ein genaues Augenmerk auf die Behandlung der Kranken zu richten und die ihr aufstoßenden Bedenken dem Arzt zur Erwägung und Besprechung mitzutheilen. Sollte der Erfolg dieser Mittheilungen den Ansichten und Erwartungen der Verwaltungs-Commission nicht entsprechen, so hat diese ihre Bedenken dem Königlichen Ober-Präsidenten vorzutragen.

§. 5. Die öconomische Verwaltung der Anstalt in allen ihren Zweigen hat die Verwaltungs-Commission zu reguliren, und demnächst das nach ihrem pflichtmäßigen Ermessen festgesetzte oder höhern Orts angeordnete Erforderniß durch die Administration der Anstalt in Ausführung bringen zu lassen. Zu dem Behufe wird der Commission in Folge des von derselben hierzu auszuarbeitenden Entwurfes alljährlich ein Verwaltungs-Etat durch den Königlichen Ober-Präsidenten der Provinz zur Richtschnur zugefertigt oder der vorhandene verlängert.

§. 6. Innerhalb der Grenzen dieser Etats ist die Verwaltungs-Commission zu verfügen berechtigt.

§. 7. Ueber die Benutzung der Grundstücke der Anstalt, sie mögen in Gebäuden, Ländereien oder Gärten bestehen, hat die Verwaltungs-Commission zum Zweck der Anstalt uneingeschränkt zu bestimmen, zu Veräußerungen und Erwerbungen bedarf sie der Genehmigung des Provinzial-Landtages.

§. 8. Alle baulichen Anlagen und Einrichtungen bei der Anstalt gehören daher auch zur Verfügung der Verwaltungs-Commission, welche das Recht hat, sich beliebig zu wählender qualificirter Bauverständigen, insbesondere aber nach Befinden des Departements-Bau-Bedienten zur Fertigung der betreffenden

Anschläge, so wie zur Revision und Abnahme der gefertigten Bauten, jedoch gegen Gewährung der reglementsmäßigen Diäten und Reisekosten, welche auf den Grund der von den Regierungen festgesetzten diesfälligen Liquidationen zu zahlen sind, zu bedienen. Die Verwaltungs-Commission hat von den an die betreffenden Bau-Beamten gerichteten Requisitionen gleichzeitig der vorgesetzten Regierung Nachricht zu geben.

§. 9. Die Verwaltungs-Commission hat über die getreue ordnungsmäßige Verwaltung des Vermögens und der Fonds der Anstalt sorgfältig zu wachen und dahin zu sehen, daß das Cassen- und Rechnungswesen bei derselben genau und nach den bestehenden Vorschriften geführt werde. Zu diesem Zwecke ordnet sie monatliche Cassen-Revisionen an, überzeugt sich bei ihren Zusammenkünften von dem Zustande des Cassenwesens und läßt außerdem wenigstens einmal im Jahre eine außerordentliche unvermuthete Cassen-Revision abhalten. Die jährlich von der Administration der Anstalt zu legende Rechnung wird von der Verwaltungs-Commission zuvor revidirt und demnächst dem Königlichen Ober-Präsidenten zur weiteren Veranlassung und Decharge eingereicht. Den versammelten Provinzial-Landständen ist jede dechargirte Rechnung nebst einer summarischen Uebersicht aus der, der von dem Königlichen Ober-Präsidenten zu dechargirenden Jahres-Rechnung der Anstalt nach ihren Haupt-Einnahme- und Ausgabe-Titeln und einer Nachweisung der etwa vorgekommenen Etats-Ueberschreitungen zur Kenntnißnahme vorzulegen.

§. 10. Der Verwaltungs-Commission steht das Disciplinar-Recht über die Beamten der Anstalt innerhalb der gesetzlichen Schranken zu. Sie hat daher die Dienstführung und den sittlichen Wandel derselben fortwährend zu beobachten.

Findet sie gegen einen nicht auf Kündigung angestellten Beamten die Einleitung eines förmlichen Disciplinar-Verfahrens zum Zweck seiner Entfernung aus dem Amte zu veranlassen angemessen, so hat sie deshalb dem Ober-Präsidenten Behufs dessen weiterer Verfügung zu berichten, übrigens aber mit der vorläufigen Untersagung amtlicher Verrichtungen, falls sie solche für angemessen erachtet, ohne Anstand vorzuschreiten. Zu den Stellen des Arztes, Geistlichen, des Hausverwalters und des Contrôleurs, werden von der Commission qualificirte Personen dem Ober-Präsidenten zur Auswahl, Ernennung und Bestätigung vorgeschlagen. Die übrigen Beamten, sowie sämmtliche Wärter und Bedienstete, werden lediglich von der Commission nur auf Kündigung und in der Regel nur nach vorhergegangener Probedienstzeit angestellt. Gratificationen kann die Verwaltungs-Commission bewilligen, insoweit die Besoldungstitel des Etats nicht überschritten wird. Ist dies aber der Fall oder handelt es sich um neue Gehalts-, Besoldungszulagen oder Pensionen, so muß die Genehmigung des Königlichen Ober-Präsidenten in jedem Falle eingeholt werden.

§. 11. In die Irren-Pflege-Anstalt zu Bunzlau werden nur solche präsumtiv unheilbare Gemüthskranke aus Schlesien, der Grafschaft Glatz und aus dem Königlich Preußischen Antheile des Markgrafthums Ober-Lausitz, welche gemeingefährlich sind oder wegen Epilepsie oder anderer besonderer Zustände eine specielle Absonderung oder Obhut bedürfen, aufgenommen. Mithin sind alle ruhigen und gutmüthigen Geisteskranke, deren Gemüthszustand keine besondere Aufsicht erfordert, als für die Armenpflege des Orts oder der Anverwandten gehörig, zurückzuweisen. Diejenigen Gemüthskranken, welche gleich bei dem Ausbruch der Krankheit zur Aufnahme in die Irren-Heil-Anstalt zu Leubus angemeldet und in solcher auch behandelt, aber nicht geheilt worden sind, so wie die durch ihre Tobsucht gemeingefährlich werdenden Kranken sind vorzugsweise bei der Aufnahme zu berücksichtigen. Sofern nicht dergleichen besondere Rücksichten eine Aufnahme herbeiführen, entscheidet die Zeit der Anmeldung über die Reihenfolge der Aufnahme. In keinem Falle dürfen in diese Anstalt vermögende Gemüthskranke, welche nicht gemeingefährlich sind, zur Beschränkung des lediglich für gemeingefährliche Kranke bestimmten Raumes aufgenommen werden.

§. 12. Die Anträge zur Aufnahme in die Anstalt sind bei der ihr vorstehenden Verwaltungs-Commission resp. durch die Kreis- oder städtischen Behörden zu formiren. Außer der ausführlichen Beantwortung der von der betreffenden Commission vorzuschreibenden, die persönlichen Verhältnisse und den Krankheitszustand des Aufzunehmenden gehörig, festzustellenden, Fragen muß das Taufzeugniß oder der amtliche Geburtsschein und das Blödsinnigkeits-Erkenntniß vorgelegt werden, ohne welche Actenstücke, die Commission, keine Aufnahme verfügen darf. In ganz dringenden Fällen ist jedoch die Aufnahme gegen ein gerichtliches Zeugniß darüber, daß der Blödsinnigkeits-Prozeß eingeleitet ist und auf das Gutachten zweier approbirten Aerzte zulässig.

§. 13. In die Anstalt müssen auch diejenigen Gemüthskranken aufgenommen werden, welche keiner einzelnen Commune angehören, oder als Heimathlose oder Landarme aus der Provinz nicht fortgewiesen werden können. Zur Aufnahme derselben müssen zuerst die sechs Stellen benutzt werden, welche für solche

Fälle in der Irren-Aufbewahrungs-Anstalt in Plagwitz als besonders reservirt erklärt worden und nun als auf die Anstalt zu Bunzlau übertragen zu betrachten sind. Gemüthskranke, welche in einer anderen Provinz einen Wohnsitz haben, gehören nicht in die Anstalt.

§. 14. Bei allen Receptions-Verfügungen hat die Verwaltungs-Commission den Punkt wegen der erwachsenden Verpflegungskosten sorgfältig ins Auge zu fassen und festzustellen.

§. 15. In allen Fällen, wo die Verpflegungskosten aus dem Vermögen des neu aufzunehmenden Pfleglings oder seiner zu dessen Unterstützung gesetzlich verpflichteten Verwandten bestritten werden können, ist dahin zu sehen, daß der von der Verwaltungs-Commission nach Maßgabe des vorhandenen Vermögens und nach eigenem pflichtmäßigen Ermessen zu normirende Betrag der Verpflegungskosten jeder Zeit pränumerando und drei Wochen vor dem Vierteljahrstage in Quartal-Raten eingezogen wird, worüber das Erforderliche in der von der Verwaltungs-Commission zu erlassenden Receptions-Bewilligung ausgesprochen und zugleich die Ausführung gedachter Bestimmung der Administrations-Behörde der Anstalt vorgeschrieben werden muß.

§. 16. In solchen Fällen, wo in Gemäßheit des Landtags-Abschiedes vom 22sten Februar 1829 die unentgeltliche Aufnahme eines Geisteskranken in der Qualität eines Ortsarmen aus einer Commune des Provinzial-Verbandes in eine der drei Anstalten nachgesucht wird, hat auch bei der hier in Rede stehenden Anstalt zu Bunzlau die Verwaltungs-Commission darauf zu halten, daß vor allen Dingen:
    a. die Vermögenslosigkeit des unterzubringenden Gemüthskranken,
    b. die Unvermögenheit der zu seiner Unterstützung gesetzlich verpflichteten Verwandten, oder die Nichtexistenz solcher Verwandten,
durch ein gerichtliches Zeugniß bescheinigt wird.

In diesem Falle ist die Commission unbedingt ermächtigt und verpflichtet, die unentgeltliche Aufnahme der Gemüthskranken zu verfügen. Sollte die Gerichtsbehörde Bedenken tragen, ein Armuths-Zeugniß des Gemüthskranken auszustellen, weil dessen Besitz- und Vermögens-Verhältnisse so beschaffen sind, daß sie solches nicht gestatten, so ist die Gerichtsbehörde um einen Nachweis des Vermögenszustandes des Pfleglings zu requiriren. Reicht der Ertrag des Vermögens nur gerade hin, die Frau und die unterzogenen Kinder des Kranken zu ernähren und zu erziehen, so kann dieselbe, so lange sich der Ehegenosse und die etwa vorhandenen Kinder nicht selbst ihr Brot zu verdienen vermögen, worüber die Gerichtsbehörde ebenfalls Auskunft zu ertheilen hat, nicht in Anspruch genommen werden. Immer sind solchen Falls nur die Nutzungen des Vermögens in Anspruch zu nehmen. Hat der Pflegling weder einen Ehegenossen noch Kinder, so ist jedes Vermögen desselben immer, jedoch nur zu theilweiser oder völliger Deckung der Selbstkosten der Verpflegung des Kranken einzuziehen.

§. 17. Die Verwaltungs-Commission bestimmt bei eingehenden Anträgen auf Annahme von Gemüthskranken mit Rücksicht auf deren früheren Standes-, Lebens- und Vermögens-Verhältnisse und nach hierüber eingezogenen Gutachten des Arztes der Anstalt, in welche Klasse der Aufzunehmende kommen soll und setzt hierauf fest, welche von den etatsmäßig feststehenden Verpflegungssätzen ganz oder theilweise gezahlt werden sollen.

§. 18. Erhält die Verwaltungs-Commission Anträge zur Aufnahme von Militairs, so finden folgende Grundsätze statt:

Es kann für unheilbar gemüthskranke Militairs nur in den Fällen noch aus dem Militair-Fonds etwas gewährt werden, wenn sie entweder, wie die Leute der Invaliden-Compagnie und Invaliden-Häuser schon im Genusse einer Versorgung, also des Rechts sind, beim Ausscheiden aus dem Militair-Verbande ein Gnadengehalt fordern zu können, oder, wenn sie bei dem durch die erklärte Unheilbarkeit ihrer Krankheit gebotenen Austritt aus dem Militairdienst nach Maßgabe der bestehenden Vorschriften, sich Ansprüche auf Invaliden-Wohlthaten (Gnadengehalt) erdient haben, welche dann prinzipienmäßig festgestellt und angewiesen werden. Ob in solchen Fällen, wo die Berechtigung zum Empfange eines Gnadengehalts an sich feststeht, ein erhöhtes Gnadengehalt erfolgen kann, wird eintretenden Falls nur nach den jedesmaligen individuellen Umständen bestimmt werden.

Wünschen die Königlichen Militair-Behörden, daß gemüthskranke Soldaten, Unteroffiziere und Feldwebel, welche der Geburt nach der hiesigen Provinz nicht angehören, in eine der Schlesischen Irren-Versorgungs-Anstalten untergebracht werden, so zahlt der Militair-Fonds ein jährliches Verpflegungsgeld von 60 Thlr. an die Anstalts-Casse.

Für unheilbare Offiziere, welche der erklärten Unheilbarkeit wegen aus dem Dienste scheiden, oder welche schon früher aus dem Dienste geschieden und demnächst krank geworden sind, kann nur insofern auf einen Verpflegungsbeitrag von 120 Thlr. jährlich aus der Pension gerechnet werden, als die Kranken überhaupt pensionsberechtigt sind und in Anwendung der bestehenden Vorschriften eine Pension bewilligt erhalten, oder schon im Genusse einer solchen sind, die Pension auch nicht weniger beträgt, indem eventuell (immer die Existenz eines Pensionsanspruches vorausgesetzt) nur der geringere Betrag gewährt werden könnte, wofern nicht die Familie des Kranken zutritt oder überhaupt für seine Aufbewahrung unter polizeilicher Zustimmung anderweit sorgt.

§. 19. Erkrankt ein Beamter im Civildienste, so wird seine Pension, soweit sie nicht zum Unterhalt zu solchem berechtigter und desselben bedürfender, unerzogenen Kinder unentbehrlich ist, zur Bezahlung der Verpflegungskosten in Anspruch genommen.

§. 20. Die Beurtheilung des Zustandes eines Pfleglings und der bei ihm etwa eingetretenen Besserung oder Wiederherstellung gehört zu den Obliegenheiten des Arztes der Anstalt, welcher daher auch zunächst darüber zu bestimmen hat, ob und unter welchen Modalitäten ein Pflegling ganz oder doch wenigstens vorläufig entlassen werden darf. Die Genehmigung der, der Anstalt vorgesetzten Verwaltungs-Commission muß aber jederzeit eingeholt werden, und darf solche dieselbe nicht verweigern, wenn die Verwandten des Kranken denselben aus der Anstalt nehmen wollen, und wenn sie durch ein Zeugniß der Orts-Polizei-Behörde nachweisen, daß er bei ihnen sichern Aufenthalt und zweckmäßige Pflege finden wird. Geheilte Kranke, oder solche, deren Gemüthskrankheit den Character der Gemeingefährlichkeit verloren hat, müssen nach dem Ort, welchem sie angehören, zurückgebracht werden, und ist sich dieserhalb mit der Kreis-Polizei-Behörde wegen der Zurücknahme des Pfleglings in seine Heimath zu einigen. Wenn die Polizei-Behörde des Wohnorts auf vorherige Aufforderung 14 Tage verstreichen läßt, ohne die Abholung zu bewerkstelligen, ist selbige der Anstalt den aus dieser Versäumniß entstehenden Schaden, jedenfalls aber die persönlichen Unterhaltungskosten des Pfleglings zu erstatten, verpflichtet.

§. 21. Die Verwaltungs-Commission versammelt sich (wenn nicht dringende Anlässe ein außergewöhnliches Zusammentreten derselben erfordern) regelmäßig alle halbe Jahre in der Anstalt an Tagen, über welche sich der Vorstand mit den übrigen Commissions-Mitgliedern einigen wird.

Bei einer solchen Zusammenkunft untersucht sie die Anstalt in allen ihren Theilen, revidirt die Casse, unterrichtet sich von allen in der abgelaufenen Frist vorgefallenen Ereignissen, zu welchem Zwecke ihr die Journale und Akten vorgelegt werden, überzeugt sich von der Ordnungsmäßigkeit des gesammten Geschäftsganges, zieht alle die Anstalt betreffenden Angelegenheiten und Anträge der Administration in Berathung und trifft die erforderlichen Anordnungen.

Ueber die in einer jeden Versammlung vorgekommenen Gegenstände und gefaßten Beschlüsse ist ein Conferenz-Protocoll zu führen, welches dem Königlichen Ober-Präsidenten der Provinz in Abschrift zu überreichen ist.

§. 22. Die Geschäfte werden bei diesen Conferenzen collegialisch bearbeitet. Die Beschlüsse werden nach Mehrheit der Stimmen gefaßt, und wenn diese gleich sind, entscheidet die Stimme des Vorstandes der Commission. Hat derselbe alle drei Stimmen gegen sich, so ist er berechtigt, die Ausführung des Beschlusses, jedoch für seine Verantwortung bis zur Entscheidung des Königlichen Ober-Präsidenten zu suspendiren.

§. 23. Die amtlichen Verfügungen, Mittheilungen und Berichte werden von der Commission in ihrem Namen erlassen und von den Mitgliedern unterschrieben. In Abwesenheit der Letzteren ist in schleunigen Fällen der Vorstand berechtigt und verpflichtet, auf seine Verantwortung sich beziehende Verfügungen ohne Aufenthalt zu erlassen. Von solchen getroffenen Verfügungen werden die Mitglieder der Commission bald durch Circular bei den nächsten Conferenzen in Kenntniß gesetzt.

§. 24. Ueber die Vertheilung der näheren Beaufsichtigung der einzelnen Verwaltungszweige unter die Mitglieder der Commission sich zu einigen, bleibt der Commission überlassen und insoweit eine Einigung nicht erfolgt, bestimmt über diese Vertheilung der Vorstand derselben. Die Mitglieder der Commission sind verpflichtet, alle schriftlichen Arbeiten und Aufträge des Letzteren in Gegenständen des ihnen zugefallenen speciellen Geschäftszweiges zu übernehmen und zu vollziehen.

§. 25. Da die Leitung der Geschäftsführung in den Händen des Vorstandes der Verwaltungs-Commission der Anstalt beruht, so wird demselben der zur Besorgung der Expeditions-Registratur-Controll- und Kanzlei-Arbeiten nöthige Bureau-Aufwand vergütigt.

§. 26. Die Verwaltungs-Commission und Administration führen das vorgeschriebene Dienstsiegel. Den Staatsbehörden bleibt es vorbehalten, beliebige Nachrichten und Mittheilungen über die Anstalt direct von der Commission oder durch Vermittelung des Ober-Präsidenten einzuziehen, welchem im ersteren Falle die Commission Abschrift ihrer Antwort einzureichen hat.

Vorstehende Instruction wird mit der Maßgabe ausgefertigt, daß die nach §. 10 zu treffende Wahl des dirigirenden Arztes der Allerhöchsten Bestätigung vorbehalten bleibt.
Breslau, den 20. October 1863.
Der Königliche Wirkliche Geheime Rath und Ober-Präsident der Provinz Schlesien.
Schleinitz.

Bekanntmachungen verschiedener Behörden.

(348) Nachdem zur Erleichterung des Verkehrs auf der obern Oder unter Abänderung der Sätze und einzelner Bestimmungen des Tarifes vom 15ten December 1843, sowie der späteren zusätzlichen Vorschriften, namentlich des Erlasses vom 20sten November 1862 ein neuer Tarif über Erhebung der Abgabe für Benutzung der Oberschleusen bei Cosel, Brieg, Ohlau und Breslau aufgestellt und durch Allerhöchste Cabinets-Ordre vom 21sten October c. genehmigt worden ist, wird hierdurch zur Kenntniß gebracht, daß die Erhebung der genannten Abgabe nach diesem Tarif, dessen Veröffentlichung durch die Gesetzsammlung bevorsteht, und welcher bei den betreffenden Hebestellen eingesehen werden kann, mit dem 15ten November d. J. beginnen wird. Gleichzeitig wird nachstehend eine Bekanntmachung des Herrn Finanz-Ministers, die Anmeldung der Holzflöße und der zum Ableichtern dienenden Gefäße betreffend, veröffentlicht mit dem Bemerken, daß das Formular zu der Anmeldung für die Erhebung der Schifffahrtsabgabe bei der betreffenden Hebestelle in Empfang zu nehmen ist, und daß rücksichtlich der Declaration über die Größe der Holzflöße die Angaben am Fuße des Formulars die erforderliche Anleitung geben. Die Größe der Oberfläche nach Quadratfuß wird darnach durch Vermessung der Länge und Breite mittelst eines in Fuß und Zoll getheilten Maaßstabes, und durch Multiplication beider Dimensionen ermittelt. Zur Erleichterung der Vermessung der Flöße wird für jetzt und bis auf Weiteres bestimmt, daß bei Feststellung der Dimensionen überschießende Zolle nur insofern berücksichtigt werden sollen, daß weniger als 6 Zoll ganz außer Ansatz gelassen, mehr als 6 Zoll dagegen für einen halben Fuß gerechnet werden.
Breslau, den 1. November 1863.   Der Provinzial-Steuer-Director.   v. Maaßen.

Bekanntmachung.

Unter Bezugnahme auf die in den zusätzlichen Vorschriften (Nr. 2.) zu dem Tarife vom 21sten d. M., nach welchem die Abgabe für Benutzung der Oberschleusen bei Cosel, Brieg, Ohlau und Breslau zu erheben ist, dem Finanz-Minister ertheilte Ermächtigung wird hiermit Folgendes bestimmt:
1) Jeder Führer eines die vorbezeichneten Schleusen passirenden Floßes ist verpflichtet, die Größe der Oberfläche des Floßes, ferner ob dasselbe ganz oder theilweise aus vierkantig beschlagenem Holze (Quadratholz) oder aus Balken besteht, sowie ob und womit es beladen ist, nach Maaßgabe des vorgeschriebenen Musters schriftlich bei jeder Empfangsstelle anzumelden, auch derselben den Frachtbrief, das Schriftstück über die Abfertigung bei der zuletzt berührten Hebestelle und die erhaltene amtliche Vermessungsbescheinigung vorzulegen.
2) Die zum Ableichtern angenommenen Fahrzeuge, welche nur ein Sechstel des vollen Tarifsatzes zu entrichten haben, sind von dem Führer des Schiffsgefäßes, welches abgeleichtert wird, in der schriftlichen Anmeldung desselben, und zwar nach demselben, unter der Bezeichnung als „Ableichter" aufzuführen. Die Schiffsführer sind verbunden, nachzuweisen, daß die als Ableichter angemeldeten Gefäße wirklich nur als solche benutzt werden und gehalten, die in dieser Beziehung von der Steuerbehörde ergebenden Anordnungen zu befolgen.
Vorstehende Bestimmungen treten mit dem 15ten November d. J. in Kraft.
Breslau, den 27. October 1863.   Der Finanz-Minister.

(351) Die nächste Sitzungsperiode des hiesigen Schwurgerichts beginnt den **30sten November 1863.**   Beuthen O. S., den 5. November 1863.
Königliches Kreis-Gericht. I. Abtheilung.

(356) Die nächste Sitzung des hiesigen Schwurgerichts wird den **1sten December d. J.** beginnen.   Ratibor, den 4. November 1863.
Königliches Kreis-Gericht. I. Abtheilung.

Hierzu eine außerordentliche Beilage, enthaltend: den Allerhöchsten Landtags-Abschied.

Redaction des Amtsblatts im Regierungs-Gebäude. — Druck von E. Weishäuser in Oppeln.

Amts-Blatt
der Königlichen Regierung zu Oppeln.

Stück 47. Oppeln, den 19. November **1863.**

Bekanntmachungen der höchsten Staats-Behörden.

(428) **Bekanntmachung**
wegen Ausreichung neuer Zinscoupons Ser. III. und beziehungsweise Ser. II. nebst Talons zu den Schuldverschreibungen der Staatsanleihe vom Jahre 1855 A. und der zweiten Staatsanleihe von 1859.

Die den Zeitraum vom 1sten October 1863 bis den 30sten September 1867 umfassenden Zinscoupons Ser. III. zu den Schuldverschreibungen der Staatsanleihe vom Jahre 1855 A. und Ser. II. zu den Schuldverschreibungen der zweiten Staatsanleihe von 1859 nebst Talons, wird die Controle der Staatspapiere hierselbst, Oranienstraße Nr. 92, vom 1sten September d. J. ab, von 9 bis 1 Uhr Vormittags, mit Ausnahme der Sonn- und Festtage und der drei letzten Tage jedes Monats, ausreichen.

Die Coupons können bei der gedachten Controle selbst in Empfang genommen oder durch Vermittelung der Königlichen Regierungs-Hauptcassen bezogen werden. Wer das Erstere wünscht, hat die mit der letzten Coupons-Serie ausgegebenen Talons vom 11ten Mai, beziehungsweise 2ten September 1859, mittelst abgesonderter Verzeichnisse, zu welchem Formulare bei der Controle und in Hamburg bei dem Preußischen Ober-Postamte unentgeltlich zu haben sind, bei der Controle der Staatspapiere persönlich oder durch einen Beauftragten abzugeben.

Genügt dem Einreicher eine numerirte Marke als Empfangsbescheinigung, so ist das Verzeichniß der betreffenden Anleihe nur einfach einzureichen, wogegen dasselbe von denen, welche eine schriftliche Bescheinigung über die Abgabe der Talons zu erhalten wünschen, doppelt abzugeben ist. In dem letztgedachten Falle erhalten die Einreichenden das eine Exemplar des Verzeichnisses mit einer schriftlichen Empfangsbescheinigung versehen sofort zurück.

Die Marke oder Empfangsbescheinigung ist bei der Aushändigung der neuen Coupons zurückzugeben.

In Schriftwechsel kann sich die Controle der Staatspapiere nicht einlassen.

Wer die Talons zur Erlangung neuer Coupons und Talons nicht selbst oder durch einen Anderen bei der Controle abgeben will, hat sie mit einem doppelten Verzeichnisse an die nächste Regierungs-Hauptcasse einzureichen. Das eine Exemplar des Verzeichnisses wird dann mit einer Empfangsbescheinigung versehen, sogleich zurückgegeben, doch ist dasselbe demnächst bei Aushändigung der Coupons an die Regierungs-Hauptcasse wieder abzuliefern. Formulare zu diesen letzteren Verzeichnissen sind bei den Regierungs-Hauptcassen und den von den Königlichen Regierungen in den Amtsblättern zu bezeichnenden Cassen unentgeltlich zu haben.

Des Einreichens der Schuldverschreibungen selbst bedarf es zur Erlangung neuer Coupons und Talons nur dann, wenn die betreffenden älteren Talons abhanden gekommen sind.

Die Documente sind in diesem Falle an eine Regierungs-Hauptcasse oder an die Controle der Staatspapiere mittelst besonderer Eingabe einzureichen.

Die Beförderung der Talons oder resp. der Schuldverschreibungen an die Regierungs-Hauptcasse (nicht an die Controle der Staatspapiere) erfolgt durch die Post bis zum 1sten Mai k. J. portofrei, wenn auf dem Couverte bemerkt ist: „Talons (resp. Schuldverschreibungen) zu .... Thlr. der Staatsanleihe von 1855 A. (beziehungsweise der zweiten Staatsanleihe von 1859) zum Empfange neuer Coupons."

Mit dem 1sten Mai k. J. hört die Portofreiheit auf. Es werden nach dieser Zeit die neuen Coupons nebst Talons den Einsendern auf ihre Kosten zugesandt.

Für solche Sendungen, die von Orten eingehen oder nach Orten bestimmt sind, welche außerhalb des Preußischen Postbezirks, aber innerhalb des deutschen Postvereins-Gebiets liegen, kann eine Befreiung vom Porto nach Maaßgabe der Vereinsbestimmungen nicht stattfinden.

Berlin, den 12. August 1863.

Haupt-Verwaltung der Staats-Schulden.

Löwe. Meinecke.

Umstehende Bekanntmachung wird mit dem Bemerken zur öffentlichen Kenntniß gebracht, daß als Formulare zu den Verzeichnissen diejenigen benutzt werden können, welche wir nach unserer Amtsblatts-Bekanntmachung vom 28sten Mai c. Stück 23 pro 1863 den Königlichen Kreis-Steuer-Cassen und den Haupt-Zoll-Aemtern zu Landsberg O. S. und Myslowitz zugefertigt haben, und bei welchen diese ohne alle Entschädigung bezogen werden können. Oppeln, den 18. August 1863.

Königliche Regierung. Abtheilung des Innern.

(564) Zwischen Stettin und Stockholm werden in diesem Jahre noch folgende Post-Dampfschiff-Fahrten stattfinden:

Abgang von Stettin:
Dienstag den 17ten November — „Drottning Lovisa" — (Königin Louise),
Dienstag den 24sten November — „Skane" — (Schoonen).

Abgang von Stockholm:
Dienstag den 17ten November — „Skane" — (Schoonen).

Mit den Fahrten von Stettin am 24sten und von Stockholm am 17ten November wird die Seepostverbindung zwischen beiden Häfen für das laufende Jahr geschlossen.

Die Post-Dampfschiff-Fahrten zwischen Stralsund und Ystadt werden, so lange die Witterungs-Verhältnisse es gestatten, noch in bisheriger Weise, wie folgt, unterhalten werden:
von Stralsund nach Ystadt jeden Sonntag und Donnerstag Morgens,
von Ystadt nach Stralsund jeden Dienstag und Sonnabend Morgens.

Berlin, den 11. November 1863. General-Post-Amt.

(567) Nachdem gegen die folgenden in Nord-Amerika erscheinenden Zeitschriften:
1) die New-Yorker Staats-Zeitung,
2) das Wochenblatt der New-Yorker Staats-Zeitung,
3) das wöchentliche Volksblatt von Cincinnati,
4) den täglichen Anzeiger des Westens in St. Louis,

auf Grund des §. 50 des Preßgesetzes vom 12ten Mai 1851 gerichtlich wiederholt auf Vernichtung erkannt worden ist, wird die Verbreitung derselben im Preußischen Staate auf Grund des §. 52 desselben Gesetzes, unter Hinweisung auf die im §. 53 daselbst angedrohten Strafen, hierdurch verboten.

Berlin, den 4. November 1863. Der Minister des Innern. Gr. Eulenburg.

Bekanntmachungen des Herrn Ober-Präsidenten.

(568) Die Betriebs- und Cassen-Ergebnisse der Provinzial-Land-Feuer-Societät für das Jahr 1862 werden hiermit in Nachstehendem zur öffentlichen Kenntniß gebracht:

Die Gesammt-Versicherung betrug:

	in den Klassen				Summa aller Klassen.
	I.	II.	III.	IV.	
	Rth.	Rth.	Rth.	Rth.	Rth.
am Schlusse des Jahres 1861	18,480,570	5,854,760	3,698,490	21,200,690	49,234,510
am 1sten Juli 1862..................	19,721,860	6,171,910	3,747,360	21,557,430	51,198,560
am Schlusse des Jahres 1862.........	20,924,300	6,461,670	3,806,760	21,856,680	53,049,410
Es ist also im Jahre 1862 die Versicherung gestiegen um	2,443,730	606,910	108,270	655,990	3,814,900
und zwar: im Regierungs-Bezirk Breslau um ..					1,695,340
im Regierungs-Bezirk Liegnitz um...					654,600
im Regierungs-Bezirk Oppeln um...					1,464,960
beisammen wie oben...					3,814,900

Nach der, von der hiesigen Königlichen Regierungs-Instituten-Haupt-Casse gelegten und revidirten Rechnung über die im Jahre 1862 bei dieser Societät stattgefundenen Einnahmen und Ausgaben betrug:

Die Soll-Einnahme.

A. Aus Vorjahren.

	Betrag			Einschließlich der am Jahresschlusse 1862 verbliebenen Reste.		
	Rth.	Sgr	₰	Rth.	Sgr	₰
1) Uebertragener Bestand aus dem Jahre 1861.........	—	—	—	252,359	19	5	—	—	—
2) übertragene Rückstände aus dem Jahre 1861 et retro:									
a. ratenweise getilgt werdende Brandgeld-Erstattung..	—	—	—	50	—	—	45	—	—
b. an Feuer-Societäts-Beiträgen	80,345	4	3						
davon Abgang gegen das Etats-Soll, welches der Rechnung pro 1861 zum Grunde gelegt worden, weil bei deren Abschluß die Heberolle an Beiträgen pro zweites Semester 1861 noch nicht festgestellt war	4,477	16	10						
	75,867	17	5						
nachträglicher Zugang	40	25	9						
				75,908	13	2	1	13	—

B. Currente Einnahme.

3) Feuer-Societäts-Beiträge pro 1862	—	—	—	157,519	3	8	98,960	16	10
(Dieser Summe treten in der Rechnung pro 1863 noch 94 Thlr. 2 Sgr. nach später erfolgter Festsetzung der Heberolle pro zweites Semester 1862 zu.)									
4) Zinsen von nutzbar angelegten Bestandsgeldern und dem Reserve-Fond	—	—	—	10,494	29	—			
5) von einem katholischen Pfarrer aus Oberschlesien, Namens einer ungenannt sein wollenden Person eingeliefert, welche von letzterer als Ersatz eines der Societät zugefügten Schadens im Beichtstuhle niedergelegt worden.	—	—	—	320	—	—			
Summa aller Einnahmen...	—	—	—	496,652	5	3	99,006	29	10

Die Soll-Ausgabe.

A. Aus Vorjahren.

1) Uebertragene Reste an Brandgeldern aus dem Jahre 1861.................................	34,203	8	4						
Zugang an dergleichen, welche erst im Jahre 1862 liquidirt und festgesetzt worden, aus dem Jahre 1860 ..	746	20	—						
aus dem Jahre 1861 ..	6,356	7	6						
				41,306	5	10	234	—	—

B. An currenten Ausgaben.

2) An Brandbonificationen pro 1862	—	—	—	135,362	28	2	41,382	8	6
3) an Prämien für Löschhülfen, verdienstliche Handlungen beim Feuerlöschen, für Entdeckung von Brandstiftern, und Entschädigungen für beim Feuerlöschen verlorne Löscheimer	—	—	—	703	3	—			
4) an Verwaltungskosten:									
a. bei der Provinzial-Direction, einschließlich der Bureaumiethe, Beheizungs-, Beleuchtungs-, Druckkosten ꝛc.	4,427	27	11						
b. bei der Haupt-Casse	903	28	2						
Latus ...	5,331	26	1	177,372	7	—	41,610	5	6

52*

— 258 —

	Betrag.			Einschließlich der am Jahresschlusse 1862 verbliebenen Reste.		
	Rth.	Sgr.	₰	Rth.	Sgr.	₰
Transport...	5,331	26	1	177,372	7	—
c. in den 58 Kreisen der Provinz Bureaukosten für die Kreis-Feuer-Societäts-Directoren, Meilengelder für die örtliche Prüfung von Versicherungs-Declarationen, an Brandschaden-Besichtigungs- und Abschätzungskosten, an Tantiemen der Kreis-Steuer-Einnehmer..................	8,549	17	3	41,616	8	6
5) an Prozeß- und Schiedsgerichts-Kosten, sowie Diäten und Reisekosten für die Mitglieder des Provinzial-Landständischen Ausschusses zum Zwecke der Rechnungs-Abnahme pro 1861				13,881	13	4
				78	9	6
Summa aller Ausgaben...				191,331	29	10
Werden solche von der Gesammt-Einnahme per				496,652	5	3
abgezogen, so verbleibt Einnahme bezüglich Vermögens-Bestand				305,320	5	5
Wird hingegen von dem Vermögens-Bestande die Rest-Einnahme per				57,390	21	4
abgezogen, so ergiebt dies den am Schlusse des Jahres 1862 wirklich vorhanden gewesenen Cassen-Bestand von				247,929	14	1
welcher bestehet: in sicheren verzinsbaren Hypotheken mit				124,413	10	—
in zinstragenden Werthpapieren				119,700	—	—
in baarem Gelde				3,816	4	1
sind				247,929	14	1
Von der nachgewiesenen Abschlußsumme per				305,320	5	5
müssen jedoch noch die im Jahre 1863 erst zur Anweisung gelangten Brandbonificationen aus dem Jahre 1862 mit .... 3,807 Rth. 2 Sgr. — ₰						
und eine dergleichen voraussichtlich noch anzuweisende .... 45 , — , — ,				3,852	2	—
in Abzug kommen, bleiben ...				301,468	3	5
wogegen den currenten Einnahmen ad 3 die zu wenig pro zweites Semester pr. zum Soll gestellten Beiträge zutreten mit				94	2	—
wonach das Vermögen der Societät am Jahresschlusse 1862 nur die Höhe erreicht von..				301,562	5	5

Hiernach hat sich das Vermögen der Societät, das am Rechnungsschlusse 1861 nur 287,637 Thlr. 21 Sgr. betrug, im Jahre 1862 zwar um 13,924 Thlr. 14 Sgr. 5 Pf. vermehrt, es ist aber dieser Ueberschuß bei der Ausschreibung pro erstes Semester 1863 in Anrechnung gebracht worden.

Der nachgewiesene Rückstand an Beiträgen per 99,960 Thlr. 16 Sgr. 10 Pf. stellt das ganze Soll der kurz vor dem Rechnungs-Abschlusse erfolgten Ausschreibung der Beiträge pro zweites Semester 1862 nach einem vorläufigen Ueberschlage dar, das nach definitiver Feststellung der Heberolle 99,054 Thlr. 2 Sgr. erreicht. Alle diese Beiträge sind gegenwärtig bis auf 1 Thlr. 10 Sgr. eingegangen.

Zu Deckung der Ausgaben an Brandbonificationen des Jahres 1862 mußten im ersten Semester 1862 an Beiträgen 1½ Simpla, pro zweites Semester 2½ Simpla, überhaupt vier Simpla ausgeschrieben und hiernach von den Associaten in der ersten Klasse 2 Sgr. 8 Pf., in der zweiten Klasse 5 Sgr. 4 Pf., in der dritten Klasse 8 Sgr. und in der vierten Klasse 16 Sgr., durchschnittlich aller Klassen 8 Sgr. auf das Hundert Versicherungssumme eingezogen werden.

Kirchen leisteten nur die Hälfte dieser Sätze.
Diese beiden Ausschreibungen gewährten nach dem Eingangs bezeichneten Versicherungsstande

Einnahme.

	in den Klassen				Summa aller Klassen.
	I. Rth. Sgr. Pf.	II. Rth. Sgr. Pf.	III. Rth. Sgr. Pf.	IV. Rth. Sgr. Pf.	Rth. Sgr. Pf.
pro erstes Semester 1862..	6,364 13 6	4,082 7 2	4,931 21 9	43,180 21 3	58,559 3 8
pro zweites Semester 1862.	11,262 5 5	7,128 29 7	8,350 1 5	72,312 25 7	99,054 2 —
Beisammen	17,626 18 11	11,211 6 9	13,281 23 2	115,493 16 10	157,613 5 8

Die Ausgaben an Brandbonificationen betrugen im Jahre 1862 excl. der Verwaltungs-Kosten:

laut der Rechnung pro 1862..	8,131 25 2	6,955 8 5	10,788 10 —	109,487 14 7	135,362 28 2
hierzu die im Jahre 1863 angewiesenen Brandgelder pro 1862 einschl. noch anzuweisend. 45 tlr.	1 — —	175 — —	100 — —	3,576 2 —	3,852 2 —
Beisammen	8,132 25 2	7,130 8 5	10,888 10 —	113,063 16 7	139,215 — 2
mithin im Verhältniß zur Beitrags-Einnahme........	46,14 pCt.	63,60 pCt.	81,98 pCt.	97,90 pCt.	88,32 pCt.

Im Jahre 1862 hatte die Societät überhaupt 298 Brandfälle zu übertragen, welche 320 Wohn- und 523 Nebengebäude, 459 Besitzern gehörig, meist total eingeäschert haben.
Darunter sind enthalten:
    5 Wassermühlen, mit .... 4,865½ Thlr. Entschädigung,
    2 Windmühlen, mit .... 1,097⅔ Thlr. dto.
    1 Papiermühle, mit .... 1,061⅔ Thlr. dto.
  22 Schankwirthschaften (44 Gebäude), mit .... 12,027½ Thlr. dto.
  12 Dominial-Gehöfte (19 Gebäude), mit .... 15,593½ Thlr. dto.
    3 Kirchen und Thurm-Gebäude, 2 Pfarrthei- 5 Schul-Gehöfte.

Verursacht wurden diese Brände:
    9 durch Blitzschlag, einschließlich eines Zerschmetterungsschadens,
  22 durch Flugfeuer aus anderwärts oder gar nicht versicherten Besitzungen,
    3 durch fehlerhafte Feuerungs-Anlagen,
  17 durch unmündige Kinder in der Mehrzahl mit ihnen zugänglich gewordenen Streichzündhölzern; bei selbigen lag nur in 4 Fällen Böswilligkeit oder Fahrlässigkeit vor, die an den Schuldigen mit geringer Strafe oder durch Einsperrung in eine Besserungs-Anstalt geahndet wurden,
    3 erwiesenermaaßen durch fahrlässige, und
  12 durch böswillige erwachsene Brandstifter, die die gesetzliche Strafe getroffen hat und von denen zwei sich der Bestrafung durch Selbstmord im Gefängnisse entzogen.

In 7 Fällen wurden die wegen vorsätzlicher oder fahrlässiger Brandstiftung Angeklagten durch gerichtliches Erkenntniß freigesprochen, und 3 Brände wurden im Entstehen gelöscht.

In allen übrigen Fällen hat die Ursache der Brandentstehung nicht ermittelt, theils nicht ausreichend erweislich gemacht werden können.

Die höchsten Schaden-Vergütigungen beanspruchten
    der Kreis Poln.-Wartenberg (20 Brände) = 18,560 Thlr.,
           Ohlau   (23 Brände) = 13,108½ Thlr.

Breslau, den 3. November 1863.
                    Der Provinzial-Land-Feuer-Societäts-Director. Schleinitz.

Bekanntmachungen der Königlichen Regierung.

(561) Dem Schullehrer Sobotta zu Schedlitz im Kreise Groß-Strehlitz ist auf Grund des §. 7 des Gesetzes vom 13ten Februar 1843 (Gesetz-Sammlung pag. 75) die Befugniß ertheilt worden, für die Einsassen der Gemeinden des dortigen Kreises Schedlitz, Posnowitz und Sprzentschütz, welche Pferde verkaufen, vertauschen, verschenken oder sonst veräußern wollen, die vorgeschriebenen Legitimations-Atteste stempel- und kostenfrei auszufertigen.
Oppeln, den 3. November 1863.

(563) Nachdem die erste Meile der Kreischaussee von Lublinitz über Jawornitz und Kochanowitz bis zur Landesgrenze bei Herby ausgebaut und dem öffentlichen Verkehr übergeben worden ist, wird hiermit genehmigt, daß bei der bei Lublinitz neu errichteten Zollstätte das tarifmäßige Chausseegeld für eine Meile erhoben werde.
Die Zollerhebung tritt am 1sten December d. J. ein.
Oppeln, den 10. November 1863.

Bekanntmachungen verschiedener Behörden.

(557) Die Rückgabe von Cautionen betreffend.
Der als Auswanderungs-Unternehmer concessionirte Kaufmann H. W. Böhme in Bremen, Mitinhaber der Firma F. J. Michelhausen & Comp. daselbst hat erklärt, daß er das Geschäft der Beförderung von Auswanderern innerhalb des Preußischen Staates aufgegeben habe; eine gleiche Erklärung hat dessen General-Agent, Kaufmann Ludwig Deetjen hierselbst abgegeben, und haben beide die Rückgabe der von ihnen bestellten Cautionen beantragt. Es werden daher alle Diejenigen, welche aus der Geschäftsführung des ꝛc. Böhme oder des ꝛc. Deetjen Ansprüche geltend zu machen haben, aufgefordert, solche binnen einer Frist von zwölf Monaten bei uns anzumelden, widrigenfalls denselben nach dem Ablaufe dieser Frist die Cautionen, welche sie bestellt haben, werden zurückgegeben werden.
Cöln, den 3. November 1863.   Königliche Regierung.   Abtheilung des Innern.

(559) Bei der Oberschlesischen Fürstenthums-Landschaft findet die Eröffnung des Fürstenthumstags für den Weihnachts-Termin 1863 **am 14ten December a. c.** statt, wogegen die Einnahme der Pfandbriefs-Interessen für gedachten Termin schon am 17ten bis einschließlich den 24sten December und die Einlösung der Zinscoupons und Pfandbriefs-Recognitionen vom 24sten December bis einschließlich den 4ten Januar 1864 erfolgen wird. Inhaber von mehr als 5 Zinscoupons werden darauf aufmerksam gemacht, daß letztere in eine Consignation aufzunehmen sind, zu deren Anfertigung Formulare in der Landschafts-Casse gratis verabreicht werden.   Ratibor, den 5. November 1863.
Directorium der Oberschlesischen Fürstenthums-Landschaft.

(560) Dem concessionirten Markscheider Julius Schwidtal ist gestattet worden, seinen Wohnsitz von Bromberg nach Sorau in der Nieder-Lausitz zu verlegen und von dort aus auch fernerhin Markscheider-Arbeiten im Schlesischen Hauptbergdistricte zu verrichten.
Breslau, den 7. November 1863.   Königliches Oberbergamt.

(562) Bei der Breslau-Briegschen Fürstenthums-Landschaft wird der diesjährige Weihnachts-Fürstenthums-Tag **am 14ten December c.** eröffnet werden.
Zur Einzahlung der Pfandbriefzinsen sind die Tage **vom 16ten bis 23sten December c.**, zu deren Auszahlung an die Präsentanten der Zinscoupons die Tage **vom 28sten December c. bis incl. 2ten Januar 1864** bestimmt.
Die Zinscoupons sind für die verschiedenen Arten der Pfandbriefe je besonders zu verzeichnen.
Breslau, den 7. November 1863.   Breslau-Briegsches Fürstenthums-Landschafts-Directorium.

(566) **Bekanntmachung wegen Beschädigung der Telegraphenleitungen.**
Die längs Chausseen und andern Landstraßen geführten Telegraphenleitungen sind häufig der muthwilligen Beschädigung namentlich durch Zertrümmerung der Isolatoren mittelst Steinwürfen ꝛc. ausgesetzt. Da durch diesen Unfug die Benutzung der Telegraphen-Anstalten verhindert oder gestört wird, so machen wir hierdurch auf die nachstehend abgedruckten §§. des Strafgesetzbuches für dergleichen Beschädigungen festgesetzten Strafen aufmerksam. Gleichzeitig bemerken wir hierbei, daß demjenigen, welcher die Thäter muthwilliger oder sonst absichtlicher Beschädigungen an den Telegraphenleitungen der Art zur Anzeige bringt, daß die Thäter zum Ersatze und zur Strafe gezogen werden können, Prämien bis zur Höhe von 5 Thlr. in jedem einzelnen Falle gezahlt werden.

Die Bestimmungen des Strafgesetzbuches lauten:

„§. 296. Wer gegen eine Telegraphen-Anstalt des Staates oder einer Eisenbahn-Ge-
„sellschaft vorsätzlich Handlungen verübt, welche die Benutzung dieser Anstalt zu ihren Zwecken
„verhindern oder stören, wird mit Gefängniß von drei Monat bis zu drei Jahren bestraft.
„Handlungen dieser Art sind insbesondere die Wegnahme, Zerstörung oder Beschädigung der
„Drahtleitung, der Apparate und sonstigen Zubehörungen der Telegraphen-Anlagen, die Ver-
„bindung fremdartiger Gegenstände mit der Drahtleitung, die Fälschung der durch den Telegra-
„phen gegebenen Zeichen, die Verhinderung der Wiederherstellung einer gestörten oder beschädig-
„ten Telegraphen-Anlage, die Verhinderung der bei der Telegraphen-Anlage angestellten Per-
„sonen in ihrem Dienstberufe.

„§. 297. Ist in Folge der vorsätzlich verhinderten oder gestörten Benutzung der Tele-
„graphen-Anstalten ein Mensch am Körper oder an der Gesundheit beschädigt worden, so trifft
„den Schuldigen Zuchthaus bis zu zehn Jahren, und wenn ein Mensch das Leben verloren hat,
„Zuchthaus von zehn bis zwanzig Jahren.

„§. 298. Wer gegen eine Telegraphen-Anstalt des Staates oder einer Eisenbahn-Ge-
„sellschaft fahrlässigerweise Handlungen verübt, welche die Benutzung dieser Anstalt zu ihrem
„Zwecke verhindern oder stören, wird mit Gefängniß bis zu sechs Monaten, und wenn dadurch
„ein Mensch das Leben verloren hat, mit Gefängniß von zwei Monaten bis zu zwei Jahren
„bestraft."

Berlin, den 31. October 1863.   Königliche Telegraphen-Direction.

    Die vorstehende Bekanntmachung wird hiermit zur Kenntniß gebracht, und haben die Polizei-Be-
hörden ein wachsames Auge auf die Verhütung der in einzelnen Gegenden sich auffällig mehrenden muthwilligen Beschädigungen an den Telegraphen-Anlagen zu richten und event. die gerichtliche Bestrafung
der Uebelthäter baldigst herbeizuführen.
    Die Königlichen Landraths-Aemter haben die vorstehende Bekanntmachung in geeigneter Weise durch
die Kreisblätter zu veröffentlichen und auch die Aufmerksamkeit der Ortsgerichte auf diesen Gegenstand zu
lenken. Oppeln, den 12. November 1863.   Königliche Regierung. Abtheilung des Innern.

Personal-Chronik.

(552) Concessionirt: der Barbier Ulbrich zu Krappitz als Heildiener.
Bestätigt: die Vocationen für die katholischen Schullehrer Krause zu Jellowa und Rinke zu
Ratibor.
    (555) Bestätigt: die Vocationen der katholischen Schullehrer Hoffmann zu Ziegenhals und
Beyer zu Demblohammer, sowie des evangelischen Schullehrers Irmer zu Carlsruhe.
    (553)   Personal-Veränderungen
im Departement des Königlichen Appellations-Gerichts zu Ratibor pro Monat October 1863.
    A. Bei dem Appellations-Gerichte.
Ernannt: der Referendarius Otto Heinrich Sylvester Gernoth zum Gerichts-Assessor, die Ausculta-
    toren Albert Troska und Richard Johann Joseph Schneider zu Referendarien und die Rechts-
    kandidaten Alfred Kreidel, Rudolph Jacob und Jeremias May zu Auscultatoren.
Versetzt: der Gerichts-Assessor Brauns aus dem Departement des Königlichen Appellations-Gerichts
    Halberstadt und der Gerichts-Assessor Mitscher aus dem Departement des Königlichen Appel-
    lations-Gerichts Cöslin in das hiesige Departement.
Ausgeschieden: der Gerichts-Assessor Sußmann zufolge seiner Ernennung zum Rechts-Anwalt und
    Notar bei dem Kreis-Gericht zu Schubin, Departement Bromberg.
    B. Bei den Kreis-Gerichten.
        I. Bei dem Kreis-Gericht zu Beuthen.
Versetzt: der Kreisrichter Dr. Gaupp aus Pilkallen, Departement Insterburg, an das Kreis-Gericht
    Beuthen vom 1sten December 1863 ab.
Entlassen: der Bureau-Assistent Boeke.
        II. Bei dem Kreis-Gericht zu Creuzburg.
Ernannt: der Gerichts-Assessor Moritz Lindner aus Neustadt O. S. zum Kreisrichter.

Versetzt: der Kreisrichter Knlebusch an die Gerichts-Commission Neuberun, Kreisgerichts-Bezirk Pleß.
III. Bei dem Kreis-Gericht zu Lublinitz.
Ernannt: der Hilfsbote und Executor Heinrich Ring, definitiv zum Boten und Executor.
IV. Bei dem Kreis-Gericht zu Neisse.
Ernannt: der Gefangenaufseher Wilhelm Eckert zum Gefangenwärter definitiv.

Nachweisung
der gewählten und bestätigten Schiedsmänner pro Monat October 1863.

Benennung der Ortschaften.	Kreis.	Namen der Schiedsmänner.
Rosen	Leobschütz	Schullehrer Joseph Engel zu Rosen.
Gwosdzian, Strzidlowitz, Dzielua	Lublinitz	Schullehrer Jersch zu Gwosdzian.
Märzdorf	Grottkau	Gasthausbesitzer Joseph Scholz zu Märzdorf.
Schwandorf	Neisse	Kretschmer August Franke zu Schwandorf
Heinzendorf und Fuchswinkel	Neisse	Erbscholtiseibesitzer Robert Seidel zu Heinzendorf
Autischkau	Cosel	Bauer Friedrich Brilka zu Autischkau.

Hierzu eine Beilage, enthaltend die Concession und die Statuten der Lebens-Versicherungs-Gesellschaft „Nederland" zu Amsterdam.

Redaction des Amtsblatts im Regierungs-Gebäude. — Druck von E. Weitzhäuser in Oppeln.

Amts-Blatt
der Königlichen Regierung zu Oppeln.

Stück 48.   Oppeln, den 26. November   **1863.**

Allgemeine Gesetz-Sammlung.

(547) Das 38ste Stück der Gesetz-Sammlung enthält unter
Nr. 5777. Die Verordnung wegen Einberufung der beiden Häuser des Landtages der Monarchie. Vom 1sten November 1863; und unter
Nr. 5778. Den Allerhöchsten Erlaß vom 5ten October 1863, betreffend die Anlage und Unterhaltung eines Schlußdeiches durch die Landgraben-Niederung zwischen Pülswerda und Grabitz Seitens des Brottewitz-Triestewitzer Deichverbandes.

(554) Das 39ste Stück der Gesetz-Sammlung enthält unter
Nr. 5779. Den Allerhöchsten Erlaß vom 21sten October 1863, betreffend die Genehmigung des Tarifes, nach welchem die Abgabe für Benutzung der Oberschleusen bei Cosel, Brieg, Ohlau und Breslau zu erheben ist, und unter
Nr. 5780. Den Allerhöchsten Erlaß vom 21sten October 1863, betreffend die Anlage einer Verbindungsbahn zwischen der Cöln-Mindener Hauptbahn und der Ruhrorter Zweigbahn zu Oberhausen, so wie die Ertheilung des Expropriationsrechts für dieses Unternehmen.

Bekanntmachungen der höchsten Staats-Behörden.

(370) Nachdem gegen folgende Zeitschriften:
 1) den in London erscheinenden „Hermann",
 2) die in Coburg erscheinende „Aera",
 3) den ebendaselbst erscheinenden „Fortschritt",
auf Grund des §. 50 des Preßgesetzes vom 12ten Mai 1851 gerichtlich auf Vernichtung erkannt worden ist, wird die fernere Verbreitung dieser Zeitschriften im Preußischen Staate auf Grund des §. 52 desselben Gesetzes, unter Hinweisung auf die im §. 53 daselbst angedrohten Strafen, hierdurch verboten.
Berlin, den 14. November 1863.   Der Minister des Innern. Gr. Eulenburg.

Bekanntmachungen der Königlichen Regierung.

(568) In Gemäßheit der Bestimmung §. 30 des Gesetzes vom 28sten Februar 1843 über die Benutzung der Privatflüsse sind für den Kreis Tost-Gleiwitz zu Mitgliedern der Vermittelungs-Commission und zwar:

    A. für den Ritterstand:
 der Rittergutsbesitzer Patzig auf Ober-Dziersno als Mitglied,
 der Kreis-Deputirte von Zawadzky auf Pontschowitz als Stellvertreter;
    B. für den Stand der Städte:
 der Bürgermeister Teuchert in Gleiwitz als Mitglied,
 der Bürgermeister Kachel zu Tost als Stellvertreter;
    C. für den Stand der Landgemeinden:
 der Kreisscholze Kachel in Bogutschütz als Mitglied,
 der Kreisscholze Staroszik in Karchowitz als Stellvertreter;
    D. als Sachverständige:
 der Königliche Baurath Gabriel in Gleiwitz als Mitglied,
 der Königliche Baumeister Aßmann daselbst als Stellvertreter,
durch Wahl der kreisständischen Versammlung berufen und von uns bestätigt worden.
Oppeln, den 11. November 1863.

(569) Es wird hierdurch zur öffentlichen Kenntniß gebracht, daß vom 1sten December d. J. ab, auf der von Miottek über Soßnitza nach Ludwigsthal und von Soßnitza nach Woischnik führenden Privatchaussee in Station 710 bei der an der Brücke bei der Schliwa-Mühle errichteten Zollstätte das tarifmäßige Chausseegeld für eine Meile erhoben wird.   Oppeln, den 18. November 1863.

Bekanntmachungen verschiedener Behörden.

(569) Bei der Oberschlesischen Fürstenthums-Landschaft findet die Eröffnung des Fürstenthumstags für den Weihnachts-Termin 1863 **am 14ten December a. c.** statt, wogegen die Einnahme der Pfandbriefs-Interessen für gedachten Termin schon am 17ten bis einschließlich den 24sten December und die Einlösung der Zinscoupons und Pfandbriefs-Recognitionen vom 24sten December bis einschließlich den 4ten Januar 1864 erfolgen wird. Inhaber von mehr als 5 Zinscoupons werden darauf aufmerksam gemacht, daß letztere in eine Consignation aufzunehmen sind, zu deren Anfertigung Formulare in der Landschafts-Casse gratis verabreicht werden.   Ratibor, den 5. November 1863.
Directorium der Oberschlesischen Fürstenthums-Landschaft.

(562) Bei der Breslau-Briegschen Fürstenthums-Landschaft wird der diesjährige Weihnachts-Fürstenthums-Tag **am 14ten December c.** eröffnet werden.
Zur Einzahlung der Pfandbriefzinsen sind die Tage **vom 16ten bis 23sten December c.**, zu deren Auszahlung an die Präsentanten der Zinscoupons die Tage **vom 28sten December c. bis incl. 2ten Januar 1864** bestimmt.
Die Zinscoupons sind für die verschiedenen Arten der Pfandbriefe je besonders zu verzeichnen.
Breslau, den 7. November 1863.   Breslau-Briegsches Fürstenthums-Landschafts-Directorium.

(572) **Aufkündigung** von ausgeloosten Rentenbriefen der Provinz Schlesien.
Bei der heute in Gemäßheit der Bestimmungen §§. 41 u. folg. des Rentenbank-Gesetzes vom 2ten März 1850 in Beisein der Abgeordneten der Provinzial-Vertretung und eines Notars stattgehabten Verloosung der nach Maaßgabe des Tilgungs-Plans zum 1sten April 1864 einzulösenden Rentenbriefe der Provinz Schlesien, sind nachstehende Nummern im Werthe von 124,440 Thalern gezogen worden und zwar:

96 Stück Lit. A. à 1000 Thlr.

Nr. 13. 252. 411. 428. 573. 749. 935. 1251. 1399. 1501. 1519. 1897. 1911. 2308. 2962. 3227. 3810. 4126. 4427. 4596. 4770. 4901. 5371. 5527. 5628. 5764. 5909. 6148. 6490. 6909. 7548. 7903. 8289. 8439. 8480. 8528. 8669. 8882. 9331. 9776. 9882. 10364. 10402. 10655. 10794. 11003. 11260. 11287. 11527. 11673. 12490. 12582. 12622. 12904. 13297. 14263. 14332. 14402. 14488. 14742. 14891. 14989. 15165. 15178. 15563. 15573. 15919. 16418. 16648. 16961. 17757. 17907. 17991. 18656. 18967. 16997. 19515. 19561. 19600. 19672. 19861. 19979. 20267. 20274. 20634. 20827. 20997. 21085. 21106. 21178. 21310. 21313. 21422. 21438. 21638. 21660.

26 Stück Lit. B. à 500 Thlr.

Nr. 437. 581. 594. 768. 898. 955. 1038. 1284. 1337. 1427. 1500. 1569. 1734. 1964. 2124. 2402. 2404. 3059. 3081. 3276. 3353. 4414. 4553. 4609. 5099. 5191.

88 Stück Lit. C. à 100 Thlr.

Nr. 75. 469. 662. 782. 784. 846. 1234. 1652. 1712. 1950. 2010. 2363. 2419. 2691. 3147. 3218. 3557. 3718. 3908. 4027. 4636. 4762. 4866. 4964. 5004. 5322. 5600. 5858. 6305. 6318. 6378. 6459. 6510. 6779. 6930. 7169. 7488. 7499. 7703. 8126. 8427. 8467. 9024. 9059. 10226. 10252. 10412. 10961. 11159. 11177. 11684. 11798. 12133. 13161. 13325. 14538. 14754. 14994. 15052. 15073. 15358. 15423. 15468. 15586. 15604. 15696. 15708. 15793. 15900. 15949. 15950. 16020. 16086. 16248. 17012. 17041. 17289. 17378. 17863. 18126. 18164. 18217. 18327. 18697. 18811. 18888. 18916. 18921.

64 Stück Lit. D. à 25 Thlr.

Nr. 91. 194. 394. 480. 635. 951. 1098. 1152. 1157. 1292. 1648. 2103. 2146. 2192. 2203. 2336. 2363. 2628. 2655. 3251. 3609. 4450. 4452. 4456. 4727. 4814. 5402. 5544. 5714. 6306. 6602. 6630. 6639. 7092. 7578. 7935. 7978. 8339. 8837. 8572. 8901. 9021. 9421. 9646. 10218. 10345. 11042. 11321. 11608. 11803. 11989. 12067. 12289. 12522. 12679. 12694. 13063. 13261. 13300. 13381. 13639. 13838. 13875. 13932.

504 Stück Lit. E. à 10 Thlr.

Nr. 7. 185. 202. 214. 237. 247. 249. 254. 304. 329. 446. 728. 774. 782. 801. 844. 919. 959.

Nr. 972. 1036. 1157. 1185. 1203. 1232. 1275. 1320. 1355. 1365. 1421. 1430. 1431. 1456. 1476
1531. 1560. 1568. 1676. 1702. 1770. 1819. 1829. 1927. 1930. 1946. 2011. 2013. 2024.
2027. 2108. 2144. 2194. 2245. 2271. 2323. 2364. 2441. 2443. 2544. 2585. 2725. 2877.
2885. 2894. 2954. 2996. 3030. 3097. 3154. 3194. 3209. 3238. 3285. 3296. 3306. 3335.
3403. 3430. 3490. 3506. 3545. 3554. 3573. 3576. 3657. 3685. 3730. 3731. 3737. 3773.
3817. 3824. 3828. 3996. 4028. 4070. 4105. 4129. 4141. 4326. 4364. 4375. 4387. 4391.
4400. 4512. 4529. 4548. 4592. 4713. 4737. 4752. 4761. 4796. 4801. 4841. 4929. 4959.
4997. 5005. 5010. 5029. 5103. 5148. 5170. 5277. 5368. 5399. 5409. 5566. 5660. 5739.
5744. 5755. 5847. 5897. 5979. 6010. 6058. 6071. 6214. 6253. 6287. 6336. 6354. 6388.
6501. 6507. 6674. 6726. 6727. 6644. 6817. 6886. 7022. 7027. 7077. 7201. 7316. 7344. 7367.
7402. 7506. 7508. 7565. 7591. 7638. 7648. 7671. 7778. 7965. 7978. 7987. 8036. 8043.
8121. 8180. 8197. 8217. 8275. 8285. 8401. 8444. 8474. 8484. 8505. 8535. 8576. 8586.
8658. 8659. 8675. 8717. 8798. 8805. 8819. 8526. 8904. 9031. 9041. 9057. 9107. 9206.
9223. 9287. 9291. 9307. 9455. 9559. 9692. 9746. 9800. 9802. 9837. 9869. 9871. 9698.
9910. 9933. 10032. 10062. 10075. 10093. 10237. 10256. 10296. 10329. 10446. 10509.
10513. 10549. 10557. 10596. 10715. 10751. 10998. 11024. 11064. 11077. 11096. 11098.
11222. 11245. 11397. 11418. 11419. 11606. 11617. 11638. 11643. 11701. 11744. 11769.
11558. 11866. 11875. 11878. 11894. 11920. 11949. 12018. 12042. 12047. 12059. 12109.
12115. 12225. 12272. 12306. 12334. 12348. 12352. 12408. 12436. 12454. 12457. 12477.
12495. 12534. 12539. 12558. 12570. 12572. 12605. 12616. 12630. 12641. 12645. 12667.
12685. 12778. 12805. 12997. 13002. 13032. 13050. 13099. 13126. 13136. 13146. 13162.
13204. 13287. 13312. 13346. 13365. 13391. 13442. 13510. 13534. 13552. 13562. 13632.
13635. 13669. 13729. 13793. 13797. 13843. 13915. 13929. 13939. 13940. 13980. 14023.
14026. 14132. 14223. 14295. 14394. 14401. 14474. 14523. 14603. 14605. 14697. 14752.
14775. 14780. 14785. 14838. 14986. 15067. 15080. 15103. 15105. 15130. 15148. 15195.
15217. 15224. 15293. 15308. 15335. 15357. 15372. 15381. 15403. 15416. 15434. 15469.
15513. 15535. 15549. 15580. 15640. 15756. 15759. 15817. 15837. 15915. 15959. 15971.
15978. 16012. 16025. 16068. 16073. 16128. 16141. 16155. 16192. 16236. 16241. 16248.
16291. 16367. 16389. 16408. 16439. 16485. 16495. 16508. 16521. 16524. 16531. 16533.
16645. 16683. 16759. 16795. 16826. 16942. 16991. 17043. 17078. 17140. 17142. 17221.
17246. 17256. 17268. 17316. 17344. 17367. 17417. 17450. 17493. 17547. 17560. 17584.
17588. 17620. 17621. 17628. 17644. 17648. 17696. 17711. 17788. 17862. 17891. 18012.
18085. 18159. 18265. 18355. 18358. 18365. 18369. 18399. 18471. 18493. 18535. 18537.
18556. 18610. 18632. 18637. 18638. 18648. 18760. 18782. 18788. 18812. 18821. 18880.
18887. 18911. 18921. 18930. 18936. 19001. 19010. 19016. 19123. 19125. 19175. 19188. 19212.
19218. 19226. 19234. 19263. 19264. 19307. 19327. 19335. 19407. 19417. 19444. 19540.
19545. 19547. 19586. 19619. 19621. 19641. 19681. 19715. 19736. 19748. 19756. 19780.
19795. 19876. 19893. 19894. 19899. 19922. 19934. 19935. 20039. 20041. 20052. 20056.
20075.

Indem wir die vorstehend bezeichneten Rentenbriefe zum 1sten April 1864 hiermit kündigen, werden die Inhaber derselben aufgefordert, den Nennwerth gegen Zurücklieferung der Rentenbriefe nebst den dazu gehörigen Zins-Coupons Serie II. Nr. 12 bis 16, so wie gegen Quittung
in term. **den 1sten April 1864** und die folgenden Tage, mit Ausschluß der Sonn- und Festtage bei unserer Casse — Sandstraße Nr. 10 hierselbst — in den Vormittagsstunden von 9 bis 1 Uhr
baar in Empfang zu nehmen.

Die Empfangnahme der Valuta kann, nach Maaßgabe der Bestände unserer Casse, auch schon früher und zwar schon von jetzt ab geschehen, in diesem Falle jedoch nur gegen Abzug der Zinsen von 4 pro Cent für die Zeit vom Zahlungstage bis zum Verfalltage, den 1sten April 1864, worauf die Inhaber der verloosten Rentenbriefe hiermit besonders aufmerksam gemacht werden.

Bei der Präsentation mehrerer Rentenbriefe zugleich, sind solche nach den verschiedenen Apoints und nach der Nummerfolge geordnet, mit einem besondern Verzeichniß vorzulegen.

Auch ist es bis auf Weiteres gestattet, die gekündigten Rentenbriefe unserer Casse mit der Post, aber frankirt und unter Beifügung einer gehörigen Quittung auf besonderem Blatte über den Empfang der-

Valuta einzusenden und die Uebersendung der letzteren auf gleichem Wege, natürlich auf Gefahr und Kosten des Empfängers, zu beantragen.

Vom 1sten April 1864 ab findet eine weitere Verzinsung der hiermit gekündigten Rentenbriefe nicht statt und der Werth der etwa nicht mit eingelieferten Coupons Serie II. Nr. 12 bis 16 wird bei der Auszahlung vom Nennwerthe der Rentenbriefe in Abzug gebracht.

Die ausgeloosten Rentenbriefe verjähren nach §. 44 des Rentenbankgesetzes binnen zehn Jahren.

Breslau, den 21. November 1863.

Königliche Direction der Rentenbank für die Provinz Schlesien.

(373) Nachstehende Verhandlung:

Verhandelt auf der Königl. Rentenbank zu Breslau, den 21. November 1863.

In Gegenwart der Abgeordneten der Provinzial-Vertretung:
1) des Königlichen Kammerherrn, Herrn Kraker von Schwarzenfeld aus Groß-Gürding,
2) des Königlichen Commerzien-Raths, Herrn Franck von hier, so wie
3) des Notars, Herrn Justiz-Raths Horst, ebenfalls von hier,

erfolgte im heutigen Termin auf Grund eines bei den Acten niedergelegten speciellen Verzeichnisses und nachdem die Löschung der einzelnen Apoints in den Stammbüchern und Löschregistern erfolgt ist, die Vernichtung der aus den früheren Verloosungen in dem letzten Halbjahr zur Zahlung präsentirten und resp. eingelösten Rentenbriefe der Provinz Schlesien nebst den dazu gehörigen Zins-Coupons und zwar:

87 Stück Litt. A. à 1000 Thlr.	im Werthe von	87,000 Thlr.
21 " " B. à 500 "	" "	10,500 "
67 " " C. à 100 "	" "	6,700 "
54 " " D. à 25 "	" "	1,350 "
486 " " E. à 10 "	" "	4,860 "

Zusammen 715 Stück im Werthe von ....110,410 Thlr.

Die Vernichtung geschah durch Feuer, welches in Gemäßheit der §§. 46 und 48 des Rentenbank-Gesetzes vom 2ten März 1850 hiermit registrirt wird.

B. a. u.
gez. Kraker v. Schwarzenfeld. Franck.
(L. S.) (gez.) Friedrich Albert Heinrich Leopold Horst, Notar.

a. u. e.
gez. Obergethmann. v. Zschock. Partowicz.

wird hiermit zur öffentlichen Kenntniß gebracht. Breslau, den 21. November 1863.

Königliche Direction der Rentenbank für die Provinz Schlesien.

Personal-Chronik.

(371) Des Königs Majestät haben Allergnädigst geruht, dem mit der interimistischen Verwaltung der Director-Stelle am Gymnasium zu Ratibor betrauten Professor Dr. Scheibel von der Königlichen Ritter-Academie in Liegnitz diese Stelle definitiv zu übertragen.

Bestätigt: die Wahl des Beigeordneten Urbanczik zu Tost zum stellvertretenden Mitgliede der Kreis-Ersatz-Commission, sowie die Wiederwahlen des seitherigen Beigeordneten, Rechtsanwalt Lange und der seitherigen Rathmänner: Kaufmann Herzog, Kaufmann Pelikan und Kaufmann Leysahn, sämmtlich zu Creuzburg.

Hierzu eine Beilage, enthaltend die Neuen Statuten der Allgemeinen Feuer- und Transport-Versicherungs-Gesellschaft „Ultrajectum" zu Zeyst.

Redaction des Amtsblatts im Regierungs-Gebäude. — Druck von F. Weilshäuser in Oppeln.

Beilage
zum Amtsblatt der Königlichen Regierung zu Oppeln.

Neue Statuten
der Allgemeinen Feuer- und Transport-Versicherungs-Gesellschaft „Ultrajectum" zu Zeyst,
genehmigt zufolge Restriptes des Herrn Handels-Ministers und des Herrn Ministers des Innern
vom 16. September 1863.

Art. 1. Die Gesellschaft ist benannt „Ultrajectum" und domizilirt in Zeyst.

Art. 2. Der Zweck der Gesellschaft ist:
1) Die Versicherung zu festen Prämien gegen die Schäden durch Brand nebst Einsturz, Diebstahl und alle ferneren Folgen von Brand an allen Gütern, beweglichen und unbeweglichen, sowohl im Inlande als Auslande.
2) Die Versicherungen gegen den Schaden durch Transport zu Lande, auf Flüssen und Binnen-Gewässern.

Für Rechnung der Gesellschaft sind alle Verluste und Schäden, welche an den versicherten Gegenständen sich ereignen, durch Brand verursacht, durch Unwetter oder einen anderen Zufall, eigenes Feuer, Unachtsamkeit, Schuld oder Schurkerei von eigenem Gesinde, Nachbarn, Feinden, Räubern und allen Anderen, wie sie auch heißen mögen, gleichviel auf welche Weise der Brand entstanden ist, bedacht und unbedacht, auf gewöhnliche oder ungewöhnliche Weise, keine ausgesondert.

Dem durch Brand verursachten Schaden wird gleichgestellt der Schade, welcher als die Folge von entstandenem Brande anzusehen ist, auch derjenige, welcher durch Brand in nachbarlichen Gebäuden entsteht, wie da sind: Zerstörung oder Verminderung des versicherten Gegenstandes durch Wasser und andere zu Hemmung und Löschung des Brandes angewandte Mittel, oder Verlust eines Theiles desselben durch Diebereien oder auf irgend eine andere Weise während des Löschens und Rettens, sowie auch der Schade, welcher durch die gänzliche oder theilweise Vernichtung des versicherten Gutes auf höheren Befehl, um die Weiterverbreitung des entstandenen Brandes zu hindern, verursacht wird.

Mit dem durch Brand verursachten Schaden wird gleichgestellt derjenige, welcher durch Pulver-Explosion, durch Springen eines Dampfkessels, durch Blitzschlag oder dergleichen entsteht, selbst dann, wenn die Explosion oder der Blitz keinen Brand zur Folge gehabt haben.

Von den zu versichernden Gegenständen sind ausgenommen Pulverfabriken und Pulvermagazine sowie alle mehr oder minder gefährlichen Effekten oder Gegenstände nach einem durch die Kommissarien später abzufassenden Reglement.

Art. 3. Die Gesellschaft wird durch drei Direktoren verwaltet unter Aufsicht von drei bis fünf Kommissarien.

Die Kommissarien können im Auslande Ehren-Kommissarien ernennen, die dort darüber zu wachen haben, daß die Geschäfte ordnungsmäßig geführt werden. Die Bestimmung der Artikel 20. und 27. finden auf die Ehren-Kommissarien keine Anwendung.

Die Gesellschaft wird eingegangen unbeschadet früherer Auflösung in den Fällen, welche das Gesetz oder diese Statuten vorschreiben, auf die Zeit von fünfzig Jahren anfangend mit dem 6. October 1800 neun und fünfzig und deshalb endigend am 6. October 1900 neun und zwanzig.

Art. 4. Die Auflösung der Gesellschaft erfolgt von Rechtswegen, sobald durch unverhoffte Verluste nach einer gänzlichen Erschöpfung des Reservefonds das Gesellschafts-Kapital eine Verminderung von fünfzig Prozent erlitten hat, es sei denn, daß

1) die Aktionaire die Hauptsumme wieder möchten ergänzen wollen, und
2) mit einer Stimmenmehrheit von mindestens zwei Dritteln der anwesenden Aktionaire die Fortsetzung der Gesellschaft beschlossen und die Königliche Genehmigung dazu erlangt wird.

Art. 5. Das Kapital der Gesellschaft, das früher aus zwei Millionen Gulden bestand, wird vorläufig auf drei Millionen Gulden erhöht, vertheilt in dreitausend Aktien jede zu 1000 ₰.

Die Aktien lauten auf Namen, sind durchlaufend numerirt und durch die Direktoren und die Kommissarien unterzeichnet.

Die noch nicht ausgegebenen Aktien müssen binnen vier Jahren untergebracht werden.

Art. 6. Jeder Aktionair wird für seine Aktie oder Aktien in die Bücher der Gesellschaft eingetragen.

Bei Eigenthums-Veränderungen geschieht die Uebertragung der Aktien auf eine der beiden in Artikel 42. des Handelsgesetzbuches aufgeführten Weisen unbeschadet der Bestimmungen in Artikel 43. des Handelsgesetzbuches. Von dieser Uebertragung wird gehörig Vormerkung auf den Aktien gethan. Die Direktion hat das Recht, eine verlangte Ueberschreibung zu verweigern.

Aktionaire, welche nicht in Niederland wohnhaft sind, oder welche sich zeitweise im Auslande aufhalten, können durch die Direktoren angehalten werden, für den nicht eingezahlt gebliebenen Betrag ihrer Aktien Sicherheit zu bestellen.

Art. 7. Die Einzahlungen werden durch die Direktion bestimmt und erfolgen erst dann, wenn Nothwendigkeit dazu vorhanden ist, wobei es den Direktoren überlassen wird nach Erwägung mit den Kommissarien sowohl die Nothwendigkeit zu beurtheilen, als auch den Betrag und den Zeitpunkt dieser Einzahlungen zu bestimmen.

Die Einzahlungen müssen geschehen binnen einem Monat, nachdem der darauf gefaßte Beschluß den Aktionairen bekannt gemacht worden ist.

Von allen geschehenen Einzahlungen wird Bemerk auf den Aktien gemacht, bei unterlassener Leistung einer geforderten Einzahlung soll der Aktionair, welcher im Rückstande bleibt, vierzehn Tage nach gerichtlicher Mahnung sein Recht an die Aktie nebst den darauf bereits eingezahlten Beträgen zu Gunsten der Gesellschaft verlieren, er kann auch durch die Direktoren zur Erfüllung seiner Verbindlichkeiten vor dem gewöhnlichen Civilrichter angehalten werden, ohne daß für diesen Fall die im Artikel 29. vorgeschriebene außergewöhnliche Prozedur Anwendung findet.

Es steht jedem Aktionair frei mit Genehmigung der Direktoren und Kommissarien über die Beträge hinaus oder voll zu fourniren und soll das Mehr-Fournirte als Vorausbezahlung bis zu dem Augenblick, wo weitere Einzahlungen gefordert werden möchten, eine Rente von vier Prozent ertragen.

Art. 8. Das Maximum, bis zu welchem ein einzelner Gegenstand oder verschiedene Gegenstände, welche zusammen ein Risiko bilden, sowohl gegen Transportgefahr zu Lande oder zu Wasser als gegen Feuerschaden versichert werden dürfen, wird auf 35000 ℳ für eigene Rechnung bestimmt.

Die Direktoren haben das Recht, die bei der Gesellschaft laufenden Risiken rückversichern zu lassen.

Art. 9. Die Direktoren sind unter Beobachtung der Bestimmungen der Statuten befugt, alle Handlungen Namens der Gesellschaft zu verrichten, sie sowohl in gerichtlichen als außergerichtlichen Angelegenheiten zu vertreten, mit dem Rechte in Bezug auf alle Sachen Verträge zu schließen zu transigiren und zu compromittiren, hypothekarische und andere Einschreibungen und Obligationen zu nehmen und in die Löschung resp. Aufhebung derselben zu willigen.

Art. 10. Die Direktoren schließen alle Versicherungen unbeschadet der Bestimmungen, welche in Ansehung der Agenten festgesetzt sind.

Sie müssen Sorge tragen für die gehörige Einrichtung des Komptoirs der Gesellschaft, für die Ausführung der damit verbundenen Arbeiten, für die Anstellung von Beamten und anderen Dienstleistenden, für die Führung der Bücher, Register und aller anderen nöthigen Scripturen.

Es soll ihnen überlassen bleiben Sachverständige, Advokaten und Prokuratoren zu ernennen, so oft und wann ihnen Solches im Interesse der Gesellschaft nothwendig erscheint.

Art. 11. Die Direktoren sind befugt zu weiterer Ausbreitung der Gesellschaft Agenten im In- und Auslande anzustellen, bei welchen man Versicherungen aufgeben kann, mit so umfassender oder beschränkter Vollmacht als sie, die Direktoren, es für rathsam erachten werden.

Die Agenten stehen unter der Aufsicht der Direktoren und genießen eine Belohnung, wie sie den Direktoren billig und nothwendig erscheint.

Art. 12. Die Direktoren genießen jeder eine feste Besoldung von drei Tausend Gulden (3000 ℳ) pro Jahr, deren Vertheilung durch die Kommissarien erfolgt, und außerdem den in Artikel 27 bestimmten Antheil am Gewinnste. Es steht den Kommissarien frei, so lange dieser Antheil am Gewinnste keine drei Tausend Gulden beträgt, höchstens ℳ 1000 mehr zum Vortheil der Direktoren zu verwenden.

Art. 13. Die Zeichnung von mindestens zwei Direktoren wird erfordert für alle Anweisungen und Quittungen über verdiente Prämien und andere der Gesellschaft zukommende Gelder, für alle Wechsel-Angelegenheiten, sowie für alle ferneren Urkunden, aus welchen Verbindlichkeiten für die Gesellschaft hergeleitet werden können.

Art. 14. Die Direktoren sind verpflichtet, so viel als möglich die bei der Gesellschaft disponiblen Gelder zu belegen.

Diese Belegung geschieht vorzugsweise durch Ausleihen oder Prolongationen der Diskontirungen von Wechseln mit mindestens drei soliden Unterschriften, alle anderen dem Zwecke der Gesellschaft fremden Geschäfte sind ausdrücklich verboten.

Art. 15. Die Fonds und andere Eigenthum der Gesellschaft, welches in lettres au porteur besteht, ausgenommen die Tages-Kasse, müssen in einem eisernen Kasten aufbewahrt werden, welcher mit drei verschiedenartig wirkenden Schlössern versehen ist, zu deren jedem einer der drei Direktoren den Schlüssel in Verwahrung hat.

Art. 16. Die Direktoren sind verpflichtet, den Kommissarien jede verlangte Mitwirkung zu gestatten, und Aufklärung zu geben, damit diese die ihnen aufgetragene Aufsicht gehörig ausüben können, ferner den Kommissarien den Zutritt zu dem Komptoir, den Büchern, der Gesellschafts-Kasse, so oft dieselben es verlangen, zu gewähren, endlich den Kommissarien dreimonatlich einen summarischen Bericht über den Zustand der Gesellschaft einzureichen.

Art. 17. Die Direktoren sind der Gesellschaft gegenüber nicht weiter verantwortlich als für die gehörige Ausführung des ihnen ertheilten Auftrages und dies nur für die Folgen von Vergehen, Fahrlässigkeit oder Verletzung der Pflichten, welche ihnen zu Folge der Gesetze oder der Statuten auferlegt sind.

Sie sind der Gesellschaft gegenüber nicht verantwortlich für irgend einen Schaden, welcher durch Brand, Einbruch, Diebstahl, Gewalt oder andere Vorfälle außer ihrem Zuthun, ihrer Versäumniß oder Nachlässigkeit der Gesellschaft oder ihrem Vermögen zugefügt wird.

Art. 18. Die Direktoren sind verpflichtet, Aktionaire der Gesellschaften zu sein.

Art. 19. Die Direktoren werden nicht unwiderruflich angestellt, doch wird, um ihre Anstellung resp. die eines jeden einzelnen Direktors zu widerrufen ein Beschluß der General-Versammlung der Aktionaire erfordert, gefaßt auf motivirten Vorschlag der Kommissarien, welche den Widerruf als im Interesse der Gesellschaft wünschenswerth bezeichnet, und dessen Beurtheilung den Aktionairen anheimgestellt wird, welche alsdann mit Stimmenmehrheit entscheiden.

In Hinsicht dieser Versammlung gilt übrigens die Bestimmung in Artikel 25, nur kommen bei Berechnung der Anzahl der vertretenen Aktien, die des Direktors, um dessen Entlassung es sich handelt, nicht in Betracht.

Art. 20. Der Kommissarien sind drei bis fünf. Die Kommissarien haben den allgemeinen Geschäftsgang aufmerksam zu untersuchen und zu verfolgen. Sie sind verpflichtet, mindestens viermal des Jahres die Bücher nachzusehen und die Kasse und das Eigenthum der Gesellschaft zu revidiren und zu beschliessen, sowie auch den von den Direktoren laut Artikel 16 eingereichten, dreimonatlichen, summarischen Bericht gewissenhaft zu untersuchen.

Die Kommissarien sind sowohl einzeln als auch solidarisch verhaftet für allen Schaden, welcher daraus entsteht, daß sie den besonderen Verpflichtungen, welche ihnen durch diese Statuten auferlegt sind, nicht nachkommen.

Kommissarien, welche außerhalb Zeyst wohnhaft sind, erhalten Vergütung von Reise-Kosten und Diäten.

Art. 21. Die Ernennung von Direktoren und Kommissarien zur Ausfüllung von Vakanzen, welche durch Austreten oder aus andern Gründen entstanden sind, erfolgt in einer General-Versammlung mit verschlossenen Stimmzetteln auf Vortrag der Kommissarien und Direktoren. Bei Stimmengleichheit entscheidet das Loos.

Wenn einer der Kommissarien in der Zwischenzeit abdankt, austritt, oder mit Tode abgeht, so haben die Uebrigen das Recht, die Stelle durch einen Andern interimistisch zu besetzen.

Wenn einer der Direktoren in der Zwischenzeit abdankt, austritt oder mit Tode abgeht, wird bis zur definitiven Besetzung seiner Stelle durch die Kommissarien ein interimistischer Direktor ernannt.

Art. 22. Die Kommissarien und Direktoren erwählen aus den Kommissarien einen Vorsitzenden, welcher ihre gemeinschaftlichen Versammlungen zu leiten hat, und aus den Direktoren einen Sekretair, welcher verpflichtet ist, alle verhandelten Punkte gehörig zu Protokoll zu nehmen.

Bei Verhinderung des Vorsitzenden tritt der an Jahren älteste der Kommissarien an dessen Stelle. Sie versammeln sich so oft als nöthig ist. Die Einladung geschieht durch die Direktoren. Die Zusammenberufung kann auch durch den Vorsitzenden geschehen. In solchen Versammlungen wird zur Beschlußfassung die Anwesenheit von mindestens drei Kommissarien und zwei Direktoren oder von zwei Kommissarien und sämmtlichen Direktoren erfordert, während der Vorsitzende bei Stimmengleichheit eine entscheidende Stimme hat.

Die Kommissarien können sich auch unter sich versammeln, so oft sie es nützlich und erforderlich erachten und führt bei diesen Versammlungen einer von ihnen das Protokoll.

Art. 23. Die Kommissarien sowohl als die Direktoren haben zu jeder Zeit das Recht, so oft sie Solches im Inte-

reſſe der Geſellſchaft für nöthig erachten, eine General-Ver-
ſammlung der Aktionaire zu berufen, um darin diejenigen
Mittheilungen und Vorlagen zu machen, welche ſie für an-
gemeſſen halten. Eine ſolche Verſammlung findet auch ſtatt
und die Direktoren ſind verpflichtet, die Einladung dazu zu
erlaſſen, ſobald die Aktionaire, welche zuſammen ein Fünftel
der Aktien repräſentiren, es verlangen.

Art. 24. Die Berufungen von General-Verſammlungen
geſchieht durch die Direktoren mindeſtens vierzehn oder in
Beſchleunigung erheiſchenden Fällen mindeſtens acht Tage
vorher durch Circular-Briefe an die Aktionaire und öffentliche Bekanntmachungen in ſolchen Tagesblättern, welche den
Direktoren paſſend erſcheinen.

Die Punkte der Verhandlung werden, ſoviel als möglich
in den Circular-Briefen angegeben, die Berathung und Beſchlußfaſſung über andere Punkte iſt jedoch nicht ausgeſchloſſen.

Art. 25. Alle General-Verſammlungen werden abgehalten
unter Leitung des in Artikel 22 genannten Vorſitzenden oder
bei deſſen Verhinderung durch einen der übrigen Kommiſſarien.

In dieſer Verſammlung wird unbeſchadet der Ausnahme
des Artikels 4 und des in dieſem Artikel Beſtimmten durch
abſolute Stimmenmehrheit der anweſenden und vertretenen
Aktionaire zugelaſſen.

Als Bevollmächtigte werden auf den Verſammlungen nur
Aktionaire zugelaſſen.

Bei Stimmengleichheit hat der Vorſitzende eine entſchei-
dende Stimme.

Zu einer Beſchlußfaſſung über Abänderung der Statuten,
Erhöhung des Geſellſchafts-Kapitals, Veränderung des Zweckes
der Geſellſchaft oder über Fortſetzung derſelben in dem in
Artikel 3 bezeichneten Falle, ſind zwei Drittel der Stimmen
der gegenwärtigen oder vertretenen Aktionaire erforderlich.

In allen Fällen müſſen die Abweſenden ſowie auch die
Minorität ſich den gefaßten Beſchlüſſen unterwerfen, ohne
ſich deren Ausführung widerſetzen zu können.

Art. 26. Die Bücher der Geſellſchaft werden jährlich am
letzten December abgeſchloſſen. Durch die Direktoren wird
daraus ſofort eine Bilanz aufgeſtellt und dieſe vor den
1. April des folgenden Jahres zur Genehmigung den Kommiſſarien vorgelegt.

Nach der Genehmigung durch die Kommiſſarien wird die
Bilanz einer von den Aktionairen in dieſem Jahre ernannten Kommiſſion von drei Mitgliedern mit eben ſo viel Stellvertretern zugeſtellt, welche ſie alsdann in einer medio April
abzuhaltenden Verſammlung mit Stimmenmehrheit beſtätigen
ſoll, wodurch dann den Direktoren völlige Decharge wegen
ihrer Geſchäftsführung im abgelaufenen Geſchäftsjahr ertheilt wird.

Die Bilanz wird alsdann gedruckt und an die Aktionaire
herumgeſchickt und wird derſelben der ausführliche Bericht beigefügt, welcher von der zur Prüfung der Bilanz beſtimmten
Kommiſſion erſtattet worden.

Art. 27. Der reine Gewinnſt der Geſellſchaft wird bei
dem Schluſſe eines jeden Buchjahres folgendermaßen vertheilt:

Zuerſt werden davon 4 % Dividende über die eingezahlten
Beträge zum Vortheil der Aktionaire vorweg gezahlt und der
Reſt als 100 % angeſehen derartig gleichmäßig vertheilt
werden, daß

  20 % an den Reſervefond,
  20 % an die Direktoren zuſammen,
  5 % an die Kommiſſarien,
  6 % zur Vertheilung an die Beamten der Direktion
      überlaſſen und
  50 % berechnet auf die verbindliche Einzahlung an
      die Aktionaire ausgekehrt werden, welche 50 %
      jedoch nur für die Hälfte zuerkannt werden, ſo
      lange, als der Reſervefonds die Höhe von ₰
      500,000 nicht erreicht hat, während die andere

Hälfte dem Reſervefonds verbleibt; hat derſelbe
einmal dieſe Höhe erreicht, dann genießen die Aktionaire die vollen 50 %.

Sollten in irgend einem Jahre unverhoffte Verluſte eingetreten ſein, ſo werden dieſe aus dem Reſervefonds gedeckt
und das Gewinn- und Verluſt-Conto mit dieſem Betrage
belaſtet.

Der Reſervefonds muß alsdann wieder angefüllt werden
in dem Gewinn-Vertheilungs-Verhältniſſe, wie es oben beſtimmt iſt, unter Beobachtung des feſtgeſtellten Maximums.

Sobald der Reſervefonds auf ₰ 500000 geſtiegen iſt,
haben die Inhaber von Aktien, auf welche über die Verpflichtung hinaus eingezahlt worden iſt, das Recht, dieſes
mehr Gezahlte zurückzufordern.

Art. 28. Das Stimmrecht der Aktionaire wird in der
Weiſe beſtimmt, daß
  der Beſitzer von 1 bis 5 Aktien eine Stimme
  „   „   „   6 „ 10   „   zwei Stimmen,
  „   „   „ 11 „ 15   „   drei
  „   „   „ 16 „ 20   „   vier
  „   „   „ 21 „ 25   „   fünf
und der von 26 Aktien und darüber ſechs Stimmen ſoll abgeben können.

Art. 29. Wenn unverhofften Falles irgend welche Streitigkeiten, ſei es zwiſchen Direktoren und Kommiſſarien un-er-
einander, ſei es zwiſchen Direktoren oder Kommiſſarien und
Aktionairen oder Verſicherten entſtehen möchten, ſei es, daß
dieſe Streitigkeiten zwiſchen Aktionairen oder Verſicherten
des Inlandes, ſei es mit Solchen, welche im Auslande domi-
zillirt ſind verhandelt ſind, ſo werden bezüglichen Streitigkeiten,
ſofern die Konzeſſionen, durch welche die Geſellſchaft im Auslande zugelaſſen wird, dieſes nicht verbieten, der Entſcheidung
von drei Schiedsrichtern unterbreitet, wovon einer durch jede
der Partheien und der Dritte durch die beiden erwählten
Schiedsrichter ernannt wird. Bei einer Weigerung der Partheien oder einer derſelben oder im Streitfalle erfolgt dieſe
Ernennung durch das Bezirks-Gericht zu Amersfoort. Die
Schiedsrichter ſollen in allen Streitigkeiten, welche ihrem
Urtheil unterworfen werden, entſcheiden.

Art. 30. Die gegenwärtigen, ſowie alle ferneren Abänderungen dieſer Statuten unterliegen der Königlichen Genehmigung.

Uebergangs-Beſtimmungen.

Art. 31. Die Abänderungen in dieſen Statuten ſind nur
anwendbar zu Verbindlichkeiten, welche vom Tage des
Empfanges der Königlichen Genehmigung ab, eingegangen ſind.

Einzahlungen welche vor der Königlichen Genehmigung
dieſer Abänderungen ausgeſchrieben worden, ſollen auf die in
Artikel 7 vorgeſchriebene Weiſe eingefordert werden.

Für gleichlautende Abſchrift.
Der Generalſekretair beim Juſtiz-Departement. (gez.) Stant.

Eingetragen zu Wyk by Duurſtede, am 20. Juni 1863
Vol. 22 folio 43 recto Abtheilung 8, enthaltend zehn Blätter
und zwei Randhinweiſungen. Empfangen für Gebühr ₰ 30,
für 33 Zuſatz-Centen ₰ 30², zuſammen 1 Gulden 10⅜ Cent.
  Der Empfänger
  (gez.) Jacobſon.

Für gleichlautende Abſchrift.

(L. S.)   (gez.) H. E. van Diggelen, Notar.

Geſehen zur Beglaubigung der Unterſchrift des Herrn
H. E. van Diggelen, Notar zu Zeyſt reſidirend, durch uns
Präſident des Bezirks-Gerichtes zu Amersfoort.

Amersfoort, den 23. Juni 1863.

(L. S.)   (gez.) A. R. J. van de Poll

Gesehen zur Beglaubigung der Unterschrift des Herrn E. R. J. van de Poll, Präsident des Bezirks-Gerichts zu Amersfoort, durch uns Commissar des Königs in der Provinz Utrecht.

Utrecht, den 25. Juni 1863.
(L. S.)   (gez.) van Doorn.

Gesehen zur Beglaubigung der Unterschrift des Herrn van Doorn, Kommissar des Königs für die Provinz Utrecht, residirend zu Utrecht.

Amsterdam, den 27. Juni 1863.

No. 136. Der Königliche Preußische Consul Herr D. E. Splitgerber abwesend.

Der Consulats-Verweser.
(L. S.)   (gez.) J. E. F. Rust.

 Uebersetzung.

Heute den 19. Juni 1863 erschienen vor mir, Heinrich Cornelius van Diggelen, Notar im Bezirke Amersfoort, Provinz Utrecht, zu Zeyst residirend, in Gegenwart der, späterhin zu benennenden Zeugen.

Die Herren Gustav Adolph Croockewit, Fabrikant, und Ludwig Carl Ungerland, ohne Stand, beide zu Zeyst, und mir Notar bekannt als Direktoren der zu Zeyst errichteten allgemeinen Brandverbürgungs- und Versicherungs-Gesellschaft „Ultrajectum", welche Patent nachgesucht, jedoch noch nicht erhalten haben.

Diese gaben zu erkennen:

daß in der zu Zeyst am fünfzehnten April achtzehnhundertdreiundsechzig gehaltenen General-Versammlung der Aktionaire der gedachten Gesellschaft vorbehaltlich der Königlichen Genehmigung die Abänderung der Statuten derselben Gesellschaft beschlossen worden sei, gleichwie in dem durch mich, Notar von jener Versammlung, abgefaßten Protokoll von gedachtem Tage beschrieben ist, daß nachdem die Königliche Genehmigung zu diesen abgeänderten Statuten, gleich wie solche in dieser Urschrift angehefteten Konzepte verfaßt sind, durch Beschluß vom eilften Juni achtzehnhundertdreiundsechzig Nr. 51., von welchem eine Abschrift ebenfalls dieser Urschrift beigeheftet ist, verliehen worden, die Herren Comparenten sich und im Namen der Aktionaire, kraft der im Artikel 30. der durch den vor dem zu Utrecht residirenden Notar de Balbian van Doorn am fünfundzwanzigsten November achtzehnhundertneunundfünfzig getätigten Akt festgestellten Statuten, der Direktion dieser Gesellschaft verliehenen Macht, nunmehr den durch das Gesetz erforderten notariellen Akt zu vollziehen wünschten.

Und haben die Comparenten dem zufolge erklärt, daß die Statuten der Gesellschaft in der Weise abgeändert seien, wie sie in dem dieser Urschrift beigehefteten und zufolge des in oben gedachter General-Versammlung genommenen Beschlusses zusammengestellten Konzepte verfaßt sind, welche daher fortan zufolge des in denselben vorkommenden Bestimmungen von Kraft sein sollen.

Worüber Akt

geschehen und gethätigt im Lokale der Gesellschaft Unitas zu Zeyst in Gegenwart des Herrn Bernhard Kramer, Kaufmann, und des Daniel van Toll, Feldhüter, beide zu Zeyst wohnend,

als dazu ersuchten und mir Notar bekannten Zeugen, welche Gegenwärtiges mit den Comparenten und mir Notar unmittelbar nach geschehener Vorlesung unterzeichnet haben.

(gezeichnet)
G. A. Croockewit.   L. C. Ungerland.   B. Kramer.
D. van Toll.   H. C. van Diggelen, Notar.

Einregistrirt zu Wok bij Duursdede am 20. Juni 1863 Vol. 63 fol. 35 verso Abtheilung 7, enthaltend ein Blatt ohne Randhinweisungen.

Empfangen für Gebühren ƒ 2. 40. für 38 Zusatz-Conten ƒ 0. 91ᶜ. zusammen 3 Gulden und 31½ Cent (ƒ 3. 31ᶜ.)

Der Empfänger
(gez.) Jacobson.

Wir **Wilhelm III.**, von Gottes Gnaden König der Niederlande, Prinz von Oranien-Nassau, Großherzog von Luxemburg ꝛc.

In Entscheidung auf das Uns vorgetragene Gesuch von L. C. Ungerland und G. A. Croodewit zu Zeyst in der Eigenschaft als Direktor und Administrator der daselbst errichteten Allgemeinen Brandverbürgungs- und Versicherungs-Gesellschaft „Ultrajectum" welche den Entwurf der durch notariellen Akt festzustellenden abgeänderten Statuten dieser anonymen Gesellschaft vorlegen und Unsere Genehmigung dazu nachsuchen.

Auf den Vortrag Unseres Justiz-Ministers de dato 9. dieses Monats No. 105. I. Abtheilung.

Nach Einsicht der Artikel 26 bis einschließlich 56 des Handels-Gesetzbuches und Unserer auf diese anonyme Gesellschaft bezüglichen Beschlüsse vom 6. Oktober 1859 No. 67 und vom 26. Februar 1861 No. 76

haben für gut befunden und beschlossen,

dem eingereichten Entwurfe zu den durch notariellen Akt festzustellenden abgeänderten Statuten der Allgemeinen Brandverbürgungs- und Versicherungs-Gesellschaft „Ultrajectum" zu Zeyst Unsere Genehmigung zu ertheilen.

Unser Justiz-Minister ist mit der Ausführung dieses Beschlusses beauftragt.

Het Loo, den 11. Juni 1863.
(gez.) **Wilhelm.**
Der Justizminister
(gez.) Olivier.

Mit dem Original übereinstimmend
Der General-Sekretair beim Justiz-Departement
(gez.) Clant.

Für gleichlautende Abschrift   Der General-Sekretair
(gez.) Clant.

Für die Richtigkeit vorstehender Uebersetzung.

Köln, den 11. Juli 1863.
(L. S.)   (gez.) Overmann,
Königlicher Provinzial-Steuer-Sekretair und für die holländische Sprache vereidigter Uebersetzer.

Die obenstehende Unterschrift des Herrn Overmann hier wird hiermit beglaubigt.

Köln, den 25. Juli 1863.
Das Ober-Bürgermeister-Amt.
(gez.) Franke.

Amts-Blatt
der Königlichen Regierung zu Oppeln.

Stück 49.　　　Oppeln, den 3. December　　　**1863.**

Allgemeine Gesetz-Sammlung.

(575) Das 40ste Stück der Gesetzsammlung enthält unter
Nr. 5781. Die Verordnung wegen Aufhebung der Verordnung, betreffend das Verbot von Zeitungen und Zeitschriften vom 1sten Juni 1863. Vom 21sten November 1863.
Nr. 5782. Das Privilegium wegen Ausgabe auf jeden Inhaber lautenden Obligationen der Stadt Sagan zum Betrage von 86,500 Thalern. Vom 10ten October 1863.
Nr. 5783. Das Statut des Linden-Steiner Deichverbandes. Vom 21sten October 1863.
Nr. 5784. Den Allerhöchsten Erlaß vom 21sten October 1863, betreffend die Verleihung der fiscalischen Vorrechte für den Bau und die Unterhaltung einer Kreis-Chaussee von Fürstenwalde nach Storkow zum Anschluß an die Beeskow-Storkow-Prierosbrücker Chaussee.
Nr. 5785. Den Allerhöchsten Erlaß vom 2ten November 1863, betreffend die Errichtung einer Handelskammer für den Kreis Saarbrücken, im Regierungsbezirk Trier, und unter
Nr. 5786. Die Bekanntmachung, betreffend die Allerhöchste Genehmigung der unter der Firma: „Colberger Soolbade-Actienverein" mit dem Sitze zu Colberg errichteten Actiengesellschaft. Vom 7ten November 1863.

Bekanntmachungen der höchsten Staats-Behörden.

(583) Die Post-Dampfschiff-Verbindung zwischen Stralsund und Ystad wird im laufenden Jahre dergestalt geschlossen, daß
　　am Sonnabend den 5ten December d. J. die letzte Fahrt von Ystad nach Stralsund,
　　am Sonntage den 6ten December d. J. die letzte Fahrt von Stralsund nach Ystad
stattfindet. Berlin, den 26. November 1863.　　　General-Post-Amt. Philipsborn.

Bekanntmachungen der Königlichen Regierung.

(577) In Zauditz, Ratiborer Kreises, ist die Anlage einer Apotheke, höheren Ortes, gestattet worden.
Bewerber um die Concession können sich unter Einreichung
　　eines vollständigen Lebenslaufes,
　　ihrer Lehr- und Servirzeugnisse,
　　ihrer Approbation und eines genügenden Nachweises über die erforderlichen Mittel zur Anlage der Apotheke und zur Führung des Apothekengeschäfts — binnen sechs Wochen bei uns melden. Oppeln, den 20. November 1863.

(579) Das Statut der Lebens- und Renten-Versicherungs-Gesellschaft „Royale Belge" in Brüssel vom 3ten Februar 1853 hat zum Artikel 25 folgenden, unterm 29sten September 1863 beschlossenen und am 4ten October 1863 landesherrlich genehmigten Zusatz erhalten:
„Unter Abänderung vorstehender Bestimmungen wird der Verwaltungsrath ermächtigt, die
„verfügbaren Fonds anzulegen, sowohl in öffentlichen Papieren, welche ausgegeben oder garan-
„tirt sind durch die Preußische Regierung, als auch in Pfandbriefen Preußischer Hypotheken-
„Anstalten, ohne daß jedoch in irgend einem Falle der ganze Betrag dieser Werthe den 5ten
„Theil derjenigen Geldanlagen überschreiten darf, welche kraft der Alinea 2 bis 6 des vorge-
„dachten Artikel 25 gemacht worden sind."
Dies wird zur öffentlichen Kenntniß gebracht, mit dem Hinzufügen, daß die Concession und die Statuten der oben genannten Gesellschaft in der Beilage zum diesseitigen Amtsblatt Stück 28 pro 1862 abgedruckt sind. Oppeln, den 27. November 1863.　　　Königliche Regierung.

Bekanntmachungen verschiedener Behörden.

(316) **Bekanntmachung.** In der in Gemäßheit des §. 11 der Statuten der Ständischen Provinzial-Darlehns-Casse für Schlesien vom 5ten December 1854 (Gesetz-Sammlung Seite 609) stattgehabten fünften Verloosung von Schlesischen Provinzial-Obligationen (Obligationen der Provinz Schlesien) sind folgende Apoints über einen Gesammtbetrag von 122,000 Thlr. vorschriftsmäßig gezogen worden, und zwar:

138 Stück Lit. A. à 500 Thlr.

Nr. 5. 26. 32. 35. 42. 62. 63. 64. 70. 77. 89. 98. 103. 126. 142. 149. 159. 194. 216. 227. 228. 234. 265. 298. 309. 316. 319. 335. 336. 346. 584. 555. 586. 590. 600. 608. 612. 616. 631. 658. 662. 687. 695. 699. 708. 746. 748. 755. 756. 763. 782. 783. 784. 791. 804. 822. 848. 850. 855. 656. 866. 877. 880. 886. 889. 892. 893. 899. 916. 922. 926. 936. 941. 947. 950. 972. 983. 992. 995. 1000. 1007. 1008. 1012. 1021. 1026. 1052. 1057. 1060. 1063. 1072. 1074. 1052. 1088. 1089. 1105. 1117. 1140. 1146. 1152. 1154. 1162. 1164. 1171. 1193. 1194. 1195. 1206. 1230. 1244. 1250. 1251. 1264. 1266. 1268. 1272. 1274. 1280. 1281. 1259. 1297. 1309. 1327. 1338. 1336. 1364. 1379. 1380. 1385. 1390. 1392. 1409. 1560. 1572. 1577. 1586. 1589. 1597. 1600.

500 Stück Lit. B. à 100 Thlr.

Nr. 13. 14. 15. 16. 24. 25. 40. 48. 68. 86. 94. 99. 101. 105. 117. 126. 153. 155. 164. 168. 169. 174. 180. 187. 194. 199. 204. 209. 220. 226. 250. 254. 264. 285. 290. 291. 292. 300. 311. 328. 331. 343. 350. 375. 376. 392. 412. 413. 426. 432. 457. 461. 465. 467. 469. 470. 472. 473. 487. 512. 514. 518. 530. 547. 551. 565. 557. 558. 561. 574. 996. 998. 1310. 1314. 1317. 1318. 1319. 1321. 1324. 1340. 1351. 1354. 1358. 1359. 1370. 1377. 1381. 1390. 1391. 1400. 1408. 1412. 1414. 1419. 1430. 1436. 1442. 1456. 1460. 1469. 1484. 1485. 1488. 1492. 1493. 1511. 1513. 1525. 1538. 1543. 1544. 1554. 1561. 1567. 1580. 1581. 1592. 1625. 1626. 1628. 1631. 1647. 1649. 1657. 1672. 1687. 1701. 1704. 1713. 1742. 1749. 1753. 1757. 1761. 1766. 1791. 1792. 1794. 1801. 1804. 1812. 1821. 1823. 1824. 1828. 1832. 1835. 1841. 1866. 1867. 1869. 1875. 1891. 1904. 1906. 1923. 1925. 1930. 1932. 1933. 1948. 1955. 1956. 1961. 1964. 1966. 1981. 1988. 1991. 1993. 1995. 2013. 2014. 2015. 2032. 2037. 2049. 2057. 2071. 2077. 2088. 2101. 2109. 2124. 2132. 2155. 2161. 2165. 2166. 2172. 2178. 2187. 2188. 2190. 2216. 2226. 2229. 2235. 2236. 2238. 2250. 2280. 2283. 2285. 2286. 2288. 2295. 2297. 2299. 2311. 2319. 2328. 2330. 2336. 2341. 2344. 2355. 2366. 2372. 2405. 2412. 2413. 2415. 2424. 2428. 2434. 2449. 2452. 2455. 2456. 2461. 2465. 2467. 2472. 2482. 2487. 2491. 2505. 2523. 2525. 2532. 2554. 2564. 2565. 2571. 2581. 2626. 2634. 2636. 2654. 2656. 2658. 2660. 2665. 2670. 2678. 2714. 2715. 2720. 2728. 2735. 2758. 2771. 2773. 2776. 2784. 2811. 2832. 2838. 2839. 2840. 2844. 2852. 2855. 2859. 2864. 2870. 2871. 2886. 2900. 2903. 2919. 2923. 2925. 2945. 2956. 2966. 2973. 2981. 2990. 3001. 3003. 3017. 3020. 3027. 3036. 3039. 3048. 3052. 3061. 3063. 3068. 3070. 3080. 3093. 3101. 3102. 3106. 3115. 3122. 3132. 3159. 3161. 3162. 3164. 3169. 3195. 3201. 3202. 3205. 3207. 3556. 3574. 3587. 3607. 3609. 3618. 3623. 3625. 3630. 3636. 3643. 3655. 3673. 3685. 3686. 3688. 3691. 3695. 3706. 3711. 3719. 3731. 3736. 3739. 3740. 3753. 3755. 3760. 3767. 3768. 3792. 3795. 3798. 3809. 3811. 3818. 3826. 3831. 3845. 3847. 3851. 3856. 3857. 3861. 3865. 3868. 3896. 3904. 3912. 3915. 3924. 3925. 3930. 3937. 3944. 4012. 4024. 4026. 4030. 4037. 4044. 4061. 4062. 4066. 4067. 4089. 4105. 4106. 4111. 4118. 4122. 4126. 4130. 4140. 4146. 4147. 4148. 4153. 4156. 4157. 4175. 4178. 4183. 4189. 4198. 4203. 4215. 4217. 4219. 4220. 4221. 4231. 4236. 4248. 4262. 4265. 4270. 4285. 4303. 4309. 4311. 4313. 4328. 4329. 4336. 4342. 4345. 4348. 4356. 4359. 4369. 4383. 4393. 4395. 4410. 4419. 4420. 4421. 4426. 4455. 4460. 4465. 4469. 4474. 4479. 4486. 4497. 4498. 4517. 4520. 4529. 4557. 4563. 4565. 4581. 4597. 4599. 4600. 4601. 4602. 4604. 4607. 4610. 4628. 4631. 4633. 4646. 4667. 4674. 4676. 4696. 4703. 4705. 4707. 4711. 4715. 4720. 4721. 4752. 4754. 4757. 4761. 4772. 4774. 4777. 4779. 4790. 4797. 4802. 4807. 4808. 4811. 4812. 4816. 4826. 4832. 4834. 4839. 4846.

120 Stück Lit. C. à 25 Thlr.

Nr. 3. 7. 19. 37. 43. 45. 50. 58. 63. 76. 107. 116. 233. 234. 236. 239. 240. 241. 243. 247. 279. 292. 301. 315. 320. 326. 334. 336. 344. 349. 354. 355. 367. 369. 381. 386. 391. 399. 411. 417. 426. 446. 454. 460. 464. 465. 467. 469. 470. 473. 475. 480. 484. 489. 503. 563.

Nr. 15217. 15224. 15293. 15326. 15335. 15357. 15372. 15361. 15403. 15416. 15434. 15469.
15513. 15535. 15549. 15580. 15640. 15756. 15759. 15817. 15837. 15915. 15959. 15971.
15978. 16012. 16025. 16068. 16073. 16128. 16141. 16155. 16192. 16236. 16241. 16248.
16291. 16367. 16389. 16408. 16439. 16485. 16495. 16508. 16521. 16524. 16531. 16533.
16645. 16683. 16759. 16795. 16826. 16942. 16991. 17042. 17078. 17140. 17142. 17221.
17246. 17256. 17268. 17316. 17344. 17367. 17417. 17450. 17493. 17547. 17560. 17581.
17588. 17620. 17621. 17628. 17644. 17648. 17696. 17711. 17788. 17862. 17891. 18012.
18065. 18159. 18265. 18355. 18358. 18365. 18369. 18399. 18471. 18493. 18535. 18537.
18556. 18610. 18632. 18637. 18638. 18648. 18760. 18762. 18789. 18812. 18821. 18880.
18887. 18911. 18912. 18930. 18936. 19001. 19014. 19123. 19125. 19175. 19188. 19212.
19218. 19226. 19234. 19263. 19284. 19307. 19327. 19335. 19407. 19417. 19444. 19540.
19545. 19547. 19586. 19619. 19621. 19641. 19681. 19715. 19736. 19748. 19756. 19780.
19795. 19876. 19893. 19894. 19899. 19922. 19934. 19935. 20039. 20041. 20052. 20056.
20075.

Indem wir die vorstehend bezeichneten Rentenbriefe zum 1sten April 1864 hiermit kündigen, werden die Inhaber derselben aufgefordert, den Nennwerth gegen Zurücklieferung der Rentenbriefe nebst den dazu gehörigen Zins-Coupons Serie II. Nr. 12 bis 16, so wie gegen Quittung in term. den 1sten April 1864 und die folgenden Tage, mit Ausschluß der Sonn- und Festtage bei unserer Casse — Sandstraße Nr. 10 hierselbst — in den Vormittagsstunden von 9 bis 1 Uhr
baar in Empfang zu nehmen.

Die Empfangnahme der Valuta kann, nach Maaßgabe der Bestände unserer Casse, auch schon früher und zwar schon von jetzt ab geschehen, in diesem Falle jedoch nur gegen Abzug der Zinsen von 4 pro Cent für die Zeit vom Zahlungstage bis zum Verfalltage, den 1ten April 1864, worauf die Inhaber der verloosten Rentenbriefe hiermit besonders aufmerksam gemacht werden.

Bei der Präsentation mehrerer Rentenbriefe zugleich, sind solche nach den verschiedenen Apoints und nach der Nummerfolge geordnet, mit einem besondern Verzeichniß vorzulegen.

Auch ist es bis auf Weiteres gestattet, die gekündigten Rentenbriefe unserer Casse mit der Post, aber frankirt und unter Beifügung einer gehörigen Quittung auf besonderem Blatte über den Empfang der Valuta einzusenden und die Uebersendung der letzteren auf gleichem Wege, natürlich auf Gefahr und Kosten des Empfängers, zu beantragen.

Vom 1sten April 1864 ab findet eine weitere Verzinsung der hiermit gekündigten Rentenbriefe nicht statt und der Werth der etwa nicht mit eingelieferten Coupons Serie II. Nr. 12 bis 16 wird bei der Auszahlung vom Nennwerthe der Rentenbriefe in Abzug gebracht.

Die ausgeloosten Rentenbriefe verjähren nach §. 44 des Rentenbankgesetzes binnen zehn Jahren.
Breslau, den 21. November 1863.
Königliche Direction der Rentenbank für die Provinz Schlesien.

(578) Durch Urkunde vom heutigen Tage ist dem Grafen Hugo Henkel von Donnersmarck jun. auf Siemianowitz das Steinkohlenbergwerk Bielschowitz bei Bielschowitz, Kreis Beuthen, mit 1 Fundgrube und 1200 Maaßen Gevierten Feldes verliehen worden.
Breslau, den 14. November 1863. Königliches Oberbergamt.

(580) An Stelle des aus der Bezirks-Commission zur Regelung der Grundsteuer für den hiesigen Regierungs-Bezirk ausgeschiedenen Mitgliedes Herrn Landes-Aeltesten von Brochem auf Koppnitz ist von dem Provinzial-Landtage der bisherige Ersatzmann Herr Graf von Schack auf Uschütz zum wirklichen Mitgliede, und für diesen der Herr Hauptmann Eisner von Gronow auf Kalinowitz zum Ersatzmann gewählt worden. Oppeln, den 25. November 1863.
Der Bezirks-Commissar, Ober-Regierungs-Rath von Jeetze.

(581) Nachdem die Eigenthümer der bei Miechowitz, Kreis Beuthen, gelegenen Steinkohlenbergwerke:
1) Harries, verliehen am 1sten Juni 1858,
2) Franz Hubert, verliehen am 18ten Februar 1859,
3) Hemte, verliehen am 2ten Juni 1859,
4) Fasan, verliehen am 19ten Januar 1861 und
5) Else, verliehen an demselben Tage,

am 1sten September d. J. die Consolidation dieser Werke zu einem unzertrennlichen Ganzen unter dem Namen **consolidirte Miechowitzer Steinkohlengruben** beschlossen haben, ist diese Consolidation durch Urkunde vom heutigen Tage als bergwirthschaftlich zulässig von uns genehmigt worden.

Breslau, den 16. November 1863.

Königliches Oberbergamt.

(576) Die unbekannten Inhaber folgender, von dem unterzeichneten Königl. Credit-Institute für Schlesien ausgefertigten Pfandbriefe Littr. B.:

à 4 Procent:

1) auf **Baumgarten**, Kreis Creuzburg O. S., ausgefertigt den 6ten November 1842:
- à **500 Thlr.** Nr. 2001. 2003. 2004. 2007. 2008. 2009. und 2010.
- à **200** * * 4803. 4804. 4808. 4810. 4811. 4812. 4813. 4814. 4817. 4818. 4919. 4821. 4823. 4824. und 4825.
- à **100** * * 8455. 8456. 8458. 8459. 8460. 8461. 8462. 8464. 8465. 8466. 8467. 8468. 8469. 8470. 8473. 8475. 8477. 8479. 8481. 8482. 8483. 8495. 8487. 8488. 8492. 8493. 8495. 8496. 8498. 8499. 8500. 8501. 8502. und 8503.
- à **50** * * 11679. 11681. 11682. und 11684.
- à **25** * * 22769.

2) auf **Schottwitz**, cum pert., Kreis Breslau, ausgefertigt den 4ten December 1850:
- à **1000 Thlr.** Nr. 41380. bis incl. Nr. 41390.
- à **500** * * 45558. * * * 45578.
- à **200** * * 52730. * * * 52759.
- à **100** * * { 65687. * * * 65699.
-                  65702. * * * 65705.
-                  65708. * * * 65709.
-                  65711. * * * 65718.
-                  65720. * * * 65722. }
- à **50** * * 79517. * * * 79518.
- à **25** * * 82509. * * * 82510.

werden aufgefordert, diese Pfandbriefe in coursfähigem Zustande mit laufenden Zins-Coupons **bis zum 15ten Februar 1864** gegen Empfangnahme anderer Pfandbriefe B. vom nämlichen Betrage an unsere Casse (Albrechtsstraße Nr. 16 hierselbst) einzureichen, widrigenfalls das im §. 50 der Allerhöchsten Verordnung vom 8ten Juni 1835 vorgeschriebene Präclusions-Verfahren in Ansehung dieser Pfandbriefe veranlaßt werden wird.
Breslau, den 22. November 1863.

Königliches Credit-Institut für Schlesien. Schleinitz.

Personal-Chronik.

(582) Der seitherige interimistische Verwalter der Domainen-Rentei und Forstcasse zu Rybnik und der damit verbundenen Dominial-Polizei, Meißner, ist auf seinen Antrag zur hiesigen Regierung zurückberufen, und die gedachte Verwaltung dem Regierungs-Supernumerarius von Strwolinski commissarisch übertragen worden.

Ernannt: der vormalige Polizei-Sergeant Wiesner zum Kreisboten in Beuthen.

Bestätigt: die von der Kreisversammlung des Tost-Gleiwitzer Kreises getroffenen Wahlen der Mitglieder und Stellvertreter der Commission zur Auswahl der Mobilmachungspferde, nämlich 1) im III. Bezirk des Wirthschafts-Inspectors Sinner in Ober-Lubie zum Stellvertreter des ersten Commissarius; 2) im V. Bezirk des Gutspächters Brandt in Schieraskowitz als ersten Commissarius und des Gutspächters Degotschan in Laskarzowka als dessen Stellvertreters; ferner die Wahlen des Particulier Lucas zu Beuthen zum Beigeordneten, des Königlichen Rechtsanwalts Justizrath Schmiedike daselbst zum Rathsherrn und des Kaufmann Ochmann zu Polskretscham zum Rathmann; endlich die Vocationen der evangelischen Schullehrer Krusch zu Neisse und Jaskolla zu Riegersdorf.

Pensionirt: der Regierungs-Kanzleidiener Veith vom 1sten Januar 1864 ab.

Hierzu eine Beilage, enthaltend die Concession und die Statuten der Belgischen Gesellschaft der Vereinigten Rentner zu Brüssel.

Redaction des Amtsblatts im Regierungs-Gebäude. — Druck von F. Weishäuser in Oppeln.

bart, längliche Gesichtsbildung, blasse Gesichtsfarbe, ist von mittlerer Gestalt, spricht polnisch und gebrochen deutsch und hat keine besondere Kennzeichen. Bekleidet war er mit einem Waffenrock, einer Halsbinde, einem Paar Tuchhosen, einem Paar Commißstiefeln, einem Commißhemde, einem Leibriemen mit Schloß, einem Säbel, einer Säbeltroddel, sämmtlich Königliche Montirungs- ꝛc. Stücke und mit dem Stempel 9te Compagnie 3ten Posenschen Infanterie-Regiments Nr. 58 versehen.

Polizeiliche Nachrichten vermischten Inhalts.

(2816) **Bekanntmachung.** Der Besitzer der Volksinsel E. Schinzel beabsichtigt in seiner Feldmark einen Kalkofen zu erbauen und in Betrieb zu setzen. — Dies wird in Gemäßheit des §. 3 des Gesetzes, betreffend die Errichtung gewerblicher Anlagen vom 1sten Juli 1861 mit der Aufforderung zur öffentlichen Kenntniß gebracht, etwaige Einwendungen gegen die neue Anlage bei der Polizeiverwaltung von Königlich Neudorf binnen 14 Tagen anzubringen. — Die Frist ist für diejenigen Einwendungen, welche nicht privatrechtlicher Natur sind, präclusivisch. — Die Beschreibungen, Zeichnungen und Pläne liegen in meinem Amtsbureau zur Einsicht aus.   Oppeln, den 17. November 1863.
Der Königliche Landrath.

(2817) Am 9ten October c. ist in Rudnik ein unbekannter taubstummer Mann festgenommen und zur gerichtlichen Haft gebracht, dessen Ortsangehörigkeit und Name nicht ermittelt werden kann. Derselbe ist ungefähr 24 Jahr alt, 5 Fuß 6 Zoll groß, hat braune Haare, niedrige Stirn, graue Augen, vollständige Zähne, und ist mit einem hellen Sommerrock, weißem Hemde und hellen Beinkleidern bekleidet. Aus seinen Geberden ist ermittelt worden, daß er viel in dem Hause eines Lehrers verkehrt hat, und dort vorzugsweise mit Holzhacken beschäftigt gewesen ist. — Die Polizei- und Ortsbehörden ersuche ich, mir gefälligst recht bald Bericht zu erstatten, wenn der Taubstumme einem oder dem anderen Orte des Kreises angehören, oder falls über dessen Angehörigkeits- oder Familien-Verhältnisse sonst etwas bekannt sein sollte.   Ratibor, den 20. November 1863.
Der Landrath.

(2821) **Bekanntmachung.** Am 9ten d. M. wurde der Webergeselle Ernst Wenzel aus Hillersdorf in dem zum Gute Niklowitz gehörigen zwischen Meltsch und Schönstein gelegenen Walde ermordet aufgefunden. Nach den erfolgten Feststellungen sind demselben folgende Gegenstände geraubt worden: eine schwarze tuchene Schildkappe, eine weißgeblümte Piqueeweste, ein fast neuer grauer Rock, eine silberne kleine Spindeluhr, welche rückwärts ein glattes Plättchen, ein weißes Zifferblatt mit schwarzen Zeigern und römischen Ziffern hatte und an einer gelben ziemlich langen aus großen länglichen Gliedern bestehenden, am Ende mit einem Häckchen versehenen Kette befestigt war und den Uhrschlüssel an einem rothen Bändchen hängen hatte, endlich ein etwa 3½ Zoll langes 2 Zoll breites Brieftäschchen, welches mit einer Gummischnure zum Festmachen und einigen Notizblättern versehen war, und in welchem sich eine Banknote von einem Floren befand, ein Taschenmesser mit einer gelben messingenen Schale, und ein ziemlich großer Pack in einem blaugedrukten Tuche verpackt, in welchem sich ebenfalls Kleidungsstücke befanden. Der Raubmörder ist nach den erfolgten Feststellungen der Brettschneider Joseph Knopp aus Philippsdorf bei Meltsch, welcher 26 Jahre alt, von großer kräftiger Statur ist; derselbe hat auffallend blonde Haare und viele Sommersprossen im Gesicht, er ist mit einem Dienstbuche bis Ende Februar 1864 gültig versehen, und dürfte auch noch die Legitimationskarte des ermordeten Ernst Wenzel von dem k. k. Bezirksamte Olbersdorf ausgestellt, bei sich haben. Bekleidet ist derselbe mit einer schwarztuchenen Schildmütze, einem grauen grün eingefaßten Rocke nach Art der Jäger, weißgestreiften Hosen; er führt ein großes Bündel in einem weißen Tuche, welches mit einem Riemen zusammengeschnürt ist, und an welchem von außen Stiefletten befestigt sind. — Die Polizeibehörden ersuche ich, auf den Raubmörder, welcher nach Preußen geflüchtet sein soll, zu vigiliren, ihn im Betretungsfalle festzunehmen und mir davon unverzüglich Mittheilung zu machen.   Ratibor, den 21. November 1863.
Der Landrath.

(2828) **Bekanntmachung.** Die taubstumme schwachsinnige Tochter des Ackerbürger Ignatz Christian von hier, Namens Amalie Christian, ist kürzlich ihren Eltern entlaufen und ist ihr Aufenthalt unbekannt. Die Orts- und Polizeibehörden werden ersucht, auf sie zu vigiliren zu lassen, sie im Betretungsfalle in Obhut zu nehmen und uns unverzüglich davon Nachricht zu geben, damit sie von ihren Angehörigen abgeholt werden kann.   Landeck in Schlesien, den 21. November 1863.
Polizei-Verwaltung.

Signalement. Dieselbe ist 31 Jahr alt, katholischer Religion, hat schwarzbraune Haare, graue Augen, spitze Nase, ovales Gesicht und ist von schlanker Gestalt. Die ꝛc. Christian kann lesen und schreiben. Bekleidet war sie mit einem grünwollenen Kleid und einem schwarzen Umschlagetuch.

(2899) **Oeffentliche Bekanntmachung.** Der Tagearbeiter Johann Heinrich Kabisch aus der Dorfgemeine Auras Fischergasse soll in einer hier anhängigen, sehr wichtigen Untersuchungs-Sache als Zeuge vernommen werden. — Der jetzige Aufenthaltsort desselben ist uns unbekannt und werden daher alle Diejenigen, namentlich alle Behörden, welche solchen kennen, ersucht, uns hiervon zu den Untersuchungs-Acten wider Braun schleunigst Mittheilung zu machen.

Schweidnitz, den 24. November 1863.   Königliches Kreis-Gericht. Erste Abtheilung.

(2843) **Bekanntmachung.** Der früher in Groß-Vorwerk (Groß-Strehlitzer Kreises) in der Brennerei beschäftigt gewesene Arbeiter Franz Gordzielik soll als Zeuge in einer Untersuchungssache vernommen werden, sein jetziger Aufenthaltsort läßt sich jedoch nicht ermitteln und es ist nur so viel bekannt geworden, daß sich Gordzielik in den Beuthener Kreis begeben hat. — Jeder, der von dem Aufenthaltsorte des Gordzielik Kenntniß hat, wird aufgefordert, mir schleunigst Mittheilung zu machen.

Gleiwitz, den 24. November 1863.   Der Königliche Staats-Anwalt.

(2874) **Bekanntmachung.** Auf dem am 17ten September d. J. in Karlsmarkt stattgehabten Jahrmarkte wurde ein Tagearbeiter von einem auswärtigen Handelsmann, der ihn so eben bei Verübung eines Diebstahls betroffen haben wollte, der Polizei überliefert. — Der Handelsmann nannte sich Gottfried Siebeneicher aus Hirschberg. Dort existiren mehrere Handelsleute des Namens, von denen aber keiner in Karlsmarkt gewesen sein will. Die Polizeibehörden ersuche ich, wenn ein Handelsmann dieses Namens, welcher die Märkte bezieht, näher bekannt sein sollte, mir hiervon Mittheilung zu machen.

Brieg, den 26. November 1863.   Der Königliche Staats-Anwalt.

(2845) **Bekanntmachung.** Der Müller Johann Hoffmann zu Rogau beabsichtigt, auf dem ihm gehörigen, am nördlichen Ende des Dorfes und am Wege nach Poborschau belegenen Grundstücke eine Wassermühle mit einem Mehl- und einem Spitzgange zu errichten. — Dieses Unternehmen bringe ich gemäß §. 3 des Gesetzes vom 1sten Juli 1861 mit dem Bemerken zur öffentlichen Kenntniß, daß Einwendungen dagegen binnen einer Frist von 14 Tagen, welche ihren Anfang mit dem Ablauf des Tages nimmt, an welchem das diese Bekanntmachung enthaltende Amtsblatt ausgegeben worden und welche für alle Einwendungen nicht privatrechtlicher Natur präclusivisch ist, mündlich zu Protocoll oder schriftlich bei der Polizei-Verwaltung zu Rogau angebracht werden müssen. — Zeichnungen und Beschreibungen der Anlage liegen innerhalb der gedachten Präclusivfrist bei der genannten Ortspolizeibehörde zur Einsicht aus. Cosel, den 16. November 1863.   Der Königliche Landrath.

(2856) **Bekanntmachung.** In der Nacht vom 19ten zum 20sten d. Mts. sind dem Staatsanwalts-Gehülfen Rieße hier aus dessen Wohnung nachstehende Gegenstände entwendet worden:
1) 23 Thlr. 10 Sgr. baares Geld in verschiedenen Münzsorten; 2) eine Anzahl Visitenkarten, den Namen des Bestohlenen enthaltend; 3) eine Anzahl Privatbriefe und quittirte Rechnungen; 4) zwei kleine leere Maroquin-Cartons für Ohrringe und Brochen; 5) zwei Paar weiße Glacée-Handschuh; 6) zwei Schachteln mit Perlen; 7) ein Gebetbuch (Witscheb Opfer); 8) eine Schachtel mit Kupferschablonen nebst Pinsel und Farbe; 9) ein schwarzes Tibettuch mit breiter gewirkter Kante; 10) zwanzig Ellen poil de chèvre, braun und grau carrirt; 11) 2½ Ellen weißes englisch Leder; 12) sechs gestickte Nachthauben mit den Nummern 7—12, J. M. gezeichnet; 13) ½ Dutzend neue noch zusammenhängende weißleinene Taschentücher; 14) eine weiße gestickte Negligéejacke, sieben Paar weißbaumwollene Strümpfe, mit Nr. 4, 7—12 J. M. gezeichnet; 15) ½ Dutzend weißleinene Nachttücher, J. M. Nr. 7—12 gezeichnet; 16) eine schwarzseidene Kleidertaille; 17) ein Paar weiße englisch lederne Beinkleider; 18) ein altes Piqueé-Chemisethemde; 19) ein blauer Kopfkissenbezug; 20) drei gestickte Frauenhemden, gez. J. M. Nr. 16, 17, 18.

Der Werth der entwendeten Sachen beträgt über 40 Thlr., und mit Einschluß des baaren Geldes über 63 Thlr. — Ein Jeder, welcher über die Person des Thäters oder den Verbleib der Sachen Auskunft zu geben vermag, wird aufgefordert, seine Wissenschaft der nächsten Polizei-Behörde oder mir unmittelbar mitzutheilen. Oppeln, den 25. November 1863.   Der Königliche Staats-Anwalt.

Die Insertions-Gebühren betragen pro Zeile oder deren Raum 4 Sgr.

Druck von F. Weitzhäuser in Oppeln.

Nr. 565. 566. 567. 570. 571. 578. 581. 588. 592. 594. 596. 609. 613. 615. 622. 626. 638. 646. 655. 656. 664. 687. 697. 709. 720. 721. 741. 745. 746. 757. 769. 777. 791. 812. 818. 828. 830. 840. 844. 855. 875. 876. 879. 880. 883. 894. 890. 901. 912. 931. 941. 950. 953. 960. 966. 969. 970. 976. 978. 979. 980. 993. 985. 996.

Indem wir diese Provinzial-Obligationen hierdurch kündigen, fordern wir die Inhaber derselben auf, die Valuta dafür am 2ten Januar 1864 unter Auslieferung der Obligationen nebst Coupons Ser. II. Nr. 8 bis 10 über die Zinsen vom 1sten Januar 1864 ab bei unserer Casse (Albrechtstraße Nr. 16) in den gewöhnlichen Geschäftsstunden in Empfang zu nehmen. — Die Verzinsung der gezogenen Obligationen hört mit dem 1sten Januar 1864 auf, und wird der Betrag von da ab laufender, nicht mit eingelieferter Coupons vom Capital in Abzug gebracht. — Die Obligationen selbst verjähren, wenn sie nicht innerhalb 30 Jahren nach dem Rückzahlungstermine präsentirt werden. Nach Maaßgabe der Bestände unserer Casse kann übrigens die Valuta der gezogenen Obligationen schon vom 1sten Juli d. J. ab, jedoch nur gegen Abzug von 4½ pCt. Zinsen für die Zeit vom Zahlungstage bis zum Verfalltage abgehoben werden. — Zugleich bemerken wir, daß folgende in früheren Verloosungen gezogene Provinzial-Obligationen noch nicht präsentirt worden sind:

aus der 2ten Verloosung:

Nr. 442 à 25 Thlr.

aus der 3ten Verloosung:
à 500 Thlr.

Nr. 134. 136. 145. 158. 160. 197. 214. 235. 302. 573. 630. 633. 654. 684. 834. 924. 938. 948. 970. 1022. 1322. 1413.

à 100 Thlr.

Nr. 29. 45. 73. 76. 145. 146. 445. 459. 475. 486. 490. 562. 1308. 1334. 1350. 1358. 1446. 1475. 1518. 1547. 1551. 1640. 1752. 1796. 1822. 1844. 1845. 1854. 2041. 2073. 2119. 2120. 2182. 2185. 2208. 2245. 2296. 2495. 2555. 2669. 2763. 2805. 2921. 2947. 3015. 3084. 3085. 3089. 3091. 3103. 3104. 3165. 3571. 3594. 3597. 3598. 3714. 3735. 3756. 3772. 3776. 3777. 3782. 3852. 3872. 3878. 3979. 3910. 3955. 4031. 4035. 4112. 4166. 4170. 4176. 4179. 4224. 4234. 4263. 4399. 4400. 4438. 4501. 4511. 4542. 4559. 4617. 4647. 4677. 4683. 4684. 4685. 4725. 4795.

à 25 Thlr.

Nr. 6. 20. 26. 27. 34. 56. 96. 100. 110. 232. 235. 250. 284. 289. 295. 300. 301. 327. 349. 377. 394. 399. 420. 455. 486. 554. 558. 568. 591. 632. 685. 719. 724. 725. 743. 786. 788. 831. 834. 850. 990.

aus der vierten Verloosung:
à 500 Thlr.

Nr. 93. 215. 290. 323. 324. 325. 329. 653. 656. 688. 789. 812. 818. 826. 842. 881. 930. 997. 1005. 1070. 1094. 1275. 1286. 1296. 1325. 1356. 1410. 1411. 1412.

à 100 Thlr.

Nr. 52. 62. 112. 131. 156. 230. 368. 399. 400. 466. 481. 1315. 1341. 1348. 1454. 1491. 1512. 1515. 1516. 1559. 1573. 1588. 1705. 1756. 1831. 1836. 1876. 1909. 1926. 2039. 2060. 2064. 2179. 2212. 2230. 2249. 2335. 2454. 2460. 2480. 2483. 2524. 2592. 2588. 2593. 2732. 2743. 2780. 2829. 2831. 2943. 3009. 3022. 3054. 3078. 3097. 3099. 3009. 3591. 3610. 3611. 3710. 3742. 3757. 3832. 3862. 3916. 3936. 3956. 3961. 3982. 3984. 3995. 4096. 4152. 4158. 4159. 4244. 4302. 4307. 4310. 4325. 4353. 4428. 4429. 4437. 4161. 4558. 4596. 4591. 4592. 4622. 4644. 4602. 4762. 4778. 4783.

à 25 Thlr.

Nr. 17. 22. 55. 105. 244. 288. 330. 424. 434. 491. 518. 572. 599. 671. 690. 691. 765. 825. 852. 856. 910. 973. 1000.

Breslau, den 13. Juni 1863.

Directorium der Ständischen Provinzial-Darlehns-Casse für Schlesien.

Frhr. v. Gaffron.   Kracker v. Schwarzenfeld.   Frhr. v. Schuckmann.   Becker.   v. Götz.

(572) **Auskündigung** von ausgelosten Rentenbriefen der Provinz Schlesien.

Bei der heute in Gemäßheit der Bestimmungen §§. 41 u. folg. des Rentenbank-Gesetzes vom 2ten März 1850 im Beisein der Abgeordneten der Provinzial-Vertretung und eines Notars stattgehabten Verloosung der nach Maaßgabe des Tilgungs-Plans zum 1sten April 1864 einzulösenden Rentenbriefe der

Provinz Schlesien, sind nachstehende Nummern im Werthe von 124,440 Thalern gezogen worden und zwar:
96 Stück Lit. A. à 1000 Thlr.

Nr. 13. 252. 411. 428. 573. 749. 935. 1251. 1399. 1501. 1519. 1897. 1911. 2308. 2962. 3227. 3810. 4126. 4427. 4596. 4770. 4901. 5371. 5527. 5628. 5756. 5909. 6148. 6490. 6909. 7548. 7903. 8259. 8139. 8460. 8529. 8669. 8882. 9331. 9776. 9852. 10364. 10402. 10655. 10794. 11003. 11260. 11257. 11527. 11673. 12490. 12582. 12622. 12904. 13297. 14263. 14332. 14402. 14488. 14742. 14891. 14989. 15168. 15178. 15563. 15573. 15919. 16418. 16648. 16961. 17757. 17907. 17991. 18656. 18967. 18997. 19515. 19561. 19600. 19672. 19861. 19979. 20267. 20274. 20634. 20827. 20997. 21085. 21106. 21178. 21310. 21313. 21422. 21438. 21638. 21660.

26 Stück Lit. B. à 500 Thlr.

Nr. 437. 581. 594. 768. 898. 955. 1038. 1284. 1337. 1427. 1500. 1569. 1734. 1964. 2124. 2402. 2404. 3059. 3081. 3276. 3353. 4414. 4553. 4609. 5099. 5191.

88 Stück Lit. C. à 100 Thlr.

Nr. 75. 469. 662. 782. 764. 846. 1234. 1652. 1712. 1950. 2010. 2363. 2419. 2691. 3147. 3218. 3557. 3718. 3908. 4027. 4636. 4762. 4866. 4964. 5004. 5322. 5600. 5858. 6305. 6318. 6378. 6459. 6510. 6779. 6930. 7169. 7488. 7499. 7703. 8126. 8427. 8467. 9024. 9059. 10226. 10252. 10412. 10961. 11159. 11177. 11684. 11798. 12133. 13161. 13325. 14538. 14754. 14994. 15052. 15073. 15358. 15423. 15488. 15556. 15604. 15696. 15708. 15793. 15900. 15949. 15950. 16020. 16086. 16248. 17012. 17041. 17289. 17378. 17863. 18126. 18164. 18217. 18327. 18697. 18811. 18859. 18916. 18921.

64 Stück Lit. D. à 25 Thlr.

Nr. 91. 194. 394. 480. 635. 951. 1098. 1152. 1157. 1292. 1648. 2103. 2146. 2192. 2203. 2336. 2363. 2628. 2655. 3291. 3609. 4450. 4452. 4456. 4727. 4814. 5402. 5544. 5714. 6306. 6602. 6630. 6639. 7092. 7578. 7938. 7978. 8339. 8837. 8872. 8901. 9021. 9421. 9646. 10218. 10345. 11042. 11321. 11606. 11803. 11989. 12067. 12289. 12522. 12679. 12694. 13063. 13261. 13300. 13361. 13639. 13938. 13875. 13932.

504 Stück Lit. E. à 10 Thlr.

Nr. 7. 185. 202. 214. 237. 247. 249. 254. 304. 329. 446. 728. 774. 782. 801. 844. 919. 959. 972. 1036. 1157. 1185. 1203. 1232. 1275. 1320. 1355. 1365. 1421. 1430. 1431. 1456. 1476. 1531. 1560. 1568. 1676. 1702. 1770. 1819. 1829. 1927. 1930. 1946. 2011. 2013. 2024. 2027. 2108. 2144. 2194. 2245. 2271. 2323. 2364. 2411. 2443. 2564. 2585. 2725. 2877. 2885. 2894. 2954. 2996. 3030. 3097. 3154. 3194. 3209. 3238. 3285. 3296. 3306. 3335. 3403. 3430. 3490. 3506. 3545. 3554. 3573. 3576. 3657. 3685. 3730. 3731. 3737. 3773. 3817. 3824. 3828. 3996. 4028. 4070. 4105. 4129. 4141. 4326. 4364. 4375. 4387. 4391. 4400. 4512. 4529. 4548. 4592. 4713. 4737. 4752. 4761. 4796. 4801. 4841. 4929. 4959. 4997. 5005. 5010. 5029. 5103. 5148. 5170. 5277. 5368. 5399. 5409. 5566. 5660. 5739. 5744. 5755. 5867. 5979. 6010. 6058. 6071. 6214. 6253. 6287. 6336. 6354. 6382. 6501. 6507. 6674. 6726. 6727. 6817. 6886. 7022. 7027. 7077. 7201. 7316. 7344. 7367. 7402. 7506. 7508. 7565. 7591. 7638. 7649. 7671. 7778. 7965. 7978. 7987. 8036. 8043. 8121. 8150. 8197. 8217. 8275. 8285. 8401. 8444. 8474. 8484. 8505. 8535. 8576. 8658. 8658. 8659. 8675. 8717. 8798. 8805. 8819. 8826. 8904. 9031. 9041. 9057. 9107. 9206. 9223. 9287. 9291. 9307. 9455. 9559. 9692. 9746. 9800. 9802. 9837. 9869. 9871. 9898. 9910. 9933. 10032. 10062. 10075. 10093. 10237. 10256. 10296. 10329. 10446. 10508. 10513. 10549. 10557. 10596. 10715. 10751. 10898. 11024. 11064. 11077. 11096. 11098. 11222. 11245. 11397. 11418. 11419. 11606. 11617. 11638. 11643. 11701. 11744. 11769. 11858. 11866. 11875. 11878. 11694. 11920. 11949. 12018. 12042. 12047. 12089. 12109. 12115. 12225. 12272. 12306. 12334. 12348. 12352. 12408. 12434. 12436. 12457. 12477. 12495. 12534. 12539. 12558. 12570. 12572. 12605. 12616. 12630. 12641. 12645. 12667. 12685. 12778. 12805. 12997. 13002. 13032. 13050. 13099. 13126. 13136. 13146. 13162. 13204. 13267. 13312. 13346. 13365. 13381. 13462. 13510. 13544. 13551. 13562. 13632. 13635. 13669. 13729. 13793. 13797. 13843. 13915. 13929. 13939. 13940. 13960. 14023. 14026. 14132. 14223. 14295. 14394. 14401. 14474. 14523. 14603. 14605. 14697. 14752. 14775. 14780. 14785. 14838. 14986. 15067. 15080. 15103. 15105. 15130. 15148. 15195.

— 273 —

Amts-Blatt
der Königlichen Regierung zu Oppeln.

Stück 50.   Oppeln, den 10. December   **1863.**

Allgemeine Gesetz-Sammlung.

(586) Das 41ste Stück der Gesetzsammlung enthält unter
Nr. 5787. Die Concessions- und Bestätigungs-Urkunde für die Ostpreußische Südbahn-Gesellschaft. Vom 2ten November 1863.
(594) Das 42ste Stück der Gesetz-Sammlung enthält unter
Nr. 5788. Das Privilegium wegen Ausgabe auf den Inhaber lautender Obligationen des Altmärkischen Wische-Deichverbandes im Betrage von 50,000 Thalern (II. Emission). Vom 2ten November 1863.
Nr. 5789. Den Nachtrag zum Privilegium wegen Emission von 2,367,200 Thalern Prioritäts-Obligationen der Potsdam-Magdeburger Eisenbahngesellschaft vom 17ten August 1845 (Gesetz-Sammlung für 1845 S. 572). Vom 23sten November 1863.
Nr. 5790. Die Bekanntmachung, betreffend die Aufkündigung des mit Anhalt-Bernburg geschlossenen Vertrages vom 11ten September 1850 (Gesetz-Sammlung S. 413) und des Zusatzvertrages vom 21sten September 1857 (Gesetz-Sammlung S. 829). Vom 27sten November 1863; und unter
Nr. 5791. Die Bekanntmachung, betreffend die Aufkündigung der zwischen der Königlich preußischen und der Königlich niederländischen Regierung wegen Verhütung der Forstfrevel in Grenzwaldungen geschlossenen Uebereinkunft vom 16ten August 1828 (Gesetz-Sammlung für 1829 S. 101.) Vom 27sten November 1863.

Bekanntmachungen der höchsten Staats-Behörden.

(533) Bekanntmachung
wegen Ausreichung neuer Zinscoupons Ser. VII. nebst Talons zu den Kurmärkischen Schuldverschreibungen.

Zu den Kurmärkischen Schuldverschreibungen werden die neuen Zinscoupons Ser. VII. Nr. 1—8 über die Zinsen vom 1sten November 1863 bis dahin 1867 nebst Talons vom 1sten November b. J. ab von der Controlle der Staatspapiere hierselbst, Oranienstraße Nr. 92 täglich in den Vormittagsstunden von 9 bis 1 Uhr, mit Ausnahme der Sonn- und Festtage und der drei letzten Tage jedes Monats, ausgereicht werden.

Die Coupons können bei der gedachten Controlle selbst in Empfang genommen oder durch Vermittelung der Königlichen Regierungs-Hauptcassen bezogen werden. Wer das Erstere wünscht, hat die mit der letzten Coupons-Serie ausgegebenen Talons vom 23sten April 1859 mittelst eines Verzeichnisses, zu welchem Formulare bei der Controlle unentgeltlich zu haben sind, bei der Controlle der Staatspapiere persönlich oder durch einen Beauftragten abzugeben. Genügt dem Einreicher eine numerirte Marke als Empfangs-Bescheinigung, so ist das Verzeichniß nur einfach einzureichen, wogegen dasselbe von denen, welche eine schriftliche Bescheinigung über die Abgabe der Talons zu erhalten wünschen, doppelt abzugeben ist. In dem letztgedachten Falle erhalten die Einreichenden das eine Exemplar des Verzeichnisses mit einer schriftlichen Empfangs-Bescheinigung versehen sofort zurück.

Die Marke oder Empfangs-Bescheinigung ist bei der Aushändigung der neuen Coupons zurückzugeben.

In Schriftwechsel kann sich die Controlle der Staatspapiere nicht einlassen.

Wer die Talons zur Erlangung neuer Coupons und Talons nicht selbst oder durch einen Anderen bei der Controlle abgeben will, hat sie mit einem doppelten Verzeichnisse an die nächste Regierungs-

Hauptcasse einzureichen. Das eine Exemplar des Verzeichnisses wird dann mit einer Empfangsbescheinigung versehen sogleich zurückgegeben, doch ist dasselbe demnächst bei Aushändigung der Coupons an die Regierungs-Hauptcasse wieder abzuliefern.

Formulare zu diesen letzteren Verzeichnissen sind bei den Regierungs-Hauptcassen und den von den Königlichen Regierungen in den Amtsblättern zu bezeichnenden Cassen unentgeltlich zu haben.

Des Einreichens der Schuldverschreibungen selbst bedarf es zur Erlangung neuer Coupons und Talons nur dann, wenn die betreffenden älteren Talons abhanden gekommen sind. Die Documente sind in diesem Falle an eine Regierungs-Hauptcasse oder an die Controlle der Staatspapiere mittelst besonderer Eingabe einzureichen.

Die Beförderung der Talons oder resp. der Schuldverschreibungen an die Regierungs-Hauptcasse (nicht an die Controlle der Staatspapiere) erfolgt durch die Post bis zum 1sten Juni l. J. portofrei, wenn auf dem Couverte bemerkt ist:

„Talons zu . . . . . . Thlr. Kurmärkische Schuldverschreibungen (resp. Kurmärkische Schuldverschreibungen über . . . . . . Thlr.) zum Empfange neuer Coupons."

Mit dem 1sten Juni l. J. hört die Portofreiheit auf. Es werden nach dieser Zeit die neuen Coupons nebst Talons den Einsendern auf ihre Kosten zugesandt.

Für solche Sendungen, die von Orten eingehen oder nach Orten bestimmt sind, welche außerhalb des preußischen Postbezirks, aber innerhalb des deutschen Postvereins-Gebiets liegen, kann eine Befreiung vom Porto nach Maaßgabe der Vereinsbestimmungen nicht stattfinden.

Berlin, den 12. October 1863.
Haupt-Verwaltung der Staats-Schulden.
von Wedell. Gamet. Löwe. Meinecke.
Die Deputirten der Kurmark.
Graf Häseler. Scharnweber.

Vorstehende Bekanntmachung wird mit dem Bemerken zur öffentlichen Kenntniß gebracht, daß als Formulare zu den Verzeichnissen diejenigen benützt werden können, welche wir nach unserer Amtsblatts-Bekanntmachung vom 28sten Mai c. Stück 23 pro 1863 den Königlichen Kreis-Steuer-Cassen und den Haupt-Zoll-Aemtern zu Landsberg O. S. und Myslowitz zugefertigt haben, woselbst sie unentgeltlich bezogen werden können. Oppeln, den 21. October 1863. Königliche Regierung.

(587) Nach einer Mittheilung der Ober-Post-Behörde in Warschau können auf den Wegen über Sosnowice und Alexandrowo Geldsendungen, welche nach folgenden Orten in Polen: Czenstochau, Petrikau, Kosicin, Stjernlewice, Lodz, Wloclawel, Kutno, Lowicz und Warschau, sowie nach den hinter Warschau belegenen Orten bestimmt sind, wieder durch die Post befördert werden.

Berlin, den 27. November 1863. General-Post-Amt. Philipsborn.

(590) Die Verschiffung des Schoenebeck'er und Staßfurt'er Salzes von Schoenebeck ab und die Abfuhr des den Factoreien in den Provinzen Brandenburg, Pommern, Posen und Schlesien aus den Speditions-Magazinen bei Charlottenburg und Berlin zu Wasser zuzuführenden Salzes aller Art soll, nach Ablauf des für diese Unternehmung jetzt bestehenden Vertrages vom 1sten Januar 1865 ab geeigneten Unternehmern anderweit übertragen werden. Die Bedingungen, welche dabei maaßgebend sein werden, sind bei dem Haupt-Steuer-Amt für inländische Gegenstände zu Berlin, sowie bei den Herren Provinzial-Steuer-Directoren zu Magdeburg, Stettin, Posen und Breslau und bei den Königlichen Regierungen zu Potsdam und Frankfurt a. O. niedergelegt worden, woselbst sie eingesehen oder gegen Erstattung der Druckkosten in Empfang genommen werden können. Mit Hinweisung auf den Inhalt dieser Bedingungen werden Unternehmungslustige aufgefordert, die Frachtbeträge, für welche sie die Beförderung des Salzes nach den einzelnen Salzfactoreien zu übernehmen bereit sind, zusammenzustellen und mit ihre Forderungen versiegelt mittelst besonderen Begleitschreibens bis zum 18ten Januar 1864 vorzulegen. Die Eröffnung der eingegangenen Submissionen wird darauf am 19ten Januar, Vormittags 10 Uhr, erfolgen. Berlin, den 9. November 1863.

Der Finanz-Minister. (gez.) v. Bodelschwingh.

Bekanntmachungen der Königlichen Regierung.

(574) Dem Moritz M. Friedländer in Breslau ist unter dem 20sten November 1863 ein Patent auf eine in Beschreibung und Zeichnung dargelegte, in ihrer ganzen Zusammensetzung als neu und eigenthümlich erachtete Bergreinigungs-Maschine, ohne Andere in der Anwendung bekannter

Fundgrube 354 Maaßen und 64¹/₂ Quadrat-Lachter gevierten Feldes verliehen worden.
Breslau, den 23. November 1863. Königliches Oberbergamt.
(584) Königliche Ostbahn.
Wir bringen hierdurch zur öffentlichen Kenntniß, daß auf der Ostbahn bei der Beförderung von
Pappe und Papier in Packen
vom 4ten December d. J. ab der Frachtsatz der ermäßigten Classe A. des Tarifs (statt des seitherigen Satzes der Normalclasse) in Anwendung kommt.
Bromberg, den 27. November 1863. Königliche Direction der Ostbahn.
(591) **Auszahlung der Pfandbriefzinsen.**
Die Einlösung der in Weihnachten 1863 fällig werdenden Zinscoupons zu den schlesischen landschaftlichen Pfandbriefen wird in dem Zeitraume **vom 4ten bis 25sten Januar 1864** allwöchentlich — Mittwoch und Sonnabend ausgenommen — von 9 Uhr Vormittag bis 1 Uhr Nachmittag bei der Generallandschafts-Casse stattfinden. Wer mehr als fünf Coupons realisiren will, muß zugleich ein Verzeichniß derselben nach littera, Nummer und Betrag übergeben. Die Coupons von altlandschaftlichen Pfandbriefen müssen für sich, die zu Pfandbriefen littera C. ebenfalls für sich, und die zu Neuen Pfandbriefen wieder besonders, und zwar unter Trennung der 3¹/₂procentigen von den 4procentigen consignirt werden.
Formulare zu solchen Verzeichnissen werden in unserer Canzlei ausgereicht.
Die Einlösung der Pfandbrief-Recognitionen, welche für gekündigte Pfandbriefe im letzten Johannis-Termin oder früher ausgereicht worden sind, wird vom 19ten December d. J. ab stattfinden.
Außerdem wird die Einlösung von Zinscoupons und von fälligen Pfandbriefen stattfinden:
in Berlin bei dem Banquier J. Saling,
in Dresden bei dem Banquier M. Kaskel.
Breslau, den 2. December 1863. Schlesische General-Landschafts-Direction.
(596) Das Zeugniß der Wählbarkeit zum geistlichen Amte in der ev. Kirche haben nach bestandener Prüfung pro ministerio die nachfolgenden Candidaten des Predigt-Amts erhalten:
1) Paul Petrus August Nebert aus Heidau bei Liegnitz, 25¹/₂ Jahr alt,
2) Carl Gotthelf Franz Crusius aus Bleßig bei Reichenbach O.-L., 29¹/₄ Jahr alt;
3) Richard Carl Gotthelf Karow aus Bunzlau, 31¹/₄ Jahr alt;
4) Theodor Rudolph Sabbath aus Schmollen bei Oels, 25¹/₂ Jahr alt.
Die Erlaubniß zum Predigen erhielten nach abgelegtem Examen pro venia concionandi die nachbenannten Candidaten der Theologie:
1) Richard Eugen Georg Barth aus Oels, 2) Dietz Conrad Baron von Tzettritz-Neuhaus aus Kolbnitz bei Jauer, 3) Carl Müller aus Ratibor, 4) Julius Robert Neumann aus Groß-Tinz, Kreis Liegnitz, 5) Ernst Wilhelm Teller aus Paschwitz, Kreis Breslau, 6) Julius Theodor Adolf Thiemann aus Sorau in der Lausitz, 7) Johann August Paul Tittel aus Fraustadt.
Breslau, den 21. November 1863. Königliches Consistorium für die Provinz Schlesien.

Personal-Chronik.

(593) Des Königs Majestät haben Allergnädigst geruht, dem Landrath von Selchow zu Ratibor den rothen Adlerorden IV. Klasse zu verleihen.
Ernannt: der seitherige Vice-Obermeister Francke von der Handwerks-Compagnie der Niederschlesischen Artillerie-Brigade Nr. 5 zum Chausseeaufseher auf der Buchitz-Oppelner Staatschaussee.
Bestätigt: die Wiederwahlen des Beigeordneten Apotheker Haak und des Rathmannes Kaufmann Selten zu Groß-Strehlitz, sowie die Vocationen des katholischen Schullehrer Maase zu Zülz und der jüdischen Lehrer Dr. Ginsberg, Cracauer und Dr. Caro zu Beuthen.
Gestorben: die katholischen Schullehrer, Rector Keßner zu Beuthen und Kaminski zu Lohnau.
(585) Die im Regierungs-Amtsblatt Stück 9 enthaltene Anzeige, in Betreff der Dienst-Entlassung des Post-Expedienten Altrock, wird dahin berichtigt, daß die Entlassung auf den Antrag des ꝛc. Altrock erfolgt ist. Oppeln, den 29. November 1863. Königliche Ober-Post-Direction.
(592) Ernannt wurden:
Der Haupt-Amts-Assistent Krenschner zu Breslau zum Ober-Grenz-Controleur in Bleischwitz,

der Sergeant Mucha zum Grenz-Aufseher in Jastrzigowitz, der Gendarm Lauf zum Grenz-Aufseher in Peterwitz, der Sergeant Schütz zum Grenz-Aufseher in Gesäß, der Vice-Wachtmeister Scheuk zum Grenz-Aufseher in Buslawitz.

(593) Personal-Veränderungen
im Departement des Königlichen Appellations-Gerichts zu Ratibor pro Monat November 1863.
    A. Bei dem Königlichen Appellations-Gerichte.
Ernannt: der Dr. jur. Franz Severin Gordan zum Appellations-Gerichts-Auscultator.
Ausgeschieden: der Referendarius Anton Elsner behufs Uebertritts in das Departement des Königlichen Appellations-Gerichts Breslau, und der Referendarius Danner zufolge seines Antrages.
    B. Bei den Kreis-Gerichten.
    I. Bei dem Kreis-Gericht zu Beuthen.
Ernannt: der Civil-Supernumerar, Actuar zweiter Klasse, Oscar Ratsch zum Bureau-Assistenten.
Entlassen: der Bureau-Assistent Boecke zufolge Disciplinar-Erkenntnisses.
    II. Bei dem Kreis-Gericht zu Cosel.
Ernannt: der Civil-Supernumerar, Actuar zweiter Klasse, Franz Kubil aus Groß-Strehlitz zum Bureau-Assistenten.
Versetzt: der Bureau-Assistent Stach an das Kreis-Gericht zu Lublinitz.
    III. Bei dem Kreis-Gericht zu Lublinitz.
Ausgeschieden: der Bureau-Assistent Vogt zufolge seines Antrages.
    IV. Bei dem Kreis-Gericht zu Neisse.
Ernannt: der Civil-Supernumerar, Actuar erster Klasse, Ewald Rosbund aus Ratibor zum Bureau-Assistenten vom 1sten Januar 1864 ab.
    V. Bei dem Kreis-Gericht zu Groß-Strehlitz.
Ernannt: der Gefangenaufseher Anton Hubatschek aus Antonienhütte definitiv zum Gefangenwärter mit Bestimmung seiner Function bei der Gerichts-Commission Ujest.
Gestorben: der Bote und Executor Carl Langner.

Nachweisung
der gewählten und bestätigten Schiedsmänner pro November 1863.

Benennung der Ortschaften.	Kreis.	Namen der Schiedsmänner.
Marienfeld	Rosenberg	Lehrer Hugo Klemty zu Thule.
Kommornik und Lobkowitz	Neustadt	Schullehrer Johann Kossubek zu Kommornik.
Leimerwitz und Ehrenberg	Leobschütz	Anbauer Peter Müller in Leimerwitz.
Zabrzeg, Estern, Czarnuchowitz, Guhrek, Kopczlowitz und Porombek	Pleß	Lohnschreiber Samuel Liebrecht zu Neu-Berun.
Bowallno	Oppeln	Scholze Gawlista zu Bowallno.

Hierzu eine Beilage, enthaltend die Concession und die Statuten der Niederländischen Glas-Versicherungs-Gesellschaft in Amsterdam.

in Stück 52 Nr. 3524 des öffentlichen Anzeigers zum Regierungs-Amtsblatt erlassene Steckbrief wird hierdurch erneuert. Oppeln, den 2. December 1863.
Königliches Kreis-Gericht. I. Abtheilung.

(2938) Der hinter dem Knecht Peter Wieczorek aus Proskau unterm 3ten August c. in St. 34 des öffentlichen Anzeigers zum Regierungs-Amtsblatt Nr. 1926 erlassene Steckbrief wird hierdurch erneuert. Oppeln, am 2. December 1863.
Königl. Kreis-Gericht. I. Abtheilung.

Steckbriefs-Widerrufe.

(2797) Der hinter dem Einliegersohn Franz Magiera aus Stodoll unterm 1sten September 1862 erlassene Steckbrief ist erledigt. Rybnik, den 19ten November 1863.
Königliches Kreis-Gericht. I. Abtheilung.

(2806) Der Kanonier Johann Soballa der 1sten 12pfündigen Batterie Schlesischer Artillerie-Brigade Nr. 6 ist verhaftet und wird der Steckbrief am 19ten d. M. hiermit aufgehoben. Neisse, den 22. November 1863.
Königliches Commando der 1sten Fuß-Abtheilung Schlesischer Artillerie-Brigade Nr. 6.

(2815) Der bezüglich des Bädergesellen Gottlieb Martin aus Jacobswalde unterm 5ten d. M. erlassene Steckbrief ist erledigt. Ujest, den 20. November 1863.
Königliche Kreis-Gerichts-Commission.

(2822) Der unterm 28sten October 1863 hinter: 1) dem Einlieger Gottlieb Kühnel aus Tschöplowitz und 2) der Magd Johanna Schönwitz aus Neuwelt erlassene Steckbrief ist erledigt. Brieg, den 21. November 1863.
Königliches Kreis-Gericht. I. Abtheilung.

(2827) Der von uns hinter der unverehelichten Theresia Rohrbach aus Podewils, Kreis Oppeln, unterm 15ten Juli 1861 unter Nr. 2030 des öffentlichen Anzeigers erlassene Steckbrief ist erledigt. Oppeln, den 20. November 1863.
Königliches Kreis-Gericht. I. Abtheilung.

(2841) Der hinter dem Maurergesellen Vincent Nierobisch aus Friedersdorf, Kreis Neustadt O. S., zuletzt in Godulahütte, wegen Urkundenfälschung unterm 19ten October c. erlassene Steckbrief ist erledigt. Beuthen O. S., den 27. November 1863.
Der Staats-Anwalt.

(2842) Der hinter dem Tagearbeiter Amand Wagner aus Gollendorf unter dem 12ten Juni d. J. erlassene Steckbrief ist durch dessen Einlieferung hiermit erledigt. Münsterberg, den 24. November 1863.
Königliches Kreis-Gericht. I. Abtheilung.

(2847) Der hinter der Magd, unverehelichten Johanna Mainka aus Schloß Schurgast unterm 31sten October d. J. im öffentlichen Anzeiger Nr. 46 Seite 702 erlassene Steckbrief ist erledigt. Brieg, den 26. November 1863.
Königliches Kreis-Gericht. I. Abtheilung.

(2853) Königliches Kreis-Gericht zu Beuthen, den 27. November 1863. Der hinter dem Handlungs-Commis Hugo Pragal aus Tost unterm 10ten November c. erlassene Steckbrief ist erledigt.

(2854) Der unterm 24sten October c. hinter dem Einlieger Johann Gruska aus Creuzburg erlassene Steckbrief ist erledigt. Creuzburg, den 21. November 1863.
Königliches Kreis-Gericht. Erste Abtheilung.

(2855) Der hinter der unverehelichten Franzisca Renelt aus Eichau unter dem 6ten d. Mts. erlassene Steckbrief ist durch deren Einlieferung erledigt. Münsterberg, den 25. November 1863.
Königliches Kreis-Gericht. Erste Abtheilung.

Polizeiliche Nachrichten vermischten Inhalts.

(2876) **Bekanntmachung.** In der Nacht vom 12ten und 13ten November c. sind dem Rittmeister a. D. und Gutsbesitzer Reimann von hier mittelst gewaltsamen Einbruchs aus dessen Wohnung nachstehende Sachen gestohlen worden, als:
1) ein grüntuchener Pelz, mit schwarzem langhaarigen Pelzwerk und Schuppenkragen, 2) zwei Paar Buckskinghosen, 3) ein schwarzer Frack, neu, 4) ein brauner starker Düffelüberzieher, 5) ein Paar hellgraue Buckskinghosen, 6) ein brauntuchner Sommerüberzieher, 7) zwei Paar neue schwarze Buckskinghosen für Kinder, 8) ein schwarzes Herrenhalstuch mit rother Einfassung, 9) ein rothseidenes Schnupftuch, 10) eine grauwollene Pellerine, 11) 10 Ellen rothcarrirten Thibet, 12) eine Spaarbüchse mit 1 Thlr. Geld, 13) ein langer braunseidener Shawl, und 14) eine gehäkelte weiße Tischdecke mit Franzen und Arabesken von rothem Garn.

Ein Jeder, der von dem Diebstahl Kenntniß hat resp. diejenigen Personen namhaft machen kann, welche den Diebstahl verübt haben, fordere ich hierdurch auf, mir hiervon Anzeige zu machen. Kosten entstehen hierbei nicht. Oppeln, den 21. November 1863. Der Königliche Staats-Anwalt.

(2885) **Bekanntmachung.** Der Fleischer Carl Krapczy zu Sudoll beabsichtigt in der ihm gehörigen Arrendebesitzung Nr. 1 eine Schlachtstätte zu errichten. Dieses Vorhaben bringe ich gemäß §. 29 der Gewerbeordnung vom 17ten Januar 1845 mit der Aufforderung zur öffentlichen Kenntniß, etwaige Einwendungen dagegen innerhalb einer 14tägigen Frist bei mir anzumelden.
Ratibor, den 28. November 1863. Der Landrath.

(2898) **Widerruf.** Der Königliche Staats-Anwalt. Liegnitz, den 1. December 1863. Meine Bekanntmachung vom 4ten v. Mts., die Ermittelung des Schaubuden-Besitzers Wilhelm Schneider von Culm betreffend, ist erledigt.

(2899) Das Dominium Thule beabsichtigt, aus dem westlich von Thule belegenen Frischfeuer-Hüttenwerke am Budkowitzer Wasser eine Mahlmühle mit einem Wasserrade und stehendem Vorgelege ohne Veränderung des Fachbaumes und des Freigerinnes einzurichten und soll dieses Wasserrad 2 Gänge, nämlich einen amerikanischen und einen deutschen Mahlgang betreiben. Außerdem soll noch ein mit demselben in Zusammenhang stehender Spitzgang in der 1sten Etage angebracht werden. — In Gemäßheit des §. 3 des Gesetzes vom 1sten Juli 1861 bringe ich dieses Vorhaben mit dem Bemerken zur öffentlichen Kenntniß, daß Einwendungen dagegen, soweit sie nicht privatrechtlicher Natur sind, binnen einer Präclusivfrist von 14 Tagen, welche mit Ablauf desjenigen Tages, an welchem das diese Bekanntmachung enthaltende Amtsblatt ausgegeben wird, ihren Anfang nimmt, bei der Polizeiverwaltung zu Thule angebracht werden können, und daß daselbst Zeichnung, Beschreibung und Plan zur Einsicht ausliegen.
Rosenberg, den 3. December 1863. Der Königliche Landrath.

(2900) Die von Giesche'sche Gewerkschaft beabsichtigt zu Wilhelminenhütte eine Muffelfabrik zu errichten. — In Gemäßheit des Gesetzes über die Errichtung gewerblicher Anlagen vom 1sten Juli 1861 bringe ich dies Unternehmen mit dem Bemerken zur öffentlichen Kenntniß, daß Einwendungen dagegen, soweit sie nicht privatrechtlicher Natur sind, binnen einer Präclusivfrist von 14 Tagen, vom Tage des Erscheinens dieser Bekanntmachung im Amtsblatt gerechnet, bei der Polizei-Verwaltung zu Kattowitz anzubringen sind, und daß ebendaselbst die Zeichnungen und Beschreibungen der Anlage zur Einsicht während der Amtsstunden ausliegen. Beuthen, den 20. November 1863. Der Königliche Landrath.

(2910) **Bekanntmachung.** Am 31sten October c., Abends 7 Uhr, ist auf der öffentlichen Landstraße zwischen Schurgast und Löwen, in der Nähe des Dorfes Clausenburg, der Königl. Premier-Lieutenant Herr Arthur von Wulffen, genannt Küchmeister von Sternberg, von zwei unbekannten Männern von städtischem Ansehn und mittler Statur überfallen und theils durch Drohungen, theils durch Gewalt, zur Herausgabe eines Portemonnaies von rothem Saffian, in welchem sich etwa 12 Thaler in Silber- und Papiergeld befanden, bewogen worden. Ein Jeder, welcher über die Persönlichkeit dieser Männer, ihren Namen und Wohnort irgend welche Auskunft zu geben vermag, wird hierdurch aufgefordert, solches der nächsten Polizeibehörde anzuzeigen. Kosten entstehen dadurch nicht.
Oppeln, den 30. November 1863. Der Königliche Staats-Anwalt.

(2923) **Bekanntmachung.** Johann Sodzawiczny, Sohn des Einliegers Georg Sodzawiczny zu Kreuzdorf, Kreis Pleß, wird hiermit aufgefordert, sich binnen 6 Wochen und längstens bis zum 20sten Januar k. J. sich bei der unterzeichneten Polizeiverwaltung zu seiner Rechtfertigung wegen Abwesenheit bei der diesjährigen Musterung zu gestellen, widrigenfalls er steckbrieflich verfolgt werden wird. Miserau, den 5. December 1863. Die Fürstliche Polizei-Verwaltung.

(2924) **Bekanntmachung.** Im October c. ist dem Lorenz Pollok zu Myslowitz eine silberne Taschenuhr mit römischen Zahlen und einem messingenen Uhrschlüssel als muthmaßlich gestohlen abgenommen worden. Pollok will die Uhr in der Nähe des Myslowitzer Bahnhofs gefunden haben. — Der Eigenthümer dieser Uhr mag sich zur Empfangnahme derselben bei mir melden.
Beuthen O. S., den 30. November 1863. Der Staats-Anwalt.

(2934) **Bekanntmachung.** Am 30sten September c. sind zu Ruda einem unbekannten Frauenzimmer 12 Stück Handtücher als muthmaßlich gestohlen abgenommen worden. Die Person ist flüchtig. Der Eigenthümer der Handtücher kann sich bei mir zur Empfangnahme derselben melden.
Beuthen O. S., den 29. November 1863. Der Staats-Anwalt.

Die Insertions-Gebühren betragen pro Zeile oder deren Raum 4 Sgr.

Druck von E. Weißhäuser in Oppeln.

Theile zu beschränken,
auf fünf Jahre, von jenem Tage an gerechnet und für den Umfang des preußischen Staats ertheilt worden. Oppeln, den 10. December 1863.

(590) Dem Kreis-Baumeister Ritter zu Trier, dem Schmiedemeister Franz Frank und dem Mechanikus Anton Heinß zu Ruwer, ist unter dem 30sten November 1863 ein Patent
auf eine durch Beschreibung und Zeichnung nachgewiesene, für neu und eigenthümlich erkannte Vorrichtung zur Aufhängung und Schwingung von Glocken, ohne Andere in der Anwendung bekannter Theile zu beschränken,
auf fünf Jahre, von jenem Tage an gerechnet, und für den Umfang des preußischen Staats ertheilt worden. Oppeln, den 10. December 1863.

Bekanntmachungen verschiedener Behörden.

(572) **Aufkündigung** von ausgeloosten Rentenbriefen der Provinz Schlesien.

Bei der heute in Gemäßheit der Bestimmungen §§. 41 u. folg. des Rentenbank-Gesetzes vom 2ten März 1850 im Beisein der Abgeordneten der Provinzial-Vertretung und eines Notars stattgehabten Verloosung der nach Maaßgabe des Tilgungs-Plans zum 1sten April 1864 einzulösenden Rentenbriefe der Provinz Schlesien, sind nachstehende Nummern im Werthe von 124,440 Thalern gezogen worden und zwar:

96 Stück Lit. A. à 1000 Thlr.

Nr. 13. 252. 411. 428. 573. 749. 935. 1251. 1399. 1501. 1519. 1897. 1911. 2308. 2962. 3227. 3810. 4126. 4427. 4596. 4770. 4901. 5371. 5527. 5628. 5756. 5909. 6148. 6490. 6909. 7548. 7903. 8289. 8439. 8480. 8529. 8669. 8882. 9331. 9776. 9882. 10364. 10402. 10655. 10794. 11003. 11260. 11287. 11527. 11673. 12490. 12582. 12622. 12904. 13297. 14263. 14332. 14402. 14488. 14742. 14891. 14999. 15168. 15178. 15563. 15573. 15919. 16418. 16649. 16961. 17757. 17907. 17991. 18656. 18967. 18997. 19515. 19561. 19600. 19672. 19861. 19979. 20267. 20274. 20634. 20827. 20997. 21085. 21106. 21178. 21310. 21313. 21422. 21438. 21638. 21660.

26 Stück Lit. B. à 500 Thlr.

Nr. 437. 581. 594. 768. 898. 955. 1038. 1284. 1337. 1427. 1500. 1569. 1734. 1964. 2124. 2402. 2404. 3059. 3081. 2776. 3353. 4414. 4553. 4609. 5099. 5191.

88 Stück Lit. C. à 100 Thlr.

Nr. 75. 469. 662. 782. 784. 846. 1234. 1652. 1712. 1950. 2010. 2363. 2419. 2691. 3147. 3218. 3557. 3718. 3908. 4027. 4636. 4762. 4866. 4964. 5004. 5322. 5600. 5858. 6305. 6318. 6378. 6459. 6510. 6779. 6930. 7169. 7488. 7499. 7703. 8126. 8427. 8467. 9024. 9059. 10226. 10252. 10412. 10961. 11159. 11177. 11684. 11798. 12133. 13161. 13325. 14538. 14754. 14994. 15052. 15073. 15358. 15423. 15488. 15586. 15604. 15696. 15708. 15793. 15900. 15949. 15950. 16020. 16086. 16248. 17012. 17041. 17289. 17378. 17863. 18126. 18164. 18217. 18327. 18697. 18811. 18882. 18916. 18921.

64 Stück Lit. D. à 25 Thlr.

Nr. 91. 194. 394. 480. 635. 951. 1098. 1152. 1157. 1292. 1648. 2103. 2146. 2192. 2203. 2336. 2363. 2628. 2655. 3281. 3609. 4450. 4452. 4458. 4727. 4814. 5402. 5544. 5714. 6306. 6602. 6630. 6639. 7092. 7578. 7938. 7978. 8339. 8837. 8872. 8901. 9021. 9421. 9646. 10218. 10345. 11042. 11321. 11606. 11803. 11989. 12067. 12289. 12522. 12679. 12694. 13063. 13261. 13300. 13381. 13639. 13838. 13875. 13932.

504 Stück Lit. E. à 10 Thlr.

Nr. 7. 185. 202. 214. 237. 247. 249. 254. 304. 329. 446. 728. 774. 782. 801. 844. 919. 959. 972. 1036. 1157. 1185. 1203. 1232. 1275. 1320. 1355. 1365. 1421. 1430. 1431. 1456. 1476. 1531. 1560. 1568. 1676. 1702. 1770. 1819. 1829. 1927. 1930. 1946. 2011. 2013. 2024. 2027. 2102. 2144. 2194. 2245. 2271. 2323. 2364. 2441. 2444. 2443. 2544. 2585. 2725. 2877. 2885. 2894. 2954. 2996. 3030. 3097. 3154. 3194. 3209. 3238. 3285. 3296. 3306. 3335. 3403. 3430. 3490. 3506. 3545. 3554. 3573. 3576. 3657. 3685. 3730. 3731. 3737. 3773. 3817. 3824. 3828. 3996. 4028. 4070. 4128. 4129. 4141. 4136. 4228. 4374. 4387. 4391. 4400. 4512. 4529. 4548. 4592. 4713. 4737. 4752. 4796. 4801. 4841. 4929. 4959. 4997. 5005. 5010. 5029. 5103. 5148. 5170. 5277. 5368. 5399. 5409. 5568. 5660. 5739. 5744. 5755. 5847. 5897. 5979. 6010. 6058. 6071. 6214. 6253. 6287. 6336. 6354. 6388. 6501. 6507. 6674. 6726. 6727. 6817. 6886. 7022. 7027. 7077. 7201. 7316. 7344. 7367.

Nr. 7402. 7506. 7508. 7565. 7591. 7638. 7648. 7671. 7778. 7965. 7978. 7987. 8036. 8043. 8121. 8180. 6197. 8217. 8275. 8285. 8401. 8444. 8474. 8484. 8505. 8535. 8576. 8586. 8658. 8659. 8675. 8717. 8798. 8805. 8819. 8826. 8904. 9031. 9041. 9057. 9107. 9206. 9223. 9287. 9291. 9307. 9455. 9559. 9692. 9746. 9800. 9802. 9837. 9869. 9871. 9898. 9910. 9933. 10032. 10062. 10075. 10093. 10237. 10256. 10296. 10329. 10446. 10508. 10513. 10549. 10557. 10596. 10715. 10751. 10898. 11024. 11064. 11077. 11006. 11098. 11222. 11245. 11397. 11418. 11419. 11606. 11617. 11638. 11643. 11701. 11744. 11769. 11858. 11866. 11875. 11878. 11894. 11920. 11949. 12018. 12042. 12047. 12089. 12109. 12115. 12225. 12272. 12306. 12334. 12348. 12352. 12408. 12436. 12454. 12457. 12477. 12495. 12534. 12539. 12558. 12570. 12572. 12605. 12616. 12630. 12641. 12645. 12667. 12685. 12778. 12805. 12997. 13002. 13032. 13050. 13099. 13126. 13136. 13146. 13162. 13204. 13287. 13312. 13346. 13365. 13381. 13462. 13510. 13544. 13552. 13562. 13632. 13635. 13669. 13729. 13793. 13797. 13843. 13915. 13929. 13939. 13940. 13980. 14023. 14026. 14132. 14223. 14295. 14394. 14401. 14474. 14523. 14603. 14605. 14697. 14752. 14775. 14780. 14785. 14838. 14986. 15067. 15080. 15103. 15105. 15130. 15148. 15195. 15217. 15224. 15293. 15326. 15335. 15357. 15372. 15381. 15403. 15416. 15434. 15469. 15513. 15535. 15549. 15580. 15640. 15756. 15759. 15817. 15837. 15915. 15959. 15971. 15978. 16012. 16025. 16068. 16073. 16129. 16141. 16155. 16192. 16236. 16241. 16248. 16291. 16367. 16389. 16408. 16439. 16485. 16495. 16508. 16521. 16524. 16531. 16533. 16645. 16683. 16759. 16795. 16826. 16942. 16991. 17042. 17078. 17140. 17142. 17221. 17246. 17256. 17268. 17316. 17344. 17367. 17417. 17450. 17493. 17547. 17560. 17584. 17586. 17620. 17621. 17628. 17644. 17648. 17796. 17711. 17788. 17862. 17591. 18012. 18085. 18159. 18265. 18355. 18358. 18365. 18369. 18399. 18471. 18493. 18535. 18537. 18556. 18610. 18632. 18637. 18638. 18648. 18760. 18782. 18788. 18812. 18821. 18880. 18887. 18911. 18912. 18930. 18936. 19001. 19016. 19123. 19125. 19175. 19188. 19212. 19218. 19226. 19234. 19263. 19264. 19307. 19327. 19335. 19407. 19417. 19444. 19540. 19545. 19547. 19586. 19619. 19621. 19641. 19681. 19715. 19736. 19748. 19756. 19780. 19795. 19876. 19893. 19894. 19899. 19922. 19934. 19935. 20039. 20041. 20052. 20056. 20075.

Indem wir die vorstehend bezeichneten Rentenbriefe zum 1sten April 1864 hiermit kündigen, werden die Inhaber derselben aufgefordert, den Nennwerth gegen Zurücklieferung der Rentenbriefe nebst den dazu gehörigen Zins-Coupons Serie II. Nr. 12 bis 16, so wie gegen Quittung in term. **den 1sten April 1864** und die folgenden Tage, mit Ausschluß der Sonn- und Festtage bei unserer Casse — Sandstraße Nr. 10 hierselbst — in den Vormittagsstunden von 9 bis 1 Uhr baar in Empfang zu nehmen.

Die Empfangnahme der Valuta kann, nach Maaßgabe der Bestände unserer Casse, auch schon früher und zwar schon von jetzt ab geschehen, in diesem Falle jedoch nur gegen Abzug der Zinsen von 4 pro Cent für die Zeit vom Zahlungstage bis zum Verfalltage, den 1sten April 1864, worauf die Inhaber der verloosten Rentenbriefe hiermit besonders aufmerksam gemacht werden.

Bei der Präsentation mehrerer Rentenbriefe zugleich, sind solche nach den verschiedenen Apoints und nach der Nummerfolge geordnet, mit einem besondern Verzeichniß vorzulegen.

Auch ist es bis auf Weiteres gestattet, die gekündigten Rentenbriefe unserer Casse mit der Post, aber frankirt und unter Beifügung einer gehörigen Quittung auf besonderem Blatte über den Empfang der Valuta einzusenden und die Uebersendung der letzteren auf gleichem Wege, natürlich auf Gefahr und Kosten des Empfängers, zu beantragen.

Vom 1sten April 1864 ab findet eine weitere Verzinsung der hiermit gekündigten Rentenbriefe nicht statt und der Werth der etwa nicht mit eingelieferten Coupons Serie II. Nr. 12 bis 16 wird bei der Auszahlung vom Nennwerthe der Rentenbriefe in Abzug gebracht.

Die ausgeloosten Rentenbriefe verjähren nach §. 44 des Rentenbankgesetzes binnen zehn Jahren.

Breslau, den 21. November 1863.

Königliche Direction der Rentenbank für die Provinz Schlesien.

(588) Durch Urkunde vom heutigen Tage ist der Ornontowitzer Actien-Gesellschaft für Kohlen- und Eisen-Production das Steinkohlen-Bergwerk Zwischenfeld bei Ornontowitz, Kreis Pleß, mit einer

Amts-Blatt
der Königlichen Regierung zu Oppeln.

Stück 51.   Oppeln, den 17. December   **1863.**

Bekanntmachungen der höchsten Staats-Behörden.

(599) **Bekanntmachung** wegen Ausreichung der neuen Zinscoupons Serie III. zu den Schuldverschreibungen der Staatsanleihe von 1856.

Zu den Schuldverschreibungen der Staatsanleihe vom Jahre 1856 werden die neuen Coupons Serie III. Nr. 1—8 über die Zinsen für die vier Jahre 1864 bis 1867 nebst Talons vom 14ten December d. J. ab von der Controlle der Staatspapiere hierselbst, Oranienstraße Nr. 92 unten rechts, täglich in den Vormittagsstunden von 9 bis 1 Uhr, mit Ausnahme der Sonn- und Festtage und der drei letzten Tage jedes Monats, ausgereicht werden.

Die Coupons können bei der gedachten Controlle selbst in Empfang genommen oder durch Vermittelung der Königlichen Regierungs-Hauptcassen bezogen werden. Wer das Erstere wünscht, hat die Talons vom 6ten Mai 1859 mittelst eines Verzeichnisses, zu welchem Formulare bei der Controlle und in Hamburg bei dem Preußischen Ober-Post-Amte, unentgeltlich zu haben sind, bei der Controlle persönlich oder durch einen Beauftragten abzugeben. Genügt dem Einreicher eine numerirte Marke als Empfangs-Bescheinigung, so ist das Verzeichniß nur einfach einzureichen, wogegen dasselbe von denen, welche eine schriftliche Bescheinigung über die Abgabe der Talons zu erhalten wünschen, doppelt abzugeben ist. In dem letztgedachten Falle erhalten die Einreicher das eine Exemplar des Verzeichnisses mit einer Empfangs-Bescheinigung versehen sofort zurück. Die Marke oder Empfangs-Bescheinigung ist bei der Ausreichung der neuen Coupons zurückzugeben. In Schriftwechsel kann sich die Controlle der Staatspapiere nicht einlassen.

Wer die gedachten Talons an eine Regierungs-Hauptcasse befördern will, hat sie derselben mit einem doppelten Verzeichnisse einzureichen.

Das eine Exemplar des Verzeichnisses wird dann mit einer Empfangs-Bescheinigung versehen sogleich zurückgegeben, und ist demnächst bei Aushändigung der neuen Coupons wieder abzuliefern.

Formulare zu diesen Verzeichnissen sind bei den Regierungs-Hauptcassen und den von den Königlichen Regierungen in den Amtsblättern zu bezeichnenden Cassen unentgeltlich zu haben.

Des Einreichens der Schuldverschreibungen selbst bedarf es zur Erlangung der neuen Coupons nur dann, wenn die alten Talons abhanden gekommen sind. Die Documente sind in diesem Falle an die Controlle der Staatspapiere oder an eine Regierungs-Hauptcasse mittelst besonderer Eingabe einzureichen.

Die Beförderung der Talons oder der Schuldverschreibungen an die Regierungs-Hauptcassen (nicht an die Controlle der Staatspapiere) erfolgt durch die Post bis zum 1sten August l. J. portofrei, wenn auf dem Couverte bemerkt ist:
„Talons (Schuldverschreibungen) zu . . . . . Thlr. der Staats-Anleihe von 1856 zum Empfange neuer Coupons."

Mit dem 1sten August l. J. hört die Portofreiheit auf, und es werden von da ab die neuen Coupons den Einsendern auf ihre Kosten zugesandt.

Für solche Sendungen, die von Orten eingehen oder nach Orten bestimmt sind, welche außerhalb des Preußischen Postbezirks, aber innerhalb des deutschen Postvereinsgebiets liegen, kann eine Befreiung vom Porto nach den Vereinsbestimmungen nicht stattfinden.

Berlin, den 28. November 1863.

Haupt-Verwaltung der Staatsschulden.

von Wedell. Gamet. Löwe. Meinecke.

Vorstehende Bekanntmachung wird mit dem Bemerken zur öffentlichen Kenntniß gebracht, daß als Formulare zu den Verzeichnissen diejenigen benutzt werden können, welche wir nach unserer Amtsblatt-

Bekanntmachung vom 28sten Mai 1863 Stück 23 pro 1863 den Königlichen Kreis-Steuer-Cassen und den Haupt-Zoll-Aemtern in Landsberg O. S. und Myslowitz zugefertigt haben und bei welchen diese unentgeltlich bezogen werden können. Oppeln, den 7. December 1863. Königliche Regierung.

(608) In Folge der für die Königliche Marine unter dem 8ten hujus Allerhöchst befohlenen Kriegsbereitschaft werden alle Marine-Reserven, mit alleinigem Ausschluß derer des See-Bataillons und der See-Artillerie, sowie die Seedienstpflichtigen, beide bis zum vollendeten 27sten Lebensjahre, hierdurch aufgefordert, sich bei dem nächsten Landwehr-Bataillon sofort zu melden.
Berlin, den 10. December 1863. Königlich Preußisches Ober-Commando der Marine.

Unter Bezugnahme auf die öffentliche Bekanntmachung vom gestrigen Tage werden alle Marine-Reserven und Seedienstpflichtigen bis zum vollendeten 27sten Lebensjahre, welche ihren gegenwärtigen Wohnsitz der resp. Landwehr-Behörde noch nicht gemeldet haben, hierdurch nochmals aufgefordert, diese Meldung den Bezirksfeldwebeln des Schleunigsten zu erstatten, damit sie von den Ordres zur persönlichen Gestellung, sobald diese von den Landwehr-Bataillonen, auf Requisition des Commandos der Stamm-Division der Flotte der Ostsee, an sie ergehen werden, ohne Zeitverlust erreicht werden können.

In der öffentlichen Bekanntmachung vom gestrigen Tage sind die Reserven des See-Bataillons und die See-Artillerie nur in sofern ausgeschlossen worden, als angenommen wird, daß dieselben ein seemännisches Gewerbe nicht treiben und vorschriftsmäßig bei den Bezirksfeldwebeln angemeldet sind, daher von Einberufungs-Ordres sogleich erreicht werden können.
Berlin, den 11. December 1863. Königlich Preußisches Ober-Commando der Marine.

Bekanntmachungen des Herrn Ober-Präsidenten.

(597) Die Irren-Bewahr-Anstalt zu Plagwitz ist im Monat Juli d. Js. aufgelöst und für dieselbe die Irren-Pflege-Anstalt bei Bunzlau eröffnet worden, deren Verwaltung nach Maaßgabe der in den Amtsblättern der Provinz bereits veröffentlichten Instruction vom 20sten October d. Js. von einer in Breslau ihren Sitz habenden besonderen Commission geführt wird.

Dies wird hiermit zur öffentlichen Kenntniß gebracht.
Breslau, den 5. December 1863.
Der Königliche Wirkliche Geheime Rath und Ober-Präsident der Provinz Schlesien. Schleinitz.

(605) Nachdem die Begründung des katholischen Theils der Graf von Schlabrendorffschen Seminar- und Waisenhaus-Stiftung im Anschluß an das katholische Schullehrer-Seminar zu Liebenthal von dem Königlichen Ministerium der geistlichen, Unterrichts- und Medicinal-Angelegenheiten genehmigt und der Eröffnungstermin auf den 1sten Januar 1864 festgestellt worden ist, ist unter Bezugnahme auf §. 73 des für die Graf von Schlabrendorffsche Schulen-Stiftung ergangenen Statuts vom 31sten Januar 1859 folgender Nachtrag entworfen worden:

**Nachtrag
zu dem Statut für die Graf von Schlabrendorffsche
Schulen-Stiftung vom 31. Januar 1859.**

§. 1. Die Bestimmungen des Statuts vom 31sten Januar 1859 finden auch auf den katholischen Theil der Graf von Schlabrendorffschen Seminar- und Waisenhaus-Stiftung Anwendung.

§. 2. An die Stelle der gleichbenannten Paragraphen des Statuts treten jedoch die nachstehenden:

§. 27. Die Erfüllung des in §. 1. sub B. gedachten Stiftungszweckes soll bei dem Königlichen katholischen Schullehrer-Seminar zu Liebenthal fünf Seminaristen, und in dem daselbst errichteten und mit dem Seminar in Verbindung gesetzten Waisenhause zwölf Waisenknaben freier Unterhalt und die für den Landschullehrer und Landmann im Sinne des Stifters erforderliche Erziehung und Ausbildung auf Kosten der Stiftung gewährt werden.

Die Vermehrung der Waisenstellen nach Maaßgabe des vorhandenen Raumes ist zulässig und geht, wenn sie nach Umständen zweckmäßig erscheint, der Erfüllung des Stiftungszweckes ad C. §. 1 vor.

§. 32. In der Regel werden die Seminar-Freistellen mit den tüchtigsten und zuverlässigsten Zöglingen der beiden oberen Cöten des Liebenthaler Seminars besetzt. Bei besonderer Tüchtigkeit und Fähigkeit können jedoch unbemittelte Präparanden ausnahmsweise gleich bei ihrem Eintritt in das Seminar für die Freistellen in Vorschlag gebracht werden; namentlich gilt diese Begünstigung für diejenigen Zöglinge des Waisenhauses, welche sich in der Anstalt selbst genügend zum Eintritt ins Seminar vorbereitet haben und sich dem Schulfach widmen wollen.

— 281 —

In beiden Fällen haben auf den Holziger Gütern (§. 11.) Geborene oder daselbst Ortsgehörige bei sonst gleicher Qualification den Vorzug.

§. 35. Die Meldungen zur Aufnahme in das Waisenhaus werden bei dem Director gemacht und zwar am Besten zu Anfang jedes Kalenderjahres.

§. 36. Der Aufnahme-Termin ist in der Regel zu Ostern jedes Jahres. In anderen Zeiten können nur ausnahmsweise und in besonders dringenden Fällen Zöglinge aufgenommen werden.

§. 38. Die Liste der gemeldeten Knaben reicht der Director Mitte Februar in jedem Jahre durch das Provinzial-Schul-Collegium, welches seine etwaigen Bemerkungen dazu zu machen hat, dem Curator ein, welcher die Bewerbungen prüft und über die Besetzung entscheidet.

§. 51. Den Schulunterricht erhalten die Waisen in der Seminar-Uebungsschule. — Die Errichtung einer besonderen Präparandenklasse über der letzteren bleibt vorbehalten.

§. 52. Die Waisen werden nach Maßgabe ihres Alters, ihrer Vorbildung und Bildungszieles, zu welchem sie befähigt scheinen, den einzelnen Abtheilungen der genannten Schule von dem Director zugewiesen, wobei der Wunsch der Verwandten und Vormünder billige Rücksicht finden wird.

§. 56. Die Beköstigung der Fundatisten und der Waisen erfolgt aus der Seminarküche nach einer bestimmten Speiseordnung.

§. 60. Die Waisen bleiben bis zum vollendeten 14ten Lebensjahre in der Anstalt. Vor ihrer Entlassung aus derselben müssen sie jedoch nach gehöriger Vorbereitung zum Empfange der heiligen Sacramente der Buße und des Altars zugelassen worden sein. — Diejenigen, welche sich zum Schulfach eignen, bleiben im Besitz der Freistellen auch nach der Zulassung zur ersten heiligen Communion und erhalten in der Präparandenklasse die für das Seminar nöthige Vorbildung. Sie treten, sofern sie nicht mit Zustimmung ihrer Vormünder einen andern Beruf ergreifen wollen, als Fundatisten in das Seminar ein, wenn sie die Aufnahme-Prüfung zu bestehen, gegen ihre Führung kein Tadel vorliegt, und die übrigen Bedingungen der Aufnahme — §. 28 und 30 — erfüllt werden.

§. 65. Da der katholische Theil der Graf von Schlabrendorffschen Stiftung mit dem Schullehrer-Seminar zu Liebenthal in Verbindung gesetzt ist, so ist er, wie dieses, in Betreff der innern Aufsicht und Leitung, dem Königlichen Provinzial-Schul-Collegium unterworfen.

Von allen bezüglichen Anordnungen und Veränderungen, welche wesentlich sind, hat dieses dem Curator besondere Mittheilung zu machen.

§. 66. Das Personal der Anstalt besteht:
 1) aus dem Director (dem jedesmaligen Director des Königlichen Seminars),
 2) einem zum ordentlichen Seminarlehrer qualificirten Lehrer (Waisenhaus-Inspector),
 3) einem Lehrer, welcher befähigt sein muß, den Präparanden-Unterricht in der Musik zu ertheilen,
 4) der Hausmutter, welche die Pflege und Wartung der kranken Zöglinge, die Reinigung der jüngeren Waisen und das Nähen, die Ausbesserung und das Reinigen der Anstaltswäsche zu besorgen hat, und welcher eine Gehülfin zugesellt wird.

Den Beichtunterricht und das Begräbniß der Zöglinge der Anstalt besorgt der Ortsgeistliche gegen eine etatsmäßige Aversional-Stiftung zu machen.

§. 67. Die im §. 66 unter 2 und 3 erwähnten Lehrer sind Seminarlehrer und unterliegen in Betreff der Anstellung, der Amtsführung, der Disciplin und der Pensionsfähigkeit den für jene bestehenden gesetzlichen Vorschriften.

Ob und welchen Beitrag die Stiftung zu ihrer einstigen Pension zu leisten habe, bleibt besonderer Regulirung vorbehalten. Den Wittwen der Lehrer kann im Falle besonderer Hilfsbedürftigkeit neben der Pension aus Stiftungsmitteln Unterstützung gewährt werden.

Mit der Hausmutter, welche auf Kündigung anzustellen ist, wird ein besonderer, ihre Rechte und Pflichten regelnder Dienstvertrag von dem Director abgeschlossen, welcher dem Curator zur Bestätigung einzureichen ist.

§. 68. Zur Aufnahme der Waisen ist im Seminar-Gebäude der erforderliche Raum beschafft worden, für dessen Ueberlassung die Stiftung eine mit Genehmigung des Ministeriums der geistlichen, Unterrichts- und Medicinal-Angelegenheiten festgestellte Abschlagszahlung an das Seminar geleistet hat.

Die Unterhaltung der in Gebrauch genommenen Räume trägt die Stiftung.

§. 71. Dem an der Seminar-Uebungsschule angestellten Lehrer kann eine jährliche Remuneration aus Stiftungsmitteln bewilligt werden, wenn sich herausstellt, daß ihm durch die Uebernahme des Unterrichts für die Waisen und die Ausbildung der Seminar-Fundatisten eine Mehrarbeit erwächst, welche durch die Hilfsleistung der Waisenhaus'eb er bei der Ertheilung des Unterrichts im Seminar nicht ausgeglichen wird.

Vorstehender Nachtrag zum Statut für die Graf von Schlabrendorffsche Schulenstiftung vom 31sten Januar 1859 wird auf Grund der von dem Königlichen Ministerium der geistlichen, Unterrichts- und Medicinal-Angelegenheiten mittelst Erlasses vom 27sten November d. Js. ertheilten Genehmigung, hiermit ausgefertigt. Breslau, den 7. December 1863.

Der Königliche Wirkliche Geheime Rath und Ober-Präsident der Provinz Schlesien. Schleinitz.

Bekanntmachungen der Königlichen Regierung.

(598) Zur Erhaltung einer geordneten Cassenverwaltung ist erforderlich, daß die von den fiscalischen Cassen zu leistenden Zahlungen in dem entsprechenden Rechnungs-Jahre erfolgen und zur Verrechnung gelangen.

Wir fordern daher alle diejenigen Beamten und Privatpersonen, denen eine im Jahre 1863 fällige Forderung an eine fiscalische Casse unseres Verwaltungsbezirks zusteht, hiermit auf, den Geldbetrag noch vor Ablauf dieses Jahres bei der betreffenden Behörde zu liquidiren und einzuziehen. Gegen diejenigen Beamten, welche ihre im Jahre 1863 fällig gewordenen Forderungen erst später liquidiren oder erheben, werden wir Ordnungsstrafen festsetzen. Oppeln, den 1. December 1863.

(600) Den Maschinenfabrikanten Jung und Must in Halle a. S. ist unter dem 7ten December 1863 ein Patent

auf eine Regulator-Vorrichtung für solche Dampfmaschinen, bei denen die hin- und hergehende Bewegung der Kolben nicht in eine rotirende umgewandelt wird, in der durch Zeichnung und Beschreibung nachgewiesenen ganzen Zusammensetzung und ohne Jemand in Anwendung bekannter Theile zu beschränken,

auf fünf Jahre, von jenem Tage an gerechnet und für den Umfang des preußischen Staats ertheilt worden. Oppeln, den 17. December 1863.

Bekanntmachungen verschiedener Behörden.

(601) Die nächste Schwurgerichts-Sitzung bei dem unterzeichneten Gericht beginnt **den 11ten Januar 1864**. Neiffe, den 5. December 1863. Königl. Kreis-Gericht. I. Abtheilung.

Personal-Chronik.

(602) Bestätigt: die Wahlen des Gerichts-Assessor Kammler zu Frankenstein zum Bürgermeister der Stadt Neustadt O. S. und des Kaufmann Menzler zu Zülz zum Rathmann daselbst, sowie die Vocationen der katholischen Schullehrer Bulla zu Przyscheß, Tschammer zu Piffarzowitz, Rothregel zu Kirchberg und Ziontek zu Bischdorf.

Die Herren Kreis-Secretaire des hiesigen Regierungs-Departements werden ganz ergebenst ersucht, sich auch pro 1863 der Subscribenten-Sammlung zum Amtsblatt-Sachregister in der bisher bekannten Art geneigtest zu unterziehen und das Ergebniß baldgefälligst der J. Weilshäuferschen Buchdruckerei in Oppeln anzeigen zu wollen.

Hierzu eine Beilage, enthaltend die Concession und die Statuten der Liverpool- und Londoner Feuer- und Lebens-Versicherungs-Gesellschaft.

Redaction des Amtsblatts im Regierungs-Gebäude. — Druck von J. Weilshäufer in Oppeln.

Amts-Blatt
der Königlichen Regierung zu Oppeln.

Stück 52. Oppeln, den 24. December **1863.**

Bekanntmachungen der höchsten Staats-Behörden.

(622) **Bekanntmachung**, betreffend die 9te Verloosung der Staatsanleihe vom Jahre 1856 und die 3te Verloosung der fünfprocentigen Staatsanleihe vom Jahre 1859.

In der am heutigen Tage öffentlich bewirkten Verloosung von Schuldverschreibungen der 4½procentigen Staatsanleihe aus dem Jahre 1856 und der 5procentigen Staatsanleihe aus dem Jahre 1859 sind die in der Anlage verzeichneten Nummern gezogen worden.

Dieselben werden den Besitzern mit der Aufforderung gekündigt, die darin verschriebenen Kapitalbeträge vom 1sten Juli k. J. ab täglich, mit Ausschluß der Sonn- und Festtage und der drei letzten Tage jedes Monats, in den Vormittagsstunden von 9 bis 1 Uhr entweder bei der Staatsschulden-Tilgungs-Casse hierselbst, Oranienstraße Nr. 94, oder bei einer der Königlichen Regierungs-Hauptcassen gegen Quittung und Rückgabe der Schuldverschreibungen mit den dazu gehörigen, erst nach dem 1sten Juli k. J. fälligen Zinscoupons nebst Talons baar in Empfang zu nehmen.

Der Geldbetrag der etwa fehlenden, unentgeltlich mitzuliefernden Zinscoupons wird von dem zu zahlenden Kapitale zurückbehalten.

Formulare zu den Quittungen werden von den gedachten Cassen unentgeltlich verabreicht.

Die Staatsschulden-Tilgungscasse kann sich in einen Schriftwechsel mit den Inhabern der Schuldverschreibungen über die Zahlungsleistung nicht einlassen.

Zugleich werden die Inhaber der in der Anlage bezeichneten, nicht mehr verzinslichen Schuldverschreibungen der gedachten beiden Staatsanleihen, welche in den bisherigen Verloosungen (mit Ausschluß der am 18ten Juni d. J. stattgehabten) gezogen, aber bis jetzt noch nicht realisirt sind, an die Erhebung ihrer Capitalien erinnert.

In Betreff der am 18ten Juni d. J. ausgelosten und zum 2ten Januar k. J. gekündigten Schuldverschreibungen wird auf das an dem ersteren Tage bekannt gemachte Verzeichniß Bezug genommen, welches bei der Regierungs-Hauptcasse, den Kreis-, den Steuer- und den Forst-Cassen, der Kämmerei- und anderen Communal-Cassen, sowie auf den Büreaux der Landräthe und Magistrate zur Einsicht offen liegt.

Berlin, den 11. December 1863.

Haupt-Verwaltung der Staats-Schulden.
von Wedell. Gamet. Löwe. Meinecke.

(611) Zwischen der Königl. Preußischen und der Königlich Niederländischen Regierung ist unterm 18ten September d. J. ein neuer Postvertrag geschlossen worden, welcher mit dem 1sten Januar 1864 in Kraft tritt.

Nach diesem Vertrage beträgt das Gesammtporto für den einfachen, bis 1 Loth excl. schweren frankirten Brief nach dem gesammten Niederländischen Postgebiete:

   a. aus der Rheinprovinz, Westphalen, Birkenfeld, Waldeck und Pyrmont . . . 2 Sgr.,
   b. aus den übrigen Theilen des Preußischen Postbezirks . . . . 3 Sgr.

Unfrankirte Briefe unterliegen einem Portozuschlag von 1 Sgr. Für den einfachen unfrankirten Brief aus den Niederlanden nach der Rheinprovinz, Westphalen, Birkenfeld, Waldeck und Pyrmont werden daher . . . . 3 Sgr.
nach den übrigen Theilen des Preußischen Postbezirks . . . . 4 Sgr.
Porto von Adressaten erhoben.

Der einfache Portosatz zwischen solchen beiderseitigen Post-Anstalten, welche in gerader Linie nicht weiter als 30 Kilometer (ungefähr 4 Meilen) von einander entfernt liegen, ist für frankirte Briefe auf 1 Sgr. (5 Cents), für unfrankirte Briefe auf 2 Sgr. (10 Cents) festgesetzt worden.

Für die Briefe im Gewichte von 1 Loth und mehr steigt das Porto wie bisher in der Art, daß
          von 1 bis 2 Loth excl. das zweifache,
          von 2 bis 3 Loth excl. das dreifache
Porto u. s. f. für jedes weitere Loth ein einfacher Portosatz mehr berechnet wird.

    Recommandirte Briefe unterliegen dem Frankirungszwange; außer dem Porto für gewöhnliche Briefe wird eine Recommandations-Gebühr von 2 Sgr. erhoben. Verlangt der Absender eine Empfangsbescheinigung des Adressaten zugesandt zu erhalten, so ist dafür ein weiterer Betrag von 2 Sgr. bei der Aufgabe zu entrichten.

    Briefe mit Werthangabe unterliegen gleichfalls dem Frankirungszwange; dem Porto für recommandirte Briefe tritt bei diesen Sendungen ein Werthporto von 3 Pf. für jede 10 Thaler oder jeden Theil von 10 Thalern der declarirten Summe hinzu.

    Wird eine Empfangsbescheinigung des Adressaten verlangt, so hat der Absender dafür außerdem den Betrag von 2 Sgr. zu entrichten. Die Briefe mit Werthangabe müssen mit einem Kreuzcouvert versehen und mit 5 gleichen Siegeln mittelst Siegellack verschlossen sein. Die Höhe der Werths-Declaration ist unbeschränkt; der Werthbetrag muß auf der Adreßseite des Briefes in der linken unteren Ecke in Buchstaben angegeben sein. Das Gewicht jedes einzelnen Briefes mit Werthangabe darf 1 Pfd. nicht überschreiten.

    Briefe, welche von der Post-Anstalt des Bestimmungsortes mittelst expressen Boten an die Adressaten bestellt werden sollen, müssen mit dem Vermerk: „durch Expressen zu bestellen" versehen sein. In solchem Falle hat der Absender außer dem Porto für gewöhnliche Briefe die Expreß-Bestellgebühr voraus zu bezahlen. Dieselbe beträgt 3 Sgr., wenn der Brief nach dem Orte einer Post-Anstalt bestimmt ist, und 5 Sgr., wenn der Brief nach einem Orte bestimmt ist, an welchem eine Post-Anstalt sich nicht befindet. Reicht indeß der Betrag von 5 Sgr. zur Bezahlung des Boten nicht aus, so wird der erforderliche Mehrbetrag vom Adressaten eingezogen.

    Sendungen mit Waarenproben und Mustern müssen bis zum Bestimmungsorte frankirt werden. Das Porto beträgt 9 Pfennige für je 2½ Loth excl., mithin
          bis 2½ Loth excl. 9 Pfennige,
          von 2½ bis 5 Loth excl. 1½ Sgr.,
          von 5 bis 7½ Loth excl. 2½ Sgr. u. s. w.

Die ermäßigte Taxe findet jedoch nur in dem Falle Anwendung, wenn die Waarenproben und Muster keinen Kaufwerth haben, und wenn dieselben entweder unter Band gelegt oder so verpackt sind, daß über ihre Natur kein Zweifel obwalten kann.

    Derartigen Sendungen können folgende handschriftliche Notizen beigefügt werden: die Adresse des Empfängers, die Fabrik- oder Handelszeichen einschließlich der Firma des Absenders, die Nummern und die Preise. Andere handschriftliche Vermerke dürfen nicht hinzugesetzt werden, insbesondere ist die Beifügung eines Briefes unzulässig.

    Correcturbogen unterliegen derselben Taxe wie die Waarenproben und Muster. Es ist gestattet, den Correcturbogen die dazu gehörigen Manuscripte beizuschließen und solche schriftliche Bemerkungen hinzuzufügen, welche sich auf die Herstellung im Druck beziehen. Andere schriftliche Notizen sind nicht gestattet, die Beifügung eines Briefes ist gleichfalls unzulässig. Das Porto von 9 Pfennigen für je 2½ Loth excl. ist vom Absender vorauszubezahlen, die Verpackung muß unter Band erfolgen.

    Waarenproben, Muster und Correcturbogen werden, wenn sie den vorstehenden Bedingungen nicht entsprechen, wie Briefe taxirt.

    Zeitungen, Preiscourante, Circulare, Kataloge, Anzeigen und sonstige gedruckte, lithographirte und metallographirte Gegenstände unter Band müssen vom Absender frankirt werden. Das Porto beträgt 9 Pfennige pro Loth excl.

    Die Bestimmungen des neuen Vertrages kommen vom 1sten Januar 1864 zugleich für den Postverkehr zwischen dem gesammten Gebiete des Deutschen Post-Vereins und den Niederlanden, soweit dieser Verkehr durch Preußische Post-Anstalten vermittelt wird, in Anwendung.

    Berlin, den 11. December 1863.   General-Post-Amt.   Philipsborn.

    (618) Nachdem gegen die in Leipzig erscheinende Zeitschrift
                              „die Gartenlaube"
auf Grund des §. 50 des Preßgesetzes vom 12ten Mai 1851 gerichtlich auf Vernichtung erkannt worden ist, wird die fernere Verbreitung dieser Zeitschrift im Preußischen Staate hiermit auf Grund des §. 52

deſſelben Geſetzes unter Hinweiſung auf die im §. 53 daſelbſt angedroheten Strafen verboten.
Berlin, den 14. December 1863. Der Miniſter des Innern. Gr. Eulenburg.

Bekanntmachungen der Königlichen Regierung.

(609) Es wird hierdurch bekannt gemacht, daß die Martini-Durchſchnitts-Preiſe vom Getreide und Rauchfutter, ſowie von Erbſen und Kartoffeln, für das Jahr 1863 in unſerem Departement wie folgt feſtgeſtellt worden ſind:

		Thlr.	Sgr.	Pf.
für den Scheffel	Weizen	2	—	10
, , ,	Roggen	1	13	7
, , ,	Gerſte	1	7	7
, , ,	Hafer	—	29	8
, , ,	Erbſen	2	4	8
, , ,	Kartoffeln	—	17	11
, , Centner	Heu	1	14	2
, das Schock	Stroh	5	6	3

Oppeln, den 5. December 1863.
(610) Die nachbenannten Perſonen: der Schulze Franz Glogaſſa, der Bauer Joſef Krawietz, der Gärtner Johann Glogaſſa, der Gärtner Carl Skowronek, der Bauer Anton Szygulla und der Dorfbote Thomas Szygulla, ſämmtlich aus Langendorf, Gleiwitzer Kreiſes, haben bei der am 12ten v. Mts. erfolgten Feſtnahme des entwichenen Verbrechers Eduard Pietſch thätige Hülfe geleiſtet, wofür denſelben hiermit eine öffentliche Belobigung ertheilt wird. Oppeln, den 11. December 1863.
(614) Der Kreis Rybnik iſt Behufs einer gedeihlicheren Einwirkung auf die Schulen, deren Zahl ſich vermehrt hat und vorausſichtlich noch vermehren wird, in zwei Schulinſpections-Bezirke getheilt worden.

Der Schulinſpections-Bezirk Rybnik I., welchem der Kreis-Schulinſpector Wanjura in Rauden vorſteht, umfaßt nachſtehend genannte 28 Schulen, als:

Bell, Szczeykowitz, Leſchczin, Dubensko, Czuchow, Liſſek, Gurek, Gaſchowitz, Zwonowitz, Pilchowitz, Wiltſcha, Groß-Rauden, Klein-Rauden, Stobol, Stanitz, Rybnik, Jankowitz, Niedobczyn, Jeykowitz, Orzupowitz, Goleow, Knizenig, Przegendza, Sohrau, Baranowitz, Stein, Paulowitz und Knurow.

Der Schulinſpections-Bezirk Rybnik II., welchem vom 1ſten Januar k. J. ab der Kreis-Schulinſpector Pfarrer Gawenda in Pſtrzonzna vorſtehen wird, enthält die übrigen 23 Schulen des Kreiſes, als die zu

Boguſchowitz, Gottartowitz, Rogoina, Godow, Golfowitz, Lauſel, Jaſtrzemb, Jedlownik, Loslau, Marklowitz, Rachin, Michanna, Poblow, Swierklan, Bichow, Rodultau, Kokoſchütz Birtultau, Pſtrzonzna, Czernitz, Ruptau, Moszczenitz und Skrzyszow.

Oppeln, den 6. December 1863.
(617) Mit Bezug auf §. 6 des Geſetzes vom 21ſten Mai 1861, betreffend die Einführung einer allgemeinen Gebäudeſteuer, und auf §. 12 der Anweiſung vom 14ten October 1862 zur Ausführung dieſes Geſetzes, beſtimmen wir zur Ergänzung unſerer Amtsblatt-Verfügung vom 22ſten November pr., daß außer den in letzteren genannten Ortſchaften des Kreiſes Beuthen noch folgende Ortſchaften:

Biskupitz, Bſkowitz, Broslawitz, Domb, Gurezko, Hallemba, Kempczowitz, Koslowagura, Schloß Mysłowitz, Naclo, Philippsdorf, Plaſſezna, Pillermühle, Pniaki, Prakowi, Radzionkau, Alt-Repten, Neu-Repten, Rokittnik, Rybna, Schomberg, Stollarzowitz, Alt-Tarnowitz, Trockenberg und Wieſchowa

zu denjenigen gehören, in denen eine überwiegende Anzahl von Wohngebäuden regelmäßig durch Vermiethung benutzt wird, und deren Veranlagung zur Gebäudeſteuer daher ebenſo wie in den Städten nach Maßgabe des Abſchnitts III. der oben gedachten Nachweiſung erfolgt.
Oppeln, den 16. December 1863.
(620) In das Curatorium der Kreisſparkaſſe zu Leobſchütz ſind für das Jahr 1864:
1) der Königliche Geheime Regierungs- und Landrath Herr Waagen zu Leobſchütz als Director;

2) der Beigeordnete Herr Engel und
3) der Bürgermeister Herr Stephan ebendaselbst
     als Beisitzer;
4) der Herr Graf von Oppersdorf auf Geppersdorf,
5) der Rathmann Herr Raiß zu Katscher und
6) der Erbrichter Herr Neumann zu Babitz
     als Stellvertreter
gewählt, und sind diese Wahlen von uns bestätigt worden.   Oppeln, den 11. December 1863.

Bekanntmachungen verschiedener Behörden

(604) Nachstehende Bestimmungen der Militair-Ersatz-Instruction vom 9ten December 1858, betreffend den einjährigen freiwilligen Militairdienst, werden zur Kenntnißnahme und Nachachtung hiermit öffentlich bekannt gemacht:

Wer als einjähriger Freiwilliger dienen will, hat die Berechtigung dazu bei der Departements-Prüfungs-Commission nachzusuchen.

Die Anmeldung hierzu darf frühestens im Laufe desjenigen Monates erfolgen, in welchem das 17te Lebensjahr zurückgelegt wird, und muß spätestens bis zum 1sten Februar desjenigen Kalenderjahres stattfinden, in welchem das 20ste Lebensjahr vollendet wird. Bis zum 1sten April des letztgedachten Jahres muß der Nachweis der Berechtigung entweder durch Vorlegung von qualificirten Schulzeugnissen &c. oder durch die bestandene Prüfung geführt sein.

Wer diesen Termin versäumt, verliert den Anspruch auf die Vergünstigung zum einjährigen Dienst.

Jeder Anmeldung zum einjährigen freiwilligen Dienst müssen folgende Atteste beigefügt sein:
 a. ein Taufattest,
 b. der Erlaubnißschein des Vaters oder des Vormundes zum einjährigen Dienst,
 c. ein ärztliches Attest über den körperlichen und Gesundheits-Zustand des sich Meldenden, bezüglich der Tauglichkeit zum Militairdienst,
 d. ein ortspolizeiliches Führungsattest.

Das Attest zu d. ist nicht erforderlich bei jungen Leuten, welche sich noch auf Bildungsanstalten (Gymnasien, Realschulen &c.) befinden, in diesen Fällen hat das Zeugniß des Directors der Anstalt über den Grad der erworbenen wissenschaftlichen Ausbildung, sich gleichzeitig über die sittliche Führung zu erstrecken.

Den Nachweis der wissenschaftlichen Qualification durch Atteste können nur führen:
 a. diejenigen auf Universitäten Studirenden, welche von einem Preußischen Gymnasium mit dem Zeugnisse der Reife für die Universität versehen sind.
 b. die Schüler Preußischer Gymnasien oder der zu qualificirten Abgangszeugnissen berechtigten Progymnasien und Realschulen erster Ordnung, aus den zwei ersten Klassen, die Secundaner jedoch nur, wenn sie mindestens ein halbes Jahr in Secunda gesessen, und an dem Unterrichte in allen Gegenständen Theil genommen haben,
 c. die aus dem Cadettenhause zu Berlin nach mindestens halbjährigen Aufenthalte entlassenen jungen Leute,
 d. die in Seminarien gebildeten Schulamts-Candidaten, welche ein Zeugniß ihrer Fähigkeit zum Elementar-Schul-Amt aufweisen können,
 e. Mitglieder der Königlichen Theater, welche zu Kunstleistungen bei denselben angestellt sind,
 f. die Primaner der höheren Bürger- und Realschulen zweiter Ordnung, wenn sie mindestens ein halbes Jahr in Prima gesessen haben,
 g. die Zöglinge der Gärtner-Lehranstalt zu Potsdam, wenn sie mit dem Zeugniß der Qualification zum Gartenkünstler versehen sind,
 h. diejenigen, welche eine Bescheinigung der Direction des Kgl. Gewerbe-Instituts zu Berlin beibringen, daß sie auf Grund eines Zeugnisses der Reife von einer Provinzial-Gewerbeschule, entweder in diese Anstalt bereits aufgenommen, oder zur Aufnahme notirt sind.

Bezüglich der Qualität der Schulzeugnisse, durch welche die wissenschaftliche Befähigung zum einjährigen Freiwilligen nachgewiesen werden soll, wird bemerkt, daß ein Zeugniß, welches sich über den Fleiß, den Grad der erworbenen Kenntnisse und die sittliche Führung ungünstig ausspricht, hierzu nicht als ausreichend angesehen, sondern in diesem Falle jederzeit die Ertheilung des Berechtigungs-Scheines entweder versagt, oder von dem Bestehen einer besonderen Prüfung vor der Departements-Prüfungs-Commission abhängig gemacht wird.

Alle diejenigen jungen Leute, welche nicht zu einer der sub a. bis h. vorerwähnten Kategorieen gehören, müssen, wenn sie ihrer Militairpflicht durch den einjährigen freiwilligen Dienst genügen wollen, sich vorher einem Examen unterwerfen, zu welchem zwei Mal im Jahre, und zwar im Frühjahr und Herbst Termin anberaumt und öffentlich bekannt gemacht wird.

Der nächste Frühjahrs-Prüfungs-Termin findet Mitte des Monates März 1864 statt, die Anmeldungen hierzu müssen mit Einreichung der oben erwähnten Atteste spätestens bis zum 10ten März erfolgen. Oppeln, den 10. December 1863.

Departements-Prüfungs-Commission für Freiwillige zum einjährigen Militairdienst.
Vom Militair: v. Hanstein.   Vom Civil: Rubloff.

(615) **Bekanntmachung.** Die erste Sitzungs-Periode des hiesigen Schwurgerichts für das Geschäftsjahr 1864 beginnt **am 11ten Januar 1864.**
Oppeln, den 14. December 1863.   Königl. Kreis-Gericht. I. Abtheilung.

(616)   **Albert,**
Lebens-Versicherungs-Gesellschaft in London.
7. Waterloo Place, Pall Mall,
Hauptbureau für Deutschland, Berlin, Jägerstr. 61 a.

Unter Abänderung der §§. 82 und 83 des Statuts obiger Gesellschaft die Berechnung des Gewinns und dessen Vertheilung betreffend, ist in der General-Versammlung der Eigenthümer am 24sten December 1662 und in der General-Versammlung der Actionäre am 20sten Januar d. J. wie folgt beschlossen worden:

     daß es den Directoren gesetzlich zustehen soll, von Zeit zu Zeit die ganzen oder, wie sie es für gerathen halten, einen solchen Theil der ⅘, betreffs welcher im §. 82 die Bestimmung enthalten ist, daß sie der Gesammtsumme nicht appropriirt werden, bezüglich welcher in demselben Paragraphen wiederum bestimmt worden, daß sie von Zeit zu Zeit in der darin erwähnten Weise aus dem Gewinn des Ersten Versicherungs-Fond entnommen werden, — verwenden sollen zu den Zwecken und in der Weise, in welcher gegenwärtig ⅕ Theil, der laut §. 82 solcher Gesammtsumme appropriirt wird, verwendet wird, kraft desselben Paragraphen, wie derselbe verändert und modificirt worden in den vorher hierin erwähnten Resolutionen. Und wird hiermit ferner beschlossen, daß es den Directoren gesetzlich zustehen soll, die ganzen, oder wie sie es nach ihrem Ermessen für gerathen erachten, einen Theil der ⅘ der §. 83 der gedachten Gründungs-Urkunde dazu bestimmt, unappropriirt zu bleiben, der Gesammtsumme, welche auf Grund desselben Paragraphen bestimmt ist, von Zeit zu Zeit in der in demselben gedachten Weise gebildet zu werden, aus dem Gewinn, der aus dem zweiten Versicherungs-Fond zu entnehmen ist, und angewendet werden soll zu dem Zwecke und in der Weise, in welcher der ⅕ Theil, der laut §. 83 solcher Gesammtsumme zu appropriiren ist, gegenwärtig laut desselben Paragraphen verwendet wird, wie solcher durch die hierin vorher erwähnten Resolutionen abgeändert und modificirt worden.

Ferner ist unter Abänderung der §§. 81 und 91 des Statuts, die Vereinigung der beiden Versicherungs-Fonds betreffend, in der General-Versammlung der Eigenthümer am 20sten Januar d. J. und in der General-Versammlung der Actionäre am 10ten Februar d. J. beschlossen worden:

Erstens: — daß der besagte „Erste und Zweite Versicherungs-Fond" vereinigt werden und einen Fond bilden sollen unter der Bezeichnung „der Versicherungs-Fond".

Zweitens: — daß so viele und solche Theile des §. 81 der gedachten Gründungs-Urkunde, die sich auf die Führung getrennter und besonderer Rechnungen des Ersten und Zweiten Versicherungs-Fond beziehen, desgleichen auf die Einnahmen und Ausgaben, die von Zeit zu Zeit aus demselben gemacht werden, ferner auf die Bildung dieser Fonds respective, wie auch die gesammten §§. 82 und 83 der gedachten Gründungs-Urkunde, oder auf solche Theile derselben, welche noch nicht aufgehoben worden durch die hierin vorher angeführten Resolutionen vom 13ten October 1857, die sich ferner beziehen auf die ganzen §§. 91, 92, 93 und 88 der gedachten Gründungs-Urkunde hiermit aufgehoben werden, und daß die verschiedenen hierin vorher angeführten Resolutionen vom 29sten December 1846 und 24sten December 1862 hiermit annullirt werden.

Drittens: — daß alle Prämien und andere Gelder, welche eingegangen sind seit dem 31sten December 1861, und eingenommen werden für mit der Gesellschaft abgeschlossene Versicherungen, gleichviel ob durch dieselben der Versicherte berechtigt ist zur Theilnahme am Gewinn oder nicht, (ausgenommen Versicherungen in der Civil-Service-Classe), desgleichen alle Prämien und andere Gelder, welche eingegangen sind seit dem 31sten December 1861 und empfangen werden für Dotationen, für Wittwen und Kinder, oder andere Personen (ausgenommen Dotationen für Wittwen und Kinder in der Civil-Service-Classe) — desgleichen alle Summen, die eingenommen werden seit dem 31sten December 1861 und eingenommen werden für den Verkauf von Leibrenten (ausgenommen für Leibrenten in der Civil-Service-Classe) und Geldstrafen und andere Gelder, die gezahlt worden sind seit dem 31sten December 1861 und gezahlt werden wegen Nichterscheinens mit Bezug auf Policen mit oder ohne Gewinnantheil (ausgenommen Policen in der Civil-Service-Classe) von Zeit zu Zeit an den genannten Versicherungs-Fond abgeführt werden sollen.

Viertens: — daß innerhalb von 6 Kalender-Monaten vom 1sten Januar 1865 die Directoren einen Bericht anfertigen sollen von dem Betrage des Gewinns, welcher, nachdem derselbe bis zum 31sten December 1864 durch Ansammlung oder auf andere Weise dem gedachten Fond zugeführt worden, nach der Ansicht der Directoren, einem solchen Fond entnommen werden kann, ohne Benachtheiligung der dann extanten oder zukünftigen Forderungen und Ansprüche an denselben, und sollen die Directoren diesen Betrag in 5 Theile theilen und einen Theil dem Fond der Eigenthümer überweisen und die verbleibenden 4 Theile unter die Inhaber von Policen mit Gewinnantheil vertheilen (ausgenommen die Inhaber von Policen, welche mit der Gesellschaft von dem Civil-Service, und auf Gewinnantheil am eigenen Fond lautend, abgeschlossen worden) in dem Verhältniß, in welchem der Betrag steht, der bis zum 31sten December 1864 von einem jeden solchen Policen-Inhaber gezahlten Prämien zum Gesammtbetrage der $\frac{4}{5}$ und soll der einem jeden Policen-Inhaber zugetheilte Antheil, wenn zur Zeit des Abschlusses der Versicherung, auf Grund deren er oder sie Police-Inhaber geworden, er oder sie nicht seine oder ihre Meinung zum Gegentheil kund giebt, in dem Fond verbleiben und soll der reversionäre Werth desselben der Police zugeschrieben werden, je nach dem Alter der Parthei, oder wenn er oder sie zur Zeit des Abschlusses einer solchen Versicherung seinen oder ihren Willen dahin zu erkennen giebt, den Gewinnantheil augenblicklich in baar gezahlt zu erhalten, der ihm oder ihr von Zeit zu Zeit zugetheilt wird, so soll derselbe gezahlt oder eine dem Betrage entsprechende Reduction der künftigen für die Police zu zahlenden Prämien vorgenommen werden, wie der Fall nun sein mag. Und daß innerhalb von 6 Kalender-Monaten nach dem ersten Tage des Januar 1868 und dem ersten Tage des Januars eines jeden folgenden dritten Jahres, die Directoren dieselbe Operation bezüglich des während der dann folgenden 3 Jahre erwachsenen Gewinns wiederholen sollen.

Fünftens: daß die verschiedenen nothwendig zu machenden Berechnungen, sowohl zum Zweck der Feststellung des Gewinnbetrages, der dem gedachten Versicherungs-Fond erwachsen ist, als wie zum Zweck der Vertheilung und Verwendung dieses Theiles desselben, nachdem dieselben mit Bezug auf alle hierin vorher enthaltenen Zwecke festgestellt, aufgestellt werden sollen durch den zeitigen Actuar der Gesellschaft, oder durch irgend eine von dem Directorium zu diesem Zweck zu ernennende Person und sollen alle derartigen Berechnungen oder deren Resultat, nachdem dieselbe von dem Actuar oder solcher andern Person unterzeichnet und von dem Directorium für richtig befunden worden, als correct und richtig erachtet werden und sollen trotzdem, daß vielleicht später ein Irrthum entdeckt wird, rechtsverbindlich für die Versicherten und alle diejenigen Personen sein, die irgend ein Interesse an diesem Fond haben.

Sechstens: — daß alle Kosten, Lasten und Ausgaben der Gesellschaft, mit Ausnahme eines solchen Theils derselben, welche aus dem Civil-Service, Lebensversicherungs- und Leibrenten-Fond getragen werden sollen und zu zahlen sind, aus dem besagten Versicherungs-Fond geleistet und von demselben in Abzug gebracht werden sollen, noch ehe eine Theilung vorgenommen wird.

Siebentens und Letztens: — daß der besagte Versicherungs-Fond in erster und der Eigenthümer-Fond in zweiter Reihe haftbar sein sollen für Zahlung von Versicherungen, auf Grund deren der Versicherte am Gewinn berechtigt ist und für Versicherungen ohne Berechtigung auf Gewinnantheil, desgleichen für Dotationen und Leibrenten für Wittwen und Kinder, welche die

Gesellschaft gewährt, und soll der Fond der Eigenthümer nicht eher angegriffen werden für irgend derartige Zwecke, bis der Versicherungs-Fond gänzlich erschöpft ist.

Diesen Statuten-Abänderungen ist durch den hohen Erlaß des Herrn Ministers des Innern Excellenz vom 19ten v. M. die Genehmigung ertheilt worden, und bringe ich solche nach der Verfügung des Königlichen Polizei-Präsidiums zu Berlin vom 3ten d. M. hiermit zur öffentlichen Kenntniß.
Berlin, den 8. December 1863.
Der General-Bevollmächtigte der Lebensversicherungs-Gesellschaft „Albert" in London.
George Lewine.

(619) In der in Gemäßheit der §§. 57 und 58 der Allerhöchsten Verordnung vom 8ten Juni 1835 (Gesetzsammlung Nr. 1619) stattgehabten 16ten Verloosung von Pfandbriefen Littr. B. sind folgende 4 Procent Zinsen tragende Apoints über einen Gesammtbetrag von 56,500 Thlr. vorschriftsmäßig gezogen worden und zwar:

à 1000 Thlr.:

Nr. 521 auf Bettschütz, Nr. 859 auf Siemianowitz, Nr. 883 auf Siemianowitz, Nr. 40296 auf Pogarell, Nr. 40300 auf Nieder-Strabam, Nr. 40310 auf Puschine, Nr. 40432 auf Groß-Stein 2c., Nr. 40659 auf Dittersbach, Nr. 40700 auf Fürstenstein 2c., Nr. 40708 auf Fürstenstein 2c., Nr. 40717 auf Fürstenstein 2c., Nr. 41040 auf Labandt, Nr. 41127 auf Poln.-Krawarn 2c., Nr. 41162 auf Ratibor, Nr. 41222 auf Ratibor, Nr. 41316 auf Krumlinde, Nr. 41320 auf Grumwitz, Nr. 41332 auf Simmelwitz, 41405 auf Selfersdorf.

à 500 Thlr.:

Nr. 1150 auf Popadel, Nr. 1908 auf Koschentin 2c., Nr. 2501 auf Siemianowitz, Nr. 2607 auf Siemianowitz, Nr. 43146 auf Ulbersdorf 2c., Nr. 43372 auf Lohnau 2c., Nr. 43499 auf Raudnitz, Nr. 43501 auf Raudnitz, Nr. 43643 auf Cantersdorf 2c., Nr. 43653 auf Cantersdorf 2c., Nr. 43684 auf Nieder-Strabam, Nr. 43740 auf Groß-Krutschen, Nr. 43856 auf Groß-Stein 2c., Nr. 43880 auf Groß-Stein 2c., Nr. 43894 auf Groß-Stein 2c., Nr. 44062 auf Tost 2c., Nr. 44112 auf Tost 2c., Nr. 44273 auf Fürstenstein 2c., Nr. 44306 auf Fürstenstein 2c., Nr. 44865 auf Labandt, Nr. 44877 auf Labandt, Nr. 45045 auf Poln.-Krawarn, Nr. 45111 auf Ratibor, Nr. 45117 auf Ratibor, Nr. 45169 auf Ratibor, Nr. 45180 auf Ratibor, Nr. 45267 auf Ratibor, Nr. 45424 auf Krumlinde, Nr. 45508 auf Giesmannsdorf, Nr. 45509 auf Giesmannsdorf.

à 200 Thlr.:

Nr. 3568 auf Saabor, Nr. 4005 auf Glinitz 2c., Nr. 4388 auf Rostersdorf, Nr. 4677 auf Koschentin 2c., Nr. 4893 auf Loffen 2c., Nr. 15043 auf Siemianowitz, Nr. 15106 auf Siemianowitz, Nr. 15189 auf Siemianowitz, Nr. 15201 auf Siemianowitz, Nr. 15217 auf Siemianowitz, Nr. 15235 auf Siemianowitz, Nr. 15243 auf Siemianowitz, Nr. 15305 auf Siemianowitz, Nr. 49049 auf Bonoschau, Nr. 49180 auf Eland, Nr. 49350 auf Brune, Nr. 49728 auf Poln.-Lelpe, Nr. 49776 auf Rogau, Nr. 49891 auf Haltauf, Nr. 49957 auf Nieder-Buchwald, Nr. 49984 auf Pogarell, Nr. 50001 auf Pogarell, Nr. 50009 auf Pogarell, Nr. 50041 auf Pogarell, Nr. 50099 auf Cantersdorf, Nr. 50113 auf Cantersdorf, Nr. 50165 auf Nieder-Strabam, Nr. 50232 auf Groß-Krutschen, Nr. 50350 auf Groß-Stein 2c., Nr. 50354 auf Groß-Stein 2c., Nr. 50395 auf Groß-Stein 2c., Nr. 50409 auf Groß-Stein 2c., Nr. 50454 auf Groß-Stein 2c., Nr. 50785 auf Fürstenstein 2c., Nr. 50929 auf Zobten, Nr. 51088 auf Klein-Tinz, Nr. 51588 auf Miechowitz, Nr. 51650 auf Miechowitz, Nr. 51664 auf Heidänichen, Nr. 51676 auf Baumgarten, Nr. 51695 auf Labandt, Nr. 51940 auf Rostersdorf, Nr. 52007 auf Poln.-Krawarn 2c., Nr. 52058 auf Ratibor, Nr. 52065 auf Ratibor, Nr. 52117 auf Ratibor, Nr. 52124 auf Ratibor, Nr. 52168 auf Ratibor, Nr. 52511 auf Mühlrädlitz, Nr. 52540 auf Krumlinde, Nr. 52567 auf Simmelwitz, Nr. 52579 auf Simmelwitz, Nr. 52858 auf Roswadje, Nr. 52868 auf Roswadje.

à 100 Thlr.:

Nr. 5995 auf Ratibor, Nr. 6008 auf Ratibor, Nr. 6070 auf Ratibor, Nr. 6073 auf Ratibor, Nr. 6084 auf Ratibor, Nr. 6097 auf Ratibor, Nr. 6238 auf Waldvorwerk, Nr. 6389 auf Saabor, Nr. 6417 auf Saabor, Nr. 6501 auf Bladen, Nr. 7679 auf Rostersdorf, Nr. 7770 auf Lanisch, Nr. 7771 auf Lanisch, Nr. 8054 auf Koschentin, Nr. 8066 auf Koschentin, Nr. 8079 auf Koschentin, Nr. 8089 auf Koschentin, Nr. 8113 auf Koschentin, Nr. 8123 auf Koschentin ɾc., Nr. 8142 auf Koschentin ɾc., Nr. 8181 auf Koschentin ɾc., Nr. 8391 auf Maydorff, Nr. 8731 auf Loffen ɾc., Nr. 8736 auf Loffen ɾc., Nr. 10441 auf Siemianowitz, Nr. 17418 auf Siemianowitz, Nr. 17428 auf Siemianowitz, Nr. 17659 auf Siemianowitz, Nr. 61082 auf Bonoschau, Nr. 61352 auf Ulbersdorf, Nr. 61363 auf Ulbersdorf, Nr. 61480 auf Klein-Schmeinern, Nr. 61603 auf Deutsch-Würbitz, Nr. 61999 auf Jacobsdorf, Nr. 62000 auf Jacobsdorf, Nr. 62029 auf Rogau, Nr. 62112 auf Raudnitz, Nr. 62154 auf Raudnitz, Nr. 62203 auf Kunern, Nr. 62297 auf Nieder-Buchwald ɾc., Nr. 62320 auf Pogarell ɾc., Nr. 62359 auf Pogarell ɾc., Nr. 62414 auf Cantersdorf ɾc., Nr. 62418 auf Cantersdorf ɾc., Nr. 62423 auf Cantersdorf ɾc., Nr. 62443 auf Cantersdorf ɾc., Nr. 62456 auf Cantersdorf ɾc., Nr. 62484 auf Cantersdorf ɾc., Nr. 62511 auf Nieder-Strabam, Nr. 62512 auf Nieder-Strabam, Nr. 62516 auf Nieder-Strabam, Nr. 62550 auf Tuschine, Nr. 62590 auf Puschine, Nr. 62621 auf Gr.-Krutschen, Nr. 62773 auf Groß-Stein ɾc., Nr. 62798 auf Groß-Stein ɾc., Nr. 62808 auf Gr.-Stein ɾc., Nr. 62814 auf Groß-Stein ɾc., Nr. 62825 auf Groß-Stein ɾc., Nr. 62851 auf Groß-Stein ɾc., Nr. 62864 auf Groß-Stein ɾc., Nr. 62972 auf Rudzinitz, Nr. 62992 auf Rudzinitz, Nr. 63013 auf Tost ɾc., Nr. 63097 auf Tost ɾc., Nr. 63153 auf Tost ɾc., Nr. 63230 auf Tost ɾc., Nr. 63252 auf Tost ɾc., Nr. 63273 auf Tost ɾc., Nr. 63281 auf Tost ɾc., Nr. 63334 auf Fürstenstein ɾc., Nr. 63357 auf Fürstenstein ɾc., Nr. 63358 auf Fürstenstein ɾc., Nr. 63364 auf Fürstenstein ɾc., Nr. 63370 auf Fürstenstein ɾc., Nr. 63371 auf Fürstenstein ɾc., Nr. 63385 auf Fürstenstein ɾc., Nr. 63407 auf Fürstenstein ɾc., Nr. 63416 auf Fürstenstein ɾc., Nr. 63418 auf Fürstenstein ɾc., Nr. 63426 auf Fürstenstein ɾc., Nr. 63442 auf Fürstenstein ɾc., Nr. 63458 auf Fürstenstein ɾc., Nr. 63558 auf Niklasdorf, Nr. 63578 auf Nieder-Schreibendorf, Nr. 64464 auf Labandt, Nr. 64522 auf Labandt, Nr. 64537 auf Labandt, Nr. 64756 auf Kostersdorf, Nr. 64502 auf Poln.-Krawarn ɾc., Nr. 64811 auf Poln.-Krawarn ɾc., Nr. 64833 auf Poln.-Krawarn ɾc., Nr. 64869 auf Poln.-Krawarn ɾc., Nr. 64877 auf Poln.-Krawarn ɾc., Nr. 64907 auf Ratibor, Nr. 64960 auf Ratibor, Nr. 65041 auf Ratibor, Nr. 65099 auf Ratibor, Nr. 65112 auf Ratibor, Nr. 65168 auf Frohnau, Nr. 65365 auf Ober-Sodow, Nr. 65401 auf Mühlrädlitz, Nr. 65438 auf Krumlinde, Nr. 65439 auf Krumlinde, Nr. 65442 auf Krumlinde, Nr. 65464 auf Simmelwitz, Nr. 65497 auf Simmelwitz, Nr. 65605 auf Ober-Lichtenau, Nr. 65612 auf Ober-Lichtenau, Nr. 65940 auf Roswadze.

à 50 Thlr.:
Nr. 11027 auf Brune, Nr. 11194 auf Boyadel, Nr. 11242 auf Boyadel, Nr. 11626 auf Koschentin ɾc., Nr. 12495 auf Siemianowitz, Nr. 79557 auf Roswadze.

à 25 Thlr.:
Nr. 20945 auf Haltauf, Nr. 21072 auf Rettkau, Nr. 21523 auf Brune, Nr. 22284 auf Waldvorwerk, Nr. 22304 auf Saabor, Nr. 22565 auf Kostersdorf, Nr. 82199 auf Groß-Krutschen, Nr. 82444 auf Kostersdorf.

Diese Pfandbriefe werden daher hierdurch ihren Inhabern mit dem Bemerken gekündigt, daß die Rückzahlung des Nennwerthes derselben gegen Auslieferung der Pfandbriefe **vom 1sten Juli 1864 ab** bei der Königlichen Credit-Instituts-Casse (Albrechtstraße Nr. 16 hierselbst) in den Geschäftsstunden derselben erfolgen wird, und daß mit diesem Tage nach §. 59 der Allerhöchsten Verordnung vom 8ten Juni 1835 die weitere Verzinsung der gezogenen Pfandbriefe aufhört.

Sollte die Präsentation der qu. Pfandbriefe nicht **bis spätestens den 15ten August 1864** erfolgen, so muß das im §. 50 der allegirten Verordnung vorgeschriebene Präclusions-Verfahren in Ansehung dieser Pfandbriefe veranlaßt werden. Breslau, den 14. December 1863.

Königliches Credit-Institut für Schlesien.

Personal-Chronik.

(613) Dem Kaufmann Herrn Ratuschni ist bei seinem Ausscheiden als Mitglied des Magistrats der Titel „Stadtältester" verliehen worden.

Oppeln, den 1. December 1863.

Der Magistrat.

Amts-Blatt
der Königlichen Regierung zu Oppeln.

Stück 53.   Oppeln, den 31. December   **1863.**

Allgemeine Gesetz-Sammlung.

(622) Das 43ste Stück der Gesetz-Sammlung enthält unter

Nr. 5792. Den Freundschafts-, Handels- und Schifffahrtsvertrag zwischen Preußen und den übrigen Staaten des deutschen Zollvereins einerseits und der Republik Chili andererseits. Vom 1sten Februar 1862.

Nr. 5793. Den Allerhöchsten Erlaß vom 16ten November 1863, betreffend die Verleihung der fiscalischen Vorrechte für den Bau und die Unterhaltung der Gemeindechaussee von Altenkirchen nach Schürdt bei Flammersfeld an der Rheinstraße, im Regierungsbezirke Coblenz, an die betreffenden Gemeinden.

Nr. 5794. Den Allerhöchsten Erlaß vom 16ten November 1863, betreffend die Verleihung des Rechts zur Erhebung eines Chausseegeldes auf der Strecke von Tönnistein bis Oberzissen als Fortsetzung der Brohl-Tönnissteiner Chaussee, an die Gemeinden Burgbrohl, Nieder- und Oberweiler und Nieder- und Oberzissen.

Nr. 5795. Den Allerhöchsten Erlaß vom 16ten November 1863, betreffend die Verleihung der fiscalischen Vorrechte für den Bau und die Unterhaltung einer Zweigchaussee von Emden bis zur Alvensleben-Erxlebener Chaussee, im Kreise Neuhaldensleben, Regierungsbezirk Magdeburg, an die Unternehmer, den Besitzer des Ritterguts Emden und die Gemeinde Emden.

Nr. 5796. Den Allerhöchsten Erlaß vom 30ten November 1863, betreffend die Aufhebung des in der Polizei-Ordnung für den Hafen und die Binnengewässer von Danzig vom 30sten Januar 1821 enthaltenen Verbots des Feueranmachens auf den Schiffen und des Kochens außerhalb der Privathäuser und der Kochhäuser.

Nr. 5797. Den Allerhöchsten Erlaß vom 30ten November 1863, betreffend die Einrichtung einer Handelskammer für die Stadt Swinemünde einschließlich des fiscalischen Hafengrundes im Kreise Usedom-Wollin, des Regierungsbezirks Stettin.

Nr. 5798. Die Bekanntmachung, betreffend die Allerhöchste Genehmigung des Statuts des Märkisch-Westfälischen Bergwerksvereins zu Iserlohn vom $\frac{\text{5ten Juli}}{\text{4ten August}}$ 1854. Vom 8ten December 1863; und unter

Nr. 5799. Die Bekanntmachung, betreffend die Allerhöchste Genehmigung der unter der Firma „Aachen-Höngener Bergwerks-Actiengesellschaft" mit dem Sitze zu Aachen errichteten Actiengesellschaft. Vom 10ten December 1863.

Bekanntmachungen der höchsten Staats-Behörden.

(625) In dem Postverkehr mit den zu Bundeszwecken mobil gemachten, nach dem Auslande abgerückten Preußischen Truppentheilen werden:

gewöhnliche Briefe und
Geldbriefe mit declarirten Einlagen bis 50 Thlr. einschließlich,

hin- wie herwärts und ohne Unterschied des Dienstgrades des Empfängers oder Absenders frei von Porto befördert. Die Adresse muß den Vermerk: „Feldpostbrief" tragen und bei Sendungen an Militairs und Militairbeamte genau angeben, zu welchem Regimente, welchem Bataillon, welcher Compagnie (oder sonstigen Truppentheile) der Empfänger gehört, welchen Grad und Character oder welches Amt bei der Militair-Verwaltung derselbe hat.

Unter welchen Bedingungen sonstige Arten von Postsendungen im Verkehr mit jenen Truppentheilen

bis auf Weiteres stattfinden können, darüber ist jede Preußische Post-Anstalt mit einer gedruckten Zusammenstellung versehen, welche auf Verlangen dem Publicum vorgelegt wird.
Berlin, den 23. December 1863.   General-Post-Amt. Philipsborn.

Bekanntmachungen der Königlichen Regierung.

(626) Für die Kreis-Sparkasse in Lublinitz sind pro 1864:
1) der Königliche Landrath Herr Prinz Hohenlohe Durchlaucht zu Lublinitz
   als Director;
2) der Rittergutsbesitzer Herr von Aulock auf Kochczütz und
3) der Bürgermeister Herr Berliner in Lublinitz
   als Beisitzer;
4) der Rittergutsbesitzer Herr von Frankenberg auf Czlasnau,
5) der Rittergutsbesitzer Herr von Eulen auf Jawornitz und
6) der Kaufmann Herr Ulfig in Lublinitz
   als deren Stellvertreter:
gewählt und von uns bestätigt worden.
Oppeln, den 21. December 1863.

(603) Dem Uhrmacher Eduard Böhmer zu Stadtberge ist unter dem 8ten December 1863 ein Patent:
auf ein Hemmungssystem für Pendeluhren, welches in seiner ganzen durch Modell und Beschreibung nachgewiesenen Zusammensetzung für neu und eigenthümlich erkannt ist,
auf fünf Jahre, von jenem Tage an gerechnet, und für den Umfang des preußischen Staats ertheilt worden.   Oppeln, den 31. December 1863.

(607) Dem Maschinen-Fabrikanten A. Mestern in Wilhelmshütte bei Sprottau ist unter dem 11ten December 1863 ein Patent
auf eine Vorrichtung an durch Dampfkraft in Bewegung gesetzten Pumpwerken für hydraulische Pressen zur Regulirung des Betriebes nach Maßgabe des stattfindenden Widerstandes, in der durch Zeichnung und Beschreibung nachgewiesenen Zusammensetzung, und ohne Jemand in der Anwendung bekannter Theile zu beschränken,
auf fünf Jahre, von jenem Tage an gerechnet, und für den Umfang des preußischen Staats ertheilt worden.   Oppeln, den 31. December 1863.

Bekanntmachungen des Königlichen Appellations-Gerichts zu Ratibor.

(612) Mit Bezug auf unsere Bekanntmachung vom 9ten Mai d. J. (Extraordinaire Beilage zum Oppelner Regierungs-Amtsblatte pro 1863 Stück 26) ad XII. machen wir ferner bekannt, daß die zum Schiedsmanns-Bezirke Nr. 27, Kreis Pleß, gehörigen Ortschaften Mezeritz und Gilowitz von diesem Bezirke losgetrennt, und erstere mit dem Bezirke Nr. 47 (Ober-Boischow), letztere mit dem Bezirke Nr. 53 (Wohlau), vereinigt worden sind.
In dem wechselseitigen Substitutions-Verhältnisse der Bezirke Nr. 27 und 28, und in der gegenseitigen Vertretung der Bezirke Nr. 25 und 47, sowie in der Vertretung des Bezirks Nr. 1 durch den Bezirk Nr. 47, und des Bezirks Nr. 53 durch den Bezirk Nr. 27, wird nichts geändert.
Ratibor, den 12. December 1863.

Bekanntmachungen verschiedener Behörden.

(623) **Zinscoupons zu schlesischen Pfandbriefen.** Zu den schlesischen altlandschaftlichen Pfandbriefen und zu den Pfandbriefen Lit. C. werden neue Zinscoupons für den fünfjährigen Zeitraum von Weihnachten 1863 bis dahin 1868 ausgegeben werden. Die Ausreichung derselben wird auf Vorlegen und unter Abstempelung der Pfandbriefe selbst stattfinden: bei den Fürstenthumslandschaften zu Jauer, Glogau, Ratibor, Breslau (Weidenstraße 30), Liegnitz, Frankenstein, Neisse, Oels und Görlitz
am 1sten Februar k. J. und an den folgenden Tagen,
bei der Generallandschafts-Direction
vom 15ten Februar künftigen Jahres ab
allwöchentlich, mit Ausnahme des Mittwochs, von 9 Uhr Vormittags bis 1 Uhr Nachmittags.
Unter Hinweisung auf die Regulative vom 7ten December 1848 (G.-S. 1849 S. 76) und vom

— 293 —

22sten November 1858 (G.-S. 1858 S. 583) fordern wir die Pfandbriefinhaber auf, ihre Pfandbriefe nebst besonderen Verzeichnissen der 4procentigen, resp. der 3½procentigen und der Pfandbriefe Lit. C. zur vorbestimmten Zeit bei einer der vorbezeichneten Stellen vorzulegen und nach Abstempelung der Capitalbriefe die entsprechenden Zinscoupons abzuheben. Breslau, am 9. December 1863.
Schlesische Generallandschafts-Direction.

(624) Nachdem der Frau Valesca von Tiele-Winckler auf Miechowitz, als Besitzerin der Herrschaft Myslowitz, das unbeschränkte Bergwerksregal in den §§. 106 bis 108 Theil II. Titel 16 Allgemeinen Landrechts angegebenen Umfange innerhalb der Territorien der im Kreise Beuthen gelegenen Güter Zalenze, Slupna und Brzezinka und des im Kreise Pleß gelegenen Gutes Dzieszkowitz mit Brussowa zugesprochen worden, bringen wir hierdurch zur öffentlichen Kenntniß, daß auf Grund des von Sr. Excellenz dem Herrn Minister für Handel, Gewerbe und öffentliche Arbeiten unterm 11ten September 1863 bestätigten Abkommens vom 15ten Mai 1863 die Verwaltung des Bergregals und der Bergpolizei, sowie die Erhebung der Bergwerksabgaben innerhalb der genannten Territorien nunmehr durch die Herrschaftlich Myslowitz-Kattowitzer Bergwerks-Direction zu Kattowitz erfolgt, und daß für die Verwaltung der desfallsigen Geschäfte das für die Verwaltung des Bergregals innerhalb der Territorien der Herrschaft Myslowitz und des Ritterguts Kattowitz erlassene, im Amtsblatte der Königlichen Regierung zu Oppeln, Jahrgang 1858 Seite 300—304 abgedruckte Regulativ vom 17ten November 1857 maaßgebend ist.

Das oben erwähnte Regulativ hat übrigens in Veranlassung der durch das Gesetz vom 10ten Juni 1860 eingetretenen anderweiten Organisation der Bergbehörden folgende Abänderungen erhalten:
1) in denjenigen Fällen, in welchen der §. 2 Abs. 2 des Regulativs die Ertheilung der Bergverleihungen dem Herrn Minister für Handel, Gewerbe und öffentliche Arbeiten vorbehält, werden diese Verleihungen künftig von derjenigen Behörde ertheilt werden, welcher im Bezirke des Staatsbergregals die Verleihung des Bergwerkseigenthums gesetzlich zusteht, zur Zeit nach §. 4 des Gesetzes vom 10ten Juni 1861 (Gesetzsammlung Seite 425) von dem unterzeichneten Oberbergamte;
2) die im §. 14 dem vormaligen Bergamte zu Tarnowitz vorbehaltene Führung des Berghypothekenbuchs verbleibt den mit Führung der Berghypothekenbücher gesetzlich beauftragten Behörden, zur Zeit nach §. 2 des Gesetzes vom 10ten Juni 1861 der Königlichen Berghypotheken-Commission zu Breslau.

Schließlich bemerken wir, daß auf Grund des im Eingange erwähnten Abkommens vom 15ten Mai dieses Jahres folgende bereits verliehene Bergwerke dem Ressort der Herrschaftl. Bergwerks-Direction zu Kattowitz überwiesen worden sind:
I. Im Territorium von Zalenze:
Die Steinkohlenbergwerke Zur Gottes Gnade, Christnacht, Consol. Cleophas, Consol. Victor und Kleine Helene.
II. Im Territorium von Slupna:
Die Steinkohlenbergwerke Guter Wilhelm, Hoffnung, Benedict, Einigkeit, Louise, Ludwigssegen, Simonswunsch, Wolphsglück und Emanuelszufall.
III. Im Territorium von Brzezinka:
Die Steinkohlenbergwerke Bartelmus, Carlssegen, Larisch, Maximilian, Przemsa, Neue Przemsa, Theophil, Waldsegen, Trauggott, Paulsglück, Wanda, Frischauf, Himmelsfürst und Cracau.
IV. Im Territorium von Dziedzkowitz mit Brussowa:
Die Steinkohlenbergwerke Fürst Blücher, Gottesgabe, Richardsfreude, Martha, Julie-Beate, Cordula, Emiliensegen, Glückauf und Rosamunde.

Breslau, den 19. December 1863.   Königliches Oberbergamt.

(625) Die erste Sitzungsperiode des hiesigen Schwurgerichts für das Jahr 1864 beginnt am **11ten Januar 1864.** Beuthen O. S., den 23. December 1863.
Königliches Kreis-Gericht. 1. Abtheilung.

Personal-Chronik.

(621) Des Königs Majestät haben Allergnädigst geruht, dem Regierungs-Hauptcassen-Diener Kirchner zu seinem 50jährigen Dienstjubiläum das allgemeine Ehrenzeichen zu verleihen.

Bestätigt: die Wiederwahlen des Beigeordneten, Rechts-Anwalt Proske zu Grottkau, des

Beigeordneten, Seifenfabrikanten Urbanczik, und des Rathmannes, practischen Arztes Dr. Pauli zu Tost, sowie die Wahlen des seitherigen Stadtverordneten, Restaurateur Müller zu Krottkau zum Rathsherrn, und des seitherigen Stadtverordneten-Vorstehers, Fleischermeister Friedrich zu Tost zum Rathmann.

(627) Des Königs Majestät haben Allergnädigst geruht, dem Ober-Bau-Inspector Fessel hierselbst den Character als Baurath und dem Kreisphysikus Dr. Kasper zu Neiffe den Character als Sanitätsrath zu verleihen.

Dem seitherigen Polizeicommissarius Böhme zu Ratibor ist der Amtstitel und Rang eines Polizei-Inspectors, und dem seitherigen Stadt-Wachtmeister von Wysiecki daselbst der Amtstitel und Rang eines Polizeicommissarius verliehen worden.

Bestätigt: die Wahlen des Rittergutsbesitzers Schmidt zu Dobersdorf, des Beigeordneten Engel zu Leobschütz, des Rathmannes Maiß zu Katscher und des Erbrichter Schober zu Knispel zu Mitgliedern, und des Rittergutsbesitzers Schmidt zu Boblowitz, des Dr. med. Proske zu Bauerwitz, des Beigeordneten Berg daselbst und des Erbrichter Klein in Pilgersdorf zu stellvertretenden Mitgliedern der Ersatz-Commission des Kreises Leobschütz, sowie die Vocationen der katholischen Schullehrer Peter zu Guttentag und Palenga zu Zabrze, und des evangelischen Schullehrer Thieme zu Tauenzinow.

Hierzu eine Beilage, enthaltend das Reglement für die telegraphische Correspondenz im Deutsch-Oesterreichischen Telegraphen-Verein.

Extra-Beilage zum Amtsblatt.

Zwischen den Verwaltungen des Deutsch-Oesterreichischen Telegraphen-Vereins ist das anliegende neue Reglement für die innerhalb des Vereins sich bewegende telegraphische Correspondenz vereinbart worden. Dasselbe tritt sowohl für den Vereins-Verkehr, als mit den darin näher bezeichneten Modifikationen auch für den nur zwischen Preußischen Stationen sich bewegenden Verkehr vom 1. Oktober d. J. ab in Stelle des bisherigen Reglements in Kraft. Berlin, den 16. September 1863.

Der Minister für Handel, Gewerbe und öffentliche Arbeiten.

Reglement
für
die telegraphische Correspondenz im Deutsch-Oesterreichischen Telegraphen-Verein.

Bereich der Wirksamkeit des Reglements.

§. 1. Den Bestimmungen gegenwärtigen Reglements ist die telegraphische Correspondenz unterworfen, welche die Linien mindestens zweier der dem Deutsch-Oesterreichischen Vereine angehörigen Verwaltungen berührt. In wie weit das Reglement für solche Correspondenz gilt, welche sich nur auf den eigenen Linien bewegt, wird von jeder Verwaltung besonders bestimmt.

Benutzung der Telegraphen.

§. 2. Die Benutzung der für den öffentlichen Verkehr bestimmten Telegraphen steht Jedermann zu. Jede Verwaltung hat jedoch das Recht, ihre Linien und Stationen zeitweise ganz oder zum Theil für alle oder für gewisse Gattungen von Correspondenz zu schließen. Die Aufgabe von Depeschen Behufs der Telegraphirung kann nur bei den Telegraphen-Stationen (allenfalls auch brieflich) erfolgen.

Bewahrung des Telegraphen-Geheimnisses.

§. 3. Die Vereins-Regierungen werden Sorge tragen, daß die Mittheilung von Depeschen an Unbefugte verhindert und daß das Telegraphen-Geheimniß in jeder Beziehung auf das Strengste gewahrt werde.

Aufgabe der Depeschen.

§. 4. Die Telegraphen-Stationen zerfallen rücksichtlich der Zeit, während welcher sie für die Annahme und Beförderung der Depeschen offen zu halten sind, in drei Klassen, nämlich: a) Stationen mit Tag- und Nachtdienst; b) Stationen mit vollem Tagesdienst; c) Stationen mit beschränktem Tagesdienst. Die Stationen mit Tag- und Nachtdienst sind ohne Unterbrechung für den Dienst geöffnet. Die Dienststunden der Stationen mit vollem Tagesdienste sind: 1) vom 1. April bis Ende September von 7 Uhr Morgens bis 9 Uhr Abends; 2) vom 1. Oktober bis Ende März von 8 Uhr Morgens bis 9 Uhr Abends. Die Dienststunden der Stationen mit beschränktem Tagesdienst sind an Wochentagen (einschließlich der auf Wochentage fallenden Festtage): von 9 bis 12 Uhr Vormittags und von 2 bis 7 Uhr Nachmittags; an Sonntagen: von 8 bis 9 Uhr Vormittags und von 2 bis 5 Uhr Nachmittags.

Wohin Depeschen gerichtet werden können.

§. 5. Telegraphische Depeschen können nach allen Orten aufgegeben werden, wohin die vorhandenen Telegraphen-Verbindungen auf dem ganzen Wege oder einem Theil desselben die Gelegenheit zur Beförderung darbieten. Befindet sich am Bestimmungs-Orte keine Telegraphen-Station oder wünscht der Absender, daß die Beförderung durch den Telegraphen nicht bis zum Bestimmungs-Orte oder bis zu der, diesem am nächsten gelegenen Telegraphen-Station geschehe, so erfolgt die Weiterbeförderung von der äußersten, beziehungsweise der von dem Aufgeber bezeichneten Telegraphen-Station entweder durch die Post, durch Estafetten oder durch Expreßboten. Ist keine Bestimmung über die Art der Weiterbeförderung getroffen, so wählt die Adreßstation nach ihrem besten Ermessen die zweckmäßigste Art derselben. Das Gleiche findet statt, wenn die vom Aufgeber angegebene Art der Weiterbeförderung sich als unausführbar erweist. In den geeigneten Fällen, und wo solches ausdrücklich zugelassen ist, können auch die Eisenbahn-Betriebs-Telegraphen nach den hierüber ertheilten speziellen Vorschriften zur Weiterbeförderung benutzt werden. Findet aber die Adreß-Station, daß die Depesche voraussichtlich durch die Post oder Boten schneller als durch den Eisenbahn-Betriebs-Telegraphen befördert werden kann, so wird sie ohne Rücksicht auf die eingezahlten Gebühren die Uebermittelung durch die Post oder durch Expreßboten veranlassen. Die Aufgabe von Depeschen mit der Bezeichnung „Büreau restant" oder poste restante ist zulässig.

Erfordernisse der zu befördernden Depeschen.

§. 6. Das Original jeder zu befördernden Depesche muß in solchen Buchstaben und Zeichen, welche sich durch den Telegraphen wiedergeben lassen, deutlich und verständlich geschrieben sein und darf weder ungewöhnliche Wortbildungen, noch dem Sprachgebrauch zuwiderlaufende Zusammenziehungen und Abkürzungen, noch auch Rasuren enthalten. Obenan muß die Adresse stehen mit der etwaigen Angabe über die Art der Weiterbeförderung der Depesche, dann der Text und am Schlusse die Unterschrift des Absenders mit der etwaigen Beglaubigung folgen. Die Adresse muß den Empfänger und den Bestimmungsort so deutlich bezeichnen, daß in beiden Beziehungen Zweifel nicht entstehen können. Die Folgen ungenauer Adressirung sind vom Absender zu tragen. Derselbe kann eine nachträgliche Vervollständigung der Adresse nur gegen Aufgabe und Bezahlung einer neuen Depesche beanspruchen. Es ist dem Absender einer Depesche gestattet, seiner Unterschrift eine beliebige Beglaubigung beifügen zu lassen.

Gattungen der Depeschen.

§. 7. Die Depeschen zerfallen rücksichtlich ihrer Behandlung in folgende Gattungen: I. Staats-Depeschen. d. h. Depeschen, welche von den Staats-Oberhaupte und den Regierungs-Organen der dem Verein angehörigen Staaten ausgehen, oder denen die Bevorzugung der Staats-Depeschen anderweit vertragsmäßig eingeräumt worden ist. II. Dienst-Depeschen. III. Privat-Depeschen.

Besondere Bestimmungen für Staats-Depeschen.

§. 8. Staats-Depeschen können in beliebiger Sprache, auch chiffrirt, aufgegeben werden. Sie müssen als Staats-Depeschen bezeichnet und durch Siegel oder Stempel als solche beglaubigt sein.

Besondere Bestimmungen für Privat-Depeschen.

§. 9. Bei Privat-Depeschen ist die Fassung in deutscher oder französischer Sprache Regel. Die Stationen, wo auch die Aufgabe von Depeschen in niederländischer, englischer oder italienischer Sprache gestattet ist, werden besonders namhaft gemacht. Die Anwendung der Chiffernschrift ist bei Privat-Depeschen ausgeschlossen; dagegen ist die Beförderung der Börsencourse, Waaren-, Getreidepreise ꝛc. in bloßen Zahlen unter denjenigen Beschränkungen gestattet, welche die einzelnen Vereins-Regierungen etwa Behufs Abwendung von Mißbräuchen für nöthig erachten sollten.

Beanstandung der Annahme.

§. 10. Depeschen, welche den vorstehend (§§. 8 und 9) angegebenen Erfordernissen nicht entsprechen, können zur Abänderung oder Erneuerung zurückgegeben werden.

Zurückweisung.

§. 11. Privat-Depeschen, deren Inhalt gegen die Gesetze verstößt oder aus Rücksichten des öffentlichen Wohles oder der Sittlichkeit für unzulässig erachtet wird, werden zurückgewiesen. Die Entscheidung über die Zulässigkeit des Inhalts steht zunächst dem Vorsteher der Aufgabe-Station oder dessen Stellvertreter, und in weiterer Instanz der dieser Station vorgesetzten Central-Verwaltung zu, gegen deren Entscheidung ein Rekurs nicht stattfindet. Erfolgt die Zurückweisung einer Depesche nach deren Annahme, so wird dem Absender sogleich Nachricht davon gegeben. Bei Staats-Depeschen steht den Telegraphen-Stationen eine Controle der Zulässigkeit des Inhalts nicht zu.

Gebühren-Erhebung.

§. 12. Bei Aufgabe der Depeschen sind sämmtliche Telegraphirungs-Gebühren, sowie die Gebühren für die etwaige Weiterbeförderung mittelst Estafetten voraus zu entrichten. Die Gebühren für die Weiterbeförderung durch Post oder Boten können nach Wahl des Aufgebers im Voraus bezahlt oder von den Adressaten eingehoben werden. Soll der Adressat den Botenlohn bezahlen, so kann die Aufgabe-Station ein entsprechendes Depositum vom Aufgeber verlangen, welches zurückerstattet wird, wenn innerhalb 5 Tagen eine Rückmeldung über verweigerte Bezahlung des Botenlohnes nicht stattgefunden hat.

Grundlagen für die Gebühren-Erhebung.

§. 13. Die Gebühren für die telegraphische Beförderung werden einerseits durch die Wortzahl der Depeschen, andererseits durch die Entfernung (Zonenzahl) bestimmt. Den nach den Vorschriften gegenwärtigen Reglements sich ergebenden Gebühren treten bei Depeschen, welche zum Theil auf den Linien von nicht zum Deutsch-Oesterreichischen Telegraphen-Verein gehörigen Verwaltungen befördert werden, die jenen Verwaltungen zustehenden Gebühren in der Höhe der wirklich an dieselben zu zahlenden Beträge hinzu. Ebenso wird bei Depeschen, welche von der letzten Vereins-Station mittelst Eisenbahn-Betriebs-Telegraphen weiter zu befördern sind (§. 5), die Taxe um den Betrag der Gebühren für diese Weiterbeförderung erhöht.

Beförderungs-Gebühren.

§. 14. Die Einheit der Beförderungs-Gebühr bildet, je nach der Währung, welche bei der Aufgabe-

Station besteht, der Satz von 8 Sgr. **Preußisch**, 40 Kr. **Oesterreichisch**, 28 Kr. **süddeutsch**, 50 Cents **Niederländisch**, = 1 Franc für die **einfache Depesche** bis auf die Entfernung von 10 Meilen (erste Zone). Eine einfache Depesche ist eine solche, welche nicht mehr als 20 Worte enthält. Für jede folgenden 10 Worte wird j. desmal die Hälfte der Einheits-Gebühr mehr erhoben, so daß Depeschen mit 21 bis 30 Worten 12 Sgr. 2c., solche mit 31 bis 40 Worten 16 Sgr. 2c. u. s. f. kosten. Die Zonen bestimmen sich durch **direkte Entfernungen** (Luftlinien) in der Weise, daß die ersten 10 geographischen Meilen die erste, die folgenden 35 geographischen Meilen die zweite, die weiteren 55 Meilen die dritte, und was über 100 Meilen, die vierte Zone bilden. Die nach Maßgabe der Wortzahl für die erste Zone ermittelte Gebühr steigt jedesmal um denselben Betrag für jede folgende Zone. Es ergiebt sich hiernach folgende Tabelle:

nach Zonen.	Entfernung nach Meilen.	Beförderungs-Gebühr für								
		eine einfache Depesche von 1 bis 20 Worten					Zuschlag für jede folgenden 10 Worte			
		Preußisch Thlr. Sgr.	Oesterreich. Gl. Kr.	Süddeutsch. Gl. Kr.	Niederländ. Gl. Ct.	Französisch Frcs. Cent	Preußisch Thlr. Sgr.	Oesterreich. Gl. Kr.	Süddeutsch. Gl. Kr.	Niederländ. Gl. Ct.	Französisch Frcs. Cent
I.	bis 10	— 8	— 40	— 28	— 50	1 —	— 4	— 20	— 14	— 25	— 50
II.	über 10 bis 45	— 16	— 80	— 56	1 —	2 —	— 8	— 40	— 28	— 50	1 —
III.	über 45 bis 100	— 24	1 20	1 24	1 50	3 —	— 12	— 60	— 42	— 75	1 50
IV.	über 100	1 2	1 60	1 52	2 —	4 —	— 16	— 80	— 56	1 —	2 —

Anmerkung. Für die innerhalb des **Preußischen Verwaltungs-Bezirks** sich bewegende telegraphische Correspondenz kommen für die einfache nicht mehr als 20 Worte zählende Depesche in der ersten Zone 8 Sgr., in der zweiten 10 Sgr., darüber hinaus 16 Sgr., und für jede weiteren 10 Worte die Hälfte dieser Einheitsgebühren zur Erhebung. Das Maximum der Beförderungs-Gebühr für eine einfache Depesche im internen Verkehr beträgt sonach 16 Sgr.

Regeln für die Zählung der Worte.

§. 15. Bei Ermittelung der Wortzahl einer Depesche Behufs der Tarifirung werden folgende Regeln beobachtet: 1) Die Wortzahl wird durch den Gesammt-Inhalt der Depesche bestimmt, was vom Absender zum Zwecke der Telegraphirung als das Original der Depesche geschrieben worden ist. Jedes Wort, welches aus nicht mehr als sieben Sylben besteht, wird als ein Wort gezählt; bei längeren Worten wird der Ueberschuß wieder als ein Wort gerechnet. 2) Zusammengesetzte Worte gelten als ein Wort, wenn sie in einem Worte geschrieben sind und die Länge nicht über sieben Sylben hinausgeht. Sind die einzelnen Theile dagegen getrennt geschrieben, — wenn auch durch Bindestriche verbunden, — so gelten sie als eben so viele einzelne Worte. Mit Buchstaben ausgeschriebene Zahlen können in ein Wort zusammengeschrieben werden und unterliegen alsdann den Bestimmungen für die Zählung einfacher und zusammengesetzter Worte. Ausgeschriebene Bruchtheile sind von den Zahlen zu trennen und werden besonders gezählt. Zahlenangaben, welche in französischer oder italienischer Sprache mit Buchstaben ausgeschrieben sind, werden als eben so viele Worte taxirt, als erforderlich sind, um dieselben auszudrücken, so dürfen in französischen und italienischen Depeschen bergleichen aus mehreren Worten bestehende Zahlenausdrücke nie als ein Wort zusammengezogen werden. 3) Jedes getrennt stehende Buchstaben- oder Zahlenzeichen, das Zeichen für Prozent (%), ferner jedes apostrophirte Wort oder Vorwort werden als ein Wort gezählt. — Zum Worttext der Depesche gehörige Interpunktionszeichen, Apostrophe, Bindestriche, Anführungszeichen, Parenthesen, die Zeichen für den neuen Absatz (Alinea), werden nicht mitgerechnet; dagegen werden die Zeichen für das Unterstreichen sowie alle durch den Telegraphen nicht darstellbaren Zeichen, welche daher durch Worte wiedergegeben werden müssen, als Worte berechnet. 4) Zahlen, mit Ziffern geschrieben, gelten nur bis zur Summe von fünf Ziffern als ein Wort. Der etwaige Ueberschuß wird bis zur Summe von fünf Ziffern abermals als ein Wort berechnet. Die einer Zahl angehängten, sie als eine Ordnungszahl bezeichnenden Buchstaben, werden als eben so viele Ziffern der Zahl hinzugerechnet. Befinden sich innerhalb selbstständiger Zahlengrößen (Zahlengruppen) Kommata oder Bruchstriche, so werden diese mitgezählt und der Zeichenzahl der betreffenden Gruppe zugerechnet. Dasselbe gilt von dem in der Mitte oder am Ende einer Zahl vorkommenden Schillingszeichen (/). Die zwischen einzelnen Zahlengruppen als Trennungsmerkmale erscheinenden Zeichen dagegen werden nicht mitgezählt. 5) Bei chiffrirten Depeschen werden sämmtliche als Chiffern benützte Zahlen und Buchstaben, sowie Kommata und sonstige Zeichen im chiffrirten Texte zusammengezählt, die gefundene Summe wird durch drei getheilt und der Quotient als die für den chiffrirten Text zu tarirende Wortzahl angesehen. Sofern die Theilung durch drei einen Rest läßt, gilt dieser ebenfalls als ein Wort. Der Wortzahl des chiffrirten Textes tritt die Zahl der ausgeschriebenen Worte, nach den gewöhnlichen Regeln berechnet, hinzu. 6) Adresse und Unterschrift, ferner die Angabe über die Weiterbeförderung der Depesche von der letzten Telegraphen-Station aus, über bezahlte Rückantwort, und die nach der Unterschrift etwa folgende Beglaubigung werden mitgezählt. 7) Worte, Zahlen und Zeichen, welche die Telegraphen-Station selbst der Depesche zum Zwecke des Dienstes hinzufügt, werden nicht mit tarirt.

Gebühren-Erhebung.

§. 16. Die Gebühren-Erhebung erfolgt in der Landeswährung derjenigen Verwaltung, welcher die Aufgabe-Station angehört. Die für die Gebühren-Erhebung maßgebenden Zonen-Verzeichnisse und Tarife liegen bei jeder Telegraphen-Station dem Publikum zur Einsicht auf.

Bestimmung des zu benutzenden Weges

§. 17. Wenn zur Beförderung der Depesche sich mehrere Wege darbieten, auf denen die Taxen verschieden sind, so werden die Gebühren nach dem billigsten Wege berechnet, sofern nicht vom Absender die Benützung eines theureren Weges ausdrücklich verlangt wird. Ist der Station bei Aufgabe der Depesche bekannt, daß der billigste oder der vom Aufgeber bezeichnete Weg wegen Unterbrechung oder Störung der Verbindung, oder wegen Ueberfüllung der Linie nicht sogleich benutzt werden kann, so wird der Aufgeber hiervon in Kenntniß gesetzt und ihm die Wahl eines anderen, offenen Weges überlassen, in welchem Falle die Gebühr für den wirklich zu benutzenden Weg berechnet wird. Aus dem Umstande, daß bei einer Depesche eine ungewöhnliche oder von der Bestimmung des Absenders abweichende Art der Beförderung stattgefunden hat, kann ein Anspruch auf Erstattung von Telegraphen-Gebühren nicht hergeleitet werden.

Gebühren für Weiterbeförderung von Depeschen.

§. 18. Die Gebühren für die Weiterbeförderung der Depesche von der letzten Vereins-Station ab, welche bei der Aufgabe erhoben werden, betragen: a) Für die Beförderung per Post auf jede Entfernung innerhalb Europas 8 Sgr. = 40 Kr. Oesterreichisch = 28 Kr. süddeutsch = 47 Cents Niederländisch, für welche Gebühr innerhalb der deutschen Postvereins-Staaten (zu welchen das Königreich der Niederlande nicht gehört) die Beförderung und Bestellung als Expreß-Brief erfolgt. Diese Gebühr ist auch für diejenigen Depeschen zu entrichten, welche die Bezeichnung poste restante enthalten und demgemäß der Postbehörde zur Aufbewahrung überliefert werden. Für die Weiterbeförderung der Depeschen per Post nach außereuropäischen Ländern betragen die Gebühren 20 Sgr. = 1 Fl. Oesterreichisch = 1 Fl. 10 Kr. süddeutsch = 1 Fl. 17 Cents Niederländisch. b) Für die Beförderung durch Boten bis zu einer Entfernung von 3 Meilen 24 Sgr. = 1 Fl 20 Kr. Oesterreichisch = 1 Fl. 24 Kr. süddeutsch = 1 Fl. 40 Cents Niederländisch. c) Für die Beförderung durch Eisenbahnbetriebs-Telegraphen, nach Maßgabe der in den bezüglichen Staaten bestehenden Bestimmungen, ohne Rücksicht auf die Entfernung, der Gebührensatz der ersten Zone für die einfache Depesche von 20 Worten, mit Zuschlag der Hälfte dieser Taxe für je 10 Worte mehr. d) Für die Beförderung durch Boten auf mehr als 3 Meilen oder mittelst Estafetten die hierfür wirklich erwachsenden Auslagen. Ist der Betrag der Auslagen für Boten- oder Estafetten-Beförderung nicht im Voraus bekannt, so ist von dem Aufgeber eine zur Deckung des muthmaßlichen Betrages ausreichende Summe zu deponiren, von welcher der Ueberrest nach 5 Tagen zurückgefordert werden kann. Dieses Depositum soll bei jeder Depesche per Meile betragen 24 Sgr. = 1 Fl. 20 Kr. Oester. = 1 Fl. 24 Kr. süddeutsch = 1 Fl. 40 Cents Niederl. Die Telegraphen-Station, bei welcher die Depesche den Telegraphen verläßt, wird der Aufgabe-Station die Höhe des Betrages der Boten- oder Estafetten-Gebühr möglichst schnell auf telegraphischem Wege mittheilen, worauf die Abrechnung mit dem Aufgeber über den hinterlegten Betrag sofort erfolgt. Findet die Bezahlung des Postporto oder der Botengebühr durch den Adressaten statt, so hat dieser nur den wirklichen Betrag der Postgebühr oder des Botenlohns zu entrichten.

Depeschen an mehrere Adressaten

§. 19. Jede Depesche kann an mehrere Adressaten zugleich gerichtet werden. Ist die Depesche bei einer und derselben Adreß-Station für mehrere Adressaten anzufertigen, so tritt zu der Beförderungs-Gebühr eine Vervielfältigungs-Gebühr hinzu. Diese beträgt für die zweite und jede weitere Ausfertigung, je nach der bei der Aufgabe-Station bestehenden Währung: 6 Sgr., 30 Kr. Oesterreichisch, 21 Kr. süddeutsch, 35 Cents

Niederländisch. Ist die Depesche dagegen nach verschiedenen Adreß-Stationen zu befördern, so wird dieselbe als so viele einzelne Depeschen behandelt und taxirt, wie Adreß-Stationen angegeben sind, in der Weise, daß von der Aufgabe-Station bis zu jeder Adreß-Station die volle Beförderungs-Gebühr in Ansatz kommt.

Verlangen der Rückantwort.

§. 20. Dem Aufgeber einer Depesche ist gestattet, bei Aufgabe derselben zugleich die Gebühr für die Rückantwort, unter Festsetzung einer beliebigen Wortzahl, zu hinterlegen. Die Depesche muß in diesem Falle vor der Unterschrift die Notiz enthalten: „Antwort bezahlt", wenn nicht mehr als 20 Worte, und „Antwort . . . bezahlt" (z. B. Antwort 30 bezahlt), wenn mehr als 20 Worte vorausbezahlt werden. Enthält die Depesche weniger Worte, als wofür die Gebühren bezahlt sind, so hat der Aufgeber keinen Anspruch auf Rückerstattung der erlegten Mehrgebühren. Geschieht die Aufgabe der Antwortsdepesche später als 8 Tage nach der Aufgabe der Ursprungsdepesche, oder enthält sie mehr Worte, als bezahlt sind, so ist sie als eine neue Depesche zu betrachten und vom Antwortgeber zu bezahlen. Ist binnen 10 Tagen, vom Tage der Aufgabe an gerechnet, keine Antwort eingegangen, oder hat der Antwortgeber wegen Ueberschreitung der Wortzahl die Antwortsdepesche selbst bezahlt, so kann der Aufgeber der ersten Depesche die von ihm hinterlegte Rückantworts-Gebühr zurückverlangen, hat aber 6 Sgr. = 30 Kr. Oesterreich. = 21 Kr. süddeutsch = 35 Cents Niederländ. zu erlegen. Noch weitere 5 Tage über die obigen 10 Tage werden für die Rückforderung der hinterlegten Rückantworts-Gebühren gestattet. Wird die anberaumte Frist von 15 Tagen versäumt, so verfallen die hinterlegten Gebühren.

Abtelegraphirung.

§. 21. Bei der Abtelegraphirung wird unter Berücksichtigung der Richtung, in welcher die Depeschen zu befördern sind, die Reihenfolge beobachtet, in welcher sie bei der Station aufgeliefert werden oder telegraphisch zu derselben gelangen. Jedoch haben Staats-Depeschen und unter diesen wieder die Depeschen der Staats-Oberhäupter, der Ministerien und der Gesandtschaften den Vorrang. Hierauf folgen die Privat-Depeschen, welche in der Regel nur dringenden Dienst-Depeschen nachgesetzt werden.

Verfahren bei verhinderter Abtelegraphirung.

§. 22. Wenn sich bei oder nach Aufgabe einer Depesche ergiebt, daß deren Abtelegraphirung nicht ohne erheblichen Aufenthalt möglich ist, so wird der Absender hiervon so weit als thunlich in Kenntniß gesetzt und ihm überlassen, die Depesche unter Rücknahme der Gebühren zurückzuziehen.

Zurückziehung und Unterdrückung von Depeschen.

§. 23. Vor begonnener Abtelegraphirung kann jede Depesche zurückgefordert werden, wenn die rückfordernde Person sich als der Absender oder dessen Beauftragter legitimirt und die etwaige Empfangsbescheinigung der Station zurückgiebt. Die Gebühren werden in solchem Falle nach Abzug von 6 Sgr., oder von 30 Kr. Oesterreichisch, oder von 21 Kr. süddeutsch, oder von 35 Cents Niederländisch erstattet. Dasselbe tritt insbesondere auch dann ein, wenn der Absender auf der Depesche eine bestimmte Zeit, bis zu welcher dieselbe abzutelegraphiren sei, angegeben hat, und diese Zeit nicht innegehalten werden kann. — Hat die Abtelegraphirung einer Depesche bereits begonnen, so kann solche zwar aufgehalten und unterdrückt, aber nicht zurückgefordert, auch kann veranlaßt werden, daß eine bereits abgegangene Depesche nicht bestellt wird, in so fern hierzu noch Zeit und Gelegenheit vorhanden ist. Bei jedem derartigen Verlangen hat sich der Antragsteller als Absender oder dessen Beauftragter vollständig zu legitimiren. Für die Aufhaltung und Unterdrückung in der Telegraphirung befindlicher Depeschen wird eine besondere Gebühr nicht erhoben; die gezahlten Gebühren bleiben dagegen verfallen. Das Verlangen, daß eine bereits abgegangene Depesche nicht bestellt werde, muß mittelst besonderer Depesche des Aufgebers erfolgen, wofür die tarifmäßigen Gebühren zu zahlen sind. Die erlegten Gebühren für Depeschen, deren Bestellung unterdrückt wird, werden nicht erstattet. Ausländische und besondere Gebühren verfallen stets eine in so weit, als die ausländischen Linien schon berührt worden sind, oder eine Weiterbeförderung Statt gefunden hat.

Verfahren bei der Adreß-Station.

§. 24. Die Depeschen werden gleich nach Ankunft bei der Adreß-Station durch wortgetreue Abschrift des ganzen Inhalts ausgefertigt. Die nach dem Orte selbst gerichteten Depeschen werden in Couverts eingeschlossen, welche die vollständige Adresse der Depesche erhalten, und mit dem Siegel der Station versehen, so schleunig als möglich bestellt. Die nach anderen Orten bestimmten Depeschen werden, je nachdem sie durch Vermittelung von Eisenbahn-Betriebs-Telegraphen oder durch die Post als Expreß-Brief, durch Estafette oder durch expresse Boten weiter zu senden sind, mit möglichster Beschleunigung den Eisenbahn-Betriebs-Telegraphen übergeben oder der Weiterbeförderung in der letzterwähnten Weise zugeführt. Wenn der Adressat seinen Aufenthaltsort verändert hat, so werden demselben für ihn anlangende Depeschen an den neuen Adreßort nachtelegraphirt und mit Post, Bote oder Estafette nachgesendet, wenn er in einer bei der betreffenden Telegraphen-Station niederzulegenden schriftlichen Erklärung das Verlangen der Nachsendung ausdrücklich ausgesprochen hat. Zur Deckung der entfallenden Gebühren kann die Hinterlegung eines entsprechenden Geldbetrages verlangt werden.

Bestellung durch Telegraphen-Boten.

§. 25. Der Bote hat die Depesche nebst Empfangs-Bescheinigung ohne Aufenthalt nach der Wohnung, oder nach dem Geschäfts-Lokal des Adreſſaten, oder nach der Post zu bringen und sich bei Abgabe derselben zu überzeugen, daß die richtige Zeit und Unterschrift in die Empfangs-Bescheinigung eingetragen ist. Dem Boten ist die Annahme von Geschenken untersagt. Zur Bescheinigung der Abgabe einer Staats-Depesche kann, wenn nicht eine besondere schriftliche Verfügung darüber getroffen ist, nur der Vorstand der betreffenden Behörde, oder in dessen Abwesenheit sein Stellvertreter, oder der diesem im Amte folgende älteste Beamte als berechtigt angesehen werden. Privat-Depeschen können, wenn der Adreſſat von dem Boten nicht zu Hause angetroffen wird, entweder an ein erwachsenes Mitglied seiner Familie oder an dessen Geschäfts-Gehülfen, Dienerschaft, Gast- oder Hauswirthe abgegeben werden, in so fern derselbe nicht für derartige Fälle einen besonderen Empfänger der Station schriftlich namhaft gemacht hat. In allen Fällen, wo der Bote den Adreſſaten nicht selbst antrifft und die Depesche einem Andern aushändigt, hat der Letztere in der Empfangs-Bescheinigung seiner eigenen Namens-Unterschrift das Wort „für" und den Namen des Adreſſaten beizufügen.

Unbestellbare Depeschen.

§. 26. Von der Unbestellbarkeit einer Depesche und den Gründen der Unbestellbarkeit wird der Aufgabe-Station Behufs Mittheilung an den Aufgeber telegraphische Meldung gemacht. Ist eine Depesche unbestellbar, weil der Adreſſat nicht hat aufgefunden werden können, so wird dieselbe bei der Adreß-Station aufbewahrt. Hat sich innerhalb sechs Wochen der Adreſſat zur Empfangnahme der Depesche nicht gemeldet, so wird solche vernichtet. Ueber nachträgliche Empfangnahme wird eine dienstliche Mittheilung an die Abgangs-Station nicht erlaſſen.

Garantie.

§. 27. Die Telegraphen-Verwaltungen leisten für die richtige Ueberkunft der Depeschen oder deren Ueberkunft und Zustellung innerhalb bestimmter Frist keinerlei Garantie, und haben Nachtheile, welche durch Verlust, Verstümmelung oder Verspätung der Depeschen entstehen, nicht zu vertreten. Für Depeschen, welche verloren gehen, oder in einer Art verstümmelt werden, daß sie erweislich ihren Zweck nicht erfüllen können, oder welche später in die Hände der Adreſſaten gelangen, als dies — die gleiche Adreſſirung vorausgesetzt — durch Vermittelung der Post hätte der Fall sein müssen, werden die gezahlten Gebühren erstattet, sofern deren Reklamation innerhalb sechs Monaten vom Tage der Aufgabe der Depesche ab erfolgt. Die Erstattung der Gebühren für verlorene, verstümmelte oder verspätete Depeschen kann versagt werden, wenn der Verlust, die Verstümmelung oder die Verspätung durch den Eisenbahn-Betriebs-Telegraphen oder auf nicht vereinsländischen Linien vorgekommen ist. Die betreffende Vereins-Verwaltung wird sich jedoch auch im letzteren Falle bei der auswärtigen Verwaltung für Rückerstattung der Gebühren verwenden. Verzögerungen, welche bei Weiterbeförderungen mittelst Post, Estafette oder Expreß-Boten eingetreten sind, begründen keinen Anspruch auf Rückerstattung der Gebühren.

Nachzahlung und Rückerstattung von Gebühren.

§. 28. Gebühren, welche für beförderte Depeschen irrthümlich zu wenig erhoben worden sind, hat der Absender auf Verlangen nachzuzahlen; ebenso die nicht im Voraus bezahlten Gebühren für Weiterbeförderung mittelst Post oder Boten nach, bis für die Vorausbezahlung fixirten Beträgen, im Falle die Depesche unbestellbar ist oder die Bezahlung der Weiterbeförderungs-Gebühr vom Adreſſaten verweigert wird. Irrthümlich zu viel erhobene Gebühren werden demselben nachträglich erstattet.